세계
기독교
고전

TABLE TALK

종교개혁자의 사적인 대화록

# 루터의 탁상담화

마르틴 루터 | 이길상 옮김

CH북스
크리스천
다이제스트

# 차례

# 서론

이 책은 내용 못지않게 출판된 뒤의 역사도 범상치 않은데, 캡틴 헨리 벨은 이 책이 출판된 뒤에 겪은 역사를 아래와 같이 소개합니다.

**캡틴 헨리 벨(Captain Henry Bell)이 전하는 이야기**

마르틴 루터의 저서 「탁상담화」(*Colloquia Mensalia* 혹은 *Divine Discourses at his Table*)가 기적적으로 살아남은 이야기. 이 책은 루터가 식탁에서 필립 멜란히톤, 카스파르 크루치거, 유스투스 요나스, 비투스 디트리히, 요한 부겐하겐, 요한 포스터 같은 다양한 부류의 신학자들과 더불어 신앙과 교리 문제에 관해 나눈 대화를 주제별로 정리한 책이며, 익히 알려진 역사 사실들을 비롯한 다양한 지식과 위로, 조언, 예언, 훈계, 교훈을 전한다.

나 캡틴 헨리 벨은 이 글로써 동시대를 살아가는 분들과 후손들에게 고합니다. 잉글랜드 왕 제임스와 이미 승하하신 독일 황제 카를을 각각 모시고 여러 해 동안 외국에서 국무를 수행해온 나는, 마르틴 루터의 「탁상담화」(혹은 신학자로서 그가 마지막으로 남긴 담화)라는 저서가 4천 권도 넘게 압수되어 소각 처분된 사건을 놓고 각지에서 심한 통분과 애도가 넘치고 있다는 소식을 들었습니다.

각지에서 이런 반응이 일어난 이유는, 하나님께서 마르틴 루터를 붙들어 쓰시사 교황 치하의 교회들의 부패상과 그 원인을 정확히 파악하여 지적하고, 그리스도를 전하고, 복음의 단순함을 만천하에 선포하게 하신 일이 있은 뒤로, 여러 왕들과 제후들과 나라들과 황제의 도시들, 한자 동맹(14-15세기 북부 독일 상업도시들의 정치적 상업적 동맹-옮긴이) 소속 도시들이 속속 교황 진영을 이탈하여 개신교 진영에 합류했으며, 그의 후손들도 오늘날까지 그 자리를 지키고 있기 때문입니다.

루터의 진영에 가담한 군주들은 갓 출범한 종교개혁의 대업을 더욱 진척시키기 위해서 루터의 「탁상담화」의 조속한 출판을 독려하고, 자신들의 영토에 있는 모든 교회들에게 책이 출판되면 항상 비치하여 교인들이 읽을 수 있게 하라고 당부했습니다.

이렇게 해서 출판된 「탁상담화」에 힘입어, 독일에서 시작된 종교개혁이 다른 나라들에도 요원(遼遠)의 불길처럼 번져나갔는데, 그 불길이 잉글랜드까지 미쳤습니다.

그러나 불길이 한 차례 휩쓸고 지나간 뒤, 교황 그레고리우스 13세는 루터의 「탁상담화」가 자신과 자신의 권력 기반에 가한 타격이 결코 적지 않음을 깨달았습니다. 그대로 방치했다가는 더 큰 피해와 모욕을 입게 될 것을 우려한 교황은 당시의 황제 루돌푸스 2세를 집요하고도 강하게 압박하여 제국 전역에서 그 책을 모두 수거하여 소각할 것을 명령하고 책을 소지한 사람도 함께 태워 죽인다고 경고하는 칙령을 공포하게 만들었습니다. 칙령이 신속히 단행된 까닭에 어디서도 인쇄본은 물론 필사본으로조차 「탁상담화」를 구경할 수 없게 되었습니다.

이러한 상황에서 하나님의 은혜로 1626년, 내가 잉글랜드 왕 제임스의 명을 받고 독일에 체류하고 있을 때 그곳에서 교분을 쌓은 카스파루스 반 슈파르(Casparus Van Sparr)라는 독일 신사가 할아버지 대부터 살아온 낡은 집을 헐고 새 집을 짓게 되었습니다. 참고로 독일에서 「탁상담화」 소각령이 내려진 것은 그의 할아버지 대의 일이었습니다. 앞서 말한 신사는 집터를 깊이 파내려 가던 중 깊은 구덩이에서 그 책의 인쇄본을 발견하고서 크게 놀라고 기뻐했습니다. 그 책은 질긴 린넨 천으로 둘둘 말린 채 밀랍으로 단단히 봉해져 있어서 인쇄 당시의 상태로 남아 있었습니다.

당시는 황제 페르디난트 2세가 독일을 다스릴 때였는데, 황제 또한 개신교의 원수이자 박해자였으므로 앞서 말한 신사는 자신이 칙령을 어기고 「탁상담화」 한 부를 보관하고 있음을 황제가 알면 자신뿐 아니라 책마저 위험에 빠질 것을 우려했습니다. 그는 고민하던 끝에 내가 독일어를 완벽하게 구사하는 것을 기억하고 그 책을 잉글랜드에 있는 내게 보냈습니다. 편지도 동봉

했는데, 편지에는 책이 보존된 경위와 발견한 경위가 자세히 적혀 있었습니다.

그의 편지를 읽고 적지 않은 감동을 받은 나는, 하나님의 영광과 그리스도의 교회를 위하여 번역의 수고를 감당하기로 결심했습니다. 소중한 루터의 책이 다시 빛을 볼 수 있게 되었다는 생각에 큰 기쁨과 용기가 생겼습니다.

그렇게 해서 번역을 시작하게 되었는데, 자꾸 바쁜 일들이 생겨서 좀처럼 진도가 나가지 않았습니다. 그러다가 일이 너무 많아 번역을 할 수 없겠다는 결론을 내리고 책을 덮었습니다. 책을 받은 지 여섯 주쯤 지난 어느 날 밤 아내와 함께 잠자리에 들었는데, 열두 시 반쯤 되었던 것으로 기억됩니다. 아내는 잠이 들었고 나만 깨어 있었는데, 홀연히 침대 곁에 흰옷 입은 노인이 나타났습니다. 길고 넓은 흰 수염을 허리춤까지 기른 노인은 내 오른쪽 귀에 대고 이렇게 말했습니다. "여보게! 자네가 받은 독일어 책을 시간을 내어 번역해 주지 않겠나? 조만간 시간과 장소를 마련해 주겠네." 그리고는 홀연히 사라졌습니다.

심한 공포가 몰려와 엎드려 벌벌 떨었습니다. 온 몸이 땀에 흠뻑 젖었습니다. 아내가 놀라 일어나 흠뻑 젖어 떨고 있는 나를 보고서 어디 아프냐고 물었습니다. 나는 보고들은 것을 아내에게 그대로 이야기해주었습니다. 그러나 환상이나 꿈을 믿지 않고 살아온 터여서, 그 일을 곧 잊어버렸습니다.

두 주 후 주일에 예배를 드리러 화이트홀 교회에 갔습니다. 예배를 마치고 웨스트민스터 킹 스트리트의 숙소로 돌아와 아내와 함께 저녁 식사를 하고 있는데, 전령 두 사람이 추밀원에서 발부한 영장을 내보이며 함께 가자고 하더니, 나를 웨스트민스터 감옥 간수에게 넘겼고, 상원의 지시가 있을 때까지 감옥에서 대기하라고 했습니다. 내가 왜 잡혀 와야 하는지 전혀 설명을 듣지 못했습니다. 그렇게 어설픈 영장을 근거로 무려 10년간 징역을 살았는데, 그중 5년을 앞서 말한 책을 번역하며 보냈습니다. 노인이 환상으로 나타나 "여보게! 자네가 받은 독일어 책을 시간을 내어 번역해 주지 않겠나? 조만간 시간과 장소를 마련해 주겠네" 하고 말한 것이 그대로 이루어진 것입니다.

내가 감옥에서 마르틴 루터의 「탁상담화」를 번역했다는 소식이 알려지자, 지금은 작고한 캔터베리 대주교 로드 박사(Dr. Laud)가 소식을 듣고는 전속

사제 브레이 박사(Dr. Bray)를 감옥으로 보냈습니다. 브레이는 내게 이렇게 말했습니다. "캡틴 벨, 캔터베리 대주교께서 당신이 루터의 책을 번역한 사실을 인지했음을 전하라 하셨소. 대주교께서는 수십 년 전에 당시 황제의 명으로 독일에서 그 책이 전량 압수되어 소각된 사실을 알고 계신다 하면서, 그 책의 독일어 원서와 당신의 번역 원고를 함께 보내주면 몸소 정독하신 다음 안전히 돌려드리겠다고 하십니다."

나는 브레이 박사에게 말했습니다. "그 책을 번역하느라 너무나 고생한 까닭에 내 손으로 직접 원고를 내드릴 마음이 생기지 않는군요. 원고를 드리지 못하는 것을 양해해 주시기 바랍니다." 브레이는 대주교에게 돌아가 그대로 전했습니다.

다음 날 대주교는 브레이를 다시 내게 보내, 자신의 명예를 걸고 그 책을 나 못지않게 안전하게 보관하겠다는 뜻을 전했습니다. 자신의 캐비닛에 넣어 잠가둠으로써 다른 사람이 절대로 접근하지 못하고 오직 자신만 볼 수 있게 하겠다고 말했습니다. 당시 대주교는 날아가는 새도 떨어뜨릴 만큼 세도가 막강했기에 내가 거부하더라도 가져가려면 얼마든지 가져갈 수 있겠다는 생각에, 원서와 원고를 내주었습니다. 대주교는 원서와 원고를 두 달 동안 날마다 읽은 뒤 브레이 박사를 다시 보내, 번역이 훌륭하게 되었고, 여태까지 그렇게 탁월한 신학 저서를 본 적이 없다고 전하고는, 하지만 내용이 부적절하여 삭제할 곳이 더러 있어서 그러니, 속히 돌려받을 기대는 하지 않는 게 좋겠다고 말했습니다. 읽을수록 더 마음이 끌리는 책이어서 그렇다는 것이었습니다. 박사는 대주교의 말을 전하고는 금화 10리브르를 놔두고 돌아갔습니다.

그로부터 한 해가 지났을 무렵, 그만하면 책을 다 읽고도 남았으려니 생각하고 대주교에게 사람을 보내 원서와 원고를 돌려달라고 정중히 요청했습니다. 하지만 대주교는 다시 브레이 박사를 보내, 아직 원하는 만큼 꼼꼼히 읽지 못했다고 말했고, 나는 다시 일년을 기다려야 했습니다.

그 무렵 국왕과 추밀원이 의회를 소집하기로 결정했다는 소식이 들려왔습니다. 이만저만 기쁜 소식이 아니었습니다. 나는 대주교에게 사람을 보내 책과 원고를 돌려달라고 겸손히 요청하고는, 만일 돌려주지 않는다면 그 사실을 널리 공개하고, 곧 소집될 의회에도 탄원서를 올리겠다는 뜻을 전했습니다. 대주교는 전속사제 브레이 박사를 통해 원서와 원고를 돌려보내면서, 내가 번역한 책을 국왕에게 극찬하며 소개했으니, 국왕이 곧 번역본을 인쇄하여 독일에서 그랬던 것처럼 왕국 전역에 두루 배포하도록 명하게 될 것이라고 말하고는 금화 40리브르를 주었습니다.

얼마 후 나는 국왕의 명을 받은 상원의 조치로 석방되었으나, 대주교는 의회에 의해 체포되어 런던탑에 갇혔고, 얼마 후 참수형을 당했습니다. 하지만 그 후로도 내 책이 인쇄되었다는 소식은 들려오지 않았습니다.

그러던 어느 날 하원에서 내가 그 책을 번역했다는 사실을 알고는 사람을 보내 원서와 번역 원고를 받아 가지고 가서 위원회를 만들어 번역의 적정(適正)을 심의하게 했습니다. 얼마 후 위원회로부터 증언을 요청받고 나간 자리에서, 의장 에드워드 디어링 경(Sir Edward Dearing)은 내게 이렇게 말했습니다. 에섹스에 성직록을 둔 폴 아미로(Paul Amiraut)라는 박식한 목회자를 자신이 잘 아는데, 그는 잉글랜드에서 오래 살았으나 태어나기는 독일 남부의 팔츠 백작령에서 태어났다고 했습니다. 위원회가 그 목회자 앞으로 문제의 책과 번역 원고를 보내 번역을 검토하여 그 결과를 위원회 앞으로 전해달라고 부탁했는데, 번역에 하자가 없다는 보고를 해왔고, 따라서 위원회가 자체적으로 찰스 헐(Charles Herle)과 에드워드 코빗(Edward Corbet) 2인을 세워 책의 내용을 엄밀히 심사하여 출판하는 데 문제가 없는지 살피기로 했다는 것이었습니다.

1645년 11월 10일에 두 사람은 위원회에 보고서를 제출했습니다. 책의 내용을 검토한 결과 출판하여 세상에 널리 배포할 만한 훌륭한 신앙 서적임을 확인했고, 특히 루터가 그 책에서 과거에 주장하던 공재설(共在說, Consubstantiation, 그리스도의 살과 피가 성찬의 떡과 포도주의 실체 아래 혹은 실체와 함께 임재한다는 견해–옮긴이)을 철회한 점에서 더욱 가치가 있음을 발견했다는 내용이었습니다. 이에 하원은 1646년 2월 24일에 그 책의 출판을 지시했습니다.

이렇게 마르틴 루터의 「탁상담화」를 번역하게 된 경위를 기록으로 남기게 된 동기는, 말씀을 사모하며 믿음을 붙들고 사는 그리스도인들에게 기쁨과 격려를 주기 위함이요, 이 책을 기적적으로 보존해주신 하나님의 특별한 섭리를 영구히 기념하기 위함입니다. 이 책이 빛을 보게 된 현실에서, 나는 이 책이 하나님의 영광을 나타내고, 온 교회를 바르게 세우며, 교인들에게 말할 수 없는 위로로 채워줄 것을 믿어 의심치 않습니다.

1650년 7월
헨리 벨

「탁상담화」의 내용 자체는 루터가 말한 것을 그의 친구들과 제자들, 특히 그 위대한 종교개혁자의 말년까지 곁에서 많은 시간을 동고동락한 안토니 라우터바흐(Antony Lauterbach)와 요한 아우리파버(John Aurifaber, 골드슈미트)가 취합한 것입니다. 개혁자가 친구를 편하게 만나거나, 산책을 하거나, 목회의 일을 수행하거나, 식사를 하면서 대화하거나 강론하거나 관찰한 내용을 기록자들은 열정적으로 받아 적었습니다. 이렇게 해서 '하나님의 사람' 의 입에서 나오는 말이 남김없이 그들의 노트에 기록되었습니다. 그들은 개혁자가 힘있게 말씀을 전할 때든 실의에 빠져 있을 때든 항상 그의 곁에 있어 주었습니다. 그가 책을 읽거나 편지를 쓸 때 어깨너머로 그것을 지켜보았고, 고통을 호소할 때나 슬픔에 잠겨 있을 때나 기쁨에 겨워할 때 함께 마음을 나누었습니다. 매우 복잡하고 추상적인 이야기를 할 때도 그들 중 한두 사람은 개혁자의 의도를 읽고 그것을 어김없이 노트에 기록했습니다.

루터 자신이 칭크레프 박사(Dr. Zincgreff)에게 들려준 일화는 이 독일의 '보스웰들' (Boswell, 1740–95, 「새뮤얼 존슨의 생애」를 쓴 작가. 충실한 전기 작가들을 가리킴–옮긴이)의 성실함을 즐겁게 묘사해 줍니다. 마르틴 루터 박사가 저녁 식사 자리에서 평소와 다름없이 활기 넘치는 음성으로 이야기를 하고 있는데, 한쪽 구석에서 한 제자가 연필을 열심히 굴리며 받아 적는 모습이 보였습니다. 은근히 장난기가 발동한 박사는 큼직한 나무 수저에 오트밀 죽을 듬뿍 퍼 가지고 일어나 여전히 정신없이 적고 있는 제자의 얼굴에 들이밀면서 "이것도 받아 적으시게!" 하고 짓궂게 말했습니다. 그들의 기록이 정확했음에는 의심의 여지가 없습니다. "하나님의 귀한 종"에 대한 존경이 대단히 깊었던 사람들이니 그의 입에서 나오는 말을 한 마디라도 빠뜨리거나 바꾸거나 고치거나 무시하는 것을 큰 일로 여겼을 테니까요. 그의 말 듣기를 하나님 말씀 듣는 것처럼 했습니다. 그렇게 성실하게 받아 적은 글을 교인들 앞에서 재연하는 것이 그들에게는 큰 영광과 보람이었습니다. 「탁상담화」의 1652년 2절판의 서두에 실린 번역자에 대한 감동적인 편지글에는 그들의 노고가 잘 묘사되어 있습니다:

> 이 책에는 마르틴 루터의 자유롭고도 열정적인 정신이 잘 나타나 있습니다. 그는 오랜 세월 우리 조상들의 정신을 교황제도 아래 가둬온 사탄의 난공불락 요새를 무너뜨리기 위해 자기 시대에 세움을 받은 하나님의 사람이었습니다. 그의 깊고도 견고한 판단은 생시에 직접 펴낸 여러 저서들에서 확인할 수 있습니다. 하지만 사후에 출판된 이 빛나는 담화록에는 때를 얻든 못 얻든 복음 진리를 힘써 전한 그의 열정과 헌신이 풍성히 배여 있습니다. 나는 이 책을 읽으면서 그의 시대뿐 아니라 우리 시대에도 꼭 필요한, 바르고 깊고 풍성한 진리를 많이 발견했습니다. 야회복이 아닌 집안에서 입는 편한 옷과 같은 수수한 문체로 진술한 교훈들이어서, 지적 역량이 뛰어난 사람들뿐 아니라 평범한 사람들도 꼭 읽어볼 가치가 있습니다. 책에 담긴 평범하면서도 매우 다양한 내용은 종교개혁 1세대에게 중요했던 진리들을 후대의 모든 사람에게 전하여 깨닫게 하는데 아주 요긴한 역할을 했습니다. 복음의 원수들이 이 책을 없애려고 그다지도 혈안이 되었던 이유가 거기에 있었던 것 같습니다. 이 책이 모든 사람들에게 보급되어 자신들의 미신과 성직위계제도, 현세적 신앙, 위선, 불경건이 치명타를 당하는 것을 보고만 있을 수 없었던 것입니다.
>
> 대 종교개혁가의 재능과 성향과 태도를 「탁상담화」만큼 여실히 보여주는 책이 없습니다. 한 시대의 역사를 대하면서 여러 사건과 사상을 제쳐두고 먼저 인격을 주목하여 볼 가치가 있는 개인이 있다면 그가 바로 루터입니다. 역사상 그렇게 거대한 사건들이 그처럼 한 사람의 용기와 지혜와 열정을 축으로 전개된 경우가 없었고, 내면의 고독한 투쟁에 굴하지 않고 서서 자신의 외로운 독방을 역사상 가장 놀랍고 중요한 격변의

거점으로 만든 그의 기질과 개성만큼 연구해 볼 가치가 있는 주제도 드뭅니다. 그는 내면에서 분출되는 힘과 열정에 힘입어 서방 세계를 움켜쥐고 있던 가공할 종교 권력을 공격하고 효과적으로 배척하여 마침내 그것을 무너뜨렸습니다.

이 책을 읽을 때 항상 유념해야 할 사실이 있습니다. 이 책은 종교개혁자의 평소 모습을 꾸밈없이 보여주므로, 책의 내용을 공식적인 글이나 설교처럼 긴장의 끈을 바짝 죄고서 집필한 것과 같은 위치에 놓고 평가해서는 안 된다는 점입니다. 하지만 위인들이 대개 그렇듯이 루터도 사적인 영역과 공적인 영역에서 언어와 태도에 큰 차이가 없음을 이 책에서 확인할 수 있습니다. 루터는 아주 독특한 어조와 필치의 설교와 글로써 청중과 독자들의 마음에 직설적으로 다가갔으며, 의사전달을 더욱 생생하게 힘있게 하는 데 도움이 된다면 투박하고 조야한 비유와 예화라도 마다하지 않았습니다.

「탁상담화」의 첫 독일어 판(2절판)은 1566년 아이슬레벤에서 요한 아우리파버의 편집으로 출판되었습니다. 이 판본은 1567년에 재판을, 1568년에 제4판을 발행했습니다. 1568년 판에는 쿠글링 박사(Dr. Kugling)가 경쟁 판본에서 본문을 심각하게 훼손했다고 비판하는 내용의 편집자 서문이 붙었습니다. 하지만 이 경쟁 판본은 필사본 수준을 넘지 못한 까닭에 세월이 가면서 잊혀졌습니다. 앞서 언급한 네 개의 판본은 개정이 아닌 단순 재쇄(再刷)로서, 그 중 한 판본에는 인쇄상의 오류가 심할 정도로 많습니다. 1569년에는 다음과 같은 제목의 부록을 수록한 새로운 판본(프랑크푸르트, 2절판)이 출판되었습니다: “하나님의 거룩한 사람이 믿음 안에서 죽기 전에 다양한 신학자들과 성직자들에 전한 예언들: 공개된 적이 없는 여러 편의 위로 편지와 견해, 이야기, 답장이 함께 실림.” 1568년 3월 24일자로 기록된 ‘라우쉠베르크 시의회 앞에 바치는 글’이라는 헌사는 편집자 요한 핑크(John Fink)가 마르틴 루터의 다양한 저서와 글에서 새로운 자료를 취했음을 암시합니다. 부록의 예언들은 할레의 설교자 게오르크 발터(George Walther)의 조사 결과임을 덧붙입니다.

파브리키우스(Fabricius, *Centifolium Lutheranum*, p. 301)는 1569년과 1577년에 아이슬레벤에서 출판된 다른 두 2절판을 언급하지만, 이 판본들은 현존하지 않습니다.

「탁상담화」의 다음 편집자는 「마그데부르크 연대기」(*Centuries of Magdeburg*)를 이어받아 편찬한 프로이센 사람 안드레 슈탕발트(Andrew Stangwald)였습니다. 그는 서문에서 기존 판본들의 내용이 매우 부실한데다 인쇄상의 오류가 심하다고 지적합니다. 자신의 수정・증보판은 루터의 절친한 동료 요아킴 메를리누스 박사(Dr. Joachim Merlinus)가 소지했던 원본에 적힌 풍부한 노트를 참조하여 자신이 확보한 다양한 판본들을 비교하여 내놓은 것임을 밝힙니다. 슈탕발트의 편집본은 1571년(프랑크푸르트)에 출판되어 1590년에 재쇄를 발행했으며, 뮐하우젠 시의회에게 보내는 헌사와, 편집자 자신이 보충 설명을 붙인 서문을 수록합니다. 동일 편집본이 슈탕발트의 서문을 빼고 아우리파버의 서문을 넣는 형식으로 1603년(예나)에 재출판되었고, 1621년(라이프치히)과 80년 뒤인 1700년(라이프치히)에 각각 재출판되었습니다. 1700년 판에는 아우리파버의 서문과 나란히 슈탕발트의 서문이 실렸으며, 발터가 수집한 예언들이 부록으로 실렸습니다. 1723년에도 이와 동일한 배열로 재인쇄되었습니다(드레스덴과 라이프치히).

루터와 동시대인인 니콜라스 젤노이어(Nicholas Selneuer)도 스승의 「탁상담화」를 편집하는 일에 나선 결과 대 종교개혁자의 전기를 서문에 붙여 1577년에 펴냈고, 1580년에 2절판으로 다시 펴냈습니다. 하지만 이 판본은 내용이 슈탕발트의 본문과 대동소이합니다.

「탁상담화」는 루터의 독일어 저서들을 엮은 다양한 전집에서 배제되다가, 1743년(할레)에 발쉬(Walsch)가 펴낸 방대한 전집에 수록되었으나, 그 종교개혁자의 라틴어 저서 2절판 전집들에는 수록된 적이 없습니다. 물론 「탁상담화」의 독일어 초판이 나온 직후에 발췌본이 라틴어로 출판되긴 했습니다(프랑크푸르트, 1566년). 하지만 발췌본을 라틴어로 번역한 에리키우스 박사(Dr. Ericius)는 아우리파버의 편집본에서 일부 내용을 발췌하면서도, 그가 생략한 항목들을 다수 수록합니다. 다음으로, 1558-1571년에 에셔샤임의 목사 레벤스토크 박사(Dr. Henry Peter Rebenstok)가 라틴어 번역본을 두 권으로 펴냈습니다(프랑크푸르트). 그는 자신의 번역본이 아우리파버의 편집본이 아닌 후대의 편집자들의 자료를 토대로 삼았다고 알립니다. 그의 번역본은 아주 문체가 아주 조야한데다 오류 투성이어서 베일(Bayle)에게 혹평을 받았습니다. 이 편집본은 오늘날은 희귀본이 되었습니다.

캡틴 벨의 영역본에 관해서는 앞에서 언급했습니다.

번역을 준비하면서, 캡틴 벨은 원서를 편집했던 분들이 품었던 철저하고 확고한 충성에 사로잡힌 듯합니다. 식사 전의 친숙한 독일어 대담 가운데 번역이 거의 불가능한 부분은 삭제하거나 수정했지만, 적지 않은 단어들을 거의 그대로 혹은 비슷한 형태로 반복해서 전달하는 집중력을 드러냅니다.

필자는 이렇게 반복되는 단어들을 신중히 삭제함으로써, 이 책과 이 책의 자매편인 「루터의 생애」(*the Life of Luther*, 「유럽 총서」에 실린)에 아우리파버가 취합해 놓은 내용뿐 아니라 위에 자세히 소개한 다양한 편집자들의 추가 내용들까지 수록할 수 있었습니다. 특히 '적그리스도', '마귀와 그의 사역', '터키인' 에 관한 장들은 이런 식으로 살을 붙였습니다.

미들 템플에서

윌리엄 해즐리트(William Hazlitt)

# 요한 아우리파버 박사의 서문

제국 도시들인 슈트라스부르크, 아우크스부르크, 울름, 뉘른베르크, 뤼벡, 함부르크, 브라운슈바이크, 프랑크푸르트의 군주들과 시장들, 장로들에게 존경과 합법적인 복종을 바칩니다. 하나님 아버지께서 우리 주 그리스도 예수로 말미암아 은혜와 평강을 베푸시기를 기원합니다.

거룩하고 충성된 선지자 다윗은 시편 78편에서 이렇게 말합니다. "하나님께서 증거를 야곱에게 세우시며 법도를 이스라엘에게 정하시고 우리 조상들에게 명령하사 그들의 자손에게 알리라 하셨으니 이는 그들로 후대 곧 태어날 자손에게 이를 알게 하고 그들은 일어나 그들의 자손에게 일러서 그들로 그들의 소망을 하나님께 두며 하나님께서 행하신 일을 잊지 아니하고 오직 그의 계명을 지켜서 그들의 조상들 곧 완고하고 패역하여 그들의 마음이 정직하지 못하며 그 심령이 하나님께 충성하지 아니하는 세대와 같이 되지 아니하게 하려 하심이로다"(5–9절).

이 말로써 다윗은 하나님께서 인류에게 거룩한 말씀을 계시하시고, 언약과 율법을 베푸시고, 친히 당신을 알리시고, 우리에게 죄와 의, 죽음과 생명, 정죄와 구원, 지옥과 천국을 가르치시고, 그로써 세상에서 기독교 교회를 모아 주와 함께 영원히 거하도록 하신 큰 은혜와 은택을 높이며 찬송합니다. 선지자는 또한 우리에게 하나님 말씀을 근실히 배우고, 말씀으로 다른 사람을 가르치고, 모든 백성에게 알게 하며, 하나님이 하신 큰 일을 잊지 않고 감사를 드릴 것을 요구합니다.

이스라엘 자손이 오랜 세월 애굽에서 모진 종살이를 하면서 하나님을 바로 섬기지 못하고 우상숭배의 나락에 떨어지고, 심한 박해와 비참한 현실을 당하는 것을 지켜보시던 하나님께서는, 모세와 아론을 그들에게 보내시어 다시 하나님 말씀의 불을 밝히시고, 이교 세계의 가증스러운 우상숭배에서 그들을 건져내시며 참 하나님을 아는 지식의 문을 다시 열어주셨습니다.

그런 다음 강한 손과 편 팔로 그들을 애굽의 속박에서 구출해 내시고, 홍해를 지나게 하시며, 폭군 바로와 애굽의 군대가 홍해에 휩쓸려 죽는 것을 두 눈으로 똑똑히 보게 하셨습니다. 광야에서도 그들에게 인자하심을 크게 나타내셨습니다. 시내 산에서 그들에게 율법을 주셨고, 만나와 메추라기로 그들을 먹이셨고, 반석에서 물을 내어 마시게 하셨고, 아말렉 족속 같은 원수들에게 승리를 거두게 하셨습니다.

그리고 말로 다할 수 없는 큰 은택을 영원히 기억하고 감사하며 그것을 자손들에게 가르쳐 그들도 동일하게 하나님을 의지하고 살도록 엄히 당부하셨습니다.

따라서 이스라엘 백성은 하나님께서 자기들에게 베푸신 인애(仁愛)를 항상 기억하기 위하여 대대로 유월절과 오순절, 장막절을 지켰습니다. 출애굽기 13:14, 16에 이렇게 기록되어 있습니다. "후일에 네 아들이 네게 묻기를 이것이 어찌 됨이냐 하거든 너는 그에게 이르기를 여호와께서 그 손의 권능으로 우리를 애굽에서 곧 종이 되었던 집에서 인도하여 내실새 …… 이것이 네 손의 기호와 네 미간의 표가 되리라. 이는 여호와께서 그 손의 권능으로 우리를 애굽에서 인도하여 내셨음이니라 할지니라." 그러나 이스라엘 자손은 큰 구원을 받고 그렇게 많은 은혜를 누린 뒤에도 하나님께 감사하지 않았습니다. 오히려 얼마 지나지 않아 금송아지를 만들어 섬기며 그 곁에서 방자하게 춤추며 뛰놀았습니다. 요란한 시냇물처럼 하나님께 원망을 내뱉고 진노하시게 하여 그에 상응하는 징벌을 받았습니다.

우리도 시편 78편의 훈계를 늘 간직하고, 자신들을 애굽의 종살이에서 구원해 주신 하나님의 은혜를 속히 잊은 이스라엘 자손의 패역한 태도를 타산지석으로 삼아야 합니다. 우리도 그들 못지않게 크게 즐거워할 일이 있기 때문입니다. 오랫동안 가려져 왔던 하나님 말씀이 이제 다시 우리 앞에 밝히 나타난 것입니다. 따라서 우리는 이 값진 보물을 자손만대에 보여줌으로써, 우리가 적그리스도 곧 로마 교황의 왕국과 인간의 전통에서 어떻게 구출되어 해방되었는지 일러주어야 합니다. 그것은 애굽의 속박과 바벨론 유수에서 풀려난 것과 조금도 다르지 않습니다. 하나님께서는 우리를 구원하실 때 독일 땅에 모세와 같은 인물을 보내셨습니다. 하나님의 말씀을 밝히 깨달은 우리의 대장과 지도자 마르틴 루터가 바로 그 인물이었습니다. 그는 하나님의 특별한 섭리를 통하여 우리를 애굽의 속박에서 건져내고, 기독교 신앙의 모든 주요 조항들을 밝히 드러냈습니다. 하나님께서 그의 교훈을 강한 손과 편 팔로 보호하셔서 지옥의 문에 대치하여 견고히 서게 하셨습니다.

수많은 지식인들과 대학교들, 교황들, 추기경들, 주교들, 탁발수사들, 사제들이 일어나고, 그들을 따라 황제들과 왕들, 제후들이 일어나 한 사람 루터와 그의 교리를 짓밟기 위해 맹렬한 공격을 퍼부었으나 그들의 노력은 헛수고로 돌아갔습니다. 루터의 교리는 그리스도와 사도들의 참된 교훈에 깊이 뿌리박고 있기 때문에 오늘날까지 우뚝 서 있는 것입니다.

우리는 50년 전을 되돌아봐야 합니다. 그때 우리가 신앙과 교회 정치에 관련하여 얼마나 한심한 상태에 있었으며, 교황제의 압제 하에 얼마나 암울하게 지내고 있었습니까? 하지만 그 시절을 우리의 자녀들은 모릅니다. 이제 노인 세대가 되어버린 우리에게마저 그 시절이 아득한 옛날 이야기가 되어 가고 있습니다.

먼저 하나님의 성전에 불법의 사람, 멸망의 아들이 앉는 일이 있었습니다. 그는 로마의 적그리스도로서, 사도 바울이 데살로니가후서 2장에서 "자기를 하나님이라고 내세우느니라"(4절)고 예언한 자입니다. 그는 하나님의 말씀과 율법과 계명을 왜곡하고 그 대신 자기 마음대로 예배와 의식과 규례를 정하여 세웠는데, 그것은 방식과 의미가 매우 복잡하고 서로 모순되는 경우도 적지 않습니다. 이로써 교황의 권세가 미치는 영역에서는 무엇이 확실하고 무엇이 불확실한 것인지, 무엇이 참되고 무엇이 거짓된 것인지, 무엇이 명령되고 무엇이 금해진 것인지 아무도 알 수 없게 되었습니다.

교황은 돈벌이가 되는 것이면 무엇이든 팔았습니다. 모든 백성에게 자신의 멍에를 씌움으로써, 황제조차 그의 발에 입을 맞추어야 했고, 그에게 면류관을 받아 써야 했습니다. 어떤 왕이나 제후도 감히 그에게 반대하지 못했고, 그의 명령이나 금령에 대해서 불만을 표시하지 못했습니다.

이러한 권세에 편승하여, 교황은 법령과 대칙서들을 통해서 자신이 지상에서 하나님을 대표하는 총대리자로 자처했습니다. 자신이 교회의 머리이고, 수석 주교이고, 세상의 모든 주교들과 지식인들의 주(主)라고 했습니다. 제국과 모든 왕국들의 후계자 자리가 빌 경우 자신이 자연스럽게 계승자와 상속자가 된다고 주장했습니다. 자신이 로마에서 쓰는 왕관을 가리켜 '세상의 통치권'(*regnum mundi*)라 하면서, 모든 사람이 자신을 지상의 지극히 거룩한 아버지와 신으로 여겨 엎드려 절해야 한다고 했습니다. 그리고 위선자들인 그의 법률가들은 그가 단지 인간일 뿐 아니라 신(神)인 동시에 인간이라고 주장했습니다. 그가 죄를 범할 수 없고, 마음 곳간에 모든 신적이고 인간적인 지혜를 간직하고 있으며, 오히려 성경조차 그의 권좌로부터 권세와 효력과 권위를 받아야 한다고 했습니다.

교황은 믿음의 주(主)로 자처했습니다. 자신만이 성경을 해석할 수 있고 깨달을 수 있으며, 자신이 지극히 거룩하고 오류에서 멀기 때문에 인류 모든 영혼의 1/3을 지옥에 던질 수 있으나, 아무도 그에 대해서 왜 그랬는지 질문하거나 이의를 제기할 수 없다고 주장했습니다. 자신의 신성한 위엄과 권세, 즉 자신이 오류를 범하지도 않고, 범해서도 안 되고, 범할 수도 없음을 모든 사람이 믿어야 한다고 했습니다. 구약성경과 신약성경을 무효화하고 폐지할 수 있는 권한이 자신에게 있다고 했습니다. 교회가 자신 위에 세워졌고, 자신은 오류를 범하거나 넘어질 수 없다고 했는데, 이는 자연히 모든 사도들보다 더 높고 유력하다는 논리였습니다.

그는 믿음의 새로운 조항을 수립할 권세와 권위가 자신에게 있으며, 자신이 수립한 믿음의 조항은 성경과 동등한 가치를 지니므로 구원받고자 하면 누구나 반드시 믿어야 한다고 주장했습니다.

동시에 그는 모든 공의회와 교부들 위에 있었고, 지상의 어떠한 법원으로부터도 재판을 받지 아니하고, 오히려 만민이 그의 판결과 법령에 복종해야 한다고 했습니다.

그는 로마 교회를 다른 모든 교회의 어머니로 만들고, 모든 교회가 법적 문제를 로마 교회에 항소하도록 했습니다. 그가 교회의 유일한 통치자였습니다. 사도들이 살아 있더라도 오히려 그들보다 더 유능하게 다스릴 수 있다는 기세였습니다.

그는 지상의 만민과 하늘의 천사들과 지옥의 귀신들에게 명령할 권세가 있다고 했습니다. 정리하자면, 로마의 권좌는 너무나 거룩해서 아무리 악한 사람을 그 자리에 앉히더라도 그 자리에 앉는 즉시 거룩하게 된다는 것이었습니다.

이런 참람한 자랑을 교황은 제 입으로 늘어놓은 것입니다. 이런 사실을 잘 알면서도 모른 척 굽신거리던 교황의 전속사제들과 서기들도 그를 그런 존재로 선전했습니다. 이로써 그의 거대한 위(胃)가 부풀어 오르고 교만으로 차오른 결과, 그는 그리스도의 대적이 되어 모든 것을 혼동에 빠뜨렸습니다. 그가 율법 혹은 십계명을 얼마나 적대시했는지, 그래서 어떻게 그것을 폐지하고 무력화했는지 세상이 다 아는 사실입니다.

교황은 십계명의 처음 세 가지 계명을 완전히 짓밟았습니다. 우선, 인간의 자유의지를 신으로 격상시켜 하나님 곁에 나란히 두었습니다. 스콜라 신학자들을 앞세워, 인간의 자연적 능력이 타락 후에도 훼손되지 않고 견고히 남았고, 따라서 인간은 자신의 인간적 능력으로 모든 계명을 지킬 수 있으며, 그로써 하나님 앞에서 의로운 존재로 설 수 있다고 주장한 것입니다. 또한 그는 성령께서 은혜로 도우셔야만 인간이 선행을 행할 수 있다는 생각은 성경적 근거가 없다고 가르쳤습니다. 오히려 모든 인간은 자신의 자연적 힘과 능력을 발휘하여 자유의지를 견지하고, 그로써 선행에 힘써야 한다고 했습니다.

교황은 나머지 일곱 가지 계명도 완전히 무너뜨린 채 자신을 부모와 위정자들 위에 세우고, 그들에게 돌아가야 할 복종을 자신에게 돌리며, 자녀들에게 부모를 거역하도록, 백성들에게는 군주에게 저항하도록 사주했습니다. (이것은 제국의 역사에 명백하게 나타나 있는 사실입니다.) 제5계명을 심하게 짓밟은 것입니다.

또한 교황은 세속 권력을 탈취하고는, 힘은 힘으로 맞서 퇴치하는 것이 정당하고 합법적이라고 가르쳤습니다. 원수를 사랑하고 악을 인내하라는 주님의 명령은 절대적인 것이 아니요 권고일 뿐이라고 했습니다. 이런 교훈은 제6계명을 정면으로 거스르는 것입니다.

제7계명도 교황은 쉽게 짓밟았습니다. 왕국와 공국과 나라들과 백성과 도시들과 읍들과 마을들을 가로챘고, 세상에서 가장 비옥하고 아름다운 지역들을 차지했고, 가난한 백성을 착취했으며, 그런 식으로 부정한 금고를 채움으로써 자신의 탁발수사들이 제후들보다 더 부자가 되게 했습니다.

또한 자신의 승낙과 권위 없이 체결된 엄숙한 서약과 약속, 평화 조약을 찢어 무효화함으로써 제9계명을 정면으로 어겼습니다.

마지막으로, 교황은 제10계명을 완전히 뒤집어, 인간의 탐심이 죄가 아니며 다만 인간으로서 지닐 수밖에 없는 연약함에서 나오는 것일 뿐이라고 가르쳤습니다.

이런 방식으로 교황은 마귀적 본능에 휘둘려 하나님의 모든 계명을 던져버리고 대신 인간의 법과 계율을 세웠습니다.

그는 복음 전파에 대해서도 동일한 수순을 밟았습니다. 그리스도와 그분의 인격과 사역과 고귀한 공로와 은혜에 관해서는 전혀 가르치지 않았고, 죄책감과 슬픔에 짓눌린 양심들을 조금도 위로하지 않았습니다. 가련한 백성들은 대체 어디로 가서 어떻게 해야 죄 사함과 영원한 생명과 구원을 얻을 수 있는지 몰라 방황했습니다.

교황주의자들이 가련한 백성들에게 설교를 통해 가르친 것이란, 하나님과 사람 사이에 유일하신 중보자이신 우리 주와 구주 예수 그리스도께서 잔뜩 분노하신 엄한 재판장이시며, 만일 그분 앞에 다른 대언자와 중보자들을 세우지 않으면 결코 그분 마음을 풀어드릴 수 없다는 것이었습니다.

무지한 백성들은 이러한 교리에 속아 넘어가 이교적 우상숭배로 떨어졌고, 죽은 성인들에게 피하여 도움과 구원을 청했으며, 그들을 신으로 삼아 오히려 우리의 복되신 구주 그리스도 예수보다 그들을 더욱 신뢰하고 사랑했습니다. 특히 그리스도보다 동정녀 마리아를 은혜의 보좌에 이르게 할 중보자로 믿고 그 앞에 매달렸습니다.

이런 분위기에서 성인들의 유골이 있는 곳으로 가서 그들을 통해 용서와 사죄를 받으려 하는 순례 관행이 생겼습니다. 그들은 교황과 탁발수도회들을 비롯한 여러 수도회들에게도 사죄를 구했습니다. 성직자들은 백성에게 천국에 가려면 각고면려하여 선행과 금욕과 금식 따위에 힘써야 한다고 가르쳤습니다.

하지만 원래 그리스도인이 위로를 얻을 수 있는 가장 큰 통로는 기도입니다. 기도야말로 그리스도인에게 모든 원수들로부터 보호해 주는 도피처와 방패입니다. 그러므로 교황은 기도의 통로를 막고, 행위만 있는 팍팍한 길로, 정신과 진리가 빠진 지루한 중얼거림으로 백성을 내몰았습니다. 교황은 백성이 알아듣지 못하는 라틴어 시편과 기도서를 가지고 기도했습니다. 백성은 성무일과서와 죽은 성인들에게 바치는 기도문에 맞춰 기도했습니다. 그러는 동안 양심의 괴로움과 공포가 갈수록 가중되어 갔으나 희망도 참된 위로도 알지 못했습니다. 그런 상황에서도 성인들에게 기도하면 과거의 모든 죄를 사함받을 수 있다고 믿도록 강요받았습니다.

교황의 영역에서는 세례도 원래의 숭고한 의미를 잃었습니다. 세례가 성수(聖水)와 촛불과 성유(聖油) 같은 인간의 도구를 가지고 벌이는 천박한 행사로 전락했을 뿐 아니라, 의식이 라틴어로 거행된 까닭에 평신도는 뜻도 모른 채 구경꾼이 되어야 했던 것입니다. 세례가 있어야 할 자리에 그들은 수사(修士) 서약을 놓고, 그것을 세례와 가치와 효력이 동등한 제2의 세례로 올려놓았습니다. 수사가 되어 아버지에게 받은 이름을 버리고 새로운 이름을 받으면 그리스도의 세례를 받는 것 못지않게 순결하고 정결하게 된다고 했습니다.

교황의 영역에서는 주기도문마저 심하게 남용하여 우상숭배로 변질시켰습니다. 그리스도를 생각하고서 주기도문을 드리지 않고, 자격 없는 사제가 믿음 없이 그것을 종일 읊조린 뒤 그 효력을 돈 받고 팔면서, 그것을 사면 연옥에 있는 영혼들을 건질 수 있다고 속여 돈을 벌었습니다. 성찬 의식도 장터로 만들었습니다.

더 나아가 교황은 평신도에게 성찬의 한 부분인 포도주를 받을 권리를 앗아갔습니다. 나머지 부분도 단단히 봉해 두었다가 해마다 성체 축일에 엄숙히 꺼내어 숭배함으로 두려운 우상숭배의 대상으로 만들었습니다.

또한 고해성사라는 제도를 만들어 온 세상 사람들의 양심을 혼란에 빠뜨리고, 많은 사람들을 좌절하게 만들었습니다. 사람들에게 사죄를 주되 선행과 공로가 있어야 줌으로써 위로와 격려 대신에 두려움과 불안과 좌절을 안겨주었습니다. 그리스도께서 교회에 주신 참된 열쇠 대신에, 자신이 권한을 남용하여 돈벌이를 할 때 사용하는 도둑 열쇠를 사용한 것입니다.

이처럼 교황은 하나님 말씀과 율법과 복음의 도리를 흐려놓고 왜곡시키고, 하나님을 향한 기도와 참된 경건이 주는 따뜻한 위로를 치워버리고 세례와 성찬을 욕되게 하더니, 마침내 하나님께서 정해 놓으신 세상의 질서마저 짓밟고서 강단과 교회 정부를 세속 권력의 중심으로 만들고, 그 권좌에 앉아 추기경과 대주교, 주교, 대수도원장, 탁발수사, 수녀, 사제, 그리고 헤아릴 수 없이 많은 수사들을 자신의 신하들로 부려가며 군주처럼 통치했습니다. 가련한 평신도들은 그저 천한 연장 정도로 취급당했습니다.

이런 간단한 실상만 봐도 교황 치하에서 기독교 교회가 어떤 상태에 있었는지 쉽게 짐작할 수 있을 것입니다. 이런 두려운 암흑을 하나님께서는 악하고 배은망덕한 세상에 의로운 심판으로 내리셨습니다.

그러나 은혜와 자비가 풍성하신 하나님께서는 우리 시대에 다시 복음의 빛을 비추게 하셔서 인간 전통의 캄캄한 구름을 흩어버리셨습니다. 이렇게 하실 때 들어 쓰신 인물이 하나님의 사람 루터입니다. 그는 설교를 통해 교황 진영에 선전포고를 한 이래로 하나님의 말씀을 힘써 전하는 방식으로 그들을 굴복시켰고, 그로써 우리를 교황의 지배에서 건져내고, 우리를 다시 약속의 땅으로 인도하여 하나님의 말씀이 명쾌하게 전파되고 하나님의 이름이 찬송을 받으시는 낙원에 거하게 해주었습니다. 이곳에서는 교회가 난마처럼 얽힌 인간 전통을 말끔히 걷어내고 영광스럽게 개혁된 까닭에, 전능하신 하나님께 아무리 찬송을 드려도 다함이 없습니다.

하나님께서는 루터를 통해서 과거에 탁자 밑에 덮여 있던 성경을 다시 탁자 위로 올려놓으셨습니다. 루터가 히브리어를 독일어로 번역한 성경은 성직자와 평신도를 가리지 않고 남녀노소 모두가 쉽게 읽을 수 있는 것이어서, 이제는 아버지나 교사가 날마다 성경을 아내와 자녀와 하인들에게 읽어주어 그들에게 은혜의 도리를 가르치고, 진리와 하나님을 섬기는 바른 도리를 지도할 수 있게 되었습니다. 교황의 지배를 받을 때는 성경이 모든 사람에게 닫힌 책이었습니다. 신학교수들조차 성경을 읽지 않았습니다. 내가 듣는 자리에서 루터가 자주 말했듯이, 안드레 칼슈타트 박사가 신학교수가 된 지 8년 만에 성경을 읽기 시작했던 것이 비근한 예입니다.

독일인들이 눈먼 두더지들이 아니라면, 하나님께서 베푸신 이 큰 은혜와 은택을 인정하고, 날마다 무릎을 꿇고 그 크신 이름에 감사와 찬송을 드려야 할 것입니다. 시편 34편이 그 일로 찬송을 드리기에 적합합니다. "내가 여호와를 항상 송축함이여 내 입술로 항상 주를 찬양하리이다. 내 영혼이 여호와를 자랑하리니 곤고한 자들이 이를 듣고 기뻐하리로다"(1–2절). 시편 103편도 좋습니다. "내 영혼아 여호와를 송축하라. 내 속에 있는 것들아 다 그의 거룩한 이름을 송축하라. 내 영혼아 여호와를 송축하며 그의 모든 은택을 잊지 말지어다"(1–2절).

또한 우리가 하나님께 간절히 기도드려야 할 것은, 이 복음의 불을 끄지 마시고 오래오래 비춰 주셔서, 우리의 대대 후손들도 구원의 빛 가운데 걷고, 그 안에서 기뻐하며 우리와 더불어 영원히 구원을 얻게 해주시라는 것입니다.

마귀는 하나님 말씀과 거룩한 성례라는 보물을 앗아가는 대 원수입니다. 그는 복음의 불을 끄기 위해서 맹렬한 공격을 퍼붓습니다. 하나님의 거룩한 사람 루터가 죽은 뒤의 현실이 그것을 잘 말해줍니다. 아우크스부르크 가신조 협정(Interim of Augsburg, 1548. 카를 5세가 로마 가톨릭 교회의 교리를 근간으로 성직자 결혼 등 개신교의 몇 가지 외적인 개혁을 도입하는 방식으로 독일의 종교적 통일을 기하기 위하여 작성함. 심한 반발에 부닥쳐 무위로 끝나고, 1555년에 아우크스부르크 종교화의가 체결되어 각 공국은 루터교와 로마 가톨릭 교회 중에서 원하는 진영을 자유롭게 선택하게 됨–옮긴이) 기간에 먼저 이신칭의 교리를 강하게 공격하고, 이어서 선행과 그리스도인의 삶, 성례, 기독교 교회의 예배 등에 관한 교리를 철저히 무너뜨리려 한 것입니다.

그 후 유화주의자들이 우리와 교황 사이에서 중재를 시도했습니다. 그들은 신자가 교황을 가까이 할수록 더 좋다고 가르침으로써 교황 진영의 주교들에게 교회의 권한을 회복시키고 타락한 예배 의식을 되살리려 했던 것입니다. 그들의 중재안을 따르지 않는 사람은 큰 위험을 감수해야 할 형편이 되었습니다.

그런가 하면 반율법주의파, 슈벵크펠트파(칼슈타트와 뮌처를 통해 종교개혁을 접한 슈벵크펠트가 성찬, 그리스도론, 권징에 대해 독자적인 견해를 가지고 이끈 집단으로서, 루터와 츠빙글리, 부처와 갈등을 겪음–옮긴이), 열정파(Enthusians) 같은 집단들이 일어나 루터가 말끔히 닦아 다시 찬란하게 비치게 한 참된 교리를 어둡게 가리는 일에 힘썼습니다.

스스로 그리스도인이요 올바른 교사와 설교자라고 생각하는 사람은 이러한 그릇되고 악한 오류들을 배격해야 합니다. 하지만 많은 교사와 설교자들은 귀먹은 개처럼 행동했습니다. 그리스도의 양들을 푸른 초장으로 인도하여 먹게 하기는커녕, 굶주린 늑대들이 양우리에 다가와 가련한 양들을 헤치고 잡아먹으려 하는데도 짖지를 않았습니다. 선지자의 말대로 요셉의 환난에 대하여 근심하지 않고, 오히려 조금도 관심이 없었습니다(참조. 암 6:6).

그러나 어떤 사람들은 참되고 신실한 교사들처럼 하나님의 원수들과 싸우기는 하는데, 사납고 교만하여 서로 헐뜯고 싸움으로써 쓸데없이 불화와 분열을 일으키다가 박해와 고초를 자초했습니다.

마찬가지로 대학교들도 과거의 상태로 추락하여, 하나님 말씀의 순결한 교리에 관심을 두지 않고, 스콜라 학자들의 교훈을 다시 떠받들고, 새로운 수사법과 웅변술을 교회에 끌어들여 교회를 부패와 오류로 이끌고 갔습니다.

이쯤 되자 정치인들과 법률가들과 궁정인들도 교회와 강단을 장악하려 들었고, 성직자들과 교회 직원들을 자기들 뜻대로 세우기도 하고 내보내기도 했으며, 신앙 문제를 자신들의 멋대로 세속 문제로 바꾸려고 시도했습니다. 이로써 독일 교회가 교리의 순수성을 상실하고 권징의 기강이 무너짐으로써 교황의 지배가 다시 문 앞까지 밀어닥친 현실이 우리 눈 앞에 펼쳐지게 되었습니다. 루터가 생시에 그토록 경고하며 각성하기를 당부하던 상황이 바짝 다가와 있는 것입니다.

그러므로 우리는 루터가 밝혀 들었던 불을 바로 사용하여 하나님 말씀의 교리로써 우리 자신을 진지하게 비추어 봐야 합니다. 그리스도께서 친히 "아직 잠시 동안 빛이 너희 중에 있으니 빛이 있을 동안에 다녀 어둠에 붙잡히지 않게 하라 … 너희에게 아직 빛이 있을 동안에 빛을 믿으라. 그리하면 빛의 아들이 되리라"(요 12:35–36)고 명령하셨습니다. 시편 기자는 이렇게 기도했습니다. "주의 말씀은 내 발에 등이요 내 길에 빛이니이다"(시 119:105). 주의 말씀을 등과 빛을 삼을 때 주께서 친히 우리의 걸음을 인도해 주시고, 어둠과 걸려 넘어짐에서 보호하실 것입니다. 사도 베드로는 이렇게 당부합니다. "또 우리에게는 더 확실한 예언이 있어 어두운 데를 비추는 등불과 같으니 날이 새어 샛별이 너희 마음에 떠오르기까지 너희가 이것을 주의하는 것이 옳으니라"(벧후 1:19).

전능하신 하나님, 우리의 사랑하는 주와 구주 예수 그리스도의 아버지께서 아버지의 성령으로 말미암아 기독교 세계의 왕들과 제후들과 도시들과 읍들이 다시 밝히 해명된 복음의 도리를 받아들이고 적그리스도의 왕국인 애굽의 속박에서 구출된 사실이 얼마나 귀한가를 깨닫게 해주옵소서. 그 일로 인해 하나님께 진심으로 감사하는 심정으로 거룩한 생활에 힘쓰도록 해주시고, 하나님 말씀을 가벼이 여겨 소홀히 대하는 일이 없게 하시고, 죄악된 생활로 우리 자신과 우리의 후손들이 복음의 영광스러운 자유를 잃지 않게 하시며, 우리 조상들이 갇혀 고생했던 교황의 압제 밑으로 제 발로 다시 걸어 들어가는 일이 없게 해주옵소서. 하나님 말씀의 이 보화가 독일에 언제까지나 남아 있게 하시고, 이렇게 시작한 사역이 계속 진행되어 하나님의 이름이 온 세상에서 거룩히 여김을 받게 하시며, 온 세상의 기독교 교회가 보호와 구원을 받는 데 쓰임이 되게 해주옵소서. 하나님이시여, 예수 그리스도의 공로를 보시고 무한하신 자비로 이 일을 이루어 주옵소서. 아멘.

요한 아우리파버, D.D.
주후 1569년

# 머리말

비평가들은 루터를 활화산에 비유합니다. 불같이 뜨거운 그의 설교와 저서들이 유럽 전역을 뒤덮으며 활활 타오르게 했습니다. 그럼에도 불구하고 오늘날 루터를 깊이 존경하는 사람들 가운데는 로마 가톨릭 신자들도 적지 않습니다. 그들은 만일 루터가 20세기에 태어났다면 교황에게 파문을 당하지 않고 오히려 성인으로 추앙받았을 것이라고 생각합니다. 루터에 관해 중립적일 수는 없습니다. 그의 순수하고 뜨거운 믿음과 타협을 모르는 정직함에 감화를 받거나, 아니면 자신의 신학을 조금 변경하기보다 끝내 교회를 두 동강내고 마는 완고하고 교만한 사람에게서 등을 돌리게 됩니다. 오늘날 쟁점이 되는 루터의 사상 가운데 많은 내용은 개신교와 가톨릭 양 진영에서 당연하게 받아들여집니다. 그런데도 루터가 여전히 흡인력을 지니는 이유는 종교개혁의 토대가 된 그의 신학이 냉철한 지적 사유의 산물이 아니라, 뜨거운 내면에서 벌어진 치열한 영적 투쟁의 산물이라는 점에 있습니다. 루터는 신학적 사색에 몰입한 적이 없고, 항상 자신의 통찰을 일상의 경험에 결부시켰습니다.

마르틴 루터는 1483년 11월 10일 독일의 주요 광산 지대의 거점인 만스펠트 근처에서 태어났습니다. 아버지 한스가 광부였던 까닭에 어린 시절을 몹시 고생스럽게 지냈습니다. 그러나 한스에게는 훗날 마르틴이 물려받게 된 불굴의 열정이 있어서 광부 생활 십 년 만에 용광로 여러 개를 보유할 수 있었고, 덕분에 루터는 청소년 시기를 읍내에서 부잣집 아들로 보낼 수 있었습니다. 집안 분위기는 지나치게 엄하고 경건했으며, 훗날 마르틴은 식구들간의 관계가 너무 냉랭했던 점을 몹시 아쉬워했습니다. 에르푸르트 대학교에 입학한 마르틴은 논쟁과 대중 연설 그리고 음악에 탁월한 소양을 나타냈습니다. 그의 아버지는 아들을 전문직 종사자로 키우고 싶어했습니다. 그러나 마르틴은 스물한 살의 어느 시기에 에르푸르트 근처를 거닐다가, 하나님께서 자신에게 원하시는 것은 수사가 되는 것임을 확신하게 되었습니다. 훗날 그는 그 당시의 상황을 생생하게 묘사합니다. 결국 그는 아버지의 벼락 같은 호통을 무릅쓰고 에르푸르트에 있는 아우구스티누스회 수도원에 들어갔고, 신학 공부에 평생을 바치기로 결심했습니다. 그리고 4년만인 1509년에 신입 수사들에게 강의를 하게 되었습니다.

루터가 가입한 아우구스티누스회는 규율이 매우 엄격했는데, 루터는 수도회칙을 자구(字句) 하나 빠뜨리지 않고 철저히 지켰습니다. 수도회칙에 적힌 규율 외에도 장기간에 걸인 금식을 여러 차례 했고, 개인 기도에도 많은 시간을 할애했습니다. 주간 고해 시간에 사죄를 받기 위해 사소한 잘못조차 꼼꼼히 기록하며 지냈습니다. 그러나 그런 엄격한 단속으로 하나님을 기쁘시게 해드리려고 노력할수록 영혼은 더욱 괴로운 번민에 빠져들었습니다. 죄책감이 줄지 않고 갈수록 커졌으며, 매번 스스로 괴롭게 할 때마다 내면의 고통은 오히려 깊어만 갔습니다. 루터 자신이 쓴 대로, 하나님께서는 어떻게 해도 만족시켜 드릴 수 없는 불의한 재판장이 아니신가 하는 회의와 함께 미움이 일기 시작했습니다. 건강이 갈수록 악화되어 갔고, 불면증과 변비가 떠날 날이 없었습니다.

14년을 그렇게 모진 가책과 고통 속에서 지내던 끝에, 사도 바울의 로마서를 읽다가 "하나님의 의"라는 구절을 놓고 깊이 묵상하는 가운데 마침내 평화가 거역할 수 없는 파도와 같은 기세로 찾아왔습니다. 의(義)란 인간의 노력으로 얻을 수 있는 게 아니라 하나님께서 대가와 공로 없이 주시는 선물이라는 깨달음이 계시와 방불한 힘으로 그를 사로잡았습니다. 하나님께 마음을 열어드려 이 선물을 받지 않는다면 고생스러운 수도원 생활도 다 헛수고임을 깨달았습니다. 어깨를 무겁게 누르던 죄책의 짐이 벗겨지면서, 그는 평생 처음으로 진정한 기쁨을 맛보았습니다.

루터의 이 사적인 영적 경험이 십 년도 못 되어 유럽 천지를 뒤흔든 개신교 종교개혁의 영감이 되었습니다. 루터는 자신의 '이신칭의' 교훈의 초석이 된 교리를 발전시켰습니다. 그 요지는, 사람이 하나님 앞에 의롭다 함을 얻는 것은 '선행'으로 말미암지 않고 하나님께서 주시는 믿음의 선물을 받아들이는 것으로 말미암는다는 것이며, 선행, 특히 그 가운데 이웃 사랑은 믿음의 자연스러운 표현일 뿐, 그것 자체가 사람의 영혼을 구원하지 않는다는 것이었습니다. 이로써 루터는 가톨릭 교회가 널리 가르치던 교훈이 근본적으로 잘못되었다고 판단하기에 이르렀습니다. 루터의 관점에서 볼 때, 교황과 그의 주교들은 백성에게 온갖 종류의 과도한 도덕적 의무를 부과하고 있었으며, 그 중에서 가장 심한 것은 천국에서의 영적 상을 내걸고 교회에 연보를 많이 하라고 강요하는 것이었습니다. 그것은 하나님과 하나님의 구원의 능력을 단지 교회의 손에 들린 연장으로 격하하는 것이었습니다.

첫 번째 대 논쟁은 '면죄부' 의 역할을 놓고 벌어졌습니다. 교회가 고가(高價)에 판매한 면죄부가 연옥에서 벌을 받고 있는 사람의 형벌 기간을 단축시켜 준다는 것이 가톨릭 교회의 가르침이었습니다. 이 해묵은 폐습이 유난히 기승을 부리게 된 원인은 교황이 로마에 거대한 대성당을 신축하자니 유럽 전역에서 거액을 끌어 모아야 했기 때문입니다. 루터는 그것이 교회를 부패시켜온 모든 폐습의 전형이라고 판단하고서, 독일에서 면죄부를 권장하던 책임자들, 특히 개인 부채를 갚을 목적으로 면죄부를 판매한 마인츠 대주교에게 강한 항의의 뜻을 담은 장문의 글을 쓰기 시작했습니다. 마침내 1517년 10월 31일 루터는 비텐베르크 교회 대문에 면죄부를 조목조목 비판한 '구십오개조' 를 내걺으로써 처음으로 공식 성명을 발표했습니다. 구십오개조는 독일 전역에 유포되었고, 루터 자신도 뜨거운 지지와 성원에 크게 놀랐습니다. 교황은 사본을 받아보고는 루터를 이단 죄로 재판에 넘기라고 명령했습니다. 복잡한 교회 재판이 여러 번 열린 끝에 1520년 교황은 루터의 교훈을 단죄하고, 60일 내에 철회하지 않으면 파문과 투옥에 처하겠다고 경고했습니다.

루터는 거절했고, 1521년 교황은 독일 황제에게 그를 체포할 것을 요구하는 서신을 보냈습니다. 황제는 교황의 요구를 거절했습니다. 대신에 보름스에서 제국의회를 열어 루터에게 해명할 기회를 주었습니다. 의회에서 자신의 저서들이 탁자에 올려진 상태에서, 루터는 그 저서들에 실린 사상을 철회하라는 요구를 받았습니다. 그는 단호한 태도로 자신의 견해를 변호하는 대신, 의회에 대해서 자신의 저서들에 무슨 오류가 있다면 그것을 지적해 보라고 도전했습니다. 의회는 답변하지 못했으나, 그럼에도 불구하고 결국 루터가 "기독교의 정도(正道)를 이탈했다"는 내용의 결의안을 통과시켰습니다. 하지만 이제는 독일인의 대다수가 루터를 지지했고, 루터 본인의 의사와 상관 없이 그를 로마에 대한 자신들의 뿌리깊은 증오의 대변자로 떠받들었습니다. 루터의 친구들은 교황 세력이 그를 암살할지도 모른다고 우려하여 강제로 바르트부르크 성에 은신하게 했고, 루터는 그곳에서 성경을 독일어로 번역하기 시작했습니다.

루터는 로마와의 균열이 봉합할 수 있는 성격의 것이 아님을 깨닫고는 새로 개혁된 교회를 세우는 일에 착수했습니다. 그는 이미 1520년에 공식적인 서신 두 편을 썼는데, 그것이 사실상 종교개혁 선언문이었습니다. 이 선언문에서 루터는 모든 그리스도인들이 '제사장'으로서 성령을 통하여 하나님께 직접 나아가며, 따라서 스스로 성경을 해석할 수 있다는 신념을 표현했습니다. 따라서 교황과 그의 주교들과 사제들이 하나님의 은혜와 진리를 백성들에게 전달하는 유일한 중보자들이라는 주장은 거짓말이라는 뜻이었습니다. 루터는 사역의 장으로 돌아간 뒤부터 헤아릴 수 없이 많은 설교를 했고, 강물처럼 끊이지 않는 편지와 소책자들을 통해 교회 생활의 모든 분야를 다루었습니다. 개신교 신앙의 기본 교리들을 규명했고, 정규 성직자들의 기능과 임무를 구체적으로 명시했으며, 성경의 중심적 역할을 항상 강조했습니다.

1546년에 생을 마칠 때까지 저서들과 소책자들, 편지들과 설교문들이 루터의 펜에서 끊임없이 쏟아져 나왔으며, 그 결과 그의 완성된 책자만 해도 55종이나 됩니다. 루터는 화려하고 번득이는 문장가는 아니었습니다. 그가 그토록 열정적으로 벌인 논쟁들을 가만히 읽어보면 상당 부분 분명치 않고 현대에 그대로 가져오기에 적실성이 부족함을 느끼게 됩니다. 따라서 루터는 유럽사의 거인들 가운데 한 사람으로 남아 있음에도 불구하고 그의 저서들은 오늘날 사실상 읽혀지지 않고 있습니다. 그러나 그는 주장이 분명한 사람이었고 재기 번득이는 논객이었습니다. 그의 친구들과 추종자들이 그의 발언을 기록으로 남기게 된 것은 그런 이유 때문이었습니다. 한번은 루터가 식탁에서 말을 하고 있는데, 젊은 제자가 한 쪽 구석에서 자기 말을 정신없이 받아 적는 모습을 보았습니다. 루터는 장난기가 발동하여 큼직한 나무 수저에 오트밀 죽을 듬뿍 퍼 가지고 일어나 여전히 정신없이 적고 있는 제자의 얼굴에 들이밀면서 "이것도 받아 적으시게!" 하고 짓궂게 말했습니다. 이렇게 정성껏 남긴 기록들이 그가 죽은 뒤에 한데 취합되었고, 1566년에 「마르틴 루터의 탁상담화」(*Martin Luther's Table Talk*)라는 제목으로 출판되었습니다. 이 책은 큰 호응을 받아 처음 십 년 내에 여러 번 재쇄(再刷)를 기록했고, 4백년을 지나오는 동안 독일 개신교도들에게 성경에 버금가는 지위를 누렸습니다. 다른 여러 나라 말로도 번역되었습니다.

「탁상담화」라는 제목을 놓고 생각할 때, 과연 이 책의 모든 내용이 식탁에서 한 발언일까 하는 의문이 생길 법합니다. 루터는 전직 수녀 카타리나와 결혼했습니다. 카타리나는 매우 똑똑한 여성이었던지라 남편의 고집스러운 생각에 이의를 제기하기를 두려워하지 않았으며, 그로 인해 가정생활이 단조롭고 지루하지 않았습니다. 그러나 생애 말년에는 젊은 지지자들이 루터 곁에 있는 경우가 많았으며, 그들의 회고록도 이 책에 포함되어 있습니다.

잉글랜드 의회는 내전이 끝나자 「탁상담화」를 영어로 번역하도록 지시했습니다. 많은 국민이 여전히 가톨릭의 관습과 신념에 젖어 있는 상황에서 개신교 사상을 널리 보급하려는 의도였습니다. 이렇게 해서 나온 번역은 19세기 중반에 유명한 수필가의 아들 윌리엄 해즐리트(William Hazlitt)의 더 나은 번역으로 대체되었습니다. 이 책에 실린 것이 그의 번역입니다. 잉글랜드 의회의 소망에도 불구하고 「탁상담화」의 호소력은 개신교도들에게만 한정되지 않고 다양한 교단의 그리스도인들에게도 호응을 얻었습니다. 실제로 오늘날은 루터의 사상이 로마 가톨릭 교회를 포함하는 모든 교회의 영적 공동자산의 일부가 되어 있습니다. 유력한 가톨릭 학자의 말대로 "오늘날 우리는 모두 루터의 추종자들입니다."

로버트 판 드 베이어(Robert van de Weyer)

# 루터의 탁상담화

# 하나님의 말씀에 관하여

## 1

성경이 하나님의 말씀이요 하나님의 책이라는 사실을 나는 이렇게 입증합니다. 즉, 세상에 존재해왔고 지금도 존재하는 만물과 그 존재 방식은 모세가 창조에 관하여 기록한 첫 번째 책에 기술되어 있습니다. 세상은 하나님께서 창조하시고 조성해 놓으신 상태로 여전히 서 있습니다. 세상의 유력자들이 성경을 혐오하여 어떻게든 훼손하고 없애보려고 했습니다. 알렉산드로스 대왕과 이집트와 바빌로니아의 왕들, 페르시아와 그리스와 로마의 군주들, 황제들인 율리우스 카이사르와 아우구스투스가 다 그런 시도를 했으나 뜻을 이루지 못했습니다. 그들은 모두 죽고 없어졌으나 성경은 여전히 남아 있고, 시초에 선포된 대로 완전하고 충만한 상태로 영원토록 남을 것입니다. 누가 이렇게 되도록 도우셨습니까? 누가 그런 강한 권력으로부터 이 책을 보호해 주셨습니까?

그렇게 할 능력이 있는 이는 세상에 아무도 없고 오직 만유의 주재이신 하나님뿐입니다. 하나님께서 이토록 오랜 세월 동안 성경을 보호하고 보존해 주신 것은 결코 작은 기적이 아닙니다. 원수 마귀와 세상은 이 책을 말살하려고 단단히 벼른 채 비열하고 교활한 방법을 써왔기 때문입니다. 마귀는 교회의 훌륭한 성도들을 무수히 죽이고 진멸하여 그분들에 대한 기억을 지워 온 것만큼, 교회의 양서(良書)들도 무수히 말살해 왔다고 나는 믿습니다. 그러나 성경만큼은 아무리 애를 써도 진멸하지 못하여 그대로 남겨둘 수밖에 없었습니다. 마찬가지로 세례와 그리스도의 참된 살과 피인 성찬, 설교의 직분은 폭군들과 이단들의 끊임없는 박해를 뚫고 살아남아 우리에게 전해졌습니다. 하나님께서 크신 능력으로 이런 것들을 붙들어 오신 것입니다. 그러므로 우리는 박해와 반대를 두려워하지 말고 세례를 베풀고 성례를 시행하고 하나님 말씀을 전합시다. 호메로스와 베르길리우스 같은 고상하고 세련되고 유익한 저자들이 위대한 고전들을 우리에게 전해주었습니다. 하지만 그들의 저서는 성경에 비하면 아무것도 아닙니다.

로마 교회가 득세하던 시절에는 오늘날 하나님의 은혜로 이곳 비텐베르크에서 성경이 독일어로 번역되어 신자들에게 유익을 끼치는 것만큼 분명하고 이해할 수 있고 확실하고 쉽게 읽히지 못했습니다.

## 2

성경은 하나님의 은사들과 덕목들로 가득 찬 책입니다. 이교도들의 책은 믿음과 소망과 사랑에 관해서 가르치는 것이 없습니다. 그런 개념을 아예 전하지 못하고, 그저 생각이 땅에 붙어 있어서 인간의 이성을 사용하여 파악하고 이해할 수 있는 것만 제시할 뿐입니다. 이교도들의 책들에서 하나님을 향한 소망이나 신뢰를 찾으려 해봐야 허사입니다. 그러나 시편과 욥기가 믿음과 소망과 거룩한 체념과 기도를 어떻게 다루는지 살펴보십시오. 한 마디로, 성경은 온갖 고난과 시련 속에서도 위로를 흡족히 얻게 하는 가장 숭고하고 가장 훌륭한 책입니다. 성경은 믿음과 소망과 사랑을 단지 인간 이성만 가지고 이해할 수 있는 것보다 훨씬 더 넓고 깊게 보고 느끼고 파악하고 이해하게 합니다. 그리고 악이 우리를 억압할 때 성경은 이 세 가지 덕목이 어떻게 어둠에 밝은 빛을 비추며, 이 가련하고 비참한 인생 저편에 어떻게 또 다른 영원한 삶이 우리를 기다리고 있는지 가르쳐 줍니다.

## 3

제롬은 칠십인역을 개정하고 보완한 뒤에 히브리어 성경을 라틴어로 번역했습니다. 그의 라틴어 역본은 우리의 교회에서 여전히 쓰이고 있습니다. 하지만 성경은 한 사람이 번역하기에는 벅찬 책입니다. 만약 제롬이 한두 학자의 도움을 입었다면 더 좋았을 뻔했습니다. 그랬더라면 “두세 사람이 내 이름으로 모인 곳에는 나도 그들 중에 있느니라”고 하신 그리스도의 말씀에 따라 그의 하는 일에 더욱 능력과 지혜를 주셨을 것입니다. 번역은 되도록 혼자 하지 않는 것이 좋습니다. 적절하고 좋은 단어가 한 사람의 정신에 계속 떠오른다는 보장이 없습니다.

## 4

성경은 이성만 가지고 비평하고 설명하고 판단해서는 안 되고, 기도의 심정을 품고 근실하게 묵상하여 그 뜻을 찾아야 합니다. 마귀와 여러 가지 유혹들도 가끔 경험과 실천을 통해서 성경을 배우고 깨닫게 합니다. 이런 것이 없다면 아무리 근실히 읽고 들어도 성경의 의미를 제대로 이해할 수 없습니다. 성령께서 이 일에 우리의 유일한 스승과 안내자가 되어 주셔야 합니다. 젊은 사람들이 그 스승에게 배우기를 부끄러워해서는 안 됩니다. 나는 시험을 당할 때마다 굳게 붙드는 말씀들이 있습니다. 주님께서 나를 위해 죽으셨다고 가르치는 말씀들로서, 나는 거기서 큰 소망을 얻습니다. 시험을 받는 상황에서 예수님이 내게 내미시는 말씀인 줄로 나는 알고 있습니다.

## 5

친히 원리들의 주관자이시며 말의 정본(正本)이신 주께서는 오류 위험을 무릅쓰는 법이 없으십니다. 신학자라면 믿음의 토대요 근원인 성경을 철저히 알아야 합니다. 이런 지식으로 무장했기에, 나는 모든 대적들의 기세를 꺾고 그들로 입을 다물게 할 수 있었습니다. 그들은 성경의 깊은 속까지 파고 들어가 깨달으려고 하지 않기 때문입니다. 그들은 태만하고 나른한 태도로 성경을 대충 읽고 지나갑니다. 치밀하게 생각하지 않고 막연한 감에 의지하여 말하고 쓰고 가르칩니다. 내가 해주고 싶은 조언은, 참된 우물에서 물을 길으라는 것입니다. 성경을 근실히 상고하라는 것입니다. 성경의 본문을 온전하게 파악한 사람이야말로 완숙한 신학자입니다. 본문의 한 절, 한 문장이 많은 분량의 주해와 주석보다 백배나 훌륭한 교훈입니다. 본문에 대한 이해가 없다면 주해와 주석에 대한 지식이 아무리 많더라도 제대로 된 공격을 할 수도 없고, 공격을 제대로 막아낼 수도 없습니다. 예를 들어, 사도 바울은

“하나님께서 지으신 모든 것이 선하매 감사함으로 받으면 버릴 것이 없나니”(딤전 4:4) 하고 가르쳤는데, 이 본문은 하나님께서 지으신 것이 선하다는 것을 입증합니다. 그런데 먹고 마시고 결혼하는 등의 행위는 하나님이 지으신 것이며 따라서 선합니다. 그런데도 초기 교부들이 남긴 주해들은 이 본문에 반대됩니다. 베르나르, 바실리우스, 제롬 같은 이들은 하나님의 말씀에서 멀리 벗어난 목적을 위해서 글을 썼던 것입니다. 교황이 다스리는 영역에서는 정확하고 명쾌한 성경의 본문을 놔두고 주해들을 더 높게 평가하지만, 나는 모든 주해보다 본문이 더 좋습니다.

## 6

성경을 방치하지 말고, 하나님을 경외하고 자비를 구하는 심정으로 부지런히 읽고 전합시다. 성경이 살아남아 흥왕하는 동안에는 모든 백성이 국가와 더불어 번영을 누립니다. 성경은 모든 학문과 예술의 머리이고 여왕입니다. 혹시 신학[성경과 겉도는]이 물에 빠져 허우적거리더라도 나는 지푸라기 하나 던져주고 싶은 마음이 없습니다.

## 7

[로마 교회의] 신학교수들이 성경을 상고한다고 하지만, 순전히 인간의 이성을 토대로 사유(思惟)하므로 그 내용이 공허하기 짝이 없습니다. 보나벤투라(1221-1274, 교의신학과 도덕신학의 기초 위에 신비주의를 수립한 프란체스코회 학자—옮긴이)는 많은 사색을 하고 그 결과를 글로 남겼으나, 내 귀에 의미 있게 와 닿은 내용이 없습니다. 그의 책에서 나의 영혼이 하나님과 화목하게 되는 길을 배워보고자 노력했으나 아무것도 얻지 못했습니다. 그의 책은 의지와 깨달음의 결합을 많이 다루는데, 하지만 모두 한가한 공상일 뿐입니다. 바르고 실제적인 신학이란 그리스도를 믿는 믿음으로 하나님께서 맡기신 일상의 의무를 수행해 나가는 것입니다. 마찬가지로 「디오니시우스의 신비주의 신학」도 지어낸 이야기요 거짓말입니다. 그는 플라톤을 상대로 “모든 것은 어떤 것이고, 모든 것은 아무것도 아닌 것이다”(omnia sunt non eras, et omnia sunt ens)라고 말장난을 하며, 그로써 결말을 짓지 않고 방치해 둡니다.

## 8

요나스 유스투스 박사가 루터의 식탁에서 이렇게 말했습니다. “성경에는 너무나 심오한 진리가 담겨 있어서, 누구라도 그것을 끝까지 연구하거나 이해할 수 없습니다.” 그러자 루터가 이렇게 말했습니다. “맞습니다. 우리는 이 땅에 사는 동안에는 언제나 학자들로 남아야 합니다. 우리는 성경의 단 한 절의 깊이도 다 파악하지 못합니다. 다만 A B C만 쥐고 있을 뿐이요 그것조차 불완전합니다. 과연 누가 사도 베드로의 ‘오히려 너희가 그리스도의 고난에 참여하는 것으로 즐거워하라’(벧전 4:13)는 한 문장의 의미를 온전히 깨닫는 자리에 우뚝 설 수 있겠습니까. 여기서 사도 베드로는 마치 어린아이가 회초리에 입을 맞추듯이 우리가 모진 고생과 비참함 속에서도 믿음으로 기뻐하기를 바라고 있습니다.”

## 9

성경은 효과 면에서 철학자들과 법학자들의 모든 학식과 재능을 뛰어넘습니다. 철학과 법학의 지식이 이 아래 세상에서는 유익하고 필요하지만, 영원한 생명에 대해서는 헛되고 아무런 효과도 미치지 못합니다. 성경은 다른 학문들을 바라볼 때와 전혀 다른 눈으로 바라봐야 합니다. 자신을 철저히 부인하고, 인간 이성만을 본위로 삼지 않는 사람은 성경을 배우는 데 큰 진보를 나타낼 것입니다. 그러나 세상은 하나님의 말씀이 주는 선물인 ‘자기 부인’을 모르기 때문에 성경을 깨닫지 못합니다. 하나님의 말씀을 이해하지 못하는 사람이 하나님께서 하신 일들을 이해할 수 있겠습니까? 이 점은 아담의 태도에 잘 나타납니다. 그는 맏아들을 낳고서 그에게 ‘가인’이라는 이름을 붙여주었습니다. ‘얻은 자’, ‘집주인’이라는 뜻입니다. 아담과 하와는 이 아들이 하나님의 사람 곧 뱀의 머리를 상하게 할 ‘여자의 후손’이 될 줄로 생각했습니다. 후에 하와가 다시 아이를 가지게 되었을 때 두 사람은 사랑하는 아들 가인이 아내를 얻을 수 있도록 이번에는 딸을 낳게 되기를 기대했습니다. 그러나 이번에도 아들을 낳자 그 이름을 '아벨' 이라고 지었습니다. '헛되다', '소용없다' 그런 뜻입니다. 소망이 물거품이 되고 기대가 무너진 데 따른 심정이 그 이름에 담겨 있습니다. 이 일은 장차 세상과 하나님의 교회가 어떻게 전개되어 갈 것인가를 보여준 표상이었습니다. 믿음이 없었던 가인은 세상의 큰 주인이었던 반면에, 정직하고 경건한 아벨은 쫓겨나고 지배를 받고 압제를 당하는 사람이었습니다. 그러나 하나님 앞에서는 상황이 정반대였습니다. 가인은 하나님께 버림을 받았고, 아벨은 사랑하는 자녀로 영접을 받았습니다. 이 땅에서 전개되는 상황도 크게 다르지 않습니다. 그러므로 세상에서 되어지는 일들에 너무 연연하지 않는 것이 좋습니다. 이스마엘도 퍽 좋은 이름을 가지고 있었습니다. '하나님께 들으심을 받은 자' 라는 뜻입니다.

반면에 이삭의 이름에는 공허가 담겨 있습니다. 에서의 이름은 '행동가' 라는 뜻입니다. 장차 큰일을 할 사람이라는 뜻이지요. 반면에 야곱의 이름에도 역시 공허가 담겨 있습니다. 압살롬의 이름은 '평강의 아비' 라는 뜻입니다. 세상에서는 그렇게 아름답고 훌륭한 이름을 많은 경우 불신자들이 지니고 삽니다. 그렇지만 실제로 그들은 하나님의 말씀을 업신여기고 경멸하고 대적합니다. 감사하게도 우리는 하나님의 말씀 덕분에 그런 자들을 식별하고 파악합니다. 이런 점을 생각해서라도 성경을 굳게 붙들고 근실히 읽어야 합니다.

세상의 지혜로 볼 때는 신학과 성경 지식만큼 쉽고 가벼운 것이 없어 보입니다. 그래서 세상의 자녀들도 마음만 먹으면 얼마든지 성경과 요리문답(要理問答)을 잘 안다는 칭찬을 들을 수 있지만, 그들은 결국 과녁을 맞추지 못합니다. 만약 세상 사람들이 생각하듯이 정말로 신학이 쉽고 가볍다면, 글 쓰는 데 필요한 손가락 세 개만 남기고 나머지는 다 내놓겠습니다. 사람들이 그렇게 생각하는 이유는 금방 지루해지고 시시하게 느껴지니까 이젠 다 깨달은 줄로 생각하는 것입니다. 그런 태도는 세상 사람들이나 가지는 것이므로 우리는 마땅히 버려야 합니다.

## 10

십계명의 의미를 철저히 깨닫기 위해서 여러 번 시도해 보았으나, 결국 십계명 서문에 기록된 "나는 … 네 하나님 여호와니라"는 말씀에 붙잡히고 말았습니다. '나는' 이라는 한 단어에 압도당해 더 할 말이 없었습니다. '하나님' 이라는 한 단어를 앞에 놓고 그 단어를 가지고 설교하지 못한다면 참된 설교자라고 할 수 없습니다. 나는 비록 보잘것없는 지식인이지만 하나님 말씀을 아는 것으로 만족하며, 내가 가진 적은 지식을 불평하지 않으려고 주의합니다.

## 11

나는 설교를 할 때 성경의 문자적 의미에 토대를 둡니다. 나의 이 방식이 좋으면 따라서 할 것이요, 그렇게 하지 않아도 무방합니다. 사도 베드로와 사도 바울, 모세와 성경의 모든 위인들에게 한번 물어보고 싶습니다. 그들이 과연 하나님의 말씀 가운데 단 한 구절이라도 수없이 상고하지 않고서 그 근본적인 뜻을 단번에 깨달았을까요? 시편은 "우리 주는 위대하시며 능력이 많으시며 그의 지혜가 무궁하시도다"(147:5) 하고 말합니다. 물론 성도들은 하나님의 말씀을 알고 논할 수 있지만, 실천은 별개입니다. 실천에 관한 한 우리는 늘 책상물림으로 남을 수밖에 없습니다.

스콜라 신학자들이 적절한 예를 들었습니다. 탁자에 지구의(地球儀)가 있다고 합시다. 지구의가 탁자에 닿는 것은 한 지점뿐이지만, 지구의를 떠받치는 것은 탁자 전체입니다. 나는 나이 지긋한 신학박사이지만 이 날까지 어린이들이 배우는 범위 — 십계명, 사도신경, 주기도문 — 를 넘어서지 못했습니다. 내 나이라면 잘 알아야 할 내용인데 실은 그렇지 못합니다. 날마다 내 아들 요한과 딸 막달렌을 데리고 공부하고 기도하는데도 그렇습니다. 만약 내가 "하늘에 계신 우리 아버지"라는 주기도문의 첫 구절을 충분히 깨닫고, 하늘과 땅과 그 안의 만물을 지으시고 다스리시는 하나님이 나의 아버지이심을 정말로 믿는다면, 나도 하늘과 땅의 작은 주인이고, 그리스도께서 나의 형님이시고, 가브리엘이 나의 종이고, 라파엘이 나의 마부이고, 모든 천사들이 나를 섬기고 내 길을 지키어 부지중에 내 발이 돌부리에 걸려 넘어지지 않도록 하나님이 보내신 시종들이라는 결론을 확고하게 갖게 될 것입니다. 그러나 우리의 하늘 아버지께서는 우리를 믿음에 더욱 굳게 세워 주시기 위해서 우리를 지하 감옥에도 던져 넣으시고 물에 빠뜨리시는 수고를 하십니다. 이런 일을 겪음으로써 우리가 하나님의 말씀을 얼마나 제대로 이해했는지, 우리의 믿음이 얼마나 흔들리는지, 우리가 얼마나 약한 사람들인지 깨닫게 됩니다. 그런 일을 겪어봐야 성경에 기록된 하나님의 말씀이 어느 정도나 참된지 과연 누가 온전히 알겠는가 하는 탄식이 나오게 되는 것입니다.

## 12

하나님의 말씀을 빼앗기거나 말씀이 곡해되어 더 이상 순수하고 명쾌하게 남아 있지 않게 되는 것만큼 그리스도인에게 큰 불행이 없습니다. 우리와 우리 자손들이 그런 재앙을 당하게 되지 않도록 하나님께 긍휼을 구하게 됩니다.

## 13

하나님의 순수하고 명쾌한 말씀을 갖고 있을 때는 모든 것이 정상적으로 느껴집니다. 그러다 조금 마음을 놓으면 이내 게을러지고 헛된 안전감에 속아 마음이 느슨해집니다. 언제까지나 그럴 줄로 생각하고서 더 이상 예민하게 자신의 처지를 성찰하지 않습니다. 마귀가 우리의 마음을 비틀어 하나님의 말씀을 빼앗아 가려고 하는데도 깨어서 기도하지 않습니다. 이런 상태란 마치 여행자가 대로를 지나는 동안 안일하게 걷다가, 길을 잘못 들어 깊은 숲이나 오솔길로 들어가게 되어 이 쪽으로 가야 할지 저 쪽으로 가야 할지 방향을 쉽게 정하지 못하게 되는 상태와 같습니다.

## 14

세상의 위인들과 박사들은 하나님의 말씀을 깨닫지 못합니다. 오히려 하나님의 말씀은 비천한 사람들과 어린아이들에게 알려집니다. 구주께서 마태복음 11:25에서 하신 말씀과 같습니다. "천지의 주재이신 아버지여 이것을 지혜롭고 슬기 있는 자들에게는 숨기시고 어린 아이들에게는 나타내심을 감사하나이다." 그레고리우스는 성경이 코끼리가 헤엄칠 정도로 깊으면서도 어린양도 실족하지 않고 걸어 건널 수 있는 시냇물과 같다고 적절하게 말합니다.

## 15

세상이 이토록 하나님의 말씀에 감사치도 않고 멸시하고 고집을 세우는 모습을 바라볼 때, 하나님께서 인간에게 비추고 계신 빛을 곧 거둬 가시지 않을까 두려운 생각이 듭니다. 하나님의 빛은 언제나 일정한 경로를 가지고 있었기 때문입니다.

유다의 열왕들의 시대에 바알이 하나님의 말씀의 빛을 가려 어둡게 만들었으며, 바알이 사람들의 마음에 구축한 제국을 무너뜨리기가 여간 어렵지 않게 되었습니다. 심지어 사도들의 시대에도 거짓 교훈을 믿는 신자들이 이단들과 오류들과 악한 교훈들을 널리 퍼뜨렸습니다. 그 뒤에 아리우스가 등장하여 하나님의 말씀을 먹구름으로 가렸지만, 암브로시우스와 힐라리우스, 아우구스티누스, 아타나시우스 같은 신실한 교부들이 어둠을 몰아냈습니다. 그리스를 비롯한 다른 여러 나라들이 하나님의 말씀을 들었으나 끝까지 지키지 못하고 놓아 버렸는데, 이제는 하나님의 말씀이 독일을 떠나 다른 나라들로 갈까봐 두려워하게 생겼습니다. 나는 종말이 너무 오래 지체되지 않기를 기대합니다. 갈수록 어둠이 우리를 두껍게 에워싸고 있고, 지극히 높으신 분의 신실한 종들은 갈수록 희소해지고 있습니다. 불경건과 방종이 곳곳에서 기승을 부리고 있으며, 우리는 그 속에서 돼지처럼, 들짐승처럼 이성 없이 살고 있습니다. 그러나 곧 천둥과 같은 음성이 울려 퍼질 것입니다. "보라 신랑이로다. 맞으러 나오라." 하나님께서는 이 악한 세상을 오래 관용하시지 않고 곧 오실 것입니다. 그 진노의 날에 말씀을 업신여기던 자들을 벌하실 것입니다.

## 16

왕들과 제후들, 영주들, 아니 누구라도 복음을 나 마르틴 루터보다, 심지어 사도 바울보다 훨씬 잘 깨달을 필요가 있습니다. 그들은 스스로 인생을 경영해 나갈 방법을 갖고 있다고 자부하기 때문입니다. 이런 태도로 그들이 업신여기는 대상은 우리 같은 가난하고 빈약한 설교자들과 목회자들이 아니라, 모든 설교자들과 목회자들을 주관하시는 주님입니다. 주님께서 친히 우리를 보내어 말씀을 전하고 가르치라 하셨으므로, 친히 그들을 조소하시고 벌하실 것입니다. 주님께서는 "너희 말을 듣는 자는 내 말을 듣는 것이요, 너희를 건드리는 자는 내 눈동자를 건드리는 것이다" 하고까지 말씀하십니다. 권력자들은 세상을 다스리고 싶어하지만, 주의 말씀을 떠나서는 어떻게 다스려야 하는지 알지 못합니다.

## 17

유스투스 요나스 박사가 마르틴 루터 박사에게 미스니안(Misnian)이라는 유력한 귀족 이야기를 들려주었습니다. 그 귀족은 무엇보다도 재산을 모으는 데 마음을 두고 인생을 살다가 그런 상태로 죽어 캄캄한 무덤으로 내려갔습니다. 그는 생시에 모세오경을 거들떠보지도 않았고, 요한 프리드리히 공작과 복음에 관하여 대화를 나눌 때는 "전하, 복음은 돈벌이에 하등 도움이 되지 않습니다" 하고 말할 정도였습니다. 잠잠히 듣고 있던 루터가 말을 끊더니 "혹시 곡식이 없습니까?" 하고 물은 뒤 우화를 들려주었습니다. "하루는 사자가 성대한 잔치를 열고서 모든 동물들을 초대했는데, 돼지가 다른 손님들과 함께 왔습니다. 손님들 앞에 상다리가 휠 정도로 산해진미가 가득 나오자, 돼지가 대뜸 '곡식은 없습니까?' 하고 묻는 것이었습니다." 루터 박사는 이어서 이렇게 말했습니다. "요즘 우리 시대의 식도락가들도 다를 바 없습니다. 우리 설교자들은 애써 말씀을 준비하여 교회 앞에 내놓습니다. 그 말씀은 사람이 섭취하면 영원한 구원과 죄 사함과 하나님의 은혜를 얻게 되는 귀한 산해진미와 같습니다. 그러나 그들은 돼지처럼 코를 벌름거리면서 돈을 내놓으라고 요구합니다. 귀한 채소를 내놓아도 그것을 물리면서 오래된 건초를 달라고 떼를 씁니다. 어떤 교구 주민들이 자기들의 목사인 암브로스(Ambrose R.)에게 했다는 말이 떠오릅니다. 목사가 그들에게 와서 하나님의 말씀을 들으라고 권하자, 그들은 '우리를 위해 좋은 맥주 한 통을 내놓는다면 기쁜 마음으로 가서 당신의 설교를 듣겠소' 하고 대답했다는 것입니다. 주님께서 비텐베르크에 복음을 풍성하게 내려주셨는데, 이곳 주민들 사이에서는 마치 강으로 흘러 들어가 버리는 빗물처럼 복음이 아무런 효과도 내지 못하고 있습니다. 하지만 빗물이 메마른 땅을 적시면 그 땅은 옥토가 됩니다."

## 18

어떤 사람이 루터가 들고 있는 낡고 오래된 시편 찬송가를 보고는 새 찬송가로 바꿔드리겠다고 약속했습니다. 그러자 루터 박사는 자신은 그 찬송가가 오래되긴 했으나 익숙해서 바꿀 마음이 없다고 대답하면서 이렇게 덧붙였습니다. "옛것에 대한 기억이 매우 유용한 법인데, 성경을 번역하다보니 그것이 자꾸만 약해지는군요."

## 19

하나님 말씀에 대한 우리의 의지는 그것에 열성을 다 바치며 살아온 멜란히톤을 비롯한 경건하고 박식한 분들이 생존하는 동안에는 계속될 것입니다. 하지만 그분들이 세상을 떠나면 어떻게 될까 심히 걱정스럽습니다. 사사기 2:10이 우리에게 경종을 울립니다. "그 세대의 사람도 다 그 조상들에게 돌아갔고 그 후에 일어난 다른 세대는 여호와를 알지 못하며 여호와께서 이스라엘을 위하여 행하신 일도 알지 못하였더라." 사도들이 세상을 떠난 뒤에도 심각한 쇠퇴가 있었습니다. 아니, 사도 바울이 근심하듯이 사도들이 생존해 있는 동안에도 갈라디아 교회에서, 고린도 교회에서, 아시아의 교회들에서 복음을 등지는 일들이 있었습니다. 우리도 장차 성찬상징론자들과 재세례파, 반율법주의자들과 그 밖의 분파들 때문에 많은 고생과 손해를 겪게 될 것입니다.

20

하나님 말씀을 앞에 놓고 살아가는 것이 얼마나 크고 영광스러운 일인지요! 하나님의 말씀이 있으면 언제든 기쁨과 안전을 누릴 수 있습니다. 앞에 정결하고 밝은 길이 환하게 놓여 있으므로 구태여 다른 사람에게 위로를 기다리지 않아도 됩니다. 하나님 말씀이 눈에 보이지 않는 사람은 절망에 떨어지게 됩니다. 하늘의 음성이 더 이상 그를 지탱해 주지 않습니다. 그는 흔들리는 자신의 마음과 세상의 헛된 영광이 잡아끄는 대로 끌려가다가 결국 파멸에 이르고 맙니다.

21

그리스도께서는 마태복음 5, 6, 7장에서 다음과 같은 점들을 간략하고도 분명하게 가르치십니다. 첫째로, 팔복과 관련하여, 그리스도인들이 그것을 어떻게 구체적으로 자신의 것으로 삼고 살아갈 수 있는지를 가르치시고, 둘째로, 가르치는 직분과 관련하여, 교회에서 무엇을 어떻게 가르쳐야 하는지, 어떻게 소금으로 맛을 내고 빛을 비추고 책망하고 위로하며 믿음을 발휘하며 교인들을 지도해야 하는지 가르치십니다. 셋째로, 율법을 그릇되게 해석하여 가르쳐온 관행을 책망하시고 바로잡아 주시고, 넷째로, 악하고 위선적인 생활을 정죄하시며, 다섯째로, 무엇이 바르고 선한 행위인가를 가르치십니다. 여섯째로, 거짓 교훈을 주의하라고 경계하시고, 일곱째로, 의심과 혼동을 초래할 소지가 있는 문제들을 밝히 해명해 주시며, 여덟째로, 천금보다 귀한 말씀을 남용하는 위선자들과 거짓 성도들을 정죄하십니다.

22

누가는 다른 복음서 저자들에 비해 그리스도의 수난을 훌륭하게 기록합니다. 이에 비해 요한은 그리스도께서 수난의 과정에서 하신 일들을 좀 더 완전하게 소개합니다. 그는 청중이 어떻게 그리스도를 고소했는지, 고소건이 어떻게 처리되어 재판정에 상정되었는지, 그리스도께서 어떻게 심문을 받으시고 무슨 명분으로 죽음을 당하셨는지 소상하게 기록합니다.

빌라도가 그리스도께 "네가 유대인의 왕이냐" 하고 물었을 때, 그리스도께서는 "네 말이 옳도다" 하시고는 "내 나라는 이 세상에 속한 것이 아니니라. 만일 내 나라가 이 세상에 속한 것이었더라면 내 종들이 싸워 나로 유대인들에게 넘겨지지 않게 하였으리라. 이제 내 나라는 여기에 속한 것이 아니니라"고 말씀하셨습니다.

그러자 빌라도는 "정말인가? 네가 그러한 왕으로서 말씀과 진리로 이루어진 나라를 갖고 있다는 말인가? 그렇다면 너는 내게 아무런 해가 되지 않는다" 하고 말했습니다. 아마도 빌라도는 우리 구주 그리스도께서 광야에서 살다가 나와 세상 물정도 권력도 전혀 모르는 단순하고 정직하고 사심 없는 은둔자로 여겼음이 분명합니다.

## 23

사도 바울과 사도 요한의 글에는 세상에서 볼 수 없는 확신과 지식과 넉넉함이 있습니다. 이분들은 마치 자신들이 기록한 모든 것이 자기들의 눈 앞에서 이미 이루어진 것처럼 글을 씁니다.

그리스도께서는 바울에 관해서, 그가 주님을 위해 선택된 그릇이 될 것이라고 정확히 말씀하셨습니다. 그러므로 그는 사도가 되어 복음을 담대하고 분명하게 전했습니다. 누구든 바울의 글을 읽는 사람은 양심에 조금도 꺼릴 것 없이 그의 교훈 위에 사상과 삶을 수립할 수 있습니다. 나 자신의 경험을 말하자면, 나는 사도 바울의 글처럼 진지하고 중요한 글을 읽은 적이 없습니다.

사도 요한은 복음서에서 그리스도에 관해 묘사하기를, 그분이 시초부터 선험적으로(*a priori*) 참되고 자연스러운 사람이셨다고 합니다. "태초에 말씀이 계시니라"(요 1:1). "아들을 공경하지 아니하는 자는 그를 보내신 아버지도 공경하지 아니하느니라"(요 5:23하). 그러나 사도 바울은 그리스도를 '귀

납과 결과' (*a posteriori et effectu*)로 묘사하며, 거기서 이스라엘 자손이 광야에서 '그리스도를' 시험했다는 교훈과(참조. 시 106:14; 히 3:8-9), "여러분은 자기를 위하여 또는 온 양 떼를 위하여 삼가라"(행 20:28) 같은 교훈이 나왔습니다.

## 24

솔로몬의 잠언은 군주들과 위정자들이 부지런히 읽어야 할 훌륭한 책입니다. 그 안에는 그들이 배워서 시행해야 할 하나님의 공의와 진노에 관한 교훈들이 담겨 있기 때문입니다.

전도서 저자는 율법도 가르치지만, 그는 선지자가 아닙니다. 솔로몬의 잠언이 솔로몬의 책이 아니듯이, 전도서도 그가 쓴 책이 아닙니다. 두 권은 모두 다른 사람들이 편집한 책입니다.

에스드라 3서를 나는 엘베 강에 던져버렸습니다. 에스드라 4서에는 헛된 발언들이 실려 있습니다. 그 가운데 하나를 소개하자면 이렇습니다. "술은 강하고, 왕은 더욱 강하고, 여자는 가장 강하다. 그러나 진리는 이 모든 것보다 더 강하다."

유딧서는 역사서가 아닙니다. 지리적 사실에도 부합하지 않습니다. 나는 이 책이 성인들의 전설 같은 시(詩)라고 믿습니다. 아마도 이 책은 어떤 선량한 저자가 하나님을 경외하는 민족인 유대인들을 의인화한 유딧이란 인물이 '홀로페르네스' (Holofernes) 곧 '세상의 모든 나라들' 을 물리치고 정복하는 내용을 전할 목적으로 쓰지 않았나 싶습니다. 이 책은 그러니까 호메로스가 트로이에 관해서, 베르길리우스가 아이네아스에 관해서 쓴 작품과 마찬가지로 비유적인 책인 셈입니다. 두 고전 작품에서도 위대한 왕자가 용감한 전사(戰士)로서의 넘치는 용맹과 지혜와 도량, 민첩함과 신의와 정의감을 가지고 어떻게 큰일을 했는지 묘사합니다. 유딧서는 전제군주들의 말로가 어떠한지를 보여주는 비극입니다. 토빗서는 여성들에 관한 희극 작품으로서, 집안을 잘 다스리는 게 무엇인가를 보여주는 책이라고 나는 생각합니다. 마카베오 하권과 에스더서에 대해서 나는 철저히 부정적인 견해를 갖고 있습니다. 이 책들은 차라리 우리에게 전래되지 않았으면 좋았겠다는 생각마저 듭니다. 그만큼 이교적인 부자연스러운 내용이 많이 실려 있습니다. 유대인들은 에스더서에 신비주의적 내용들이 담겨 있다는 이유로 서른 살 이전의 청년들 앞에서는 낭독을 금지하면서도, 선지서들 가운데 어느 책보다 이 책을 더 높게 평가합니다. 유대인들은 거룩하고 영광스러운 선지자들인 다니엘과 이사야를 심하게 무시합니다. 이사야는 비할 데 없이 명쾌한 방법으로 그리스도를 전하는 반면에, 다니엘은 그리스도의 왕국과 그 전에 온 세상 나라들과 제국들을 묘사합니다. 예레미야는 그 두 분 다음 자리를 차지합니다.

선지자들이 선포하고 가르친 말씀들은 그 자리에서는 기록되지 않고, 그분들의 제자들과 청중이 차후에 부분적으로 남긴 기록들이 하나씩 모여 온전한 형태를 이루었습니다.

유스투스 요나스 박사는 토빗서를 번역한 뒤 그것을 루터에게 보여주면서 이렇게 말했습니다. "이 책에는 황당한 이야기가 많습니다. 특히 사흘 밤 이야기와 불에 구운 생선의 간으로 마귀를 꼼짝못하게 하여 쫓아버렸다는 이야기가 가장 황당합니다." 그러자 루터는 이렇게 말했습니다. "그것은 유대인들의 괴상한 발상입니다. 마귀는 매우 사납고 강한 적이어서 그런 방법으로는 쫓아낼 수가 없습니다. 그에게는 골리앗의 창이 있으니까요. 그러나 그런 무기도 다 하나님께서 주신 것이므로, 그가 성도들에게 패하여 무릎을 꿇을 때는 매우 분하고 두렵고 원통스러울 것입니다. 다니엘과 이사야는 너무나 훌륭한 선지자들입니다. 겸손한 마음으로 말씀드리건대, 나는 하나님의 이름을 드높이고 마귀에게 보복하는 사역을 위임받았다는 점에서 이사야와 같은 입장에 서 있습니다. 필립 멜란히톤은 예레미야와 같습니다. 그 선지자는 항상 두려움 가운데 서 있었는데, 멜란히톤이 그렇습니다."

## 25

사사기에는 용감한 전사들과 구원자들이 소개됩니다. 그들은 하나님의 보내심을 받아 제1계명이 요구하는 대로 오직 하나님만 믿고 의지했습니다. 그들은 자기 자신들과 자신들의 행동과 계획을 하나님께 헌신하고 하나님께 감사를 드렸습니다. 오직 하늘의 하나님만 의지하면서 이렇게 말했습니다. "주 하나님, 이 모든 일은 주님께서 하셨으며, 저희가 한 것이 아닙니다. 오직 주님께서만 영광을 받으시기에 합당하십니다." 열왕기는 대단히 탁월한 책으로서 역대기보다 백배나 훌륭합니다. 역대기는 가장 중요한 사건들을 구체적인 설명 없이 대부분 지나치기 일쑤입니다.

욥기는 경탄을 자아내는 책입니다. 이 책은 욥 혼자만의 정서적 만족을 얻기 위해서 기록되지 않고, 마귀에게 저항하느라 온갖 슬픔과 고생과 당혹스러움을 겪는 모든 사람들을 위로하기 위해서 기록되었습니다. 욥은 하나님께서 자신에게 진노하기 시작하셨음을 안 순간부터 인내력을 잃고 몹시 당혹스럽고 힘겨워했습니다. 불경건한 자들이 이 땅에서 번영을 누리는 것이 도저히 이해가 되지 않고 몹시 슬펐습니다. 그러므로 이 땅에서 박해를 당하며 고생에 시달려야 하는 가난하고 가련한 그리스도인들은 욥기를 읽고서, 장차 올 세상에서 하나님이 자신들에게 크고 영광스러운 복과 영원한 재물과 명예를 주실 것임을 생각하고 큰 위로를 받아야 할 것입니다.

## 26

우리는 모세가 족장들의 역사를 그렇게 간략하게 기록한 것에 놀랄 필요가 없습니다. 복음서 저자들을 생각해 보십시오. 그들은 신약성경의 면면에 흐르는 설교들을 아주 간략하게 기록했으며, 틀림없이 아름답고 감동적이었을 세례 요한의 설교들도 한 가지만 간략하게 소개했습니다.

## 27

복음서 저자인 사도 요한은 장엄한 복음의 내용을 평이하고 단순한 문체로 전합니다. 그 가운데 한 대목을 소개하면 이와 같습니다. "태초에 말씀이 계시니라. 이 말씀이 하나님과 함께 계셨으니 이 말씀은 곧 하나님이시니라. 그가 태초에 하나님과 함께 계셨고 만물이 그로 말미암아 지은 바 되었으니 지은 것이 하나도 그가 없이는 된 것이 없느니라. 그 안에 생명이 있었으니 이 생명은 사람들의 빛이라. 빛이 어둠에 비치되 어둠이 깨닫지 못하더라"

(요 1:1–5).

사도가 창조주 하나님과 그의 피조물들을 마치 태양 광선과도 같이 직설적이고 명쾌한 언어로 묘사하는 내용을 눈여겨보십시오. 만약 이 시대의 어떤 철학자나 지식인이 그 주제를 다룬다고 한다면 어렵고 거창한 말들을 장황하게 열거함으로써 어지간한 사람은 무슨 말인지 이해하지 못하게 해놓을 것입니다. 하나님의 진리가 얼마나 위대하고 강력한 것입니까! 그 진리는 끊임없이 우겨쌈을 당해도 뚫고 나가며, 읽으면 읽을수록 감동을 일으키고 마음을 사로잡습니다.

## 28

다윗의 시편은 종류가 다양해서 교훈 시도 있고 예언 시도 있고 감사의 시도 있고 교리문답용 시도 있습니다. 예언 시들 가운데 두드러지는 작품은 "여호와께서 말씀하시기를"(*Dixit Dominus*)이라고 하는 110편입니다. 교훈 시들 가운데는 "나를 긍휼히 여기시며"(*Miserere Mei*, 시편 51편), "내가 깊은 데서"(*De profundis*, 시편 130편), "여호와여, 내가 소리로 부르짖을 때에 들으시고"(*Domine, exaudi orationem*, 시편 27:7)가 있습니다. 110편은 대단히 탁월한 시입니다. 이 시는 예수 그리스도의 나라와 제사장직을 묘사하며, 그분을 만유의 왕과 만민을 위한 중보자로 선포합니다. 아버지 하나님께서 그분에게 모든 권세를 위임하셨고, 그분은 우리 모두에게 자비를 베푸십니다. 참으로 고귀한 시입니다. 건강이 회복된다면 이 시에 대한 주석을 꼭 써보고 싶습니다.

## 29

어떤 사람이 루터 박사에게 부자와 나사로의 비유가 단순한 비유인지 아니면 실제 사건인지 질문했습니다. 루터의 대답은 이랬습니다: 이야기의 초반은 분명히 실제 역사로서, 등장인물들과 그들이 관련된 상황들, 그리고 다섯 형제의 존재가 모두 구체적인 사실로 제시된 것이다; 하지만 아브라함에 관한 언급은 알레고리이며, 대단히 주목할 가치가 있다; 이 알레고리에서 죽은 사람의 영혼이 가는 장소들이 있다는 것을 배우게 되며, 그곳은 우리가 알지 못하고 알려고 해서도 안 된다; 나사로의 무덤이 언급되지 않는 점에서 생각할 수 있는 것은, 하나님이 보시기에는 영혼이 육체보다 훨씬 더 큰 비중을 차지한다는 것이다; 아브라함의 품은 구원의 약속과 확신이며, 예수 그리스도에 대한 기대이다; 천국 자체라기보다 천국에 대한 기대이다.

## 30

복음이 우리에게 전파되기 전까지, 사람들은 끊임없는 노고와 대가를 지불하며 살면서, 하나님의 호의를 구하기 위해서 위험을 무릅쓰고 콤포스텔라의 성 야고보 성소를 순례하곤 했습니다. 그러나 이제는 하나님께서 말씀으로 우리에게 은혜를 내려주시고, 성례들로써 그 은혜를 확증해 주시면서, "믿지 않으면 정녕 죽으리라"고 말씀하십니다.

## 31

나는 평생을 살아오는 동안 땅에 발생한 가장 두려운 전염병을 목격했습니다. 그것은 하나님의 말씀을 경멸하는 것으로서, 세상에서 다른 모든 전염병들을 능가하는 흉악한 전염병입니다. 이는 그 위에 영원하고 실제적인 온갖 형벌이 임하게 될 것이 분명하기 때문입니다. 만약 어떤 사람에게 온갖 모진 전염병과 저주가 임하기를 바란다면, 그가 하나님의 말씀을 경멸하게 되기를 바라겠습니다. 그러면 그에게 모든 전염병과 저주가 한꺼번에 쏟아져 안팎으로 고통과 불행을 끼치게 될 것이기 때문입니다. 하나님의 말씀을 경멸하는 것은 하나님의 징벌을 부르는 단초입니다. 롯의 시대와 노아의 시대, 그리고 우리 주님의 시대에 그런 사례들이 뚜렷이 있었습니다.

## 32

복음서 저자들의 글이 하나님의 말씀임을 인정하는 이들과 우리는 기꺼이 논쟁할 용의가 있습니다. 그러나 그 사실을 부인하는 자들과는 한 마디도 나눌 마음이 없습니다. 제1원리들을 배척하는 자들과는 상대하지 않을 것입니다.

## 33

모든 학문 분야들에서 가장 유능한 교수들은 각자의 본문을 철저히 섭렵한 사람들입니다. 좋은 법학자가 되고 싶다면 법학의 본문이라고 할 만한 법조문들과 판례들을 줄줄 외어야 합니다. 그런데 우리 시대에는 신학자들이라고 하는 사람들이 성경 본문보다 주해와 주석에 마음을 빼앗기고 있습니다. 나는 젊은 시절에 성경을 수없이 읽고 또 읽어서 철저히 숙지한 결과 어떤 말씀을 들으면 그것이 무슨 책 몇 장 몇 절에 있는 말씀인지 금방 찾아낼 수 있었습니다. 그런 다음 주석들을 읽다가 곧 제쳐두게 되었습니다. 그 안에는 성경 본문에 위배됨으로 양심상 도저히 인정할 수 없는 해석들이 많이 실려 있었기 때문입니다. 성경은 다른 사람들의 눈을 통해서 보는 것보다 자기 눈으로 직접 보는 것이 언제나 훨씬 더 좋습니다.

## 34

히브리어의 단어들에는 독특한 에너지가 있습니다. 다른 언어들에서는 이렇게 많은 의미를 이렇게 간단한 단어에 담아내기가 불가능합니다. 따라서 히브리어를 이해할 수 있게 번역하려면 단어 대 단어 방식을 사용해서는 안 되고, 의미와 사상이 통하도록 하는 데 목표를 두어야 합니다. 나는 모세의 저작들을 번역하는 과정에서 히브리 문화를 피하려고 노력했습니다. 그것은 쉽지 않은 일이었습니다. 이 분야에서 나보다 식견이 더 높은 체하는 사람들은 내가 선택한 번역어를 놓고 이런저런 비판을 퍼붓습니다. 하지만 만약 내가 해놓은 작업을 그들이 했다면 나 역시 그들의 작업에서 수백 가지 오류를 찾아낼 것입니다.

## 35

불링거(Bullinger, 1504-1575. 스위스의 츠빙글리파 개혁자 -역자주)는 자신은 분파들과 성경의 문자적 의미를 지나치게 고집하는 자들을 혐오한다고 내게 말했습니다. 그가 분파들을 혐오하는 이유는 그들이 [하나님의 능력만 강조하고] 하나님의 말씀은 경시하기 때문이고, 성경의 문자적 의미를 지나치게 고집하는 자들을 혐오하는 이유는 그들이 마치 유대인들이 언약궤를 하나님이라고 불렀던 것처럼 하나님의 말씀을 중시한다고 하면서 하나님과 하나님의 전능한 능력을 제약하는 죄를 범하기 때문입니다. 그러나 앞서 말한 두 집단 사이에서 중용을 견지하면 말씀과 성례의 용도를 올바로 이해하는 것이라고 불링거는 말했습니다. 나는 이렇게 대답했습니다. "당신은 그러한 오류로써 말씀을 성령과 구분하고, 말씀을 전하고 가르치는 분들을 말씀을 주시는 하나님과 구분하고, 세례를 베푸는 목회자들을 세례를 명하시는 하나님과 구분하고 있군요. 당신은 성령께서 말씀 없이 부어지시고 역사하시며, 말씀은 이미 사람의 마음을 차지하고 계신 성령을 발견할 수 있는 영원한 표와 흔적이라고 말합니다. 따라서 당신의 주장에 따르면, 만약 말씀이 성령을 발견하지 못하고 불신앙에 사로잡힌 사람만 발견한다면 그것은 하나님의 말씀이 아닌 셈이며, 따라서 말씀을 규명하고 확정할 때 그것을 내신 하나님의 뜻에 따라 하지 않고, 그것을 받아 누리는 사람들에 따라 하는 셈입니다. 당신은 하나님의 말씀이 사람의 마음을 정결케 하고 평안과 생명을 가져다준다는 것을 인정하지만, 그것이 불신자들 속에서 역사하지 않는다면 하나님의 말씀이 아니라고 주장합니다. 당신은 외적인 말씀이 어떤 것을 상징하고 대표하는 대상 혹은 표상이라고 가르칩니다. 당신은 말씀의 용도를 오직 인간이 평가하는 가치에 따라서 평가하며, 하나님의 말씀이 성령께서 그것을 통해 역사하셔서 당신의 사역을 완수하시며, 의 혹은 칭의를 향한 시작을 준비하시는 수단임을 인정하려 들지 않습니다.

"참된 그리스도인은 악인들과 위선자들과 불신자들에게 전해지고 선포되는 하나님의 말씀이 경건하고 올곧은 그리스도인들에게 전파되는 하나님의 말씀과 동일하다는 것과, 참된 기독교 교회가 선인들과 악인들이 섞여 있는 죄인들 가운데 있다는 것을 확고히 견지해야 합니다. 그리고 하나님의 말씀은 그것이 열매를 맺든 맺지 않든 그것을 믿는 모든 사람을 구원하는 하나님의 능력임을 확고히 믿어야 합니다. 확실히 하나님의 말씀은 불신자들도 틀림없이 심판할 것입니다(참조. 요 12:48). 만약 그렇지 않다면 불신자들이 애당초 하나님의 말씀을 받는 데 장애가 있었으므로 아무리 발버둥쳐도 받을 수 없었을 테니 어찌 그 일로 정죄를 당할 수 있겠느냐는 구실이 될 것입니다. 그러나 설교자의 말과 사면과 성례는 그의 말이나 행위가 아니라 하나님께서 친히 씻으시고 사죄하시고 매어주시는 일임을 나는 분명히 가르칩니다. 우리는 하나님께서 일하실 때 쓰시는 수단 혹은 조수일 뿐입니다. 당신은 말하기를, 마음을 씻어 주시고 사죄하시는 분은 하나님이시지만, 가르치고 책망하고 사면하고 위로하는 이는 사람이 아니냐고 합니다. 그러나 그것은 사실이 아닙니다. 하나님께서 친히 가르치시고 경고하시고 책망하시고 경성케 하시고 위로하시고 사죄하시고 성례가 거행되게 하시는 것입니다. 이는 우리 구주 그리스도께서 하신 말씀과 같습니다. '너희 말을 듣는 자는 나의 말을 듣는 것이요; 네가 땅에서 무엇이든지 풀면 하늘에서도 풀리리라.' 또한 이렇게 말씀하셨습니다. '말하는 이는 너희가 아니라 너희 속에서 말씀하시는 이 곧 너희 아버지의 성령이시니라.'

"나는 설교를 하거나 성경을 낭독하기 위해서 강단에 오를 때마다 내가 말하는 것이 내 말이 아니며, 시편 저자가 그랬듯이 내 혀는 준비된 저자의 펜임을 거듭 확인하고 다짐합니다. '예언은 언제든지 사람의 뜻으로 낸 것이 아니요 오직 성령의 감동하심을 받은 사람들이 하나님께 받아 말한 것임이라' 는 사도 베드로의 교훈처럼, 하나님께서는 선지자들과 하나님의 사람들 안에서 말씀하십니다. 그러므로 우리의 자연적 이성과 이해에 따라 하나님과 사람을 나누거나 구분해서는 안 됩니다. 마찬가지로 하나님의 말씀을 듣는 사람들은 내가 사도 바울과 사도 베드로나 어떤 사람의 말을 듣는 게 아니라 하나님께 직접 듣는 것이라고 말해야 합니다.

"항상 하나님의 말씀에 붙잡혀 말씀을 사랑하고 사모하며 산다면 자신을 땅 위에서 가장 행복한 사람으로 여겨도 됩니다. 그러나 우리의 사랑 많은 사도인 바울도 늘 그렇게 살지 못한 까닭에 '내 지체 속에서 한 다른 법이 내 마음의 법과 싸워 내 지체 속에 있는 죄의 법으로 나를 사로잡는 것을 보는도다' (롬 7:23) 하고 탄식했습니다. 말씀이 우리 안에서 항상 열매를 맺지 못한다고 해서 말씀 자체에 결함이 있는 것입니까? 태초부터 하나님의 말씀을 구하여 얻는 것은 아무렇게나 해도 쉽게 되는 일이 아니었습니다. 하나님께서 성령을 통해서 사람 마음에 가르쳐 주시지 않으면 아무도 말씀의 뜻을 이해할 수가 없습니다."

루터의 말을 끝까지 귀담아 듣던 불링거는 마침내 무릎을 꿇더니 이렇게 말했습니다. "주님께서 당신의 말씀을 전하시기 위해서 택하신 그릇인 하나님의 사람의 말을 들었으니 나는 참 복된 사람입니다! 하나님의 무오한 말씀으로 책망과 바로잡음을 받았으니, 이제 내가 품어온 잘못된 생각과 견해를 다 버립니다." 그런 뒤 일어나서는 루터의 목을 끌어안았고, 두 사람은 기쁨의 눈물을 흘렸습니다.

## 36

포샤임(Forsheim)은 모세오경 가운데 첫 번째 책을 모세가 직접 쓰지 않았다고 말했습니다. 루터 박사는 그에게, 설혹 모세가 그 책을 직접 쓰지 않았다 한들 무엇이 문제인가 반문하고는, 그럴지라도 그 책은 세상 창조의 내력이 정확히 기록된 모세의 책이라고 대답했습니다. 그런 헛된 비판은 귀담아 듣지 않아도 됩니다.

## 37

신앙과 하나님의 말씀에 관련된 문제 앞에서는 흔들림 없이 확고한 태도를 취해야 합니다. 그래야만 시험과 유혹의 때에 꿋꿋하게 행동할 수 있으며, '문제될 게 없다' 하고 무원칙하게 행동하지 않을 수 있습니다. 이런 태도는 세상일을 처리해 가는 데도 위험하지만, 신학에는 배나 위험합니다. 예컨대 교회법 학자들과 교황파 위선자들, 그리고 이단들은 키메라(돌연변이 등에 의해 두 가지 이상의 다른 조직을 가진 생물체-옮긴이)들입니다. 그들은 얼굴은 아름다운 처녀 같고 몸은 사자 같지만 꼬리는 뱀입니다. 그들의 교리도 그와 같습니다. 겉으로는 화려하고 근사한 모습을 갖추고 있으며, 그 내용은 세상의 상식과 지혜에 부합하므로 인기를 얻습니다. 게다가 사자와 같은 힘도 갖추고 있습니다. 거짓 교사들은 한결같이 공권력을 동원하기 때문입니다. 하지만 결국에는 손에 잡히지 않고 미끄러져 나가는 뱀이나 매끄러운 피부처럼 애매모호하고 확실하지 않은 교리임을 드러냅니다.

일단 우리가 가르치는 교리가 하나님의 말씀임을 확신하고, 재삼 확신하게 되면 그 위에 교훈을 쌓아갈 수 있으며, 이 토대가 언제까지나 남을 것이고 또한 남아야 한다는 것을 알 수 있습니다. 마귀가 그것을 쓰러뜨릴 수 없을 것이며, 세상도 아무리 공격을 퍼붓더라도 허물 수 없습니다. 참으로 감사하게도, 나는 내가 가르치는 교리가 하나님의 말씀임을 분명히 알고 있으며, 어떠한 미명을 내세울지라도 하나님의 말씀과 부합하지 않은 다른 모든 교리들과 신앙들을 내 마음에서 몰아냈습니다. 지금까지 나는 간혹 마음을 괴롭히는 심한 유혹들을 극복해 왔습니다. 이를테면, 마귀는 '이 세상에 과연 너 혼자만 하나님의 말씀을 순수하고 명료하게 간직하고 있고, 다른 사람들은 모두 틀렸다는 말인가?' 하는 못된 질문을 내 마음에 일으켰습니다. 사탄은 하나님의 교회라는 이름과 지위로 그런 식으로 우리를 공격하여 난처한 입장에 몰아붙입니다. '기독교 교회가 그토록 오랜 세월 동안 옳다 여겨 가르치고 수립해 온 교리를, 네가 너의 새로운 교리를 가지고 오류로 배척하고 무너뜨림으로써 영적 정부와 세속 정부에 괴로움과 변화와 혼동을 초래한단 말인가?'

나는 모든 선지자들이 마귀의 이런 비난을 받은 것을 발견합니다. 교회와 국가의 권력자들이 선지자들에게 가한 비난이 그것이었습니다. '우리는 합법적인 정부에서 하나님에 의해 임명을 받아 세워진 하나님의 사람들이다. 우리가 옳다고 인정하여 규범으로 정해놓은 것은 반드시 준수해야 한다. 그런데 한줌도 안 되는' 너희가 크고 훌륭한 부분을 차지하고 있는 우리를 가르치려 들다니 얼마나 미련한 짓인가?' 이런 경우에 우리는 하나님의 말씀으로 단단히 무장을 갖추고 말씀에 정통해야 할 뿐 아니라 교리에 대해서도 확신을 가져야 합니다. 그렇지 않으면 전투를 감당해 낼 수가 없습니다. 사람은 자신이 가르치는 내용이 하늘에 계신 전능하신 하나님의 유일한 말씀이요, 하나님이 내신 최종적이고 영원한 결론이요, 변하지 않는 진리요, 이 교리와 일치하지 않는 것은 모두 마귀가 지어낸 거짓말임을 확신할 수 있어야 합니다. 내가 내 앞에 두고 있는 것은, 무산될 수도 없고 음부의 권세도 이길 수 없는 하나님의 말씀입니다. 온 세상이 나를 공격한다 하여도 나는 이 말씀에 끝까지 남아 있을 것입니다. 하나님께서 내게 말씀을 듣고 순종할 사람들을 주시겠다 하시며, 그러니 모든 염려를 하나님께 맡기라 하시며, 나를 지켜주실 것이니 하나님의 말씀에 확고히 남아 있으라고 하시니, 어떤 형편에서도 나는 그 말씀에 위로를 얻습니다.

세상이 우리를 어떻게 평가하고 어떻게 대하든 상관치 마십시오. 다만 하나님의 말씀을 순수하게 간직하고 우리의 가르치는 도리에 대해 확신을 가집시다. 요한복음 8장에서 그리스도께서는 이렇게 말씀하셨습니다. "너희 중에 누가 나를 죄로 책잡겠느냐 내가 진리를 말하는데도 어찌하여 나를 믿지 아니하느냐." 사도들도 한결같이 자신들이 가르치는 도리에 대해서 굳은 확신을 갖고 있었습니다. 사도 바울은 디모데에게 쓴 편지에서 플레로포리아(굳은 확신)를 특별히 강조했습니다. "미쁘다 모든 사람이 받을 만한 이 말이여 그리스도 예수께서 죄인을 구원하시려고 세상에 임하셨다 하였도다." 그리스도 안에서 하나님을 향해 간직한 믿음은 확실하고 견고해야 합니다. 그러한 믿음은 우리의 양심에 위로와 기쁨을 주며, 평안한 쉼을 줍니다. 사람이 이런 확신을 품고 살면 뱀을 이길 수 있습니다. 그러나 교리에 대한 믿음이 흔들리는 상태에서 마귀와 논쟁을 한다는 것은 대단히 위험한 일입니다.

## 38

강한 방패는 하나님의 말씀입니다. 말씀은 금보다 더 확실한 실체이며 더 정순합니다. 금은 불에 연단을 받을 때 자신의 실체를 조금도 잃지 않고, 오히려 모든 맹렬한 불을 견뎌냅니다. 마찬가지로 하나님의 말씀을 믿는 사람은 모든 것을 이기며, 온갖 시련을 당해도 영원히 안전하게 남습니다. 이 강한 방패는 지옥이든 마귀든 아무것도 두려워하지 않기 때문입니다.

## 39

복음이 전파되기 시작할 때의 세상이 오늘날 눈앞에 전개되는 세상만큼 악했다는 생각이 도무지 들지 않습니다. 이 시대 사람들이 썩어문드러진 교황으로부터, 가련하고 고통받는 양심들을 몹시도 괴롭혀온 그의 횡포로부터 해방된 사실과, 그동안 그토록 수고하며 얻으려고 애썼으나 얻지 못하던 하늘의 보화를 그리스도를 통하여 믿음으로 얻게 된 사실을 발견하고서 기뻐 환호할 줄로 기대했습니다. 그리고 특히 주교들과 대학교들이 기쁜 마음으로 참된 교리들을 받을 줄로 기대했습니다. 그러나 나의 기대는 너무나 참담하게 빗나갔습니다. 모세와 예레미야도 기대가 어긋난 것을 몹시 슬퍼했습니다.

## 40

오늘날 세상이 복음의 교리에 감사해야 하는 이유는 그리스도께 감사해야 하는 이유와 다르지 않습니다. 그것은 십자가 때문입니다. 십자가를 생각하면 복음의 교리에 대해서, 그리스도께 감사하지 않을 수 없습니다. 그러나 오늘날 사람들은 감사할 줄 모릅니다. 올해가 인간의 배은망덕의 해라면, 내년은 하나님의 보복의 해가 될 것입니다. 보복이 하나님의 본성에 맞지 않을지라도, 하나님께서 보복하시지 않을 수 없습니다. 우리도 그렇게 생각해야 합니다.

## 41

세상이 얼마나 불경건하고 배은망덕하여, 도저히 부인할 수 없는 하나님의 은혜를 업신여기고 박대하고 있습니까! 심지어 복음을 자랑하고 그것이 하나님의 말씀인 줄로 알고 인정하는 우리까지도 베르길리우스와 테렌티우스에게 바치는 정도만큼의 존경과 애착을 복음에 바치지 못합니다. 실로 교황과 그의 주구(走狗)들보다 더 두려운 것은 하나님의 말씀에 대한 우리 자신의 감사할 줄 모르는 태도입니다. 우리의 이러한 태도가 교황을 다시 그의 안장에 오르게 할 것입니다. 그러나 그러기 전에 심판의 날이 속히 임하기를 나는 바랍니다.

## 42

하나님께서는 당신의 잣대와 표준을 갖고 계십니다. 그것을 가리켜 십계명이라고 부릅니다. 십계명은 우리의 살과 피에 기록되어 있습니다. 그 요지가 "무엇이든지 남에게 대접을 받고자 하는 대로 너희도 남을 대접하라"는 말씀에 담겨 있습니다. 하나님께서는 "너희가 헤아리는 그 헤아림으로 너희가 헤아림을 받을 것이니라"고 말씀하심으로써 이 점을 강조하십니다. 하나님께서는 이 잣대로 온 세상을 평가해 오셨습니다. 이 표준에 맞게 살면서 행한 사람들은 하나님께서 이 세상에서라도 풍성한 상을 주시기에 형통하게 됩니다.

## 43

하나님께서 성경 안에서 직접 우리에게 말씀하시는 것이 사실입니까? 이 점을 의심하는 사람은 하나님이 말만 앞세우고 실천은 하지 않는 거짓말쟁이가 아닌지 속으로 한 번 생각해 봐야 합니다. 그러나 하나님께서 입을 여시면 그 말은 참되다는 것을 확신할 수 있습니다. 하나님께서는 한 마디 말씀으로 온 세상을 지으셨습니다. 시편 33편은 "그가 말씀하시매 이루어졌으며 명령하시매 견고히 섰도다" 하고 노래합니다.

## 44

하나님의 말씀과 사람의 말은 큰 차이를 두고서 생각해야 합니다. 사람의 말은 공중에 퍼졌다가 곧 사라지는 가냘픈 소리입니다. 그러나 하나님의 말씀은 하늘과 땅보다, 아니 죽음과 지옥보다 더 거대합니다. 말씀은 하나님의 권능의 일부를 구성한 채 영원히 존속하기 때문입니다. 그러므로 우리는 하나님의 말씀을 근실히 배우고, 하나님께서 성경을 통해서 우리에게 직접 말씀하신다는 것을 알고 분명히 믿어야 합니다. 다윗도 이것을 믿고서 "하나님께서 그의 거룩하심으로 말씀하시되 내가 뛰놀리라"고 말했습니다(시 60:6). 우리도 그래야 합니다. 하지만 이 기쁨에는 자주 슬픔과 고통이 섞이는데, 이 점에서도 다윗은 우리의 모범이 됩니다. 그는 자신이 범한 살인과 간음과 관련하여 여러 가지 시련과 환난을 겪었던 것입니다. 이리저리 쫓겨 다니다가 결국 하나님을 경외하는 자리에 남게 된 것이 그에게는 결코 달콤한 기간이 아니었습니다. 시편 2편에서 "여호와를 경외함으로 섬기고 떨며 즐거워할지어다"라고 당부하는 다윗의 말이 예사롭지 않습니다.

## 45

요즘의 신학도(神學徒)는 과거에 비해 이루 말할 수 없이 유리한 환경에 있습니다. 먼저 그에게는 성경이 있습니다. 내가 히브리어를 독일어로 번역한 성경은 내용이 쉽고 명쾌하여서 누구라도 마음만 먹으면 읽고 이해할 수 있습니다. 다음으로 멜란히톤이 쓴 「신학 총론」(*Loci Comunes*)이 있습니다. 신학도라면 거의 외우게 될 때까지 반복해서 읽어야 할 책입니다. 일단 두 권으로 된 이 책을 숙달하면 마귀나 이단이 넘어뜨릴 수 없는 신학자로 인정받을 만합니다. 그만한 실력이면 모든 신학에 정통하여서 어떤 책이든 읽고 이해할 수 있는 경지에 오른 셈이기 때문입니다. 다음 단계로 멜란히톤의 로마서 주석과 나의 신명기와 갈라디아서 주석을 읽고, 설교를 훈련해도 됩니다.

멜란히톤의 「신학 총론」만큼 신학과 신앙의 전체 내용이 철저히 정리해 놓은 책이 없습니다. 모든 교부들의 저서와 모든 신학명제 편찬자들의 저서를 다 합쳐놓아도 이 책에 견줄 수가 없습니다. 이 책은 성경 다음으로 가장 완벽한 책입니다. 멜란히톤은 나보다 훌륭한 논리학자로서, 나보다 변론 능력이 뛰어납니다. 내가 멜란히톤보다 나은 점은 수사학 능력입니다. 만약 인쇄업자들이 나의 조언을 받아들인다면 나의 저서들 가운데 신명기와 갈라디아서 주석과 사도 요한의 네 권에 대한 설교 못지않게 교리를 제시한 책들을 펴낼 것입니다. 나의 다른 저서들은 복음 계시의 진보를 확인시켜 주는 것 외에 별다른 기여를 한 것이 없습니다.

## 46

그리스도께서는 "하나님 나라의 비밀을 아는 것이 너희에게는 허락되었으나" 하고 말씀하셨습니다(눅 8:10). 이 말씀을 들으면 그 비밀이 어떤 것인가, 당장 의문이 생길 수 있습니다. '비밀이라고 하시면서 왜 그것을 전파하셨을까?' 거기에 대한 내 대답은 이런 것입니다. 비밀은 감춰진 은밀한 것인데, 따라서 하나님 나라의 비밀이라고 하면 하나님께서 하나님 나라 안에 감춰두신 어떤 것을 말합니다. 그런데 그리스도를 바로 아는 사람은 하나님의 나라가 무엇이며 어디에 가면 찾을 수 있는지 압니다. 그것이 비밀인 이유는 성령께서 계시해 주시지 않으면 인간의 감각과 이성에 은밀히 감춰진 채로 남아 있기 때문입니다. 그래서 오늘날 많은 사람들이 말씀을 들어도 무슨 말인지 이해하지 못하는 것입니다. 강단에서 그리스도를 전파하는 사람들 가운데도 적지 않은 사람들이 그리스도께서 우리를 위해 죽으신 사실을 포함하여 많은 내용을 가르치지만, 그것이 그들의 혀에서 나올 뿐 마음에서 나오지 않습니다. 복음을 믿지 않을 뿐더러 깨닫지도 못하기 때문입니다. "육에 속한 사람은 하나님의 성령의 일들을 받지 아니하나니"라고 한 사도 바울의 말씀과 같습니다.

하나님의 성령께서 임하신 사람들은 복음을 듣고 볼 뿐 아니라 마음으로 받고 믿으며, 따라서 그것이 그들에게는 비밀도 신비도 아닙니다.

## 47

인간이 말을 할 수 있다는 것은 하나님께서 내리신 각별한 선물입니다. 말의 기능이 있으므로 인간은 사회를 완력으로 다스리지 않고 하나님의 말씀으로 다스릴 수 있습니다. 말씀을 통해서 사람들은 배우고 위로를 받으며 그로써 온갖 근심을 덜게 되는데, 특히 양심의 문제에서 더욱 그렇습니다. 그러므로 하나님께서는 당신의 교회에 영원한 말씀과 성례를 주셨습니다. 그러나 하나님의 말씀을 전하는 이 거룩한 사역을 사탄은 격렬하게 공격합니다. 철저히 짓이기려고 합니다. 그래야 하나님의 나라를 무너뜨릴 수 있기 때문입니다.

과연 말은 놀라운 힘과 효능을 갖고 있어서, 비천한 사람의 입에서 나오는 간단한 말로도 그렇게 교만하고 강력한 사탄이 수치와 모욕에 휩싸인 채 쫓겨 갑니다.

분파들은 미련하고 교만하여서 입으로 하는 말을 배격합니다. 그들의 저주반을 견해를 쉽게 요약하자면, 외적인 것으로는 사람이 구원을 받을 수 없는데, 입의 말과 성례는 외적인 것들이므로 사람을 구원할 수 없다는 것입니다. 그러나 내 대답은 이렇습니다. 하나님께 속한 외적인 것들과 인간에게 속한 외적인 것들은 구분해서 생각해야 합니다. 하나님께 속한 외적인 것들은 능력이 있어서 사람을 구원합니다. 인간에게 속한 외적인 것들과 같지 않습니다.

## 48

오직 하나님께서만 말씀을 통해서 사람의 마음에 훈계하시므로, 말씀을 들음으로써만 사람의 마음이 얼마나 악하고 부패하고 하나님께 적대적인가 하는 심각한 지식에 도달할 수 있습니다. 그런 터 위에서 하나님께서는 사람에게 하나님에 관한 지식을 알게 하시고, 사람이 어떻게 죄에서 해방될 수 있으며, 이 비참하고 덧없는 세상을 지난 뒤에 영원한 생명을 얻을 수 있는지 알게 하십니다. 인간의 이성은 지혜를 다 동원해 봐야 어떻게 이 세상에서 정직하고 단정하게 살 수 있으며, 가옥과 건물을 보존할 수 있는가 하는 것들을 깨닫게 할 뿐, 거기서 더 나아갈 수 없습니다. 철학과 이교 저서들에서 배우는 내용을 넘어서지 못합니다. 그러나 인간이 어떻게 해야 하나님과 그분의 귀중한 아들 그리스도 예수를 알아 구원을 얻을 수 있는가 하는 이 지식은 오직 성령께서만 말씀을 통해서 가르치십니다. 철학은 하나님께 속한 문제들을 전혀 이해하지 못하는 것입니다. 물론 철학을 가르치고 배워서는 안 된다는 말이 아닙니다. 나는 철학 교육을 인정하되, 다만 그것이 이성의 범위 내에서 절제 있게 이루어져야 한다고 생각합니다. 철학은 하나님께서 정해 주신 울타리 안에 남아 있어야 하며, 우리는 그것을 희극의 등장 인물처럼 활용해야 합니다. 그러나 철학을 신학과 혼합하는 것은 용인해서는 안 됩니다. 또한 믿음을 본질과 달리 우연히 발생하는 '우유성'(accidens)으로 이해하는 것도 관용해서는 안 됩니다. 그런 단어들은 학교와 일반 사회에서 통용되는 것으로서, 인간의 감각과 이성이 이해할 수 있는 철학적 표현들일 뿐입니다. 그러나 믿음은 마음에 심긴 것으로서 그 자체로 존재와 본질을 가지고 있으며, 하나님께서 정규적인 사역으로 주신 것이되, 보고 느끼고 만질 수 있는 물질적인 것이 아닙니다.

## 49

우리 설교자들은 하나님의 말씀을 바르게, 사람들이 알아듣도록 전하는 법을 터득해야 합니다. 청중 가운데는 다양한 부류의 사람들이 있기 때문입니다. 어떤 사람들은 자신들이 범한 죄 때문에 양심의 가책에 시달리며, 하나님의 진노를 생각하고서 죄를 회개합니다. 이런 사람들은 복음의 위로로 달래주어야 합니다. 그런가 하면 마음이 완고하고 목이 곧고 반발심에 사로잡혀 있는 사람들도 있습니다. 이런 사람들에게는 엘리야가 하늘에서 내리게 한 불과 노아의 홍수, 소돔과 고모라의 멸망, 예루살렘의 멸망 같은, 하나님께서 진노하신 사례들을 들어가며 율법으로 경고해야 합니다. 이렇게 딱딱하게 굳은 머리들은 강한 충격을 주어야 깨집니다.

## 50

그리스도를 믿음으로 죄 사함을 받는다는 복음을 받아들이는 사람이 매우 적습니다. 대다수 사람들이 큰 위로를 주는 복음을 외면합니다. 더러 듣는 사람도 있지만, 그들조차 교황의 나라에서 미사를 들을 때처럼 듣습니다. 절대 다수가 타성적으로 예배에 참석해서 말씀을 들으며, 그것으로써 신자로서 할 도리를 다 했다고 생각합니다. 이것은 마치 환자라야 의사를 반기고, 건강한 사람은 의사를 거들떠보지도 않는 것과 같은 이치입니다. 마태복음 15장에 나오는 가나안 여인은 딸의 절박한 상황을 보고서 그리스도를 찾아가 어떤 대접을 받든 그리스도를 꼭 붙들고 떠나지 않았습니다. 모세는 자신을 앞세우다가 결국 자신이 아무것도 아님을 철저히 배우게 되었고, 하나님의 큰 은혜를 알게 되었습니다. 그러므로 우리는 먼저 우리 자신의 죄를 인정하고 그리스도를 간절히 사모함으로써 겸손한 태도를 취하지 않으면 많은 수고를 한다 하여도 헛수고일 뿐입니다. 마리아는 이 점을 깨닫고서 자신의 찬송에 이렇게 표현했습니다. "[주께서] 주리는 자를 좋은 것으로 배불리셨으며 부자는 빈손으로 보내셨도다." 실로 모든 사람들에게 위로를 주는 말씀이며, 비참하고 가난하고 곤궁한 죄인들, 멸시받는 사람들에게 큰 교훈을 주어 그들로 아무리 깊은 슬픔과 절박한 상태에서라도 누구에게 달려가 피하고 도움과 위로를 얻어야 할지를 가르쳐 주는 교훈입니다.

그러나 하나님과 주위의 모든 사람들이 우리에게 등을 돌리고 있는 것만 같이 느껴지는 때에라도 우리는 가나안 여인을 생각하여 하나님의 말씀을 굳게 붙들고 성경이 하나님에 관해서 가르치는 모든 내용을 사실로 믿어야 합니다. 천지는 없어질지라도 하나님의 말씀은 없어지지 않고 실패하지도 않습니다. 하지만 우리가 자연스럽게 지니고 있는 이성과 감각을 철저히 부정하고, 이성과 감각으로 판단한 것을 의지하지 않고 오직 하나님의 말씀만 의지하는 것이 얼마나 어려운 일입니까! 우리가 언제든 믿음으로 살며, 세상을 떠날 때에도 믿음으로 죽음과 맞서서 싸울 수 있도록 주님께서 자비를 베풀어주시기를 빕니다.

## 51

하늘과 땅, 세상의 모든 황제들과 왕들과 방백들이 힘과 지혜를 모은다한들 하나님께서 거하실 만한 처소를 마련할 수 없습니다. 하지만 아무리 약한 인간일지라도 하나님의 말씀을 소중하게 간직하고 준행하는 영혼 안에 하나님은 기꺼이 거하십니다. 선지자 이사야는 하늘을 가리켜 하나님의 보좌라고 하고 땅을 가리켜 그분의 발등상이라고 합니다. 하지만 하늘과 땅이 하나님의 거처라고는 하지 않습니다. 하나님을 찾고 싶으면 하나님의 말씀을 지키는 사람들에게서 찾는 게 확실한 방법입니다. 그리스도께서는 이렇게 말씀하십니다. "사람이 나를 사랑하면 내 말을 지키리니 내 아버지께서 그를 사랑하실 것이요 우리가 그에게 가서 거처를 그와 함께 하리라." 너무나 단순하고 명쾌한 말씀이지만, 구주께서는 이 말씀으로 세상의 모든 지혜 있다 하는 자들을 혼동에 빠뜨리십니다. 구주께서는 위엄을 갖추어 말씀하시지 않고 온유하고 겸손하게 말씀하려 하셨습니다. 만약 내가 아이를 가르치게 된다면 그와 같은 방법으로 가르칠 것입니다.

## 52

하나님의 말씀의 능력은 실로 큽니다. 히브리서는 말씀을 가리켜 "좌우에 날선 어떤 검보다 예리한" 검이라고 부릅니다. 그러나 우리는 순수하고 명쾌한 말씀을 등한히 하고 업신여기며, 신선하고 서늘한 샘물을 마시지 않습니다. 맑은 샘물을 놔둔 채 더러운 웅덩이를 찾아가 썩은 물을 마십니다. 하나님의 말씀은 방치해 둔 채 수사들과 탁발수사들처럼 수도원에 갇혀 지내거나 저자 거리를 다니며 사변(思辨)의 영역을 방황한 옛 저자들과 교수들의 글만 부지런히 읽는 것입니다.

우리 구주 그리스도의 말씀은 능력이 한이 없습니다. 주님의 말씀에는 손과 발이 달려 있습니다. 세상 지혜의 지극히 정교한 것들도 능가합니다. 복음에서 이것을 잘 볼 수 있습니다. 그리스도께서 아주 평범하고 쉬운 말씀으로 바리새인들의 지혜가 아무것도 아님을 드러내시고, 그들로 어찌할 바를 몰라 허둥대게 만드신 것입니다. "가이사의 것은 가이사에게 하나님의 것은 하나님께 바치라"는 말씀은 정교한 논리였습니다. 이 말씀으로 명하지도 금하지도 않으신 채, 바리새인들을 그들의 궤변의 올무에 사로잡히게 만드셨습니다.

## 53

하나님의 말씀이 순수하고 거짓 없이 전파되는 곳에는 가난이 있습니다. 그리스도께서 "주의 성령이 내게 임하셨으니 이는 가난한 자에게 복음을 전하게 하시려고 내게 기름을 부으시고 나를 보내사" 하고 말씀하신 대로입니다. 수도원들과 독방들에 거하면서 우리를 육체와 영혼 모두의 위험으로 몰아간 무익하고 게으르고 불경건한 사람들은 세상에서 많은 것을 받아 누리며 살아왔습니다. 하지만 진정한 기독교 신앙을 가르치는 교사에게는 동전 한 닢 돌아오지 않습니다. 미신과 우상숭배와 외식에는 사례금이 풍족히 쌓이는데, 진리는 구걸하러 나섭니다.

## 54

하나님께서 말씀을 전해 주시면 얼마 안 있어 경건한 그리스도인들에게는 십자가가 따라옵니다. "무릇 그리스도 예수 안에서 경건하게 살고자 하는 자는 박해를 받으리라"(딤후 3:12)는 사도 바울의 말씀과 같습니다. 우리 구주께서도 "내가 너희에게 종이 주인보다 더 크지 못하다 한 말을 기억하라. 사람들이 나를 박해하였은즉 너희도 박해할 것이요"(요 15:20) 하고 말씀하셨습니다. 행위가 말씀을 해명하고 선포합니다. 슬픔과 탄식이 말씀에 주의하는 법을 가르친다는 이사야의 가르침과 같습니다. 십자가에 익숙해지지 않고는 아무도 성경을 이해할 수 없습니다.

## 55

그리스도와 사도들의 시대에는 하나님의 말씀이 교훈의 말씀으로서 온 세상에 선포되었습니다. 하지만 세월이 흐른 뒤 교황의 영토에서는 하나님의 말씀이 그저 낭독될 뿐 가르치고 깨달으려고 힘쓰는 일이 없었습니다. 오늘날 우리의 시대에는 하나님의 말씀이 투쟁의 말씀이 되어 싸우고 분쟁을 일으킵니다. 이 말씀이 결국에는 원수들을 가만히 내버려두지 않고 몰아낼 것입니다.

## 56

세상에서 아이가 상속자로 태어났다는 이유로 상속자가 되듯이, 오직 믿음이 말씀으로 거듭난 사람들을 하나님의 자녀들로 만들어 줍니다. 선지자 이사야의 말처럼 하나님의 말씀은 우리가 잉태되고 태어나고 양육받는 모태(母胎)입니다. 우리가 그러한 출생을 통해서 (우리의 조력이나 행위 없이 하나님의 은혜로) 하나님의 자녀들이 되듯이, 또한 우리는 후사(後嗣, 상속자)들이며, 후사들이기에 죄와 죽음과 마귀에게서 해방되어 영원한 생명을 상속할 것입니다.

## 57

내가 모든 경건한 그리스도인들에게 당부하고 싶은 말은, 성경의 화법이 평이하고 꾸밈없다고 해서 뭔가 부족한 것처럼 생각하지 말라는 것입니다. 겉보기에 평범하고 통속적인 것 같아도 하나님의 큰 위엄과 권능과 지혜에서 나온 것임을 깊이 생각해야 합니다. 성경은 이 세상의 지혜로운 자들을 어리석게 만드는 책입니다. 성경은 단순하고 소박한 마음으로 배워야만 이해할 수 있는 책입니다. 이 책이 마르지 않는 소중한 샘임을 알고 존귀하게 여기십시오. 이 책에서 천사들이 가난하고 소박한 목자들을 인도하여 보게 한 강보와 구유를 만날 수 있습니다. 강보와 구유가 초라하고 하찮게 보여도 그 안에는 너무나 귀하고 소중한 보화가 담겨 있습니다.

## 58

불경건한 교황주의자들은 하나님의 말씀보다 교회의 권위를 크게 높입니다. 이러한 가증하고 참람한 태도를 그냥 놔두어서는 안 됩니다. 그들은 이런 태도로 부끄러운 줄도 모르고 하나님의 면전에 침을 뱉습니다. 하나님의 인내가 워낙 커서 그들이 당장 멸망하지 않고 항상 그런 상태로 있는 것입니다.

## 59

과거도 그랬지만 우리 시대에도, 신학과 모든 훌륭한 인문학 과목들이 멸시를 당하고 학자들이 궤변에 빠져 있을 때는, 연구한다는 것이 위험한 일입니다. 이교도인 아리스토텔레스가 대단한 명성과 존경을 받아 심지어 쾰른에서는 그를 폄하하고 비판하는 사람들을 이단 취급했습니다. 정작 본인들은 아리스토텔레스를 이해하지 못한 채 말입니다.

## 60

사도 시대와 우리 시대에는 그리스도께서 땅에 계실 때보다 복음이 더 능력 있게 멀리 전파됩니다. 그리스도께서 사도들보다, 그리고 이 시대의 우리들보다 더 적게 알려지셨고, 청중도 더 적었기 때문입니다. 이러한 상태는 그리스도께서 친히 말씀하신 대로 이루어진 결과입니다. 그리스도께서는 제자들이 주님 자신보다 더 큰 일을 하게 될 것이라고 하셨고, 자신은 겨자씨와 같되 제자들은 나무보다 크게 되어 공중의 새들이 깃들이게 될 것이라고 하셨던 것입니다.

## 61

오늘날은 모든 사람들이 저마다 높은 마음을 품고서 복음에 이런저런 비판을 가합니다. 거의 모든 노망한 노인들이나 말 많은 궤변론자들이 신학 박사 행세를 합니다. 학문과 예술의 다른 과목들에서는 교수들이 있어서 사람들이 배우려면 그들을 찾아가야 하고, 그들이 요구하는 원칙과 규율을 따르고 복종해야 합니다. 그런데 하나님의 말씀인 성경에 대해서만큼은 모든 사람들이 저마다 교만하게도 판단자의 자리에 섭니다. 이렇게 많은 분파들과 거짓 교사들이 난무하게 된 원인이 거기에 있습니다.

## 62

나는 신학을 단숨에 배우지 않았습니다. 좀 더 깊이 배우고 싶은 의욕이 강렬했습니다. 어떤 인간도 시련과 유혹을 뚫고 서지 않으면 성경을 참되게 이해할 수 없는 까닭입니다. 사도 바울은 육체를 가시처럼 찌르고 유혹하는 마귀가 있었기에 더욱 근실히 성경을 연구했습니다. 나는 교황과 대학교들과 깊이가 있다는 학자들과 마귀에게 끊임없이 공격을 당했습니다. 이들이 나를 성경으로 몰아넣었으며, 이들 덕분에 성경을 집요하게 읽고 또 읽은 결과 마침내 하나님께 감사하게도 성경을 바르게 깨닫는 자리에 이르렀습니다. 그러한 마귀가 없다면 우리는 하나님이 하시는 일의 구경꾼밖에 되지 못하며, 우리 자신의 공허한 생각에 따라 수사들과 탁발수사들이 수도원에 들어앉아 하듯이 사물의 이치가 이렇고 당위가 저렇다는 헛된 망상이나 하다가 끝날 것입니다. 성경은 그 자체로 확실하고 참됩니다. 성경의 바른 의미를 깨달을 수 있도록 하나님께서 은혜를 주셔야 합니다.

# 하나님께서 하신 일들에 관하여

## 63

하나님께서 하신 모든 일들은 헤아릴 수도 없고 형언할 수도 없고 인간의 감각으로 발견할 길도 없으며, 인간의 힘이나 도움 없이 오직 믿음으로 바라볼 수 있습니다. 어떠한 유한한 인간도 엄위하신 하나님을 이해할 수 없으므로, 하나님께서 가장 단순한 방법으로 우리 앞에 오시되, 인간이 되셨습니다. 아니, 죄와 죽음과 연약함이 되셨습니다.

천지 만물 안에, 크고 작은 피조물들 가운데 하나님의 전능하신 능력과 친히 이뤄 놓으신 기이한 일들이 찬란하게 빛납니다. 인간이 아무리 능력이 있고 지혜롭고 거룩하다한들 무화과 열매로 무화과나무를, 체리 열매로 체리나무를 만들어 낼 수 있겠습니까? 과연 어떤 인간이 하나님께서 만물을 창조하시고 보존하시며 자라게 하시는 방법을 알 수 있겠습니까?

우리는 인간의 눈이 어떻게 사물을 바라보며, 혀가 입안에서 움직일 때 어떻게 알아들을 수 있는 말이 나오는지 알 길이 없습니다. 날마다 보고 행하는 자연스러운 일들인데도 그렇습니다. 그러한 우리가 엄위로우신 하나님의 깊고 깊은 섭리를 어떻게 헤아리거나 이해할 수 있으며, 인간의 감각과 이성과 이해로 깨달을 수 있겠습니까? 그래도 우리가 우리 자신의 지혜를 높이고 신뢰할 수 있겠습니까? 나는 나 자신이 미련한 자임을 인정하며, 하나님의 지혜 앞에 엎드립니다.

## 64

태초에 하나님께서 아담을 흙으로 지으시고, 하와를 아담의 갈빗대로 지으셨습니다. 그들에게 복을 주시며 "생육하고 번성하여 땅에 충만하라"고 말씀하셨습니다. 이 말씀은 세상이 끝나는 날까지 언제까지나 능력 있게 남아 있을 것입니다. 날마다 많은 사람들이 죽지만, 또한 많은 사람들이 태어납니다. 하나님은 이렇게 날마다 새로이 창조하시지만, 믿음이 없어 앞을 못 보는 세상은 하나님의 기이한 일들을 볼 줄도 모르고 인정하지도 않으며, 모든 것이 우연으로 된 줄로 생각합니다. 하지만 신자들은 어디로 눈을 돌리든 하늘과 땅과 공기와 물을 바라보면서 하나님이 행하신 기이한 일들을 보고 인정합니다. 하나님께서 이 세상을 지으시고 기뻐하셨다는 말씀을 기억하고서 경이감과 기쁨을 가지고 창조주를 찬송합니다.

## 65

믿음이 없어 앞을 못 보는 세상의 자녀들에게는 신앙의 조항들이 너무 높습니다. 하나님께서 삼위일체로 계신다는 교훈과 하나님의 참 아들이 인간이 되셨다는 교훈, 그리고 그리스도 안에 신성과 인성 두 본성이 있다는 교훈이 모두 마음에 와 닿지 않고, 지어낸 이야기처럼 들립니다. 인간과 돌이 하나의 인격일 수가 없듯이, 하나님께서 인간이 되셨다는 말이나, 신성과 인성이 그리스도 안에서 연합하여 하나의 위격을 이룬다는 말도 이치에 닿지 않는 말로 들립니다. 사도 바울은 골로새서에서 이런 문제를 자세히 다루지 않더라도 자신의 이해를 다음과 같이 표현합니다. "그 안에는 신성의 모든 충만이 육체로 거하시고"(골 2:9), "그 안에는 지혜와 지식의 모든 보화가 감추어져 있느니라"(2:3).

## 66

"하나님께서는 왜 사람들의 마음을 완고하게 하시어 영원한 멸망에 떨어지게 하십니까?" 만약 누가 이런 질문을 한다면, 그 사람은 이런 질문도 같이 해야 합니다. "하나님께서는 왜 자신의 독생자를 아끼지 않으시고 우리 모두를 위해 내어주셔서 십자가의 부끄러운 죽음을 당하게 하시고, 그로써 가련한 우리에게 진노보다 사랑을 더욱 나타내셨습니까?" 상반된 질문을 떠올려 보면 실상이 좀 더 온전하게 파악됩니다. 마귀는 악의를 품고서 아담을 속이고 유혹했습니다. 그러나 우리가 그 사건과 붙여서 기억해야 할 일이 있습니다. 아담은 타락한 직후에 여자의 후손이 뱀의 머리를 상하게 하고 땅에 사는 사람들에게 복을 끼칠 것이라는 약속을 받은 것입니다. 그러므로 우리는 아드님을 보내시어 우리의 구주가 되게 하신 성부 하나님께서 악하고 제멋대로 움직이는 세상에 베푸신 인자와 자비가 측량할 수 없이 크다는 사실을 인정해야 합니다. 이 점을 생각하고, 사람은 마땅히 자기 속에서 일어나는 마귀적인 의문들을 품지 말고, 하나님의 말씀과 하나님께서 하신 일들을 생각해야 합니다. 만물을 창조하시고 피조물인 우리가 다 헤아릴 수 없는 의지와 지혜로 만사를 다스리시는 하나님께서는 그런 의문들을 기뻐하지 않으십니다.

"하나님께서 인간의 이성이 닿을 수 없는 당신의 신적인 섭리와 기이한 지혜로써 왜 이 사람에게는 자비를 베푸시고 저 사람의 마음은 완고하게 하시는가?" 이것은 피조물인 우리가 품어야 할 질문이 아닙니다. 만약 하나님께서 자신의 사역과 행동에 대해서 각 사람에게 일일이 해명하셔야 한다면 약하고 단순한 분에 지나지 않으실 것입니다.

우리 구주께서는 베드로에게 "내가 하는 것을 네가 지금은 알지 못하나 이 후에는 알리라"고 말씀하셨습니다(요 13:7). 우리도 훗날 우리의 자애로우신 아버지이신 하나님께서 우리에게 어떤 사랑을 베푸셨는지 잘 알게 될 것입니다. 그러한 날이 오기 전까지는 비록 불행과 곤고와 고통에 눌려 지낼지라도, 하나님께서 우리가 육체로든 영혼으로든 멸망하는 것을 원치 않으시고 모든 것이 합력하여 우리의 유익이 되도록 해주실 것을 굳게 신뢰해야 합니다.

## 67

하늘이 창조되기 전에 하나님께서 어디에 계셨는지 질문하는 사람이 있었습니다. 하늘이 없을 때에 하나님께서는 자신 안에 계셨다 — 이것이 아우구스티누스의 대답이었습니다. 나도 같은 질문을 받았는데, 나는 그 사람에게 당신처럼 할 일 없고 가볍고 건방진 사람들을 몰아넣을 지옥을 만들고 계셨다고 대답했습니다. 하나님께서는 만물을 창조하신 뒤에는 모든 곳에 계시면서도 아무 곳에도 계시지 않으십니다. 말씀을 떠나서는 하나님을 알 수도 없고 그분 앞에 설 수도 없기 때문입니다. 그러나 우리는 하나님께서 계시겠다고 약속하신 곳에서 하나님을 만날 수 있습니다. 구약의 백성들은 은혜의 보좌(언약궤, 출 25장)가 있는 예루살렘에서 하나님을 만났습니다. 우리는 믿음으로 말씀과 세례와 성찬 안에서 하나님을 만납니다. 그러나 위엄 가운데 계신 하나님을 우리는 아무데서도 볼 수 없습니다.

하나님께서 특정 장소에 스스로 얽매이시어 그곳에서 자신을 만나게 해주신 것은 특별한 은혜였습니다. 백성들 가운데 성막을 두시고 거기서 백성들을 만나주신 것입니다. 성막은 처음에 실로와 세겜에 세워졌다가 후에 기브온으로 옮겨졌고, 마지막에는 예루살렘 성전으로 옮겨졌습니다.

훗날 그리스인들과 이교도들도 성막을 본따서 자신들이 숭배하던 우상들의 전각을 세웠습니다. 디아나를 위해서는 에베소에, 아폴로를 위해서는 델포이에 세우는 식으로 말입니다. 하나님께서 교회를 세우시는 곳에 마귀도 자신에게 속한 예배당을 세우고 싶어했던 것입니다. 이 점에서 그리스인들과 이교도들은 유대인들을 모방했습니다. 지성소가 캄캄하고 빛이 전혀 없었던 것처럼, 그들도 마귀에게서 응답을 구하기 위한 자신들의 성소를 캄캄하게 만들었습니다. 이렇게 마귀는 원숭이처럼 항상 하나님을 흉내냅니다.

## 68

하나님은 의로우시고 신실하시고 참되십니다. 이 사실은 그리스도를 통하여 죄를 사해 주시고 영원한 죽음에서 건져주시겠다는 약속에 잘 나타나 있을 뿐 아니라, 성경에 나오는 훌륭하고 거룩한 성도들이 하나님의 큰 사랑을 받고 하나님을 깊이 깨달은 뒤에도 크고 무거운 죄에 떨어졌던 사례들에도 잘 나타나 있습니다.

아담은 불순종함으로써 죄와 사망을 자신의 모든 후손들에게 대대로 전가시켰습니다. 아론은 하나님께서 이스라엘을 멸하시려고 하실 정도로 큰 죄를 이스라엘에 범했습니다. 다윗도 심하게 넘어졌습니다. 욥과 예레미야는 자신들이 태어난 날을 저주했습니다. 요나는 니느웨가 멸망하지 않는다고 크게 화를 냈습니다. 베드로는 그리스도를 부인했고, 바울은 주님을 박해했습니다.

이와 같은 많은 예들을 성경 기록자들이 우리에게 전해줍니다. 하나님의 자비를 의지하고서 안심하고 죄를 지으라는 뜻에서 그런 것은 물론 아니지요. '죄에 대해 반드시 임할' 진노를 생각할 때 자포자기할 게 아니라 큰 위로가 되는 그런 사례들을 기억하고서, 하나님께서 그분들에게도 그렇게 자비를 베풀어 주셨듯이 우리에게도 오직 그리스도 안에서 베푸신 인자와 긍휼을 인하여 자비를 베푸시고 우리 죄대로 다 처벌하지 않으실 것을 구하고 바라라는 뜻에서 그런 기록을 남긴 것입니다.

그렇게 거룩하고 훌륭한 신앙의 선조들도 그처럼 심각하게 넘어진 사실을 생각할 때, 이 세상의 신이요 임금인 마귀가 얼마나 악하고 교활하고 질투가 강한 자인가를 알 수 있습니다.

그분들은 무거운 죄를 범하고 넘어졌다가 하나님의 섭리와 용납하심에 힘입어 회복된 후로는 더 이상 자신들의 고매한 인격과 은사를 자랑하지 않고 오히려 자신을 의지하지 않고 하나님을 더욱 경외하게 되었습니다. 다윗만 보더라도, 우리아를 사지로 보내어 죽게 하고 그의 아내를 취함으로써 하나님의 원수들에게 비방거리를 준 까닭에 자신이 과거에 국가를 바로 세우고 선정을 베푼 일을 자랑하지 못하고 "내가 여호와께 죄를 범하였노라"(삼하 12:13)고 자백한 뒤 눈물로 자비를 구했습니다. 욥도 "나는 깨닫지도 못한 말을 말하였고 스스로 알 수도 없고 헤아리기도 어려운 일을 말하였나이다 … 그러므로 내가 스스로 거두어들이고 티끌과 재 가운데에서 회개하나이다"(욥 42:3, 6) 하고 말했습니다.

## 69

하나님께서는 크고 기이한 일을 행하려 하실 때에 가난하고 약한 인간들을 들어서 그 일을 시작하시며, 후에 그들에게 조력자를 주셔서 하나님의 일을 가로막으려고 하는 원수들을 이기게 하십니다. 예를 들어, 이스라엘 자손을 애굽의 오랜 종살이에서 건지실 때에 모세를 부르시고 후에 그의 형 아론을 불러 그를 돕게 하셨습니다. 그리고 바로가 처음에는 모세와 아론의 말을 듣지 않고 이스라엘 자손을 훨씬 더 압제했으나, 결국에는 그들을 보내지 않을 수 없었습니다. 바로가 후에 군대를 끌고 이스라엘 자손을 추격하자, 여호와께서는 바로와 그의 군대를 홍해에서 멸하시고 자기 백성을 구원하셨습니다.

또한 제사장 엘리 때에는 이스라엘이 하나님을 섬기는 나라답지 못해서 블레셋 민족에게 심한 압제를 당하고 언약궤를 그들에게 빼앗기고, 엘리는 크게 낙담하여 의자에서 넘어져 목이 부러져 죽었습니다. 이스라엘이 완전히 망한 것처럼 보이던 그때에 하나님께서는 선지자 사무엘을 일으키셔서 그를 통해서 이스라엘을 회복하시고 블레셋의 멍에를 벗어버리게 하셨습니다.

훗날 사울이 블레셋 군대의 심한 공격에 몰리던 끝에 좌절하여 자결하고, 그의 세 아들과 많은 군인들이 그와 함께 전사했을 때, 모든 사람들이 이젠 이스라엘이 멸망했다고 생각했습니다. 그러나 얼마 지나지 않아 다윗이 온 이스라엘의 왕으로 선출되면서 그 나라에 황금기가 찾아왔습니다. 하나님의 택하신 사람인 다윗은 이스라엘을 원수들의 손에서 건졌을 뿐 아니라, 자신에게 저항하는 주변의 왕들과 민족들을 굴복시켰고, 자신의 시대와 솔로몬의 시대에 이스라엘 나라가 충만한 번영과 권력과 영광을 누리도록 했습니다.

훗날 유다가 바벨론에 포로로 끌려갔을 때에도, 하나님께서는 에스겔과 학개, 스가랴 같은 선지자들을 부르셔서 고통과 절망에 떨어진 백성들을 위로하게 하셨습니다. 그들에게 약속하시되 그들을 유다의 고토로 돌아가게 해주실 뿐 아니라 때가 차면 그리스도를 보내주시겠다고 하셨습니다.

이런 사례들에서 우리는 하나님께서 자기 백성을 버리시는 법이 없으며, 심지어 백성들 가운데 악한 자들조차 다 거두신다는 것을 볼 수 있습니다. 물론 그들의 죄를 그냥 넘기지 않으시고 오랫동안 모질게 징계를 하셨습니다. 우리 시대에도 하나님께서는 오랫동안 악한 교황 밑에서 혹독한 종살이를 해온 우리를 은혜로써 건져주셨습니다. 우리가 감사의 심정으로 이 사실을 인정하고 고백하게 된 것이 하나님의 큰 자비로 된 일입니다.

## 70

하나님께서 혹시 우리가 평소 누리는 창조 만물의 혜택을 조금만 거둬들이시더라도 우리에게는 여전히 분에 넘치게 관대한 것입니다. 예를 들어, 아주 잠시만이라도 해를 거둬들이시어 비추지 않게 하시거나 공기와 물 혹은 불을 잠가 버리신다면 어떻게 되겠습니까! 그것들의 혜택을 다시 입을 수만 있다면 전 재산이라도 아까워하지 않고 다 내놓을 것입니다.

그러나 하나님께서 이토록 후한 선물들을 우리에게 베풀어주시는 것을 알면서도, 우리는 그것들을 마치 당연한 것으로 여깁니다. 거둬 가시든 말든 상관 없다는 태도입니다. 헤아릴 수 없을 정도로 풍성한 하나님의 은혜 앞에서 신자들도 믿음이 흐려지는데, 불신자들은 어떠하겠습니까?

## 71

하나님께서 어떤 민족이나 왕국을 벌하려 하실 때는 먼저 그들에게서 선량하고 경건한 교사들과 설교자들을 거둬가시고, 지혜롭고 경건하고 정직한 통치자들과 모사들, 용감하고 정직하고 노련한 군인들, 그리고 선량한 백성들을 데려가십니다. 그럴지라도 사람들은 스스로 안전하다 여기며 즐겁게 살아갑니다. 여전히 제 고집대로 살며, 진리와 교리에 관심을 두지 않습니다. 오히려 그것을 무시하고 소경의 상태에 떨어집니다. 두려워하지도 않고 정직함도 버립니다. 온갖 부끄러운 죄에 몸을 내주며, 거기서 지금 우리가 목도하고 있는 것과 같은 사납고 방탕하고 마귀적인 생활이 나옵니다. 도끼가 나무 뿌리에 놓여 당장이라도 찍어 넘어뜨리지 않을까 두렵습니다. 하나님께서 무한하신 자비로 우리를 보호하셔서 그러한 재앙에 휩쓸리지 않도록 간구하게 됩니다.

## 72

하나님께서는 우리에게 해와 달과 별들을 주시고, 불과 물과 공기와 흙을 주시고, 온갖 피조물들을 주시고, 육체와 영혼, 그리고 온갖 삶의 방편들, 각종 과일과 곡식, 포도주 등, 이 땅에서 생명을 유지하고 위안을 얻는 데 필요한 모든 좋은 것을 날마다 주십니다. 더 나아가 사람의 생명을 구원할 수 있는 말씀과, 당신 자신을 우리에게 내어주십니다.

그런데 우리에게 이렇게 다 주시고서 얻으신 것이 무엇입니까? 아무것도 없습니다. 오히려 거룩하신 이름이 모욕을 당할 뿐이며, 독생자께서 정죄를 받고 십자가에 달리셨으며, 그분의 종들이 학대와 추방과 죽음을 당할 뿐입니다. 모두가 애지중지하는 세상이란 이런 것입니다! 세상에 화가 임하지 않겠습니까?

## 73

하나님께서는 설교자들에게 고귀한 직분을 맡기셨습니다. 그들 자신들도 가련한 죄인들이어서 남들에게 말씀을 전하면서도 정작 자신들조차 말씀대로 살지 못하는데도 그런 숭고한 직분을 맡기셨다는 것이 기이한 일입니다. 실은 이렇게 해서 하나님의 능력이 우리의 연약함을 통해서 나타나게 되는 것입니다. 우리가 연약한 상태에서 주님을 온전히 의지할 때야말로 주께서 가장 큰 능력을 발휘하시기 때문입니다.

## 74

하나님께서 우리를 어떻게 대하셔야 할까요? 우리는 복되고 좋은 날들을 주셔도 보람 있게 보내지도 못하고, 악하고 힘든 날들을 주시면 견디지를 못합니다. 우리에게 넉넉한 형편을 주시면? 그러면 우리는 교만해져서 남들에게 평안을 끼치지를 못합니다. 스스로 잘나서 그렇게 된 줄로 알고 남들 위에 서서 존경을 받으려고 합니다. 반대로 우리를 가난한 형편에 밀어 넣으시면? 그러면 우리는 좌절하고 인내하지 못하고 원망합니다. 계속 이런 식으로 살려면 당장 죽어 흙에 묻히는 게 상책입니다.

## 75

“하나님께서 인간이 무죄한 상태를 계속 유지하지 못할 줄을 미리 아셨다면 도대체 인간을 왜 창조하셨을까요?” 하고 어떤 사람이 물었습니다. 루터 박사는 전능하신 하나님께서는 당신의 집에 하수구와 오수관이 필요한 줄을 아셨기 때문이라고 웃으면서 대답하면서, 주님께서 친히 하실 일에 관해 잘 알고 계시다는 사실을 잊어서는 안 된다고 타일렀습니다. 우리는 추상적인 생각들을 말끔히 씻어버리고, 하나님의 뜻을 우리에게 계시된 그대로 받아 상고해야 할 것입니다.

## 76

헤닝 박사(Dr. Henning)가 이렇게 물었습니다. “신학자들이 이성을 의지하지 않아야 한다면, 그리스도인들은 아예 이성의 권위를 인정하지 않아야 합니까?” 루터 박사는 대답하기를, 믿음과 하나님에 관한 지식 앞에서 이성은 어둠일 뿐이지만, 이성이 신자의 손에 들리면 탁월한 무기가 된다고 했습니다. 인간의 모든 기능과 재능은 불신자가 사용하면 악하게 발휘되지만, 경건한 사람들이 지니게 되면 대단히 유익한 결과를 냅니다.

## 77

하나님께서 신자들을 대하시는 방식은 인간의 상식과 지혜로 다 설명할 수가 없습니다. 하나님을 두려워하는 선량한 그리스도인들은 보이지 않는 것들을 의지하는 법을 배우며, 죽음으로써 다시 살게 됩니다. 하나님의 말씀은 어두운 곳을 비추는 빛이기 때문에 그렇습니다. 믿음의 선조들이 이 사실을 충분히 입증했습니다. 에서는 저주를 받았으나 그럼에도 불구하고 형통했습니다. 그는 넓은 영토의 주인이었고, 교회의 사제였습니다. 그러나 야곱은 살기 위해 도망친 뒤 다른 나라에 가서 가난하게 지내야 했습니다.

하나님께서는 경건한 그리스도인들을 불신자 대하듯 대하시며, 때로는 그들보다 훨씬 못하게 대하십니다. 아버지가 하인들 앞에서 아들을 대하는 것처럼 신자들을 대하십니다. 아버지는 하인보다 아들에게 더 자주 매를 듭니다. 하지만 아들에게는 재산을 물려주지만, 완고하고 거역하는 하인에게는 매를 들지 않고 집 밖으로 쫓아내고 아무것도 물려주지 않습니다.

## 78

하나님께서는 인자하시고 은혜로우신 주님이십니다. 첫 번째 계명이 요구하는 대로, 유일한 하나님으로 경배를 받으셔야 마땅합니다. 하나님께서는 우리에게 요구하시는 게 아무것도 없습니다. 우리에게 세금을 내라고 하시는 법도 없고, 선물을 요구하시는 법도 없습니다. 다만 바라시는 게 있다면 우리의 하나님과 아버지가 되시려는 것이며, 따라서 우리에게 온갖 종류의 영적 · 현세적 선물을 넘치도록 채워 주십니다. 그러나 우리는 하나님을 일관되게 바라보지 않으며, 우리의 하나님으로 모시고 살려는 간절한 마음도 없습니다.

## 79

하나님께서는 잔뜩 화가 나 계신 하나님이 아니십니다. 만약 그렇다면 우리는 살아남지 못하고 모두 멸망하고 말 것입니다. 하나님은 인류를 멸하기를 기뻐하시지 않습니다. 다만 공의로우신 까닭에 징벌받아야 할 자들을 부득이 징벌하실 뿐입니다. 불의한 것과 거룩하지 못한 것을 기뻐하시지 않으시는 까닭에 징벌하실 자를 징벌하실 수밖에 없습니다. 나는 가끔 가정교사가 아들 요한을 회초리로 때릴 때 차마 똑바로 볼 수 없어서 손으로 얼굴을 가린 채 손가락 사이로 지켜보곤 하는데, 하나님께서도 그러하십니다. 우리가 감사하지도 않고 말씀과 계명에 복종하지도 않으면, 하나님께서는 마귀를 통해서 전염병과 기근 같은 회초리로 가차 없이 징계를 하십니다. 우리를 원수로 여겨 멸하시려는 것이 아니라, 그런 매질을 통해서 우리로 회개하고 행실을 고치도록 하시고, 하나님을 간절히 찾고 하나님께로 달려가 도움을 구하도록 하시려는 것입니다. 사사기에서 좋은 예를 찾아볼 수 있습니다. 천사가 하나님의 모습으로 나타나 범죄한 이스라엘 백성들에게, 그렇게 숱하게 징계를 하여도 나아지는 게 하나도 없음을 지적하면서 "가서 너희가 택한 신들에게 부르짖어 너희의 환난 때에 그들이 너희를 구원하게 하라"고 하자, 이스라엘 백성들은 "우리가 범죄하였사오니 주께서 보시기에 좋은 대로 우리에게 행하시려니와 오직 주께 구하옵나니 오늘 우리를 건져 내옵소서" 하고 말했습니다(삿 10:10-16). 다윗도 백성을 상대로 인구조사를 하다가 하나님께서 역병으로 백성을 치셔서 무려 7만 명이 죽는 큰 징계를 받았을 때, 겸손하게 엎드려 이렇게 아뢰었습니다. "나는 범죄하였고 악을 행하였거니와 이 양 무리는 무엇을 행하였나이까. 청하건대 주의 손으로 나와 내 아버지의 집을 치소서"(삼하 24:17). 주님께서는 그 재앙 내리심을 뉘우치사 백성을 멸하는 천사에게 "족하다 이제는 네 손을 거두라"고 말씀하셨습니다(24:16).

그리스도 안에서 하나님 앞에 겸손하게 엎드리는 사람은 하나님의 자비를 얻습니다. 주 하나님께서는 반드시 그렇게 해주십니다. 주님께서는 가난하고 슬픈 자들에게 자비를 베푸시고, 주님 앞에서 겸손히 자신을 낮추는 자들을 아끼시기 때문입니다. 만약 그렇게 하시지 않는다면 어떠한 인간도 주님 앞에 나와 주님의 이름을 부를 수 없으며, 주님께 들으심을 얻고 구원을 얻고 주님께 감사를 드릴 수가 없습니다. "죽은 자들은 여호와를 찬양하지 못하나니 적막한 데로 내려가는 자들은 아무도 찬양하지 못하리로다" 하고 시편 저자는 노래합니다. 마귀는 두려워 떨게 하고 살인하고 강탈하지만, 하나님께서는 회복시키시고 위로하십니다.

'하나님'(God, 神)이라는 작은 단어가 성경에서는 매우 다양한 뜻으로 쓰여서, 때로는 피조물에 대해서도 쓰입니다. 예를 들어 마귀도 죄악의 신, 죽음의 신, 절망의 신, 멸망의 신 등 신이라 불립니다.

이러한 신과 의롭고 참되신 하나님을 엄격히 구분해서 생각해야 합니다. 하나님은 생명과 위로와 구원과 칭의와 모든 선한 것을 주시는 하나님이십니다. 그 자체에 뚜렷한 의미가 실리지 않음으로써 모호하게 사용할 경우 오류의 온상이 되는 단어들이 많기 때문에, 단어들을 주의해서 사용해야 합니다.

## 80

악인들과 경건치 않은 자들도 하나님이 지으신 만물을 거의 다 향유하고 삽니다. 폭군들이 절대 권력과 영토와 백성을 차지하고, 고리대금업자들이 돈을 차지하고, 악한 농부들이 계란과 버터와 옥수수와 보리와 귀리와 사과와 배 등을 차지합니다. 반면에 경건한 그리스도인들은 따돌림과 박해를 당하고, 햇빛도 달빛도 들지 않는 캄캄한 지하 감옥에 들어가고, 가난에 던져지고, 추방을 당하고 전염병에 걸립니다. 그러나 형국이 완전히 뒤바뀌는 날이 올 것입니다. 현재의 상태가 언제까지나 이대로 가는 것이 아닙니다. 그러므로 우리 믿는 사람들은 어떠한 어려움 속에서라도 인내하며 순결한 교리를 끝까지 붙들고 거기서 한 발짝도 떨어지지 맙시다.

## 81

우리 주 하나님의 정책과 마귀의 정책은 완전히 다릅니다. 하나님께서는 먼저 경책하시고 징계하신 뒤에 다시 일으켜 세우고 위로하셔서, 육체 곧 옛사람이 죽고 영 곧 새 사람이 기력을 회복하게 하십니다. 반면에 마귀는 사람을 유혹하여 대담하게 만든 다음 죄를 무서워하지 않고 마음껏 짓도록 합니다. 죄에 머물러 있도록 할 뿐 아니라 거기에서 기쁨과 보람을 얻도록 합니다. 그러나 마침내 본색을 드러내 사람들을 두려워하게 하고 절망에 떨어뜨려 결국 큰 슬픔에 싸여 죽게 하거나, 하나님의 은혜와 자비의 가능성에 대해서 문을 닫은 채 아무런 위로도 받지 못하고 세상을 떠나게 만듭니다.

## 82

세상을 유지 보존하시는 이는 오직 하나님이시며, 재물이 그 일을 하는 게 아닙니다. 재물은 사람을 거만하고 게으르게 만듭니다. 내로라하는 부자들이 모여 사는 베네치아에 최근에 심한 기근이 닥쳤습니다. 그 도시 사람들은 터키에 도움을 요청했고, 터키가 스물네 척의 갤리 선에 곡식을 가득 실어 보냈는데, 배들이 항구에 가까이 왔을 때 주민들이 다 지켜보는 가운데 모두

침몰해 버렸습니다. 재물이 많아진다고 해서 욕구가 채워지는 게 아니라 오히려 더 큰 욕구가 생깁니다. 돈은 사람에게 진정한 기쁨을 주지 못하고 슬픔과 환멸을 주기 쉽습니다. 그리스도께서는 재물을 가리켜 사람을 찌르는 가시라고 분명히 가르치셨습니다. 그런데도 세상은 재물에 모든 기쁨과 낙을 둔 채 미쳐 돌아가고 있습니다.

## 83

하나님께서 가장 무섭게 진노하실 때가 언제일까요? 입을 굳게 다무신 채 더 이상 말씀하지 않으시고 우리로 죄 가운데서 살도록 버려두시며, 자신의 정욕과 쾌락을 좇아 모든 일을 하도록 하시는 때입니다. 지난 1천5백년 동안 유대인들을 그렇게 대하셨습니다.

그러므로 우리는 하나님 앞에 엎드려 간구하지 않을 수 없습니다. 하나님께서 차라리 우리에게 전염병과 기근을 내리시고, 이 땅에 내리실 수 있는 가장 심한 악과 질병을 내리시되, 침묵하지 마시기를 기도하게 됩니다. 하나님께서는 유대인들에게 이렇게 말씀하셨습니다. "내가 불렀으나 너희가 듣기 싫어하였고 내가 손을 폈으나 돌아보는 자가 없었고"(잠 1:24).

오늘날 우리가 그런 태도를 취하고 있습니다. 하나님 말씀을 듣기 싫어합니다. 정직하고 선하고 경건한 설교자들과 교사들이 하나님의 말씀을 순수하고 거짓 없이 전하면서 거짓 교리를 정죄하고 참되게 우리를 경고하고 경책할 때 우리는 그것을 싫어합니다. 그것을 견뎌내지 못합니다. 순순히 듣지 못하고 그들을 박해하고 쫓아냅니다. 그러므로 하나님께서는 우리를 징벌하실 것입니다. 부모의 훈계를 듣지 않고 순종하지 않는 악인들과 멸망의 자녀들은 하나님의 징벌을 면치 못할 것입니다.

## 84

전능하신 하나님께서는 우리가 사울처럼 자기 죄를 변명하고 은폐하고 솔직하게 인정하지 않는 것을 몹시 싫어하십니다. 죄를 자백하지 않는 것은 십계명의 첫 번째 돌판에 새겨진 계명을 범하는 것이기 때문입니다. 사울은 첫

번째 돌판의 계명을 범했지만, 다윗은 두 번째 돌판의 계명을 범했습니다. 두 번째 돌판의 계명을 범하는 사람들은 회개를 촉구하는 설교를 들으며 경고와 책망 앞에 죄를 인정하고 자백하고 행실을 고칩니다. 그러나 첫 번째 돌판의 계명을 범하는 사람들 곧 우상숭배자들과 불신자들, 하나님을 훼방하고 모욕하는 자들, 하나님의 말씀을 왜곡하는 자들은 자신들이 잘나고 지혜로운 줄로 여깁니다. 하나님께서 당신의 속성들로 독특하게 간수하시는 지혜와 권능을 자신들의 것인 양 착각하여 남용하는 것입니다.

## 85

세상이 얼마나 불경건하고 악한지 말로 다 표현할 수 없습니다. 이 사실은 공권력에 의해 처벌받는 사람들이 갈수록 늘어날 뿐 아니라, 사형 집행인이 그렇게 많이 임명되어 사람들을 처형하는 데에서 알 수 있습니다. 악한 영들과 전제군주들, 불순종하는 자녀들과 불량배들과 악한 여인들, 들짐승들과 해충들과 질병 등 하나님의 백성들을 괴롭히고 목숨을 앗아가는 것들이 아무리 많을지라도 우리는 그 앞에서 굴복하지 않습니다.

하나님께서 우리에게 진노하시는 것이 우리가 하나님을 원망하는 것보다 낫습니다. 하나님은 자비로우신 분이어서 곧 화를 풀고 우리와 다시 화목하실 수 있지만, 우리가 하나님을 원망하면 어찌 해볼 도리 없이 멸망으로 치닫게 됩니다.

## 86

하나님께서는 원하기만 하신다면 세상의 재물을 다 끌어 모으실 수 있지만 그렇게 하지 않으십니다. 만약 하나님께서 교황과 황제와 왕과 제후와 주교와 부유한 상인과 시민과 농부를 불러놓으시고 십만 크라운을 바치지 않으면 당장 데려가겠다고 말씀하시면, 누구나 예외 없이 목숨만 살려주시면 당장 바치겠다고 대답할 것입니다. 그러나 우리는 순전히 하나님의 인자하심과 자비로 많은 은혜를 받았으면서도 감사할 줄 모르는 태만한 자들입니다. 참으로 부끄러운 일이 아닙니까? 그런데도 우리 주 하나님, 자비로우신 아버지께서는 박대당하시는 것을 마다하지 않으시고 온갖 다양한 방법으로 끊임없이 우리에게 선을 베풀어주십니다. 만약 하나님께서 조금만 우리를 인색하게 대하신다면 아마도 우리는 감사하는 방법을 절로 배우게 될 것입니다. 만약 하나님께서 모든 인간을 팔이나 다리가 하나인 상태로 태어나게 하시고, 7년 뒤에 다른 쪽 팔 다리를 주시고, 14년 뒤에 한 쪽 손을 주시고 20년 뒤에 다른 쪽 손을 주신다면, 우리는 하나님이 주신 은혜에 훨씬 깊이 감사하고 그 가치를 귀하게 생각할 것입니다. 하나님께서는 우리에게 하나님의 말씀과 각종 언어와 인문학을 풍성하게 주셨습니다. 오늘날은 다양한 책들을 싼 값에 구입할 수 있습니다. 또한 하나님께서는 우리에게 정규적으로 잘 가르치는 지식인들을 주셔서, 요새 젊은이는 학습 능력이 아예 없지 않다면 과거에 몇 년 씩 걸려 배우던 것을 일 년에 배울 수 있습니다. 오늘날은 예술가들도 흔해져서 생계를 위해 구걸하고 다닐 정도가 되었습니다. 이렇게 좋은 환경에서 사는 우리가 감사할 줄 모르고 태만하게 세월을 허비한다면 우리에게 화가 있을 것입니다.

## 87

하나님께서 끊임없이 우리를 붙들어 주시지 않으면 우리의 은사와 인격이 아무리 훌륭하고 고상하더라도 아무 소용이 없습니다. 하나님께서 우리를 버리시면 우리의 지혜와 기술과 감각과 이해가 헛된 것이 됩니다. 하나님께서 끊임없이 우리를 돕지 않으시면 우리가 갖고 있는 최상의 신학 지식과 경험도 아무런 유익이 되지 못합니다. 하나님께서 우리를 붙들어 주시지 않으면 시련과 유혹의 시간이 닥칠 때 마귀가 와서 간사한 꾀로 위로의 원천인 성경마저 우리 마음에서 앗아가고, 대신에 두려운 협박의 말만 내려놓을 것입니다.

그러므로 아무도 자신의 의와 지혜 혹은 은사와 자질을 믿고 교만하게 생각하지 말고, 사도들과 같이 "우리에게 믿음을 더하소서" 하고 겸손히 기도해야 합니다.

## 88

하나님의 은사와 역사가 클수록 존경을 덜 받는 게 현실입니다. 인간이 하나님에게 받는 가장 귀한 선물은 말하고 듣고 보는 것 같은 기능들입니다. 그런데 이런 기능을 하나님의 값진 선물로 여기는 사람이 얼마나 되며, 더 나아가 그로 인해 감사하는 사람은 얼마나 됩니까? 세상은 부와 명예와 권력같이 곧 사라져 버릴 것을 크게 여깁니다. 하지만 소경이 시력을 되찾을 길을 발견한다면, 그런데 그에게 부와 명예가 있다면 그것을 아낌없이 내놓을 것입니다. 사람들이 하나님의 귀한 선물을 시시하게 여기는 원인은 선물이 너무나 흔하기 때문이요, 짐승들에게 오히려 사람보다 더 잘 듣고 볼 수 있는 기능을 주셨기 때문입니다. 그리스도는 하나님의 백성을 위해 자신을 내어주신 분인데, 그분이 소경의 눈을 뜨게 하시고 귀신을 쫓아내시고 죽은 자를 살리셨을 때 불경건한 위선자들에게 사마리아인이라, 심지어 귀신들렸다는 비난을 들으셨습니다. 참으로 세상은 어디를 향해 이동하든, 가만히 정지해 있든 마귀의 손아귀에 있다는 생각이 듭니다. 이런 세상에서 사람들이 어떻게 하나님의 선물과 은혜에 감사할 수 있겠습니까? 우리는 마치 반찬 투정이나 하면서 과자와 장난감을 달라고 보채는 아이들과 같습니다. 풀을 뜯으러 들판으로 나가는 가축들과, 그 가운데서 가축들을 보살피고 우유를 짜고 버터를 만들고 치즈와 양털을 만드는 사람들을 보십시오. 그들의 삶의 모습이 날마다 하나님을 믿으라고 훈계하며, 우리를 보살피시고 보존하시고 양육하시는 사랑의 아버지이신 하나님을 의지하고 살도록 가르칩니다.

## 89

하나님께서 상대적으로 가치가 떨어지는 공중의 새들 같은 피조물이나 먹여 살리신다는 비판은 귀담아 들을 가치가 없습니다. 아마도 참새들만 먹여 살리신다 해도 일년 유지비가 프랑스 왕의 일년 수입보다 더 많이 들 것입니다. 하물며 하나님께서 나머지 피조물들을 먹여 살리시는 것에 관해서 감히 어떻게 말할 수 있겠습니까?

## 90

하나님께서는 우리가 시험을 받는 것을 한편으로는 기뻐하시고, 다른 한편으로는 미워하십니다. 기뻐하실 때는 우리가 시험을 당해 기도할 때입니다. 미워하실 때는 우리가 시험에 져서 절망에 빠질 때입니다. 시편 저자는 "하나님께서 구하시는 제사는 상한 심령이라. 하나님이여 상하고 통회하는 마음을 주께서 멸시하지 아니하시리이다" 하고 아룁니다(시 51:17). 그러므로 순풍에 돛 단 듯 형편이 펴이면 하나님께 감사와 찬송을 드리십시오. 하지만 어려움을 만나면, 시험이 닥쳐오면 기도하시기 바랍니다. "여호와는 자기를 경외하는 자들과 그의 인자하심을 바라는 자들을 기뻐하시는도다"(시 147:11). 주의 인자하심을 바라는 자들을 기뻐하신다는 말씀이 더욱 큰 용기를 줍니다. "내 손이 어찌 짧아 구속하지 못하겠느냐. 내게 어찌 건질 능력이 없겠느냐"(사 50:2)는 말씀을 기억하고 겸손하게 자신을 낮추는 자들을 하나님께서는 도우십니다. 믿음이 약하다고 생각하는 사람은 더 강한 믿음 갖기를 소망해야 합니다. 그러한 태도를 하나님께서는 기뻐하십니다.

## 91

이 세상에서 하나님이 자기 백성으로 삼는 사람은 전체 인구의 십분의 일도 되지 않습니다. 극소수 사람들만 구원을 받는 것입니다. 세상은 극히 불경건하고 악합니다. 우리 민족이 복음 앞에서 이렇게 배은망덕하게 행동한다는 것을 과연 누가 믿겠습니까?

## 92

그저 오물에 지나지 않는 것에 명약을 넣어 두신 하나님의 섭리가 참으로 기이합니다. 우리는 돼지 분뇨가 지혈에 좋고, 말의 분뇨가 늑막염에 좋고, 인간의 분뇨가 상처와 종기를 고치고, 나귀의 분뇨가 혈액 순환에 좋으며, 암소의 분뇨에 말린 장미꽃 섞은 것이 간질이나 아이들 경기에 좋다는 것을 경험으로 압니다.

## 93

하나님께서 세상이 진리의 말씀으로 다스려지도록 정해 놓으신 것이 현명치 못한 방법처럼 보일 수 있습니다. 진리의 말씀에 가련하고 약하고 경멸받는 십자가의 복음을 입히고 두건 씌우신 까닭에 더욱 그렇게 보일 소지가 있습니다. 그 이유는 세상이 진리를 원치 않고 거짓을 끌어안기 때문입니다. 세상은 공권력으로 강요를 받지 않는 한 바르고 선한 일을 하려고 하지 않습니다. 세상은 십자가를 혐오하며, 우리의 복되신 구주 예수 그리스도의 십자가를 따르기보다 차라리 마귀가 주는 쾌락을 누리며 즐거운 삶을 영위하기를 좋아합니다. 세상을 가장 탁월하게 지배하고 있는 자는 자신의 부관인 교황을 앞세운 사탄입니다. 사탄은 세상을 즐겁게 할 줄 알며, 세상이 자신의 말에 귀 기울이게 하는 비결을 압니다. 사탄의 왕국은 흡인력이 강한 과시와 명성을 지니고 있는데, 그것이 세상에 합당하고 잘 어울립니다. 유유상종입니다.

## 94

이교 철학자 피타고라스는 별들의 운행이 지극히 아름다운 하모니와 천상의 화음을 이루어내지만, 사람들은 타성에 젖어 그것에 질리게 되었다고 말했습니다. 우리 그리스도인들도 마찬가지입니다. 우리는 우리 분수에 넘치도록 좋은 창조 세계에 살면서 그것에 너무 익숙한 나머지 그것을 잊고 삽니다.

## 95

땅의 지극히 작은 부분이 곡식을 내지만, 우리 모두가 그것으로 먹고삽니다. 수확량이 인구수에 못 미치더라도 우리 모두가 먹고사는 데 지장이 없다고 나는 믿습니다. 그런데 연말이면 오히려 곡식이 풍족하게 남습니다. 하나님께서 우리에게 어떠한 복을 주셨는지 알게 하는 큰 증거입니다.

## 96

하나님께서 아담에게 그다지도 중대한 징벌을 내리신 이유는 먹지 말라고 하신 나무의 실과를 먹고 하나님께 불순종했기 때문입니다. 아담 때문에 땅이 저주를 받고, 인류가 온갖 비참함과 두려움과 궁핍과 질병과 전염병과 죽음을 당하게 되었습니다. 세상의 지혜 있다 하는 자들은 아담이 선악을 알게 하는 나무의 실과를 먹은 사실만 앞세워 그렇게 경미한 죄에 너무나 가혹한 형벌이 내려졌다고 주장하면서, "열매 하나 따먹은 것이 그렇게 중대한 일이고 흉악한 죄인가?" 하고 비아냥댑니다. 술 취하는 것을 비롯하여 하나님께서 금하신 여러 가지 죄에 대해서도, "기분 전환을 위해 좋은 벗들과 한 잔 하는 게 뭐가 나쁜가?" 하고 말하면서, 하나님이 너무 날카롭고 융통성이 없으시다고 무지한 결론을 내립니다.

이러한 속인(俗人)들은 그리스도께서 선량하고 정직하고 거룩한 사람들을 배척하신다고 목청을 높입니다. 그리스도께서 자기들을 몰라주고 거칠게 대하고 멀리 내치시고, 자기들 가운데 더러는 주님의 이름으로 예언도 하고 귀신도 쫓아내고 기적도 행했는데도 불법을 행하는 자들로 매도하시면서, 어떻게 매춘부들과 불량배들과 세리들과 살인자들 같이 사회가 내놓은 죄인들은 단지 주님의 말씀을 듣고 믿었다는 이유로 그 큰 죄를 다 용서하시고, 공로와 선행과 자격이 없어도 오직 은혜와 자비로써 그들을 의롭고 거룩한 하나님의 자녀들로 만드시고, 영원한 생명과 구원을 유업으로 물려받을 자들로 삼으실 수 있느냐고 불평합니다. 너무나 불공평하다고 말합니다.

물과 불처럼 상극으로 존재하는 두 가지 사이에서 누가 중재자가 될 수 있습니까? 이 점에서 사람의 지혜와 상식과 이성과 이해는 미련하고 무력하다는 것이 판명됩니다. 성경은 "누구든지 하나님의 나라를 어린아이와 같이 받들지 않는 자는 결단코 그곳에 들어가지 못하리라" 고 말합니다. 인간의 상식과 지혜로 이 교훈을 알아보고자 하는 자에게는 헛수고와 불안밖에 돌아갈 것이 없습니다. 하나님이 자신들을 어떻게 바라보고 계신지 그들은 알 길이 없습니다. 자신이 예정 혹은 선택을 받았는지 허망한 고민을 하는 사람들은 마음에 스스로의 힘으로는 끌 수 없는 불이 일어나서 양심의 평안을 맛보지 못한 채 절망으로 떨어집니다. 이런 집요한 악에서 벗어나려면 하나님 말씀을 굳게 붙들어야 합니다. 하나님 말씀을 붙드는 사람은 자비로우신 우리 하나님께서 우리를 위해 확고한 터를 닦으시고 안전히 거하게 하신 사실을 발견할 것입니다. 그 터는 우리 주 예수 그리스도로서, 오직 그분을 통해서 우리가 하늘 나라에 들어갈 수 있습니다. 이 세상에서 오직 그리스도께서만 "길이요 진리요 생명"이십니다.

많은 사람들을 두렵게 만드는 영원한 예정은 성부 하나님께서 우리에게 "너희는 그의 말을 들으라"고 명령하신 우리 구주 그리스도의 고난에서 가장 잘 이해할 수 있습니다. 그러나 세상의 지혜 있는 자들과 권력자들, 많이 배운 자들은 그리스도와 그분의 고난을 업신여기며, 따라서 하나님께서 그들이 아무리 학문이 깊고 하나님에 관해 많이 연구하고 논쟁할지라도 그들에게 당신을 나타내시지 않으십니다. 그리스도를 통하지 않고는 하나님을 발견할 수도 없고 알 수도 없고 깨달을 수도 없다는 것이 분명한 결론으로서 있기 때문입니다.

왜 이렇게 구원받는 사람이 적고, 왜 이렇게 많은 사람들이 저주와 멸망에 떨어질까요? 그 이유는 세상이 그리스도의 말씀을 듣지 않고, 그분에게 관심을 기울이지 않고, 성부 하나님께서 그분에 관해 증거하신 말씀("이는 내 사랑하는 아들이요 내 기뻐하는 자니")을 업신여기기 때문입니다.

반면에 하나님을 만나기 위해 애쓰고 노력하는 많은 사람들이 (유대인들과 터키인들, 교황파, 거짓 성인들, 이단들처럼) 그리스도를 통하지 않고 다른 길로 가다가 극심한 어둠과 오류에 빠져 암중모색합니다. 그들이 스스로 자랑하는 대로 정직하고 근실한 생활을 하고, 경건에 힘쓰고, 고난을 받고, 하나님을 사랑하고 존경하는 것이 아무런 도움도 되지 않습니다. 그들은 그리스도의 말씀을 듣지도 않고 믿지도 않으므로(그런데 그리스도를 통하지 않고는 아무도 하나님을 알지 못하고, 아무도 죄 사함을 받지 못하고, 아무도 성부 하나님께로 나아갈 수 없습니다) 그들은 항상 의심과 불신에 머물러 있으며, 어떻게 하나님 앞에 나아가 서는지를 모르며, 그래서 마침내 자기들의 죄 가운데서 죽어 멸망합니다. 이것은 하나님의 말씀이 분명히 가르친 것입니다. "아들을 부인하는 자에게는 또한 아버지가 없으되 아들을 시인하는 자에게는 아버지도 있느니라"(요일 2:23). "아들에게 순종하지 아니하는 자는 영생을 보지 못하고 도리어 하나님의 진노가 그 위에 머물러 있느니라"(요 3:36).

## 97

이런 질문을 자주 듣게 됩니다. "내세의 소망이 없는 비참한 자들이 세상에서 장수와 건강과 자녀의 복을 누리면서 즐겁게 인생을 사는데, 하나님께서는 왜 경건한 자들을 재앙과 위험과 번민과 궁핍 속에서 늘 전전긍긍하게 사시고, 더러는 비참한 죽음을 당하도록 놔두시는가? 인류 역사에서 가장 위대한 성인이었던 세례 요한이 그렇게 최후를 맞이했고, 우리 구주 예수 그리스도께서도 그렇게 되시지 않았는가?"

선지자들은 모두가 이 문제를 많이 다루었으며, 신자들이 어떻게 그러한 의심을 극복하고 하나님으로 말미암아 큰 위로를 받으며 살아갔는가 보여주었습니다. 예레미야는 "내가 주께 질문하옵나니 악한 자의 길이 형통하며 반역한 자가 다 평안함은 무슨 까닭이니이까"(렘 12:1하) 하고 말합니다. 하지만 조금 뒤에서는 이렇게 말합니다. "양을 잡으려고 끌어냄과 같이 그들을 끌어내시되 죽일 날을 위하여 그들을 구별하옵소서"(3절 하). 시편 37, 49, 73편도 읽어보시기 바랍니다.

그러므로 하나님은 부모가 자녀 징계하듯 당신의 자녀들을 징계하시되 그들에게 진노하시지 않습니다. 하지만 그리스도를 하나님의 아들과 세상의 구주로 인정하지 않고 말씀을 모욕하고 경멸하는 자들에게는 진노하십니다. 그런 자들은 하나님으로부터 어떠한 은혜와 도움도 기대해서는 안 됩니다. 진실로 하나님은 그리스도를 의지하는 소수의 약한 무리를 벌하시지 않습니다. 하지만 당신의 자녀들이라도 그리스도 안에서 큰 은혜와 유익을 받고서도 감사할 줄 모르고 말씀에 순종하지 않는 자들은 징계하셔서 연단을 받게 하십니다. 마귀가 우리의 발꿈치를 상하게 하도록 허락하시고, 우리에게 흑사병 같은 두려운 전염병을 보내시며, 폭군들을 시켜 우리를 박해하도록 하십니다. 이렇게 하심은 우리의 유익을 위함입니다. 우리가 곤란 속에서 정신을 차리고 돌이켜 그리스도를 통해서 하나님께 도움과 위로를 구하도록 만드시려는 것입니다.

## 98

"하나님은 죽은 자의 하나님이 아니요 살아 있는 자의 하나님이시니라" (마 22:32). 이 구절은 부활에 관하여 가르칩니다. 부활의 소망이 없다면, 다시 말해서 이 덧없고 비참한 세상이 끝난 뒤 더 나은 다른 세상이 온다는 소망이 없다면, 하나님께서 무슨 이유로 친히 우리의 하나님이 되시겠다고 하시며, 우리에게 필요하고 유익한 모든 것을 주시겠다고 하시며, 종국에는 우리를 현세적이고 영적인 모든 환난에서 건져 주시겠다고 하시겠습니까? 부활의 소망이 없다면 우리가 하나님의 말씀을 듣고 그분을 믿는 것이 무슨 유익이 있습니까? 번민과 궁핍 속에서 하나님께 부르짖고 탄식하며, 그리스도 안에서 위로와 구원을 베푸시고 은혜와 복을 내리시기를 참고 기다리는 것이 무슨 소용이 있겠습니까? 그 일로 인하여 하나님께 찬송과 감사를 드리는 게 무슨 의미가 있겠습니까? 부활의 소망이 없다면 무슨 이유로 그리스도의 말씀을 위해서 날마다 위험을 자초하며, 박해와 죽음을 당하겠습니까?

영원하시고 자비로우신 하나님께서 말씀과 성례로써 우리에게 말씀하시고 우리를 대하시되, 이 허망한 세상에 속한, 그리고 창조 때에 우리에게 풍성히 베푸신 현세적인 것들이 아닌, 우리가 죽어서 갈 영원한 곳을 염두에 두고 대하시며, 아드님을 우리에게 구주로 주셔서 우리를 죄와 사망에서 건지시고 우리에게 영원한 의와 생명과 구원을 주시므로, 우리가 지각없는 짐승들처럼 죽어 소멸되는 것이 아님이 분명합니다. 오히려 우리는 그리스도 안에서 잠자다가 마지막 날에 그리스도를 통해서 영원한 생명으로 깨어나며, 믿지 않는 자들은 영원한 멸망으로 깨어납니다(요 5장, 단 12장).

## 99

우리가 하나님 앞에서 해드릴 수 있는, 그리고 하나님께서 우리에게 바라시는 가장 중요한 봉사는 찬송입니다. 하지만 사랑이 실리지 않은 찬송은 하나님께서 받지 않으십니다. 먼저 풍성한 사랑을 우리에게 부어주셨으므로 사랑을 요구하시는 것이며, 은혜가 크시기 때문에 우리 같은 자들에게 사랑을 부어주신 것이며, 그 은혜는 우리 죄를 사해 주신 데서 나타났습니다. 그러면 누가 하나님을 사랑하는 자들입니까? 그 은혜를 깨닫고 인정하는, 그리고 그리스도를 통해서 자신들이 죄 사함을 얻었음을 아는 소수의 신자들이 그들입니다. 그러나 이 세상의 자녀들은 하나님과 하나님이 베푸신 은혜에 관심이 없습니다. 그들은 우상을 섬기며, 그들이 섬기는 우상은 악하고 저주받을 재물이라는 우상입니다. 종국에 하나님께서는 그들에게 보응하실 것입니다.

## 100

사랑 많으신 우리 주 하나님께서는 친히 지으신 만물을 우리가 활용하여 먹고 마시고 기쁨을 얻도록 하시며, 그 목적으로 만물을 지으셨습니다. 그러므로 주신 것이 모자란 듯, 혹은 육신의 생명을 유지하는 데 부족한 듯 불평하는 것을 하나님께서는 기뻐하지 않으십니다. 오직 하나님을 우리의 하나님으로 인정하고, 우리에게 주신 것들로 인해 감사할 것을 우리에게 요구하십니다.

## 101

하나님을 섬기지 않고 하나님이 바라시는 것을 드리지 않는 사람은 부자의 문에 앉아 구걸하다가 굶어 죽은 나사로보다 비참합니다. 탐식하는 사람들도 마찬가지여서, 그들도 영원히 굶주리고 궁핍할 것이며, 물 한 방울조차 얻지 못할 것입니다.

## 102

아브라함에게서 이삭과 이스마엘이 나왔습니다. 족장들과 거룩한 조상들에게서 그리스도를 십자가에 못박은 유대인들이 나왔습니다. 사도들에게서 배반자 유다가 나왔습니다. 유명하고 훌륭한 학교가 있었고 정직하고 경건한 지식인들을 많이 배출한 도시인 알렉산드리아에서 아리우스와 오리게네스가 나왔습니다. 거룩한 순교자들을 많이 배출한 로마 교회에서 적그리스도인 로마 교황이 나왔고, 아라비아의 거룩한 신자들에게서 마호메트가 나왔으며, 유능한 황제들이 다스렸던 콘스탄티노플에서 터키족이 나왔습니다. 결혼한 여인들에게서 간음하는 여인들이, 처녀들에게서 매춘부들이, 형제들과 아들들과 친구들에게서 지독히 잔인한 원수들이, 천사들에게서 마귀와 귀신들이, 왕들에게서 폭군들이, 복음과 거룩한 진리에서 참람한 거짓말들이, 참된 교회에서 이단들이, 루터에게서 광신도들과 반란자들이 나왔습니다. 그렇다면 악이 우리 사이에 존재하고 우리에게서 나오고 우리 밖으로 나가는 원인이 대체 무엇일까요? 그것은 우리 가운데 선한 것 안에 머물 수 없는 악한 것이 있고, 잔혹한 것들을 견뎌낼 만큼 선한 것도 있기 때문입니다.

## 103

인간의 원죄 때문에 사자나 늑대, 곰, 뱀 같은 많은 들짐승들이 인간을 해치는 것이 사실이지만, 자비로우신 하나님께서는 우리가 마땅히 받아야 할 형벌을 감하셔서 우리를 해치는 짐승보다 우리에게 유익을 끼치는 짐승이 더 많게 하셨습니다. 그래서 양이 늑대보다 많고, 황소가 사자보다, 암소가 곰보다, 사슴이 여우보다, 가재가 전갈보다, 거위와 오리와 닭이 까마귀와 솔개보다 더 많은 것입니다. 이것들은 모두 인간에게 해를 끼치고 방해를 하기보다 유익을 끼치는 이로운 동물들입니다.

## 104

하나님께서는 당신의 종들이 하나님의 진노와 마귀와 사망과 지옥을 두려워하고 그리스도를 믿음으로써 회개하는 죄인들이기를 바라십니다. 다윗은 "하나님께서 구하는 제사는 상한 심령이라. 하나님이여 상하고 통회하는 마음을 주께서 멸시하지 아니하시리이다" 하고 말하고(시 51:17), 이사야는 이렇게 말합니다. "여호와께서 이와 같이 말씀하시되 하늘은 나의 보좌요 땅은 나의 발판이니 너희가 나를 위하여 무슨 집을 지으랴. 내가 안식할 처소가 어디냐. 나 여호와가 말하노라. 내 손이 이 모든 것을 지었으므로 그들이 생겼느니라. 무릇 마음이 가난하고 심령에 통회하며 내 말을 듣고 떠는 자 그 사람은 내가 돌보려니와"(사 66:1-2).

구주와 함께 십자가에 달린 가련한 죄인도 그랬습니다. 사도 베드로도 그리스도를 부인하고서 그랬으며, 막달라 마리아도, 교회를 박해한 사울도 그랬습니다. 모두가 자신들의 죄 때문에 슬퍼했으며, 그들처럼 죄를 슬퍼하고 주께 나오는 사람들은 사죄를 받고 하나님의 종이 될 것입니다.

고위 성직자들, 우상화된 성인들, 부자 고리대금업자들, 부당한 이익에 눈먼 가축상인들, 이런 자들은 하나님의 종들이 아니며, 그렇게 되는 것이 바람직하지도 않습니다. 만약 그들이 하나님의 종들이라면 가난한 사람들이 그들 대신에 하나님 앞에 나아갈 수 없을 테니까요. 더욱이 그들이 하나님의 종들이 되는 것이 하나님의 명예에 조금도 보탬이 되지 않습니다. 그들은 영광과 존귀를 자신들에게 돌리기 때문입니다.

구약성경에서는 사람이든 가축이든 처음 난 것은 하나님께 바쳤습니다. 장자는 형제들보다 유리한 지위에 있었습니다. 가족에 대해서 영적 · 현세적 감독권을 행사했습니다. 가장으로서 가족의 신앙과 삶을 관장할 권리가 있었던 것입니다. 그러나 성경에는 하나님께서 장자를 물리치시고 다른 아들을 택하신 예들이 많이 있습니다. 가인과 이스마엘, 에서, 르우벤은 모두 장자였으나, 하나님께서 그들에게서 장자권을 빼앗아 다른 아들들에게 주신 것입니다. 아벨, 이삭, 야곱, 유다, 다윗 같은 사람이 그렇게 해서 장자의 권한을 물려받았습니다. 장자이면서도 권한을 빼앗긴 이유는 장자라는 사실을 내세워 자신들보다 더 선량하고 거룩한 형제들을 교만하게 멸시했기 때문입니다. 이런 태도를 하나님께서 용납하지 않으시고 그들의 명예를 빼앗으셨습니다. 그래서 그들은 세상에서는 명성을 얻고 땅과 자손을 풍성하게 누렸으나, 장자의 신분을 자랑할 수 없게 되었습니다.

성경은 하나님께서 받으시는 두 종류의 제사를 보여줍니다. 첫째는 감사의 제사 곧 찬미의 제사입니다. 이러한 제사는 하나님의 말씀을 순수하게 가르치고 전할 때, 우리가 그 말씀을 믿음으로 듣고 받을 때, 그 말씀을 전하기 위해 노력할 때, 그리스도 안에서 말씀을 통해서 내려주시는 큰 은혜와 복을 생각하고 진심으로 감사를 드릴 때, 하나님께 찬송과 영광을 바칠 때 드리게 됩니다. "감사로 하나님께 제사를 드리며 지존하신 이에게 네 서원을 갚으며"(시 50:14). "할렐루야 여호와께 감사하라. 그는 선하시며 그 인자하심이 영원함이로다"(시 106:1). "내 영혼아 여호와를 송축하라. 내 속에 있는 것들아 다 그의 거룩한 이름을 송축하라. 내 영혼아 여호와를 송축하며 그의 모든 은택을 잊지 말지어다"(시 103:1-2).

둘째는 온갖 시련과 유혹 앞에서 상하고 통회하는 심정으로 하나님께 피하며, 참되고 바른 믿음으로 도움을 구하며, 하나님의 손길을 인내하며 기다리는 것입니다. 이러한 제사에 관련된 시편의 구절들은 다음과 같습니다. "나의 환난 날에 내가 주께 부르짖으리니 주께서 내게 응답하시리이다"(시 86:7). "내가 높고 거룩한 곳에 있으며 또한 통회하고 마음이 겸손한 자와 함께 있나니 이는 겸손한 자의 영을 소생시키며 통회하는 자의 마음을 소생시키려 함이라"(사 57:15). "하나님께서 구하시는 제사는 상한 심령이라. 하나님이여 상하고 통회하는 마음을 주께서 멸시하지 아니하시리이다"(시 51:17). "환난 날에 나를 부르라. 내가 너를 건지리니 네가 나를 영화롭게 하리로다"(시 50:15).

## 106

만약 아담이 무흠하게 남아 하나님의 명령을 범하지 않은 상태로 자녀들을 낳았더라도 언제까지나 낙원에 남아 거기서 살지는 않았을 것입니다. 아마도 죽음을 겪지 않고 다른 세상으로 옮겨져 하늘의 영원한 영광 가운데 들어갔을 것입니다.

## 107

하나님께서는 마귀의 코 앞에 가난하고 약한 사람들을 두시는 방법으로 그를 조롱하십니다. 그들은 먼지와 재와 다를 바 없으나 성령의 첫 열매들을 받은 사람들이기에, 마귀가 제 아무리 거만하고 교활하고 강할지라도 그들을 건드릴 수 없습니다. 과거에 페르시아 왕이 동방의 에데사 시를 침공했을 때, 그 도시의 주교는 인간의 도움이 아무 소용이 없고 도시가 스스로 방어할 힘도 없음을 알고는 성벽으로 올라가 하나님께 기도를 드리면서 십자가 성호를 그었습니다. 그 순간 하늘에서 허다한 무리의 파리와 모기가 내려와 말들의 눈에 들어가 페르시아 군대를 흩어버렸습니다. 이처럼 하나님께서는 강한 것이 아닌 약한 것을 들어 승리하시기를 기뻐하십니다.

## 108

거짓 교사들과 분파들은 하나님께서 악한 시대에 내리시는 진노와 징벌입니다. 반면에 경건한 교사들은 하나님께서 은혜와 자비로 내리시는 영광스러운 증인들입니다. 그래서 사도 바울은 사도와 복음 전하는 자와 선지자와 목사와 교사를 성부 하나님 우편에 앉아 계시는 우리 구주 그리스도께서 내리시는 선물이라고 말합니다. 선지자 미가는 복음을 가르치는 교사들을 곡식이 무르익게 하는 단비에 비유합니다.

## 109

멜란히톤이 루터에게 물었습니다. "'하나님께서 … 하고자 하시는 자를 완악하게 하시느니라' (롬 9:18)는 말씀을 문자적으로 해석해야 합니까, 비유적으로 해석해야 합니까?" 루터의 대답은 이랬습니다. "그 말씀은 특별하게 해석해야지, 문자적으로 해석해서는 안 됩니다. 하나님께서는 악을 행하시는 법이 없기 때문입니다. 하나님께서는 전능한 능력으로 모든 일을 행하십니다. 사람을 보시면 바로 안에서 행하셨듯이 그 안에서 행하십니다. 바로는 본성이 악한 사람이었는데, 그것은 하나님의 책임이 아니라 바로 자신의 잘못이었습니다. 그는 끊임없이 악행을 저질렀습니다. 그가 완악하게 된 것은 하나님께서 그의 거룩하지 못한 행동을 자비로써 막지 않으시고 그냥 버려

두셔서 제 길을 가도록 하신 결과입니다. 하나님께서 왜 그를 막지 않으셨는지 우리는 물어서는 안 됩니다."

110

성경 전체에서 하나님께서는 자신을 그리스도로 말미암아 생명과 평안과 위로와 기쁨의 하나님이라 부르십니다. 나는 나 자신을 미워하기 때문에 그 말씀을 항상 확고히 믿지를 못합니다. 그러나 인간은, 하나님께서 그리스도를 신실히 믿는 사람들을 얼마나 은혜로 대하시는가를 제대로 알 수 없습니다.

111

시편 2편은 시편 가운데서도 빼어난 시입니다. 나는 이 시편을 너무나 좋아합니다. 이 시는 왕들과 방백들과 모사들과 재판장들 같은 권력자들에게 거침없이 강력한 도전을 던집니다. 만약 이 시의 내용이 사실이라면 교황주의자들이 내세우는 주장과 목표는 모두 거짓말이요 미련한 짓입니다. 만약 내가 우리 주 하나님이라면, 또 하나님께서 정권을 아드님에게 넘겨주시듯이 내 아들에게 넘겨주었다면, 그런데 이 악한 사람들이 오늘날처럼 감히 복종하지 않는다면, 나는 세상을 질그릇 부수듯 산산조각 내버릴 것입니다.

112

하나님의 백성이 마음을 다하여 하나님만 섬기지 않게 되면 필연적으로 마귀에게 힘을 실어주게 됩니다. 하나님의 말씀을 배우고 계명을 지키지 않고서는 그 누구라도 하나님을 섬길 수 없게 되어 있습니다. 그러므로 마음에 하나님의 말씀과 계명이 있지 않다면, 하나님을 섬기는 것이 아니라 자신의 의지를 섬기는 것입니다. 하나님을 올바로 섬기는 길은 하나님께서 당신의 말씀 안에서 행하라고 명령하신 바를 자신의 모든 생활에서 준행하고, 자신의 소견에 옳은 대로 행하지 않는 데 있습니다.

## 113

하나님께서 마음을 바꾸시는 것처럼 비쳐지는 현상들이 사람들에게 적지 않은 부담이 됩니다. 아담에게 약속과 몇 가지 의식과 제도를 내리신 하나님께서 후에 무지개와 노아의 방주로 그것을 변경하신 것처럼 보이기 때문입니다. 또한 하나님께서는 아브라함에게 할례를, 모세에게 기적의 표징들을, 그의 백성들에게 율법을 주셨으나, 그리스도를 통해서는 복음을 주심으로써 이전 시대에 주신 것을 폐하신 것처럼 보이게 되었습니다. 터키인들은 이런 점을 들어, 그리스도인들의 법은 잠시 동안 유효하다가 마침내 변경될 것이라고 주장합니다.

## 114

나는 회중을 모질게 책망했다는 이유로 교황파 사제에게 심한 비판을 받았습니다. 그에게 나는 이렇게 대답했습니다. "우리 주 하나님께서는 먼저 천둥과 우레를 동반한 세찬 소낙비를 내리신 다음에 빗줄기가 가늘어지게 하시고 결국 날씨가 활짝 개이게 하십니다. 버드나무나 개암나무는 물러서 휴대용 칼로도 벨 수 있지만, 박달나무를 베려면 도끼를 사용해야 합니다."

## 115

이교도 플라톤은 신(神)이 아무것도 아니면서도 모든 것이라고 말했습니다. 에크를 비롯한 교황파 궤변가들은 그 말을 제대로 이해하지도 못한 채 갖다가 함부로 씁니다. 그들의 말을 들어보면 잘 알 수 있습니다. 그러나 플라톤의 말은 이렇게 이해해야 합니다. 즉, 하나님은 불가해하고 불가시적이며, 따라서 볼 수 있고 이해할 수 있다면 하나님이 아니십니다; 하지만 하나님은 불가시적일 뿐 아니라 가시적이기도 하십니다. 가시적이라고 함은 말씀과 행위를 통해서 하나님을 볼 수 있기 때문이며, 말씀과 행위가 없는 곳에서는 하나님을 볼 생각을 하지 말아야 합니다; 보이지 않는 하나님을 부득불 보려고 하다가 마귀를 보게 될 수가 있습니다. 우리는 마음을 너무 높은

데 두지 말고, 그 안에 "신성의 모든 충만이 육체로 거하시"는 그리스도의 구유와 강보를 생각할 필요가 있습니다. 낮게 되신 그리스도에게서 하나님을 틀림없이 확실하게 발견할 수 있습니다. 인간의 노력과 하나님의 노력은 차원이 다릅니다. 인간의 노력은 볼 수 있고 만질 수 있고 쥘 수 있는 외적이고 가시적인 도움으로 이루어지지만, 하나님의 노력은 말씀과 약속으로만 이루어집니다. 그것은 눈으로 볼 수도 없고 귀로 들을 수도 없고 손으로 만질 수도 없습니다.

## 116

곤경에서 헤어나올 수단과 방법이 보이지 않을 때, 하나님의 말씀에 근거한 조언이나 도움을 받으면 즉시 이런 결론을 내리게 됩니다. "지금 우리의 처지는 절망적이다. 하지만 하나님을 믿고 의뢰하면 구원의 길이 열리기 시작한다." 의사는 철학이 끝나는 곳에서 의술이 시작된다고 말하는데, 우리도 마찬가지입니다. 인간의 도움이 끊긴 곳에서 하나님의 도움 혹은 하나님의 말씀에 대한 믿음이 시작되는 것입니다. 시련과 시험이 구원에 앞서 오고, 구원 뒤에는 기쁨이 옵니다. 고통과 실의에 빠져 있다면 그때야말로 믿음으로 용기를 내어 일어설 때입니다.

## 117

마귀도 제 나름대로 낙을 가지고 있습니다. 하나님의 일을 무산시키고, 하나님의 말씀을 사랑하는 자들에게 고통을 주는 것이 그의 낙입니다. 따라서 참된 그리스도인이 되고 하나님 나라의 백성이 되려면 고난을 당하게끔 되어 있습니다.

참된 그리스도인은 시련기를 갖게 되어 있으며, 많은 고난을 당하게 되어 있습니다. 하지만 아담에게 물려받은 우리의 혈과 육은 안락하고 쉬운 길을 찾으며 고난을 싫어합니다. 이 둘이 어떻게 조화를 이룰 수 있겠습니까? 우리의 육체는 사망과 지옥에 넘겨진 상태입니다. 육체를 사망과 지옥과 마귀에게서 건져내려면 하나님의 계명을 굳게 붙들어야 합니다. 즉, 그리스도 예수께서 하나님의 아들이시요 우리의 구주이심을 믿어야 하며, 하나님의 말씀을 확고히 의지하여 주께서 우리를 영원히 버리지 않으시고 이생에서 영원한 생명으로 옮겨주실 것을 믿고, 자기 십자가를 인내로써 짊어지는 동시에 다른 사람의 짐도 기쁘게 져주어야 합니다.

그러므로 자신이 그리스도의 제자이며 구원받은 참된 그리스도인이라고 여기는 사람은 좋은 시절을 기대해서는 안 됩니다. 하나님과 이웃을 향해 믿음과 소망과 사랑을 품고 살아야 하며, 그로써 생활 전체가 십자가와 박해와 역경과 환난이 되게 해야 합니다.

## 118

우리 가련한 인간들이 하려고 하는 일이 무엇입니까? 우리는 하나님의 약속들에 타오르는 지극히 작은 불꽃조차 감지하지 못하고, 하나님의 계명들과 하신 일들에서 비추는 희미한 빛조차 파악하지 못합니다. 실은 둘 다 하나님께서 많은 말씀과 기적으로 확증해 주신 것이 아닙니까? 약하고 순수하지 못하고 부패한 우리가 감히 하나님의 기이하신 빛의 찬란한 위엄을 이해하려고 하는 것입니까?

우리는 하나님께서 인간이 가까이 갈 수 없는 빛에 거하신다는 사실을 알아야 하는데, 그런데도 사람들은 쉽게 그 빛에 접근하려고 합니다. 하나님의 판단이 불가해하고 그분의 길을 우리가 찾을 수 없음을 알면서도(롬 11장) 스스로의 지혜로 그분을 발견하려고 합니다. 사마귀처럼 볼 수 없는 눈을 가지고 있으면서도 말씀과 기적으로 나타나지 않고 다만 상징으로만 나타난 그 빛을 쫓아가려고 하며, 샛별이 뜨기 전에 태양이 벌이는 숭고하고도 위대한 싸움을 엿보려고 하는 호기심과 고집을 놓지 않습니다. 사도 베드로의 교훈대로 먼저 우리 마음에 샛별이 떠오른 다음에야 정오의 광채로 빛나는 태양을 보게 될 것입니다.

물론 우리는 하나님의 불가해한 뜻을 가르쳐야 합니다. 하지만 그 뜻을 철저히 캐보려고 하는 것은 걸려 넘어져 목이 부러질 수도 있는 위험한 시도입니다. 나는 구주께서 사도 베드로에게 하신 말씀으로 나 자신에게 재갈을 물립니다. "내가 올 때까지 그를 머물게 하고자 할지라도 네게 무슨 상관이냐. 너는 나를 따르라"(요 21:22). 베드로도 나름대로 하나님의 일에 분주했습니다. 다른 사람과 어떻게 사역할 것이고, 특히 요한과 어떻게 사역할 것인가, 하는 문제를 놓고 생각이 많았던 것입니다. 빌립이 "주여 아버지를 우리에게 보여 주옵소서. 그리하면 족하겠나이다"라고 아뢰었을 때, 그리스도께서는 "나를 본 자는 아버지를 보았거늘 어찌하여 아버지를 보이라 하느냐"고 말씀하셨습니다(요 14:8-9). 빌립도 나름대로 하나님의 위엄과 친밀하심을 보고자 했던 것입니다. 지혜로운 왕 솔로몬은 분수에 넘는 일을 구하지 말라고 조언합니다. 과연 우리가 하나님의 은밀한 심판이 우리에게 어떤 유익과 선을 끼칠 것인가 하는 것을 하나님의 약속과 계명보다 더 잘 알겠습니까?

그런 문제들은 인간이 노력해도 알 수 없음을 확실히 해두고 호기심을 깨끗이 지워버립시다. 마귀에게 속아서 불가능한 일에 탐닉하지 맙시다. 애써서 된다면 육지가 물 위에 떠 있으면서도 어떻게 가라앉지 않고 버티고 있는가 하는 문제에도 매달릴 수 있을 것입니다. 그런 일은 그만두고, 하나님의 약속을 믿고 계명을 준행하는 데 힘씁시다. 그 일에 힘쓰며 살면 불가능한 문제들을 가지고 고민하는 것이 얼마나 무의미한 일인가를 잘 알게 될 것입니다. 불신앙과 좌절, 이단, 그리고 위에서 말한 것과 같은 유혹은 비록 마귀를 쫓아내는 것만큼 어려울지라도 깨끗이 씻어내기 위해 부단히 노력해야 합니다. 그런 생각이 마귀에게서 나온 줄을 생각지 못하고 속기가 쉽기 때문입니다. 마귀 자신도 자신이 지극히 높으신 하나님과 동등하며 하나님이 아시는 모든 것을 자신도 안다는 망상에 사로잡혀 자신이 마땅히 알아야 할 것과 자신에게 정말로 필요한 것을 몰랐습니다.

## 119

성경에 기록된 신비로운 교훈들은 이해하기가 어려운 까닭에, 잘 배우지 못한 경박한 사람들이 그 교훈들에서 오류와 이설(異說)을 끌어내어 자기들뿐 아니라 다른 사람들까지 정죄에 빠지게 합니다. 모세가 창조의 내력을 아주 간략하게 기술한 반면에 아브라함이 사라의 묘지로 에브론에게 밭과 굴을 매입한 일은 한 장 전체를 할애하여 기록한 데에는 그런 이유도 있었습니다. 또한 모세는 다양한 종류의 제사와 의식과 제도를 기술하는 데도 여러 장을 할애했습니다. 그와 같은 내용이 이설을 일으키지 않는다는 것을 잘 알았기 때문입니다. 모세가 태어나기 전에 창세기의 많은 내용이 기록되어 있었습니다. 아마도 아담은 창조 역사와 자신이 타락한 사건, 하나님이 여인의 후손에 관해 하신 약속 등을 간단한 기록으로 남겨 놓았을 것입니다. 후에 다른 족장들도 저마다 당대에 있었던 사건들을 기록으로 남겼을 것입니다. 특히 노아는 자세한 기록을 남긴 것으로 추정됩니다. 내 짐작에는 훗날 모세가 조상들에게서 물려받은 모든 기록들을 하나님의 명령과 약속을 중심으로 적합한 방법과 순서에 따라 정리하고 배열하며 첨삭을 가했을 것으로 여겨집니다. 특히 여인의 후손이 뱀의 머리를 상하게 할 것이라는 약속과 창조의 역사를 축으로 삼았을 것입니다. 이 모든 내용은 의심할 여지 없이 족장들이 대대로 전수한 설교들에서 취했을 것입니다. 아담과 하와가 받은 여인의 후손에 관한 설교는 그리스도의 말씀이 우리의 입을 통해 전파되는 이 위태로운 시기보다, 차라리 아담과 하와의 후손들이 오랫동안 갈망하고 사모하던 끝인 대홍수 직전에 더욱 강렬하게 선포되었으리라는 생각이 강하게 듭니다.

## 120

대홍수 전에 살았던 족장들의 행적과 전설을 알 수만 있다면 온 세상을 주어도 아깝지 않겠습니다. 그런 기록이 남아 있다면 그 시대의 신자들이 어떻게 살았고 무슨 말씀을 전했고 어떤 고난을 당했는지 알 수 있을 것입니다. 그러나 우리 주 하나님께서는 그들의 모든 행적과 전설이 대홍수의 물에 휩쓸려 사라지도록 하시기를 기뻐하셨습니다. 후대의 사람들이 그 기록에 관심도 없고 관심이 있다 하더라도 제대로 이해하지 못할 것을 아셨기 때문입니다. 그러므로 하나님께서는 장차 올 세상에서 우리가 그 시대 분들을 만날 때까지 그들의 행적을 알 수 없는 상태로 두셨습니다. 그러나 확신하건대, 대홍수 이후에 활동한 우리의 족장들인 아브라함과 이삭과 야곱, 그리고 선지자들과 사도들, 그들의 후예들, 이 세상에서 마귀가 감히 시험하여 넘어뜨리지 못한 거룩한 성도들은 장차 대홍수 전의 족장들을 만날 때 큰 존경을 표시하며 이렇게 말할 것입니다. "존귀하고 덕망 높으신 족장들이시여! 저는 불과 몇 년 전에 하나님의 말씀을 전하다가 순교를 한 아무개입니다. 하지만 제가 당한 일이란 거룩한 조상들께서 대홍수 전에 겪으신 이루 말할 수 없는 수고와 고통과 번민과 박해를 생각하면 감히 비교할 수 없습니다. 조상들 가운데 몇 분은 칠백 년 동안, 몇 분은 팔백 년 동안, 혹시는 그 이상의 세월을 마귀와 악한 세상과 싸우며 수고를 하시지 않았습니까!"

## 121

최근에 나는 몹시 앓았습니다. 병세가 워낙 위중해서 곧 세상을 떠나는 게 아닌가 생각될 정도였습니다. 몸이 약하다 보니 자연히 생각도 많아진 모양입니다. 나는 자리에 누워서, 과연 영원한 세계란 무엇일까, 그 세계는 얼마나 즐거운 곳일까, 그런 생각을 했습니다. 하지만 내가 확실히 아는 것은, 이 영원한 세계가 우리의 것이라는 사실입니다. 우리가 구주를 믿으면 그 세계가 그리스도를 통하여 우리에게 부여됩니다. 장차 그 나라에 가면 그 세계가 열려서 환히 들여다 볼 수 있게 될 것입니다. 하지만 이 땅에 사는 동안에는 세상이 언제 두 번째로 창조될는지 알 길이 없습니다. 실은 우리는 첫 번째 창조가 이루어진 시기도 알지 못합니다. 설혹 첫 창조 때 내가 전능하신 하나님 곁에 있었더라도, 어떻게 아무것도 없는 것에서 지구와 창공과 찬란한 태양과 그로 말미암아 온 땅에 쏟아지는 빛들을 지을 수 있을지, 어떻게 인간을 남녀로 지을 수 있을지 한 마디도 조언할 수 없었을 것입니다. 이 모든 일을 하나님께서 크신 지혜로 우리를 위해 해주셨습니다. 그러므로 우리는 하나님의 사랑과 지혜에 감사와 찬송을 드려야 옳으며, 장차 올 새로운 창조에 대해서도 쓸데없는 추측을 버리고 하나님의 권능과 선하심에 맡겨야 할 것입니다.

## 122

나는 낙원이라는 이름을 모세가 기술하는 책 전체에, 특히 타락하기 전에 아담의 시야에 펼쳐졌던, 네 줄기의 강이 적시던 감미롭고 정겨운 장소에 붙여야 한다고 생각합니다. 아담은 죄를 범한 뒤에 시리아를 향해 발걸음을 옮겼으며, 땅은 원래의 비옥함을 잃어버렸습니다. 사마리아와 유대는 원래 낙원이라 부르기에 합당한 비옥한 땅이었으나, 오늘날은 메마른 광야가 되어버렸습니다. 하나님께서 그 땅을 저주하셨기 때문입니다.

심지어 우리 시대에도 하나님께서는 우리들의 죄 때문에 비옥한 땅을 저주하셔서 메마른 황무지로 만드셨습니다. 하나님께서 복 주시지 않은 곳에는 좋고 유익한 것이 자라지 않는 반면에, 복을 주신 곳에서는 모든 것이 풍성하고 비옥하게 자라기 때문입니다.

## 123

요나스 박사는 루터를 저녁 식사에 초대해 놓고 식탁 위에 탐스럽게 익은 체리를 다발로 담아 놓았습니다. 그렇게 한 것은 손님들에게 창조를 기억하게 하고, 그런 좋은 열매를 주신 하나님을 찬양하자는 뜻이었습니다. 그러나 루터는 다음과 같이 말했습니다. "이 일은 사람의 몸의 소산인 자녀들을 보며 기억하는 것이 더 좋지 않겠습니까? 자녀들은 어떠한 나무 실과들보다 훨씬 더 우수한 하나님의 피조물들이기 때문에 그렇습니다. 자녀들에게서 우리는 하나님의 권능과 지혜와 솜씨를 봅니다. 원래 없던 아이들을 아무것도 없는 데서 지으시고 그들에게 생명과 사지를 주시고, 훌륭하게 빚으시고 그들을 유지하시고 보존하십니다. 그런데도 우리는 이 사실을 얼마나 잊고 삽니까. 사람들은 자녀를 낳으면 어떻게든 아이가 커서 재산을 많이 모아 유산으로 물려줄 수 있도록 해주려는 데 힘을 모읍니다. 실은 아이가 세상에 들어오기 전에 이미 그의 환경이 결정된 상태이고, 그가 무엇을 어떻게 가지게 될 것인가 하는 것이 이미 정해진 것임을 사람들은 알지 못합니다. 결혼한 사람들은 자녀를 갖는 것이 자기들의 뜻과 쾌락에 달려 있지 않다는 것을 압니다. 우리가 자녀를 갖게 될는지 갖지 못하게 될는지 알지 못하며, 하나님께서 아들을 주실지 딸을 주실지 알 수 없습니다. 이 모든 일이 우리의 계획과 의도와 상관 없이 이루어집니다. 나의 부모님은 세상을 영적으로 지도할 사람을 자녀로 낳게 될 것을 꿈에도 생각지 못했습니다. 이것은 오직 하나님께서 하시는 일이며, 우리는 거기에 끼어들지 못합니다. 나는 장차 올 세상에서는 우리가 우리의 창조주 하나님과 그분이 창조하신 만물을 보고 생각하고 놀라는 것 외에 달리 할 일이 없을 것이라고 믿습니다."

## 124

혜성은 흐르는 별로서, 행성처럼 고정되어 있지 않으며, 행성들 사이에 사생아와 같습니다. 밤하늘을 독점하면서 마치 자기 혼자만 존재하는 것처럼 유유히 흐르는 거만한 별입니다. 이것이 이단들의 본질입니다. 그들도 홀로 떨어져 거하면서, 다른 사람들을 낮춰보고 자신들만 깨달음을 지닌 사람들이라고 생각합니다.

## 125

오늘날 우리가 누리는 풍요와 과시와 허세와 사치가 과연 무슨 소용이 있고 무슨 유익이 있을까요? 만약 아담이 땅으로 돌아와 우리의 생활 형태, 우리의 음식과 음료, 의복을 본다면 얼마나 놀라겠습니까? 아마도 이렇게 말할 것입니다. "내가 살던 곳과는 딴 세상이 되었구나. 아마도 내가 죽은 뒤에 사람들 사이에 또 다른 아담이 나왔음에 틀림없다." 아담은 물을 마시고 나무 실과를 먹었으며, 집이 있더라도 네 개의 나무 기둥을 받친 오두막이었기 때문입니다. 그에게는 칼이나 쇠붙이가 없었으며, 옷도 가죽옷이 전부였습니다. 오늘날 우리는 먹고 마시는 데 엄청난 비용을 들입니다. 웅장한 궁전들을 짓고 상상을 초월할 정도로 사치스럽게 장식합니다. 고대 이스라엘 백성들은 대단히 절제하며 단정하게 살았습니다. 보아스는 룻에게 "이리로 와서 떡을 먹으며 네 떡 조각을 초에 찍으라"고 말했습니다. 여호수아서를 읽어보면 잘 알 수 있듯이 유다 땅에는 사람들이 많이 모여 살았습니다. 그 허다한 사람들이 우리에게 검소하게 살아야 한다는 교훈을 줍니다.

## 126

우리 조상 아담은 지극히 비참하고 괴로운 사람이었음에 틀림없습니다. 그토록 광활하고 막막한 세상에서 혼자 산다는 게 여간 외로운 일이 아니었을 것입니다. 그러나 그의 유일한 벗이자 사랑하는 배우자인 하와와 함께 아들 가인을 낳았을 때 그 기쁨이 참으로 컸을 것이고, 아벨이 태어날 때도 그 기쁨은 마찬가지였을 것입니다. 하지만 얼마 가지 않아서 너무나 가슴 아프고 비참하고 슬픈 일이 벌어졌습니다. 형이 동생을 죽인 것입니다. 이로써 아담은 아들을 하나 잃게 되었고, 하나밖에 없게 된 아들마저 그가 볼 수 없는 곳으로 쫓겨났습니다. 너무나 충격적이고 슬픈 일이었습니다. 아마도 자신이 타락했을 때보다 더 슬펐을 것입니다. 아담은 사랑하는 하와와 함께 다시 외로운 생활로 전락했습니다. 그러다가 130세에 셋을 낳았습니다. 실로 아담의 타락이 가져온 결과는 비참하고 슬픈 것이었습니다. 9백 년을 사는 동안 인간들이 예외 없이 죽는 현실에서 하나님의 진노를 보았으니 말입니다. 그 누구도 아담이 품고 살았을 당혹과 두려움과 자책감을 다 헤아릴 수 없습니다. 우리도 세상을 살면서 괴로움과 고통을 겪는다 하지만, 아담이 겪었던 것과 비교하면 아이들 장난감에 지나지 않습니다. 그러나 아담은 여자의 후손에 관한 약속을 기억하고서 믿음으로 끊임없이 위로와 새로운 힘을 얻었습니다.

## 127

모든 들짐승들은 율법에 속한 짐승들입니다. 그것들은 두려움에 떨며 살아가기 때문입니다. 두려워하며 살기 때문에 들짐승들의 살은 죄다 검습니다. 그러나 길들인 가축들은 살이 흽니다. 은혜에 속한 짐승들이기 때문에 그렇습니다. 그것들은 인간과 더불어 안전하게 삽니다.

## 128

아담은 하나님께서 자신을 지으실 때 부여하신 의를 상실했을 때 번민과 상심으로 인하여 육체의 기력도 크게 쇠했음에 틀림없습니다. 아마도 타락하기 전에는 시력도 우리보다 탁월하여 수백 리 밖에 떨어진 사물들도 선명하게 보았고, 다른 감각들도 그만큼 뛰어났으리라고 나는 믿습니다. 하지만 타락한 뒤에는 "아, 하나님, 제게 어떤 일이 닥친 것입니까? 저는 소경과 귀머거리가 되어 버렸습니다" 하고 말했을 것입니다. 그의 타락은 두려운 사건이었습니다. 왜냐하면 전에는 모든 피조물이 그에게 복종했고, 심지어 그가 뱀과도 장난을 칠 수 있었으니까요.

## 129

20년은 짧다고 할 수 있는 세월이지만, 만약 사람이 결혼하여 자녀를 낳지 않는다면 그 짧은 기간에 세상이 텅 비게 될 것입니다. 젖먹이 때에 세상을 떠나는 아이들이 아주 많습니다. 내가 알고 있기로는, 매년 한 살 이하의 아이들이 2천 명 정도 세상을 떠나고 있습니다. 그에 반해, 내 나이 예순셋인데, 이 나이에 세상을 떠나는 사람은 60명 혹은 기껏해야 백 명 정도밖에 되지 않습니다. 노인이 될 때까지 살아남는 사람이 오늘날은 별로 없는 것입니다. 인간 마귀에게, 도살을 당하는 가련한 양들과 다를 바 없습니다. 게다가 우리 육체 안에는 얼마나 많은 종류의 죽음이 있는지요? 우리 육체 안에는 온통 죽음뿐입니다.

## 130

순종하지 않는 자녀들에게 상속권을 물려주지 않는 것이 아버지의 권한입니다. 하나님께서는 모세를 통하여, 불순종하는 자녀를 돌로 쳐서 죽임으로써 자녀의 명분을 박탈하라고 명령하셨습니다. 단, 아버지의 권한에는 자녀가 그렇게 되기 전에 징계하여 바로잡아야 한다는 단서가 붙어 있습니다.

## 131

과일과 채소를 충분히 맛보고 거기서 힘을 얻은 우리 시조(始祖)가 그 외에 다른 무슨 음식이 필요했겠습니까? 석류와 오렌지는 아주 달고 상큼했을 것이며 향기도 썩 좋았겠지요. 타락하기 전 아담은 고기 먹고 싶은 마음이 전혀 없었을 것입니다. 하지만 대홍수가 모든 것을 바꿔 놓았습니다. 하나님께서 만물을 창조하셨으므로 사람이 모든 것을 먹어야 한다는 말은 옳지 않습니다. 과일과 채소, 곡식이 하나님께서 인간과 짐승에게 주신 주된 양식입니다. 짐승을 창조하신 목적은 우리가 그들을 보고 즐거움을 얻고 하나님을 찬양하도록 하기 위함입니다. 별들이 창조주를 찬양하는 것 외에 달리 무슨 용도가 있겠습니까? 공중의 새들이 자기들을 먹이고 기르시는 하나님 앞에서 지저귀는 것 외에 무슨 존재 목적이 있겠습니까?

## 132

만물이 원죄로 인하여 타락했다는 건 의심의 여지가 없는 사실입니다. 뱀이 시초에는 숭고하고 고결한 짐승이었습니다. 하와가 주는 먹이를 사리지 않고 받아먹을 정도였으나, 저주를 받고는 발이 없어져서 땅 위를 배로 기어 다니게 되었습니다. 당시에는 뱀이 인간을 제외한 피조물들 가운데 가장 아름다웠기 때문에 사탄이 그것을 시험의 매개로 골랐습니다. 아름다움이 사람들을 유혹하여 악에 빠뜨리는 것을 알고는 아름다운 것을 고른 것입니다. 무릇 지능이 낮은 사람이 이단의 창시자가 되는 경우나, 못생긴 하녀가 방탕을 조장하거나, 물이 사람을 취하게 하거나, 누더기 옷이 허영을 부추기는 일이란 없습니다. 어린이들의 몸을 생각해 보십시오. 다 자란 어른들의 몸에 비해 얼마나 귀엽고 순수하고 아름답습니까? 어린이일수록 아담이 타락하기 전에 간직하던 무흠의 상태에 더 가깝기 때문에 그렇습니다. 비참한 상태에 있는 우리는 다만 장차 올 세상을 소망하는 데서만 위로를 얻습니다. 이 아래 세상은 모든 게 다 불가해합니다.

## 133

루터 박사가 장미 한 송이를 꺾어 들고 이렇게 말했습니다. "참으로 위대한 하나님의 작품이지요. 인간이 이 꽃 한 송이라도 만들 수 있다면 큰 존경을 받을 자격이 있을 것입니다. 하지만 하나님이 주신 선물들은 많고 무한하다는 이유로 우리 눈에 가치 없게 보입니다. 자녀들이 부모를 얼마나 빼닮습니까? 농부들이 아무리 많아도 다 비슷해 보이듯이, 아버지가 여섯 아들을 낳아도 다 그를 닮고, 그 아이들이 다시 자기들을 빼닮은 아이들을 낳고, 그 아이들이 또 그런 자녀들을 낳습니다. 이교도들도 자녀가 부모를 닮는 것을 눈여겨보았습니다. 디도(Dido)가 아이네아스(Aeneas)에게 이렇게 말합니다:

Si mihi parvulus Aenea; uderet in aula,
Qui to tantum ore referret.
(만약 내가 오직 얼굴만 당신과 닮은 작은 아이네아스가
궁정에서 노는 것을 보았더라면.)

그것이 그리스인들에게는 일종의 저주였습니다. 원수의 아들이 자기와 얼굴이 닮지 않기를 바라는 것이 인지상정이었던 것입니다."

## 134

사방으로 흐르면서 눈과 비와 이슬로 다시 채워지는 물로 땅이 비옥해지는 것이 얼마나 기이한 현상입니까!

# 세상의 본질에 관하여

## 135

지금 왕자인 사람은 장차 왕이나 황제가 되고 싶어합니다. 어느 여성을 사랑하게 된 남성은 어떻게 해서든 그녀와 결혼하려는 데 늘 마음이 쏠려 있고, 그의 눈에는 그녀가 세상에서 가장 아름답습니다. 하지만 그녀를 얻고 나면 곧 싫증이 나고, 더 아름다운 여성에게로 마음이 향합니다. 가난한 사람은 20파운드만 있다면 더 바랄 게 없겠다고 생각하지만, 정작 그 돈이 생기면 더 많은 돈을 바라게 됩니다. 이렇게 마음은 매사에 정함이 없습니다.

## 136

어떤 칼은 다른 칼보다 잘 듭니다. 마찬가지로 여러 언어와 학문을 배운 사람은 그렇지 못한 사람보다 명석하게 잘 가르칩니다. 그러나 그들 중 많은 수가 에라스무스처럼 언어와 학문에 조예가 깊은데도 인간에게 큰 해악을 끼치는 오류에 빠집니다. 언어 지식과 학문은 치명적인 살상 무기와 같은 점이 있어서 그렇습니다. 그것은 함부로 사용하지 말고 신중하게 사용해야 합니다.

## 137

하나님의 말씀에 원수 노릇 하는 자들이 드러내는 악은 인간보다는 마귀의 것입니다. 인간은 인간 본성에 따라, 그리고 원죄에 오염된 정도에 따라 악하지만, 마귀에게 사로잡혀 휘둘릴 때는 마귀와 여인의 후손 사이에 지독히 치열하고 처절한 전투가 시작됩니다.

## 138

세상은 하나님을 하나님으로 인정하지도 않고 마귀를 마귀로 인정하지도 않습니다. 만약 사람이 홀로 남겨져서 자기 본성대로 행동하게 된다면 우리 주 하나님을 기꺼이 창문 밖으로 내던질 것입니다. 시편 저자가 말하듯이 세상은 하나님을 아무것도 아닌 분으로 간주하기 때문입니다. "어리석은 자는 그의 마음에 이르기를 하나님이 없다 하는도다"(시 14:1).

## 139

세상의 신은 재물과 쾌락과 자존심입니다. 그것으로 세상은 하나님의 피조물들과 선물들을 착취하고 남용합니다.

## 140

우리는 너나 할 것 없이 먹는 일에 야수와 같은 본능이 있습니다. 늑대는 양을 잡아먹는데 우리도 그렇지요. 여우는 닭과 거위 따위를 먹는데 우리도 그렇습니다. 매와 솔개는 가금(家禽)과 새들을 먹는데 우리도 그렇습니다. 창꼬치는 다른 물고기를 먹는데 우리도 다르지 않습니다. 소와 말과 돼지와 마찬가지로, 우리도 야채와 곡식 따위를 먹습니다.

## 141

이교도들이 죽음의 참혹함과 두려움을 알면서 죽음에 관해서 어찌 그리 빼어난 글을 쓸 수 있는지 매우 기이했습니다. 그런데 세상의 본질을 기억하니 기이할 것이 하나도 없었습니다. 그들은 자신들의 사회와 군주들에게서 심한 포악을 보고 깊은 슬픔과 상처를 받더라도, 죽음 외에는 악한 군주들에게 겁을 줄 만한 것이 없음을 알고 있는 것입니다.

죽음이 영원한 멸망일 뿐인 이교도들이 이처럼 죽음을 숭고하고 귀하게 평가한다면, 우리 그리스도인들은 얼마나 더 그런 태도를 지녀야 하겠습니까! 그 가련한 사람들은 영원한 생명에 관해서 조금도 모르지만, 우리는 그것을 알고 그 안에서 교훈을 받고 살기 때문입니다. 그런데도 우리는 죽음에 관한 말만 들어도 잔뜩 위축되고 겁을 먹습니다.

이것은 우리의 죄 때문에 생긴 현상입니다. 우리의 도덕 수준이 이교도들보다 열등한 점에 대해서는 입이 열 개라도 할 말이 없습니다. 죄가 많을수록 죽음이 두렵기 마련이기 때문입니다. 생시에 하나님의 말씀을 배척한 사람들의 종말을 보십시오. 그들은 죽음의 순간에 이르러 심판 날을 떠올리면서 몹시 떱니다.

## 142

오늘 나는 저울을 속인 죄로 내 앞에 끌려온 빵장수의 사기와 거짓말 때문에 종일 시달렸습니다. 치안판사에게 가져가야 할 문제를 나한테 가져온 것입니다. 그렇지만 빵장수들의 농간을 규제할 사람이 아무도 없다면 우리 성직자들이라도 나서서 질서와 규범을 바로잡아야 할 것입니다.

## 143

남에게 조언을 하면서 아첨을 하고 사실을 호도하는 것만큼 위험한 것이 없습니다. 그가 말하고 있는 동안에는 그의 조언에 손과 발이 달려 있는 것처럼 보이지만, 막상 그것을 실천하려고 하면 고집 센 노새처럼 버티고 선 채, 채찍을 휘둘러도 움직이지 않습니다.

## 144

이 세상에는 세 부류의 사람들이 있습니다. 첫째 부류는 자신들의 부패한 본성과 행동을 인정하지 않고, 자신들의 죄에 대한 하나님의 진노를 깨닫지 못한 채 양심의 가책 없이 태평스럽게 사는 사람들로서, 가장 흔히 볼 수 있는 유형입니다. 둘째 부류는 율법 앞에서 두려워하고, 하나님의 진노를 느끼고, 좌절감에 시달리며 사는 사람들입니다. 셋째 부류는 자신들의 죄를 인정하고 하나님의 진노를 당연한 것으로 여기며, 자신들이 죄 가운데서 잉태되어 태어났으며 따라서 멸망할 자들임을 잘 알면서도, 복음에 귀를 기울이고, 하나님께서 예수 그리스도의 공로를 인하여 은혜로 죄를 사하시는 것을 믿고, 그로써 하나님 앞에 의롭다 함을 받으며, 온갖 선행으로써 믿음의 열매를 나타내는 사람들입니다.

## 145

결혼은 결혼이고, 손(hand)은 손이고, 물건은 물건이라는 것을 사람들은 잘 이해합니다. 그러나 결혼이 하나님께서 창조하시고 제정하신 것이며, 손과 물건이 음식과 의복 등 우리가 사용하는 다른 피조물들과 마찬가지로 하나님께서 우리에게 선물로 주신 것임을 믿게 된다면, 그것은 하나님께서 그 사람에게 행하신 특별한 일입니다.

## 146

인간의 마음은 변덕스러워서 상황에 따라 수시로 변합니다. 그러므로 전도서가 말하듯이 허영과 자만은 가련한 것입니다. 인간은 불확실하고 결과가 의심스러운 것은 사모하고 바라면서, 이미 성취되어 확실한 것은 업신여깁니다. 그렇기 때문에 하나님께서 주시는 것을 우리는 받아 누리지 못하는 것입니다. 그러므로 그리스도께서 다스리지 않으시고 그것을 마귀에게 넘겨주시면서 '네가 다스려라' 고 하시는 것입니다. 하나님께서는 인간과 다른 본성과 방법과 심정을 지니십니다. '나는 하나님이므로 변하지 않는다. 나는 내 약속과 경고를 분명히 지킨다' 고 말씀하십니다.

## 147

몸과 마음을 바쳐 사람들을 섬기라는 사명을 받은 사람은 정신이 고결하고 강인해야 합니다. 지극히 큰 위험과 배은망덕도 능히 견뎌내야 하기 때문입니다. 그러므로 그리스도께서는 시몬 베드로에게 "네가 나를 사랑하느냐?" 하고 세 번씩이나 물으셨던 것입니다. 그런 뒤에 "내 양을 먹이라" 고

하셨습니다. 이 말씀은 다음과 같은 뜻입니다. "네가 올바른 사역자와 목자가 되고자 하느냐? 그렇다면 오직 나를 사랑하는 일념으로 그 일을 하라. 사랑이 없다면 박해와 배은망덕을 밥먹듯이 당하면서 어찌 그것을 인내하고 오히려 재물과 건강을 소진해 가면서 사역을 하겠느냐?"

## 148

세상이 내놓는 지혜는 아무리 훌륭한 것일지라도, 아니 훌륭하다고 하는 것일수록 현세적이고 덧없는 일에 함몰되게 만듭니다. 그런 다음 그런 일이 다 사라지면 "누가 이렇게 될 줄을 알았느냐?" 고 발뺌합니다. 그러나 믿음은 소망하는 바를 확고하게 기대하게 하고, 눈에 보이지 않는 것을 의심하지 않게 만듭니다. 참된 그리스도인은 "이것은 미처 생각하지 못한 결과이다" 하고 말하는 법이 없으며, 십자가가 늘 곁에 있음을 확신하고서 상황이 불리하게 돌아가고 고난이 닥치더라도 두려워하지 않습니다. 그러나 세상과 그 안에서 염려 없이 사는 사람들은 불행이 닥치면 견디지를 못합니다. 그들은 복음서에 나오는 부자처럼 쾌락과 이생의 낙 가운데 끊임없이 연락(宴樂)합니다. 그들은 음식을 조금 아껴 가난한 '나사로들' 에게 주지 않습니다. 하지만 나사로는 그리스도에게 속했으며, 장차 그리스도와 함께 자기 분깃을 받을 것입니다.

## 149

세상이 내 눈에는 쓰러져 가는 집처럼 보입니다. 이 집을 다윗과 선지자들이 가로대로 받치고 있고, 그리스도께서 마치 기둥처럼 집 전체를 떠받치고 계십니다.

## 150

모든 사람은 자신들이 마침내 죽는다는 것을 알기 때문에 이 땅에 자신들의 이름을 영원히 남기고 싶어합니다. 대 군주들이 그런 목적으로 거대한 기념비와 피라미드, 웅장한 교회, 화려하고 멋진 궁전과 성채를 건축합니다. 군인들은 중요한 전쟁에서 승리를 거둠으로써 명예와 인기를 얻으려 합니다. 학자들은 책을 써서 영원히 이름을 남기려고 합니다. 이렇게 사람들은 이런저런 방법으로 영원히 남기를 바라는 소원을 표시합니다. 그러나 참되고 영원하고 썩지 않는 하나님의 영예와 영원하심에 관하여 생각하거나 깊이 알려 하는 사람이 없습니다. 인간이 얼마나 가련하고 어리석고 비참한 존재입니까!

## 151

사람들에게 마음을 열어놓고 사는 것이 가장 좋습니다. 그리스도께서 땅에 계실 때 백성들 가운데 그렇게 공개적으로 공식적으로 살며 활동하셨고, 제자들에게도 그렇게 하라고 당부하셨습니다. 악하고 비열한 자들, 수사들과 수녀들은 독방과 음침한 곳에서 부끄러운 생활을 합니다. 그러나 사람들 사이에서 자신을 열어놓고 살아야 단정하고 정직한 생활을 해나갈 수 있습니다.

## 152

좌절과 슬픔에 눌린 양심을 위로하여 일으켜 세우는 것은 여러 왕국들을 차지하는 것보다 더 훌륭한 일입니다. 하지만 세상의 생각은 다릅니다. 세상은 양심을 경멸하며, 양심을 대상으로 사역하는 우리를, 종교를 뒤엎고 변경하는 반란자들, 평화의 훼방꾼들, 신성모독자들이라 부릅니다. 세상은 자기들 나름의 예언자들과 예언을 지니고 있습니다. 그러나 그것이 우리에겐 여간 슬프지 않습니다. 유대인들은 그리스도에 관해서, 만약 그를 이대로 두면 로마인들이 와서 우리 땅과 민족을 빼앗아 가리라고 말했습니다. 과연 그들이 그리스도를 죽음에 내어주었다고 해서 로마인들이 와서 그들의 땅과 민족을 빼앗아 가는 일을 하지 않았습니까? 아닙니다. 로마인들이 와서 수십만의 유대인들을 살상하고 그들의 도시를 파괴했습니다. 마찬가지로 하나님의 말씀을 비방하는 원수들이야말로 평화를 깨뜨리는 자들이요 독일 민족을 전복시키는 자들입니다. 진리를 고의로 대적함으로써 우리 스스로 화를 자초하는 것입니다.

## 153

만약 모세가 애굽에서 2-3년만 더 계속해서 기적을 행했더라면 애굽인들은 곧 기적에 익숙해져서 그러려니 했을 것입니다. 마치 우리가 해와 달에 익숙해져서 으레 뜨고 지는가 보다 생각하듯이 말입니다.

## 154

아브라함은 가나안 사람들 가운데서 존중을 받지 못했습니다. 그가 파 놓은 우물들을 이웃들이 죄다 메워 버리거나 힘으로 가로채고는 "이런 대접을 참지 못하겠는가? 그렇다면 짐을 싸서 떠나라. 너는 우리에게 이방인이요 객이지 않은가?" 하고 윽박질렀습니다. 이삭이 받은 대접도 다르지 않았습니다. 우리 족장들이 지니고 살았던 믿음을 나는 감히 존경할 자격조차 없습니다. 그분들은 심한 고통과 역경 가운데 살면서도 하나님께서 자신들에게 은혜를 베푸신다는 사실을 얼마나 확고히 그리고 일관되게 믿었던가요!

## 155

만약 나의 수고와 고통이 사랑에서 우러나온 것이 아니고, 나를 위해 죽으신 분을 위한 것이 아니라면, 세상은 내게 책 한 권이라도 집필할 만한 혹은 성경을 번역할 만한 돈을 지불할 수 없었을 것입니다. 나는 내가 쓴 책들에 대해서 세상으로부터 보상과 대가를 받고 싶은 마음이 없습니다. 세상은 내게 만족을 주기에 너무나 빈약하고 가난합니다. 내가 이곳에 있어온 이래로 나의 주군(主君)인 작센의 선제후에게 손을 내밀어 본 적이 없는 것도 그 이유 때문입니다. 세상은 십계명과 정반대의 상태에 놓여 있습니다. 세상은 마귀의 탈과 초상화이며, 온통 하나님을 멸시하는 자들과 신성모독자들과 불순종하는 자들뿐입니다. 언제라도 대심판이 단행될 것만 같이 매춘과 교만과 도둑질과 살인 따위의 범죄로 심히 곪아 있습니다.

## 156

루터 박사의 아내는 하인들이 말을 잘 듣지 않고 신뢰성도 없다고 불평하면서 루터에게 이렇게 말했습니다. "착하고 신실한 하인은 참으로 하나님이 보내신 사람입니다. 그러나 그런 사람이 이 땅에는 희귀조만큼이나 귀합니다. 이 계층 사람들이 너무나 게으르고 방탕하다는 불평이 도처에서 들립니다. 그들을 터키인들 방식대로 다스려서 일한 만큼 먹게 해야 합니다. 마치 바로가 애굽에서 이스라엘 자손에게 했듯이 말입니다."

## 157

이교 세계의 철학자들과 지식인들은 하나님과 영혼, 내세에 관하여 무수히 많은 사색을 했습니다. 하지만 하나님 말씀 없이 한 것이기에 모두 불확실하고 확신이 없습니다. 반면에 하나님께서 우리에게는 순수하고 썩지 않은, 지극히 감미로운 구원의 말씀을 주셨습니다. 그런데도 우리는 그 말씀을 경시합니다. 돈을 들일 가치가 전혀 없다고 말합니다. 어떤 물건을 소유하게 되면 그것이 아무리 좋은 것이라도 곧 싫증이 나서 무시하게 되는 것이 우리 인간입니다. 세상은 언제까지나 세상으로 남습니다. 세상은 의를 사랑하지도 견디지도 못하며, 마치 풀밭에 풀어놓은 많은 황소 떼를 여남은 살 먹은 어린 소년들이 치며 지키듯이 소수의 사람들에게 지배를 당합니다.

## 158

돈을 의지하는 사람들은 형통하지 못합니다. 재산이 아주 많았던 군주들은 모두 불행한 운명을 맞이하거나 전쟁에서 패하여 죽었습니다. 오히려 재산이 적었던 군주들이 큰 승리와 성공을 거두었습니다. 황제 막시밀리안이 지극히 부유하고 강했던 베네치아인들과 십년간 전쟁을 벌여 승리를 거둔 것이 좋은 예입니다. 그러므로 재물을 신뢰하거나 의지해서는 안 됩니다. 들기에는 선제후 게오르크가 탐욕을 부리기 시작했다고 하는데, 그것은 죽을 날이 아주 가까웠다는 징후입니다. 고데 박사(Dr. Gode)가 푸딩을 굴뚝에 걸어놓았다고 말하는 것을 듣고 그에게 죽을 날이 머지않았다고 말해 주었는데, 과연 그렇게 되었습니다. 나 자신도 맥주를 빚거나 음식을 만드는 일로 근심을 하기 시작하면 곧 죽게 될 것입니다.

## 159

하나님께서 문을 두드리시면 언제나 그리스도인답게 이 세상을 떠날 준비를 하고 있어야 합니다. 작은 짐승이 사슴을 죽일 때는 먼저 사슴 위로 뛰어올라 그의 뿔 사이에 앉아 머리를 갉아먹거나 숨통을 조인 뒤 목을 잘라 버리듯이, 마귀도 인간을 차지할 때는 그에게 착 달라붙어 절망에 빠뜨리며, 그의 영혼과 육체 모두에 상처를 입힙니다. 그래서 사도 베드로는 우리에게 경고합니다. "근신하라. 깨어라. 너희 대적 마귀가 우는 사자 같이 두루 다니며 삼킬 자를 찾나니"(벧전 5:8).

## 160

노아의 홍수 이전에는 세상의 지식 수준이 매우 높았습니다. 인간 수명이 대단히 길어서 경험과 지혜가 깊었던 것입니다. 이제는 어떤 사실을 제대로 알 만하면 늙어 죽습니다. 우리가 더 높은 지식을 갖게 되는 것을 하나님께서 용납하지 않으십니다.

## 161

재물은 두 가지 특징이 있습니다. 먼저, 수중에 재물이 있으면 안도감을 주고 하나님을 두려워하지 않고 살게 만듭니다. 다음으로, 수중에 재물이 없으면 하나님을 시험하고, 하나님에게서 떠나 다른 신을 찾도록 만듭니다.

## 162

오스트리아 린츠에 갔을 때 개 한 마리를 보았는데, 그 개는 주인이 입에 물려주는 바구니를 물고 정육점에 가서 고기를 사오도록 훈련을 받았습니다. 개는 정육점에서 돌아오는데 다른 개들이 고기를 빼앗으려고 달려들자 바구니를 내려놓고는 맹렬히 싸웠습니다. 혼자 힘으로 당해낼 수 없음을 알게 된 개는 고기 한 덩어리를 덥썩 베어 물었습니다. 고기를 모두 빼앗기기 전에 한 덩어리라도 차지한 것입니다. 오늘날 황제 카를이 이런 일을 하고 있습니다. 오랜 세월 동안 성직록(聖職祿)들을 보호해온 황제는 제후들마다 수도원을 하나씩 차지하는 것을 보고서 자신도 주교구들을 차지했습니다. 위트레히트와 리에주를 그래서 그가 차지하고 있는 것입니다.

## 163

에르푸르트에 욕심이 많기로 유명한 농부가 있었습니다. 농부는 곡식을 싣고 장터로 갔는데, 가격을 워낙 높게 부른 까닭에 선뜻 사려고 나서는 사람이 없었습니다. 그러자 농부는 잔뜩 화가 나서 “그 가격 밑으로 곡식을 팔지 않을 테다. 차라리 도로 집으로 싣고 가서 쥐들에게나 주어야지” 하고 말했습니다. 농부가 곡식을 다시 싣고 집에 돌아오자 헤아릴 수 없이 많은 쥐들이 그의 집에 몰려와 곡식을 죄다 먹어버렸습니다. 이튿날 아침에 밭에 나가 보았더니 얼마 전에 뿌린 씨앗을 쥐들이 모조리 파헤쳐 먹었는데, 이웃집 밭들은 멀쩡했습니다. 이것은 하나님이 내리신 공의로운 심판임이 틀림없습니다.

얼마 전에 막대한 재산을 가진 지주 세 사람이 스스로 목을 맸습니다. 온 나라를 수탈해온 비열한 자들이 마땅히 받아야 할 벌을 받은 것입니다. 우리 시대의 기근은 이런 지주들 때문에 생깁니다. 하나님께서 풍족히 내리셨는데, 마귀가 탐욕에 눈먼 이런 악인들을 사로잡아 식량의 흐름을 차단하는 것입니다. 그들은 가난한 이웃들의 재산과 생명을 앗아가는 도둑들이요 살인자들입니다. 그리스도께서는 심판 날에 그들에게 “내가 주릴 때에 너희가 먹을 것을 주지 않았고” 하고 말씀하실 것입니다. 곡식을 비싼 값에 판매하는 사람들은 장차 심판을 면치 못하게 된다는 것을 알아야 합니다. 그것은 가난한 사람들을 굶주림과 죽음으로 몰아가는 악한 행위이며, 이런 일을 행하는 자들은 마귀가 데려갈 것입니다. 하나님을 경외하고 의지하는 사람들은 일용할 양식을 위해 기도하며, 가난한 자들을 수탈하는 악인들이 수치를 당하거나 그렇지 않으면 회개하게 되기를 기도합니다.

## 164

하나님과 영혼의 장래를 망각한 채 이 세상의 재물과 명예에 근거하여 세운 계획은 아이가 손에 들고 있는 썩은 사과와 같습니다. 겉은 온전하여 먹음직스럽게 생겼는데, 속은 썩었고 벌레가 잔뜩 끼어 있습니다.

## 165

재물이 많은 곳에는 죄도 많습니다. 재물 때문에 교만이 생기고, 교만 때문에 불화가 생기고, 불화 때문에 전쟁이 일어나며, 전쟁 때문에 가난이, 가난 때문에 고통스럽고 비참한 상황이 발생합니다. 그러므로 부유한 사람에게는 훨씬 더 큰 책임이 따릅니다. 주님께서는 많이 받은 자들에게 많은 것을 요구하시기 때문입니다.

## 166

재산과 지식과 아름다움은 하나님이 주신 좋은 선물입니다. 다만 부끄럽게도 우리가 그것들을 남용하고 있을 뿐입니다. 그렇지만 세상적 지혜와 꾀는 동기가 옳지 못할 경우에는 하나님의 선물이 아니라 악입니다. 세상 사람은 자만심을 버리지 않으므로 악한 동기로 무슨 지혜를 내놓더라도 자신이 옳다고 주장하기 때문입니다. 차라리 외모가 수려한 게 훨씬 낫습니다. 수려한 외모는 고생과 질병을 겪으면 사라지지만, 자만심은 어지간해서는 사라지지 않고 버티고 있으면서 바른 생각을 하지 못하게 만드는 것입니다.

## 167

재물은 세상에서 가장 작은 것이요, 하나님께서 인간에게 주신 가장 작은 선물입니다. 재물을 하나님의 말씀과 비교할 수 있습니까? 아름다움과 건강 같은 육체적인 선물과 비교할 수 있습니까? 깨달음과 지혜 같은 정신적 선물들 곁에 과연 재물을 놓을 수 있습니까? 그런데도 사람들은 재물을 모으기 위해서라면 어떠한 노력도 수고도 모험도 마다하지 않습니다. 재물은 그 안에 물질도 형태도 효과도 최종 목적도 없고, 선한 것도 없습니다. 이런 이유로 우리 주 하나님께서는 영적인 유익을 주지 않기로 작정하신 자들에게 재물을 허락하시는 경우가 많습니다.

## 168

사도 요한은 이렇게 말합니다. "누가 이 세상의 재물을 가지고 형제의 궁핍함을 보고도 도와 줄 마음을 닫으면 하나님의 사랑이 어찌 그 속에 거하겠느냐"(요일 3:17). 그리스도께서는 "네게 구하는 자에게는 주며" 하고 말씀하십니다(마 5:42). 이 말씀은 궁핍하여 재물이 꼭 필요한 사람에게 주라는 말씀이지, 게으르고 빈둥거리고 낭비벽이 심한 사람에게 달라는 대로 주라는 말씀이 아닙니다. 그들은 걸인들이며, 많이 그리고 자주 줘봐야 아무런 도움도 되지 않습니다. 하지만 정말로 가난한 사람에게는 마음을 다해 힘닿는 데까지 도와주어야 합니다. 그리고 "옷 두 벌 있는 자는 옷 없는 자에게 나눠 줄 것이요"라는 성경 말씀을 잊어서는 안 됩니다. 상대의 상태와 필요에 따라 자신이 가진 모든 종류의 의복을 빌려주기도 하고 거저 주기도 하라는 뜻입니다. 이는 '일용할 양식' 이란 표현을 육신의 생명을 유지하는 데 필요한 모든 것으로 이해해야 하는 것과 같은 이치입니다.

## 169

다른 사람에게 무엇을 빌려주었습니까? 그러면 그것을 돌려받으려는 생각을 버리십시오. 혹시 돌려받더라도 예상보다 늦게 받거나, 받은 물건의 상태가 원래만큼 좋지 못하면 그것 때문에 우정에 금이 갈 수 있습니다.

## 170

내가 헬라어 성경을 독일어로 번역하기 전에 모든 사람이 그것을 고대했습니다. 그런데 정작 독일어 신약성경을 펴내자 그토록 오랫동안 쌓여온 열망이 넉 주를 가지 못했습니다. 이제 사람들은 모세오경이 번역되기를 기대했습니다. 내가 모세오경을 번역하자 사람들은 아주 잠시동안은 흡족해했습니다. 그런 뒤에 시편을 원했고, 시편이 나오자 금방 시들해지고는 다른 책들을 원했습니다. 그들이 지금 갈망하고 있는, 그리고 내가 어렵사리 번역하고 있는 전도서가 나와도 마찬가지일 것입니다. 모든 게 우리의 들뜬 뇌가 만족할 때까지만 관심을 끌 뿐, 그 뒤에는 시들해져서 새로운 것을 찾게 되는 것입니다.

# 우상숭배에 관하여

## 171

우상숭배는 겉으로 영광스럽고 훌륭하게 빛남으로써 거룩하고 예배함직하게 보이지만 실은 그렇지 못한 온갖 종류의 영적 존재들을 섬기는 행위입니다. 한 마디로 중보자 그리스도와 그분의 말씀과 명령을 떠나서 하나님을 섬기려고 하는 자들이 발휘하는 신앙 행위가 우상숭배입니다. 교황이 지배하는 영역에서는 수사들이 독방에 앉아 하나님과 그분이 행하신 기이한 일들을 명상하고, 열정에 불타올라 무릎을 꿇고 기도하고, 천상의 존재들을 사모하고 그들에게 거의 기도하는 상태에 들어가 종교적 희열에 싸여 감격의 눈물을 흘리는 것을 최고의 경건으로 간주했습니다. 수사들은 이러한 영적 자부심에 힘입어 여자들에 대한 모든 욕구와 생각을 쫓아버렸습니다. 그렇지만 사람들의 지혜로는 천사적 성결로 간주되던 이런 종교적 행동도 실은 육신에서 나온 행위에 지나지 않았습니다. 하나님의 말씀과 명령을 떠나서 하나님을 섬긴다고 하는 모든 종교는 그저 우상숭배일 뿐이며, 그것이 더 거룩하고 영적인 모습을 띨수록 인간 사회에 더 해롭고 위험합니다. 이런 종교는 사람들을 그리스도에 대한 믿음에서 떠나게 하고, 자신들의 힘과 행위와 의를 의지하게 만들기 때문입니다.

마찬가지로 온갖 종류의 수도회들과 금식과 기도, 고행을 위한 거친 속옷, 그리고 교황의 영토에서 가장 거룩하다고 평가받는 카푸친 수도회의 고행들도 단지 육신의 일들일 뿐입니다. 왜냐하면 수사들은 자신들이 거룩하다고 생각하며, 그리스도로 말미암아 구원을 얻는다고 생각하지 않고, 자신들이 속한 수도회의 수도회칙을 지킴으로써 구원을 얻는다고 생각하기 때문입니다. 그들은 그리스도를 엄격하고 분노한 재판장으로 여기는 까닭에 그분을 의지하지 않고 다만 두려워할 뿐입니다.

사적인 미사가 하나님께 가장 큰 모독이요 세상에서 가장 흉악한 우상숭배이며, 사도들 이래로 기독교 세계에서 이같이 참람한 것이 없었다는 사실을 교황파 신자들은 절대로 믿으려 하지 않습니다. 그들은 눈이 멀고 마음이 완악해서 하나님과 천상에 속한 모든 것들에 대한 깨달음과 지식이 비뚤어지고 잘못되어서 그렇습니다. 그들은 하나님을 가장 바르고 숭엄하게 섬긴다고 주장하면서 실상은 가장 두렵고 가증스러운 우상숭배를 자행하고 있는 것입니다. 또한 그들은 우상숭배를 하면서 그것이 하나님께서 가장 받으심직한 합당한 예배이며, 그리스도를 인정하고 그분을 믿는 길이라고 주장합니다. 그러나 하나님께 참으로 감사하게도, 그리스도를 참되게 믿고 그분의 심정을 지닌 우리는 모든 것을 알고 판단하되 아무 인간에게도 판단을 받지 않습니다.

## 172

칼슈타트 박사가 내게 이렇게 물었습니다. "의도가 바르고 훌륭하면 하나님의 말씀이나 명령 없이도 경건한 행동을 내놓을 수 있습니까? 이것이 참된 하나님을 섬기는 것입니까 아니면 다른 하나님을 섬기는 것입니까?" 나는 이렇게 대답했습니다. "하나님을 경외하고 그분께 기도하면 그 사람은 하나님이 주시는 위로와 도움과 모든 선한 것을 기대할 수 있습니다. 만약 하나님께 바치는 이러한 경외와 기도가 하나님의 말씀을 따라 하는 것이라면, 다시 말해서 하나님께서 그리스도 안에서 우리에게 약속하신 것을 따라 은혜를 구하는 것이라면, 그 사람은 참되시고 살아 계시고 영원하신 하나님을 경외하는 것입니다. 그러나 만약 외식하는 자들과 사이비 종교 지도자들처럼 자신이 선하다고 생각하는 종교적 열심에서 무슨 선행을 하거나 예배를 드리고, 그로써 하나님의 진노를 달래거나 죄 사함과 영생과 구원을 받으려 한다면, 분명히 말하건대 그 사람은 자기 마음에 있는 우상을 경외하고 숭배하는 것입니다. 아무리 자기가 참 하나님을 위해서 그렇게 한다고 생각한들 아무 소용이 없습니다. 믿음으로 하지 않는 것은 모두 죄이기 때문입니다.

## 173

외식하는 자들과 우상숭배자들은, 노래를 청하면 하지 않다가 정작 하지 않기를 바랄 때는 노래를 그치지 않는 가수와 비슷합니다. 경건을 거짓으로 지어내는 사람들도 그들과 같습니다. 그들은 하나님께서 이웃을 사랑하라고 명하시면서, 이웃의 처지를 돌아보고 물질이든 조언이든 위로든 필요한 것을 베풀라고 하실 때는 꿈쩍도 않습니다. 반면에 자기들 스스로 선택한 길에 대해서는 그것이 하나님을 가장 잘 경외하고 섬기는 길인 양 그 길을 엄격히 고수합니다. 스스로 크게 속이는 것입니다. 그리하여 그들은 금식과 기도와 찬송과 읽기와 고행 등으로 육체를 괴롭히며, 겸손하고 거룩한 인상을 자아내는 일을 대단한 열정과 노력과 끊임없는 기도로 행합니다. 그러나 그러한 종교 생활의 노력과 그에 따른 보상에 대해서 그리스도께서는 "이 백성이 입술로는 나를 공경하되 마음은 내게서 멀도다. 사람의 계명으로 교훈을 삼아 가르치니 나를 헛되이 경배하는도다" 하고 말씀하십니다(마 15:8-9).

## 174

몰록 숭배는 모세가 명한 예배식보다 하나님께서 더 기쁘게 받으심직한 것처럼 보이는 굉장한 의식이었을 것입니다. 종교심이 강한 사람들이 그 분위기에 이끌려, 그렇게 하면 하나님이 받으시는 예배가 되는 줄로 생각하고서 아들들과 딸들을 제물로 바쳤습니다. 틀림없이 자기들이 아브라함의 본을 받아 하나님이 기쁘게 받으시는 일을 한다고 생각했을 것입니다.

이러한 우상숭배에 대해서 하나님의 선지자들은 단호히 정죄하면서, 그것이 하나님께 드리는 예배가 아니라 우상들과 귀신들을 섬기는 것이라고 말했습니다. 시편 106편, 예레미야 7, 23장에 선지자들의 교훈이 잘 나타나 있습니다. 그러나 몰록 숭배자들은 선지자들을 사기꾼이요 저주받은 이단들이라고 비난했습니다.

비록 형태는 다르지만 이러한 우상숭배가 우리 시대에도 교황의 영토에서 빈번하게 자행되고 있습니다. 교황 영토에서는 자녀들 가운데 한두 명을 수도원으로 보내 수사나 수녀가 되게 하여 주야로 하나님을 섬기게 만드는 부모를 거룩하다고 떠받들고 있는 것입니다. 오죽했으면 "영적인 일에 전념하는 자식을 둔 어머니는 복되다"라는 속담까지 생겼겠습니까! 물론 교황 영토에서 과거의 유대인들처럼 자녀들을 우상에게 태워 바치는 일은 없지만, 오히려 훨씬 더 두렵게도 자녀들을 마귀의 입에 갖다 바치고 있습니다. 마귀가 자신의 제자들인 교황과 수사들을 통해서 거짓 교훈으로 그들의 영혼을 집어삼키고 있는 것입니다.

성경은 몰록을 자주 언급합니다. 유대인들이 남긴 주석들을 보면 몰록은 청동과 황동 재질로 된, 양손을 모으고 있는 사람 모양의 우상으로서, 그렇게 모은 양손에 사람들은 뜨겁게 달군 석탄을 잔뜩 올려놓았습니다. 우상이 뜨겁게 달궈지면 아버지가 자녀를 데리고 다가가 우상의 달궈진 손에 올려놓음으로써 태워 죽였습니다. 의식이 거행되는 동안 사람들은 탬버린과 심벌즈와 나팔을 요란하게 울려댐으로써 아이의 부모가 아이의 고통스러운 비명 소리를 듣지 못하게 했습니다. 선지자들은 아합이 자기 아들을 이런 식으로 우상에게 바쳤다고 기록합니다.

## 175

여로보암이 도입한 금송아지 숭배는 여전히 세상에 남아 있고 세상이 끝날 때까지 계속 남아 있을 것입니다. 오늘날 사람들이 여로보암의 금송아지를 만들어 섬긴다는 뜻이 아니라, 하나님이 아닌 다른 사람을 의지하고 자기 인생을 맡긴다는 뜻입니다. 이것이 바로 여로보암의 금송아지입니다. 이것이, 유일하시고 참되시고 살아 계시고 영원하신 하나님, 유일하게 인간을 돕고 위로하실 수 있고 그렇게 하실 뜻을 품으신 하나님 대신에 다른 신들을 두려워하고 섬기는 것입니다. 마찬가지로 자신의 재주와 지혜, 힘, 경건, 재물, 명예, 권력 등 세상이 한목 기대고 있는 것을 의지하고 자신을 맡기는 사람들은 모두 여로보암의 금송아지를 만들어 숭배하는 것입니다. 피조물에 지나지 않는 것을 의지하고 기대는 것이 우상숭배입니다. 그것이 우리의 본능에 가깝고 우리가 부모에게 물려받은 것이고 우리 마음에 맞는 것임을 생각할 때, 우리가 우상숭배에 떨어지기가 얼마나 쉽습니까!

## 176

사도 바울은 "너희가 그 때에는 하나님을 알지 못하여 본질상 하나님이 아닌 자들에게 종 노릇 하였더니" 하고 말합니다(갈 4:8). 이 말씀은 우리가 하나님을 알지 못하고 우리를 향한 하나님의 뜻을 알지 못했을 때, 본질상 하나님이 아닌 우상들 곧 마음의 욕구와 꿈을 섬기면서, 하나님이 그런 건실한 태도와 선한 의도로 행하는 일들을 기쁘게 받아주실 것으로 생각하며 살았다는 뜻입니다. 이 세상의 모든 우상숭배는 사람들이 본능으로 있는 공통된 지식, 즉 하나님이 존재한다는 지식에서 생깁니다. 그런 지식이 없다면 사람들이 우상을 숭배할 리가 없습니다. 하나님이 계시다는 지식이 인류의 마음에 새겨져 있는 까닭에, 하나님의 말씀을 배우지 못한 사람들이 하나님에 관해 온갖 거룩하지 못한 생각을 지어내고, 그것을 신적인 진리로 떠받드는 것입니다.

## 177

선행으로 구원을 받을 줄로 생각하고서 복음에서 율법으로 자리를 옮기는 사람은 하나님께 대한 참된 예배에서 우상숭배로 떨어지는 사람과 마찬가지로 불안과 두려움에 떨어집니다. 그리스도를 떠나면 터키인들의 코란경이든 교황의 법령들이든 모세 율법이든 모든 게 우상숭배입니다. 만약 그런 것에 의지해서 하나님 앞에 의롭다 함과 구원을 받는다고 생각한다면, 그는 멸망에 처해 있는 사람입니다.

하나님을 섬기려면 자신의 행위에 주안점을 두어서는 안 됩니다. 오히려 당위가 무엇인지, 하나님께서 과연 그것을 명하셨는지를 생각해야 합니다. "여호와께서 번제와 다른 제사를 그의 목소리를 청종하는 것을 좋아하심 같이 좋아하시겠나이까. 순종이 제사보다 낫고 듣는 것이 숫양의 기름보다 나으니"라는 선지자 사무엘의 말과 같습니다(삼상 15:22).

하나님의 음성을 청종하지 않으면 아무리 하나님 앞에 위대한 일을 이루어 놓는다 하더라도 결국 우상숭배자입니다. 우상숭배의 특징은 쉽고 가벼운 길을 택하지 않고 크고 감당하기 힘든 길을 택하는 데 있습니다. 탁발수사들과 수사들이 좋은 예입니다. 그들은 항상 하나님을 새로운 방법으로 섬기는 법을 고안하지만, 그것이 하나님께서 말씀으로 명하신 것이 아닌 한에는 우상숭배와 신성모독입니다. 그 모든 게 죄입니다. 따라서 하나님 말씀을 맡은 직분자들은 사람의 지위고하를 막론하고 우상을 숭배하는 행위를 과감하게 책망해야 합니다. 호세아의 경우에서 보듯이, 선지자들은 이스라엘 집 전체를 향해 책망하고 경고하는 데 그치지 않고, 구체적으로 제사장들과 왕, 그리고 왕실을 지목하여 책망하고 경고했습니다. 그들은 권력자를 공개 비판함으로써 권력자에게 냉대와 무시를 당하고 심지어 반역자로 몰릴지도 모르는 위험을 두려워하지 않았습니다. 오히려 그들은 백성들이 권력자들의 본을 받아 안심하고 죄를 짓게 되는 것을 훨씬 더 두려워했습니다.

## 178

교황주의자들이 성인들에게 기도하는 관행은 이교도들에게 배운 것입니다. 이교도들은 하나님을 무수히 많은 형상들과 우상들로 구분하고, 각각에게 독특한 특성과 직무를 배정하고서 그들에게 기도했던 것입니다.

교황주의자들은 염치도 없이 그리스도인의 신분을 망각한 채 이런 행위를 모방함으로써 하나님의 전능하신 능력을 부정합니다. 그들은 하나님의 말씀에서 떠나 저마다 자기 소견에 옳은 대로 견해를 취합니다. 이는 마치 사제들 중 한 사람이 미사를 거행하면서 제단에서 여러 제병(祭餠)들을 한꺼번에 축성하려고 할 때 "이것은 내 몸이라" 고 말하는 것이 문법에 맞지 않는다고 생각하고서 "이것들은 내 몸들이라" 고 말하고, 후에 "내가 만약 문법을 제대로 알지 못했다면 이단에 떨어져 하나의 제병에 대해서만 축성할 뻔했다" 고 말하는 것과 같습니다.

세상은 그런 사람들을 길러냅니다. 문법학자들과 논리학자들, 수사학자들, 철학자들이 모두 하나님의 말씀을 곡해하고 자신들의 논리로 복잡하게 만들어 놓습니다. 하지만 하나님의 말씀은 언제 어떤 상황에서든 하나님이 명하시고 정해 놓으신 상태로 두어야 합니다. 신학이 학문의 여왕인 줄을 알아야 합니다. 철학과 기타 인문학은 세르베투스와 카른파누스 같은 자들의 속임과 달리, 신학을 주관하고 다스리는 지위에 있지 않고 섬기는 지위에 있습니다. 하나님께서는 교회를 보존하시되 어머니가 태의 아기를 대하듯 하시며, 철학의 지배를 받는 신학으로부터 교회를 보호하십니다.

성인들에게 기도하는 행위는 너무나 혐오스러운 무지요 이단입니다. 그런데도 교황주의자들은 그 관행을 버리려 하지 않습니다. 교황의 가장 큰 수입원은 죽은 자들로부터 나옵니다. 죽은 성인들에게 기도하는 관행을 이용하여 교황은 살아 있는 자들에게 거두는 것보다 훨씬 더 큰 수입을 거두고 있는 것입니다. 하지만 세상이 원래 그렇습니다. 미신과 불신앙과 거짓 교훈과 우상숭배가 바르고 참되고 순수한 신앙보다 더 큰 명예와 소득을 얻는 것입니다.

## 179

하나님과 하나님께 대한 예배는 긴밀히 연결되어 있습니다. 하나님께서는 항상 어떤 사람들 혹은 민족의 하나님이시며, 항상 자기 백성과의 관계 안에 계시기 때문입니다. 장래에도 하나님께서는 당신을 부르고 경외할 사람들을 두실 것입니다. 사람이 하나님을 모시고 사는 것과 하나님을 경외하는 것은 함께 가기 때문에 그렇습니다. 그러므로 하나님의 말씀을 떠나 자기 방식대로 하나님을 섬기는 것은 마치 기혼 여성이 다른 남자에게 가듯 참되신 하나님을 놔두고 다른 신에게 가는 간음이며, 그 방식으로 하나님을 열심히 섬긴다고 해봐야 아무 소용이 없습니다.

## 180

모든 피조물들에게는 삼위일체 하나님에 관한 지식이 내포되어 있습니다. 첫째로, 실체는 성부 하나님의 전능하신 능력을 내포합니다. 둘째로, 형태와 모양은 성자 하나님의 지혜를 내포합니다. 셋째로, 힘과 기력은 성령 하나님을 내포합니다. 이런 방식으로 하나님을 알 만한 지식이 모든 피조물들 가운데 담겨 있습니다.

## 181

요한복음 3장은, 하나님께서 우리 가련한 피조물들을 위해서 행하신 크고 숭고한 일에서, 우리를 의롭다 하시고 구원하신 일에서, 하나님의 위격(位格, person)들에 구분이 있음을 분명히 보여줍니다. 성부 하나님께서 세상을 사랑하사 독생자를 주셨다고 분명히 기록하고 있는 것입니다. 성부와 성자께서는 구별되는 두 위격이십니다. 성부께서 세상을 사랑하셔서 성자를 주셨습니다. 성자께서는 성부의 뜻을 받들어 기꺼이 세상에 오셨으며, "모세가 광야에서 뱀을 든 것 같이 인자도 들려야 하리니 이는 그를 믿는 자마다 영생을 얻게 하려 하심이니라"(요 3:14-15)고 말씀하셨습니다. 이 일을 위해서 후에 제3위이신 성령께서 오셨습니다. 성령께서는 말씀을 통해서 신자의 마음에 믿음을 일으키시며, 그로써 우리를 거듭나게 하시며, 하나님의 자녀들이 되게 하십니다.

삼위일체 하나님에 관한 이 믿음의 조항은 신약성경에서 아주 분명하게 가르친 것이었으나 항상 심한 비판과 반대를 받았기에, 거룩한 복음서 저자 사도 요한이 더 이상 논란이 없도록 하기 위해서 복음서를 쓰게 된 것입니다. 하지만 그 후에 케린투스(Cerinthus)라는 이단이 나타나 모세의 글을 토대로 하나님이 오직 한 분이시라고 가르치면서, 따라서 그리스도는 하나님이나 신인(神人)이실 수 없다고 주장했습니다.

그러나 우리는 성경에 기록된 하나님의 말씀을 확고히 붙들어야 합니다. 그리스도는 성부 하나님과 더불어 참 하나님이시며, 성령께서도 참 하나님이십니다. 그렇지만 마치 세 명의 사람, 세 명의 천사, 세 명의 아들, 세 개의 창문 같이 하나님께서 세 분이지도 않으시고, 하나님의 본질이 셋이지도 않습니다. 하나님께서는 본질에서는 분리되거나 나뉘지 않으시고, 다만 유일한 신적 본질로 계실 뿐입니다.

그러므로 성부 하나님, 성자 하나님, 성령 하나님, 이렇게 세 위격이 계심에도 불구하고 하나님의 본질을 구분해서는 안 됩니다. 유일하고 참되신 하나님이 나뉘지 않는 동일한 본질로 계시기 때문입니다. 이 점은 사도 바울이 골로새서 1장에서 그리스도에 관하여 말할 때 분명히 가르쳤습니다. "그는 보이지 아니하는 하나님의 형상이시요 모든 피조물보다 먼저 나신 이시니 만물이 그에게서 창조되되 하늘과 땅에서 보이는 것들과 보이지 않은 것들과 혹은 왕권들이나 주권들이나 통치자들이나 권세들이나 만물이 다 그로 말미암고 그를 위하여 창조되었고 또한 그가 만물보다 먼저 계시고 만물이 그 안에 함께 섰느니라"(골 1:15-17).

제3위이신 성령 하나님께 대해서는 사도 요한이 자신의 복음서 15장에서 이렇게 가르칩니다. "내가 아버지께로부터 너희에게 보낼 보혜사 곧 아버지께로부터 나오시는 진리의 성령이 오실 때에 그가 나를 증언하실 것이요"(요 15:26). 여기서 그리스도께서는 성령의 직분과 사역을 말씀하실 뿐 아니라 그분의 본질에 관해서도 말씀하십니다. 성령께서는 성부 하나님에게서 나오시는데, 그의 나오심[발출]은 시작이 없고 영원하다고 말씀하시는 것입니다. 그러므로 거룩한 선지자 요엘은 성령을 '나[여호와]의 영' 이라고 부릅니다.

그렇다면 삼위일체에 관한 믿음의 조항이 이상하고 어리석게 보일지라도 대체 무슨 상관입니까? 문제는 삼위일체 교리가 사실인가 하는 것이 아니라, 그것이 하나님의 말씀에 근거를 둔 것인가 하는 것입니다. 만약 그것이 하나님의 말씀에 근거를 둔 교리라면 우리는 조금도 의심 없이 받아야 합니다. 하나님은 거짓을 말씀하시는 법이 없으십니다. 따라서 하나님의 말씀을 굳게 붙들고, 성부와 성자와 성령께서 어떻게 한 분 하나님이실 수 있는가 하는 무익하고 어리석은 변론을 그쳐야 할 것입니다. 우리 가련한 인생들은 모르는 것이 너무나 많습니다. 우리는 웃는다는 게 무엇인지 알지 못합니다. 어떻게 우리가 눈으로 수십 리 떨어진 높은 산을 볼 수 있는지, 잠이 들면 육체가 죽은 것처럼 되는데도 어떻게 살아 있는지 우리는 다 알지 못합니다. 이만한 작은 지식조차 우리는 자신 있게 가질 수 없습니다. 이 세상의 모든 현자들을 만나 가르침과 조언을 얻는다 하더라도 우리 자신에 관한 지극히 작은 내용조차 알 수 없습니다. 그런데도 우리는 우리의 인간적인 지식과 지혜를 가지고서 감히 불가해한 엄위 가운데 계시는 하나님을 이해한 것처럼 행세합니다.

# 예수 그리스도에 관하여

## 182

신학의 주된 교훈과 과제는 성경이 우리에게 잘 가르쳐 주는 대로 그리스도를 충분히 바르게 깨닫는 것입니다. 우리는 사람들의 선의와 우정을 얻어 그들과 친하게 지내기 위해 많은 노력을 기울입니다. 그렇다면 우리 주 예수님과 화목하여 인자하신 주님으로 섬길 수 있기 위해서는 얼마나 더 많이 노력해야겠습니까? 사도 베드로는 "오직 우리 주 곧 구주 예수 그리스도의 은혜와 그를 아는 지식에서 자라 가라"고 말합니다(벧후 5:18). 그리스도께서 친히 가르치시기를, 우리가 그분에 관해 배우려면 오직 성경에서 배워야 한다고 하셨습니다. "너희가 성경에서 영생을 얻는 줄 생각하고 성경을 연구하거니와 이 성경이 곧 내게 대하여 증언하는 것이니라"(요 5:39). 사도 요한은 이렇게 말합니다. "태초에 말씀이 계시니라. 이 말씀이 하나님과 함께 계셨으니 이 말씀은 곧 하나님이시니라"(요 1:1). 사도 도마도 그리스도를 하나님이라고 부릅니다. "나의 주님이시요 나의 하나님이시니이다"(요 20:28). 사도 바울도 로마서 9장에서 그리스도를 가리켜 하나님이라고 말합니다. "그는 만물 위에 계셔서 세세에 찬양을 받으실 하나님이시니라. 아멘"(롬 9:5). 골로새서 2:9에서는 "그 안에는 신성의 모든 충만이 육체로 거하시고" 하고 말합니다.

그리스도께서는 율법을 온전히 성취하시고 이기신 까닭에 참 하나님이심에 틀림없습니다. 천사든 인간이든 율법을 성취하고 이길 수 있는 존재가 아무도 없는 것이 확실하기 때문입니다. 다만 그리스도께서만 그리하실 수 있으며, 그로써 그를 믿는 자들을 율법이 해칠 수 없습니다. 그러므로 예수 그리스도는 하나님의 아들이시요 당연히 하나님이심에 틀림없습니다. 우리가 성경이 우리 앞에 드러내는 대로 그리스도를 이같이 이해한 것이라면, 우리의 생각은 오류일 수도 없고 혼동된 것일 수도 없습니다. 그리스도를 바르게 이해하고 있으면 보편 세계에서 주장되고 시행되는 온갖 신들과 종교와 숭배에 대해서 평가하는 것이 어려운 일이 아닙니다. 만약 그리스도에 대한 이해가 흐지부지되거나 어두워지면 심한 무질서와 혼돈이 필연적으로 따라오게 되어 있습니다. 인간적이고 자연적인 종교와 지혜와 이해를 가지고는 하나님의 율법을 올바로 참되게 판단할 수 없기 때문입니다. 율법은 이 세상의 모든 철학자들과 지식인들의 지식과 지혜를 딛고 서 있습니다. 율법은 인류를 지도하고 다스립니다. 그러므로 율법이 인류를 판단하지, 인류가 율법을 판단하는 게 아닙니다.

만약 그리스도가 하나님이 아니시라면 성부와 성령께서도 하나님이 아니신 셈입니다. 이는 우리의 신앙 조항[아우크스부르크 신앙고백]이 "그리스도께서는 성부와 성령과 함께 하나님이시다" 하고 말하기 때문입니다. 그리스도의 신성에 관해서 장황하게 말하는 사람들이 많습니다. 교황을 비롯한 여러 사람들이 그렇습니다. 그러나 그들이 말하는 내용은 소경이 색깔들에 관해서 말하는 것과 다르지 않습니다. 그러므로 나는 "수고하고 무거운 짐 진 자들아 다 내게로 오라 내가 너희를 쉬게 하리라"(마 11:28)는 그리스도의 말씀을 들을 때, 신성 전체가 나뉘지 않고 구분되지 않는 하나의 실체로서 그 말씀을 하시는 것이라고 굳게 믿습니다. 그러므로 나를 위해서 십자가에서 죽으시지 않은 하나님을 누가 내게 전한다면, 나는 그러한 하나님은 믿지 않을 것입니다.

이 믿음의 조항을 간직한 사람은 세상의 눈에는 헛되고 미련하게까지 보일지라도 가장 중요한 믿음의 조항을 붙들고 있는 것입니다. 그리스도께서는 친히 보내실 보혜사가 신자들을 떠나지 않고 항상 그들과 함께 계실 것이며, 온갖 환난과 악을 견딜 수 있게 해주실 것이라고 말씀하십니다. 그리스도께서 "내가 아버지께 구하겠으니" 하고 말씀하실 때는 인간의 자격으로 말씀하시는 것이지만, "내가 그[보혜사]를 너희에게 보내리니" 하고 말씀하실 때는 하나님의 자격으로 말씀하시는 것입니다. 이 같은 방법으로 나는 "그리스도께서는 하나님이신 동시에 인간이십니다" 하는 신앙 조항을 배웁니다.

나는 내 경험을 통해서도 예수 그리스도가 참 하나님이심을 증거할 수 있습니다. '예수' 라는 이름이 내게 어떠한 일을 해주었는지 경험을 통해 잘 알고 있습니다. 나는 자주 죽음의 문턱까지 갔습니다. 그럴 때마다 '악한 세상에 하나님의 말씀을 전하고 그분을 인정하다가 이렇게 꼼짝없이 죽게 되었구나!' 하고 생각했습니다. 그러나 하나님께서는 매번 나를 생명의 이편으로 건져 주시고, 새로운 힘을 주시며 위로하셨습니다. 그러므로 분발하여서 항상 하나님을 모시고 살도록 힘씁시다. 그러면 마귀가 제아무리 악하고 교활하고, 세상이 항상 악하고 거짓되다 하더라도 모두가 안전할 것입니다. 내 앞에 무슨 일이 닥치더라도 나는 나의 구주 예수 그리스도 곁에 꼭 붙어 있을 것입니다. 나는 세례를 받을 때 그분 안으로 연합했기 때문입니다. 이제 나는 주께서 내게 가르치신 것 외에는 아무것도 알 수도 없고 알지도 않을 것입니다.

성경, 특히 사도 바울의 서신들은 곳곳에서 성부에게 돌리는 영광, 즉 전능하신 능력을 그리스도에게 돌립니다. 그리스도께서 전능하신 능력을 지니셨으므로 신자들에게 은혜를 주실 수 있고, 양심의 평안과 죄 사함, 생명, 죄와 죽음과 마귀에 대한 승리를 주실 수 있습니다. 사도 바울은 하나님의 영광을 인정하지 않고 하나님 아닌 다른 존재에게 그 영광을 인정할 리가 추호도 없는 사람입니다. 따라서 그리스도가 참 하나님이 아니시라면 그러한 속성과 덕성들을 감히 그리스도에게 돌리려 하지 않았을 것입니다. 이사야 42장에서 하나님께서는 "나는 내 영광을 다른 자에게, 내 찬송을 우상에게 주지 아니하리라"고 말씀하십니다(42:8). 세상의 그 누구라도 자신에게 없는 것을 다른 이에게 줄 수는 없습니다. 하지만 그리스도께서 (그리고 성령께서도) 은혜와 평안을 주시고 마귀와 죄와 사망에서 해방시키시는 것을 볼 때, 그분이 성부와 동등하게 무한하고 광대하고 전능한 능력을 갖고 계심이 틀림없습니다.

그리스도께서는 평안을 주시되, 그분이 주시는 평안은 사도들이 전도를 통해서 주는 것을 넘어섭니다. 그분은 창조주로서 자신이 친히 지으신 피조물에게 평안을 주시는 것입니다. 성부께서 생명과 은혜와 평안을 창조하시고 주시는데, 마찬가지로 성자께서도 같은 선물들을 주십니다. 그런데 은혜와 평안과 영생, 죄 사함을 주시고, 의롭다 하시고, 구원하시고, 사망과 지옥에서 건져주시는 것은 피조물의 소관이 아니고 전적으로 하나님의 대권에 속한 일입니다. 이런 일은 천사들이라도 감히 할 수 없습니다. 이런 일은 만물을 지으신 유일하고도 참되신 창조주이신 하나님의 위엄과 존귀와 영광에 속한 것입니다. 우리는 그리스도 이외에 다른 하나님을 생각해서는 안 됩니다. 그리스도의 입을 통해서 말씀하지 않으시는 하나님은 하나님이 아닙니다. 구약성경에서 하나님은 은혜의 보좌에 스스로 매이셨습니다. 그곳에서 백성들의 기도를 들으셨는데, 모세의 율법과 제도가 확립되어 시행되는 한도에서 그리하셨습니다. 마찬가지로 오늘날도 하나님께서는 오직 그리스도를 통하지 않고는 어떤 인간의 말도 듣지 않으십니다. 수많은 유대인들이 성막을 무시한 채 향을 피워들고 이곳저곳을 쫓아다니며 제사를 드리고, 다양한 장소에서 하나님을 찾았던 것처럼 오늘날도 그러합니다. 사람들이 도처에서 하나님을 찾되 그리스도 안에서 찾지 않기에 아무 데서도 하나님을 발견하지 못합니다.

## 183

로마 교회가 '수태고지 축일'(*Annunciatio Mariae*)이라 부르는 축일은 천사가 마리아를 찾아와 하나님의 아들을 잉태하리라는 소식을 전한 날로서, 실은 '그리스도의 인성(人性) 기념일'이라 불러야 합당할 것입니다. 그 날로부터 우리의 구원이 시작되었기 때문입니다. 그리스도께서 강생(降生)하셔서 인간의 육신을 입으심으로써 인성을 취하신 일은 인간의 이해를 넘어서는 신비입니다.

## 184

그리스도께서는 서른세 해를 사시면서 해마다 세 번 예루살렘에 올라가셨으므로 모두 아흔아홉 번 올라가신 셈입니다. 만약 교황이 그리스도께서 로마에 단 한 번이라도 가셨음을 입증할 수 있다면 그것을 얼마나 부풀려 자랑했겠습니까! 그럴지라도 예루살렘은 산산이 파괴되었습니다.

## 185

사도 바울은 그리스도께서 만물을 태초에 창조된 상태로 회복시키시기 위해서 태어나셨다고 가르칩니다. 다른 말로 하면, 그리스도께서는 우리로 하여금 우리 자신이 누구이며 우리의 창조주 하나님이 누구이신지를 알게 하고, 우리가 어떤 자들이었고 어떤 상태로 지내왔는데 이제는 어떻게 되었는가 하는 것을 알게 하시려고 태어나셨다는 말이기도 합니다. 그리스도로 말미암아 우리가 알게 된 것은, 우리가 원래는 하나님의 형상을 따라 창조되었다가 후에는 인간의 형상으로 전락했다는 것입니다. 우리는 죄를 지음으로써 철저히 멸망한 상태에서 마귀의 얼굴이 되었습니다. 그런데 그러한 우리가 다시 죄에서 건짐을 받고 순결하고 의롭게 되었습니다.

## 186

우리 구주 그리스도께서 잉태되신 날에 관하여, 우리 설교자들은 누가가 단순하고 분명한 언어로 기록해 놓은 이날의 역사를 회중의 마음에 각인시켜야 합니다. 천지에 충만하시고 하늘도 땅도 다 헤아릴 수 없는 크신 분께서 어떻게 어머니의 순결한 몸에 잉태되셨는지 논쟁할 게 아니라, 그 복된 사실 자체를 세상의 모든 보화보다 더 귀하게 여기고 기뻐해야 합니다. 이런 주제로 벌이는 논쟁은 기쁨을 앗아가고 의심만 불러일으킵니다.

베르나르는 하나님께서 사람이 되신 이날이 주는 큰 위로를 망각하고서 성모 마리아를 예찬하는 내용으로 이 절기에 관한 설교를 채웁니다. 물론 주님께 큰 은혜를 입은 마리아를 우리가 높이고 예찬하지 않을 수 없으나, 우리를 마귀의 권세에서 건지시려고 이 땅에 오신 창조주 앞에서 우리든 천사들이든 존귀와 찬송과 경배를 흡족하게 드릴 길이 없습니다.

천지 만물을 창조하신 오직 한 분 하나님만 계신다고 믿는 터키인들은 그리스도를 선지자로 인정하긴 하지만, 그리스도가 하나님의 유일하시고 참되신 독생자이심을 부정합니다.

그러나 참으로 감사하게도 나는 성경에서, 그리고 그동안 숱하게 겪어온 시련과 시험과 마귀와의 치열한 싸움에서 그리스도의 인성이 가장 확실하고 분명한 믿음의 조항임을 배웠습니다. 두려운 영적 시험 앞에 설 때마다, 하나님의 참되고 영원하신 아드님이신 그리스도께서 우리의 살과 뼈가 되신 사실을 생각하며 참으로 큰 위로를 받았던 것입니다. 그것이 사도 바울이 가르쳐 준 교훈이었습니다. "우리는 그 몸의 지체임이라"(엡 5:30), "그[그리스도]는 하나님 우편에 계신 자요 우리를 위하여 간구하시는 자시니라"(롬 8:34). 나는 이 믿음의 방패를 쥘 때마다 불화살로 나를 공격하는 그 악한 자를 곧 물리치곤 합니다.

하나님께서는 처음부터 이 믿음의 조항을 확고히 가르치셨고, 모든 이단과 교황과 터키인들에 대해서 그것을 강력히 지키셨습니다. 그리고 후에는 여러 기적적인 사건들을 통해서 그것을 확증하심으로써 그것에 반대하는 자들을 혼란에 빠뜨리셨습니다.

## 187

세상의 모든 지혜는 그리스도를 아는 지식에 비하면 유치하고 어리석습니다. 영원하신 성부 하나님의 형상인 하나님의 아들이 인간 본성을 취하신 것만큼 놀랍고 형언할 수 없는 신비가 어디 있겠습니까! 물론 하나님의 아들께서는 육신의 아버지인 요셉 곁에서 집 짓는 일을 도우셨습니다. 요셉은 목수였으니까요. 나사렛 사람들이 심판 날에 신적 위엄을 갖추고 권좌에 앉아 계신 그리스도를 볼 때 무슨 생각을 할까요? 아마도 깜짝 놀라면서 '주님, 주님은 저의 집을 짓는 일을 도우셨는데 어떻게 이 높은 위엄에 오르셨는지요?' 하고 말할 것입니다.

예수께서는 이 땅에 태어나셨을 때 다른 아기들처럼 소리내어 우셨을 것이고, 다른 아기들처럼 어머니의 보살핌을 받으셨습니다. 성장기에는 부모에게 순종하시고, 바깥에서 일하시는 육신의 아버지에게 점심 도시락을 갖다 드린 다음 돌아와서는 어머니에게 '사랑스러운 아들 예수, 잘 다녀왔니?' 하는 칭찬을 들으셨을 것입니다. 그리스도께서 단순하고 비천하고 평범한 생애를 걸으신 사실에 모욕감을 느끼지 않는 사람은 신적인 지혜를 부여받은 사람입니다. 성령 안에서 하나님의 특별한 선물을 받은 사람입니다. 우리의 복되신 구주께서 이렇게 스스로 낮게 되시어 십자가의 부끄러운 죽음까지 당하신 것은 가난하고 비참하고 저주받은 우리 인간들을 구원하시기 위함이었다는 사실을 항상 마음에 새깁시다.

## 188

프랑스 왕이 세족례(洗足禮) 목요일에 행하고 황제 카를이 연례행사로 하듯이 황제가 거지의 발을 씻긴다면 그 겸손한 태도가 얼마나 높임과 예찬을 받겠습니까! 그러나 모든 황제와 왕과 제후들의 주이신 하나님의 아들은 지극히 겸손한 데 처하시고 십자가에 달려 죽기까지 하셨는데도 아무도 놀라지 않습니다. 다만 그분을 자신들의 유일한 주와 구주로 인정하고 섬기는 소수의 신자들만 주님의 겸손에 놀라 엎드릴 뿐입니다. 주께서 큰 멸시를 당하시고 하나님께 재앙과 징벌을 당하신다고 선언되고(이사야 53장) 우리를 위해 수치를 당하신 것은 실로 자신을 낮춰도 한참 낮추신 것입니다.

## 189

마귀가 가장 싫어하고 조바심내는 것이 무엇일까요? 그것은 우리가 예수에 관해서 가르치고 설교하고 찬송하고 대화하는 것입니다. 그러므로 나는 신자들이 함께 교회에 모여 "말씀이 육신이 되셨다"고 우렁찬 찬송을 드리는 게 너무나 좋습니다. 마귀는 이런 찬송을 들으면 참지 못하고 자리를 뜹니다. 그 안에 무슨 내용이 담겨 있는지 잘 알기 때문입니다. 마귀가 이런 가사를 두려워하듯이 우리가 거기서 큰 기쁨을 얻을 수 있다면 얼마나 좋겠습니까. 그러나 세상은 하나님의 말씀과 하신 일들을 업신여깁니다. 그들 앞에 평범하고 단순하게 전달되기 때문입니다. 선량하고 경건한 사람들은 그러한 외양에 마음을 쓰지 않습니다. 그 안에 영원하고 천상적인 보화와 재물이 담겨 있기 때문이며, 그것은 천사들조차 바라보고 즐거워 할 정도로 귀하고 영광스럽기 때문입니다. 하지만 우리가 가끔 그리스도가 목수의 아들이셨고 신성모독자와 반란자라는 비난을 받으셨고 십자가에 달리시되 두 강도 사이에 달리셨다고 설교하면 그것을 몹시 싫어하는 사람들이 있습니다.

그러나 우리가 설교자들이 이 조항에 관해 끊임없이 설교하고, 어린이들의 요리문답에서 "우리 구주 그리스도께서 우리 죄를 위하여 본디오 빌라도 아래서 고난을 당하시고 십자가에 달리시고 죽으시고 묻히시고 … " 하고 말하는데, 그리스도께서 목수의 아들이셨다고 말해서는 왜 안 되는 것입니까? 특히 복음서에는 사람들이 예수의 교훈과 지혜에 놀라, "이 사람이 받은 지혜와 그 손으로 이루어지는 이런 권능이 어찌됨이냐. 이 사람이 마리아의 아들 목수가 아니냐"(막 6:2-3) 하고 말한 내용이 분명히 기록되어 있지 않습니까?

## 190

우리의 대제사장이신 그리스도는 하늘에 오르시고 성부 하나님 오른편에 앉으셔서 끊임없이 우리를 위해서 기도해 주십니다. 로마서 8장에서 사도 바울은 아주 탁월하고 훌륭한 언어로 그리스도를 우리 앞에 묘사합니다. 그리스도는 죽으실 때는 우리 죄를 위해 바쳐진 제물이셨고, 부활하실 때는 죄와 사망의 정복자이셨고, 승천하실 때는 왕이셨으며, 하나님 우편에서 우리를 위해 간구하실 때는 대제사장이십니다. 모세 율법에서 대제사장 혼자서 지성소에 들어가 백성을 위해 기도했기 때문입니다.

그리스도께서는 교황 밑의 어느 주교에게 축성을 받으신 적도 없고 탁발수사들에게 칭송을 받으신 적도 없지만, 영원히 제사장과 왕으로 계십니다. 주님은 하나님께 직접 축성과 기름부음을 받으셨습니다. 하나님께서 친히 "네가 영원히 … 제사장이라"고 말씀하셨습니다(히 5:6). 이 구절에서 '너'라는 단어가 요한계시록에 나오는 길이 144규빗의 성곽보다 더 웅장합니다. 그리고 시편 2편에서 하나님께서는 "내가 나의 왕을 내 거룩한 산 시온에 세웠다"고 말씀하십니다. 그러므로 그리스도께서는 영원히 하나님 우편에 앉아 계시면서 자기를 믿는 모든 사람들의 제사장과 왕이 되어주실 것입니다.

하나님께서는 "네가 영원히 멜기세덱의 반차를 따르는 제사장이라"고 말씀하십니다(히 5:6). 그러므로 우리는 이 제사장을 의지해야 합니다. 그분은 신실하고 참되시고, 하나님께서 우리에게 주신 분이시며, 고난과 죽음으로 몸소 보여주신 대로 우리를 자기 목숨보다 더 사랑하십니다. 이 사실을 진정으로 믿을 수 있는 사람은 얼마나 복된 사람입니까!

"여호와는 맹세하고 변하지 아니하시리라. 이르시기를 너는 멜기세덱의 서열을 따라 영원한 제사장이라 하셨도다"(시 110:4). 이 구절은 시편 전체에서 가장 영광스러운 말씀입니다. 이 말씀으로 하나님께서는 이 그리스도가 우리의 감독과 대제사장이 되시어 자기 백성을 위해 끊임없이 간구하실 것이라고 우리에게 선언하시는 것입니다. 그 일은 가야바도 안나스도 베드로도 바울도 교황도 할 수 없고 오직 그리스도만 하실 수 있습니다. 그러므로 그리스도에게로 가서 피합시다. 히브리서는 시편의 이 구절을 훌륭하게 사용하여 신자들을 교훈합니다.

우리의 대제사장이신 그리스도께서 하나님 우편에 앉아 계시면서 끊임없이 우리를 위해 기도하시고 중보하시는 우리 영혼의 감독과 목자가 되셔서 마귀가 그의 손에서 우리를 빼앗을 수 없게 하신다는 사실을 알고 믿는 것이 얼마나 크고 영광스러운 위로인지요. 모든 경건한 그리스도인이라면 세상의 모든 명예와 재물을 다 준다 하더라도 이 위로를 놓치지 않을 것입니다.

그러나 마귀가 얼마나 교활하고 강력한 영입니까? 그는 경건한 신자들을 협박하고 불화살을 쏘아 이 큰 위로에서 떨어지게 한 뒤 그리스도에 대해서 달리 생각하게 만듭니다. 그리스도가 자신들의 대제사장이 아니라 하나님 앞에서 자신들을 참소하는 분이라고 생각하고, 자신들의 영혼의 감독자가 아니라 잔뜩 화가 난 경직된 재판장이라고 생각합니다. 하나님께서는 그리스도에게 원수들 가운데 다스리라고 말씀하셨습니다. 그런데 마귀는 자신이 세상의 왕이요 신이라고 주장합니다. 그러므로 마귀는 예수 그리스도와 그분 말씀, 그리고 그 말씀을 진실하게 믿고 따르는 사람들에게 불구대천의 원수입니다. 예수 그리스도와 마귀가 한 지붕 밑에 머문다는 것은 불가능한 일입니다. 한 쪽이 다른 쪽에게 굴복해야만 합니다. 그리고 굴복하는 쪽은 당연히 마귀입니다. 유대인들과 사도들은 한동안 같은 지붕 아래 있었고, 그런 상황에서 사도들과 그들을 추종하는 신자들을 박해했으나, 얼마 후에 로마인들에 의해 멸망했습니다. 루터를 따르는 신자들과 교황을 따르는 신자들은 잠시도 공존할 수 없습니다. 한 쪽이 반드시 굴복해야 하며, 하나님께서 다스리시고 복을 주심으로써 굴복하는 쪽은 당연히 교황 진영이 될 것입니다.

## 191

셰브 리미니. "너는 내 오른쪽에 앉아 있으라"는 뜻입니다. 이 셰브 리미니에는 크고 많은 원수들이 있는데, 우리 가난하고 작은 무리가 그들을 당해내야 합니다. 그러나 그것은 큰 문제가 아닙니다. 우리 중 많은 수가 그들의 분노에 찬 공격에 고난과 죽음을 당하고 있을지라도, 우리는 좌절하지 말고 주께서 다스리시는 사실을 생각하고서 몸과 영혼을 다 드려 주님의 약속을 굳게 의지해야 합니다. "나 있는 곳에 너희도 있게 하리라"(요 14:3), "내가 살아 있고 너희도 살아 있겠음이라"(14:19).

그리스도께서 마치 가난과 고통과 박해에 휘둘리는 우리들을 말없이 지켜보시는 듯한 인상이 들 때가 있습니다. 세상에서 하나님의 신실한 종들이 심한 홀대를 당하고 있기 때문입니다. 그들이 이단과 범죄자로 박해와 유죄 판결과 사형을 당하고 있는 동안 그리스도께서는 묵묵히 계십니다. 그래서 나는 가끔 내가 과연 어디에 서 있는 것이며, 내가 전하는 말씀이 바른 것인지 잘 모르겠다는 생각이 들곤 합니다. 이것이 사도 바울도 겪었던 시험과 시련이었습니다. 하지만 그분은 내색을 하지 않았고 그렇게 할 수도 없었으리라고 나는 생각합니다. "나는 날마다 죽노라"(고전 15:31)는 사도의 말씀에 얼마나 많은 사연이 담겨 있을지 누가 다 헤아릴 수 있겠습니까?

성경은 여러 곳에서 그리스도를 우리의 제사장, 신랑, 연인 등으로 부르며, 그분을 믿는 우리를 그분의 신부, 처녀, 딸 등으로 부릅니다. 이런 아름답고 정겹고 사랑스러운 이미지들을 우리는 항상 간직해야 살아야 합니다. 첫째로, 그리스도께서는 아버지의 뜻을 우리에게 전하시고 알게 하시고 계시하신 점에서 제사장의 직분을 알리셨습니다. 둘째로, 우리 참된 그리스도인들을 위해 기도하셨고, 세상이 유지되는 한 계속해서 기도하실 것입니다. 셋째로, 우리 죄를 속하시기 위하여 십자가에 자신의 몸을 내어주셨습니다. 그분은 우리의 신랑이며 우리는 그분의 신부입니다. 구주 그리스도께서 지니신 것, 아니 그분 자신이 우리의 것입니다. 사도 바울의 표현대로, 우리는 그분의 몸 곧 살과 뼈에 속한 지체들이기 때문입니다. 동시에 우리가 지닌 것이 주님의 것이기도 합니다. 하지만 주님의 것과 우리의 것을 교환하기에는 저울이 너무 기웁니다. 주님은 영원한 결백과 의와 생명과 구원을 지니시고 그것을 우리에게 주시는 반면에, 우리의 것은 죄와 사망과 저주와 지옥이기 때문입니다. 이런 것들을 우리는 주님께 드립니다. 주님께서 우리의 죄를 짊어지시고 우리를 마귀의 권세에서 해방하시고 그의 머리를 상하게 하시고 그를 사로잡아 지옥에 던지셨기 때문입니다. 그러므로 이제 우리는 사도 바울과 같은 심정으로 "사망아 너의 쏘는 것이 어디 있느냐"(고전 15:55) 하고 담대하게 말할 수 있습니다. 우리 구주께서 우리와의 영적 결혼을 이렇게 엄숙히 선언하시고 우리에게 영원하고 천상적인 보화를 주시고 우리의 영원한 제사장이 되시기로 맹세하셨는데도, 절대 다수의 사람들은 마귀의 명의하에 구주에게서 도망하며 낯선 우상들을 섬깁니다. 유대인들이 그랬고 교황 영토에 사는 사람들이 그렇습니다.

## 192

사도 바울은 "하나님은 한 분이시요 또 하나님과 사람 사이에 중보자도 한 분이시니 곧 사람이신 그리스도 예수라"(딤전 2:5)고 말합니다. 그러므로 이 중보자와 대제사장과 대언자이신 그리스도를 통하지 않고서 하나님께 가까이 나아가거나 그분의 은혜를 구하려는 생각을 말아야 합니다.

하나님께서 그리스도를 유일한 중보자로 세우신 사실에서 필연적으로 떠오르는 결론이 있습니다. 그것은 우리가 우리의 선행과 정직한 생활과 덕행과 공로와 고결함을 통해서는, 즉 율법의 행위를 통해서는 하나님의 진노를 그치게 하거나 죄 사함을 얻을 수 없다는 것입니다. 그리고 이른바 성인들의 모든 공로를 다 합쳐놓아도 하나님의 의의 기준에 미달하며, 따라서 그들을 통해서 사람이 하나님 앞에 의롭다 함을 얻을 수 없습니다. 더욱이 하나님께서 우리 죄에 얼마나 크게 진노하시는지 우리는 압니다. 그 진노는 세상의 어떠한 제물과 예물로도 그치게 할 수 없고, 다만 하나님의 아들이 흘리신 고귀한 피로만 그치게 할 수 있습니다.

## 193

모든 이단들은 그리스도에게 반기를 들었습니다. 마니(Manicheus)는 그리스도의 인성을 공격했습니다. 그리스도께서 영이시므로 인성을 지니실 수 없다는 것이 그의 주장이었습니다. 그는 이렇게 말합니다. "태양이 채색창을 뚫고 비추고, 햇살이 유리창을 뚫고 맞은편까지 비추되 유리창의 실체에서 아무것도 취하지 않듯이, 그리스도께서도 마리아의 실체와 본질로부터 아무것도 취하지 않으셨다." 아리우스는 그리스도의 신성을 공격했습니다. 네스토리우스는 그리스도에게 위격(peson)이 둘이었다고 주장했습니다. 유티케스는 하나님께서 하나의 위격으로만 계신다고 가르쳤습니다. 헬비디우스는 그리스도의 어머니가 동정녀가 아니었고, 따라서 그리스도께서 원죄 가운데 태어나셨다고 참람한 주장을 했습니다. 마케도니우스는 성령에 대한 조항에만 반대했으나, 자신의 주장을 견지하지 못하고 곧 혼동에 빠졌습니다. 만약 그리스도에 대한 바른 고백을 견지한다면 하나님에 대한 온갖 왜곡된 견해가 발을 붙일 수가 없습니다. 터키인들과 유대인들은 성부 하나님을 인정합니다. 그들이 노리는 것은 성자 하나님에 대한 고백입니다. 성자 하나님에 대한 믿음 때문에 많은 신자들이 피를 흘렸습니다. 추측건대 로마 제국에서 그리스도를 믿는다는 이유로 희생된 사람이 2백만 명도 넘는 것으로 알고 있습니다. 이런 일은 세상이 시작될 때부터 시작되었습니다. 가인과 아벨, 이스마엘과 이삭, 에서와 야곱이 그러한 역사를 지어왔으며, 마귀가 하늘에서 지옥으로 추락한 것도 그런 이유 때문이었을 것입니다. 마귀는 하나님이 지으신 아름답고 훌륭한 피조물이었으나, 틀림없이 하나님의 아들의 지위를 탐했을 것입니다.

성경 다음으로 그리스도에 대한 믿음을 확증해 주는 것으로 십자가와 같은 것이 없습니다. 모든 왕국들과 모든 권력자들이 그리스도와 그분에 관한 믿음을 없애려고 했으나 모두 실패했던 것입니다.

## 194

로마에는 판테온이라는 신전이 있었습니다. 온 세상에서 신상들을 닥치는 대로 수집해다가 보관해 놓은 집이었습니다. 이곳에 모인 신들은 서로 잘 어울릴 수 있었습니다. 마귀가 그들을 데리고 세상을 조소했기 때문입니다. 그러나 그리스도께서 오셨을 때 그들은 그분을 견뎌내지 못했습니다. 마귀와 귀신들과 우상들과 이단들이 그리스도 때문에 잔뜩 경직된 채 분노에 휩싸였습니다. 의로우시며 참되신 하나님이시요 사람이신 그리스도께서 그들을 모조리 치워버리신 것입니다. 교황도 그리스도에게 강력히 저항해왔으나 그 역시 당혹과 멸망에 처해지고 말 것입니다.

## 195

그리스도의 부활 사건은 인간의 지혜와 능력으로는 믿을 수 없는 교훈을 가르칩니다. 그리스도께서 죽은 자 가운데서 살아나셨다는 그 교훈이 세상에서 약한 자들과 어리석은 자들, 여성들, 길 잃고 어찌할 바 모르는 자들에게 전파되었습니다.

그들은 과연 하나님 앞과 세상 앞에서 어리석은 사람들이었습니다. 첫째로, 하나님 앞에서 어리석었던 이유는 그들이 "살아 있는 자를 죽은 자 가운데서 찾"았기 때문입니다(눅 24:5). 둘째로, 세상 앞에서 어리석었던 이유는 큰 돌로 무덤을 막고 있는 것을 잊은 채 예수의 시신에 바를 향료를 가지고 갔기 때문입니다. 하지만 이것이 영적으로 뜻하는 바가 있습니다. 만일 우리의 양심을 결박하고 올무로 사로잡는 '큰 돌' 즉 율법과 인간의 전승이 마음에서 굴러가지 않으면, 우리는 죽은 자 가운데서 살아나신 그리스도를 발견하거나 믿을 수 없습니다. 그리스도를 통하여 우리는 죄와 사망의 권세에서 해방되고(참조. 롬 8장), 양심에 손으로 쓴 것이 더 이상 우리를 해칠 수 없는 것입니다.

## 196

모든 천사들과 하늘의 군대로부터 경배를 받으시고, 그 앞에서 온 땅이 진동하는 하나님의 아들이 악인들 가운데 서시고 심한 고통과 조소와 경멸과 정죄를 당하셨다니 기이하고 기이한 일이 아닙니까? 그들은 하나님의 아들의 얼굴에 침을 뱉고 갈대로 그 입을 치면서 "왕이라면 왕관과 홀이 있어야 할 게 아니냐!" 하고 조롱했습니다. 복되신 우리 구주께서 시편에서 "내 하나님이여 내 하나님이여 어찌 나를 버리셨나이까"(시 22:1) 하고 탄식하신 것이 빈말이 아니었습니다. 그런데 만일 구주께서 인간들에게 그토록 심한 홀대와 고통을 당하셨다면, 하나님의 진노가 댐 무너지듯 그 한 몸에 쏟아부어질 때 그 느낌이 어떠하셨겠습니까? 마가는 당시 주님의 심정을 이렇게 전합니다. "심히 놀라시며 슬퍼하사 말씀하시되 내 마음이 심히 고민하여 죽게 되었으니"(막 13:33-34). 누가는 이렇게 전합니다. "예수께서 힘쓰고 애써 더욱 간절히 기도하시니 땀이 땅에 떨어지는 핏방울 같이 되더라"(눅 22:44). 아, 우리가 받는 고난은 고난이라는 이름을 붙일 만한 것도 못 됩니다. 나는 나의 십자가와 환난과 시험 앞에서 가슴이 오그라들다가, 나의 복되신 구주 그리스도 예수께서 당하신 고난을 생각하고는 부끄러워서 고개를 들지 못하곤 합니다. 우리도 하나님의 아들의 형상을 본받는 자들이 되어야 합니다.

우리는 아무리 큰 고난을 당한다 하더라도 그 자체가 아무런 의미가 없습니다. 주님은 하나님의 아들이시지만 우리는 가련한 피조물들입니다. 따라서 우리가 영원한 죽음을 당한다 한들 그것이 무슨 큰 가치를 지니지 않는 것입니다.

## 197

마귀가 하나님의 아들과 인류에게 퍼붓는 진노는 가공할 만큼 격렬합니다. 들판에서 늑대가 양들을 찢어 죽이는 광경을 지켜본 적이 있습니다. 늑대는 양우리에 들어가면 전부 다 죽이기 전에는 먹지 않으며, 다 죽인 뒤에 모두를 삼켜버릴 생각으로 먹기 시작합니다. 마귀도 그렇습니다. '먼저 그리스도를 친 다음에 때가 되면 그의 제자들도 잡으리라' 고 그는 생각합니다. 그러나 자신이 대해야 하는 상대가 하나님의 아들임을 똑바로 인식하지 못하는 데 마귀의 어리석음이 있습니다. 결국 자신이 참화를 당하게 될 것임을 그는 알지 못합니다. 마귀는 요람에 누운 아이도 두려워할 수밖에 없습니다. 참된 아이가 참된 믿음으로 예수님의 이름을 부르는 것을 들을 때 마귀는 그 자리에 머물러 있을 수 없는 것입니다. 마귀는 그리스도께서 계시는 곳에 남아 있느니 차라리 불 가운데 뛰어드는 것이 낫다고 생각합니다. 그러므로 여인의 후손이 뱀의 머리를 상하게 할 것이라고 하신 약속의 말씀은 참으로 옳았습니다. 그리스도 예수께서 마귀의 머리를 철저히 밟으셨기에 마귀는 그분의 곁에 머물거나 그분을 바라보거나 그분의 말씀을 들을 수가 없다고 나는 믿습니다. 나는 욥기에 나오는 비유를 떠올리며 마음이 통쾌해지는 것을 종종 경험합니다. 어부가 낚싯바늘에 미끼를 달아 물에 던지면 고기가 미끼를 낚아채다가 입이 낚싯바늘에 걸려 물 밖으로 끌려나옵니다. 우리 주 하나님께서 마귀를 대하신 방법이 그랬습니다. 하나님께서는 세상에 당신의 독생자를 낚싯바늘처럼, 그분의 인성을 미끼처럼 던지셨습니다. 그러자 마귀가 와서 (사람이신) 그리스도를 낚아 챈 다음 삼켰으나, 그가 문 것은 쇳바늘 곧 그리스도의 신성이었습니다. 그것이 그를 질식시켰고, 그의 권세가 땅에 떨어지게 되었습니다. 이것을 가리켜 신적인 지혜(*sapientia divina*)라고 부릅니다.

## 198

그리스도께서 최후의 만찬 자리에서 제자들과 나누신 대화는 아버지가 자식들과 작별하면서 나누는 대화처럼 다감하고 따뜻하고 사랑이 배여 있었습니다. 제자들의 약함을 긍휼히 여기셨고, 그들이 묻는 말이 매우 유치하고 단순하더라도 다 용납하시고 대답해 주셨습니다. 예를 들어, 빌립은 "주여, 아버지를 우리에게 보여 주옵소서. 그리하면 족하겠나이다" 하고 말했고(요 14:8), 도마는 "주여 주께서 어디로 가시는지 우리가 알지 못하거늘 그 길을 어찌 알겠사옵나이까" 하고 말했으며(요 14:5), 베드로는 "주여 내가 지금은 어찌하여 따라갈 수 없나이까. 주를 위하여 내 목숨을 버리겠나이다" 하고 말했습니다(요 13:37). 각 사람이 마음의 생각을 자유롭게 드러냈습니다. 세상이 시작된 이래로 이처럼 귀하고 다감하고 사랑이 배인 대화가 일찍이 없었습니다.

## 199

그리스도께서는 재물도 세상 왕국도 없으십니다. 오히려 그것을 세상의 왕들과 방백들에게 다 주십니다. 하지만 한 가지만은 꼭 간직하고 계신데, 그것은 어떠한 인간도 천사도 가질 수 없는 것입니다. 그것은 죄와 사망, 마귀와 지옥을 정복하고, 사망 가운데서 당신의 말씀에 힘입어 당신을 믿는 자들을 구원하시는 권세입니다.

## 200

그리스도께서 겟세마네 동산에서 피가 땀이 되어 흐를 정도로 겪으신 영적인 번민과 고통은 땅에 붙은 인간으로서는 알 수도 상상할 수도 없습니다. 우리가 그러한 번민과 고통의 한 자락이라도 느끼게 되면 곧 숨이 끊어지고 말 것입니다. 크게 상심하여 죽는 사람이 많습니다. 마음의 심한 고통과 번민은 죽음 자체입니다. 만일 사람이 그리스도께서 겪으셨던 것과 같은 번민과 고통을 겪게 된다면 영혼이 육체에 남아 그것을 견디는 것이 불가능할 것입니다. 당장 영혼과 육신이 분리되고 말 것입니다. 그것은 오직 그리스도에게 가능한 일이었으며, 그분의 이마에서 피가 땀처럼 흘렀습니다.

## 201

이것보다 더 확실한 것은 없습니다. 즉, 믿음으로 그리스도를 붙들지 않는 사람, 그리스도께서 자신을 위해 저주가 되어 주신 사실에서 위로를 받지 않는 사람은 저주 아래 있는 것입니다. 은혜를 받기 위해 선행을 하려고 노력할수록 그리스도를 붙드는 법을 모르게 됩니다. 믿음으로 그리스도를 알지 못하면, 죽을 정도로 자기 몸을 괴롭힌다 한들 조언이나 도움이나 위로를 얻기를 기대할 수 없습니다.

## 202

모든 선지자들이 성령 안에서 미리 내다본 것이 있습니다. 그것은, 그리스도께서 세상의 죄를 짊어지심으로 지상에서 가장 큰 죄인이 되시고 온 세상의 죄를 위한 제물이 되신다는 것과, 더 이상 죄 없는 사람으로 혹은 하나님의 아들로 간주되지 않고 극악한 죄인으로 간주되어 버림을 받게 되시며(시 8편), 온 인류의 죄를 홀로 짊어지신다는 것이었습니다. 하나님을 훼방하고 그분의 교회를 박해한 바울의 죄와, 그리스도를 부인한 베드로의 죄, 간음과 살인을 저질러 주의 이름이 이교도들 사이에서 비웃음을 받게 한 다윗의 죄를 그리스도께서 모두 짊어지셨습니다.

그러므로 그리스도는 아무 죄도 없으신 분이었는데도 죄인과 살인자들 중 하나가 되시어 모세 율법이 모든 행악자들과 살인자들에게 규정한 형벌을 한 몸에 받으셨습니다.

선지자들이 우리에게 전해준 이러한 그리스도의 모습을 궤변가들은 흐리게 하고 왜곡합니다. 그들은 그리스도께서 우리를 율법의 저주에서 건지시기 위해 우리를 위한 저주가 되신 사실도 인정하지 않고, 그분이 죄와 가련한 죄인들과 상관이 있다는 사실 자체마저 인정하지 않습니다. 죄인들을 홀로 구속하시기 위해서 인간이 되시고 죽으셨는데도, 그들은 단지 그리스도의 모범적인 삶만을 강조하며, 그분의 모범을 우리가 배우고 따라야 한다고 주장합니다. 이로써 그들은 그리스도에게서 '구주' 라는 이름과 직분을 빼앗을 뿐 아니라 그분을 엄하고 분노한 재판장으로, 가련한 죄인들에게 진노를 퍼붓고 사형 판결을 내리는 무서운 왕으로 왜곡합니다.

## 203

우리의 복되신 구주께서 나귀를 타고 예루살렘에 입성하신 일은 참으로 가난하고 조촐한 행렬이었습니다. 하늘과 땅의 모든 권세를 지닌 왕이신 그리스도께서 나귀를 타시되 제자들이 깔아드린 겉옷을 안장 삼아 앉으셨던 것입니다. 영광의 왕이 나귀를 타신 이 일에는 선지자 스가랴의 예언대로 성경을 이루시려는 뜻이 있었습니다. 세상의 눈에는 초라해 보였으나, 선지자들이 곳곳에서 예언한 장엄하고 영광스러운 광경이었습니다.

그리스도께서는 이 예언을 언급하지 않으셨고, 후에 사도들과 복음서 저자들이 그 사건에서 예언의 성취를 보았습니다. 예루살렘 입성과 관련하여 그리스도께서는 말씀을 전하시고 눈물을 흘리셨으나, 사람들은 평화와 승리의 상징인 감람나무와 종려나무 가지를 들고 나와 환영했습니다. 이러한 의식은 어떤 사람들의 주장과 달리 유대인들이 이교도들에게 받은 게 아니라, 이교도들이 유대인들에게 받은 것입니다. 유대 민족과 예루살렘이 그리스인들과 로마인들보다 더 역사가 깊기 때문입니다. 그리스인들은 바벨론 포로기 무렵에 이런 의식을 시작했으나, 예루살렘은 페르시아와 앗수르 정복기보다 오래 전에, 즉 그리스인들과 로마인들보다 훨씬 전부터 시작했으며, 따라서 이교도들이 그들보다 더 오래된 민족인 유대인들로부터 많은 의식을 전수받은 것입니다.

## 204

유대인들은 말로 그리스도를 십자가에 달았으나, 이방인들은 말뿐 아니라 행동으로까지도 그분을 십자가에 달았습니다. 그분의 고난은 원래 이방인이었던 우리들의 악함을 예언적으로 보여주는 바가 있습니다. 그리스도께서 오늘날도 여전히 유대인 회당보다 우리들의 교회에서 더 큰 고난을 받고 계시기 때문입니다. 하나님을 훼방하고 멸시하고 박해하는 일들이 과거에 유대인들 가운데서보다 오늘날 우리들 가운데서 더 많이 자행되고 있는 것입니다. 이탈리아에서는 복음과 최후 심판을 말하면 교황이 자신의 패거리들과 함께 "여러분은 그것을 믿는가? 그 말에 현혹되지 말고 안심하고 마음껏 즐기라"고 말합니다. 이탈리아에는 이렇게 하나님을 모독하는 자들 천지입니다. 그들은 천벌을 두려워하지 않고 아무데서나 그런 소리를 지껄입니다.

## 205

선지자들도 오늘날 우리와 마찬가지로 그리스도의 재림을 말하고 선포했습니다. 우리는 마지막 날이 올 줄을 알지만 그 이후에 어떠한 삶이 어떤 방식으로 전개될 것인지 자세히 알지 못합니다. 다만 우리 참된 그리스도인들이 영원한 기쁨과 평안과 구원을 누리게 된다는 것을 개략적으로 알 따름입니다. 선지자들도 그리스도께서 오신 직후에 마지막 날이 올 것이라고 선포했습니다. 첫째로, 그들은 메시야의 날을 마지막 날이라고 불렀습니다. 둘째로, 그들은 초림과 재림의 징후들을 한데 섞어 말했습니다. 마치 초림과 재림이 단번에 발생할 것처럼 말입니다. 셋째로, 고린도 전후서를 보면 그곳의 그리스도인들은 사도 바울에게 마지막 날이 자신들의 생시에 임할 것인지 물었습니다. 넷째로, 그리스도께서 친히 이러한 징후들이 함께 임할 것이라고 말씀하셨습니다. 땅에서 우리 구주 그리스도와 한 번이라도 함께 거하면서 그분이 기뻐하시는 모습을 볼 수 있으면 얼마나 좋을까요.

## 206

내 견해로는 그리스도께서 음부에 내려가신 목적이 마지막 날에 마귀를 심판대 앞에 끌어내시기 위해 미리 사슬로 결박하시려는 것이었다고 생각합니다(참조. 시 16편; 행 2장). 논쟁을 좋아하는 사람들은 '음부' (*Infernus*)라는 단어가 모세의 첫 번째 책에서와 같이 무덤을 가리킨다고 주장하지만, 그 책만 보더라도 '구덩이' 라는 뜻의 히브리어 나봇만 쓰인 게 아니라 '게헨나' (지옥)를 뜻하는 스콜라도 쓰였음을 알 수 있습니다. 고대인들은 네 가지 종류의 지옥이 있다고 믿었던 것입니다.

## 207

그리스도께서 무덤에서 일어나셨을 때 땅이 흔들렸던 것과 마찬가지로, 오늘날도 우리 구주 그리스도의 부활을 증거할 때 지축이 흔들립니다. 오늘날도 그리스도의 의와 거룩하심을 전하고, 그분으로 말미암아 우리가 의롭다 함과 구원을 얻는다고 전하고 고백할 때 천지가 진동합니다. 하지만 이러한 진동은 우리에게 매우 유익한 것입니다. 하나님을 경외하는 진정한 그리스도인들에게는 그것이 큰 위로가 되고 기쁘고 유쾌한 것이 됩니다. 악한 양심으로 하나님을 거슬러 죄를 지으면서 평안과 안식과 평정을 누리는 것보다 훨씬 낫습니다.

유대인들은 그리스도의 나라가 잠깐 있다가 없어질 나라가 될 것이라고 생각했으며, 사도들조차 요한복음 14장에 언급된 대로 "주여 어찌하여 자기를 우리에게는 나타내시고 세상에는 아니하려 하시나이까" 하고 물었습니다. 이 질문에는 이런 뜻이 담겨 있었습니다: "우리는 온 세상이 주님의 영광스러운 상태를 봐야 한다고 생각합니다. 주님께서 황제가 되시고, 제국을 열두 왕국으로 분할하여서 저희에게 나누어주시며, 저희는 왕으로서 각각 여섯 방백 혹은 공작을 거느려 모두 72인에게 영토를 분할해 주어야 한다고 생각합니다." 우리의 사도들은 플라톤적 의미대로, 즉 인간의 재주와 지혜에 따라 서로 왕국을 분할하여 다스릴 생각을 했던 것입니다. 그러나 그리스도께서는 당신의 왕국에 관해서 사뭇 달리 말씀하십니다. "사람이 나를 사랑하면 내 말을 지키리니 내 아버지께서 그를 사랑하실 것이요 우리가 그에게 가서 거처를 그와 함께 하리라"(요 14:23).

## 208

우리 복되신 구주 그리스도께서 나누고자 하시는 사귐은 틀림없이 따뜻하고 친근한 것입니다. 그렇게 생각하게 되는 근거는, 그리스도께서 하나님과 동등한 분인데도 불구하고 우리와 같은 인간이 되시기를 부끄러워하지 아니하셨고, 오히려 죄가 없으신 데도 마치 나의 하인이 식탁에서 나의 시중을 들듯이 식탁에서 당신의 제자들의 시중을 들어주셨기 때문입니다. 본디 평범하고 단순한 사람들인 선량한 제자들은 결국 주님의 그러한 태도에 익숙해진 나머지 주님께서 언제까지나 그러실 줄로 생각합니다. 물론 주님께서는 성경에 기록된 바와 같이 이런 방식으로 당신의 직분을 완수하셨습니다. "인자가 온 것은 섬김을 받으려 함이 아니라 도리어 섬기려 하고 자기 목숨을 많은 사람의 대속물로 주려 함이니라"(막 10:45). 주님께서 자신을 심히 낮추시고 고난을 당하신 것은 지극히 숭고한 모범이었습니다. 하늘과 땅과 그 안에 있는 모든 것을 창조하시고, 손가락 하나로도 세상을 뒤엎어 멸하실 수 있는 분이 우리를 위해 그렇게 낮아지신 것입니다.

## 209

그리스도께서 당신의 나라를 얼마나 훌륭하게 다스리고 계십니까? 주님은 당신을 철저히 감추셔서 사람들의 눈에 보이지 않으시지만, 황제들과 왕들과 교황들, 무릇 자신을 지혜롭고 의롭고 강하다고 생각하는 모든 자들의 무릎을 꿇게 하십니다. 여기에 '플로레포리아' 곧 큰 확신이 있습니다. 즉 우리는 그것을 확신하는 것입니다.

예수 그리스도께서는 하나님의 모든 지혜의 시작이요 끝이십니다. 내가 알고 있는 것은 이 측량할 수 없는 무한한 지혜의 높이와 깊이와 폭 가운데 지극히 작고 희미한 부분에 지나지 않으며, 이 깊고 심오한 지혜 가운데 작은 편린에 지나지 않음을 깨닫고 고백하게 됩니다.

## 210

그리스도께서 친히 행하시는 일은 온 세상을 위하여 율법과 죄와 사망에 대항하여 싸우시고, 그것들을 친히 다 담당하시고 짊어지신 뒤에 승리하시고 철저히 멸하시며, 그로써 쓰러졌던 사람들을 율법과 모든 악에서 건져 일으켜 세우시는 것입니다. 그리스도께서 율법의 본의를 밝히 가르치시고 기적을 행하신 일은 정작 중요한 일, 즉 세상에 오신 주된 목적과 비교하면 작은 유익에 지나지 않습니다. 선지자들과 특히 사도들도 그리스도와 마찬가지로 놀라운 기적을 행했기 때문입니다.

## 211

우리 구주 그리스도께서 세상에 오신 일은 외식하는 자들, 즉 하나님을 두려워하지 않고, 기대할 은혜나 위로가 없다고 생각하고, 항상 율법 앞에서 번민하고 떠는 자들에게는 아무런 유익이 되지 못합니다. 그리스도께서는 한때 율법 때문에 전전긍긍하고 괴로워하는 사람들을 위로하고 그들에게 유익을 끼치시려고 세상에 오셨습니다. 이러한 사람들은 시련과 번민 속에서 좌절하지 않고, 확신과 소망을 가지고 은혜의 보좌 곧 자신들을 구원하시는 그리스도에게 나아갑니다.

## 212

우리가 그리스도를 생각할 때 두려운 마음을 품는 것은 부끄러운 일입니다. 하늘과 땅을 다 살펴보아도 말과 행동과 태도에서, 특히 가난하고 슬프고 양심의 고통을 당하는 사람들을 대하는 방식에서 그리스도만큼 사랑이 많으시고 인자하시고 온유하신 분이 없기 때문입니다. 그렇기 때문에 예레미야는 주님을 두려워하지 않게 해달라고 구합니다.

## 213

시편 51편에는 이렇게 기록되어 있습니다. "보소서 주께서는 중심이 진실함을 원하시오니 내게 지혜를 은밀히 가르치시리이다"(6절). 이것은 세상으로부터 감춰진 신비이며, 앞으로도 감춰진 채로 남을 것입니다. 이것은 사람 마음에 있는 진리요 은밀한 지혜입니다. 세상의 법률가들과 의사들과 철학자들과 유능한 사람들의 지혜가 아니라, 주님, 당신의 지혜입니다! 주님께서 저로 하여금 이 지혜를 깨닫게 하셨습니다. 이것은 사돌레토(Sadoleto, 1477-1547. 추기경, 인문주의자, 성경학자. 그가 제네바의 시민들에게 쓴 편지에 대해 칼빈이 답장을 써서 논박한 일로 유명함-옮긴이)가 이 시에 관해 많은 글을 썼으면서도 지니지 못했던 황금과 같은 지혜입니다.

## 214

부활하신 그리스도께서 성령을 보내신 뒤에 사도들의 복음이 온 세상에 두루 강력하게 울려 퍼졌습니다. 성령께서 사도들을 통해 일하시면서 그리스도에 관한 진리가 밝히 선포되게 하심으로써 사도들은 그리스도께서 땅에서 사역하실 때보다 더 많은 열매를 거두었습니다. 이것은 주님께서 땅에 계실 때 말씀하신 대로 된 것입니다. "내가 진실로 진실로 너희에게 이르노니 나를 믿는 자는 내가 하는 일을 그도 할 것이요 또한 그보다 큰 일도 하리니 이는 내가 아버지께로 감이라"(요 14:12).

사람들이 주님의 말씀을 듣고 그 권세에 놀란 점을 생각할 때, 주님께서 만약 강경하게 모든 것을 단번에 밝히시고 제도를 고치려 하셨더라도 능히 그렇게 하셨으리라 생각됩니다. 하지만 주께서는 주님 자신에 관한 약속을 받은 조상들과 그들을 크게 존중하던 당시 사회를 부드럽고 온유하게 대하셔서, 모세의 율법 가운데 의식법(儀式法)이 자연스럽게 폐지될 수 있도록 하셨습니다.

## 215

그리스도께서는 사례금을 받지 않고 말씀을 전하셨으나, 죄를 회개하고 깨끗함을 받은, 그리고 악한 귀신과 질병에서 건짐을 받은 경건한 여인들이 자기들의 소유로 주님을 섬겼습니다(눅 8장). 그 여인들은 주님께서 쓰실 것을 공급해 드렸으며, 주님께서는 다른 사람들이 자원하여 드리는 것을 기꺼이 받으셨습니다(요 19장).

주님께서는 사도들을 전도하러 보내실 때 "너희가 거저 받았으니 거저 주라"고 당부하셨습니다(마 10:8). 사역의 대가로 무엇을 받는 것을 금하시면서, 다른 한편으로는 먹을 것과 입을 것을 위해 염려하는 것도 금하셨습니다. 그들이 어디로 가서 말씀을 전하든 거기에서 그들을 영접할 사람들이 있을 것을 보장해 주신 것입니다.

## 216

하나님의 아들이 인성(人性)을 취하실 것이라는 예언들은 매우 모호한 표현들로 되어 있었기 때문에, 추측컨대 그리스도께서 성령으로 잉태되시고 동정녀 마리아에게서 태어나실 일을 마귀는 모르고 있었던 것 같습니다.

따라서 마귀는 광야에서 그리스도를 시험할 때 "네가 만일 하나님의 아들이어든"(마 4:3) 하고 물었던 것입니다. 마귀가 그리스도를 하나님의 아들이라고 부른 것은 출생과 본질에서 그렇다고 인정한 것이 아니라, 사람을 하나님의 아들이라 부르는 성경의 방식대로 그렇게 한 것입니다("내가 말하기를 너희는 신들이며 다 지존자의 아들들이라 하였으나"— 시 82:6). 그리스도의 수난과 부활과 나라에 관한 이 예언들은 주께서 강생(降生)하시기 전까지는 선지자들을 비롯한 소수의 종들에게만 희미하게 계시되었을 뿐 밝히 알려지지 않았습니다. 그리스도께서 오심으로써 비로소 이 진리가 밝히 계시되었습니다.

## 217

베드로와 다른 사도들이 그리스도를 하나님의 아들이라고 공식적으로 부르지 않은 데에는 아직 믿음이 약한 경건한 유대인들에게 조상들의 하나님을 배격하고 새로운 하나님을 전하는 것 같은 인상을 피함으로써 복음 전도의 문이 막히지 않도록 하려는 뜻이 있었습니다. 그럴지라도 사도들은 그리스도의 직분과 사역을 분명한 말로 전했습니다. 그리스도께서 생명의 주이시고, 죽은 자 가운데서 살아나셨고, 죄를 사하시고 의롭다 하시고, 기도를 들으시고, 마음을 밝히시고 위로하신다는 말로써, 사도들은 그분이 참 하나님이심을 입증하고 인정했습니다. 이런 일들은 피조물이 할 수 있는 일이 아니고 오직 하나님께서만 하실 수 있는 일이기 때문이었습니다.

## 218

마귀는 폭군들과 이단들과 거짓 신자들을 통해서 참된 신자들을 괴롭히고 온 세상을 부추겨 그들을 박해하게 함으로써 막강한 힘과 교활한 꾀로 기독교 세계를 공격합니다.

반면에 그리스도께서는 소수의 단순하고 멸시받는 사람들을 쓰셔서 마귀와 그의 나라를 물리치십니다. 그들은 세상에서 약하고 우둔하게 보일지라도 그리스도께서 그들에게 승리를 안겨주십니다.

그런데 약한 양 한 마리가 수백 마리의 이리들을 상대하는 것은 대단히 불공평한 전쟁입니다. 사도들의 처지가 그랬습니다. 그리스도께서는 그들을 세상에 보내시되 한 사람씩 박해와 순교를 당하게 하셨습니다. 상대가 이리떼라면 우리는 사자들이나 좀 더 사납고 강한 맹수들을 보내야 마땅할 것입니다. 그러나 그리스도께서는 우리의 지극히 약하고 미련하게 보이는 것을 쓰셔서 당신의 큰 지혜와 능력을 나타내시기를 기뻐하십니다.

만군의 여호와께서 홀로 기이한 일을 행하십니다. 주께서 이리떼 가운데서 자기 양들을 지키시며, 또한 친히 그들에게 고난을 당하게 하심으로써, 우리의 믿음이 인간의 지혜에 있지 않고 하나님의 능력에 있음을 분명히 알게 하십니다. 그리스도께서는 자기 양들 가운데 하나를 죽음에 내어 주실지라도 곧 더 많은 양들을 그 대신 보내시는 것입니다.

## 219

많은 사람들은 그리스도께서 완력을 써서 성전에서 상인들과 환전상들을 쫓아내셨으므로 우리도 교황 진영의 주교들과 토마스 뮌처 같은 하나님 말씀의 원수들에 대해 무력을 사용할 수 있지 않느냐고 주장합니다. 그러나 그리스도께서는 우리가 모방해서도 안 되고, 할 수도 없는 일들을 많이 행하셨습니다. 바다 위를 걸으셨고, 사십 주야를 금식하셨고, 죽은 지 나흘이나 된 나사로를 살리셨습니다. 이런 일들은 따라하려 하지말고 그냥 놔두어야 합니다. 더욱이 우리가 무력으로 진리의 원수들을 공격하는 것을 그리스도께서는 더욱 동의하지 않으실 것입니다. 주님께서는 정반대로 명령하십니다. “너희 원수를 사랑하며 너희를 박해하는 자를 위하여 기도하라”(마 5:44). “너희 아버지의 자비로우심 같이 너희도 자비로운 자가 되라”(눅 6:36). “나는 마음이 온유하고 겸손하니 나의 멍에를 메고 내게 배우라”(마 11:29). “누구든지 나를 따라오려거든 자기를 부인하고 자기 십자가를 지고 나를 따를 것이니라”(마 16:24).

## 220

교황의 영토에 그리스도의 이름이 남아 있다는 것이 매우 놀랍습니다. 수백 년 동안 사람들에게 전해진 것이라곤 교황의 법령, 즉 사람의 교훈과 계명뿐이었으며, 따라서 그리스도의 이름과 하신 일이 잊혀졌더라도 이상하지 않았을 것이기 때문입니다.

그러나 하나님께서는 교회에 당신의 복음을 기이하게 보존하셨으며, 이제 곳곳의 강단들에서 복음을 자세히 가르치고 있습니다. 마찬가지로 사도신경과 주기도문, 세례와 성찬이 교황의 영토에서 그것들을 받은 사람들의 마음에 간직되어온 것도 하나님의 특별한 은혜입니다.

하나님께서는 종종 경건한 지식인들을 흔들어 깨우시어 당신의 말씀을 깨닫게 하시고, 교회에 스며들어온 거짓 교훈과 부패를 용기 있게 공식적으로 책망하도록 하셨습니다. 얀 후스 같은 분들이 대표적인 경우입니다.

## 221

그리스도의 왕국은 은혜와 자비와 큰 위로의 나라입니다. "우리에게 향하신 여호와의 인자하심이 크시고 여호와의 진실하심이 영원함이로다"(시 117:2). 적그리스도인 교황의 왕국은 거짓과 파멸의 나라입니다. "그의 입에는 저주와 거짓과 포악이 충만하며 그의 혀 밑에는 잔해와 죄악이 있나이다"(시 10:7). 마호메트의 왕국은 복수와 분노와 파괴의 나라입니다(참조. 겔 38장).

## 222

믿음이 약한 것은 그리스도의 나라에도 있는 일입니다. 그렇지 않다면 주께서 베드로에게 "네 형제를 굳게 하라"(눅 22:32)고 말씀하지 않으셨을 것이며, 사도가 "믿음이 연약한 자를 너희가 받되"(롬 14:1), "마음이 약한 자들을 격려하고 힘이 없는 자들을 붙들어 주며"(살전 5:14)라고 권고하지도 않았을 것입니다. 만약 믿음이 약한 사람이 그리스도에게 속하지 않았다면 사도들이 불신앙 때문에 부활하신 그리스도께 책망을 받는 일이 있었겠습니까(참조. 막 16:14)?

## 223

더 좋은 음료가 없다면 물 한 잔도 갈증을 해소하는 데 요긴합니다. 빵 한 조각이 배고픔을 달래주기 때문에 배고픈 사람은 그것을 간절히 찾습니다. 그리스도께서는 인류의 가장 두려운 원수인 마귀를 제어할 수 있는 가장 훌륭하고 안전하고 유일한 분인데도 사람들은 이 사실을 내심 믿지 않습니다. 백 리 밖에 사는 의사가 죽어 가는 사람을 고쳐줄 수 있다는 판단이 들면 당장이라도 사람을 보내 의사를 모셔오되 비용이 얼마가 들든 아끼지 않습니다. 그러나 한 줌밖에 되지 않는 사람들만이 진정한 의사를 확고히 의지하며, 그의 의술을 통해서 "주재여 이제는 말씀하신 대로 종을 평안히 놓아 주시는도다. 내 눈이 주의 구원을 보았사오니"(눅 2:29-30) 하고 찬송한 시므온의 심정을 배웁니다. 이 큰 기쁨이 어디서 온 것입니까? 영육(靈肉)의 눈으로 세상의 구주 곧 죄와 세상을 고치시는 참된 의사를 바라본 데서 나온 것입니다. 목마른 사람이 혹은 배고픈 사람이 두세 시간 뒤면 다시 목마르거나 배고플 줄 알면서도 물 한 잔이나 빵 한 조각을 허겁지겁 먹는 것을 지켜보는 것도 참 안쓰러운데, 모든 의사들 가운데 가장 귀하신 분이 우리를 향해 "누구든지 목마르거든 내게로 와서 마시라"(요 7:37)고 친절하게 말씀하시는데도 그분에게 가는 사람이 없거나 극소수인 현실을 바라보는 것은 더욱 안타깝습니다.

## 224

그리스도께서 세상에 보이지 않으시고 알려지지 않으셨듯이, 우리 그리스도인들도 세상의 눈에 띄지 않고 알려지지 않습니다. "이는 너희가 죽었고 너희 생명이 그리스도와 함께 하나님 안에 감추어졌음이라"(골 3:3) 하고 사도 바울은 가르칩니다. 그러므로 세상은 우리를 알지 못하며, 우리 안에 계시는 그리스도는 더더욱 알지 못합니다. 그러나 우리와 세상은 쉽게 나뉩니다. 세상은 우리에게 관심이 없으며 우리도 세상에 관심이 없습니다. 그리스도 안에서 세상이 우리에 대해 십자가에 못 박혔고, 우리는 세상에 대해 십자가에 못 박혔습니다. 세상은 자기들의 재물을 가져가라 하고, 우리의 정신과 생활 태도는 우리에게 그냥 남겨두라고 하십시오.

우리 구주 그리스도를 모시고 있으면 세상 그 누구도 부럽지 않게 넉넉하고 행복합니다. 세상 사람들의 지위와 명예와 재산에 아무런 관심도 생기지 않습니다. 그러나 우리는 종종 우리 구주 그리스도를 잃어버립니다. 그분이 우리 안에 계시며 우리가 그분 안에 있음을, 그분이 우리의 것이고 우리가 그분의 것임을 생각하지 않고 지냅니다. 그렇게 주님이 우리에게서 감춰져 계신 때에 혹시라도 어려움에 처하게 되면 "볼지어다 내가 세상 끝날까지 너희와 항상 함께 있으리라"(마 28:20)는 약속을 기억하고 다시 주님을 찾으며 위로를 받습니다. 이것이 우리의 가장 큰 보물입니다.

## 225

그리스도께서는 우리가 세상 앞에서 당신에 관해 말하기를 기대하십니다. "혹시 그리스도에 관해 말하거나 전도를 하려 하면 입술이 얼어붙을 텐데" 하고 말하시렵니까? 그 점은 염려하지 말고 그리스도의 말씀을 들으십시오. "구하라 그리하면 너희에게 주실 것이요"(마 7:7). "내가 그와 함께하여 그를 건지고 영화롭게 하리라"(시 91:15). "환난 날에 나를 부르라. 내가 너를 건지리니 네가 나를 영화롭게 하리로다"(시 50:15). 모든 수고와 부담을 면해주시니, 하나님 섬기기를 어찌 어렵다 할 수 있겠습니까? 세상에서 하나님을 참되게 섬기는 것보다 더 쉬운 일이 없습니다. 하나님께서는 우리에게 무거운 짐을 지우시지 않고, 다만 하나님을 믿고 전하기를 요구하실 뿐입니다. 물론 그렇게 하다가 핍박을 당할 수도 있을 것입니다. 하지만 우리가 어려움에 처할 때 우리 구주께서 친히 함께해 주시겠다는 위로의 약속을 해주셨습니다(예, 눅 12:7). 어떠한 인간도 자기 하인에게 밭을 갈거나 수레를 끌게 할 때 그리스도께서 해주시는 그런 약속을 하지 않습니다. 우리가 힘을 내지 못하는 원인은 그러한 주님을 믿지 못하기 때문입니다. 만약 성경이 내게 요구하는 믿음을 굳게 지니고 있으면 나 혼자서라도 터키인들을 콘스탄티노플에서 몰아내고 교황을 로마에서 몰아낼 것입니다. 그러나 믿음이 너무나 부족합니다. 나로서는 그리스도께서 사도 바울에게 "내 은혜가 네게 족하도다. 이는 내 능력이 약한 데서 온전하여짐이라"(고후 12:9)고 하신 말씀을 품고 자족할 수밖에 없습니다.

## 226

그리스도께서 베드로에게 하신 말씀("내가 너를 씻어 주지 아니하면 네가 나와 상관이 없느니라" — 요 13:8)은 제자들에게 세례를 주셨다는 뜻으로 이해해서는 안 됩니다. 요한복음 4장에 보면 그리스도께서 아무에게도 세례를 주지 않으시고 제자들에게 서로 세례를 주라고 명령하셨기 때문입니다. 또한 이 말씀은 단지 물로 씻는 것뿐 아니라 영적으로 씻는 것까지도 의미합니다. 이 씻음에 의해서 주님께서 친히 베드로와 그 밖의 제자들과 모든 참된 신자들을 그들의 죄에서 씻으시고 의롭다 하시고 구원하십니다. 따라서 주님께서 베드로에게 하신 말씀은, "죄는 내가 씻어주는 것이므로, 만약 내가 베드로 너를 씻어주지 않으면 너는 부정하게 남아 있게 되고 네 죄 가운데서 죽게 될 것이다" 하는 뜻입니다.

구약의 대제사장이 남을 씻기지 않고 자신을 씻었던 반면에, 그리스도께서 스스로 씻지 않으시고 제자들의 발을 씻겨 주신 이유는 이와 같습니다. 즉, 율법 안에 있는 대제사장은 다른 사람들과 마찬가지로 부정하고 죄인이므로 자기 발을 씻었고, 백성의 죄뿐 아니라 자기 죄를 위해서도 제사를 드렸습니다. 그러나 우리의 영원하신 대제사장은 거룩하고 순결하고 더러운 것이 없고 죄로부터 분리되어 계십니다. 그러므로 그분은 자기 발을 씻으실 필요가 없었고, 다만 자신의 피로써 우리의 모든 죄를 깨끗하게 씻어 주신 것입니다.

더 나아가, 우리 주님께서는 제자들의 발을 몸소 씻겨 주심으로써 당신이 세우려 하시는 새로운 나라가 어떤 사람이 다른 사람보다 더 높은 대접을 받는 현세적인 나라가 아니라, 서로 겸손하게 섬기는 나라임을 보여주고자 하셨습니다. 이 점에 관해서는 친히 말씀으로도 가르쳐 주셨습니다. "너희 중에 누구든지 크고자 하는 자는 너희를 섬기는 자가 되고 너희 중에 누구든지 으뜸이 되고자 하는 자는 너희의 종이 되어야 하리라"(마 20:27-28). "내가 주와 또한 선생이 되어 너희 발을 씻었으니 너희도 서로 발을 씻어 주는 것이 옳으니라"(요 13:14).

## 227

유피테르와 마르스, 아폴로, 사투르누스, 유노, 디아나, 팔라스, 비너스가 이교도들을 다스리고 — 즉, 신들로 숭배를 받고 — 유대인들이 아주 많은 우상을 두고 섬기고 있는 동안에는 먼저 그리스도께서, 다음에는 사도들이 육체적이고 영적인 기적을 유대인들과 이방인들 사이에 많이 행하시어 그리스도에 대한 믿음의 도리를 확증하고 우상숭배의 뿌리를 철저히 뽑을 필요가 있었습니다. 이렇게 해서 복음의 도리가 널리 전파되고 세례와 성찬이 확립될 때까지 가시적이고 육체적인 기적이 많이 일어났던 것입니다. 그러나 우리 구주께서 주장하시는 영적인 기적은 날마다 일어나며, 마태복음 8장의 백부장과 가나안 여인 같은 사례들이 세상 끝날까지 계속해서 일어날 것입니다.

## 228

세상에서 일어난 가장 경이로운 사건은 하나님의 아들이 십자가에서 부끄러운 죽음을 당하신 것입니다. 성부 하나님께서 본질이 하나님이신 독생자에게 "가서 사람들로 하여금 너를 십자가에 달게 하라"고 말씀하신다는 건 대단히 충격적인 일입니다. 영원하신 성부께서 당신의 독생자에게 품으신 사랑은 아브라함이 이삭에게 품은 사랑보다 헤아릴 수 없이 컸습니다. 친히 하늘에서 증거하시기를 "너는 내 사랑하는 아들이라. 내가 너를 기뻐하노라"(막 1:11)고 하신 것입니다. 그런데도 그분이 철저히 버림을 받으시고 벌레처럼 되시고 사람들의 조롱거리가 되셨습니다.

이 사건 앞에서 사람들의 무지한 이성은 "이 사람이 영원하신 성부 하나님의 독생자란 말인가? 만일 그렇다면 왜 이렇게 모질게 대하시는가? 하나님께서 당신의 사랑하는 아들보다 차라리 가야바와 헤롯과 빌라도에게 더 친절을 베푸시지 않으셨는가?" 하고 말합니다. 그러나 우리 참된 그리스도인들에게는 그 사건이 큰 위로가 됩니다. 우리는 그 사건 안에서 자비로우신 주 하나님이시요 아버지께서 멸망에 처한 가련한 세상을 극진히 사랑하셔서 당신의 독생자를 아끼지 않으시고 우리를 위해 내어 주시고, 그로써 누구든지 그를 믿는 자는 멸망치 않고 영생을 얻도록 하신 줄을 알기 때문입니다.

심각한 영적 시험을 당하고 있는 이들은 복음을 굳게 붙들어야 합니다. 좌절과 슬픔 가운데 하나님의 진노와 심판의 날과 영원한 죽음과 마귀의 학대를 예상하며 가위눌리는 사람들은 자기 아들을 우리에게 내어주신 하나님의 심정과 손길을 바라봐야 합니다. 비록 그런 견딜 수 없는 좌절과 고통이 자주 엄습하더라도, 하나님께서 우리를 결코 버리지 않으시고 오히려 사랑의 대상으로 여기시며, 독생자를 닮아가게 하신다는 사실을 생각하고 스스로 격려해야 합니다. 그리고 우리가 주님과 함께 고난을 당하듯이 주님께서 우리를 고난에서 건져주실 것을 믿어야 합니다. 그리스도 예수 안에서 경건하게 살고자 하는 자는 반드시 고난을 받게 되어 있기 때문입니다. 하지만 고난도 각 사람의 믿음의 분량에 따라 임합니다. "사람이 감당할 시험 밖에는 너희가 당한 것이 없나니 오직 하나님은 미쁘사 너희가 감당하지 못할 시험 당함을 허락하지 아니하시고 시험 당할 즈음에 또한 피할 길을 내사 너희로 능히 감당하게 하시느니라"(고전 10:13).

## 229

우리 구주 그리스도께서 제자들이 다 보고 있는 가운데 하늘로 오르신 것은 참으로 놀라운 일입니다. 그들 중 더러는 이렇게 생각했을 것입니다. '우리가 그분과 함께 먹고 마셨는데, 이제 그분이 우리를 떠나 하늘로 올라가셨다. 이것이 옳게 된 일인가?' 틀림없이 그렇게 생각한 사람들이 있을 것입니다. 제자들이라고 해서 모두가 다 똑같이 믿음이 강하지는 않았기 때문입니다. 마태는 이렇게 기록합니다. "열한 제자가 갈릴리에 가서 예수께서 지시하신 산에 이르러 예수를 뵈옵고 경배하나 아직도 의심하는 사람들이 있더라"(마 28:16-17). 부활하신 뒤부터 승천하시기 전까지 사십 일 동안, 우리 주님께서는 여러 가지 방법으로 필요한 모든 것을 제자들에게 가르쳐 주셨습니다. 그들의 믿음을 강하게 해주셨고, 전에 가르치셨던 내용을 다시 기억나게 하셨으니, 제자들로서는 이제 더 이상 의심할 게 없어야 마땅했습니다.

그런데 주님의 말씀이 제자들에게 한결같이 깊이 박힌 것이 아니었습니다. 주님께서 부활하신 날 저녁에 그들에게 나타나셔서 "너희에게 평강이 있을지어다"고 하시자, 그들은 자기들이 영을 본 것으로 생각하고는 놀라고 두려워했습니다. 게다가 도마는 직접 주님의 손에 난 못자국을 보기 전까지는 다른 제자들이 주님을 보았다는 말을 믿으려 하지 않았습니다. 그리고 사십 일 동안 주님께서 그들과 함께 계시면서 하나님 나라에 관하여 가르치시고 이제 승천하실 순간이었는데도, 그들은 "주께서 이스라엘 나라를 회복하심이 이 때니이까" 하고 여쭈어 보았던 것입니다.

그러나 주께서 승천하시고 오순절에 성령께서 그들에게 강림하시자, 그들은 마음이 완전히 새롭게 되었습니다. 이젠 더 이상 유대인들이 무섭지 않았습니다. 사람들 앞에 담대하게 서서 그리스도를 기쁨으로 전하였습니다. 그리고 베드로는 나면서 못 걷게 된 사람에게 "은과 금은 내게 없거니와 내게 있는 이것을 네게 주노니 나사렛 예수 그리스도의 이름으로 일어나 걸으라"고 말하여 일어나 걷게 했습니다. 하지만 이렇게 새롭게 변화한 상황에서도, 주께서는 베드로에게 환상을 통해 이방인들이 영생의 약속에 참여할 것을 깨우쳐 주셔야 했습니다. 이 교훈은 승천하시기 전에 주께서 친히 명령으로써 가르쳐 주신 것이었습니다. "그러므로 너희는 가서 모든 민족을 제자로 삼아 아버지와 아들과 성령의 이름으로 세례를 베풀고 내가 너희에게 분부한 모든 것을 가르쳐 지키게 하라"(마 28:19-20).

사도들은 성령을 받은 뒤에도 모든 것을 다 알지는 못했습니다. 심지어 때로는 믿음이 약해지기도 했습니다. 사도 바울은 온 아시아가 자신에게 등을 돌리고, 그의 제자들 가운데 몇이 자신을 떠나고, 악한 영들이 고관들을 부추겨 방해하자 비감한 마음으로 이렇게 말했습니다. "내가 너희 가운데 거할 때에 약하고 두려워하고 심히 떨었노라"(고전 2:3). "사방으로 환난을 당하여 밖으로는 다툼이요 안으로는 두려움이었노라"(고후 7:5). 이로 보건대 사도 바울도 항상 믿음이 강건하지만은 않았던 것이 분명합니다. 더욱이 주님께서 그를 위로하시려고 "내 은혜가 네게 족하도다. 이는 내 능력이 약한 데서 온전하여짐이라"고 말씀하셨습니다(고후 12:9).

이 말씀은 나와 모든 참된 그리스도인들에게 큰 위로가 됩니다. 나 역시 약해질 때에 내가 신자임을 되새기고 믿음이 더 강해질 수 있음을 생각하고 용기를 냅니다. 하지만 다른 사람들에게 믿음의 도리를 전할 때 내가 전하는 교훈이 옳다는 것을 확신합니다. 나는 가끔 나 자신에게 이렇게 말합니다. "너는 과연 하나님의 말씀을 전하고 있다. 이 직분은 주님께서 네게 맡기신 것이다. 네 스스로 구하지 않았는데 맡기셨으며, 열매가 없지 않았다. 많은 사람들이 네 설교를 듣고 개혁되지 않았는가?" 하지만 나의 약한 모습을 생각할 때면 그저 겸손히 믿는 것 외에 다른 길이 없지 않느냐는 회의가 생기기 시작합니다.

그러므로 오히려 확신에 찬 신학교수들이야말로 위험한 사람들입니다. 그들은 성경 교훈의 겉면만 바라보거나 설교 몇 편을 들은 뒤에 자신들이 성령을 받았고 모든 것을 알고 깨닫게 되었다고 생각합니다. 그러나 선량하고 경건한 청중은 생각이 다릅니다. 그들은 "주여 저희의 믿음을 강하게 해주옵소서" 하고 날마다 기도합니다.

## 230

예수 그리스도께서 말씀하실 때는 비록 나직한 음성으로 말씀하실지라도 하늘과 땅을 다 포괄할 정도로 권위가 있습니다. 황제의 말이 날아가는 새도 떨어뜨린다고 하지만, 예수 그리스도의 말씀은 온 우주를 다스립니다.

## 231

나는 나의 인자하시고 복되신 구주 그리스도 예수보다 내 아내 카테와 필립 멜란히톤에게 좀 더 친절함을 기대합니다. 그것이 인지상정일지라도, 실은 내 아내도 땅 위의 어떤 사람도 나를 위해 고난을 당하신 구주만큼 친절을 베풀지 못합니다. 그렇다면 왜 내가 구주를 두려워해야 합니까! 구주를 두려워하는 나의 어리석고 약한 모습을 생각할 때 몹시 슬픕니다. 우리는 복음서에서 구주께서 제자들을 얼마나 온유하고 인자하게 대하셨는지, 그들의 약함과 교만함과 어리석음을 얼마나 너그럽게 묵인하셨는지 잘 볼 수 있습니다. 주님은 그들의 불신앙을 지적하시고, 사랑으로 훈계하셨습니다. 더욱이 성경은 "여호와께 피하는 모든 사람은 다 복이 있도다" 하고 분명히 가르칩니다(시 2:12). 우리의 친척과 형제와 자매보다, 아니 부모가 자식을 사랑하는 것보다 더 큰 사랑과 친절과 온유와 관심을 대해 주시는 주님을 두려워한다는 것이 얼마나 신앙에서 떠난 일입니까!

그런 생각에 시달리는 사람은 마음에 두려움과 상처를 주는 이가 그리스도가 아니시고 질투로 뭉친 마귀임을 알아야 합니다. 그리스도께서는 위로하시고 고치시고 회복시키시는 분입니다.

우리를 향한 그리스도의 은혜와 인자하심은 측량할 수 없이 커서 큰 환난과 시련을 겪지 않으면 제대로 이해할 수 없습니다. 만일 폭군들과 거짓 형제들이 나와 나의 저서와 행동을 이토록 맹렬하게 공격하지 않았다면, 나는 나의 보잘것없는 재능과 노력을 대단한 것인 줄로 알았을 것입니다. 게다가 이토록 간절한 심정으로 하나님께 도움을 간구하지도 않았을 것입니다. 하나님의 은혜에 모든 공을 돌리지 않고 나 자신의 재주와 능력에 공을 돌렸을 것이고, 결국 마귀와 흡사하게 되었을 것입니다. 그러나 이런 결과를 막기 위해서, 나의 자비로우신 주와 구주 그리스도께서는 고난을 통해 나를 연단하셨습니다. 마귀로 하여금 교황과 이단들을 통하여 나를 안팎으로 심하게 공격하게 하셨으며, 이 모든 일을 나의 유익을 위해 용납하셨습니다. "고난당한 것이 내게 유익이라. 이로 말미암아 내가 주의 율례들을 배우게 되었나이다"(시 119:71).

## 232

나는 예수 그리스도에 관하여 그분 이름밖에 아는 게 없습니다. 귀로 그분 음성을 들은 적도 없고 눈으로 그분 모습을 뵌 적도 없습니다만, 참으로 감사하게도 성경을 통하여 흡족할 정도로 많은 것을 배웠습니다. 그러므로 이젠 주님의 모습을 눈으로 뵙거나 음성을 귀로 듣고 싶은 마음이 사라졌습니다. 모든 사람에게 버림을 받아 약하고 외롭고 죽음이 두려울 때, 악한 세상으로부터 박해를 받을 때, 그제서야 나는 그리스도 예수라는 이름이 내 속에서 선명하게 떠오르게 하시는 하나님의 능력을 가장 강렬하게 맛보았습니다.

## 233

사탄이 그리스도와 그분의 백성과 나라의 원수이며, 자신의 모든 능력과 꾀를 동원하여 주님과 주님의 말씀을 공격하는 것은 이상한 일이 아닙니다. 이러한 미움과 증오의 관계는 일찍이 낙원에서부터 시작했습니다. 그리스도께서는 사탄과 정반대되는 마음과 성향을 지니신 까닭입니다. 마귀는 수백 리 밖에서도 그리스도의 냄새를 맡습니다. 그는 콘스탄티노플과 로마에 있으면서도 우리가 비텐베르크에서 강의와 설교로 자신의 왕국을 공격하는 것을 듣고 있습니다. 우리로 인하여 당하는 손실과 상해를 느끼고 있습니다. 그래서 마귀가 그토록 분노하고 있는 것입니다.

정작 이상한 것은, 같은 본성으로 지음을 받고 사랑의 띠로 결속하여 남을 자신처럼 사랑해야 할 우리가 가끔 시기와 미움과 분노와 불화와 복수심에 휩싸여 서로를 죽이려 한다는 것입니다. 남편에게는 아내만큼 가까운 사람이 없고, 아들에게는 아버지만큼, 딸에게는 어머니만큼, 동생에게는 형만큼 가까운 사람이 없지 않습니까? 그런데도 그들 사이에 불화와 다툼을 예사롭게 보게 되는 것입니다.

## 234

복음과 율법이 마음에 공존한다는 것은 불가능합니다. 그리스도께서 율법에 굴복하여 자리를 내어 주시든지, 아니면 율법이 그리스도께 그리 하든지 둘 중 하나일 수밖에 없습니다. 사도 바울은 "율법 안에서 의롭다 함을 얻으려 하는 너희는 그리스도에게서 끊어지고 은혜에서 떨어진 자로다"(갈 5:4) 하고 말합니다. 그러므로 그리스도와 율법이 주는 확신이 마음에 공존한다는 생각이 든다면, 여러분 마음에 그리스도가 계시는 게 아니라 마귀가 거하면서 그리스도의 가면을 쓰고 여러분을 협박하고 있는 줄을 분명히 알아야 합니다. 마귀는 여러분 마음속에서 율법을 통해, 자신의 선행을 통해 의로워져야 한다고 말합니다. 참된 그리스도께서는 여러분에게 죄의 책임을 묻지 않으시고 자신의 선행을 의지하라고 명령하지 않으시며, 다만 "수고하고 무거운 짐 진 자들아 다 내게로 오라 내가 너희를 쉬게 하리라"고 말씀하십니다.

## 235

나는 그리스도와 교황을 싸움 붙임으로써 더 이상 나 자신을 괴롭히지 않게 되었습니다. 비록 지금은 문과 돌쩌귀 사이에 끼여 있으나 문제될 것이 없습니다. 그리스도께서 다 이루실 것입니다.

## 236

그리스도께서는 한 번 세상에 보이는 모습으로 오셔서 당신의 영광을 나타내시고, 하나님의 뜻에 따라 인류 구속 사역을 완수하셨습니다. 나는 주님께서 같은 모습으로 다시 세상에 오시거나 내게 천사를 보내시는 것을 바라지 않습니다. 천사가 하늘에서 내려와 내 앞에 나타날지라도 나의 믿음에 조금도 보태는 게 없을 것입니다. 나는 나의 구주 그리스도 예수에게서 표와 인을 받았기 때문입니다. 나는 주님의 말씀과 성령과 성례를 받아 가지고 있습니다. 나는 그것을 의지하며, 새로운 계시를 바라지 않습니다. 이 결심을 더욱 굳게 하고, 하나님의 말씀만 의지하고, 환상이나 계시에 마음을 두지 않기 위해서, 내가 겪었던 일을 한 가지 말씀드리고자 합니다. 지난 고난절 금요일에 골방에 들어가 간절히 기도하면서, 나의 구주 그리스도께서 우리 죄를 위해 십자가에서 어떠한 고난을 당하셨는지 묵상하고 있는데, 갑자기 나의 구주 그리스도의 환상이 벽에 찬란하게 비쳤습니다. 몸 다섯 군데에 난 상처를 지니신 채 나를 응시하셨는데, 마치 그리스도께서 육체로 임하신 듯했습니다. 처음에는 천상의 계시인 줄로 생각했으나, 이내 마귀가 보여주는 거짓 환상인 줄을 알게 되었습니다. 그리스도께서는 우리에게 좀 더 겸손한 방법으로, 즉 말씀 안에서 자신을 우리에게 나타내 주시기 때문입니다. 그래서 벽에 나타난 환상을 향해서 "마귀야, 당장 꺼지거라. 나는 십자가에 못 박혀 죽으시고, 이제는 말씀으로 우리에게 자신을 나타내 주시는 그리스도 외에는 다른 그리스도를 알지 못한다!" 하고 소리쳤습니다. 그러자 곧 환상이 사라졌고, 그 출처도 분명해졌습니다.

## 237

아, 우리 인생이 지닌 재주와 지혜가 무엇이란 말입니까! 우리는 무엇을 깨닫는 듯하면 늙어 죽으며, 이로써 마귀가 우리를 이용하기가 쉽게 되어 있습니다. 나이 서른이 되어도 사람은 여전히 육체적으로도 미련할 뿐 아니라 영적으로도 아둔합니다. 인생이 이렇게 약하고 미련한 상태에서 큰일을 많이 성취하는 것이 놀랍지만, 실은 하나님께서 그렇게 하도록 만드신 것입니다. 하나님께서는 알렉산드로스에게 지혜와 큰 성공을 주셨습니다. 그럴지라도 하나님께서는 선지자 예레미야를 통해서 어린 소년이 그 일을 이룰 것이라고 하여서 그를 소년이라 부르십니다. 장차 그가 와서 두로를 파괴할 것입니다. 그럼에도 불구하고 알렉산드로스는 자신의 미련함을 다 떨쳐버리지 못했습니다. 자주 술에 취했고, 취한 상태에서 자신에게 가장 좋은 친구들을 찔러 죽이고, 후에는 바벨론에서 자신도 술 취한 가운데 세상을 떠났던 것입니다. 솔로몬은 왕위에 올랐을 때 스무 살이 넘지 않았으나, 선지자 나단에게 잘 배운 터에서 하나님께 지혜를 구했고, 하나님께서 그를 기뻐하셨습니다. 그러나 오늘날 사람들의 마음에는 온통 재물에 관한 생각뿐입니다. 돈이 있으면 이것저것을 해볼 텐데, 하는 욕구가 마음을 채우고 있습니다.

## 238

그리스도께서는 이방 여인에게 "나는 이스라엘 집의 잃어버린 양 외에는 다른 데로 보내심을 받지 아니하였노라"(마 15:24)고 말씀하셨습니다. 하지만 그렇게 말씀하시고 나서 여인과 여인의 딸을 도우셨습니다. 그러므로 이 경우에는 말씀과 행동이 어긋나신 게 아닌가 하고 의문을 제기할 수가 있겠습니다. 그에 대한 나의 대답은 이렇습니다. 즉, 그리스도께서는 실제로 이방인들에게 보내심을 받지 않으셨으나, 이방인들이 주님께 나아올 때는 그들을 배격하지 않으신 것입니다. 주님은 유대인들에게만 보내심을 받으셨고, 따라서 유대인들의 땅에서만 복음을 전하셨습니다. 하지만 사도들을 통해서 주님의 복음이 온 세계에 전파되었습니다. 사도 바울은 하나님께서 조상들에게 하신 약속을 생각하고서 우리 주 그리스도를 '할례의 수종자'(*ministrum circumcisionis*)라고 불렀습니다. 이로써 유대인들은 약속을 이행하시는 하나님의 공정하심을 자랑하지만, 우리 이방인들은 하나님의 자비를 자랑합니다. 하나님께서는 우리 이방인들을 잊지 않으셨습니다. 물론 하나님께서는 우리와 더불어 말씀하시지 않았고, 하나님의 말씀을 들은 왕이나 선지자도 우리는 조상으로 두고 있지 않지만, 사도 바울은 다른 곳에서 이렇게 말합니다. "하나님의 말씀을 마땅히 먼저 너희에게 전할 것이로되 너희가 그것을 버리고 영생을 얻기에 합당하지 않은 자로 자처하기로 우리가 이방인에게로 향하노라"(행 13:46). 이 말에 대해서 유대인들은 오늘날까지 크게 분개하고 있습니다. 그들은 자신들을 자랑합니다. 메시야가 오직 자기들과 자기들의 후손들만을 위한 분이라고 주장합니다. 과연 모세가 그들에게 준 것은 "거룩한 백성"이라는 영광스러운 이름이었습니다. 그러나 훗날 다윗은 시편에서 이방인들에게도 그리스도를 약속합니다. "너희 모든 나라들아 여호와를 찬양하며 너희 모든 백성들아 그를 찬송할지어다"(시 117:1).

## 239

그리스도의 역사를 세 가지 방식으로 생각해야 합니다. 첫째는 행위의 역사이고, 둘째는 선물의 역사이며, 셋째는 우리가 본받아야 할 모범의 역사입니다.

## 240

우리의 복되신 구주 그리스도께서는 서른 살이 되시기 전에는 전도하고 가르치는 일을 하지 않으셨고, 공식 발언도 하지 않으셨습니다. 불경건한 언행과 가증한 우상숭배, 이단, 신성모독을 숱하게 듣고 목격하셨을지라도 입을 열지 않으셨습니다. 복음을 전파하셔야 할 때가 되기 전까지 그렇게 묵묵히 인내하실 수 있었다는 것이 참으로 놀랍습니다.

# 성령에 관하여

## 241

성령께서는 두 가지 직분을 지니십니다. 첫째는 은혜의 영으로서 그리스도로 말미암은 하나님의 은혜를 우리에게 전달하시고, 우리를 하나님의 자녀로 삼으십니다. 둘째는 기도의 영으로서 우리와 온 세상을 위하여 기도하심으로써 우리에게서 모든 악이 제거되고 모든 것이 합력하여 선을 이루게 하십니다. 은혜의 영으로서는 사람들을 가르치시고, 기도의 영으로서는 기도하십니다. 한 가지 일이 다양한 방법으로 이루어지는 것이 놀랍습니다. 성령의 능력을 받는 것과 성령에 관한 계시를 받는 것은 별개입니다. 그리스도께서 강생하시기 전에도 많은 사람들이 성령의 능력을 받았으나 성령께서는 그들에게 계시되지 않으셨습니다.

우리는 성령을 믿음과 구분하지 않습니다. 또한 성령을 믿음과 대립하여 가르치지도 않습니다. 성령께서는 세상에서 확실성 자체로 계시면서 우리로 하여금 하나님 말씀을 확신하게 하시고, 그로써 흔들리거나 의심하지 않고 하나님 말씀이 우리에게 가르치고 전해주는 것을 분명히 믿을 수 있게 해주시기 때문입니다. 그러나 성령께서는 말씀 없이는 아무에게도 임재하지 않으십니다.

마호메트와 교황, 교황주의자들, 반(反)율법주의자들, 분파들은 이 세상에 확실한 것을 갖고 있지 못하며, 하나님 말씀에 관해서도 확신할 수 없습니다. 그들은 하나님의 말씀을 의지하지 않고 자신들의 의를 의지하기 때문입니다. 그들은 큰일을 많이 이루어놓고도 항상 흔들립니다. "우리가 해놓은 이 일을 하나님께서 기뻐하실지, 우리가 과연 일을 충족하게 이루었는지 어떻게 아는가?" 하고 말합니다. 그들은 언제나 "우리는 여전히 자격이 없는 사람들이다" 하고 움츠러듭니다.

그러나 참되고 경건한 그리스도인은 그 두 가지 의심에 휘둘리지 않고 견고히 서서 이렇게 말합니다. "나는 이런 의심을 개의치 않는다. 나는 나의 거룩함도 나의 무자격함도 마음에 두지 않는다. 다만 거룩하시고 자격이 있으신 예수 그리스도를 믿을 뿐이다. 내가 거룩하든 거룩하지 않든 나는 그리스도께서 자신의 모든 거룩함과 자격과 함께 자신의 모든 것을 내 것으로 주셨음을 확신한다. 나는 가련한 죄인이며, 내가 가진 확신은 하나님의 말씀에서 나온 것이다. 그러므로 성령께서만 예수 그리스도가 주이심을 가르치실 수 있다. 과연 성령께서는 우리에게 그리스도를 가르치시고 전하시고 선포하신다."

말씀을 전하고 가르치는 일에서는 성령께서 앞장서시지만, 말씀을 듣는 일에서는 말씀이 앞장서고 성령께서 뒤따르십니다. 먼저 우리가 말씀을 들어야만 성령께서 우리 마음에 역사하시는 것입니다. 성령께서는 원하시는 사람들 속에서 역사하시지만, 말씀 없이는 역사하시지 않습니다.

## 242

성령께서는 오순절에 공식적으로 사역을 시작하셨습니다. 그날 그리스도의 사도들과 제자들에게 참되고 확실한 위로와 든든한 용기를 주시어, 세상과 마귀가 좋아하든 싫어하든, 친구들이나 원수들이 분노하거나 기뻐하든 개의치 않도록 만들어 주셨습니다. 그들은 안심하고서 시내의 거리를 다니면서 틀림없이 이런 생각을 했을 것입니다. '안나스든 가야바든, 빌라도든 헤롯이든 우리는 개의치 않는다. 그들은 전혀 중요하지 않으며, 정말로 중요한 것은 우리이다. 그들은 우리의 백성과 하인들이며, 우리가 그들의 주인과 통치자들이다.'

이처럼 우리의 사도들은 허가나 면허를 구하지 않은 채 용기를 가지고 행동했습니다.

사도들은 전도를 해야 하는지 말아야 하는지 당국자들에게 문의하지도 않았고, 제사장들과 민중이 그것을 허락할지 마음을 쓰지도 않았습니다. 담대하게 나아가 입을 열어 모든 백성과 지도자들을 향해 생명의 왕을 죽인 살인자들이요 악인들이요 반역자들이라고 책망했습니다.

당시에 사도들과 제자들에게 필요했던 이러한 정신이 오늘날 우리에게도 너무나 절실합니다. 우리의 대적들이 사도들에게도 그랬듯이 우리에게도 반역자들이요 교회의 평화를 해치는 자들이라고 비난을 퍼붓고 있기 때문입니다. 무슨 악한 일이 생기든 그들은 그것이 우리가 저지른 것이거나 우리 때문에 생긴 것이라고 말합니다. 우리의 교리가 들어오기 전에는 교황 영토가 이렇게까지 열악하지는 않았는데, 이제는 온갖 불행과 기근과 전쟁과 터키인들이 널려 있다고 말합니다. 모든 원인을 우리에게 돌리며, 틈만 나면 우리가 마귀를 하늘에서 내려오게 한 장본인들이라고 비난합니다. 우리가 그리스도를 십자가에 못 박아 죽였다고까지 말합니다.

그러므로 오순절에 사도들이 성령에 힘입어 전한 말씀은 우리에게도 매우 절실합니다. 성령께서 그 말씀을 통해서 우리 마음에 불어넣어 주시는 위로와 용기에 힘입어 우리도 사도들처럼 원수들 앞에서 담대하게 복음을 전할 수 있으며, 분파들과 이단들이 일어나더라도 개의치 않고 전진해 나갈 수 있을 것입니다. 아무것도 염려하지 않고, 악인들의 손에 십자가에 달려 죽으신 그리스도를 담대하고 기꺼이 인정하고 전파할 수 있는 그런 용기가 우리에게 필요합니다.

복음은 어느 곳에 전파되든 원수들의 반대와 정죄를 불러일으킵니다.

만약 복음이 시민들이나 농민들, 제후나 주교의 반대와 분노를 일으키지 않는다면, 그래서 고난의 대가를 요구하지 않는다면 사람들이 기꺼이 받아들일 것입니다. 그러나 복음은 사람들의 분노를 일으킵니다. 특히 권세 있는 자들과 지식인들이 비판하고 적대시하기 때문에, 복음을 전하려고 하는 사람들에게는 성령께서 주시는 큰 위로와 용기가 필요합니다.

가난한 어부 출신인 사도들이 감연히 서서 복음을 전함으로써 예루살렘 공회의 분노를 촉발하고, 영적 세속적 지도자들, 심지어 로마 황제의 반감과 박해를 일으켰다는 것은 실로 대단한 용기에서 비롯된 결과입니다. 성령께서 함께하시지 않았다면 그런 일이 일어날 수 없었습니다. 대제사장과 본디오 빌라도가 사도들을 영적 · 세속적 정부에 반기를 든 세력으로 간주하면서도 그들을 붙잡아 사형에 처하지 않은 것은 불가사의한 일이었습니다. 하지만 내막을 들여다보면 하나님께서 사도들의 연약함 가운데 권능을 발휘하셔서 대제사장과 빌라도가 겁을 먹고 크게 위축되었던 것을 알 수 있습니다.

예수 그리스도의 교회란 언제든지 그런 것입니다. 교회는 약한 가운데 진행합니다. 그런데 약한 가운데 세상에 없는 크고 강한 능력이 나타남으로써 세상의 지혜롭고 권세 있는 자들이 놀라고 겁을 먹고 두려워합니다.

## 243

성경과 성경을 토대로 작성된 니케아 신조는 성령께서 사람을 살리시는 분이며, 성부와 성자와 나란히 예배와 영광을 받으시는 분이심을 가르칩니다.

그러므로 성령께서는 필연적으로 참되고 영원하신 하나님이시며, 성부와 성자와 함께 동일 본질로 계십니다. 만일 성령께서 참되고 영원하신 하나님이 아니시라면 신적인 권세와 영예를 바칠 수가 없고, 성부와 성자와 함께 예배와 영광을 드릴 수 없을 것입니다. 이 점에 관하여 성부 하나님께서는 성령의 신성을 부정하는 이단들을 배격하시고 성경의 증거를 강력히 뒷받침해 주십니다.

성령께서는 진실함도 항구성도 없는 세상과 같은 위로자가 아니시며, 거짓과 현혹과 거리가 먼 참되고 영원하시며 항구적인 위로자이십니다. 또한 어떠한 사람도 성령을 속일 수 없습니다. 성령은 증인이라 불리시는데, 이는 성령께서 오직 그리스도에 관하여만 증거하시기 때문입니다. 성령께서 그리스도에 관하여 증거하시지 않으면 참되고 확실한 위로를 얻을 길을 어디에서도 찾을 수가 없습니다. 그러므로 성경의 교훈을 굳게 붙들고 이렇게 말해야 합니다. "나는 나를 위해 죽으신 예수 그리스도를 믿습니다. 나는 증인이요 위로자이시며 그렇게 불리시는 성령께서 기독교 세계에서 아무에 관해서도 증거하지 않으시되 오직 그리스도에 관해서만 증거하시고, 그 증거로써 마음이 슬프고 억눌린 사람들을 위로하시고 일으켜 주시는 것을 압니다. 그러므로 나는 아무데서도 위로를 얻으려 하지 않고 오직 성령께서 주시는 위로만을 받아 간직하겠습니다." 우리의 복된 구주 그리스도께서 성령님이 영원하시고 전능하신 하나님이시라고 친히 가르치셨습니다. 그렇지 않다면 사도들에게 다음과 같은 대 사명을 내리지 않으셨을 것입니다. "그러므로 너희는 가서 모든 민족을 제자로 삼아 아버지와 아들과 성령의 이름으로 세례를 베풀고 내가 너희에게 분부한 모든 것을 가르쳐 지키게 하라"(마 28:19-20). 이 말씀은 성령께서 권세와 능력에서 성부와 성자와 동등이신 참되고 영원하신 하나님이심을 분명히 가르칩니다. 또한 그리스도께서는 이렇게 말씀하셨습니다. "내가 아버지께 구하겠으니 그가 또 다른 보혜사를 너희에게 주사 영원토록 너희와 함께 있게 하리니 그는 진리의 영이라. 세상은 능히 그를 받지 못하나니 이는 그를 보지도 못하고 알지도 못함이라"(요 14:16-17). 이 구절을 잘 살펴보십시오. 이 구절에는 성삼위 하나님의 세 위격이 각각 구별되게 언급되는 것입니다. "내가 아버지께 구하겠으니 그가 또 다른 보혜사를 너희에게 주사 영원토록 너희와 함께 있게 하리니." 두 위격이 두드러지게 나타납니다. 기도하시는 성자 하나님이신 그리스도와 기도를 받으시는 성부 하나님이십니다. 그런데 만일 성부께서 그러한 보혜사를 주실 것이라면, 성부께서 친히 그 보혜사이실 리가 없습니다. 보혜사를 보내달라고 기도하시는 그리스도께서도 역시 마찬가지입니다. 따라서 세 위격이 아주 의미심장하게 우리 앞에 묘사된 것입니다. 성부와 성자께서 서로 구분되는 두 위격이시듯이 성령께서도 또 다른 위격이신데, 그럼에도 불구하고 유일하시고 영원하신 하나님 한 분밖에 없습니다.

그런데 제3위 하나님이신 성령에 관하여 그리스도께서는 이렇게 가르치십니다: "내가 아버지께로부터 너희에게 보낼 보혜사 곧 아버지께로부터 나오시는 진리의 성령이 오실 때에 그가 나를 증언하실 것이요"(요 15:26).

이 구절에서 그리스도께서는 성령의 직분과 사역에 관해서 뿐 아니라 그분의 본질과 실체에 관해서도 말씀하십니다. "아버지께로부터 나오시는 진리의 성령." 성부께서 영원하시므로, 성령께서도 시작도 끝도 없이 영원하십니다. 그러므로 구약의 선지자들은 성령께 대하여 "주의 영"[여호와의 신]이라는 칭호를 붙였습니다.

# 죄에 관하여

## 244

교부들 가운데 원죄에 관해 언급한 분이 없었는데, 아우구스티누스가 등장하여 원죄와 자범죄를 구분하여 다루었습니다. 원죄는 탐욕과 육욕과 정욕이며, 자범죄의 뿌리와 원인입니다. 신자들 안에 있는 그러한 육욕과 정욕에 대한 형벌을 하나님께서는 그리스도로 인하여 그들에게 돌리지 않으시고, 성령에 힘입어 그것과 싸우도록 하십니다. 사도 바울이 로마서 8장에서 가르친 바와 같습니다. 교황주의자들과 그 밖의 죄인들은 이 명백한 진리에 반대합니다. 사도 바울은 "이단에 속한 사람을 한두 번 훈계한 후에 멀리하라"(딛 3:10)고 말하는데, 이것은 그러한 자들이 스스로 정죄를 받아 죄를 짓는 것을 알고서 한 말입니다. 그리스도께서는 "그냥 두라. 그들은 맹인이 되어 맹인을 인도하는 자로다"(마 15:14)라고 말씀하십니다.

몰라서 잘못을 저지른 사람은 훈계를 받아들일 것입니다. 하지만 강퍅하여 진리를 받지 않으면 그 결말이 바로와 같이 될 것입니다. 바로는 자기 죄를 인정하지 않고 하나님 앞에 겸손하지 않다가 홍해에 빠져 죽었습니다. 우리는 너나할 것 없이 본성으로 다 죄인입니다. 모두가 죄 가운데 잉태되어 출생했습니다.

뼛속까지 죄에 오염되었습니다. 우리가 아담에게 물려받은 의지는 성령께서 새롭게 하시고 변화시켜 주시지 않으면 항상 하나님을 거역하게 되어 있습니다. 이 중대한 사실을 세상의 철학자들과 법률가들은 하나도 모릅니다. 그들은 하나님의 말씀 위에 사상과 학설을 수립하지 않으므로 신앙과 신학에서 배제됩니다.

## 245

성령님을 거슬러 짓는 죄는, 첫째는 분수에 넘게 생각하는 것이고, 둘째는 절망이고, 셋째는 진리를 반대하고 거역하는 것이고, 넷째는 형제나 이웃이 잘되기를 바라지 않고 하나님의 은혜 받는 것을 시기하는 것이고, 다섯째는 마음이 완고해지는 것이며, 여섯째는 회개하지 않는 것입니다.

## 246

하나님에 대해서 짓는 가장 큰 죄는 율법의 첫 번째 돌판에 새겨진 계명들을 범하는 것입니다. 이러한 죄는 성령과 하나님의 은혜를 받은 사람이 아니고는 깨닫고 느낄 수가 없습니다. 그러므로 사람들은 하나님의 진노가 눈앞에 와 있는데도 태평한 것처럼 느끼면서 자신들이 하나님의 가호 아래 있다고 생각합니다. 그들은 하나님의 말씀을 부패케 하고 비판하면서도 하나님을 기쁘시게 하고 특별히 섬기는 줄로 생각합니다. 예를 들어, 바울은 회심하기 전에 하나님의 율법이 세상에서 가장 숭고하고 고귀한 줄로 알았습니다. 율법을 지키기 위해서라면 목숨을 내놓을 각오가 되어 있었습니다. 율법 외에는 이성도 지혜도 권력도 다 필요 없다고 생각했습니다. 그러나 자신을 똑바로 바라볼 수 있게 되기 전에, 자신의 대의명분이 가장 확실하다고 생각하고 있을 당시에 또 다른 교훈을 듣게 되었습니다. 그것은 그의 삶과 행동과 근면과 열정이 하나님을 대적하고 있음을 분명히 일러주었습니다. 그런데도 그는 학구적이고 거룩해 보이는 사람들에게 호감을 주는 행동을 했으며, 그들로부터 하나님의 명예와 율법을 위해 그토록 열성을 다하니, 그것이 거룩한 일을 제대로 수행하는 태도라는 찬사를 받았습니다.

그러나 하나님께서 바울을 치셨습니다. 바울은 땅에 쓰러진 채 "사울아 사울아 네가 어찌하여 나를 박해하느냐"(행 9:5)는 음성을 들었습니다. 마치 하나님께서 이렇게 말씀하시는 것과 같았습니다. '사울아, 네가 나를 섬긴다고 생각하고 있으나, 네가 하고 있는 일은 나의 가장 큰 원수로서 나를 박해하는 것일 뿐이다. 너는 나의 말을 가지고 있고, 율법을 이해하고 근실히 지킨다고 자랑하고 있다. 너는 장로들과 서기관들에게 권위를 물려받아 그것을 맹목적으로 휘두르고 있다. 분명히 알라. 나는 누구든 내 이름을 망령되이 부르는 자는 죽을 것이라고 내 율법에 분명히 명해 놓았다. 너 사울은 내 이름을 망령되이 일컬었으니 벌을 받는 게 마땅하다.' 사울은 하늘의 음성을 듣고서 자신이 무엇을 하기를 원하시는가를 물었습니다. 이 사람이 모세 율법에 정통한 사람이었으나, 그런데도 이제 무엇을 해야 하는지를 주님께 물은 것입니다.

## 247

우리는 속에 우리 주 하나님을 거스르는 죄를 많이 가지고 있고, 그것이 당연히 주님을 슬프시게 합니다. 분노와 조바심, 탐욕, 시기, 무절제, 미움, 악 같은 것이 우리 속에 자리잡고 있습니다. 이런 것들이 세계 곳곳에서 권력과 맞물려 발산되는 큰 죄들입니다. 하지만 이런 죄들조차 하나님의 말씀을 업신여기는 것과 비교하면 아무것도 아닙니다. 하나님의 말씀을 사랑하고 존중한다면 이런 죄들에 휘둘리지 않을 것입니다. 그러나 슬프게도 온 세상이 하나님 말씀을 무시하는 큰 죄에 함몰되어 있습니다. 복음을 배척하는 것을 예사로 알고, 복음 전하는 사람을 협박하고 박해하는 것을 죄로 여기지 않습니다. 나는 교회에 오는 청중들 가운데 어떤 이들은 이렇게 생각하고 다른 이들은 저렇게 생각하며, 그렇게 많은 사람들 가운데 설교를 들으러 오는 사람이 한 줌밖에 되지 않는 것을 기이하게 바라봅니다. 이러한 죄가 너무나 만연한 까닭에, 사람들이 다른 죄를 범하면 큰일 난 줄 알고 자백하면서도 이 죄는 가볍게 생각합니다. 사람들이 하나님 말씀을 경청하지 않고, 잘 받아적었다가 집에 돌아가 복습하여 마음에 잘 간직하는 일에 태만합니다. 살인이나 간음이나 도둑질 같은 죄를 범했다면 그렇게 태만할 수 없을 것입니다. 이런 죄들을 짓고 나면 슬픔과 근심과 가책이 따라오기 때문입니다. 그러나 하나님 말씀을 간절히 듣지 않고 그것을 가볍게 여기고 오히려 뒤에서 비평이나 하는 행위에 대해서는 가책을 느끼지 않습니다. 하지만 그것은 결코 작은 죄가 아닙니다. 이 죄로 인하여 땅과 사람들이 멸망을 당하는 것입니다. 예루살렘이 그랬고, 로마와 그리스, 그리고 다른 나라들이 같은 형벌을 받았습니다.

## 248

그리스도께서는 죄를 예리하게 분간하셨습니다. 복음서를 읽어보면 주님께서 자신과 자신의 말씀을 미워하고 시기하던 바리새인들을 준열하게 책망하셨으나, 죄인인 여인에 대해서 얼마나 온유하고 따뜻하게 대하셨는지 확인할 수 있습니다. 바리새인들은 시기심에 사로잡혀 그리스도에게서 말씀을 차단하려고 했습니다. 그리스도가 자신들의 입지를 위협하고, 결국 그것을 무너뜨리고 말 원수라고 생각했던 것입니다. 하지만 여인은 비록 큰 죄인이었으나 하나님의 말씀을 굳게 붙들고, 그리스도의 말씀을 경청하고, 그분이 세상의 유일한 구주이심을 믿었습니다. 여인은 그리스도의 발을 씻겨드리고 값진 향유를 부어드렸습니다.

## 249

우리는 자신이 십자가에 주님과 함께 달렸다가 회개한 강도보다 낫다고 생각해서는 안 됩니다. 내 생각에는, 사도들조차 만약 죄를 범하여 넘어진 일이 없었다면 사죄를 믿으려 하지 않았을 것입니다. 그러므로 마귀가 내 죄를 환기시키면서 양심을 괴롭히면 나는 이렇게 말합니다. "사도 베드로여, 비록 내가 큰 죄인이긴 하나 당신처럼 나의 구주 그리스도를 부인하지는 않았습니다."

사도들도 사죄를 받았듯이 나도 사죄를 받았습니다. 사도들도 죄인들이었지만, 우리 구주 그리스도께서는 그들이 밀 이삭을 꺾을 때와 같이 항상 그들을 두둔해 주셨습니다. 반면에 십일조를 엄격히 바치던 바리새인들을 책망하시고 그들을 인정하지 않으셨습니다. 하지만 제자들에 대해서는 항상 다독이셨으며, 베드로에게는 "무서워하지 말라. 이제 후로는 네가 사람을 취하리라"(눅 5:10)고 말씀하셨습니다.

## 250

그 누구라도 자기 죄를 슬퍼하고 회개하지 않으면 형벌을 피할 수 없습니다. 죄를 짓고도 한동안 잘사는 듯해도, 하나님께서 여전히 세상을 다스리고 계시니 결국에는 덫에 사로잡히고 말 것입니다.

경건치 못한 자들이 하나님의 형벌을 생각지 않고 안전하다, 평안하다 생각하며 인생을 한껏 구가하고 있을 때, 우리 주 하나님께서는 아주 작고 사소한 일로 그들을 놀라게 하시고 사로잡으십니다. 교황도 비교적 사소하다고 할 수 있는 면죄부와 사면 때문에 나로 인하여 그러한 덫에 걸렸습니다.

## 251

위정자와 부모, 교사, 장인(匠人)은 자기 수하에 있는 시민들과 자녀들, 직공들이 심한 잘못과 죄를 저지르지 않는지 가끔 살펴봐야 합니다. 법과 규율을 서릿발처럼 적용하면 많은 경우 아예 지키지 않아 전체를 파멸로 밀어 넣기 때문입니다. 남을 다스리고 지도하는 위치에 있는 사람도 항상 바른 행동만 하지 못하고 오류와 죄를 범하는 일이 있기 때문에, 하나님께 사죄와 자비를 구하는 태도로 살아야 합니다.

또한 우리는 형제의 죄를 용서해 줌으로써 우리가 주님께 사죄를 받았다는 증거를 행실로 나타낼 필요가 있습니다. 하나님이 죄를 사해주시는 것은 우리가 형제의 잘못을 용서해 주는 것과 차원이 사뭇 다릅니다. 백원짜리 동전 한 닢이 백억원짜리 수표와 같겠습니까? 더 나아가, 우리는 형제를 용서해 준다고 해서 공로가 생기는 게 아닐지라도 용서해 주어야 합니다. 그렇게 함으로써 우리가 하나님에게 사죄를 받았음을 입증하고 증거할 수 있기 때문입니다.

사죄는 오직 하나님의 말씀 안에서만 선포되며, 따라서 우리는 말씀 안에서 사죄를 구해야 합니다. 사죄는 하나님의 약속에 근거하기 때문입니다. 하나님께서 여러분의 죄를 용서해 주시는 것은 여러분이 죄를 아파하고 슬퍼하기 때문이 아닙니다. 죄를 지으면 자연히 아프고 슬프게 되어 있습니다.

오히려 하나님은 자비하시므로, 그리고 그리스도의 공로를 보시고 죄를 사해주시겠다고 약속하셨으므로 여러분의 죄를 사해주십니다.

## 252

하나님께서는 아담을 통해서 가인에게 "네가 선을 행하면 어찌 낯을 들지 못하겠느냐. 선을 행하지 아니하면 죄가 문에 엎드려 있느니라"(창 4:7)고 말씀하셨습니다. 이 말씀은 죄인들의 모습을 적나라하게 드러내신 것이고, 마치 지독히 위선적이고 해로운 카푸친회 수사를 대하시듯이 가인에게 말씀하신 것입니다. 아담이 가인에게 해준 말의 내용은 사실상 다음과 같습니다. "너는 낙원에서 내가 겪었던 일을 잘 들었겠지. 나도 죄를 짓고는 나무 뒤에 숨어서 무화과나무 잎사귀로 죄를 가리려고 한 적이 있다. 그러나, 아들아, 우리 주 하나님은 우리가 그런 식으로 속일 수 있는 분이 아니다. 무화과나무 잎사귀 같은 것이 아무런 도움도 되지 않는다."

아담이 자신의 장남이자 하나밖에 남지 않은 피붙이를 어쩔 수 없이 쫓아내면서, "내게서 떠나 다시는 내 앞에 나타나지 말아라. 낙원에서 잃어버린 것을 아직도 생생하게 느끼고 있는데, 너 때문에 더 이상 잃고 싶지 않다. 나는 이제 더욱 마음을 모아 내 하나님의 명령을 청종할 생각이다" 하고 말할 때, 그의 심정은 찢어질 듯이 아팠을 것입니다. 그리고 그 뒤부터 아담은 배나 열심을 내어 전도를 했을 것입니다.

## 253

미움과 교만, 이 둘은 마치 마귀가 광명의 천사처럼 가장하듯이 자신들을 꾸밉니다. 미움은 공의를, 교만은 진리를 구실로 내세웁니다. 이 둘은 치명적인 죄입니다. 미움은 사람을 죽이고, 교만은 속입니다.

## 254

죄를 인정하고 자백하는 것은 아무에게도 해를 주지 않습니다. 이런저런 죄를 범하셨습니까? 그렇다면 죄를 숨기지 말고 하나님 앞에서 "주 하나님, 제가 이 죄를 범했습니다" 하고 자백하시기 바랍니다.

이런저런 죄를 범하지 않았더라도, 우리는 거룩하지 못한 존재들입니다. 혹시 남들이 범하는 죄와 상관이 없을지라도, 남들이 범하지 않는 죄를 범합니다. 그러므로 서로의 허물을 용납하십시오. 어떤 사람이 새끼늑대 몇 마리를 팔려고 왔습니다. 어떤 것이 가장 좋으냐는 질문에, 그는 "한 마리가 좋으면 나머지도 다 좋습니다. 모두 다 똑같아요" 하고 대답했습니다. 이와 같이, 만일 여러분이 살인자요 간음자요 주정뱅이였다면, 나 역시 하나님을 훼방한 자입니다. 15년간 탁발수사 생활을 하면서 가증한 우상인 미사를 수없이 드렸기 때문입니다. 차라리 다른 죄악을 범하고 사는 편이 훨씬 나았을 것입니다. 하지만 엎질러진 물은 주워담을 수 없습니다. 도둑질했던 사람은 이제부터는 도둑질을 그만두는 수밖에 없습니다.

## 255

교육을 받지 못한 평민들이 범하는 죄는 교회와 국가에서 높은 지위에 있는 사람들이 범하는 죄와 비교가 되지 않습니다.

법대로 교수대에 달리기 일쑤인 가난하고 비천한 사람들, 가련한 창녀들의 죄가, 날마다 가난한 사람들을 무수히 짓밟고 그들의 몸과 영혼을 죽음에 내어주는 거짓 교사의 죄와 비교할 때 대체 무엇이라 말입니까? 세상은 첫 번째 돌판에 새겨진 계명들을 범한 죄를 두 번째 돌판에 새겨진 계명들을 범한 죄만큼 두렵고 심각하게 받아들이지 않습니다.

## 256

원죄는 중생한 뒤에 낫기 시작한 상처와 같습니다. 상처는 상처여서 여전히 아프지만, 아무는 과정에 있는 것입니다.

이처럼 원죄는 죽는 날까지 그리스도인들에게 남아 있지만, 날이 갈수록 아물어 갑니다. 그 죄의 머리가 밟혀 으스러졌으므로 그것이 우리를 정죄하지 못합니다.

## 257

사람 속에서 일어나는 자연적인 성향은 하나님을 도외시하거나 대적합니다. 그러므로 사람은 아무도 선하지 않습니다. 성경의 교훈대로 인간의 모든 정서와 욕구와 성향이 부패하고 비뚤어진 악입니다.

경험이 이것을 증명합니다. 어떠한 남자도 한 아내와 결혼하여 자녀들을 낳고, 하나님을 경외하는 가운데 자녀들을 사랑하고 양육하는 일을 스스로의 힘으로 할 만큼 고결하지 못한 것입니다.

세상의 영웅들도 진실로 공동의 선을 위해서라기보다 속에 자리잡고 있는 야심을 채우기 위해서 큰일을 수행하며, 그에 합당한 정죄를 받습니다. 따라서 속에서 자연스럽게 솟아나는 욕구와 성향이 악하다고 생각할 수밖에 없습니다. 그러나 하나님께서는 그리스도를 믿는 자들에게는 그런 것을 제어해 주십니다.

## 258

쉥크(Schenck)는 죄 문제를 최소한의 분별력도 없이 매우 기괴하고 장황하게 다룹니다. 아이제나흐에 갔을 때 그곳 교회에서 그의 설교를 직접 들은 적이 있는데, 그대로 옮기자면 이와 같습니다. "죄, 죄란 아무것도 아닙니다. 하나님께서는 죄인들을 받아주실 것입니다. 죄인들이 천국에 들어갈 것이라고 하나님께서 친히 말씀하셨습니다." 쉥크는 과거에 범한 죄와 지금 짓고 있는 죄와 앞으로 지을 죄를 전혀 구분하지 않습니다. 따라서 단순한 사람들이 그의 설교를 들으면 '아, 죄란 아무것도 아니니까 범해도 괜찮은 것이구나' 하고 생각하는데, 이것은 대단히 잘못된 교훈입니다. 하나님께서 죄인들을 받아주신다는 선언은 이미 죄를 회개하고 버린 죄인들에게 해당됩니다. 같은 죄를 지었더라도, 죄를 슬퍼하고 버리는 것과, 감추고 고집하는 것은 크게 다릅니다. 전자는 회개에, 후자는 마귀의 속임에 닿아 있습니다.

# 자유의지에 관하여

## 259

자유의지라는 단어를 교부들은 한결같이 가증스럽게 여겼습니다. 나는 하나님께서 인류에게 자유의지를 주셨다고 인정하는 편인데, 문제는 이 자유가 과연 우리의 능력 안에 있는가 하는 것입니다. 우리의 현실을 감안할 때 자유의지라고 하기보다 차라리 도착되고 전도되고 변질되고 흔들리는 의지라고 해야 옳을 것입니다. 우리 안에서 일하시는 분은 오직 하나님이시며, 따라서 우리는 하나님의 뜻에 복종해야 하기 때문입니다. 토기장이가 진흙으로 자기 뜻에 맞는 그릇을 만들듯이, 하나님께서도 우리의 자유의지를 그렇게 쓰십니다. 그것이 올바로 발휘되는 것은 우리의 능력에 있지 않습니다. 우리는 하나님과 관련된 일에는 어떠한 선도 행할 수 없는 존재들입니다.

## 260

나는 정직하고 경건한 생활을 하고, 그 길에 방해되는 모든 것을 제거해 보려고 수없이 결심을 해보지만, 도무지 제대로 되질 않습니다. 하지만 사도 베드로도 그랬습니다. 그분도 그리스도를 위해 목숨을 내놓겠다고 맹세까지 했습니다.

나의 하나님 앞에서 무엇을 숨기고 거짓말을 하지 않겠다고 결심해 보지만, 솔직히 말씀드려서 내게 그렇게 할 능력이 없고, 다만 하나님께서 그렇게 할 은혜를 주시는 행복한 시간을 기다릴 뿐입니다.

인간의 의지는 교만하거나 좌절하거나 둘 중 하나입니다. 어떠한 인간도 율법의 요구를 만족시킬 수 없습니다. 하나님의 율법은 사실상 다음과 같이 가르치기 때문입니다. 여기 거대하고 높고 깎아지른 듯한 산이 있고 내가 산을 올라가야 한다고 칩시다. 내 육체와 자유의지는 산을 바라보면서 "나는 올라가겠다"고 말합니다. 하지만 양심은 "너는 절대로 올라갈 수 없어" 하고 말합니다. 그러면 좌절이 찾아와 "오를 수 없다면 그만 두어야지 별 수 있나" 하고 체념하게 합니다. 이런 식으로 율법은 인간 안에 교만 아니면 좌절을 일으킵니다. 그럴지라도 우리가 율법을 전하고 가르쳐야 하는 이유는, 율법이 없으면 사람들이 갈수록 거칠어지고 대범해지는 반면에, 율법을 가르치면 두려워하고 자제하게 되기 때문입니다.

## 261

아우구스티누스는 자유의지가 하나님의 은혜와 성령의 도우심이 없이는 죄 짓는 것밖에 할 수 없다고 썼습니다. 이 문장이 스콜라 학자들에게 심한 고민을 안겨 주었습니다. 그들은 아우구스티누스가 과장법을 사용한 것이라고 말합니다. "여호와께서 사람의 죄악이 세상에 가득함과 그의 마음으로 생각하는 모든 계획이 항상 악할 뿐임을 보시고 땅 위에 사람 지으셨음을 한탄하사 마음에 근심하시고"(창 6:5–6). 성경의 이 구절에 대해서, 그들은 홍수 전에 살았던 사람들에게만 적용되는 말씀이라고 이해합니다. 하지만 아우구스티누스가 말한 것은 인류 보편에 대한 것이었습니다. 그런데 이 가련한 스콜라 학자들은 성령께서 홍수 직후에 거의 같은 뜻의 말씀을 하신 것을 기억하지 못합니다. "내가 다시는 사람으로 말미암아 땅을 저주하지 아니하리니 이는 사람의 마음이 계획하는 바가 어려서부터 악함이라"(창 8:21).

따라서 총괄적인 결론을 내리자면 이렇습니다. 즉, 사람은 성령과 하나님의 은혜 없이는 죄 짓는 일 외에 아무것도 할 수 없습니다. 죄 짓는 일을 쉬지 않으며, 이 죄에서 저 죄로 연속해서 떨어집니다. 그런데 사람이 하나님의 온전한 교훈을 받지 않고 구원의 말씀을 무시하고 성령을 거부하면 자신의 자유의지를 발휘한 결과 하나님의 원수가 됩니다. 성령을 훼방하며, 마음의 원대로 행동합니다.

그러나 우리는 성령께서 모세를 통해서 하신 말씀을 귀담아 들어야 합니다. "여호와께서 사람의 죄악이 세상에 가득함과 그의 마음으로 생각하는 모든 계획이 항상 악할 뿐임을 보시고." 사람이 사고와 이해와 자유의지를 부지런히 발휘하여 품을 수 있는 생각이 악하되 어쩌다 한두 번 그런 것이 아니고 항상 악하다는 말씀입니다. 성령께서 함께 하시지 않으신다면 인간의 이성과 의지로는 하나님을 알 수 없습니다. 하나님을 모른다는 것은 불경건하다는 뜻이고, 어둠 속에서 거닌다는 뜻이며, 최악을 최선인 줄 알고 붙들고 산다는 뜻입니다.

나는 신적인 일들에서, 성경의 교훈에 따라 선한 것이 무엇인가 하는 점만 말씀드리고 있습니다. 우리는 현세적인 일과 영적인 일, 정치와 신학을 구분해야 하기 때문입니다. 하나님께서도 불신자들의 정부를 허용하시고 그들의 덕행에 상을 주시되 그 범위는 현세에 국한됩니다. 인간의 이성과 의지는 외면적 · 현세적으로 선한 것을 마음에 품되 그 너머를 생각지 않는 것입니다.

그러나 우리 신학자들이 자유의지를 말할 때는 인간의 자유의지가 외면적 · 현세적 영역이 아닌, 신적이고 영적인 영역에서 이룰 수 있는 것이 무엇인가 하는 데 초점을 둡니다. 우리는 인간이 이교 세계의 덕목을 충실하게 갖추고 많은 공적을 쌓았다 하더라도 성령님 밖에 있으면 하나님 앞에서 몹시 악하다고 결론을 내립니다.

이교 세계에도 인간으로서 훌륭하고 빛나는 예들이 얼마든지 있습니다. 삶에 절도가 있고 정절을 지키고 도량이 넓고 조국과 부모와 아내와 자녀를 사랑하는 사람들, 외유내강의 본이 되는 사람들이 많이 있습니다.

그러나 인간이 하나님과 참 예배와 하나님의 뜻에 관하여 품고 있는 사상은 그야말로 앞 못 보는 소경이요 암흑입니다. 인간이 갖고 있는 지혜와 이성의 빛으로는 외면적으로 선하고 유익한 것만 이해할 따름입니다. 간혹 이교 철학자들 중에서 하나님과 하나님에 관한 지혜를 매우 적절하게 논하여서 일부 그리스도인들에게 선지자 대접까지 받는 소크라테스와 크세노폰, 플라톤 같은 사람들이 있는 것이 사실이지만, 그들은 하나님께서 죄인들을 구원하시려고 독생자 그리스도를 보내신 사실을 알지 못하는 까닭에 근사하고 탁월하고 지혜롭게 보이는 그들의 연설과 대화도 실은 맹목과 무지일 뿐입니다.

## 262

자유의지가 마치 신적이고 영적인 일들에 작은 기여라도 할 수 있는 것처럼 자부하는 것이 주 하나님 앞에 얼마나 송구스러운 태도인지요! 마귀가 죄를 통해서 우리에게 끼친 두렵고 비참한 결과들을 생각할 때, 그 안에 오염되어 있는 자유의지를 꺼내들고 자랑하는 것은 참으로 부끄러운 일입니다.

첫째로, 자유의지는 우리를 원죄로 데려갔고, 사망을 불러들였습니다. 죄가 사망뿐 아니라 우리가 날마다 목격하는 바, 살인과 거짓과 속임과 도둑질 같은 온갖 악행과 재앙을 불러들였으며, 이런 세상에 사는 사람은 누구라도 생명과 재산상의 안전을 누리지 못하고 항상 위험을 곁에 달고 삽니다.

이런 악들보다 더 인간을 고통스럽게 하는 것이 있습니다. 그것은 복음서에 잘 나타나 있는 대로, 인간이 마귀에게 사로잡혀 그가 이끄는 대로 끌려갈 수밖에 없는 현실입니다.

우리는 우리 시조(始祖)가 타락 후에 어떻게 되었는지, 우리가 그들에게 무엇을 물려받았는지 구체적으로 알지 못합니다. 우리 육체와 영혼이 온통 혼동되고 부패하고 오염되었고, 우리에게서 선한 것이 하나도 나오지 않기 때문입니다.

내가 결론으로 갖고 있는 견해는 이것입니다. 즉, 인간의 자유의지가 영적인 일에 행하고 내놓는 것을 그대로 쥐고 있는 사람은 그리스도를 부정하게 되어 있다는 것입니다. 이 점을 나는 글을 쓸 때마다 강조했으며, 특히 이 시대에 최고의 학자인 에라스무스를 비판한 글에서 더욱 강조했습니다. 온 세상이 반대해도 그것은 분명한 진리입니다. 엄위로우신 하나님의 법령이 지옥의 대문 앞에 굳건히 버티고 서 있는 것입니다.

나는 인간이 자유의지를 갖고 있음을 인정합니다. 하지만 그것은 소젖을 짜고 집을 짓는 정도의 일을 할 수 있는 자유의지입니다. 사는 게 편하고 안전하여 부족한 게 없을 때에는 누구나 자기에게 무슨 일을 할 수 있는 자유의지가 있다고 생각합니다. 그러나 기근이 닥쳐서 식량도 물도 돈도 바닥나면 자유의지를 어디에서 찾을 수 있습니까? 위기가 닥치면 자취를 찾아볼 수 없습니다. 오직 믿음만 굳건히 서서 그리스도를 구합니다. 그러므로 믿음은 자유의지와 전혀 별개의 것입니다. 자유의지는 아무것도 아니고 믿음이 전부입니다. 전염병이 번지고 전쟁이 일어나고 기근이 닥쳤는데도 자신의 자유의지를 가지고 무슨 일을 열성적으로 해보려고 할 만큼 여러분은 대범하고 강인합니까? 절대로 그렇지 않습니다. 전염병이 번지면 공포에 사로잡혀 일이 손에 잡히지 않습니다. 어떻게 해서든 수백 리 밖으로 도망치려는 생각밖에 들지 않습니다. 기근이 닥치면 어디에 가야 식량을 구할까 하는 생각밖에 할 수 없습니다. 정말로 큰 곤궁 가운데 들어가면 마음이 작은 위로라도 주지 못하고 그 처지를 벗어나려고 노력할수록 실의와 절망만 커져서, 이파리 흔들리는 소리에도 덜컥 겁을 냅니다. 우리의 자유의지가 내놓을 수 있는 용기와 진취성이란 이 정도밖에 되지 않습니다.

## 263

최근에 등장한 어떤 신학자들은 성령께서 자신을 거부하는 자들 안에서는 역사하지 않으시고, 기꺼이 동의하고 영접하는 자들 안에서만 역사하신다고 주장합니다. 이것은 자유의지도 믿음의 원인과 조력자이고, 따라서 오직 믿음으로 의롭다 함을 받는 게 아니며, 오직 성령께서만 말씀을 통해서 일하시는 게 아니라 인간의 의지도 어떤 일을 한다는 생각을 갖게 만드는 근거 없는 주장입니다.

분명히 말하건대 그것은 잘못된 주장입니다. 인간의 의지는 회심과 칭의에 아무런 역할도 하지 못하는 것입니다. 토기장이가 진흙을 가지고 자기가 원하는 그릇을 만들듯이, 성령께서는 인간 의지에 대해 원하시는 대로 일하시되, 특히 사도 바울처럼 거역하고 반대하는 사람들의 의지에서도 일하십니다. 그러나 그렇게 거역하는 자들 안에서 일하신 뒤에는 그들의 의지가 성령을 받아들이고 그에게 순종하도록 이끄십니다.

앞서 말한 신학자들은 더 나아가, 사도 바울은 특별하고도 예외적인 경우이며 일반적인 표준으로 삼을 수 없다고 주장합니다. 내 대답은 이렇습니다. 다른 모든 사람들이 회심하는 경위도 본질적으로 사도 바울과 다르지 않습니다. 우리도 원래는 모두 하나님을 거역했으나, 성령께서 전도의 말을 쓰셔서 우리의 의지를 당신에게 향하도록 이끄신 것입니다.

사람이 결혼을 떠나서 합법적으로 자녀를 가질 수 없듯이, 성령께서는 말씀을 통하여 일하시되 어느 경우에든 그렇게 하시지 않고 원하실 때에만 그렇게 하십니다. 따라서 자유의지는 우리가 하나님 앞에서 회심하고 의롭다 함을 받는 데 아무런 역할도 하지 못합니다. 회심과 칭의는 성령께서 적합하게 준비시켜 주시기 전에는 자기 힘으로 조금이라도 이룰 수 있는 게 아닙니다.

성경에서 예정에 관하여 가르치는 구절들, 예를 들면 "나를 보내신 아버지께서 이끌지 아니하시면 아무도 내게 올 수 없으니"(요 6:44) 같은 말씀은 우리를 두렵게 만듭니다. 그러나 이러한 구절들은 우리 자신의 힘과 의지로는 하나님 앞에 어떠한 선한 일도 할 수 없음을 깨우쳐 주며, 신자들로 하여금 기도할 마음을 갖게 합니다. 이러한 하나님 앞에서 이러한 심정으로 서 있는 사람은 자신들이 예정되었다는 결론을 가질 수 있습니다.

그렇다면 어찌 인간의 자유의지가 회심에 조금이라도 기여하는 바가 있다고 자부할 수 있습니까? 우리가 가련한 인간들에게서 목격하는 현실은 오히려 정반대입니다. 마귀가 그들을 사로잡은 채 찢고 괴롭히고 고통을 주며, 악착같이 그들에게 붙어서 그들에게서 나가지 않습니다. 그리스도께서 말씀하신 대로 오직 성령께서만 마귀를 쫓아내실 수 있습니다. "그러나 내가 하나님의 성령을 힘입어 귀신을 쫓아내는 것이면 하나님의 나라가 이미 너희에게 임하였느니라"(마 12:28). 이 말씀은 사실상 이런 뜻입니다. "하나님의 나라가 너희에게 임하려면 먼저 마귀가 쫓겨나야 한다. 너희가 고백하는 대로 마귀의 나라는 하나님의 나라를 대적하기 때문이다." 그런데 마귀는 그 수하에 있는 귀신들에 의해서 쫓겨나지 않을 것이고, 나 곧 인간의 힘에 의해서는 더더욱 쫓겨나지 않을 것이며, 오직 하나님의 성령과 권능에 의해서만 쫓겨날 것입니다. 그러므로 하나님의 성령으로 마귀를 쫓아내지 않는다면 마귀의 나라는 여전히 그곳에 버티고 있을 것이고, 마귀의 나라가 버티고 있는 곳에는 하나님의 나라가 없습니다.

또한 성령께서 우리에게 와 계시지 않는 한 우리는 선한 일을 조금이라도 할 수 없을 뿐 아니라, 마귀의 나라에 거하면서 그가 기뻐하는 일을 하고 있는 것입니다.

사도 바울이 온 세상 사람들이 다 나서서 거든다 한들 마귀에게서 풀려낼 수 있었겠습니까? 그런 일이란 절대로 있지 않았을 것입니다. 우리의 복되신 구주 그리스도께서 하나님의 권능을 가지고 그를 찾아오시지 않았다면, 그는 자신의 주와 상전인 마귀가 좋아하는 일을 억지로 할 수밖에 없었습니다.

그런데 만일 그가 마귀를 자신의 육체로부터 단절할 수 없었다면, 어찌 자신의 의지와 능력으로 자신의 영혼으로부터 단절할 수 있었겠습니까? 육체가 마귀에게 사로잡힌 것도 따지고 보면 영혼이 사로잡혔기 때문이며, 그것 역시 죄에 대한 형벌이었던 것입니다. 형벌보다 죄에서 풀려나는 것이 더 어려운 일입니다. 육체보다 영혼이 항상 마귀에게 더 심하게 사로잡혀 있습니다. 마귀는 육체에 본능의 힘과 영향을 남기지만, 영혼에는 이성적 이해와 판단을 남깁니다. 이것은 귀신들린 사람에게서 확인할 수 있습니다.

그리스도께서 마귀를 어떻게 묘사하셨는지 눈여겨봅시다. 그리스도께서는 마귀가 성을 차지하고 있는 강한 자라고 하십니다. 마귀는 세상을 자기 왕국으로 차지하고 있을 뿐 아니라, 어떠한 인간도 빼앗을 수 없을 만큼 난공불락의 요새로 지키고 있으며, 그 안에 사는 인간들을 제 마음대로 부릴 만큼 철저히 장악하고 있습니다. 그런데 성읍 주민들이 전제군주의 횡포에서 스스로 보호할 길이 없듯이, 자유의지와 인간의 능력도 마귀의 억압에서 스스로 보호할 길이 없습니다. 성을 구하려면 강한 힘을 가진 자가 외부에서 성주를 굴복시켜야 하듯이, 인간도 그리스도를 통해서 마귀에게서 풀려날 수 있습니다. 그리스도의 이 비유에서 볼 수 있는 것은, 우리의 행위와 의로는 우리 스스로를 구원할 수 없고, 다만 하나님의 은혜와 능력으로만 구원받을 수 있다는 것입니다.

복음이 얼마나 탁월하고 큰 위로를 줍니까! 스스로 구원할 능력도 없고 구원받는 길이 있는 줄도 모른 채 방치되어 있던 우리 가련한 죄인들에게 우리 구주 그리스도께서 복음 안에서 얼마나 큰 사랑을 나타내신 것입니까!

어리석은 양은 목자가 항상 이끌어주지 않으면 곁길로 빠지지 않도록 스스로 조심할 능력이 없습니다. 한눈팔다가 곁길로 빠져 길을 잃으면 스스로 바른 길로 찾아올 수도 없고 목자에게 돌아올 수도 없습니다. 목자가 나서서 양을 찾기까지 찾다가 마침내 찾으면 도로 데리고 와서, 다시는 길을 잃거나 늑대에게 찢길 위험에 내놓지 않습니다. 마찬가지로 우리는 스스로 구원할 길이 없고, 양심의 평안을 얻을 수도 없고, 마귀와 사망과 지옥에서 도망칠 수도 없습니다. 그리스도께서 친히 말씀으로 우리를 찾으시고 우리 이름을 불러주셔야 합니다. 우리가 주님 앞에 나아가 참 믿음을 가질지라도, 주님께서 말씀과 성령으로 우리를 항상 붙들어 주시지 않으면 우리 스스로의 힘으로 그 자리에 남아 견고히 설 수가 없습니다. 마귀가 우리를 삼키려고 우는 사자처럼 도처에서 우리를 찾아 매복하고 기다리고 있는 것이 우리의 현실인 것입니다.

하나님에 관하여 아무것도 모르는 사람이 어찌 스스로의 인생을 책임질 수 있는 것처럼 행세하는지 심히 답답합니다. 죄 중에 잉태되어 출생한, 그래서 본질상 진노의 자녀이자 하나님의 원수인 인간이 스스로의 힘으로 인생의 바른 도리를 발견하고 그 길을 걸을 수 있는 것처럼 자신하는지 이해가 되지 않습니다. 선지자 이사야는 "우리는 다 양 같아서 그릇 행하여 각기 제 길로 갔거늘"(사 53:6) 하고 말합니다. 마귀는 세상의 임금이고 우리는 그의 포로들인데, 우리가 아무리 힘을 합쳐 대항한다 한들 그의 사소한 공격조차 막아낼 힘이 있겠습니까? 어디 가야 도움이나 위로나 조언을 받을 수 있는지 알지 못하고, 일상의 경험이 가르치듯이 우리 자신이나 남을 위해 최소한의 필요조차 스스로 조달할 수 없는 가련하고 비참한 우리들이 어찌 하나님의 심판과 진노와 영원한 사망 앞에서 스스로 위로와 도움과 조언을 얻을 수 있다고 자부할 수 있겠습니까?

그러므로 담대하게 결론내릴 수 있습니다. 양이 스스로 도울 수 없고 목자로부터 모든 도움을 기다려야 하듯이, 인간은 구원에 관한 한 스스로 위로와 도움과 조언을 얻을 수 없고, 목자이신 하나님께로부터 그것을 기대하고 기다려야 합니다. 하나님께서는 세상의 목자가 자기 양들에게 하는 것보다 수천 배나 더 자기 양들을 위해서 모든 선한 일을 해주실 마음을 갖고 계십니다.

인간 본성이 원죄로 말미암아 육체와 영혼 안에서 안팎으로 철저히 부패하고 비뚤어진 상태에서 자유의지와 인간의 능력이란 게 대체 무엇이란 말입니까? 스스로 분발하여 자기 능력을 모두 동원하여 하나님의 은혜를 얻고 구원받은 자녀가 되어야 한다고 가르치는 인간 전승과 행위의 설교자들이 설 자리가 대체 어디 있단 말입니까? 얼마나 미련하고 거짓된 교훈입니까! 우리의 능력과 우리의 힘과 행위는 스스로 싸움에 임해 버틸 만한 준비가 전혀 되어 있지 않습니다. 하나님의 말씀을 듣기를 거부하고, 하나님께 사랑과 호의를 입기를 기대하기보다 자신과 마찬가지로 죄인인 다른 인간들에게 사랑과 호의를 기대하는 인간이 어찌 하나님과 화목할 수 있겠습니까? 자유의지란 이런 것이 아닙니까?

시내 산에서 이스라엘 자손은 하나님께서 십계명을 주실 때 인간 본성과 자유의지가 하나님 앞에서 아무것도 할 수 없고 하나님과 공존할 수도 없음을 여실히 보여주었습니다. 그들은 하나님께서 무조건 괴롭히고 고통만 주는 공포스러운 분으로 생각하고서, 돌연히 자신들을 치실까봐 두려워했던 것입니다.

# 요리문답에 관하여

## 264

나는 사도신경이 성령의 작품이라고 믿습니다. 이렇게 광대한 고백과 정교하고 풍부하고 강한 표현은 성령님만 내놓으실 수 있습니다. 온 세상을 다 뒤져봐도 이런 고백을 내놓을 수 있는 인간은 없습니다. 그러므로 우리는 사도신경을 항상 민감하고 진지하게 간직하고 궁구해야 할 것입니다. 나 자신은 이 고백을 너무나 숭엄하게 간직하고 삽니다.

## 265

요리문답은 교회의 표준으로 남아 교회를 다스리는 준칙이 되어야 합니다. 요리문답을 구성하는 것은 십계명과 사도신경과 주기도문과 성례에 관한 교훈입니다. 요리문답에 반대하는 사람들이 많을지라도 그것을 확고히 견지하고, "너는 … 영원한 제사장이라"는 말씀의 주체이신 분을 통해서 항상 숭고하게 간직해야 합니다. 세상에 아무리 마귀와 그의 수족들이 많을지라도 여전히 주께서는 제사장이시며 또한 사역자들을 많이 일으켜 그들을 통해 일하실 것이기 때문입니다.

## 266

어린이들은 설교를 잘 알아듣지 못하므로 거기서 배우는 것이 별로 없습니다. 따라서 교회에서 가르친 내용을 학교와 가정에서 어린이들에게 풀어 가르치고 가르친 내용을 확인할 필요가 있습니다. 이런 방법은 큰 유익을 줍니다. 노력이 많이 들지만 꼭 필요합니다. 교황주의자들은 그런 수고를 하지 않으므로 그들의 자녀들이 무지한 상태로 방치되는 것입니다.

## 267

요리문답은 기독교 신앙의 도리를 가장 정확하고 직설적이고 간추려서 진술합니다. 이는 하나님께서 친히 십계명을 주셨고, 그리스도께서 주기도문을 가르치셨고, 성령께서 신앙의 조항들을 한데 모으셨기 때문입니다. 이 세 부분이 더 훌륭한 것을 기대할 수 없을 정도로 너무나 적절하게 조합되었습니다. 그러나 이렇게 소중한 것을 우리는 어린아이들이 날마다 암송한다는 이유로 시시하게 여깁니다.

요리문답은 가장 온전하고 훌륭한 교리이므로 설교를 통해 지속적으로 가르쳐야 합니다. 모든 공적 설교는 요리문답의 토대 위에서 이루어져야 합니다. 나는 이것을 날마다 설교하고 날마다 낭독하면 좋겠습니다. 그러나 우리의 설교자들과 청중은 이것을 시시하게 여깁니다. 이미 다 알고 있다고 생각합니다. 쉽고 단순하다고 해서 계면쩍어하며, 좀 더 수준이 높은 설교를 원합니다. 우리의 교구민들은 "우리 설교자들은 허구한 날 똑같은 가락만 연주해. 요리문답, 십계명, 사도신경, 주기도문, 세례, 성찬만 맴돈다고" 하고 불평합니다. 이런 것들은 우리가 익히 아는 내용입니다. 그러나 내가 말하는 요리문답이란 평신도들의 성경입니다. 그 안에는 모든 그리스도인이 구원을 얻으려면 알아야 하는 모든 교리가 집약되어 있습니다.

첫째로, 십계명이 있습니다. 이것은 모든 교리 중의 교리(*Doctrina Doctrinarum*)로서, 하나님의 뜻이 무엇이고 우리에게 무엇을 요구하시며, 그런데 우리에게 무엇이 부족한지 알게 해줍니다.

둘째로, 하나님과 우리 주 예수 그리스도에 대한 신앙고백 곧 사도신경이 있습니다. 이것은 역사 중의 역사(*Historia Historiarum*) 혹은 최고의 역사로서, 이 안에는 태초부터 영원까지 전능하신 하나님께서 하신 놀라운 일들이 진술되어 있습니다. 하나님께서 우리 인간들과 피조물들을 어떻게 창조하셨는지, 우리가 하나님의 아들의 인성과 고난과 죽음과 부활을 통해서 어떻게 구원을 받았는지, 우리가 어떻게 새롭게 되고 하나님의 한 백성으로 불러모아졌고, 죄 사함과 영원한 생명을 얻었는지 사도신경은 훌륭하게 고백합니다.

셋째로, 주기도문이 있습니다. 이것은 기도 중의 기도(*Oratio Orationum*)이며, 지극히 높으신 주님께서 우리에게 친히 가르쳐 주신 기도입니다. 이 안에는 모든 영적 · 현세적 복이 함축되어 있으며, 온갖 시련과 시험과 고난과 심지어 죽음의 순간에조차 마음을 붙들어 주는 가장 큰 위로가 담겨 있습니다.

넷째로, 복된 성례가 있습니다. 이것은 지극히 숭고한 의식들(*Cerimonia Cerimoniarum*)로서, 하나님께서 친히 제정하시고 명하신 것이며, 하나님의 은혜로 우리에게 확신을 갖게 합니다. 우리는 요리문답을 존중하고 사랑해야 합니다. 그 안에는 기독교 교회의 유서 깊고 순결하고 신적인 교리가 담겨 있기 때문입니다. 요리문답에 위배되는 것은 겉으로 아무리 위대하게 보일지라도 거짓 교훈이므로 항상 주의하여 배척해야 합니다. 나는 어렸을 때 교황의 교회에 다니면서 십계명이나 주기도문에 관해서 배워본 적이 없습니다.

미래의 이단들은 요리문답의 빛을 어둡게 만들겠지만, 참으로 감사하게도 오늘날 우리의 강단들은 지난 천년 세월을 통틀어 가장 훌륭한 요리문답을 보유하고 있습니다. 교부들의 저서들을 다 모아놓고 정리한다 해도 오늘날 우리가 이 얇은 요리문답을 통해 배우는 것과 같은 하나님의 은혜에 관한 교훈을 얻을 수 없습니다. 나는 에르푸르트의 수도원에서 지낼 때 성경만 읽었습니다. 그러다가 하나님의 기이한 섭리로 모든 인간의 기대와 달리 비텐베르크로 부름을 받아 왔는데, 이곳에서 하나님의 인도하에 마귀 곧 로마 교황에게 중대한 타격을 입혔습니다. 그것은 어떠한 황제나 왕이나 권력자가 그에게 가한 타격과 비교가 되지 않을 만큼 큰 것이었습니다. 하지만 이것은 내가 한 일이 아니고, 가난하고 약하고 자격 없는 나 같은 자를 하나님께서 도구로 쓰셔서 하신 일입니다.

십계명은 우리가 하나님과 이웃 곧 온 인류 앞에서 어떻게 처신해야 할지를 가르쳐 주는 모든 덕목들과 교리들의 간결한 종합이요 그것을 밝히 들여다보게 하는 안경입니다.

인류 역사상 십계명만큼 탁월하고 온전한 도덕 교과서가 나온 적이 없습니다.

## 269

하나님께서는 "나 네 하나님 여호와는 질투하는 하나님인즉" 하고 말씀하십니다(출 20:5). 하나님께서는 두 가지 면에서 질투를 나타내십니다. 첫째로, 하나님에게서 떨어져 나가 창조주보다 피조물을 더 좋아하는 자들, 세상 권력자들에게 빌붙는 자들, 친구들과 자신들의 부와 재주와 지혜에 의존하는 자들, 믿음으로 말미암는 의를 버리고 업신여기며, 스스로 선행을 통해 의롭다 함과 구원을 얻으려고 하는 자들에게 진노하심으로써 질투를 나타내십니다. 또한 하나님께서는 자기들의 힘과 재주를 자부하고 약자를 능멸하는 자들에게 몹시 진노하십니다. 앗수르 왕 산헤립이 단적인 예인데, 그는 자신의 거대한 권력을 자랑하고 예루살렘을 완전히 멸망시켜 버리려고 생각했습니다. 사울 왕도 이스라엘을 자기 힘과 재주로 지켜 그것을 자기 자녀들에게 물려줄 생각을 했으며, 그러느라 다윗을 핍박하고 국외로 쫓아버렸습니다.

둘째로, 하나님께서는 당신을 사랑하고 경외하는 사람들을 위해서 질투하십니다. 그런 사람들을 하나님께서는 사랑하시고 눈동자처럼 보호하시며, 그들의 원수들이 뜻을 이루지 못하도록 막아주시고 쫓아버리십니다. 그러므로 '질투' 라는 단어는 미움과 사랑, 보복과 보호를 동시에 뜻합니다. 질투하시는 하나님 앞에서 우리는 두려움과 미움을 동시에 품고 살아야 합니다. 혹시라도 하나님을 진노하시게 하거나 하나님이 싫어하시는 일을 하지 않으려고 두려워해야 하며, 어려움과 고통에 들어갈지라도 하나님께서 우리를 도우시고 붙드시고 보호하실 것과, 우리 죄를 사해주실 것, 그리고 그리스도를 인하여 우리를 영생에 이르도록 보호하실 것을 믿어야 합니다. 실로 믿음은 영적인 문제와 현세적인 문제 모두를 바르게 판단하고 해결해 가는 푯대가 되어야 합니다. 하나님께서 우리를 내려다보시고 사랑하시고 도우시며 결코 버리지 않으신다는 것을 마음으로 믿어야 합니다. 시편에 기록된 바와 같습니다. "환난 날에 나를 부르라. 내가 너를 건지리니 네가 나를 영화롭게 하리로다"(시 50:15). "여호와께서는 자기에게 간구하는 모든 자 곧 진실하게 간구하는 모든 자에게 가까이 하시는도다"(시 145:18). 요엘 선지자도 이렇게 말합니다. "누구든지 여호와의 이름을 부르는 자는 구원을 얻으리니"(욜 2:32).

더 나아가 주께서는 "나 네 하나님 여호와는 질투하는 하나님인즉 나를 미워하는 자의 죄를 갚되 아버지로부터 아들에게로 삼사 대까지 이르게 하거니와" 하고 말씀하십니다(출 20:5). 이 말씀은 우리 마음에 두려움과 공포를 일으키고도 남을 경고의 말씀입니다. 우리의 이치와 정반대됩니다. 우리는 자녀와 후손이 아버지와 조상의 죄 때문에 벌을 받는 것을 부당한 일로 여기기 때문입니다. 그러나 하나님께서 그렇게 명하시고 시행하시므로, 우리가 할 일은 하나님께서 의로우신 하나님이며 조금도 그릇되게 행하지 않으신다는 것을 알고 인정하는 것입니다. 우리의 상식이 하나님의 두려운 경고와 상반되며, 따라서 혈과 육이 하나님의 경고를 흘려버린다는 점을 유념하고서 그런 생각을 바람에 날려버립시다. 그러나 우리 참된 그리스도인들은 성령께서 우리 마음을 감화하실 때 하나님의 경고가 참되다는 것과 그 경고가 공정하고 의롭다는 것을 믿으며, 그러므로 하나님을 두려워하고 삽니다. 이 점에서도 인간의 자유의지가 하는 일이 도대체 무엇인지 다시 한 번 확인하게 됩니다. 우리의 자유의지란 아무것도 깨닫지도 못하고 두려워하지도 않는 것입니다. 이 경고가 얼마나 진지한 것인지 정말로 깨닫는다면 당장 쓰러져 죽을 것처럼 두려움에 사로잡힐 것입니다. 이런 사례를 우리는 성경에서 적지 않게 확인하게 됩니다. 므낫세가 이 죄로 인하여 훗날 자기 백성을 비참한 포로 생활로 던져 넣게 된 것입니다.

그러나 혹시 이렇게 반문할 사람이 있을지 모르겠습니다. "그렇다면 부모가 죄를 범하면 후손이 은혜 받을 소망이 없단 말인가?" 내 대답은 이렇습니다. 회개하는 사람들에게는 율법이 제거되고 폐지되므로 부모의 죄가 그들에게 해를 주지 못합니다. "아들은 아버지의 죄악을 담당하지 아니할 것이요"라는 에스겔 선지자의 말과 같습니다(겔 18:20). 그럴지라도 하나님께서는 외적이고 육체적인 형벌이 계속 진행되도록 허용하십니다. 때로는 회개하는 자녀들에게도 다른 사람들이 그들을 보고 죄에서 멀리 떠나 거룩한 생활을 할 수 있도록 본보기로 징계를 계속하시는 경우도 있습니다.

[그러나] "나를 사랑하고 내 계명을 지키는 자에게는 천 대까지 은혜를 베푸느니라"(출 20:6). 거룩한 한 사람 덕분에 그렇게 많은 사람들이 아무런 자격도 없이 복과 자비에 참여하게 된다는 것은 참으로 인간의 상식과 이성을 뛰어넘는 크고 영광스럽고 위로가 되는 약속입니다. 허다한 사람들이 거룩한 한 사람 때문에 자비와 은덕을 입는 사례는 많이 볼 수 있습니다. 아브라함 덕분에 많은 사람이 보호와 구원을 받았으며, 이삭도 그러한 유익을 끼쳤습니다. 게다가 나아만 덕분에 아람 전체가 복을 받았습니다.

하나님을 사랑한다는 것은 하나님께서 우리에게 자비를 베푸시며, 우리를 도우시고 지지하시고 우리에게 선을 행하신다는 것을 확고히 믿는 것입니다. 그러므로 사랑은 믿음에서 우러나오며, 하나님께서는 친히 우리에게 모든 선한 것을 약속하신 사실을 믿으라고 당부하십니다.

## 270

첫째 계명은 하나님께서 우리 하나님이심을 가르치는 계명으로서 언제까지든 굳건히 남아 있을 것입니다. 이 계명은 현세에서는 온전히 성취되지 않고 장차 영원한 세상이 올 때 성취될 것입니다. 다른 모든 계명들은 중단되고 폐기될 것입니다. 내세에서는 이 세상이 모든 외적 예배와 현세의 모든 정책과 통치와 함께 그치고, 하나님과 첫째 계명만 지금과 마찬가지로 영원토록 남을 것입니다.

모세가 첫째 계명을 얼마나 면밀하고 유능하게 다루고 설명하는지 주의해서 봐야 합니다. 그는 탁월한 학자였음에 의심의 여지가 없습니다. 훗날 다윗은 모세에게 통하는 문이었습니다. 그는 모세에 정통했으며, 최초의 시인과 웅변가가 되었던 것입니다. 시편은 전체가 첫째 계명에 대한 삼단논법 곧 결론적 문장들입니다. 대전제는 하나님의 말씀입니다. 소전제는 믿음입니다. 결론은 행위, 실천입니다. 그래서 우리가 믿는 바에 따라서 행위가 나오게 됩니다. 대전제는 "자비로우신 주님께서 통회하는 죄인을 불쌍히 여기신다"는 것이고 소전제는 "우리는 죄인으로서 통회한다"는 것이며, 결론은 "그러므로 주님께서 우리를 불쌍히 여기신다"는 것입니다.

우리가 첫째 계명을 믿고 그로써 하나님을 기쁘시게 할 때는 우리의 모든 행동이 하나님께 기쁨이 됩니다. 하나님의 말씀을 듣고, 기도를 드리고, 자기를 부인하면 하나님께서 "너의 행위를 나는 기뻐한다"고 말씀하십니다. 더 나아가 우리가 첫째 계명을 지키면 다른 계명들을 지키며 사는 일에 하나님의 평강과 복이 따를 것입니다. 여러분은 그리스도인입니까? 아내 될 여성을 만나 결혼할 생각입니까? 물건을 사고 팔 계획입니까? 직업을 근면히 수행할 생각입니까? 악하고 불경건한 자들을 벌하고 제어할 생각입니까? 먹고 마시고 잠을 자려 합니까? 첫째 계명을 믿고 그로써 하나님을 기쁘시게 할 때는 하나님께서 항상 이런 일을 인정하시고 복 주십니다.

그러나 첫째 계명을 지키지 않으면, 하나님께서 여러분의 일거수일투족에 대해 "나는 그것을 기뻐하지 않는다"고 말씀하십니다. 그리스도께서는 첫째 계명을 온전히 지키시는 가운데 "아들을 공경하지 아니하는 자는 그를 보내신 아버지도 공경하지 아니하느니라"고 말씀하십니다(요 5:23)

# 율법과 복음에 관하여

## 271

현세적인 문제에 모세 율법을 지나치게 내세우고 자랑하는 사람들을 배격해야 합니다. 현세적인 문제에 관하여 우리는 제국과 지방의 법률을 가지고 있고, 그 아래서 살며 그 법으로 서약하기 때문입니다. 아람 사람 나아만이나 욥, 요셉과 다니엘을 비롯한 훌륭하고 경건한 유대인들도 자기들 나라 밖에서는 모세 율법을 지키지 않고, 자기들이 살던 땅의 이방 법을 따랐습니다.

모세 율법은 하나님께서 유대인들에게 살도록 정해주신 땅에서만 구속력이 있었습니다. 이제 그들은 자유롭습니다. 만일 우리가 모세의 율법과 의식을 지켜야 한다면 할례를 받아야 하고 절기와 규례들을 지켜야 합니다. 법조문에 차등이 없기 때문입니다. 어느 조항을 필수적인 것으로 주장하려면 나머지도 필수적인 것으로 간주해야 하는 것입니다. 그러므로 모세 율법은 모세에게 맡겨두고, 모세 율법 가운데 '도덕법'(Moralia)은 잘 간직하고 지켜야 합니다. 그것은 하나님께서 자연과 본성에 심어두신 것으로서, 하나님을 바르게 예배하고 섬길 것과 이웃과 올바른 관계를 맺고 살 것을 가르치고 명하는 십계명이 대표적인 예입니다.

## 272

율법의 독특하고도 유일한 기능은 사도 바울이 가르치는 대로 죄를 깨닫게 하는 것입니다. "그런즉 율법은 무엇이냐. 범법하므로 더하여진 것이라. 천사들을 통하여 한 중보자의 손으로 베푸신 것인데 약속하신 자손이 오시기까지 있을 것이라"(갈 3:19). 이것이 사도 바울의 분명한 설명입니다. 그러므로 교황주의자들이 이성을 중심으로 상반된 주장을 펴면서 모세 율법을 유지하고 지키는 척하는 자들을 추앙하는 것을 우리는 괘념치 말아야 합니다.

## 273

하나님께서는 황제에게 칼을 주시고, 황제는 그것을 판사에게 주어 도둑과 살인자 등을 처벌하고 처형하게 합니다. 후에 하나님께서는 원하시는 때에 황제에게서 칼을 도로 거두시는데, 율법을 대하시는 방식도 이와 다르지 않습니다. 율법을 마귀에게 넘기신 뒤 그것으로 죄인들을 협박하도록 허용하십니다.

## 274

율법은 두 가지 방식으로 쓰입니다. 첫째는 현세의 삶을 위해 쓰입니다. 하나님께서 죄를 예방하고 막기 위하여 이 세상의 모든 법과 규례를 정하셨기 때문입니다. 그러나 이런 반론이 있을 수 있습니다. "만일 율법이 죄를 막는다면 의롭게도 하지 않는가?" 하지만 결코 그렇지 않습니다. 내가 살인과 간음과 도둑질 같은 죄를 범하지 않는 이유는 도덕과 의를 사랑하기 때문이 아니라, 교수대와 칼로 위협하는 사형집행관이 두렵기 때문입니다. 쇠사슬과 밧줄과 단단한 끈이 곰과 사자 같은 맹수들에게 눈에 보이는 것들을 닥치는 대로 찢어 죽이지 못하게 하듯이, 사형집행관이 버티고 있어서 사람들이 함부로 죄를 범하지 못하는 것입니다.

따라서 저주의 공포에 떠밀려 무엇을 하지 않는 것은 의라고 할 수 없고, 오히려 죄와 불의라고 할 수 있습니다. 인간은 본성이 악하여 그냥 놔두면 기꺼이 죄 짓는 데로 달려가는데, 율법이 버티고 있음으로써 죄 짓지 못하게 하는 것입니다.

그러므로 율법의 첫 번째 용도는 경건치 못한 자들에게 악한 의도를 단념하게 하는 것입니다. 이 세상의 대수도원장이요 제후인 마귀가 사람들을 유혹하여 온갖 죄와 악을 저지르게 하므로, 하나님께서 위정자와 장로와 교사와 법률을 세워 적어도 마귀의 발톱이라도 막게 하시고, 하나님의 백성들을 제 마음대로 부리고 괴롭히지 못하도록 하신 것입니다.

둘째로, 율법은 영적인 용도로 쓰입니다. 사도 바울이 가르친 바와 같이, 죄를 더욱 밝히 드러냄으로써 사람들에게 자신들이 죄와 무지와 거룩하지 못한 행위에서 잉태되고 출생하여 그 안에 살고 있는 현실을 깨닫게 하는 것이 율법의 두 번째 용도입니다. 자신들이 하나님을 모르고 하나님의 원수들이며, 따라서 사망과 지옥과 하나님의 심판과 영원한 진노를 당할 수밖에 없는 자들임을 율법이 깨닫게 하는 것입니다. 그러나 대학교들에서 가르치는 위선적인 궤변가들과, 율법과 자신의 행위로 의롭다 함을 받을 수 있다고 생각하는 사람들은 이 사실을 알지 못합니다.

그러나 하나님께서는 코앞의 운명도 모른 채 사납게 날뛰는 이런 자들의 입을 막고 잠잠케 하시기 위해서 헤라클레스에게 곤봉을 들려 세우시고, 그런 맹수들을 가로막고 혼내주어 도망치게 하셨습니다. 즉, 시내 산에서 천둥과 번개가 무섭게 치는 가운데 율법을 내려주심으로써 모든 백성이 놀라고 두려워하며 받도록 하신 것입니다.

율법의 이 두 번째 용도를 아는 것이 너무나 필요합니다. 노골적으로 살인과 간음과 도둑질을 하지 않은 사람은 스스로 정직하고 거룩하다고 생각합니다. 바리새인처럼 영적으로 눈멀고 마귀에게 사로잡힌 나머지 자기 죄와 비참한 상태를 바라보지도 느끼지도 못하고, 자신의 선행과 공로를 자부합니다. 이런 위선적이고 교만한 신자들의 마음을 하나님께서 낮추시고 겸손하게 하시려 할 때 율법만큼 좋은 수단이 없습니다. 율법은 그처럼 눈멀고 완고한 위선자들을 쳐서 쓰러뜨리는 곤봉과 해머요, 하늘의 벼락이요, 하나님의 진노의 도끼인 것입니다. 이런 이유 때문에 율법이 무엇이며 그 용도와 기능이 무엇인지를 올바로 이해하는 것은 과연 작은 일이 아닙니다. 우리는 율법과 율법에 따른 행위를 배척하지 않고 오히려 굳게 세우며, 선행에 힘써야 한다고 가르칩니다. 율법은 제 용도와 기능을 바로 알고 지키면 선하고 유익한 것입니다.

율법은 하나님의 은혜와 자비 곧 우리가 영생과 구원을 얻는 의를 열어주지도 나타나게 하지도 않습니다. 다만 우리의 죄와 약함과 죽음과 하나님의 진노와 심판을 나타냅니다.

복음의 빛은 비추는 방식이 사뭇 다릅니다. 복음은 겁에 질리고 상하고 슬퍼하고 통회하는 마음을 비추어 회복과 위로와 쇄신을 베풉니다. 복음은 하나님께서 아무런 자격이 없고 정죄받은 죄인들에게 그리스도를 인하여 자비를 베푸시고, 모든 믿는 자에게 복을 내리신다고 선포하는 것입니다. 간단히 말해서 복음이 선포하는 것은 은혜와 사죄와 의와 영원한 생명입니다.

이런 식으로 율법과 복음을 구분해야 각각의 용도와 기능을 제대로 말하는 것입니다. 그러므로 거룩함과 순수한 신앙을 사모하는 모든 분들, 특히 다른 사람들을 가르치는 지위에 있는 분들에게 간곡히 당부합니다. 이 주제를 진지하고 부지런하게 공부하십시오. 우리 시대가 지나면 다시 어두운 시대가 도래할까 심히 두렵습니다.

## 275

이 세상에서 행해진 설교 중에서 모세와 그의 율법으로는 죄인이 구원을 얻을 수 없다고 역설한 사도 바울의 설교만큼 대담하고 모진 것이 없습니다.

사도는 이렇게 유대인들에게 진리를 깨우쳐 주느라 그들과 끊임없이 불화와 갈등을 겪었습니다. 그런데 실은 모세 자신이 다음과 같은 말로써 자기 직분의 한계를 정해놓았습니다. "네 하나님 여호와께서 너희 가운데 네 형제 중에서 너를 위하여 나와 같은 선지자 하나를 일으키시리니 너희는 그의 말을 들을지어다"(신 18:15). 만약 모세가 이렇게 말해 놓지 않았다면 과연 누가 모세를 버리고 복음을 믿으려 했겠으며 믿을 수 있었겠습니까?

모세의 이 말에 귀 기울이지 않은 유대인들은 사람들을 매수하여 스데반에 대해 "이 사람이 모세와 하나님을 모독하는 말을 하는 것을 우리가 들었노라"(행 6:10)고 고소하도록 시켰습니다. 그들은 "이 사람이 이 거룩한 곳과 율법을 거슬러 말하기를 마지 아니하는도다"(6:13)라고도 고소했습니다. 율법 준수가 구원에 필수적이지 않다고 전하고 가르친다는 것은 유대인들에게 소름 끼치도록 두려운 일이었습니다. 그 효과는 마치 우리 그리스도인들 가운데 누가 일어나서, 그리스도가 세상 죄를 지고 가는 하나님의 어린양이 아니라고 전하는 것과 비슷했습니다. 만일 유대인들이 율법을 지켜야만 구원을 얻는다고 확신하지 않았다면, 사도 바울은 그들이 율법을 엄격히 지키는 것을 잘하는 일로 생각했을 것입니다. 그러나 유대인들은 사도의 교훈을 받지 않았습니다. 그것은 마치 오늘날 우리 그리스도인들이 종교 의식들을 지키되, 형편에 따라 지키기도 하고 안 지키기도 하며, 그 일로 양심이 매이지 않은 채 하나님의 말씀을 자유롭게 전하고 가르칠 수 있다고 할 때, 교황주의자들이 인내하지 못하는 것과 같습니다. 그러나 유대인들과 교황주의자들은 거룩하지 못한 가련한 자들입니다. 그들은 같은 천으로 만든 한 켤레 양말입니다.

## 276

모세는 율법으로 인해 두려운 인물입니다. 당황하게 하고 두렵게 하고 짓누르고 겁주고 선포하고 우레를 발하는 점에서 그를 따라갈 사람이 없었습니다. 그는 양심을 강하게 움켜쥐고 무섭게 다루었으나, 그것은 모두 하나님께서 분명히 명하신 것이었습니다. 율법 앞에서 우리 자신의 죄와 하나님의 진노와 심판을 예리하게 느끼고 번민할 때, 거기에는 우리를 의롭다고 해줄 것이 없습니다. 천상적이고 신적인 것이 없고, 온통 세상 곧 마귀의 나라인 세상밖에 없습니다. 그러므로 율법은 사람을 살리고 구원하는, 곧 천상적이고 신적인 능력이 없음이 분명합니다. 율법이 하는 일이란 오로지 현세적인 것뿐입니다. 율법은 세상의 안팎에 악이 있음을 알게 합니다. 그러나 성령께서 율법을 쓰셔서 우리 마음에 이렇게 말씀해 주셔야 합니다. "하나님께서는 너를 죽을 지경으로 두렵게 만드시지 않고, 오직 율법을 통해서 네 비참함을 알게 하신다. 그러나 절망하지 말고 그리스도를 믿으라. 그리스도는 의를 위해 율법의 마침이 되셨다."

## 277

사도 바울은 가끔 율법을 냉소적으로 말하지만, 그렇다고 해서 율법을 업신여겨도 된다는 뜻은 아닙니다. 오히려 율법을 존귀하게 여기도록 가르칩니다. 사도는 우리가 하나님 앞에서 의롭다 함을 받는 길을 가르치는 부분에서는 반드시 그렇게 말합니다. 하나님 앞에서 의롭다 함을 받는 길에 관해서 말할 때와 율법에 관해서 말할 때는 사뭇 다르기 때문입니다. 하나님 앞에서 의롭게 해주는 의를 간직하고 있을 때는 율법을 가볍게 여기거나 무시할 수 없습니다.

양심은 오직 그리스도 앞에만 서야 합니다. 그러므로 하나님 앞에서 의롭다 함을 받고 서려면 모세와 그의 율법을 양심에서 치우기 위해 근실히 노력해야 합니다.

## 278

모세가 율법을 가지고 여러분을 장악한 채 하나님의 진노와 사망으로 여러분을 고소하고 위협할 때, 하나님께서 돕지 않으신다면 당신이 어떠한 사람이든 인간적 힘만 가지고는 마치 율법이나 죄가 없었던 듯이 평안을 지닐 수 없습니다.

율법의 공포가 엄습해 올 때면 이렇게 말해 보기를 바랍니다. "율법 부인, 나는 부인의 말을 들어줄 시간이 없소. 부인의 말투는 너무나 거칠고 퉁명스럽군요. 당신의 지배가 끝난 사실을 알려드리고 싶소. 이젠 나는 해방되었으므로 더 이상 부인의 멍에를 메지 않아도 되오." 율법을 향해서 이렇게 말할 때 은혜의 법과 사람을 협박하는 모세의 법이 어떻게 다른지 발견하게 될 것입니다. 소망이라곤 조금도 없는 듯한 상황에서 소망에 소망을 더하여 가지는 것이 얼마나 큰 신적 · 천상적 선물인지 깨닫게 될 것이며, "사람이 의롭게 되는 것은 율법의 행위로 말미암음이 아니요 오직 예수 그리스도를 믿음으로 말미암는 줄 앎으로 우리도 그리스도 예수를 믿나니"(갈 2:16)라는 사도 바울의 교훈이 얼마나 참된지 알게 될 것입니다. 하지만 칭의의 문제가 걸려 있지 않다면, 우리는 율법을 숭고하게 여기고, 사도 바울과 같은 심정으로 율법이 선하고 참되고 영적이고 신적이라고 불러야 마땅합니다.

하나님께서는 깃펜으로 당신의 말씀을 세상에 써 가실 것입니다. 깃펜의 축은 말씀 사역자들이고, 깃펜의 밑둥은 법률가들입니다. 만일 세상이 깃펜을 유지하지 못한다면, 즉 말씀 사역자들의 말을 듣지 않는다면 깃펜의 밑둥을 견뎌야 할 것입니다. 법률가들이 가르치는 법조문을 들어야 하는 것입니다.

## 279

나는 모세와 그의 율법과 관계가 없습니다. 그는 나의 주와 구주이신 그리스도의 원수이기 때문입니다. 만약 모세가 나와 함께 율법에게 가려고 하면, 나는 그 자리에서 그에게 작별을 고하고서 "이곳에 그리스도께서 계신다"고 말할 것입니다.

심판 날에 모세가 나를 보면 틀림없이 이렇게 말할 것입니다. "당신은 나를 올바로 이해했고, 나와 믿음의 법을 잘 구분했소. 그러므로 우린 이제 친구요."

율법이 양심을 협박할 때, 하나님께서 우리 죄에 진노를 쏟으시는 것 같을 때, 그런 순간에는 차라리 먹고 마시고 잠자고 즐거워함으로써 마귀를 무시해 버리는 게 좋습니다. 그러나 인간의 지혜는 복음의 법보다 모세의 법을 더 크게 의식하고 사는 경향이 있습니다. 옛 아담이 어지간해서는 나가려고 하지 않는 것입니다.

사탄은 양심을 괴롭힐 때 율법을 들이밀기도 하지만, 또한 그리스도를 잔뜩 분노하신 엄격한 재판장으로 우리 눈앞에 그려놓기도 합니다. 그러면서 "하나님은 죄인들의 원수다. 그분은 의로우신 하나님이시니까. 너는 죄인이므로 하나님은 너의 원수이다" 하고 말합니다. 이 말에 양심은 잔뜩 오그라들고 포로가 됩니다. 이럴 때 사리를 바르게 분별할 줄 아는 사람은 이렇게 당당히 외칠 것입니다. "마귀야! 너는 속고 있다. 네 말은 사실이 아니야. 하나님께서는 모든 죄인들의 원수가 아니시고, 다만 불경건하고 회개하지 않는 죄인들과 말씀 박해자들의 원수이실 뿐이다." 죄가 양면성을 갖고 있듯이, 의에도 양면성이 있습니다.

## 280

지식인 두 사람이 나를 찾아와, 하나님의 율법이 성령의 역사가 없는 사람들에게도 죄를 깨닫게 하시는지 물었습니다. 한 사람은 그렇다고 했고, 다른 사람은 그렇지 않다고 했습니다. 전자는 율법으로 말미암아 죄를 깨닫게 된다는 사도 바울의 교훈을 근거로 삼으려 했으나, 후자는 사람이 죄를 깨닫게 되는 것이 성령께서 율법을 통해서 하시는 역사라고 주장했습니다. 많은 사람들이 율법을 전하는 설교를 많이 듣는데도 죄를 깨닫지 못하는 것이 그 증거라고 했습니다.

나는 두 사람에게 "서로의 견해를 잘 이해한다면 두 분의 의견이 다 옳습니다" 하고 대답해 주었습니다. 두 사람의 차이는 말의 차이일 뿐입니다. 율법은 두 가지 방식으로 이해해야 하기 때문입니다. 첫째는 선포되고 설명된 율법으로 이해해야 합니다. 율법이 선포되었는데도 죄의 세력이나 쏘는 것을 들춰내지 못한다면 한 귀로 들어가 다른 귀로 나오게 됩니다. 마음을 조금도 움직이지 못합니다.

둘째로, 율법이 선포될 때에 성령께서 오셔서 마음을 감화하시고 말씀에 힘을 주시어 죄를 자백하게 하시고 하나님의 진노를 느끼게 하시며, "아, 이 말씀은 나에게 하시는 말씀이구나. 내가 하나님께 죄를 범했다" 하고 말하게 하십니다. 이렇게 되면 율법은 제 소임을 훌륭하게 완수한 것입니다.

그런 일이 있은 뒤에 세 번째 사람이 와서 말했습니다. "단순한 법과 하나님의 율법은 별개가 아닌가요? 하나님의 율법은 인간의 법에 없는 기능과 힘을 항상 지니고 있으니까요." 나는 이렇게 대답했습니다:

"법은 세 가지로 구분해서 이해해야 합니다. 첫째는 성문법이고, 둘째는 불문법이고, 셋째는 영적인 법입니다. 성문법은 벽돌과 같아서 항상 고정된 상태를 유지합니다. 법조문에 명시된 내용 외에 아무것도 없습니다. 불문법은 죄를 드러냅니다. 물론 경건하지 않은 사람들에게 그렇게 하는 것이지요. 간음을 범한 자들이 '간음하지 말지니라'는 제7계명을 들으면 이 법이 자신들을 책망하는 줄을 이해합니다. 그러나 그들은 곧 그것을 무시해 버리거나, 그 법으로 자신들을 책망하는 사람들에게 적개심을 품습니다. 그러나 영적인 법은 성령의 감동 없이는 아무도 이해할 수 없습니다. 성령께서 사람 마음을 만지시고 감화하심으로써 적개심을 버리게 하실 뿐 아니라 자신이 지은 죄를 슬퍼하고 행실을 고치고 싶은 소원을 갖게 하시는 것입니다."

그러자 그 사람이 "사도 바울은 말씀[즉, 말씀 자체]이 듣는 자들 안에서 역사한다고 말하지 않았습니까?" 하고 말했습니다. 나는 이렇게 대답했습니다. "사도 바울의 그 교훈은 복음을 가리킨 것으로 이해해야 합니다. 복음도 기록으로든 구두로든 전파되거나 가르쳐질 때 성령 없이는 아무 일도 하지 않습니다. 성령께서 깨닫게 하셔서 회개케 하시고 새로운 힘을 주셔야만 복음은 효력을 발휘합니다."

## 281

모든 율법 혹은 계명에는 두 가지 유익한 점이 있습니다. 첫째는 약속이고, 둘째는 경고입니다. 율법은 모두가 선하고 의롭고 거룩하며 또 마땅히 그래야 하기 때문에 그렇습니다(참조. 로마서 7장). 율법은 선한 것을 명하고 악한 것을 금합니다. 선하고 거룩한 것은 상을 주고 보호하지만, 악한 것은 벌을 주고 쫓아냅니다. 사도 바울의 교훈이 그것입니다. "다스리는 자들은 선한 일에 대하여 두려움이 되지 않고 악한 일에 대하여 되나니 네가 권세를 두려워하지 아니하려느냐. 선을 행하라. 그리하면 그에게 칭찬을 받으리라"(롬 13:3). 사도 베드로도 같은 교훈을 합니다. "혹은 그가 악행하는 자를 징벌하고 선행하는 자를 포상하기 위하여 보낸 총독에게 하라"(벧전 2:14). 제국의 법에도 같은 요구가 실려 있습니다. 세속 국가의 법에도 약속과 경고가 있는데, 하물며 정직한 믿음을 요구하는 하나님의 율법에 약속과 경고가 실려 있는 것이 얼마나 적절합니까? 황제의 법도 진심으로든 가식으로든 믿음을 요구합니다. 황제의 처벌이나 보호를 두려워하거나 믿지 않는 사람들은 그의 법을 지키지 않지만, 두려워하고 믿는 사람은 진심으로든 가식으로든 법을 지키는 것입니다. 그런데 성경에 율법 없이 약속이 있는 곳에는 오직 믿음이 필요합니다. 예를 들어, 아브라함은 그의 씨가 하늘의 별처럼 번성할 것이라는 약속을 받을 때 무슨 일을 하라는 명령을 받은 바 없고, 다만 하나님께서 하시려는 일, 자신은 엄두도 낼 수 없는 일에 관해서 들었을 뿐입니다. 복음은 그리스도께서 우리에게 약속되셨고, 우리가 할 수 없는 일을 이루셨다고 전합니다. 그러므로 이 경우에 우리에게 필요한 것은 믿음입니다. 행위로는 그것을 받을 수 없기 때문입니다.

## 282

율법과 율법으로 말미암는 의는 비 없는 구름과 같습니다. 겉으로 보면 비를 머금고 있는 것 같은데 한 방울도 내리지 않습니다. 마찬가지로 율법도 구원을 약속하지만 주지는 못합니다. 사도 바울의 말대로, 애당초 주께서 율법을 주실 때 그 목적으로 주시지 않았기 때문입니다(참조. 갈라디아서 3장).

## 283

복음은 행위로 말미암는 공로를 가르치지 않습니다. 단언하건대, 복음이 구원을 위한 행위를 요구한다고 말하는 사람은 거짓말쟁이입니다.

진정 선한 것은 율법의 행위에서 나오지 않고 은혜로 말미암습니다. 의무감으로 억지로 하는 일은 마음에서 우러나오지 않고 마음으로 승복되지도 않기 때문입니다. 모세 아래 있는 사람들은 항상 불평했고, 돌을 들어 그를 치려했습니다. 친구라기보다 차라리 원수들이었습니다.

## 284

율법의 토대에 서서 마귀와 대결하는 사람은 반드시 패하여 사로잡히게 되어 있습니다. 하지만 복음의 토대에 서서 그와 대결하는 사람은 그를 정복합니다. 마귀는 우리에게 죄의 대가를 요구할 채권을 갖고 있습니다. 따라서 아무도 율법이나 죄에 관하여 그와 대결할 엄두를 내지 못합니다. 마귀가 내게 "보라, 그대의 교리로부터 허다한 악이 나오는 걸 모르는가?" 하고 말할 때, 내가 "선하고 유익한 것도 많이 나온다" 하고 대답하면, "그건 쟁점에서 벗어난 이야기다" 하고 대꾸합니다. 마귀는 교활한 말쟁이입니다. 티끌로

들보를 만들 수 있으며, 선한 것을 거짓으로 바꿔놓을 수 있습니다. 그는 평생 지금처럼 분노와 당혹에 휩싸인 적이 없습니다. 나는 그를 잘 압니다.

만일 세례가, 만일 성찬이, 만일 복음이 거짓이라면, 만일 그리스도께서 지금 하늘에서 다스리시지 않는다면, 내가 틀린 것입니다. 그러나 만일 위의 것들이 하나님께서 제정하신 것이고, 만일 그리스도께서 하늘에서 다스리신다면, 나의 주장과 대의는 선하고 옳습니다. 내가 교회에서 공적으로 가르치고 행하는 것이 모두 복음과 세례, 성찬, 기도에 관한 것이기 때문입니다. 그리스도와 복음이 여기 있습니다. 나는 이 자리를 지켜야 하며, 죽는 날까지 그럴 것입니다.

## 285

세상을 주의 깊게 관찰해 보면 온갖 주관적이고 가변적인 견해들이 세상을 이끌고 감을 발견하게 될 것입니다. 궤변과 위선과 독재가 세상을 지배하고 있습니다. 정직하고 순수하고 명쾌한 하나님의 말씀이 그들의 시녀가 되어 그들의 지배를 당하고 있습니다. 그러므로 정신을 차리고 궤변에 휘둘리지 말아야 합니다. 궤변은 어느 방향으로든 해석할 수 있는 복잡하게 꼬인 말로 되어 있을 뿐 아니라, 모든 학문과 직업에 만개해 있으며, 신앙에도 그럴듯한 색채를 띠고서 버젓이 자리를 차지하려고 듭니다.

궤변만큼 사악한 것이 없습니다. 우리는 본성적으로 진실보다 거짓을 믿기 쉽습니다. 사람들은 궤변이 얼마나 악한지 잘 모릅니다. 이교 작가 플라톤이 궤변을 사용하여 근사하게 보이는 체계를 수립했습니다. 나는 궤변을 눈덩이처럼 구를수록 더 커지는 거짓말에 비교합니다.

그러므로 다른 사람의 견해를 폄하하고 흠을 끄집어내어 모든 것을 왜곡하는 것이 겉으로는 정당해 보여도, 나는 그런 행위를 좋게 여기지 않습니다. 나는 양쪽 견해를 다 비난하면서 어떤 결론도 내리지 않는 태도를 혐오합니다. 그런 궤변은 사람을 속이고 기만하기 위한 교묘하고 교활한 장치와 계략일 뿐입니다.

그러나 나는 정직하고 따뜻한 마음을 좋아합니다. 그런 마음은 진리를 단순하고 쉽게 말하며, 공허한 이론과 속임수를 베풀지 않습니다.

## 286

사도 바울은 이렇게 말합니다. "율법이 육신으로 말미암아 연약하여 할 수 없는 그것을 하나님은 하시나니 곧 죄로 말미암아 자기 아들을 죄 있는 육신의 모양으로 보내어 육신에 죄를 정하사 육신을 따르지 않고 그 영을 따라 행하는 우리에게 율법의 요구가 이루어지게 하려 하심이니라"(롬 8:3-4). 그리스도가 전부라는 뜻입니다. 주께서 율법의 바르고 순수한 의미와 내용인 것입니다. 그리스도를 영접한 사람은 율법의 요구를 이룬 셈입니다. 그러나 율법은 우리 본성에 박혀 있고 우리 마음에 기록되어 있는 까닭에 그것을 폐지하는 행위는 불가능하며 하나님을 거스르는 일이 됩니다. 이와 대조적으로 본성의 법은 다소 어둡고 행위에 관해서만 말하기 때문에, 모세와 성령께서는 하나님께서 우리에게 준행하기를 요구하시는 행위들을 소상히 열거하심으로써 그 법을 좀 더 분명하게 선포하시고 해명해 주십니다. 그런 까닭에 그리스도께서도 "내가 율법이나 선지자를 폐하러 온 줄로 생각하지 말라. 폐하러 온 것이 아니요 완전하게 하려 함이라"고 말씀하신 것입니다(마 5:17). 현세적인 사람들은 율법을 폐할 수 있는 사람, 그리스도를 통하여 모세가 폐지되었다고 주장할 수 있는 사람을 떠받들 것입니다. 만일 그렇게만 된다면 세상이 얼마나 좋아질까 생각이 들는지 모르지만, 하나님께서는 그것을 엄히 금하시고, 우리를 그런 오류에서 지키시며, 그런 상태에서 살도록 내버려 두시지 않습니다.

## 287

율법은 부도덕하고 악한 사람들을 위해서 전해야 하지만, 대체로는 옛 본성과 혈육에 관계된 것 아니면 굳이 받지 않아도 되는 선량하고 경건한 사람들에게 빛을 비춥니다. 복음은 선량하고 경건한 사람들을 위해 전해야 하지만, 대체로는 그것을 받아 아무 유익도 얻지 못하는 악하고 불경건한 사람들에게 전해집니다. 그들은 복음을 함부로 대하여 도리어 대담해지는 것입니다. 이런 현상은 바다와 황량한 사막에는 비가 퍼붓는데, 정작 목초지와 밭은 가뭄에 타들어가는 것과 같습니다. 불경건한 사람들은 복음에서 현세적이고 육체적인 자유만을 섭취하여 오히려 더욱 악해집니다. 그러므로 그들에게 걸맞는 것은 복음이 아니라 율법입니다. 이것은 만일 내 어린 아들 요한이 잘못을 저질렀을 때 무섭게 회초리를 치지 않고 조용히 식탁에 불러놓고는 사탕을 준다면 아이를 더 나쁜 길에 들어서게 하고, 결국에는 아이를 망쳐 놓게 되는 것과 같은 이치입니다.

복음은 한여름의 찜통 더위 속에 불어오는 상쾌하고 부드럽고 시원한 바람과 같아서, 죄책감에 시달린 양심을 달래고 어루만져 줍니다. 그러나 한여름의 작열하는 햇볕이 태양 광선에서 나오듯이 양심의 번민은 율법 선포에서 나오는데, 이는 우리로 하나님의 율법을 범한 사실을 깨우쳐 주기 위함입니다.

그렇다면 복음의 신선하고 쾌청한 바람이 우리에게 다시 위로와 활력을 줄 때는 잠자리에 누워 게으르게 뒹굴고 있어서는 안 됩니다. 양심이 하나님의 성령의 역사로 평안과 위로를 받을 때는, 정신을 차리고 하나님이 명하신 선행을 힘써 준행하여 믿음을 입증해야 합니다. 그러나 우리는 이 비참과 눈물의 골짜기에서 사는 동안에는 파리와 해충들에게 시달리게 되어 있습니다. 마귀와 세상과 육신이 우리를 가만히 놔두지 않는 것입니다. 그럴지라도 주저앉지 말고 힘을 내어 뚫고 나가야 합니다.

## 288

우리가 인간의 심한 어둠과 불신앙과 전통과 관습에 예속되어 살았던 것과, 교황제 아래 심한 양심의 고통과 혼란과 억압을 당했던 것은 교황주의자들의 저서와 그 시대를 겪은 사람들이 뚜렷이 증언합니다. 이제 우리는 예수 그리스도와 복음에 힘입어 그 모든 예속과 공포에서 건짐을 받아 믿음으로 말미암아 의롭다 함을 받는 자리로 부르심을 받았습니다. 이제 우리는 선하고 평안한 양심으로 성부 하나님을 믿으므로 하나님을 굳게 신뢰하며, 예수 그리스도의 고귀한 죽음을 통하여 우리 죄가 다 사해졌음을 확신한다고 자랑할 이유를 갖게 되었습니다. 이렇게 값없이, 오직 은혜로 사방에 전파되어 권유되는 양심의 보화를 누가 인간의 말로 다 예찬할 수 있겠습니까? 이제 우리는 죄와 율법과 죽음과 마귀를 정복하는 자들입니다. 인간의 모든 전통에서 해방되었습니다. 우리가 떨쳐버린 족쇄들 가운데 작은 것에 속하는 비밀 고해만 놓고 보더라도, 그러한 올무에서 우리를 풀어주신 하나님께 무슨 말로 다 감사를 표현할 수 있겠습니까? 만일 교황제가 여전히 우리 가운데 버티고 서서 세도를 부리고 있다면, 왕은 100만 길더, 제후는 10만 길더, 귀족은 천 길더, 지주는 백 길더, 시민이나 농민은 10길더를 기꺼이 내고라도 독재의 사슬에서 해방되고자 했을 것입니다. 그러나 자유가 은혜로 말미암아 값없이 찾아온 오늘날, 사람들은 그것을 귀중히 여기지도 않고 하나님께 감사하지도 않습니다.

## 289

구약성경은 해야 할 일과 하지 말아야 할 일을 가르치는 율법 책으로서, 어떻게 하면 율법을 지키게 되고 어떻게 하면 범하게 되는지 예를 보여줍니다. 구약성경에는 율법말고도 족장들과 선지자들을 오늘날 우리와 동일하게 지키고 붙들어준 약속과 은혜의 말씀들이 실려 있습니다. 그러나 신약성경은 하나님의 약속들이 성취되었다는 복음과, 복음을 믿은 사람들과 믿지 않은 사람들이 각각 내놓은 행동을 기록한 책입니다. 신약성경은 그리스도께서 공식적으로 가르치시고 선포하시어 구약의 말씀을 온전히 이루신 기록입니다. 신약성경의 주된 교리가 그리스도 안에서 선포된 사죄를 통해 은혜와 평안을 얻는 것이라면, 구약성경의 주된 교리는 율법을 통해 죄를 발견하고, 선행과 순종을 내놓는 것입니다.

과거에 종종 그랬던 것처럼, 그리스도로부터 모세를 이끌어 내거나 모세로부터 그리스도를 이끌어내는 일을 하지 않도록 주의해야 합니다. 그러나 그리스도와 사도들이 복음에 비추어 율법을 해석한 계명과 교리들을 제시할 때, 그것은 그리스도의 다른 사역과 은혜 못지않게 중요합니다. 하지만 복음의 명령만 알아서는 복음을 제대로 이해할 수 없습니다. 오직 "그리스도께서 생애와 사역으로, 죽음과 부활로, 당신의 모든 존재와 소유로 우리의 것이 되어 주셨다"는 음성을 들을 때, 그리고 이렇게 우리에게 모든 것을 주셨다고 해서 무엇을 강제하지 않으시고 온유한 심정으로 "가난한 자는 복이 있나니", "수고하고 무거운 짐 진 자들아 다 내게로 오라"고 말씀하시는 음성을 들을 때, 우리는 비로소 복음을 알았다 할 수 있습니다. 사도들도 "내가 구하노니", "내가 권하노니", "내가 기도하노니" 같은 표현을 씁니다. 따라서 우리는 신약성경 모든 곳에서 복음이 율법 책이 아니라, 우리가 믿으면 우리의 것이 되는 그리스도의 공로에 관한 온유한 선포임을 보게 됩니다.

그러므로 사도 바울의 말대로, 믿는 자들에게는 하나님 앞에서 의롭다 함을 얻게 하는 율법을 주신 적이 없습니다. 믿는 자들은 이미 믿음으로 의롭다 함과 구원을 받았기 때문입니다. 오히려 행위로써 믿음을 드러내고 입증하며, 사람들 앞에서 부끄러워하거나 두려워하지 않고 복음을 고백하고 가르치며, 그 일을 위해 목숨도 아끼지 않습니다. 그들은 무슨 일을 하든 이웃의 선과 유익을 위해 하며, 이로써 그리스도의 본을 따릅니다. 행위와 사랑이 겉으로 뚫고 나와 드러나지 않으면 믿음이 있다고 하기 어려운 것입니다.

복음은 하늘에 두고, 율법은 땅에 두어야 합니다. 복음은 천상적이고 신적인 의로 받아야 하고, 율법은 지상적이고 인간적인 의로 여겨야 합니다. 하나님께서 하늘을 땅과 구분하시고, 빛을 어둠과, 낮을 밤과 구분하셨듯이 복음의 의를 율법의 의와 분명히 진지하게 구분해야 하며, 이로써 복음의 의는 빛과 낮이 되어야 하고, 율법의 의는 어둠과 밤이 되어야 합니다. 그러므로 그리스도인들은 율법과 은혜를 옳게 분간하는 법을 배워야 하며, 말뿐 아니라 행동과 사상에서 그 차이를 분명히 견지해야 합니다. 교황과 그 밖의 이단들은 율법과 복음의 차이를 말로만 강조할 뿐, 실제에서는 서로 뒤섞어 먹을 수 없는 케익을 만들어 놓습니다.

## 290

아우구스티누스는 적절한 비유를 사용하여 율법의 능력과 위상과 기능을 설명함으로써, 율법이 우리의 죄를 들춰내고 죄에 대한 하나님의 진노를 선고하는 사실을 잘 알게 해줍니다. 그는 이렇게 말합니다. "잘못은 율법에 있는 게 아니라 우리의 죄악된 본성에 있다. 석회 덩어리는 가만히 두면 아무렇지도 않다가 물을 부으면 연기를 내며 타기 시작하는데, 그것은 물의 잘못이 아니라 물을 견디지 못하는 석회의 본질 때문이다. 석회에 물이 아닌 기름을 부으면 그대로 있으며 타지도 않는다. 복음과 율법도 그와 같다."

## 291

율법의 의에 관하여 사도 바울은 하나님의 백성임을 자처하는 자들을 철저히 비판했습니다. 로마서 9-11장에서 강력한 어조와 확고한 논리로 그들의 잘못된 생각을 바로잡아 주었습니다. 사도는 그들로 인해 큰 슬픔을 겪었습니다.

유대인들의 논리는, 바울이 예루살렘에서 율법을 지켰으니 우리도 율법을 지켜야 한다는 것이었습니다. 대답은 이렇습니다. 바울은 특정한 상황에서 연약한 자들을 배려하여 율법을 지켰으나 우리 시대에는 그러한 배려가 필요한 상황이 존재하지 않습니다. 고대의 교부가 잘 말해놓았습니다. "시대를 분별하라. 그렇지 않으면 성경을 쉽게 타협할 수 있다."

# 의롭다 함[칭의]에 관하여

## 292

교황주의자들은 "나는 죄 사함을 믿습니다" 라는 사도신경의 조항을 이해하지 못합니다. 그들 집단에 속해 있을 때 나도 그랬지만, 그들은 자신들이 태어날 때부터 의롭다는 생각에 빠져 있기 때문입니다.

성경은 신자들을 '성도'(聖徒), '하나님의 백성'이라 부릅니다. 우리가 이 영광스럽고 위로가 되는 이름과 직분을 잊는다면 큰 죄요 수치입니다. 그러나 교황주의자들은 스스로 죄인임을 인정하지 않는 노골적인 죄인들입니다. 게다가 인격과 삶이 거룩하지 않고 거룩하게 되려고 노력하지도 않습니다. 오히려 그릇된 길을 고집함으로써 위로를 주는 복음도 믿지 않고, 형벌을 내리는 율법도 믿지 않습니다.

그러나 이런 질문이 있을 수 있습니다. "우리가 날마다 범하는 죄가 하나님을 침해하여 진노하시도록 만든다면, 어떻게 우리가 거룩하게 될 수 있는가?" 대답은, 어머니의 자식 사랑이 극진하여 아이 머리에 있는 비듬조차 마다하지 않듯이, 우리를 향한 하나님의 사랑도 우리의 불결함보다 훨씬 강하다는 것입니다. 그러므로 비록 우리는 죄인이지만 그 사실로 인해 자녀의 신분을 잃지 않으며, 죄 때문에 은혜에서 떨어지는 일도 없습니다.

또 어떤 사람은 이렇게 말합니다. "우리는 끊임없이 죄를 범한다. 그런데 죄가 있는 곳에는 성령께서 계시지 않는다. 그러므로 우리는 거룩하지 않다. 거룩하게 하시는 성령께서 우리 안에 계시지 않기 때문이다." 대답은, 성령께서 그리스도를 영화롭게 하신다는 사실에 있습니다. 그리스도께서 계시는 곳에는 성령께서도 계십니다. 그런데 그리스도께서는 신자들이 죄를 범했을지라도 죄를 자백하고 슬픈 마음으로 통회하면 그들 안에 거하시며, 따라서 죄가 그리스도와 믿는 자들을 갈라놓지 못합니다.

터키인들이 믿는 신은 그들에게 도움을 주지 못합니다. 교황주의자들이 믿는 신도 마찬가지입니다. 따라서 터키인들과 교황주의자들은 시련과 유혹 혹은 죽음 앞에서 죄책감과 무자격함을 느낄 때 그들의 신에게 아무런 도움도 받지 못한 채 두려움과 절망에 떱니다.

그러나 참 그리스도인은 "나는 나의 주와 구주이신 예수 그리스도를 믿는다"고 말합니다. 주께서 내 죄를 사하시기 위해서 자신을 내어주셨고, 지금은 하나님의 우편에 계시면서 나를 위해 대언해 주십니다. 비록 내가 죄에 떨어지되 그 빈도수가 잦을지라도 나는 절망하지 않습니다. 다시 털고 일어나 죄를 대적합니다. 따라서 참된 기독교 신앙은 교황과 터키인의 종교와 사뭇 다르다는 것을 알 수 있습니다. 그러나 성령이 함께 하시지 않는다면, 인간의 본성과 능력만으로 이러한 참된 기독교 신앙을 지닐 수 없습니다. 성령을 떠난 채 참된 기독교 신앙을 구하는 것은 사막에서 은신처를 구하는 것이나 다름없습니다.

## 293

모든 사람이 한결같이 강인한 것은 아니어서, 다른 사람에 비해 흠과 연약함과 죄가 많은 사람도 있습니다. 그러나 작심하고 죄를 지은 게 아니라 연약해서 죄에 빠졌다면, 그러한 현실이 그들의 성화(聖化)를 가로막지는 못합니다. 그리스도인이 육체의 정욕을 느낄 때 그것을 뿌리치면 죄가 그를 지배하지 못합니다. 가끔 넘어져 죄를 범하더라도, 다시 털고 일어서서 주님을 붙들면 주께서 그를 용서해 주십니다. 주께서는 길 잃은 양이 들짐승들의 먹이가 되는 것을 원치 않으시고 그를 찾으십니다.

## 294

믿음의 문제에서는 인간의 자연적 지혜와 이성을 버려야 하는 줄을 알면서도, 그리스도인들은 왜 그것을 사용하는 것일까요?

대답은, 믿음의 문제에서 자연적 지혜는 거듭나 새로워지기 전에는 하나님에 관한 일을 전혀 알지 못하는 어둠과 무지라는 것입니다. 그러나 성령께서 말씀을 통하여 거듭나게 하시고 마음의 눈을 열어준 신자에게는 그것이 하나님의 일을 하는 데 요긴한 도구입니다. 하나님의 모든 은사와 자연적 도구, 전문적 기능이 불경건한 자들에게는 해롭지만, 선량하고 경건한 자들에게는 유익한 구원의 효과를 내는 것입니다.

믿음을 통해서 얻는 이해는 믿고 생명을 얻게 합니다. 죽었던 것이 다시 살아납니다. 우리 육체가 캄캄한 밤보다는 환한 낮에 더 잘 움직이고 걷고 왕성하고 안전하게 활보하듯이, 인간 이성도 믿음을 거역하지 않고 믿음으로 밝아지면 더욱 밝아집니다.

혀도 마찬가지입니다. 전에는 하나님을 훼방하던 것이 이제는 하나님과 하나님의 영광을 찬송하고 드높입니다. 나의 혀가 그렇습니다. 이제는 밝히 깨달아 과거에 교황의 지배를 받을 때와 전혀 다른 것이 되었습니다. 성령께서 말씀을 거듭나게 해주신 것입니다.

하나님 앞에 의롭다 함을 받은 그리스도인은 이렇게 말합니다. “천국에서는 나의 아내와 자녀와 기술과 지혜와 돈과 재산이 아무 소용도 없고 도움도 되지 않는다. 그렇지만 현세에서 하나님이 그러한 복을 내려주시면 그것을 버리지 않고, 거기에 붙은 허영과 어리석음을 씻어내고 실체만 받는다.” 금은 매춘부가 소지하든 정숙한 여인이 소지하든 여전히 금입니다. 정숙한 부인의 몸이 하나님께서 지으신 것이듯, 매춘부의 몸도 하나님께서 지으신 것입니다. 이런 방식으로 우리는 하나님께서 주신 실체로부터 허영과 어리석은 것을 씻어내야 합니다.

## 295

정직하고 신실한 그리스도인들은 정작 자신들이 신실하다고 생각지 않으며, 마땅히 장성해야 할 분량만큼 장성했다고 생각지 않습니다. 그래서 그들은 마치 성실한 직공이 자기에게 부족한 점을 항상 살피듯이, 믿음을 견지하고 더 큰 믿음을 갖기 위해서 항상 분투합니다. 그러나 서투른 직공은 부족을 느끼지 않고 모든 것이 완벽하다고 생각합니다. 이는 마치 유대인들이 십계명을 지니고 있다고 자부하면서도 실제로는 그것을 배우지도 않고 존중하지도 않는 것과 같습니다.

## 296

믿음으로 말미암아 의롭다 함을 얻었다고 자부한다는 건 외람되게 보이기 쉽습니다. "나는 하나님의 자녀이며, 나의 하늘 아버지의 측량할 수 없는 은혜와 자비에 힘입어 위로와 평안을 얻고 산다"고 말하기란 쉽지 않습니다. 진심으로 그렇게 말한다는 것은 누구나 할 수 있는 일이 아닙니다. 그러므로 확실한 실천과 경험이 없이는 믿음을 순수하고 바르게 가르칠 수 없고, 행위로 말미암는 의를 배격할 수도 없습니다. 사도 바울은 이 점에서 능숙한 분이었습니다. 그는 어떠한 이단이 제단의 성례와 세례에 관해서 말할 수 있는 것보다, 혹은 유대인들이 율법에 관해 말할 수 있는 것보다 율법을 훨씬 더 낮춰서 말했습니다. 그는 율법을 죽음의 사역, 죄의 사역, 정죄의 사역으로 일컫는 것입니다. 과연 사도 바울은 그리스도 없는 율법의 행위와 율법의 요구를 위험하고 해로운 것으로 가르치며, 만일 모세가 그의 시대에 살았다면 틀림없이 옳지 않게 여겨 제지했을 만한 일로 가르칩니다. 인간 이성의 잣대로 보자면 심할 정도로 폄하한 것입니다.

## 297

믿음과 소망은 몇 가지 점에서 구분됩니다. 첫째로, 출처가 다릅니다. 믿음은 인간의 이해에서 나오고 소망은 의지에서 나옵니다. 하지만 둘은 떼어놓을 수 없습니다. 속죄소를 덮은 두 그룹과 같습니다.

둘째로, 직무가 다릅니다. 믿음은 깨닫고 분별하고 가르치는 지식과 승인의 행위이지만, 소망은 훈계하고 일깨우고 듣고 기대하고 고난을 감수합니다.

셋째로, 대상이 다릅니다. 믿음은 말씀과 약속 곧 진리를 바라보지만, 소망은 말씀이 약속하는 것, 즉 선하고 유익한 것을 바라봅니다.

넷째로, 순서가 다릅니다. 믿음은 모든 역경과 고통에 앞서 오며 생명의 시작입니다(히 11장). 그러나 소망은 뒤에 따르오며, 고통 가운데 솟아납니다(롬 5장).

다섯째로, 대적이 다릅니다. 믿음은 오류와 이단에 맞서 싸우며, 영과 교리를 검증하고 판단합니다. 그러나 소망은 고난과 좌절에 맞서 싸우며, 악한 가운데 선한 것을 기대합니다.

믿음은 지혜와 선견지명이며 교리에 속합니다. 그러나 소망은 용기와 기쁨이며 훈계에 속합니다. 믿음은 슬기와 지혜의 문제이므로 변증학(*dialectica*)이고, 소망은 마음과 정신을 끌어올리므로 수사학(*rhetorica*)입니다. 용기 없는 지혜가 헛되듯이, 소망 없는 믿음은 무가치합니다. 소망은 불행과 악을 견디고 극복하는 것입니다. 이성 없는 용기가 만용이듯이, 믿음 없는 소망은 영적 자만입니다. 믿음은 성경을 이해하는 열쇠입니다. 사도 베드로는 예수께서 가르치실 때 나타내신 온유함을 생각할 때마다 눈물을 흘렸다고 합니다. 믿음은 이 사람에게서 저 사람에게로 전달되며, 한 집단에 끊임없이 남습니다. 믿음은 스콜라 학자들이 말하듯 '자질'(quality)이 아니라 하나님의 선물입니다.

## 298

이 세상의 모든 일은 소망에 의해 이루어집니다. 추수의 소망이 없다면 농부는 씨를 뿌리지 않을 것입니다. 자녀를 얻을 소망이 없다면 남자가 아내를 맞이하지 않을 것이며, 이윤의 소망이 없다면 상인이 장사하지 않을 것입니다. 그렇다면 영원한 생명과 구원을 바라는 우리에게 소망이 얼마나 절실합니까?

## 299

믿음의 실체는 우리의 의지입니다. 믿음의 방법은 하나님께서 일으켜 주시는 각성으로 그리스도를 붙드는 것입니다. 믿음의 궁극적인 원인과 열매는 마음을 성결하게 하고, 우리를 하나님의 자녀로 만들고, 죄 사함을 얻게 하는 것입니다.

## 300

아담은 어떤 행위나 희생을 내놓기 전에 여인의 후손에 관한 약속을 받았습니다. 그것은 하나님의 진리가 확고히 서도록 하기 위함이었고, 그로써 우리가 행위와 무관하게 하나님 앞에서 의롭다 함을 얻고, 순전히 은혜로 죄 사함을 얻도록 하기 위함이었습니다. 이 진리를 굳게 믿을 수 있는 사람은 세상의 모든 박사들보다 뛰어난 박사입니다.

## 301

믿음은 불경건한 자가 하나님 앞에서 의롭다 함과 구원을 받고 마음의 평안을 얻는 데 필요할 뿐 아니라, 다른 모든 점에서도 없어서는 안 됩니다. 사도 바울은 이렇게 말합니다. "그러므로 우리가 믿음으로 의롭다 하심을 받았으니 우리 주 예수 그리스도로 말미암아 하나님과 화평을 누리자"(롬 5:1).

## 302

아리마대 요셉이 그리스도에 대해 갖고 있던 믿음은 제자들이 갖고 있던 믿음과 같았습니다. 그는 그리스도께서 지상적이고 현세적인 권력자가 되실 줄로 알았습니다. 그러므로 좋은 친구로서 그리스도를 보살펴 드렸고, 예를 갖춰 주님을 장사지내 드렸습니다. 그는 그리스도께서 죽은 자 가운데서 다시 살아나 영적이고 영원한 왕이 되실 것을 믿지 않았습니다.

## 303

마지막 날에 아브라함이 다시 살아나면 틀림없이 우리의 불신앙을 책망하면서, "나는 여러분이 소유하고 있는 약속의 백분의 일도 받지 못했음에도 불구하고 믿었다"고 말할 것입니다. 아브라함의 본은 인간의 이성을 크게 넘어섭니다. 그는 독자 이삭에 대한 사랑을 접고 하나님의 명령에 순종했으며, 본성의 법을 거스르면서까지 아들을 제물로 바치려고 했습니다. 사흘 동안 그가 무엇을 느꼈을지, 무엇을 열망했을지, 어떤 망설임과 고통을 겪었을지 우리는 다 헤아릴 수 없습니다.

## 304

이단들은 칭의 교리를 올바로 이해하지 못하는 점에서 한결같이 실패합니다. 칭의 교리를 명확하게 파악하고 있지 않으면 교황의 면죄부 교리를 비롯한 가증스러운 오류들을 비판할 수 없으며, 그보다 더 큰 영적 오류들을 이길 수 없습니다. 그리스도를 우리의 구주로 인정하기만 하면 우리는 이긴 것이나 다름없습니다. 사도 바울이 잘 가르치듯이, 그리스도께서 몸 전체를 하나로 묶어주는 유일한 띠이기 때문입니다.

만일 진정한 그리스도인의 영적 출생과 본질이 무엇인지 파악한다면 선행으로 쌓은 공로를 단번에 버릴 것입니다. 선행의 공로는 우리에게 거룩함을 얻게 해주지도 못하고, 우리를 죄와 죽음과 마귀와 지옥에서 건져주지도 못하기 때문입니다.

유아들은 선행 없이 믿음으로만 구원을 얻습니다. 그러므로 의롭다 함을 얻게 하는 것은 오직 믿음입니다. 만일 하나님의 능력이 유아 안에서 효과를 낼 수 있다면, 모든 사람 안에서도 같은 효과를 낼 수 있습니다. 그 효과란 유아의 능력이 아니라 믿음에서 나오기 때문입니다. 또한 그 효과가 유아의 연약함이나 무능함에서 나오는 것이 아님도 분명합니다. 만일 그렇다면 연약함 자체가 공로가 되는 셈이기 때문입니다. 죄악의 수렁에 빠져 있는 우리 비참한 인간이 행위를 내세워 하나님 앞에 당당히 고개를 쳐들고 그로써 의롭다 함을 받은 줄로 안다면 불행한 일입니다. 하나님께서는 그런 태도를 용납지 않으십니다.

## 305

우리가 구원을 얻는 방법을 다루는 이 조항은 기독교 교리를 통틀어 가장 중요하며, 모든 신학 논쟁이 이 점에 집중됩니다. 모든 선지자가 이 문제에 치중했으며, 이 문제로 인해 간혹 큰 어려움을 겪기도 했습니다. 칭의 교리를 일관된 믿음으로 확고히 붙들고 있으면 삼위일체 교리 같은 다른 교리들도 자연스럽게 이해가 됩니다. 우리가 오직 그리스도의 공로에 힘입어 구원을 얻는다는 이 교리만큼 하나님께서 쉽고 명쾌하게 가르쳐 주신 것도 없습니다. 따라서 신자는 삼위일체에 관하여 깊이 생각하고 많이 다룰지라도 한시도 이 교리를 벗어나지 않습니다. 다른 교리들도 저마다 다 중요하지만, 칭의 교리가 모든 것을 능가합니다.

## 306

카푸친회는 "잿빛 코트와 두건을 착용하고, 밧줄로 허리띠를 삼으며, 샌들을 신으라"고 말합니다. 프란체스코회는 검은 두건을 착용하라고 하며, 보통 교황주의자는 이것저것을 실천하고, 미사에 참석하고, 기도와 금식과 구제에 힘쓰라고 말합니다. 그러나 진정한 그리스도인은 "나는 나 자신이 내놓는 어떤 선행이나 공로와 상관 없이, 오직 그리스도를 믿는 믿음으로만 의롭다 함과 구원을 얻는다"고 말합니다. 이 두 부류의 사람을 비교해 보고, 어느 것이 진정한 의인지 판단하십시오.

## 307

그리스도께서는 "마음에는 원이로되 육신이 약하도다"(마 26:41)고 말씀하셨습니다. 사도 바울도, 마음으로는 온전히 하나님께 드리기를 원하고, 하나님을 의지하기를 원하고, 순종하기를 원하지만, 자연적 이성과 이해와 육신이 그것을 뿌리치고 앞으로 전진하려고 하지 않는다고 말합니다. 그러므로 우리 주 하나님께서 우리를 긍휼히 여기사 오래 참으시지 않으면 우리에게는 소망이 없습니다. 하나님은 꺼져 가는 심지를 끄지 않으시는 분입니다. 신자는 성령의 첫 열매를 얻었을 뿐입니다. 여전히 다 이루지 못했고 다만 십분의 일밖에 얻지 못했습니다.

## 308

사도 바울도 믿음이 약한 때가 있었음을 나는 충분히 이해합니다. 사도는 그럴 때일수록 자신이 "하나님의 종이요 예수 그리스도의 사도"(딛 1:1)임을 자랑했습니다. 바다에서 풍랑을 만났을 때 천사가 곁에서 그를 위로했으며, 그가 로마에 도착했을 때 형제들이 그를 맞으러 나온 것을 보고서 큰 위로를 받았습니다. 여기서 우리가 볼 수 있는 것은, 성도의 사귐이 하나님을 경외하는 데서 이루어진다는 것입니다. 주께서는 제자들에게 한 곳에 모여 그곳을 떠나지 말고 기다리라고 하시더니, 그들이 그곳에서 성령을 받고 서로를 크게 위로했습니다. 그리스도께서는 원수들이 주의 백성을 공격하리라는 것을 잘 알고 계셨던 것입니다.

## 309

그리스도인은 하나님의 말씀의 주요 교리들로 든든히 무장하고 있어야만 마귀와 그의 세력이 다른 교리를 받아들이라고 협박할 때 견고히 서서 믿음을 지킬 수 있습니다.

## 310

마지막 날 동료 신자들과 함께 다시 살아날 때, 우리는 부끄러워 화끈 달아오른 얼굴로 자신에게 이렇게 말할 것입니다. "부끄럽지 않느냐! 세상에서 살 때 너는 그리스도의 영광이 심히 큰 것을 생각하여 용감하고 담대하고 강력하게 그리스도를 믿고, 모든 역경과 고난과 박해를 뚫고 나갔어야 하는데, 비굴하고 연약한 인생을 살았구나. 다시 한 번 살 기회가 있다면 천 배나 어렵고 가혹한 시련 앞에서도 무릎을 꿇지 않을 텐데!"

## 311

아무리 박식하고 하늘의 천사들과 같은 일을 할지라도, 그리스도를 알고 믿지 않으면 그리스도인이 될 수 없습니다. 하나님께서는 이렇게 말씀하십니다. "자랑하는 자는 이것으로 자랑할지니 곧 명철하여 나를 아는 것과 나 여호와는 사랑과 정의와 공의를 땅에 행하는 자인 줄 깨닫는 것이라. 나는 이 일을 기뻐하노라. 여호와의 말씀이니라"(렘 9:24).

## 312

신자가 하나님 앞에서 의롭다 함을 받는 것은, 아들이 아버지의 재산을 상속할 자격을 지니되, 무슨 공로를 쌓아서가 아니라 나면서부터 그런 자격을 갖는 것과 같습니다. 그러나 아버지는 아들에게 이런저런 훈계를 하고, 만일 좀 더 잘하면 선물을 주겠다고 약속합니다. 부모님 말씀을 잘 듣고 공부를 열심히 하면 좋은 옷을 사주겠다고 약속하기도 하고, 말을 잘 듣는 아들에게 "이리 오너라. 맛있는 사과를 주마" 하고 말하기도 합니다. 이런 방법으로 아들에게 근면함을 가르칩니다. 물론 자신의 모든 재산이 아들에게 상속될 것이지만, 마땅히 해야 할 일을 가르치기 위해서 좋은 약속으로 격려하는 것입니다.

하나님께서도 우리를 그렇게 대하십니다. 이미 그리스도를 믿는 자들에게 어떠한 공로나 선행이나 자격과 상관 없이 순전히 은혜와 자비로 영생을 주심에도 불구하고, 한없는 사랑으로 우리를 다독이시며, 현세와 내세의 복을 약속해 주십니다.

우리가 하나님의 교회에서 힘써 가르쳐야 할 것은, 하나님께서 친히 명하시고 가르치신 선행을 그 백성에게 받으신다는 것입니다. 교황의 나라들에서 탁발수사와 사제들이 가르치듯이 우리가 아무리 좋은 마음으로 하는 것일지라도 자의적으로 택하여 드리는 그런 선행을 하나님께서는 받지 않으십니다. "사람의 계명으로 교훈을 삼아 가르치니 나를 헛되이 경배하는도다"(마 15:9)라는 그리스도의 말씀처럼, 그런 행위는 하나님을 기쁘시게 해드리지 못하는 것입니다. 우리는 선행을 힘써 가르쳐야 하지만, 그럴지라도 믿음으로 의롭다 함을 얻는 교리를 언제나 순수하고 훼손되지 않게 보존해야 합니다. 그리스도께서는 다른 존재가 곁에 끼어드는 것을 용납하실 수도, 용납하실 의사도 없으시기 때문입니다. 주께서는 신부를 따로 구별해 놓으시고, 신부로 인하여 크게 질투하십니다.

우리가 가르치는 교훈이, 누구든 예수 그리스도를 믿기만 하면 무슨 짓을 하더라도 구원을 얻는다는 것입니까? 그것은 사실이 아닙니다. 고의적으로 하나님의 계명을 짓밟으면서 믿는다고 하면 그 믿음은 가짜이거나 위선이며, 혹시 진심일지라도 심하게 어두워진 것이기 때문입니다. 그리고 믿는 자에게 주신 성령께서는 양심을 짓밟고 죄를 범하는 사람을 떠나시는 일이 있습니다. 다윗의 예가 충분한 증거가 됩니다.

## 313

의식과 규례는 사랑이 주도해야지, 강제가 주도해서는 안 됩니다. 자발적인 것이어야지, 마지못해 따르는 것이어서는 안 됩니다. 또한 이웃의 선과 유익을 지향하는 것이어야 합니다. 권한을 많이 부여받은 사람일수록 사랑의 정신으로 섬기려는 자세가 더욱 절실합니다.

## 314

이웃에 대한 사랑은 신부와 신랑의 순결하고 정숙한 사랑처럼 모든 허물을 덮어주고 장점만 높이고 존중하는 것이어야 합니다.

## 315

여러분은 예수 그리스도를 믿으십니까? 그렇다면 복음을 담대하게 말할 것입니다. 여러분은 복음을 담대하게 말하십니까? 그렇다면 반드시 고난을 받게 되어 있습니다. 여러분은 고난을 받고 있습니까? 그렇다면 위로를 받게 될 것입니다. 믿음과 십자가는 함께 따라다니게 되어 있기 때문입니다.

## 316

베푸십시오. 그러면 여러분에게 돌아올 것입니다. 이것은 훌륭한 격언으로서, 사람을 부하게도 하고 가난하게도 합니다. 이것이 우리 가정을 지탱해주는 격언이기도 합니다. 자랑할 일이 못되지만, 우리 가정이 한 해 동안 지출하는 비용을 나는 잘 알고 있습니다. 만일 나의 관대한 주군(主君)이신 선제후께서 2천 플로린을 하사하신다 해도 우리 가정의 일년 유지비를 충당하기에는 많이 모자랍니다. 그런데도 내게는 일년에 3백 플로린밖에 들어오지 않습니다. 그러나 하나님께서 복을 주셔서 그것으로도 넉넉하게 지냅니다.

오스트리아에 한 수도원이 있는데, 과거에 그 수도원은 매우 부유했고, 가난한 사람들에게 많이 베푸는 동안에는 부를 유지했습니다. 그런데 구제를 대폭 줄인 다음부터는 궁핍하게 되어 오늘날까지 그 상태로 남아 있습니다. 얼마 전에 가난한 사람이 그곳에 가서 구제를 청하였다가 거절당했습니다. 그 사람은 하나님을 위한 구제를 왜 거절하느냐고 따졌겠지요. 수도원 문지기는 수도원이 가난해졌기 때문이라고 대답했습니다. 그러자 탁발수사가 이렇게 말했습니다. "당신들이 가난해진 이유가 바로 그겁니다. 과거에 이 수도원에는 두 형제가 있었는데, 한 사람의 이름은 **다테**(주다)였고, 다른 한 사람의 이름은 **다비투르**(네게 주어질 것이다)였습니다. 그런데 당신들이 전자를 쫓아내자, 후자가 제발로 걸어나간 것입니다."

우리는 이웃을 세 가지 방법으로 도울 의무가 있습니다. 첫째는 주는 것이요, 둘째는 빌려주는 것이요, 셋째는 판매하는 것입니다. 주는 사람이 없으면 저마다 생존을 위해 닥치는 대로 긁어모으게 되고, 남의 것을 훔칠지언정 주지 않으며, 빌려주더라도 고리(高利)를 받고 빌려주게 됩니다. 판매를 하더라도 이웃에게 과도한 이윤을 남길 수 있기 전에는 판매하지 않습니다. 그러므로 **다비투르**가 떠나버렸고, 우리 주 하나님께서 더 이상 우리에게 넉넉히 복을 주시지 않습니다. 여러분, 무엇을 얻고자 하면 베풀어야 합니다. 후히 베풀고서 빈손으로 전락하는 일은 없습니다.

## 317

[의롭다 함을 얻는 일에] 공로란 존재하지 않습니다. 그리스도께서 약속대로 선물을 주시기 때문입니다. 만일 선제후가 내게 "궁정에 오면 백 플로린을 주겠소" 하고 말하면 나는 수고와 노력을 마다하지 않고 궁정으로 갑니다. 하지만 내가 선제후에게 선물을 받는 것은 궁정으로 찾아간 노력 때문이 아니라 선제후의 약속 때문입니다.

## 318

베첼(Wetzell)이 왜 저렇게 미친 사람처럼 극악하게 개신교 진영을 까닭 없이 비판하고 공격하는지, 이른바 울타리에서 문짝을 떼어내지 못해 안달인지 기이한 생각이 듭니다. 그는 농부나 일꾼이라도 믿음으로 자기 일을 착실하게 수행하는 그리스도인이 수사와 탁발수사와 수녀 같은 사람들보다 하나님 보시기에 훨씬 더 귀하다는 우리의 교훈을 맹렬하게 비판합니다. 이 가련하고 무지한 자는 하나님께서 각 사람에게 소명으로 부과하신 직업의 일을 귀히 여기지 않고 무턱대고 우리를 공격합니다. 하나님께서 명하신 일도 없고 인정하지도 않으시는, 그저 과시의 효과를 얻고자 고안된 미신적 관행들만 중시할 뿐입니다.

사도 바울은 서신들에서 선한 일과 덕스러운 품성에 관하여 모든 철학자들보다 더 열정적으로 진실하게 당부하고 권합니다. 사도는 그리스도인이 각자의 직업과 소명을 경건하게 수행해 가는 삶을 매우 귀하게 여기는 것입니다. 베첼은 하나님께서 아무리 덕망 높은 노(老) 수사들의 금식과 기도보다 다윗의 전쟁과 전투를 더 기뻐하셨다는 사실을 알아야 합니다. 하물며 요즘 수사들의 비루한 짓거리들은 일고의 가치도 없습니다.

## 319

나는 분노가 치밀 때 오히려 일이 잘 됩니다. 잔뜩 화가 나 있을 때 글쓰기와 기도와 설교가 더 잘 됩니다. 그때는 정서가 예민해지고 이해력이 첨예해지고 일상의 온갖 시름과 유혹이 깨끗이 사라집니다.

## 320

유스투스 요나스 박사가 내게 물었습니다. "선지자 예레미야가 자신의 생일을 저주한 것이 신자다운 행위였습니까?" 나는 이렇게 대답했습니다. "우리는 가끔 그런 말로 우리 주 하나님을 흔들어 깨워드려야 합니다. 예레미야는 그런 식으로 하나님 앞에 아뢸 충분한 이유가 있었습니다. 우리 구주 그리스도께서도 '믿음이 없고 패역한 세대여 내가 얼마나 너희와 함께 있으며 얼마나 너희에게 참으리요' (마 17:17) 하고 말씀하지 않으셨습니까? 모세도 하나님께 '이 모든 백성을 내가 배었나이까. 어찌 내가 그들을 낳았나이까' (민 11:12) 하고 하소연했습니다."

## 321

선한 의도를 품었는데 아무도 알아주지 않을 때는 오히려 더 큰 고난에 던져질 필요가 있습니다. 나는 지금도 교황과 전쟁을 시작하지 않았다면 좋을 뻔했다는 생각이 불쑥불쑥 드는 것을 막을 길이 없습니다. 하나님의 말씀과 하나님의 종들이 경멸을 당하는 모습을 보느니 차라리 세상을 떠나고 싶은 마음이 듭니다. 이렇듯 우리의 본성은 본래 취약하여 자주 낙심합니다.

대적들을 향해 일으키는 의분조차 단죄하는 사람들은 모든 것을 사변적으로 대하는 신학자들입니다. 그들은 평소 말장난을 일삼으며 지엽적인 문제에 몰두하다가, 비판을 받아 자존심이 상하게 되면 그제야 비로소 문제에 심각하게 다가섭니다.

## 322

"평정과 확신에 그대의 힘이 있다." 이 문장을 나는 이렇게 해석합니다. "만일 불구대천의 원수, 세상에서 가장 가증스럽고 악하여 그대의 육체와 영혼을 동시에 재앙에 떨어뜨릴 수 있는 원수를 무찌르고 싶고, 그래서 모든 무기를 동원하여 그와 대치해보지만 도저히 이길 수 없다면, 그대에게 가장 이로운 양약이 있으니 그것은 **파티엔티아**(인내)이다."

어떻게 하면 이러한 양약을 얻을 수 있는지 묻는 이에게 나는 믿음을 가지라고 권합니다. 믿음은 "하나님의 뜻이 아니면 이 세상 누구도 내게 불행을 끼칠 수 없다"고 말합니다. 만일 여러분이 믿음을 지키다가 원수에게 상처와 불행을 당했다면, 그것은 하나님의 깊고 인자하신 뜻 가운데서 된 일이며, 원수는 그로 인해 천 배나 더 큰 상처와 불행을 입게 될 것입니다. 그러므로 그리스도인에게는 사랑이 흘러 넘쳐야 합니다. 넉넉한 사랑이 있으면 원수에게 악을 악으로 갚지 않고 최선을 다해 선을 행할 수 있으며, 이로써 그의 머리에 달궈진 숯불을 올려놓게 됩니다. 이것이 거대한 산처럼 버티고 서 있는 원수들을 쳐서 굴복시킬 수 있는 그리스도인의 갑옷과 무기입니다. 사랑은 고난을 달게 받고 모든 것을 인내하는 법을 가르칩니다.

## 323

비텐베르크에 사는 어느 정직한 신자가 내게 말하기를, 자기는 모든 사람을 따뜻하게 대하고 아무에게도 상처를 주지 않고 늘 고요히 사는데, 많은 사람들이 자기를 원수처럼 대한다고 했습니다. 나는 다음과 같은 말로 그를 위로했습니다. "인내로 갑옷을 입으십시오. 사람들이 당신을 미워해도 분노하지 마십시오. 마귀가 대체 무슨 이유로 우리에게 그토록 분노하는 것입니까? 우리의 불구대천의 원수가 왜 우리로 인해 그토록 안달하는 것입니까? 이유는 하나밖에 없습니다. 하나님에게 있는 것이 그에게는 없기 때문입니다. 마귀가 우리를 그토록 미워하는 다른 이유를 나는 알지 못합니다. 만일 하나님께서 먹을 것을 주시면 감사한 마음으로 먹으십시오. 만일 금식하라고 하시면 기꺼이 굶으십시오. 명예를 주신다면 달게 받으십시오. 상처와 수치를 주신다면? 그것을 견디십시오. 감옥에 넣으신다면? 원망하지 마십시오. 왕으로 세우신다면? 순종하십시오. 다시 끌어내리신다면? 개의치 마십시오.

## 324

인내는 덕목들 가운데 가장 탁월한 것으로서, 구약성경 성문서에서 성령께서 높이 평가하시고 권장하셨습니다. 학식이 깊은 이교 철학자들도 인내를 칭송했으나, 그들은 하나님이 없는 사람들이므로 인내의 진정한 근본을 알지 못합니다. 지혜롭고 신중한 그리스 철학자 에픽테토스(Epictetos)는 이교도로서 자신의 분수에 맞게 "고난을 참고 절제하라"고 말했습니다.

## 325

사람을 매장할 때 머리가 해뜨는 방향을 향하도록 하는 것이 오랜 관습이었습니다. 영적인 신비와 그 안에 담긴 여러 가지 의미 때문에 그랬을 것입니다. 하지만 그것은 모두가 준수해야 할 법은 아닙니다. 마찬가지로 교회 내의 모든 법규와 의식도 제자리에 두어야 합니다. 그것을 하나님 앞에서 의롭다 선언하거나 정죄하는 자리에 두지 말고, 교회의 질서를 위하는 정도의 의미만 부여하는 것이 정당합니다.

## 326

행위를 앞세운 의와 위선이 우리 내면에 도사리고 있는 가장 고질적인 질병입니다. 특히 그것이 관행으로 굳어져 있으면 씻어내기가 퍽 어렵습니다. 그것이 버티고 있기에, 사람들이 본능적인 생각대로 전능하신 하나님 앞에서 논쟁하고 대꾸하며, 자의적인 능력과 방법으로 하나님 앞에 죗값을 지불하려고 하는 것입니다. 나도 죄를 짓고서 앞으로는 정직하고 바르게 살겠다고 약속함으로써 우리 주 하나님을 너무나 많이 속였기 때문에, 이제는 그런 약속을 하지 않습니다. 다만 하나님께서 나를 선하게 만들어 주시는 행복한 순간이 있기를 위해서 기도할 뿐입니다.

## 327

교황 진영의 사제가 한 번은 내게 이런 공격을 가해왔습니다. “악행이 단죄 받는 이유는 선행이 의롭다 함을 얻게 하기 때문이 아닙니까?” 나는 이렇게 대답했습니다. “당신의 주장은 귀담아 들을 가치가 전혀 없습니다. 그것은 대조법에 따른 결론이 아닙니다. 둘은 서로 일치하지 않습니다. 악행은 절대 표준에 따라 악합니다. 철저히 훼손된, 악한 마음에서 나오기 때문입니다. 그러나 선행은 정직한 그리스도인이 내놓은 것일지라도 온전한 선이 아닙니다. 조금 회복된 미약한 순종에서 나오기 때문입니다. ‘나는 죄인이지만 하나님께서는 의로우십니다’ 하고 진실하게 말할 수 있는 사람, 죽음의 순간에 ‘주 예수 그리스도시여, 제 영혼을 주님의 손에 의탁하나이다’ 하고 간절히 아뢸 수 있는 사람은 자신이 주께로부터 참된 의를 받았음과, 자신의 행위와 의를 의지하여 하나님을 모욕하는 자들의 수에 들지 않았음을 확신할 수 있습니다.”

# 기도에 관하여

## 328

기도의 능력이 얼마나 큰지, 어떠한 효과를 낼 수 있는지는 경험을 통해 터득한 사람 외에는 믿을 수 없습니다.

극한 곤궁에 빠졌을 때 기도를 드린다는 것은 작은 일이 아닙니다. 나는 진실하게 기도할 때마다 주께서 내 기도를 들으시고 기도한 것 이상으로 넘치게 내려주셨음을 압니다. 주께서는 때로는 지체하시지만 마침내는 대답해 주십니다.

집회서(구약의 외경 가운데 한 권-옮긴이)에는 이렇게 기록되어 있습니다. "선하고 경건한 그리스도인의 기도는 의사의 치료보다 건강에 더 유익하다."

경건한 그리스도인의 기도란 얼마나 크고 위대한 것입니까! 가련한 인간이 지극히 높으신 하늘의 하나님 앞에 나아가 아뢴다는 사실도 굉장한 일인데, 더욱이 하나님 앞에서 두려워 벌벌 떨지 않고 하나님께서 사랑하시는 아드님 그리스도를 인하여 자신에게 환한 미소를 지으시는 줄을 안다는 것이 얼마나 대단한 일입니까! 기도를 드릴 때는 우리의 죄와 무가치함에 마음과 양심이 눌려 위축되거나 의심에 사로잡히거나 뒤로 물러가서는 안 됩니다. 우리는 바바리아 사람의 행위를 답습해서는 안 됩니다. 그 사람은 간절한 종교심을 가지고 바바리아의 어느 교회에 서 있던 성 레오나르드의 성상을 향해 기도했습니다. 그런데 그 우상 뒤에 어떤 사람이 숨어 있다가 "꼴도 보기 싫은 바바리아 사람" 하고 말했습니다. 그런 일을 몇 번 계속해서 겪던 바바리아 사람은 마침내 "꼴도 보기 싫은 레오나르드" 하고 말하고는 돌아섰다고 합니다.

우리는 기도할 때 그런 일을 자초하지 말아야 합니다. 그리스도께서 이미 우리의 기도를 들으신 줄을 굳게 믿어야 합니다. 그러므로 옛 성도들은 기도를 '마음이 하나님을 향해 솟아오르는 행위' (*Ascensus mentis ad Deum*)라고 근사하게 정의해 놓았습니다.

## 329

우리 구주 그리스도께서는 주기도문 안에 모든 필요한 것을 간단하면서도 탁월하게 망라해 놓으셨습니다. 사람은 고통과 시련과 괴로움에 처해봐야 기도다운 기도를 드릴 수 있습니다. 하나님께서는 "환난 날에 나를 부르라" (시 50:15)고 말씀하십니다. 고통을 모르면 하나님 앞에서 마음에서 우러나오지 않은 말을 함부로 하기 쉽습니다. 그래서 "절박함이 기도를 가르친다" 고들 합니다. 교황주의자들은 하나님께서 기도하는 자들의 모든 말을 잘 알아들으신다고 말하지만, 성 베르나르는 그렇게 생각지 않았습니다. 그는 기도하는 자가 먼저 구하는 내용을 똑똑히 알고 구하기 전에는 하나님께서 듣지 않으신다고 말했습니다. 교황은 양심을 괴롭히는 자에 지나지 않습니다. 그를 추종하는 집단의 기도는 개구리들의 울음소리 같아 전혀 덕을 세우지 못하며, 그저 무익한 궤변과 기만일 뿐입니다. 기도는 교회의 강력한 성곽이요 요새입니다. 기도는 은혜와 기도의 정신을 지닌 사람만이 아는 경건한 그리스도인의 무기입니다.

주기도문의 처음 세 가지 간구는 천상에 관련된 큰 내용이어서, 우리가 다 파악하기 어렵습니다. 넷째 간구는 일반 사회와 가정의 정책과 살림, 그리고 세상을 살아가는 데 필요한 모든 것에 관련됩니다. 다섯째 간구는 우리 자신의 이지러진 양심과 맞서 싸우며, 양심을 괴롭히는 원죄와 자범죄에 대항합니다. 과연 주기도문은 지혜에서 나왔습니다. 하나님 외에 이러한 기도를 내놓으실 분이 없습니다.

## 330

교황의 영토에서는 기도가 혀를 놀리는 행위에 지나지 않습니다. 그것은 기도가 아니라 복종의 행위입니다. 수도원과 암자들에서 '성무일과'의 기도가 어지럽게 울려 퍼지게 된 연원도 거기에 있습니다. 그들은 신령과 진리로 주 앞에 나아가는 일 없이, 시편과 기도문들을 뜻도 모른 채 읊조립니다.

나도 복음을 깨닫기 전에는 바쁜 업무 때문에 자주 중단했던 '성무일과'를 한꺼번에 수행하느라 무던히도 스스로를 괴롭혔습니다. 토요일이 되면 독방에 들어가 문을 걸어 잠그고는 한 주간 동안 걸렀던 의무를 수행했습니다. 그러나 마침내 업무가 더 과중해지면서 토요일의 기도마저 생략하게 되었습니다. 그러던 중 암스도르프 같은 이들이 그러한 기도 생활을 비웃는 것을 보고는 아예 그만두었습니다.

오늘날 우리는 복음에 힘입어 이 엄청난 고통에서 건짐을 받았습니다. 만일 내가 한 일이 사람들을 그 고통에서 해방시킨 것이 전부였다 할지라도 사람들은 내게 감사해야 할 것입니다.

## 331

중보자 그리스도에 대한 믿음 없이는 기도가 성립될 수 없습니다. 터키인들과 유대인들, 교황주의자들이 기도문을 암송한다 할지라도 하나님이 들으시는 기도는 드릴 수 없습니다. 주께서 땅에 계실 때, 제자들은 주기도문을 배워 그 기도를 자주 드렸지만, 마땅히 드려야 할 기도는 드리지 못했습니다. 그때까지는 그리스도의 이름으로 아무것도 구하지 않았기 때문입니다(참조. 요 16:24). 그러나 성령께서 오셨을 때 그들은 그리스도의 이름으로 바른 기도를 드리게 되었습니다. 만일 교황주의자들이 주장하듯이 기도와 기도문 낭독이 그저 인간의 행위에 불과하다면, 율법의 의는 아무런 가치가 없게 됩니다. 경건한 그리스도인이 드리는 바른 기도는 강한 울타리가 됩니다. 하나님께서 친히 말씀하신 바와 같습니다. "이 땅을 위하여 성을 쌓으며 성 무너진 데를 막아서서 나로 하여금 멸하지 못하게 할 사람을 내가 그 가운데에서 찾다가 찾지 못하였으므로"(겔 22:30).

## 332

모세는 이스라엘 자손들을 인도하여 홍해에 이르렀을 때 두렵고 떨렸습니다. 하지만 입을 꽉 다물어 자신의 탄식이 백성의 귀에 들어가지 않도록 했습니다. 아마도 마음으로 이렇게 탄식하며 부르짖었을 것입니다. "아, 주 하나님! 이제 어디로 가야 하는 겁니까? 이제 어느 길로 돌아가야 합니까? 제가 어찌하다가 이 막다른 길목에 다다르게 되었나이까? 아무런 도움도 계략도 저희를 구원할 수 없나이다. 저희 앞에는 바다가 버티고 있고, 뒤에는 저희의 원수들인 애굽 사람들이 쫓아오고 있으며, 양 옆으로는 험준한 산이 가로막고 있나이다. 이제 저 때문에 이 모든 백성이 멸망하게 되었나이다." 그때 하나님께서 이렇게 대답하셨습니다. "너는 어찌하여 내게 부르짖느냐"(출 14:15). 이 말씀은 사실상 "네가 두려워 부르짖는 소리가 워낙 커서 온 하늘이 진동할 정도로구나!"라는 뜻입니다. 인간의 이성으로는 그 막다른 궁지에서 빠져나갈 길을 찾을 수 없었습니다. 하지만 홍해를 열고 나가는 길은 코부르크에서 비텐베르크로 난 길 못지않게 넓고 넉넉했습니다. 따라서 백성들은 틀림없이 홍해로 난 길에서 밤을 지내며 쉬고 먹어야 했을 것입니다. 여자와 어린이를 제외하고도 60만 명의 남자들이 홍해를 건너려면 한 줄에 150명씩 서서 건너더라도 아주 많은 시간이 걸렸을 것이기 때문입니다.

## 333

하나님께서 그리스도의 이름으로 드리는 기도를 듣지 않으신다는 것은 불가능합니다. 물론 우리가 요구하는 기준과 방법과 시간에 맞춰 기도를 들어주시지는 않습니다. 그럴 의무가 없으십니다. 하나님께서 아우구스티누스의 어머니를 대하신 방법도 그것입니다. 그의 어머니는 아들을 회심하게 해달라고 구했으나 기도가 좀처럼 응답되지 않았습니다. 그러자 어머니는 학자들을 찾아가 아들을 좋은 말로 설득해달라고 간청했습니다. 혹시 믿는 아내를 통해 믿음을 갖게 될지도 모른다는 기대감에, 아들에게 믿는 처녀와 결혼하라고 제의해 보기도 했습니다. 하지만 다 허사였습니다. 그러나 우리 주 하나님께서 그 어머니의 기도를 기억하시고 들어주심으로써, 아우구스티누스는 교회에 위대한 빛이 되었습니다. 사도 야고보는 "서로 기도하라. 의인의 간구는 역사하는 힘이 많으니라"(약 5:16)고 말합니다. 기도는 강력한 것입니다. 하나님께서 기도에 자신을 매어 놓으신 것입니다.

## 334

그리스도께서는 유대인의 인식에 맞게 주기도문을 가르치셨습니다. 기도가 오직 아버지께 향하도록 하신 것입니다. 하지만 기도할 때는 아버지께서 아들을 인하여 들으신다고 생각하고 드려야 합니다. 이렇게 된 이유는 그리스도께서 죽으시기 전에는 높임을 받지 않으시기로 작정하셨기 때문입니다.

## 335

유스투스 요나스가 성경의 다음 구절들이 서로 모순되지 않느냐고 루터에게 물었습니다. 즉, 하나님께서는 아브라함에게 소돔에서 의인 열 명만 찾더라도 그 도시를 멸하지 않으시겠다고 하셔놓고, 에스겔을 통해서는 "비록 노아, 다니엘, 욥, 이 세 사람이 거기 있을지라도 그들은 자기의 의로 자기의 생명만 건지리라"(겔 14:14) 하셨고, 예레미야에게는 "그런즉 너는 이 백성을 위하여 기도하지 말라"(렘 7:16)고 하시지 않았느냐는 것이었습니다. 루터는 이렇게 대답했습니다. "그렇지 않습니다. 이 구절들은 서로 모순되지 않습니다. 에스겔서에서는 그들을 위해서 기도하는 것을 금하셨으나, 아브라함의 경우에는 그렇지 않았습니다. 그러므로 우리는 하나님 말씀을 존중해야 합니다. 하나님께서 기도하지 말라 하시면 우리가 입을 다무는 것이 마땅합니다."

## 336

세상의 군왕과 통치자들이 하나님의 말씀을 적대시할 때, 우리의 할 일이란 그리스도께서 명하신 대로 모든 소유를 정리하여 다른 곳으로 피하는 것입니다. 복음으로 인해 환난이 닥치면 근심과 두려움에 휘둘릴 게 아니라 담담히 견뎌내야 합니다.

## 337

진실한 그리스도인들은 쉬지 않고 기도합니다. 항상 입을 놀려 기도하지 않더라도, 자리에 누울 때든 깰 때든 항상 마음에 기도가 고동칩니다. 진정한 그리스도인에게는 탄식조차 기도입니다. 시편의 말씀과 같습니다. "여호와의 말씀에 가련한 자의 눌림과 궁핍한 자의 탄식을 인하여 내가 이제 일어나 저를 그 원하는 안전 지대에 두리라 하시도다"(시 12:5). 마찬가지로 진정한 그리스도인은 본인이 채 의식하지 못한 상황에서라도 날마다 자기 십자가를 지고 삽니다.

## 338

주기도문은 신자들을 하나로 결속하여 서로를 위해 기도하게 합니다. 그 결속은 강하고 능력이 있어서 죽음의 두려움조차 쫓아냅니다.

## 339

기도는 교회를 보존하며, 지금까지 교회에 큰 유익을 끼쳐 왔습니다. 그러므로 기도는 끊임없이 해야 합니다. 그런 까닭에 그리스도께서는 이렇게 말씀하셨습니다. "구하라 그러면 너희에게 주실 것이요 찾으라 그러면 찾을 것이요 문을 두드리라 그러면 너희에게 열릴 것이니"(마 7:7).

첫째로, 우리가 어려움에 처할 때, 주께서는 우리로 기도하게 하십니다. 하나님께서는 종종 모습을 감추시고 침묵하십니다. 적극 우리를 만나주시지 않으십니다. 그럴 때 우리는 하나님을 찾아야 합니다. 쉬지 말고 기도해야 합니다. 우리가 하나님을 찾더라도 하나님께서는 종종 방에 들어가 문을 안에서 걸어 잠그십니다. 그럴 때 하나님께 나아가려면 문을 두드려야 합니다. 문을 한두 번 두드리면 하나님께서 조금씩 듣기 시작하십니다. 마침내 쉴새 없이 두드리면 문을 여시고 "무엇을 원하느냐?"고 말씀하십니다. 그때 소원을 아뢰면, "네 소원을 들어주마" 하고 대답하십니다. 이런 식으로 집요하게 기도하여서 하나님을 흔들어 깨워드려야 합니다.

# 세례에 관하여

## 340

고대의 저자들은 세례를 세 종류로 규정하였습니다. 첫째는 물세례, 둘째는 성령 세례, 셋째는 피의 세례입니다. 세 종류의 세례가 교회에서 시행되었습니다. 교리문답자들은 물로 세례를 받았습니다. 그런가 하면 물세례를 받지 못했으나 그리스도를 믿은 사람들은 고넬료가 세례 받기 전에 구원을 받았듯이 성령 안에서 성령을 통해서 구원을 받았습니다. 셋째 부류의 사람들은 피의 세례 곧 순교를 당했습니다.

## 341

천국은 값없이 베풀어집니다. 나는 언약의 도장이 또렷하게 찍힌 확신을 갖고 있습니다. 세례를 받은 것과, 자주 성찬을 받은 것이 언약의 도장입니다. 나는 마귀가 언약의 도장이 찍힌 이 띠를 끊지 못하도록 굳게 간직합니다. 항상 하나님을 경외하며, 날마다 기도하는 것이 내가 그것을 굳게 간직하는 방법입니다. 하나님께서 내게 구원을 베푸실 때, 독생자의 죽음과 고난보다 더 안전한 방법이 없으셨습니다. 독생자께서 나를 위해 죽음을 당하시고 죽음을 이기심으로써 아버지의 약속을 성취하신 것을 믿을 때, 나는 확신의 띠를 공고히 간직합니다. 그리고 세례와 성찬의 인을 받음으로 더욱 풍성한 구원을 얻습니다.

## 342

이런 질문을 받았습니다. "어떤 사람이 세례를 받았는지 받지 않았는지 불

분명할 때 '혹시 세례 받지 않았다면 이번에 세례를 받으시겠습니까?' 하는 물음에 적극적인 태도를 보일 경우 세례를 주는 것이 옳습니까?" 나는 이렇게 대답했습니다. "교회는 그렇게 세례를 베푸는 관행을 버려야 합니다. 혹시 과거에 세례를 받았는지 불분명하다면 어떤 조건도 제시하지 말고 세례를 받게 해야 합니다."

## 343

교황주의자들은 비밀고해를 견지함으로써 오직 행위만 존중합니다. 자백은 아무리 해도 만족함이 없습니다. 아무리 사소한 죄라도 자백하지 않은 것이 생각나면 다시 고해신부에게 찾아가 다시 자백해야 합니다. 내가 아는 법학교수는 자백에 대해 강박증이 생겨서 성찬을 받기 전에 고해신부를 세 번 찾아가야 안심을 합니다. 우리 독일 민족이 교황의 지배를 받던 시절에, 우리는 고해신부를 자주 찾아가 그를 지치게 했고, 신부는 복잡한 면죄 조건으로 우리를 당혹스럽게 했습니다. 신부가 제시한 면죄 조건이란 이런 것이었으니 당혹스럽지 않았겠습니까? "나는 우리 주 예수 그리스도의 공로와, 그대의 마음의 통회와, 그대의 입의 자백과, 그대의 행위의 보속(補贖)에 의거하여 그대의 죄를 사하고 [열쇠를] 풀어주노라." 이런 식의 조건들과 거기에 담긴 속뜻이 이만저만 악영향을 끼친 게 아닙니다. 우리는 두려운 마음에 신부가 시키는 대로 다 했습니다. 그렇게 해야 하나님 앞에서 의롭다 함과 구원을 얻을 수 있는 줄로만 알았습니다.

선대에 인간의 전통이 사람들에게 지나친 고통과 부담을 준다고 본 장 제르송(Jean Gerson, 1363-1429, 프랑스 신학자, 교회지도자. 교황의 수위권에 대해서 공의회의 권한을 주장한 인물-옮긴이)은 양심의 고삐를 풀어 조금 느슨하게 하지 않을 수 없었습니다. 그가 이 족쇄를 끊기 시작한 최초의 인물이었다고 할 수 있는데, 이는 교회의 규례와 명령을 무시하거나 어기는 행위라도 만일 경멸과 악의에서 나온 게 아니라면 대죄(大罪)가 아니라고 주장했기 때문입니다. 그의 주장은 다소 미약하고 충분치 못했음에도 불구하고 많은 양심을 과도한 가책에서 놓이게 했습니다.

이런 억압과 굴레에 대해서, 나는 「그리스도인의 자유」라는 책을 통해서 인간이 고안해낸 그런 엄격한 법과 규례는 지키지 않아도 된다고 주장한 바 있습니다. 하지만 요즘에는 정반대로 양심의 가책을 느끼지 못한 채 모든 법과 규례를 짓밟는 무지하고 철없는 자들이 있습니다.

## 344

만일 자식을 살해한 여인이 내게 사면을 받은 뒤에 어쩌다 보니 죄가 공개적으로 드러나 내가 법관에게 심문을 받게 된다면, 나는 그 문제에 관해 일체 증언하지 않을 것입니다. 우리는 교회와 세속 정부를 분명히 구분해야 하는 것입니다. 여인이 내게 자백을 했을 때는 인간으로서의 내가 아닌 그리스도께 자백한 것이고, 만일 그리스도께서 그 문제에 대해 침묵하신다면 나 역시 침묵한 채 다음과 같이 말하는 것이 나의 의무입니다. “이 문제에 관해서 나는 아는 바 없습니다. 만일 그리스도께서 들으셨다면 그것에 대해 말씀하실 것입니다. 다만 사적인 입장에서 ‘가련한 여인이여, 다시는 그와 같은 짓을 하지 마시오’ 하고 말해줄 것입니다.” 나는 양심의 문제를 가지고 세속 법정에서 말하지 않아도 되지만, 죄인에게 하나님께서 죄를 미워하시고 진노하신다고 경고해 줄 의무가 있는 것입니다. 그리고 죄를 인정하고 자백하는 사람들에 대해서는 복음을 가르쳐서 다시 일으켜 세워줄 의무가 내게 있습니다. 그들이 법정에 설 때 우리가 소환되어 미움과 불화의 표적이 될 필요가 없습니다. 지금까지 우리는 교회의 관할권과 권한을 보호하고 유지해 왔으며, 앞으로도 교리와 양심에 관한 문제에서 세속 권력에 굴복하지 않고 계속 그리해야 할 것입니다. 그리스도께서 명령하신 대로, 세속 권력은 자신들의 의무를 생각하고 이행하면 그만이고, 우리의 권한에 손을 대서는 안 됩니다.

## 345

원래 비밀 고해가 제정된 의도는 믿음을 고백하고 성찬을 받으려는 진실한 뜻을 표명하도록 하려는 것이 전부였습니다. 현재와 같은 변질된 관행을 강요해서는 안 됩니다.

## 346

그리스도께서는 교회에 천국 열쇠를 주시면서, 종들에게 죄를 회개하지 않는 자들에 대해서는 매고, 죄를 회개하고 자백하고 진심으로 뉘우치고 하나님께서 그리스도를 인하여 용서해 주실 것을 믿는 자들에 대해서는 풀도록 명령하셨습니다.

## 347

후스파가 하나님의 은혜를 모든 인간에게 공평하게 분배해야 한다는 논리로 어린이에게도 성찬을 베푼 것이 잘한 일인가 하는 질문에 대해서, 루터 박사는 이렇게 대답했습니다. "그건 두말할 나위 없이 잘못된 것입니다. 어린이가 구원을 받는 데는 성찬이 필요하지 않기 때문입니다. 하지만 그 혁신적인 주장을 후스파의 죄로 매도해서는 안 됩니다. 이미 오래 전에 키프리아누스가 그런 선례를 남긴 것입니다."

## 348

이단이 집례한 성례도 효과가 있는가 하는 질문에, 루터 박사는 이렇게 대답했습니다. "만일 집례자가 이단인 줄 모르고 성례를 받았다면 그 성례는 효과가 있습니다. 성찬 상징론자들(sacramentarians)은 그리스도의 몸을 부정합니다. 재세례파는 세례를 부정하므로 그들이 베푼 세례는 효과가 없습니다. 그럴지라도 만일 성찬을 집례하는 사람이 성찬 상징론을 신봉하는 줄을 모른 채 성찬을 받되, 그것이 그리스도의 참된 몸임을 믿었다면, 그가 실제로 받은 것은 그리스도의 참된 몸입니다."

## 349

재세례파는 인간의 구원이 어찌 물로써 이루어질 수 있느냐고 트집을 잡습니다. 그들에게 해줄 수 있는 대답은 간단합니다. 전능하신 하나님을 믿는 사람에게는 모든 것이 가능하다는 것입니다. 만일 제빵업자가 "이 빵은 몸이고, 이 포도주는 피요" 하고 말한다면 그냥 웃고 지나칠 것입니다. 그러나 전능하신 하나님이신 예수 그리스도께서 손에 빵과 포도주를 들고서 "이것은 내 몸이고 내 피다"고 말씀하시면 우리는 그 말씀을 믿어야 합니다. 그분은 말씀으로 만물을 창조하신 하나님이시기 때문입니다.

## 350

불가피한 상황이라면 가장이 자녀들이나 하인들에게 성찬을 시행해도 되느냐고 어떤 사람이 물었습니다. 루터 박사가 대답했습니다. "그리해서는 안 됩니다. 주께 그러한 부르심을 받지 않았기 때문입니다. 부르심을 받지 않은 사람은 설교할 수 없고, 성찬을 집례할 수는 더욱 없습니다. 만일 필요에 따라 아무나 성찬을 집례해도 된다면 사람들이 교회의 정규 사역자 없이 마음대로 행동할 것이므로 큰 혼란이 초래될 것입니다."

## 351

예수 그리스도께서 사도들에게, 가서 모든 민족에게 복음을 전하여 세례를 주라고 분부하셨을 때는 어린이들을 대상에서 제외하지 않으셨습니다. 사도들은, 나이가 많든 적든, 크든 작든 모든 이방인에게 세례를 주어야 했습니다. 유아세례는 마가복음 10:14에 분명히 명령되어 있습니다. "어린 아이들이 내게 오는 것을 용납하고 금하지 말라. 하나님의 나라가 이런 자의 것이니라." 우리는 이 말씀을 읽을 때 소가 닭 보듯 해서는 안 되고, 왕이 보낸 서신을 받아 읽듯이 두렵고 진지하게 읽고 그런 태도로 받아들여야 합니다.

## 352

교황주의자들은 황제 콘스탄티누스에게 세례를 준 사람이 교황 멜키아데스(Melchiades)였다고 말하지만, 이것은 허구입니다. 황제 콘스탄티누스는 재위 33년 예순다섯의 나이에 니코메디아에서 그 도시의 주교 유세비우스에게 세례를 받았습니다.

## 353

재세례파는 유아가 아직 이성(理性)을 갖지 못했으므로 세례를 받아서는 안 된다고 주장합니다. 나는 이렇게 대답합니다. "이성은 믿음에 아무런 기여도 하지 못합니다. 오히려 유아들은 이성이 결핍되어 있기에 세례를 받기에 더욱 적합합니다. 이성은 믿음의 가장 큰 적이기 때문입니다. 이성은 영적인 일에 조금도 보탬이 되지 않고, 오히려 하나님에게서 나오는 모든 것을 경멸함으로써 신적 말씀에 대항하여 싸웁니다. 만일 하나님께서 장년에게 성령을 보내실 수 있다면, 유아들에게는 훨씬 더 그렇게 하실 수 있습니다. 믿음은 하나님의 말씀을 들을 때 생깁니다. 유아들은 세례를 받을 때 말씀을 들으며, 말씀과 함께 믿음도 받아들입니다."

## 354

난산(難産)으로 인해 아기의 팔이나 다리만 밖으로 나왔을 때, 아기에게 어떻게든 세례를 주려는 생각에서 팔이나 다리에 세례를 주어서는 안 됩니다. 하물며 어머니의 배에 물을 부음으로써 아직 세상에 태어나지도 않은 아기에게 세례를 주려고 해서는 더욱 안 됩니다. 요한복음은 그러한 행위를 성경이 금하고 있음을 분명히 보여줍니다. "사람이 거듭나지 아니하면 하나님의 나라를 볼 수 없느니라"(3:3). 그러므로 아기가 온전히 세상에 태어나기 전에는 세례를 주어서는 안 됩니다. 출산 과정에 어려움이 생기면 그 자리에 있는 모든 사람이 그리스도께 무릎을 꿇고 가련한 아기와 산모를 고통에서 건져달라고 기도해야 하며, 주께서 기도를 들어주실 것을 확신해야 합니다. 믿음으로 드리는 이러한 기도는 친히 "어린 아이들이 내게 오는 것을 용납하고 금하지 말라. 하나님의 나라가 이런 자의 것이니라"(막 10:14)고 하신 전능하신 주님께 아기를 의탁합니다. 어려운 상황에서도 믿음을 굳게 지키면 혹시 아기가 세례를 받지 못한 채 죽더라도 구원에서 제외되지 않음을 확신하고 안심할 수 있습니다. 만일 갓 태어난 아기가 너무 약해서 교회로 데려가기 전에 죽을 것이 분명해 보이면, 함께한 여인들이 일상적인 방법으로 아기에게 세례를 주어야 합니다. 이런 경우를 대비해서, 산모는 적어도 두세 사람을 대동함으로써 이런 식으로 베푼 세례가 불가피했음을 입증해야 합니다.

## 355

어떤 사람이 루터 박사에게 사람을 보내 세례 때에 따뜻한 물을 써도 되는지 묻자, 박사는 이렇게 대답했습니다. "그 답답한 양반에게 가서, 물은 덥든 차든 물이라고 전하시오."

## 356

1541년에 메니우스(Menius) 박사가 루터 박사에게, 유대인들에게는 어떤 식으로 세례를 주어야 하는지 물었습니다. 박사는 이렇게 대답했습니다. "큰 통에 물을 채우고 유대인에게 긴 흰옷으로 갈아입게 하십시오. 그를 통에 앉힌 다음 물에 잠그는 방식으로 세례를 주어야 합니다. 옛 신자들은 세례를 받을 때 흰옷을 입었는데, 이런 관습으로부터 세례와 강한 연관성이 있는 부활절 후 첫 주일에 '흰옷 주일' 이라는 명칭이 붙었습니다. 흰옷은 지금도 그렇듯이 시신을 매장할 때 입혔던 관계로 세례에 적합한 옷으로 받아들여졌습니다. 만일 유대인이 진심으로 개종하지 않은 채 내게 세례를 청한다면, 나는 그를 다리로 데려가 목에 큰돌을 매단 다음 강물에 던져버릴 것입니다. 이런 자에게 세례를 주어 교회 안으로 받아들이면 우리의 신앙을 장난거리로 만들 것이 뻔하기 때문입니다. 그럴지라도 세례의 본질은 물과 하나님 말씀이므로, 유대인이든 다른 사람이든 그 정서와 의도가 믿음에서 나오지 않은 채 받더라도 유효합니다."

# 성찬에 관하여

## 357

교황주의자들의 맹목과 무지는 대단합니다. 복음을 믿지 않고 복종하지도 않고 그저 교회만 자랑하면서 "교회는 무엇이든 원하는 대로 변경하고 시행할 권세가 있다"고 말합니다. 일례로, 그리스도께서 만찬을 드신 뒤에 제자들에게 자신의 몸을 주셨으나 우리는 금식한 상태에서 성찬의 떡을 받으므로, 교회의 규례대로 잔은 평신도에게 주지 않는 것이 옳다고 주장합니다. 무지한 그들은 성찬의 실체(substance)를 지니는 잔과, 전혀 중요치 않는 우유적(偶有的, accidental)이고 육체적인 금식을 구분할 줄 모릅니다. 성찬의 잔은 하나님의 분명한 말씀과 명령이지만, 금식은 우리의 의지와 선택으로 이루어집니다. 잔은 하나님께서 명령하셨으므로 의무적으로 받아야 하지만, 금식은 의지의 선택에 맡겨두어야 합니다. 물론 경외심에서 금식을 한 상태에서 잔을 받는 것은 얼마든지 옳은 일입니다.

## 358

사탄이 어떻게 해서 교회에 한 가지 종류의 성찬[평신도에게 잔을 금하고 떡만 주는 것-옮긴이]이 시행되도록 했는지 기이합니다. 언제 어떤 목적과 경위로 성찬의 형태가 그렇게 변경되었는지 알 수가 없습니다. 한 가지 종류의 성찬을 정식으로 결의한 것은 콘스탄츠 공의회(1414-18)였는데, 하지만 그 공의회도 관습 외에는 달리 근거를 제시하지 않았습니다.

## 359

교황주의자들은 자신들의 권세와 권위를 크게 자랑하며, 다음과 같은 주장으로 그것을 기정사실로 굳히려 합니다. "사도들이 세례를 변경했으므로, 주교들은 성찬을 변경할 권한을 갖는다." 나는 이렇게 대답합니다. "사도들이 무엇을 변경한 것을 인정한다 할지라도, 사도와 주교 사이에는 큰 차이가 있습니다. 사도는 하나님께서 직접 부르셔서 성령의 은사들을 주신 사람이지만, 주교는 하나님 말씀을 전하고 지역 교회의 일꾼들을 세우도록 사람들의 손에 선출된 사람입니다. 따라서 사도들이 그러한 권세와 권한을 가졌을지라도, 주교는 그렇지 못합니다. 엘리야는 바알의 제사장들과 거짓 선지자들을 베었으나, 사제에게는 그런 일이 허용되지 않습니다. 따라서 사도 바울은 다음과 같은 차이를 두어 말한 것입니다. '그가 어떤 사람은 사도로, 어떤 사람은 선지자로, 어떤 사람은 복음 전하는 자로, 어떤 사람은 목사와 교사로 삼으셨으니' (엡 4:11). 사도들 사이에는 서열이 없었습니다. 직분상 어떤 사도가 다른 사도보다 높지 않고 모두가 동등했습니다. 사도 베드로가 다른 주교들을 감독할 수위권(首位權)과 통치권을 지닌다는 정의는 애초부터 잘못된 것입니다. 그런데 오늘날 교황주의자들은 그 정의에서 훨씬 더 빗나가 '교황의 권세와 권위는 지고하다. 그는 성직자들을 임명할 수 있고, 왕국과 정부를 교체할 수 있고, 황제와 왕을 폐위하고 다른 사람을 그 직위에 앉힐 수 있다' 고 주장하는 것입니다. 우리는 그러한 정의를 허용해서는 안 됩니다. 모든 정의는 바르고 정당해야 하며, 쉽고 분명하게 표현되어야 합니다. 그것에 덧붙이거나 삭제해서는 안 됩니다.

## 360

성찬에 관하여 충분히 배우지 못한 관계로 아직 의심이 남아 있어 성찬을 한 가지 종류만 받는 경우는 있을 수 있겠지만, 충분히 배웠으면서도 여전히 한 가지 종류로만 받는 것은 양심을 거스른 채 그릇되게 행동하는 것입니다.

## 361

성찬의 떡을 회중 앞에 높이 드는 의식[성체거양]은 교부들이 가르친 적이 없고, 다만 떡과 포도주가 그 의식을 통하여 실체는 사라지고 형태와 냄새와 맛만 남는다는 그릇된 교훈을 확증하기 위해서 도입된 것으로서, 가증스러운 우상숭배입니다. 교황주의자들은 화체설이라 하는 이 그릇된 이론으로 성찬의 정당한 의미를 어둡게 합니다. 하지만 교황의 영토에 속한 밀라노에서는 암브로시우스 때부터 오늘날까지 미사 때 성체거양을 하지 않습니다.

## 362

성체거양은 구약에서 힌트를 얻어 만든 의식입니다. 유대인들은 예물을 드릴 때 두 가지 방식을 취했습니다. 하나는 **트루마**(*Thruma*)라고 하는 것이고, 다른 하나는 **트룸파**(*Trumpha*)라고 하는 것입니다. **트루마**는 예물을 바구니에서 꺼내어 위로 치켜들고(마치 오늘날 교황주의자들이 축성된 떡을 치켜들듯이) 우리 주 하나님께 보여드린 다음 태워버리거나 먹는 방식이었습니다. **트룸파**는 예물을 치켜들지 않고 세상의 네 모퉁이를 향해 보이는 방식이었습니다. (교황주의자들은 그것을 본떠 미사 때 세상의 네 모퉁이를 향해 십자가 성호를 긋습니다.)

나도 처음에 교황의 교회에서 미사를 집례하게 되어 손가락을 놀려 십자가 성호를 그으려 하다가 방향을 제대로 짚지 못했을 때 이렇게 말한 기억이 납니다. "하나님의 어머니 마리아여, 제가 미사를 얼마나 혼란스럽게 했는지요. 특히 십자가 성호로 미사를 크게 어지럽혔나이다." 아, 주 하나님! 당시에 우리는 그렇게 유치하고 어리석은 상태에 있었는데, 하지만 이제 그것이 우상숭배였을 뿐임을 알게 되었습니다. 교황의 교회는 축성(祝聖)의 문구로 선량하고 경건한 사제들을 두려움에 내몰았습니다. "이것은 내 몸이라"(*Hoc est corpus meum*)라는 문장을 매끄럽게 발음하지 못하고 더듬거리거나 한 단어라도 빠뜨리면 중죄에 해당했기에, 사제들이 축성의 말을 공포할 때마다 두려워 떨었던 것입니다. 게다가 축성의 말을 뜻 없이 입으로만 해서는 안 되고, 곁에 아무도 없더라도 자기가 한 말을 자기가 반드시 들을 수 있도록 해야 했습니다. 나는 15년간 탁발수사로 지내면서 정직한 마음에 그렇게 양심을 누르며 살았습니다. 그런데 주께서 크신 자비로 나 같은 자를 용서해 주셨습니다. 성체거양은 성찬의 떡을 숭배하는 뜻이 있기에 철저히 배격해야 합니다. 몇몇 교회들이 그 관행을 버리고 우리를 따르는 것이 내게 큰 위안을 줍니다.

## 363

성찬의 효과는 그리스도의 교훈과 성찬 제정의 말씀에 있습니다. 성찬의 실체는 그리스도의 참된 살과 피를 표상하는 떡과 포도주로서, 믿음을 가지고 영적으로 받을 수 있습니다. 주께서 성찬을 제정하신 최종 목적은 우리의 믿음에 유익을 끼치시고 열매를 맺게 하시고, 우리 믿음을 강하게 하시며, 그리스도의 살과 피가 우리를 위해 드려지고 흘려진 바 되었고, 그리스도의 죽으심으로 우리 죄가 사해졌음을 의심치 않게 하시려는 것입니다.

## 364

"너희를 위하여 주는"이라는 구절에 관한 질문이 있었습니다. 이것이 오늘날도 집례되는 성찬을 가리키는 말씀일까요, 아니면 주께서 십자가에서 드리시어 온전히 성취하신 제사를 가리키는 말씀일까요? 내 생각에는, 십자가에서 온전히 성취된 제사를 가리키는 뜻으로도 이해할 수 있지만, 더 나아가 오늘날 집례되는 성찬을 가리키는 뜻으로 이해하는 것이 가장 좋은 해석이라고 봅니다. 그리스도께서 "너희를 위하여 주게 될"이라고 하시지 않고 굳이 "너희를 위하여 주는"이라고 하신 사실은 문제가 되지 않습니다. 그리스도는 '오늘이신 동시에 어제'(*Hodie et Heri*)이시기 때문입니다. "이것을 행하는 이가 곧 나다"라고 그리스도께서 말씀하시는 것입니다. 그러므로 "너희를 위하여 주는"(*Datur*)이란 구절은 그런 방식으로 해석해야 한다고 나는 생각합니다. 더 나아가, 성찬의 성물들에 공경을 표시해야 되는가 하는 질문이 있었습니다. 나의 대답은, 제단에서 성찬을 받을 때는 무릎을 꿇고 공경을 표시하면서 받지만, [병에 걸려] 침대에서 받을 때는 누운 채 받는다는 것입니다.

## 365

성찬을 그리스도께서 제정하신 대로 시행하지 않으면 헛수고를 하는 것입니다. 모든 교황주의자들은 성찬을 그리스도께서 제정하신 대로 받지 않으므로 아예 성찬을 받지 않는 것과 같습니다. 그들은 성찬을 받지 않고 드리기 때문입니다. 더욱이 그들은 그리스도의 제정과 명령과 달리 한 종류의 성찬만 집례합니다. 성찬은 하나님의 일과 규례이지 사람의 것이 아닙니다. 교황주의자들은 누가 성찬을 집례하든 성찬 자체가 효력을 발휘한다(*ex opere operato*, 사효성)고 주장함으로써 오류를 범합니다.

## 366

교황주의자들은 "너희가 다 이것을 마시라"는 말씀이 사제들에게만 해당된다고 말합니다. 만일 그 말대로라면 "너희가 깨끗하나 다는 아니니라"(요 13:10)는 그리스도의 말씀도 오직 모든 사제들에게만 하신 말씀이라는 억측이 나오지 말라는 법이 없습니다.

# 교회에 관하여

## 367

참된 교회는 눈에 보이지 않는 것, 정신으로 파악할 수 없는 것, 즉 하나님의 말씀을 의지하는 회중입니다. 그들은 하나님 말씀의 교훈에 아무것도 보태지 않고 믿으며, 하나님께 영광을 돌립니다.

## 368

우리는 주 하나님께서 당신의 교회를 유지하시고 보호하신다고 분명히 말할 수 있습니다. 우리의 힘으로는 교회를 유지하지도 보호하지도 못하기 때문입니다. 만일 그렇게 할 수 있다고 말한다면 우리는 하늘 아래 가장 거만한 속물들이 될 것입니다. 그러나 하나님께서는 친히 말씀하셨으니 친히 이루시겠다고 하십니다. 하나님께서는 기쁘신 뜻대로 말씀하시고 그것을 친히 이루십니다. 무슨 일이든 믿지 않는 자들이 바르고 선하다고 생각하는 바대로 행하시는 법이 없습니다.

## 369

세상의 힘있고 지혜로운 사람들은 많은 결핍과 과오와 분열에 시달리는 우리 교회의 가난하고 보잘것없는 외형에 조소를 보냅니다. 아무 책임도 지지 않은 한가한 자리에 앉아, 교회를 향하여 순수하고 거룩하고 흠이 없는 하나님의 비둘기가 되어야 한다고 압박하는 것입니다. 하나님 보시기에 교회는 당연히 그러한 존재입니다. 하지만 세상의 눈에는 조소와 침 뱉음과 십자가의 고난을 당하신 신랑이신 그리스도 예수와 같은 모습으로 비칩니다.

정직하고 참된 교회와 그리스도는 약하고 가련한 양들과 같지만, 거짓되고 위선적인 교회는 뱀과 같습니다.

## 370

하나님의 말씀이 순결하게 선포되는 곳에는 바르고 참된 교회가 있습니다. 참된 교회는 유업의 계승이 아닌 성령께서 뒷받침해 주시기 때문입니다. 비록 사도 베드로가 로마에서 섬긴 적이 있고, 기독교 교회가 로마에 있은 적이 있긴 하지만, 그렇다고 해서 교황과 로마 교회가 참된 것은 아닙니다. 만일 그 등식이 성립되려면, 교황주의자들은 가야바와 안나스, 사두개파도 참된 교회였다고 인정해야 합니다. 그들은 아론의 후손임을 자부했기 때문입니다.

## 371

참된 기독교 교회는 피 흘림 없이는 존립할 수 없습니다. 교회의 원수인 마귀가 거짓말쟁이요 살인자이기 때문입니다. 교회는 피를 먹고 자라고 증가합니다. 교회는 자신의 피로 얼룩져 있습니다. 신자가 교회를 개혁하려고 할 때에는 피의 대가를 지불해야 합니다.

## 372

세상은 겉으로 보기에 낙원과 방불합니다. 그러나 세상의 눈에 비친 참된 기독교 교회는 불결하고 이지러지고 흉한 집단입니다. 그럴지라도 하나님의 눈에는 소중하고 사랑스럽고 숭고하게 비칩니다. 대제사장 아론은 화려하고 기품 있는 복장에 좋은 향기를 내며 성전에 영광스럽게 나타났으나, 그리스도께서는 낮고 천하게 오셨습니다.

그러므로 세상이 교회를 업신여길지라도 나는 개의치 않습니다. 고리대금업자, 귀족, 지주, 시민, 마을 사람, 욕심쟁이, 주정뱅이가 나를 더럽다고 욕하고 외면한들 마음 쓸 일이 있겠습니까? 그들을 하대(下待)할 때가 올 것입니다. 그러므로 세상이 우리를 어떻게 생각한다 해도 스스로 위축되거나 괴로워할 필요가 없습니다. 선한 이들을 즐겁게 하는 것이 우리의 덕목입니다.

## 373

교회가 세상에서 고난을 당하는 이유는, 첫째로, 우리가 아담의 죄로 인해 낙원에서 추방된 자들임을 잊지 않도록 하기 위함입니다. 둘째로, 하나님의 아들이 당하신 고난을 잊지 않도록 하기 위함입니다. 주께서는 우리를 위해 인간이 되셨고, 이 고난의 골짜기를 걸으셨고, 우리를 위해 고통을 당하시고 죽으시고 죽은 자 가운데 다시 살아나셨고, 우리가 쫓겨난 우리 아버지의 집으로 우리를 위해 다시 오르셨습니다. 셋째로, 이 세상이 우리의 본향이 아니고, 우리는 다만 나그네와 행인이며, 다른 세상이 우리를 위해 예비되어 있음을 기억하도록 하기 위함입니다.

## 374

'교회' 라는 이름 자체는 모든 위선자들이 내세우는 최고의 명분입니다. 바리새인들과 서기관들, 아니 예루살렘의 온 공회가 스데반을 고소할 때 "이 사람이 이 거룩한 곳과 율법을 거슬러 말하기를 마지 아니하는도다"(행 6:13)라고 말했습니다. 가인과 이스마엘, 사울, 터키인들과 유대인들이 '교회' 라는 이름과 칭호를 지녔고 또 지니고 있습니다. 그러나 모세는 그들의 주장을 간단히 일축합니다. "그들이 하나님이 아닌 것으로 내 질투를 일으키며 허무한 것으로 내 진노를 일으켰으니 나도 백성이 아닌 자로 그들에게 시기가 나게 하며 어리석은 민족으로 그들의 분노를 일으키리로다"(신 32:21). 그것이 하나님의 보응이었습니다. 마치 하나님께서 이렇게 말씀하신 것과 같습니다. "너희가 마음으로 나를 버릴 수 있다고 생각하느냐? 그와 같이 나도 너희를 다시 버릴 수 있다." 하나님과 민족, 말씀과 교회는 상관 관계가 있기 때문입니다.

## 375

어머니 태 속의 아기가 그리스인들이 '코리온'(태)이라 부르는 얇고 부드러운 대망막(大網膜)에 감싸인 상태로 자양을 공급받으며 다 자라기 전에는 태를 뚫고 광명한 세상으로 나오지 않듯이, 교회도 해석하기 어려운 말씀에 감싸인 상태로 장차 계시될 하나님의 뜻을 억지로 풀려하지 않고 기다립니다. 교회는 믿음으로 그것을 바라보며 기대하는 것으로 만족하다가, 마침내 하나님의 임재 앞에 서는 날, 이 땅에서는 믿음을 통해 볼 수밖에 없는 신비스럽고 감춰진 것들에 관해 하나님께서 친히 하시는 말씀을 듣게 될 것입니다.

그러나 교황주의자들과 그 밖의 미혹자들이 설교 직분을 멸시하고 하늘로부터 환상과 계시를 기대하듯이, 허영 가득한 학자들이 해석하기 어려운 말씀을 억지로 풀려고 하는 것은 아직 자라지도 않은 태아를 지레 낳게 하여 사산하게 하는 것과 같습니다.

## 376

아마란스는 8월에 피는 꽃입니다. 꽃이라기보다 줄기에 가깝고, 쉽게 부러지며, 자태가 화사하기 그지없습니다. 다른 꽃들이 활짝 피었다가 시든 뒤에도 물만 잘 주면 다시 싱싱한 초록빛을 띱니다. 그래서 사람들은 겨울에 이 꽃으로 화관을 만듭니다. 이렇게 시들지도 않고 지지도 않는다는 뜻에서 아마란스(전설에 등장하는 시들지 않는 꽃–옮긴이)라는 이름이 붙었습니다.

꽃을 교회와 비교하자면 아마란스만한 것이 없습니다. 교회는 어린양의 피로 목욕을 하여 그 의복이 붉은 색이지만, 지상에 존재하는 어떠한 국가나 집단보다 더 아름답고 단정하고 곱기 때문입니다. 교회만 하나님의 아들의 아름답고 정숙한 배우자로서 그 품에 안겨 사랑을 받으며, 그의 유일한 기쁨과 의지할 대상이 됩니다. 복음을 멸시하거나 왜곡하는 자들은 그의 미움과 배척의 대상입니다.

더욱이 교회는 꺾이고 잘려나가는 것을 기꺼이 인내합니다. 십자가의 고난을 겪으신 신랑 그리스도께 사랑과 인내와 순종을 기쁘게 바치는 것입니다. 꺾일지라도 다시 싱싱하고 화사하고 아름답게 자랍니다. 오히려 고난을 통해서 더욱 풍성한 열매를 맺습니다. 하나님을 바르게 알고, 담대하게 나아가 구하고, 말씀을 증거할 줄 알게 되며, 아름답고 우아한 성품의 열매를 풍성히 맺습니다.

혹시 가지의 일부가 비바람에 꺾일지라도, 마침내 몸통과 줄기가 온전하고 견고하게 되어 아무도 뽑거나 꺾지 못하게 됩니다. 아마란스가 시들거나 말라죽는 법이 없듯이, 교회는 멸망하거나 뿌리뽑힐 수 없습니다. 그러나 더 놀라운 것은, 아마란스에 물을 뿌리거나 그 꽃을 물에 담그면 마치 죽은 자가 다시 살아나듯 다시 싱싱하고 푸르게 된다는 것입니다. 마찬가지로 교회는 하나님의 능력으로 무덤에서 깨어나 다시 살게 되고, 영원히 성부 하나님과 그의 아들이신 우리 주와 구주 예수 그리스도, 그리고 성령님을 높이 찬송할 것입니다. 세상의 제국과 왕국과 공국들은 기복을 겪다가 꽃처럼 곧 시들어 버리지만, 이 나라는 뿌리가 깊어서 어떠한 세력에도 멸망당하지 않고 영원히 남을 것입니다.

## 377

감람[올리브]나무는 2백 년을 살면서 열매를 맺습니다. 이 나무는 교회를 생각하게 만드는 좋은 표상입니다. 포도주가 율법의 교리를 상징한다면, 감람 기름은 복음의 온유한 사랑을 상징합니다. 포도나무와 감람나무는 서로 일치성과 친화성이 강해서, 포도나무를 감람나무에 접붙이면 포도와 감람 열매가 동시에 열립니다. 마찬가지로 교회 곧 하나님의 말씀이 사람들의 마음에 심기면 그것이 율법과 복음을 동시에 가르쳐서 둘이 모두 열매를 맺게 합니다. 밤나무는 잘 두드려주면 튼실한 열매를 맺는다는 점에서, 율법에 복종하지 않다가 고난을 통해서 복종하는 법을 배우는 사람을 상징합니다. 레몬나무는 그 열매가 그리스도를 상징합니다. 레몬나무는 사시사철 열매를 맺는 특성이 있습니다. 열매가 익어 떨어지면 다시 새로운 열매가 맺힙니다. 레몬에는 독을 제거하는 효력이 있습니다. 예수 그리스도께서는 말씀을 맡은 사역자들이 세상을 떠날 때 다른 사람들을 그들의 자리에 세우십니다. 주님의 열매는 끊임없이 자라며, 그것은 마귀의 독을 제거하는 확실한 치료제입니다.

## 378

교황이 로마에 있는 자신의 교회를 가장 높은 지위에 올려놓는 것은 한 마디로 언어도단입니다. 교회의 어머니는 로마 교회가 아니라 예루살렘 교회입니다. 그곳에서 복음이 최초로 계시되었기 때문입니다. 하나님의 아들이신 그리스도께서 친히 복음을 전파하신 다음, 사도들이 받아 전했습니다. 두 번째는 안디옥 교회였습니다. 그곳에서 신자들이 그리스도인이라는 이름을 얻었습니다. 세번째는 알렉산드리아 교회였습니다. 게다가 갈라디아 교회, 고린도 교회, 에베소 교회, 빌립보 교회가 로마 교회보다 훨씬 먼저 세워졌습니다. 사도 베드로가 로마에 머물렀다는 것이 그다지도 중대한 문제입니까? 하지만 그것은 아직 사실로 입증된 적이 없고 앞으로도 입증되지 못할 것입니다. 반면에 우리의 복되신 구주 그리스도께서는 친히 예루살렘에서 일하셨으며, 그곳에서 우리의 기독교 신앙의 모든 조항들이 만들어졌습니다. 그곳에서 야고보가 부르심을 받아 사도로 봉직했으며, 그곳에서 교회의 기둥들인 야고보와 베드로와 요한이 사역했습니다.

## 379

교황주의자들은 다음과 같은 견해를 철석같이 신봉합니다. "교회는 오류를 범할 수 없다. 우리는 교회이다. 따라서 우리는 오류를 범할 수 없다." 대전제("교회는 오류를 범할 수 없다")에 대한 나의 대답은 이렇습니다. "교회는 교리에서는 오류를 범할 수 없지만 행위에서는 오류를 범할 수 있고 실제로 자주 오류를 범하는 까닭에 '우리의 죄를 사하여 주옵시고' 하고 기도하는 것이다." 결론("우리는 오류를 범할 수 없다")에 대해 나는 철저히 부정합니다. 그러므로 우리는 교회가 바르고 순수하게 가르치는 것은 참되다는 그들의 주장에 대해서는 긍정하지만, 교회가 행하는 것은 옳고 참되다는 그들의 주장에 대해서는 부정합니다.

## 380

많은 사람들이 교회에 속했다는 사실을 자랑스럽게 여기면서도 참된 교회가 무엇인지 알지 못합니다. 하나님의 선지자들은 거짓 교회를 배척했습니다. 선지자 이사야는 선지서 첫 장에 두 종류의 교회를 묘사합니다. 바르고 참된 교회는 소수에다 이름도 없고 늘 고난을 당합니다. 그러나 거짓 교회는 자신의 존재를 과시하며 위세가 당당합니다. 사도 바울이 로마서 8, 9장에서 탄식하듯이, 소돔처럼 물질적 번영과 명성을 구가합니다. 참된 교회는 하나님이 택하시고 부른 사람들로 구성되며, 약한 가운데서도 강한 능력을 발휘합니다.

## 381

믿지 않는 궤변가들이 순진한 사람들을 속일 때 사용하는 궤변은 이런 것입니다. "질병과 고통에 시달리는 왕국은 세상의 나라이다. 기독교 교회도 질병과 고통을 당한다. 그러므로 그리스도의 나라는 세상의 나라이다." 그러나 나는 대답합니다. "결코 그렇지 않다. 그리스도의 나라는 질병에 시달리지 않는다. 다만 우리 육체가 우리의 죄 때문에 질병과 고통을 당하는 것이다." "우리가 하나님의 나라에 들어가려면 많은 환난을 겪어야 할 것이라"(행 14:22)는 사도 바울의 교훈과 같습니다. 사도는 하나님 나라가 환난을 당한다는 뜻으로 그 말을 한 게 아닙니다. 마찬가지로 "하나님은 사랑이시다. 또한 하나님은 의롭다 하신다. 그러므로 사랑이 의롭다 함을 얻게 한다"는 말도 틀린 것입니다.

가끔은 지적 훈련이 잘 되어 있는 신자들조차 이런 궤변 앞에서 당황할 때가 있습니다. 그러므로 평소에 바른 답변을 견지하고 있어야 합니다. 갑자기 그런 주장에 부닥치면 순간적으로 오류를 감지해 내기가 쉽지 않기 때문입니다.

# 출교에 관하여

## 382

불신자들은 큰 권력과 부와 명성을 누리고 삽니다. 반면에 참되고 바른 그리스도인들인 우리는 가난하고 시시하고 멸시를 당하는 그리스도를 모시고 삽니다. 그들은 이미 부와 명예와 권력을 향유하고 있기 때문에 그리스도에 대해 관심이 없습니다. 우리는 그들에게 이렇게 말합니다. "여러분은 땅의 주인이고 우리는 하늘의 주인입니다. 여러분에게는 땅의 권력과 부가 있지만, 우리에게는 하늘의 보화 곧 하나님의 말씀과 계명이 있습니다. 우리에게는 하늘의 의식인 세례와 성찬이 있습니다. 만일 우리 가운데 누가 그리스도인의 이름으로 부당한 권력을 행사하고 교만과 악행을 저지르면 우리는 그런 자를 출교함으로써 유아세례에 입회할 수도 없게 하고, 성찬에 참석할 수도 없게 하고, 성도의 사귐도 가질 수 없게 합니다.

그러나 만일 그가 신앙을 버리고 그리스도인의 이름을 포기하면, 우리는 그의 포악과 교만과 부당한 권력을 기꺼이 참아냅니다. 그가 이교도나 유대인이나 터키인처럼 살도록 내버려두고, 하나님 앞에서 우리의 갈 길을 걸어갑니다.

## 383

우리가 교황에게 선언하는 것은 그리스도의 말씀에 불순종한 자에 대한 공식적 선언인 출교입니다. 우리는 교황과 그의 세력이 그리스도를 믿지 않는다고 공식적으로 선언하며, 따라서 그가 구원을 받지 못하고 멸망에 떨어질 것이라고 결론짓습니다. 이것이 그를 출교하는 것이 아니고 무엇이겠습니까? 간단히 말해서, 그리스도의 말씀을 집행함으로써 주님의 명령을 완수하는 것이 출교입니다.

## 384

나는 다음과 같은 방식으로 출교를 시행할 것입니다. 첫째, 내가 직접 완고한 죄인을 훈계한 다음, 듣지 않으면 두 사람을 그에게 보내어 다시 훈계하겠습니다. 그 두 사람이 목사들일 수도 있고, 장로들일 수도 있고, 집사들일 수도 있고, 정직한 사람들일 수도 있습니다. 그래도 듣지 않고 완고하게 죄의 길을 간다면 교회 앞에 이렇게 공포할 것입니다. "친애하는 교우 여러분께 공포합니다. 아무개 씨에 대해서 먼저 본인이 직접 훈계했고, 두 사람을 보내 훈계했고, 그래도 듣지 않아 장로 혹은 집사들을 보내 훈계했습니다. 그래도 죄악된 생활을 고치지 않으므로, 이제 함께 무릎을 꿇고 주께서 친히 그를 징계해 주시기를 기도하고, 그를 마귀에게 넘겨주기를 여러분에게 청하는 바입니다."

이렇게 해야 죄가 교회에 발을 붙이지 못하고, 사람들이 그렇게 죄를 짓고도 부끄러워할 줄 모르는 상황에 떨어지지 않을 것입니다. 이러한 엄격한 출교가 돈을 바라는 교황의 대칙서와 달리 교회에 유익을 끼칠 것입니다. 출교를 공포한 뒤에라도 당사자가 회개하고 행실을 고치면 우리는 기꺼이 그를 다시 교회 안으로 받아들일 수 있습니다.

## 385

그리스도께서는 죄인에 대해서 먼저 직분을 맡지 않은 사람들이 한두 번 가서 경고하고 훈계하고, 그들의 말을 듣지 않으면 말씀을 맡은 직분자가 가서 훈계한 다음, 그래도 말을 듣지 않으면 엄숙히 출교를 선포하도록 하셨습니다. 죄를 회개하고 성찬에 나오는 모든 신자들은 그리스도 교회의 품에 받아들이되, 완고한 죄인들은 성찬에 나오지 못하게 하고 하나님의 심판에 내어주며, 신자의 사회에서 축출하고 죄 가운데서 죽을 때도 신자의 장례를 베풀지 말아야 합니다.

## 386

외견상 그리스도인처럼 사는 것만큼 출교를 시행하기 어렵게 만드는 것도 없습니다. 어떤 이웃이 있다고 가정합시다. 그의 언행을 여러분은 잘 아는데, 목회자는 잘 모릅니다. 그 이웃이 불법적인 거래로 돈을 벌어 사치와 방탕을 일삼고, 가족을 돌아보지 않는 것을 본다면, 여러분은 그리스도인답게 그를 찾아가 죄악된 행실을 버리고 구원 얻는 데 마음을 기울이라고 진지하게 경고하고 타일러야 합니다. 만일 이웃이 여러분의 권고를 듣는다면 거룩한 행실로 이웃을 얻게 되는 셈입니다. 그러나 과연 누가 그런 일을 할까요? 그런 이웃에게는 진리가 거부감을 일으키기 때문입니다. 요즘 같은 시대에 그런 진리를 말했다가는 미움을 사기에 딱 알맞습니다. 그러므로 여린 마음에 잘못 생각하면, 진리를 말하여 미움과 따돌림을 받기보다 묵인함으로써 이웃과 좋은 관계를 유지하고 싶은 마음이 앞설 것입니다. 특히 이웃이 재산도 많고 권력도 크면 더욱 그렇습니다.

게다가 오늘날은 저마다 이런저런 죄를 안고 있어 떳떳하지 못한 까닭에 원칙대로 출교를 시행하지 못하는 경향이 있습니다. 자신이 떳떳하지 못하니 자기 눈에서 들보를 빼기 전에는 이웃의 눈에서 티끌을 빼기를 주저합니다.

그러나 오늘날 출교가 제대로 시행되지 않는 가장 큰 이유는 어디서나 정직하고 진실한 그리스도인들의 수가 극히 적기 때문입니다. 진심에서 우러나와 하나님의 말씀과 참된 경건을 사랑하고 실천한다면 우리의 복되신 구주 그리스도의 명령을 자신의 재산과 건강과 목숨보다 더 중시해야 합니다. 죄를 짓는 형제를 타이르고 경고하는 일에 관하여 그리스도께서 내리신 명령은 "살인하지 말지니라. 간음하지 말지니라. 도둑질하지 말지니라" 하는 계명 못지않게 중요하기 때문입니다. 만일 이웃에게 미움과 따돌림을 당하는 게 두려워서, 혹은 다른 세상적인 고려 때문에 이 명령을 외면하고 지나간다면 이웃의 육체와 재산뿐 아니라 영혼의 구원마저 지장을 받을 수 있는 것입니다.

## 387

당부하건대, 어떤 경우든 참된 교회의 출교를 가볍게 여기지 마십시오. 출교를 가볍게 여기는 행위를 하나님께서는 반드시 진노하십니다. 그리스도께서 이렇게 말씀하셨기 때문입니다. "네가 땅에서 무엇이든지 매면 하늘에서도 매일 것이요 네가 땅에서 무엇이든지 풀면 하늘에서도 풀리리라"(마 16:19). 하지만 교황은 출교의 권한을 남용합니다. 만일 가난한 사람이 지정된 날짜에 교황이 부과한 세금을 납부하지 못하면 교황은 그를 출교[파문]합니다. 마찬가지로, 우리가 믿는 모든 자에게 구원을 주는 복음의 도리를 전한다는 이유로, 교황은 우리를 출교하는 대칙서들을 천둥 치듯 공포합니다. 그럴지라도 우리 구주 그리스도께서는 이런 말씀으로 우리를 위로하십니다. "나로 말미암아 너희를 욕하고 박해하고 거짓으로 너희를 거슬러 모든 악한 말을 할 때에는 너희에게 복이 있나니"(마 5:11), "사람들이 너희를 출교할 뿐 아니라"(요 16:2).

교황의 대칙서는 그리스도의 출교가 아닙니다. 그리스도께서 그것을 제정하신 적이 없기 때문입니다. 그것은 하늘에서 아무런 효력도 없으며, 오히려 그리스도의 명령을 거슬러 그것을 남용하는 자는 그것이 하나님의 이름을 망령되이 일컫는 죄이기에 반드시 멸망을 당하고 말 것입니다.

## 388

공식적인 출교가 겉으로 드러난 죄를 범한 사람들에게만 사용되는 것이라면, 보이지 않는 출교는 인간에게서 나오지 않고, 인간에 의해 보이는 형식으로 시행되지도 않고, 오직 하나님께서 친히 행하시는 것으로서, 겉으로는 훌륭하고 바르고 선하고 정직한 그리스도인처럼 보이는 사람들이 보이지 않는 방식으로 시행되는 이러한 출교를 받아 그리스도의 나라에서 추방되는 경우가 종종 있습니다. 이것은 하나님께서 인생과 달리 사람을 외모나 겉으로 드러난 행동으로 판단하시지 않고 중심을 보고 판단하시기 때문입니다. 주께서는 교회가 판단할 수도 처벌할 수도 없는 위선자들을 판단하십니다.

교회는 감춰져서 보이지 않는 것에 대해서는 판단하지 못합니다.

모든 죄가 한결같이 겉으로 현저히 드러나는 것이 아닌 까닭에, 목회자는 겉으로 드러난 죄에 대해서밖에 공식적으로 징계할 수 없습니다. 교회에 탐욕과 간음을 범하는 사람이 많더라도 그 죄가 은밀한 가운데 이루어지는 까닭에 목회자가 그것을 감지할 수가 없습니다. 그런 자들이 교회에 속하여 바르고 경건한 그리스도인들과 함께 설교를 통해 전파되는 하나님 말씀을 듣고 성찬을 받고 지낼지라도, 사실상 그들은 양심을 거슬러 죄 가운데 살며 악한 행실을 고치지 않는 까닭에 하나님 앞에서는 출교를 당한 것이나 다름없습니다. 그런 죄인들은 사람은 속일 수 있으나 하나님은 속일 수 없습니다. 심판의 날에 하나님께서는 천사들을 보내 모든 범죄자들을 한데 모으시고 그들을 영원히 꺼지지 않는 불에 던져 넣으실 것입니다.

## 389

그리스도께서는 이렇게 말씀하십니다. "성령을 받으라. 너희가 누구의 죄든지 사하면 사하여질 것이요 누구의 죄든지 그대로 두면 그대로 있으리라"(요 20:22). "네 형제가 죄를 범하거든 가서 너와 그 사람과만 상대하여 권고하라. 만일 들으면 네가 네 형제를 얻은 것이요 만일 듣지 않거든 한두 사람을 데리고 가서 두세 증인의 입으로 말마다 확증하게 하라"(마 18:15-16). "만일 그들의 말도 듣지 않거든 교회에 말하고 교회의 말도 듣지 않거든 이방인과 세리와 같이 여기라"(마 18:17). 사도 바울도 이렇게 말합니다. "만일 어떤 형제라 일컫는 자가 음행하거나 탐욕을 부리거나 우상숭배를 하거나 모욕하거나 술 취하거나 속여 빼앗거든 사귀지도 말고 그런 자와는 함께 먹지도 말라"(고전 5:11). 사도 요한도 이렇게 말합니다. "누구든지 이 교훈을 가지지 않고 너희에게 나아가거든 그를 집에 들이지도 말고 인사도 하지 말라. 그에게 인사하는 자는 그 악한 일에 참여하는 자임이라"(요이 10).

이러한 말씀들은 지극히 높으신 하나님이 정하신 불변의 뜻과 법령과 규례입니다. 이 말씀들을 수정하거나 삭제하거나 폐지할 권한이 우리에게 없습니다. 오히려 우리는 사람의 권력이나 명예에 위축되어 눈치 보는 일이 없이, 이 명령을 근실히 지켜야 합니다. 교황의 영토에서 출교가 원칙 없이 수치스럽게 남용되어 고통과 분쟁만 일으킨다고 해서 출교를 폐지할 게 아니라, 도리어 그리스도께서 명하신 대로 — 교황처럼 자신의 전제 권력을 행사하기 위해서가 아니라 교회를 세우기 위해서 — 바르게 시행해야 할 것입니다.

# 설교자와 설교에 관하여

## 390

어떤 사람들은 하나님의 종들을 향해 이렇게 비난합니다. "말씀과 성례가 바르고 참될지라도 그것은 하나님께서 친히 말씀하실 때나 해당되는 말이다. 그러므로 사람이 그것을 말할 때는 하나님의 말씀이 아니다."

## 391

신학은 사역과 실천으로 하는 것이지, 사색과 명상으로 하는 것이 아닙니다. 집안일이나 나라의 일을 행동이 아닌 사색으로만 하려 한다면 아무것도 되지 않습니다. 상인이 장사는 하지 않고 생각만 하고 지내다가 한 해 동안 번 돈을 계산하려 한다면 큰 낭패를 볼 것입니다. 오늘날 사변에 치중하는 많은 신학자들도 큰 낭패를 볼 날이 올 것입니다.

## 392

목회자 직분은 소명을 받기 전에는 아무도 자의적 판단으로 취해서는 안 됩니다. 소명은 두 가지 성격을 띱니다. 하나는 전능하신 능력으로 부르시는 소명으로서, 믿음으로 받아야 합니다. 다른 하나는 사랑에 속하는 소명으로서, 하나님 말씀을 전할 때와 같이 인간에 대한 사랑으로 수행합니다. 인간 양심을 죄에서 건지려면 두 가지가 다 필요합니다.

## 393

젊은 사람들은 자라는 과정에서 반드시 성경을 배워야 합니다. 그들 가운데 주께서 자신을 말씀 사역자로 부르시는 것을 알아 자신을 주께 드리고 목회자가 없는 교회를 맡으려 하는 사람은 그것을 당연한 권리로 여기지 않고, 마치 구혼을 받은 여주인의 집에 들어간 하녀처럼 하나님과 세상을 향해 선하고 건전한 양심으로 그 일에 임해야 합니다. 남에게 등을 떠밀려 억지로 사역에 임하는 것은 옳지 않습니다. 오히려 교회에 사역자가 없을 때 "혹시 저를 써주신다면 제가 그 일을 맡겠습니다" 하고 자원하여서 허락을 받는 것이 참된 소명이요 부르심입니다. 선지자 이사야의 태도가 그랬습니다. 그는 주께서 일꾼을 찾으실 때 "내가 여기 있나이다. 나를 보내소서"(사 6:8하) 하고 말씀드렸습니다. 말씀 전할 사람이 없다는 말씀을 듣고서 자신을 주께 드린 것입니다. 그것이 만대의 원칙입니다. 먼저 교회가 자신을 필요로 하는지의 여부를 살핀 뒤에 주께서 과연 자신을 부르시는지를 살펴야 할 것입니다.

## 394

복음은 가난한 사람들에게 전파됩니다. 부자들은 복음을 거들떠보지 않습니다. 그렇기 때문에 교황이 자신이 거둔 많은 수입으로 성직자들을 부양하지 않는다면 성직자들은 심지어 굶어 죽을 수도 있습니다. 교황은 불의한 재물을 많이 삼켰으므로 이제 그것을 토해내야 합니다. 교황의 수입 가운데 교회에 분배되는 몫은 15분의 1도 채 되지 않습니다. 나머지를 교황 혼자 탕진해 버립니다. 성직자들에게는 밥상에서 떨어지는 부스러기밖에 돌아오지 않습니다. 그러나 우리 성직자들에게는 내세에 더 나은 상이 있을 것을 확신합니다. 만일 우리의 소망이 내세에 고정되어 있지 않다면 우리는 세상에서 가장 불쌍한 사람들일 것입니다.

## 395

설교자가 청중을 불필요하게 괴롭게 하거나 길고 지루한 설교로 붙들어 두는 것은 옳지 않습니다. 말씀 듣는 일의 즐거움을 앗아가 버리면 결국 그

해가 설교자 자신에게 돌아오게 될 것입니다.

## 396

하나님께서는 모세를 보내시기까지 여섯 번이나 그에게 말씀하시며 독려하셨습니다. 모세는 이런저런 핑계를 대며 회피하다가 마침내 마지못해서 갔습니다. 만일 내가 모세였다면 변호사의 도움을 받아 우리 주 하나님께서 약속을 어기신 내역을 조목조목 작성하여 드렸을 것입니다. 하나님께서는 모세에게 "내가 너와 함께 하리라"고 약속하셨지만 그 약속대로 하지 않으셨습니다. 마찬가지로 하나님께서는 그와 비슷한 복음의 약속들로써 위로하고 격려하십니다. "너희 마음이 쉼을 얻으리니"(마 11:29). 하지만 우리가 현실로 부닥치는 것은 정반대의 상황입니다. 세례 요한과 하나님의 독생자, 우리의 복된 구주 예수 그리스도, 모든 순교자들, 모든 참된 그리스도인들이 그 예입니다. 변호사의 논리대로 하자면 우리 주 하나님께서 하실 말씀이 없게 되는 셈입니다. 그리스도께서는 사도 바울에게 말씀하셨듯이 내게도 "일어나 복음을 전하라. 내가 너와 함께 하리라"고 말씀하셨습니다. 이것은 많은 사례들 가운데 한 가지일 뿐입니다. 참으로 그리스도를 전한다는 것은 매우 위험한 사명입니다. 만일 그것이 무엇인지 미리 알았다면 쉽게 복종하여 나서지 않고, 모세처럼 "주여, 보낼 만한 자를 보내소서" 하고 말씀드렸을 것입니다.

## 397

어떤 사람이 내게 물었습니다. "원수들과 맞서 싸우는 것과 약한 자들을 격려하여 일으켜 세우는 것 중 어느 것이 더 훌륭하고 좋습니까?" 나는 이렇게 대답했습니다. "둘 다 선하고 필요한 일이지요. 그러나 전자가 더 좋아 보입니다. 원수들과 맞서 싸우게 되면 약한 자들에게도 큰 용기와 본이 되기 때문입니다. 하지만 둘 다 하나님의 선물입니다. 가르치는 사람은 자신의 가르침에 유의해야 하고, 훈계하는 자는 자신의 훈계에 유의해야 합니다."

## 398

포르슈타임 박사(Dr. Forsteim)가 루터에게, 어디서 그렇게 강력한 웅변술을 터득하여 경건한 사람들뿐 아니라 경건치 않은 사람들에게까지 감화를 끼치는가 하고 물었습니다. 루터는 그것이 하나님의 첫째 계명에서 나왔다고 대답했습니다. "나는 … 네 하나님 여호와니라"(출 20:1). 즉, 하나님께서 경건치 않은 자들에게는 강하고 질투하는 하나님이시고, 선하고 경건한 자들에게는 자비로운 하나님이시며, 그들을 선대하고 자비를 베푸신다는 사실을 깨달은 데서 설교의 능력이 나온다고 말했습니다. 이처럼 하나님께서는 우리 설교자들에게 교만하고 콧대가 높은 자들에게는 지옥 불을, 경건한 자들에게는 낙원을, 악인들에게는 책망을, 선인들에게는 위로를 전하도록 하십니다. 칼도 칼 나름이듯이, 하나님의 도구와 연장은 각기 다릅니다. 코르다투스 박사와 크루치거 박사의 설교가 다른 사람들의 설교보다 마음을 사로잡는 이유도 거기에 있습니다.

## 399

세상은 우리와 같은 사람들만 아니라면 어떠한 종류의 설교자라도 참아낼 수 있습니다. 우리의 설교에 세상은 아예 귀를 막아버립니다. 과거에 교황의 지배를 받을 때는 아무리 불경건한 폭군 같은 성직자들이 설교를 해도 꼼짝없이 들어야 했고, 그들이 부과하는 무거운 짐을 육체와 영혼, 재물과 명예를 다 바쳐 짊어져야 했던 자들이, 하나님의 계명으로 타이르는 우리의 말은 들으려 하지 않습니다. 그러므로 세상은 멸망할 수밖에 없습니다. 우리는 가난 때문에 쇠잔하지만, 교황주의자들은 주께 징벌을 받아 소멸할 것입니다. 그들의 많은 재산이 아무 소용없게 되고 주께 버림을 받을 것입니다.

## 400

좋은 설교자가 되려면 다음과 같은 능력과 덕목을 갖추어야 합니다. 첫째, 하나님 말씀을 체계적으로 가르쳐야 합니다. 둘째, 기지(機智)가 있어야 합니다. 셋째, 언변이 뛰어나야 합니다. 넷째, 음성이 좋아야 합니다. 다섯째, 기억력이 좋아야 합니다. 여섯째, 맺고 끊는 일을 잘해야 합니다. 일곱째, 교리를 확실히 깨닫고 있어야 합니다. 여덟째, 하나님 말씀을 위하여 생명과 재산과 명예를 버릴 각오가 있어야 합니다. 아홉째, 모든 사람의 조롱과 비방을 받을 각오가 있어야 합니다.

## 401

설교자의 결점은 금방 노출됩니다. 설교자가 열 가지 장점을 갖추고 있더라도 한 가지 과오가 있으면 그의 모든 능력과 은사가 다 가려지는 것이 오늘날 악한 세태입니다. 유스투스 요나스 박사는 인간이 지닐 수 있는 모든 선한 품성과 능력을 갖추고 있는데도 침을 자주 뱉는 버릇 때문에 회중에게 외면을 당합니다.

## 402

루터의 아내가 그에게 이렇게 말했습니다. "여보, 오늘 오후에 마을 교회에서 당신 사촌 요한 팔머가 설교하는 것을 들었는데, 포머 박사의 설교보다 훨씬 더 귀에 잘 들어오더군요. 포머 박사도 대단히 탁월한 설교자로 인정받는 분인데 말이에요." 루터는 이렇게 대답했습니다. "요한 팔머는 여성스럽게 설교를 하기 때문에 당신 귀에 잘 들어왔을 거요. 설교자는 본문에 충실하여 본문에 담긴 교훈을 그대로 전달함으로써 청중이 잘 이해할 수 있도록 해야 해요. 그렇게 하지 않고 생각나는 것을 다 말하는 설교자는 마치 장터에 간 하녀가 다른 하녀를 만나 시간가는 줄 모르고 수다 떠는 것과 같은 거요."

## 403

정직한 목회자는 양떼를 잘 가르쳐 장성하게 해야 하며, 그 과정에서 양떼를 보호해야 합니다. 만약 보호를 게을리 하면 늑대가 와서 잘 키워놓은 양들을 잡아먹을 것입니다. 그러므로 사도 바울은 디도에게, 감독은 바른 교훈으로 권면할 줄도 알아야 하고 거슬러 말하는 자들을 책망할 줄도 알아야 한다고 강조했습니다. 거짓된 교리를 배척해야 한다는 말입니다. 설교자는 전사(戰士)인 동시에 목자여야 합니다. 한편으로는 잘 양육하고 보호하고 가르쳐야 하며, 다른 한편으로는 하나님 말씀을 무기로 삼아 싸워야 합니다.

말을 많이 하는 설교자들이 있습니다. 그러나 실상을 잘 들여다보면 말뿐이며, 말은 많은데 바른 교훈을 가르치지는 않습니다. 세상에는 실속 없이 말만 잘하는 사람들이 언제든 있어왔습니다.

## 404

우리가 지닌 것 중에서 통일된 교리만큼 큰 은사도 없다고 생각합니다. 독일의 공국(公國)들과 황제 도시들 곳곳에서 목회자들이 통일된 교리를 가르치고 있습니다. 만일 내가 죽은 자를 살리는 은사가 있다 한들, 만일 다른 설교자들이 나와 다른 교리를 가르친다면 그 은사가 무슨 소용이 있겠습니까? 나는 이 통일을 터키 제국과도 바꿀 마음이 없습니다.

## 405

하나님께서는 종종 교만한 신학자들의 목에 온갖 십자가와 고통을 얹어놓으심으로써 그들을 겸손하게 하십니다. 그들이 명예를 추구하지만, 그것은 오직 우리 주 하나님께 돌아가야 할 것입니다. 우리가 우리의 직분과 소명에 충성을 다하면 그것 자체로 충분한 명예를 얻은 것입니다. 이생에서는 상이 따르지 않을지라도 내세에서는 반드시 상이 따를 것입니다. 그곳에서 우리를 위해 예비된 영광의 면류관을 받을 것입니다. 이 땅에서는 아무런 영광도 구해서는 안 됩니다. 우리는 이 세상에 속하지 않고 훨씬 더 좋은 저 세상에 속했습니다. 세상은 자신의 것을 사랑하지만, 우리는 우리에게 주신 것, 조롱과 모욕과 경멸로 만족해야 합니다. 나는 간혹 학자들과 동료 성직자들이 내게 그런 대접을 하는 것이 싫지 않습니다. 나는 이 땅에서 명예나 면류관을 구하지 않고, 하늘의 의로운 재판장이신 하나님께서 주실 상을 바라봅니다.

주후 1518년부터 현재까지 해마다 세족례(洗足禮) 목요일이 되면 로마 교황이 나를 파문하고 지옥의 저주를 퍼부었습니다. 하지만 나는 여전히 살아 있습니다. 로마 교회는 해마다 세족례 목요일에 모든 이단들에 대해 파문을 공포하는데, 그 명단에 내 이름이 맨 위에 오릅니다. 그들은 이 복되고 거룩한 날에 그런 무익한 일을 하는데, 오히려 그날은 주께서 성찬을 통해서 주신 큰 은혜와, 주님의 고통스러운 수난과 죽음을 생각하고 하나님께 감사 드려야 마땅한 날입니다. 우리가 세상에서 예상하고 감수해야 할 명예와 면류관이란 바로 그런 것입니다. 하나님께서는 간혹 법률가와 의사들의 명예를 관용하시지만, 로마 교회의 신학자들에 대해서는 관용치 않으십니다. 자랑과 야심이 가득한 설교자는 불쌍한 죄인들을 보혈로 구속하신 그리스도를 곧 업신여기기 때문입니다.

## 406

설교자는 죄인들 가운데서도 회개하지 않고 뻔뻔하게 죄를 계속 짓는 자들과 슬퍼하며 뉘우치는 자들을 정당하게 구분하는 법을 배워야 합니다. 그렇지 않으면 그에게 성경이 닫히게 됩니다. 암스도르프(Amsdorf)는 슈말칼덴에 모인 제후들 앞에서 설교할 때 정색을 하면서 이렇게 말했습니다. “복음은 가난하고 애통하는 사람들의 것이지, 여러분같이 세상에서 안전을 구가하며 낙을 누리고 사는 제후들과 권력자들과 궁정인들의 것이 아닙니다.”

## 407

성직자들과 평신도들 간에 끊임없이 미움과 반목이 있어온 데에는 그 만한 이유가 있습니다. 방자한 시민들과 지주들과 귀족들, 심지어 제후들이 복음의 훈계를 듣지 않기 때문입니다. 설교자의 직무는 십계명의 첫째 돌판과 둘째 돌판의 계명들을 어기고도 부끄러워할 줄 모르는 그런 죄인들을 책망하는 것입니다. 그런데도 그들은 설교자의 책망을 대수롭지 않게 여기므로 오히려 설교자들을 날카로운 눈초리로 쳐다보는 것입니다.

## 408

설교자는 신중하게 천천히 말하는 것이 가장 좋습니다. 그렇게 해야 하나님 말씀을 좀 더 효과적으로 인상 깊게 전할 수 있습니다. 세네카는 키케로가 마음으로부터 신중하게 말했다고 기록합니다.

## 409

구약시대에 하나님께서는 제사장들이 부유하게 살 수 있도록 해주셨습니다. 가야바와 안나스는 큰 부자였습니다. 그러나 은혜로 말미암는 영원한 생명과 구원을 전하는 말씀 사역자들은 굶어 죽을 지경까지 고난을 당하며, 심지어 추방과 추적을 당합니다.

## 410

설교할 때는 청중의 형편을 감안해야 합니다. 그러나 대다수 설교자들은 이 점에서 실패합니다. 그들의 설교는 가난하고 단순한 사람들을 믿음으로 일으켜 세우는 데 조금도 도움이 되지 않습니다. 설교를 단순하고 쉽게 하는 것은 큰 재능입니다. 그리스도께서는 밭에 씨 뿌리는 비유나 겨자씨 비유처럼 일상적이고 이해하기 쉬운 비유를 사용하셨습니다.

## 411

설교자가 되어 처음 강단에 서면 수많은 눈동자가 일제히 자신에게 집중되는 것을 보고 크게 당황합니다. 나는 처음 강단에 섰을 때 아무도 바라보지 않고, 앞에 앉은 사람들이 모두 건물을 이루고 있는 벽돌이려니 생각했습니다.

## 412

설교자가 설교 도중에 히브리어와 헬라어, 외국어를 사용하는 것을 나는 좋게 여기지 않습니다. 강단에서는 누구에게나 친숙한 쉬운 모국어를 사용해야 합니다. 궁정과 법정 같은 곳에서는 외국어나 어려운 전문 용어를 얼마든지 사용할 수 있습니다. 슈타우피츠 박사(Dr. Staupitz)는 학식이 깊은 사람이었지만, 그의 설교는 매우 장황했습니다. 그래서 사람들은 그의 설교보다 차라리 평수사의 알아듣기 쉬운 설교를 더 좋아했습니다. 교회에서는 칭찬과 호평을 구해서는 안 됩니다. 사도 바울은 데모스테네스와 키케로가 사용한 고상하고 품위 있는 언어를 사용하지 않고, 쉽고 적당한 단어들을 사용하여 숭고한 내용을 전했는데, 그것이 훌륭한 태도였습니다.

## 413

설교자가 참고 짊어져야 할 무거운 짐을 나 자신의 경험에 비추어 생각하면 설교자가 되려고 나서는 사람을 말리고 싶은 심정입니다. 그러나 비록 지금은 그리스도께서 나를 매몰차게 대하시지만, 마지막 날에는 인자하게 말씀을 건네실 것을 확신합니다. 나는 온 세상의 비방과, 황제와 교황과 그의 모든 추종 세력의 미움을 짊어지고 있습니다. 하나님의 이름으로라면 내게 부과되는 이런 짐을 얼마든지 질 수 있습니다. 내 이름이 생명책에 기록된 것을 알기에, 나는 이 싸움을 끝까지 싸울 것입니다. 이 싸움은 정당하고 의롭습니다.

## 414

정직한 목회자와 설교자가 된다는 것은 대단한 일입니다. 만일 우리 주 하나님께서 독려하시지 않는다면 좋은 결과가 나올 수 없습니다. 설교자는 몸과 영혼, 재물과 명예를 다 바쳐 주의 백성들을 섬기되, 고난과 위험과 배은망덕을 감내하려는 원대한 정신을 품어야 합니다. 설교자 앞에 놓인 길이 그것이기에 그리스도께서는 베드로에게 "네가 나를 사랑하느냐?" 고 세 번이나 물으셨던 것입니다. 그리고는 "내 양을 먹이라" 고 말씀하셨습니다. 이 말씀은 이런 뜻이었습니다. "만일 바른 목자가 되어 영혼들을 보살피고자 한다면 나를 사랑해야 한다. 그렇지 않고는 바르고 사려 깊은 목자가 될 수 없다. 나에 대한 사랑이 있어야 목자의 일을 할 수 있다."

## 415

우리의 생활 방식은 교황주의자들 못지않게 악합니다. 위클리프와 후스는 교황주의자들의 부도덕한 생활을 비판했습니다. 그러나 나는 주로 그들의 교리를 비판합니다. 그들이 진리를 가르치지 않는 것을 나는 직접 간접으로 지적합니다. 이 일을 위해 나는 부르심을 받았습니다. 나는 거위의 목을 잡고 칼로 숨통을 땁니다. 만일 내가 교황주의자들의 교리가 그릇됨을 입증할 수 있다면 그들의 생활 방식이 악하다는 것도 쉽게 입증할 수 있습니다. 말씀이 순수하게 보존되어 있으면 생활도 순수할 것이기 때문입니다. 교황은 순수한 말씀과 교리를 제거하고 다른 교훈과 교리를 교회에 매달아 놓았습니다. 나는 하나님의 말씀을 바르게 가르치고 거기에 다른 교훈을 섞지 않는 이 한 가지 점으로 교황의 영토 전체를 뒤흔들었습니다. 우리는 바른 교리를 선양해야 합니다. 그것이 교황의 숨통을 끊는 일입니다. 그러므로 선지자 다니엘은 교황에 대해서, 그가 장차 자기 뜻대로 행동할, 즉 영적인 일도 세속의 일도 돌아보지 않고 노골적으로 자기 욕심을 채워갈 왕임을 제대로 예언해 놓았습니다. 이렇게 말할 수 있는 근거는, 교황이 자신의 제도를 하늘이나 세속 권력으로부터 받지 않고 권력을 탈취하여 스스로 정하고 나왔기 때문입니다. 그러므로 교황은 자신이 하나님의 명령이나 인간의 명령과 상관없이 다스리고 있음을 실토해야 합니다. 다니엘은 그를 가리켜 '신'(神, **마오심**)이라 했습니다. 그리고 그 의미를 거의 분명히 밝혀 '미사'(*Mass*)라고 말했습니다(이 단어는 신명기 26장에 기록되어 있습니다). 사도 바울은 다니엘서를 철저히 연구한 뒤에 그 책의 표현을 거의 그대로 사용했습니다. "그는 대적하는 자라. 신이라고 불리는 모든 것과 숭배함을 받는 것에 대항하여 그 위에 자기를 높이고 하나님의 성전에 앉아 자기를 하나님이라고 내세우느니라"(살후 2:4).

## 416

위선자들의 겸손은 교만의 다른 표현으로서 오히려 악한 교만입니다. 바리새인들이 그랬습니다. 그들은 기도할 때 하나님 앞에 겸손을 표시하였으나, "[나는] 이 세리와도 같지 아니함을 감사하나이다"(눅 18:11하) 하고 말함으로써 그것이 거짓 겸손이었음을 드러냈습니다. 자신을 자랑하고 자신만 지혜로운 줄 아는 사람들이 있습니다. 그들은 다른 사람들의 견해를 업신여기며, 자기들 좋은 대로만 합니다.

## 417

야심은 교회를 해치는 큰 독입니다. 설교자들에게는 더욱 해로운 독입니다. 그것은 다 태워버리는 불입니다. 성경은 육체의 정욕을 멸하도록 주신 것입니다. 그러므로 성경을 이용하여 세속적 명예를 구하지 말아야 합니다. 나는 사람들이 별것 아닌 것 가지고 자랑하고 교만한 것이 몹시 놀랍습니다. 인생은 죄 가운데 태어나 매순간 죽음의 위험에 노출되어 있습니다. 우리가 자랑하는 것이 상처의 딱지와 흉터가 아닙니까? 우리는 너 나 할 것 없이 부정한 존재입니다.

## 418

명예는 호메로스와 베르길리우스, 테렌티우스 같은 고전 저자들에게나 구할 것이요, 성경에서 구할 게 아닙니다. 그리스도께서는 "[아버지의] 이름이 거룩히 여김을 받으시오며" 하고 기도하라고 가르치셨습니다. 설교자들을 세우신 것도 하나님의 말씀을 전하도록 하시기 위함이었습니다. 우리 설교자들은 세상에서 하나님이 '의로우시고 지혜로우시고 자비하시다' 는 평판을 받으시게 하기 위하여 '미련한 자' 라는 평가를 받아야 합니다. '의와 지혜와 자비' 는 누구에게도 돌아가서는 안 될 하나님의 칭호입니다. 우리가 하나님의 이름과 나라와 뜻을 하나님께 돌려드릴 때, 하나님께서는 우리에게 일용할 양식을 주시고, 우리 죄를 용서해 주시고, 우리를 마귀와 모든 악에서 건져 주실 것입니다. 다만 명예는 다른 사람에게 주시지 않으십니다.

## 419

노년에 약간의 안식과 평안을 누리고 살면 좋으련만, 내 곁에서 나를 뒷받침해 주어야 할 사람들이 오히려 내게 큰 부담이 되고 있습니다. 그렇지 않아도 대적들이 태산처럼 버티고 있으므로, 형제들이 나를 괴롭혀서는 안 됩니다. 그런데 작금의 현실이 무엇입니까? 그들은 혈기 왕성한 젊은 사람들인데도 나태하게 살고 있습니다. 나는 늙었고 평생 많은 수고와 고통을 겪어왔습니다. 오지안더(Osiander, 1498-1552. 독일 종교개혁자. 멜란히톤의 법정적 칭의론을 비판하고 본성적 칭의론을 주장 — 옮긴이)의 교만을 그의 여유작작한 생활만큼 잘 보여주는 것도 없습니다. 그는 일주일에 두 번밖에 설교하지 않으면서도 400길더나 되는 연봉을 받습니다.

## 420

하나님께서는 놀라운 지혜로 우리를 궤변가들의 어둠에서 건져내시고 나를 경기장에 던져 넣으셔서 벌써 20년이 넘게 싸우도록 하셨습니다. 처음에 내가 면죄부의 뻔뻔스런 오류를 비판하는 글을 썼을 때 우리는 약하게 출발했습니다. 당시에 제롬 박사(Dr. Jerome)가 나를 만류하면서, "자네, 어찌하려는 건가? 저들이 가만히 있을 것 같은가?" 하고 경고했습니다. 그때 나는 이렇게 대답했습니다. "가만히 있지 않으면?"

그런 다음 실베스터 프리에리오(Silvester Prierio)가 삼단논법을 써서 내가 잘못하고 있음을 강하게 비판했습니다. "누구든 로마 교회의 교리나 방침을 의심하는 자는 이단이다. 그런데 마르틴 루터가 그것을 의심하고 있다. 따라서 루터는 이단이다." 그 뒤로도 로마 교회의 입장은 변하지 않았습니다. 지금도 교황이 교회를 셋으로 구분하기 때문입니다. 첫째, 실체로서의 교회, 즉 교회 집단 전체. 둘째, 중요한 교회, 즉 추기경들. 셋째, 효과적이고 능력 있는 교회, 즉 교황 자신. 공의회에 관해서는 아무런 언급도 하지 않습니다. 교황 자신이 성경과 공의회 위에 군림하는 강력한 교회가 되려고 하기 때문입니다.

## 421

우리의 청중은 대부분 에피쿠로스주의자들입니다. 그들은 우리의 설교를 자기들 식으로 받아들이고는 편하게 세상을 살려고 합니다.

바리새인들과 사두개인들은 그리스도의 원수들이었음에도 주님 말씀을 주의 깊게 들었습니다. 하지만 결국 바리새인들은 주님을 붙잡으려고 했고, 사두개인들은 주님을 조롱하고 욕했습니다. 바리새인들은 우리 시대의 탁발 수사들과 같고, 사두개인들은 지주들과 시민들과 농촌 사람들과 같습니다. 그들은 우리의 설교를 듣고 믿으면서도 자기들의 생각에 놓은 대로 받아들입니다. 즉, 에피쿠로스주의자들인 셈입니다.

## 422

설교자는 논리학자이자 수사학자여야 합니다. 잘 가르칠 뿐 아니라 알아듣도록 타일러야 합니다. 어떤 믿음의 조항에 관해 가르치려 할 때 먼저 그 내용을 잘 파악해야 합니다. 둘째로, 그것을 잘 정의하고 기술하고 증명해야 합니다. 셋째로, 성경의 다른 교훈을 가지고 그것을 입증하고 뒷받침해야 합니다. 넷째로, 예를 들어 설명하고 선포해야 합니다. 다섯째로, 비유로 그것을 장식해야 합니다. 마지막으로, 나른하게 주저앉은 자들을 훈계하여 일으켜 세우고, 그들의 불순종과 그릇된 교훈을 근실히 책망해야 합니다. 하지만 악의와 시기심으로 해서는 안 되고, 하나님의 이름이 높임을 받으시기를 바라고, 그리고 사람들이 구원의 유익을 얻기를 바라는 마음으로 해야 합니다.

## 423

"그들의 제사장은 삯을 위하여 교훈하며"(미 3:11). 어떤 사람들은 이 말씀을 악용하여, 수고에 대한 사례비를 받는 선하고 경건한 설교자들과 교사들을 비방하는 데 악용합니다. 그들은 "너희가 거저 받았으니 거저 주라"(마

10:8)고 하신 그리스도의 말씀을 비판의 근거로 제시합니다. 또한 교회에 부담을 지우지 않기 위하여 직접 노동하여 생계를 해결한 사도 바울의 예도 근거로 제시합니다.

이런 비난은 설교의 직분을 경원시하는 데서 생깁니다. 사탄이 설교를 가장 증오하는 점을 생각할 때, 사탄의 진영에서 나온 비난이라고 할 수 있습니다. 이 불경건한 자들은 그런 궤변으로 단순한 사람들의 마음을 미혹하여 설교자를 무시하게 할 뿐 아니라 설교의 필요성마저 의심하게 만듭니다. 신자라면 그런 자리에서 나와, 설교자가 하나님 말씀을 위하여 진정한 권위를 회복하도록 힘써 뒷받침해주는 것이 마땅합니다.

물론 그리스도께서 "너희가 거저 받았으니 거저 주라"고 말씀하신 것이 사실입니다. 하지만 이렇게 말씀하신 이유는 설교의 주된 목적이 하나님의 명예와 인간 구원에 있음을 분명히 밝히시려는 것이었습니다. 따라서 교회가 하나님 말씀을 위해 진실히 봉사하는 설교자들의 생계를 책임지는 것은 하나님의 뜻을 거스르는 것이 아닙니다. 물론 설교자가 본분을 망각한 채 돈에만 마음이 기울고, 가르치는 일에 정직하고 순수하고 진실하게 힘쓰지 않는다면 하나님과 교회를 배반하는 것입니다.

교회의 사역자들이 참되고 바른 교리로써 하나님의 이름을 높이고, 인간을 구원하여 바른 길로 인도하는 데 힘쓰는 것이 하나님의 뜻이듯이, 교회와 회중이 사역자들을 존경하고 그들에게 필요한 것을 정중하게 공급하는 것 역시 하나님의 뜻입니다. 그리스도께서 친히 "일꾼이 자기의 먹을 것 받는 것이 마땅함이라"(마 10:10)고 말씀하셨습니다. 주께서 친히 사역자의 권리를 인정해 주셨으므로 사역자가 사례비를 받는 것을 아무도 탓해서는 안 됩니다. 사도 바울은 좀 더 분명히 가르쳤습니다. "이와 같이 주께서도 복음 전하는 자들이 복음으로 말미암아 살리라 명하셨느니라"(고전 9:14). 사도는 구약시대에 율법을 맡은 직분자들을 예로 듭니다. "성전의 일을 하는 이들은 성전에서 나는 것을 먹으며 제단에서 섬기는 이들은 제단과 함께 나누는 것을 너희가 알지 못하느냐"(9:13). 더 나아가 아주 훌륭한 비유를 사용합니다. "누가 자기 비용으로 군 복무를 하겠느냐. 누가 포도를 심고 그 열매를 먹지 않겠느냐. 누가 양떼를 기르고 그 양 떼의 젖을 먹지 않겠느냐"(9:7). 그러나 다음과 같은 비교를 특히 주목할 필요가 있습니다. "우리가 너희에게 신령한 것을 뿌렸은즉 너희의 육적인 것을 거두기로 과하다 하겠느냐"(9:11). 그러므로 그리스도인 특히 설교자들은 돈을 바라고 사역을 한다는 의혹과 비방을 받지 않도록 주의해야 하지만, 그렇다고 해서 교회로부터 사례금 받는 것에 일말의 부담을 가져서도 안 됩니다. 그것은 그리스도의 몸을 보존하고 유지하는 데 꼭 필요한 것입니다.

그러므로 경건한 군주가 참된 사역자들에게 재정 지원을 함으로써 교회를 뒷받침하는 것을 아무도 비방해서는 안 됩니다. 오히려 대다수 군주과 제후들이 참되고 순수한 신앙을 등한히 여기고, 우리의 자녀와 후손들에게 줄 것을 주지 않음으로써 제대로 교육받은 설교자들이 일어나지 못하고 대부분 교육받지 못한 자들이 설교자 직분을 맡는 현실을 우리는 개탄해야 합니다.

## 424

성경은 우리에게 겸손을 요구합니다. 겸손한 마음으로 하나님 말씀을 귀히 여기고, 사랑하고, 쉬지 말고 기도할 것을 당부합니다. "여호와여 주의 율례들의 도를 내게 가르치소서"(시 119:33). 그러나 성령께서는 교만한 자들을 물리치시고, 그들과 함께 거하지 않으십니다. 그들 가운데 더러는 한동안 성경을 근실히 연구하고 가르치고 그리스도를 올바로 전할지라도 곧 교만하게 됨으로써 하나님께서 그들을 교회에서 내쫓으십니다. 그러므로 행동으로 나타나지 않을지라도 생각에서 이루어지는 교만은 하나님 앞에서 이단과 다를 바 없습니다.

그러나 특별한 은사와 재능을 지닌 사람이 교만하여 남을 무시하지 않게 되기란 어렵습니다. 그러므로 하나님께서는 큰 은사를 지닌 사람을 여러 번 심한 환난에 들어가게 하심으로써, 마침내 하나님께서 손을 거두시면 자신이 아무런 가치가 없는 존재임을 깨닫게 하십니다. 사도 바울은 자기 몸을 찌르는 가시가 있었는데, 그것이 그를 교만하지 않도록 막아주었습니다. 그리고 만일 필립 멜란히톤이 이런저런 고통을 겪지 않았다면 대단한 자부심을 갖고 살았을 것입니다.

## 425

나는 설교를 통해서 세상과 육신, 마귀의 악과 적의가 무엇인지 배웁니다. 이런 것은 복음을 깨닫고 전하기 전에는 알 수 없었던 내용입니다. 그 전까지는 음란과 호색이 죄의 전부인 줄로 알았습니다.

## 426

법정[궁정]에서 통용되는 원칙은 크게 고함을 지르며 고소하는 것입니다. 복음과 겸손은 법정에 속한 것이 아닙니다. 그러니 법정에서는 되도록 약한 모습을 드러내지 않고 부싯돌처럼 강하게 처신해야 합니다. 온유하고 겸손하신 그리스도 대신 모세를 앞세워야 합니다. 그러므로 나는 동료 사역자들에게 법정에서 곤궁하고 가난한 형편과 꼭 필요한 것들에 관해 하소연하라고 조언합니다. 나 자신도 선제후 앞에서 그런 내용으로 설교한 적이 있습니다. 선제후는 선량하고 경건한 분인데, 그의 신하들은 제멋대로 하는 사람들이었기 때문입니다. 필립 멜란히톤과 유스투스 요나스는 최근에 법정으로부터 자문을 의뢰받고는, "루터 선생님이 연륜이 지긋하시므로 어떻게 무슨 내용으로 설교할지 잘 아실 것입니다" 하고 답변했다고 합니다.

## 427

교회에서 고상하고 중대한 일에만 뜻을 두고 가난하고 배우지 못한 사람들의 구원에는 소홀하며, 자신의 영달만을 추구하여 소수의 야심가들만 만족시키는 설교자들에게는 화가 있을 것입니다.

나는 설교할 때 눈높이를 바닥에 둡니다. 박사나 고관대작이 이곳 교회에 마흔 명 가량 되는데, 그들을 조금도 안중에 두지 않습니다. 오히려 2천 명 가량 되는 젊은이들과 어린이들, 하인들에게 시선을 맞춥니다. 하나님 말씀이 갈급해서 교회에 나온 그들을 바라보며 설교합니다. 그러면 나머지 사람들도 내 설교를 듣지 않겠습니까? 문이 활짝 열려 있으므로 마음에 맞지 않으면 도중에 나가도 무방합니다. 내가 보기에 설교자들의 야심이 갈수록 커져 가는 것 같습니다. 이런 추세가 종국에는 교회에 큰 재앙을 끼치고 걷잡을 수 없는 불화의 원인이 될 것입니다. 그런 설교자들은 국정(國政)에 관한 문제들을 다룸으로써 존경을 받으려 하기 때문입니다. 그들은 세상의 지혜자를 기쁘게 하지만, 단순하고 평범한 대다수 교인들은 무시합니다.

정직하고 경건하고 참된 설교자가 되려면 가난하고 단순한 사람들에 초점을 맞춰 말씀을 전해야 합니다. 마치 어머니가 보채는 아이에게 젖을 물려 다독이되, 아무런 대가도 바라지 않고 그리하는 것과 같습니다. 설교자도 쉽게 가르치고 설교함으로써 배우지 못한 단순한 사람들도 듣고 깨달아 그 말씀을 간직하고 준행할 수 있게 해야 합니다. 설교자들이 나와 멜란히톤과 포머 박사에게 찾아오면 우리는 그들의 능력을 최대한 발휘하게 하여 그들의 재능이 어느 정도인지, 학식이 얼마나 깊은지 살펴봅니다. 공적인 설교에서 히브리어와 헬라어, 라틴어를 남발하는 사람일수록 속이 비었을 가능성이 큽니다.

## 428

시편에는 "그 소리가 온 땅에 통하고 그의 말씀이 세상 끝까지 이르도다" (시 19:4)는 말씀이 있습니다. 그러나 사도 바울은 로마서에서 이렇게 말합니다. "그 소리가 온 땅에 퍼졌고 그 말씀이 땅 끝까지 이르렀도다" (롬 10:18). 하지만 두 말씀은 하나입니다. 신약성경에는 사도 바울이 칠십인역의 번역을 존중하여 인용한 구절들이 많습니다. 그는 그 역본을 무시하지 않았습니다. 헬라인들에게 말씀을 전했으므로 그들의 이해 수준에 맞춰 전해야 할 필요가 있었던 것입니다.

그중 한 예가 고린도전서 15:54의 "사망을 삼키고 이기리라"는 구절입니다. 히브리어 성경에는 "종국에는 사망을 삼키리라"고 되어 있습니다. 하지만 둘은 하나입니다. 사도 바울은 말이 매우 풍성하고 유창했습니다. 그의 말에는 키케로의 웅변 세 편이, 혹은 이사야서와 예레미야서 전체가 농축되어 있습니다. 실로 탁월한 설교자였습니다. '선택된 그릇' (*vas eclectum*)이라는 칭호가 그냥 붙은 게 아닙니다. 우리 주 하나님께서는 세상에 귀한 설교자를 주시겠다고 말씀하셨습니다. 세례 요한과 사도 요한을 제외하고는 구약성경을 사도 바울만큼 잘 깨달은 사람이 없었습니다. 사도 베드로도 바울 못지않았습니다. 마태와 나머지 성경 저자들은 역사를 잘 기록해 놓았고, 그것은 아주 긴요합니다. 그러나 그분들은 구약에 담긴 말씀과 내용에 관해서는 언급하지 않습니다.

사도 바울은 히브리어 성경의 상당 부분을 헬라어로 옮기는, 다른 분들은 할 수 없었던 일을 했습니다. 그는 한 장을 다루면서 종종 구약성경의 네 대목 혹은 대여섯 대목을 설명합니다. 특히 모세와 이사야의 글을 즐겨 인용하고 설명했는데, 이는 모세와 이사야가 다윗과 함께 주요 선지자들이기 때문입니다. 이렇게 사도 바울은 모세와 선지자들의 글을 즐겨 인용하여 교훈했습니다.

젊은 목회자들은 히브리어 성경을 착실히 공부하여 헬라어와 히브리어 단어들을 함께 비교하고, 그 안팎에 담긴 의미를 깊고 충분하게 이해할 수 있어야 합니다.

# 적그리스도에 관하여

## 429

적그리스도는 교황과 터키족을 합쳐 놓은 것입니다. 생명력이 충만한 짐승이려면 육체와 영혼을 지녀야 합니다. 적그리스도의 정신 혹은 영혼은 교황이고, 그의 육체는 터키족입니다. 터키족이 하나님의 교회를 육체적으로 공격하고 박해하여 소진시킨다면, 교황은 교수형과 화형과 살해 등 영적으로 뿐 아니라 육체적으로도 박해하고 소진시킵니다. 그러나 유대인들과 로마인들에게 승리를 거둔 사도시대와 마찬가지로, 교회는 오늘날도 교황의 위선과 우상숭배, 그리고 터키족과 그 밖의 원수들의 침공과 약탈에 결연히 맞설 것입니다.

## 430

"그 왕은 자기 마음대로 행하며 스스로 높여 모든 신보다 크다 하며 비상한 말로 신들의 신을 대적하며 형통하기를 분노하심이 그칠 때까지 하리니 이는 그 작정된 일을 반드시 이룰 것임이라. 그가 모든 것보다 스스로 크다 하고 그의 조상들의 신들과 여자들이 흠모하는 것을 돌아보지 아니하며 어떤 신도 돌아보지 아니하고 그 대신에 강한 신을 공경할 것이요"(단 11:36-38상).

이 예언은 모든 교사들이 한결같이 인정하듯이, 안티오쿠스(Antiochus, 에피파네스, 주전 163 죽음—옮긴이)라는 이름으로 등장한 적그리스도를 가리킵니다. 적그리스도는 **마오심**(신)을 경외하지 않고, 여자의 사랑 곧 결혼도 존중하지 않습니다. 오히려 신과 여자의 사랑 — 즉, 종교와 인류 — 을 멸시합니다. 그는 여자를 존중하지 않습니다. 다시 말해서, 세상 정부와 가정의 질서, 법, 통치, 황제, 왕을 무시합니다. 여자를 통하여 자녀들이 태어나고 자라나 인류가 보존되고 세상이 채워집니다. 여자를 존중하지 않으면 필연적으로 세상 정부와 가정의 질서도, 법과 제도와 위정자도 무시하게 되어 있습니다.

다니엘은 위대한 선지자였습니다. 그리스도께서도 그를 사랑하셨고, 그에 관해서 "읽는 자는 깨달을진저"(마 24:15) 하고 말씀하셨습니다. 다니엘은 박해자 적그리스도에 관하여 마치 자기 눈으로 본 것처럼 똑똑하게 말했습니다. 다니엘서 11장을 처음부터 끝까지 읽어보십시오. 그 내용은 로마 황제 칼리굴라(주후 12–41)를 비롯한 폭군들이 다스린 시기에 해당합니다. 거기서 다니엘은 분명히 말합니다. "그가 장막 궁전을 바다와 영화롭고 거룩한 산 사이에 세울 것이나"(45절). 이것은 이탈리아 로마를 가리킵니다. 터키 황제도 바다 사이인 콘스탄티노플에서 다스리고 있지만, 그곳은 거룩한 산이 아닙니다. 그는 **마오심**(신)을 존중하지도 전파하지도 않고, 결혼을 금하지도 않습니다. 그러므로 다니엘이 가리킨 대상은 두 가지를 맹렬히 시행하는 교황을 가리킵니다. 더 나아가 선지자는 그가 왕에게 버림을 받아 침공을 당할 것이라고 말합니다(참조. 40절). 이 예언은 이미 이루어졌습니다. 왕들과 제후들이 교황을 버린 현실을 우리 눈으로 보고 있기 때문입니다. 교황과 터키의 치하에서 종교의 형태에는 차이가 없고 다만 몇 가지 의식만 다를 뿐입니다. 터키는 모세적 의식을, 교황은 기독교적 의식을 거행하는데, 둘 다 원래의 정신에서 크게 어긋나 있습니다. 터키는 모세의 정결 의식을 변질시켰고, 교황은 세례와 성찬을 변질시켰기 때문입니다.

적그리스도의 왕국은 요한계시록에도 언급됩니다. "[짐승이] 또 권세를 받아 성도들과 싸워 이기게 되고"(계 13:7). 이 예언은 얼른 보면 교황보다는 터키에 대한 것처럼 보이지만, 현실을 주시해 보면 교황이 세속 문제에 개입하여 가증한 일과 폭정을 일삼을 것에 대한 예언임에 분명합니다. 계시록은 더 나아가 그 기간을 "한 때와 두 때와 반 때"라고 말합니다(12:14하). 여기서 의문이 생깁니다. '때'가 무엇을 가리킬까요? 만일 '한 때'를 일년으로 이해한다면 본문은 3년 반을 가리키며, 그러면 이스라엘 백성을 3년 반 동안 박해하다가 마침내 자신의 부패 가운데 죽은 안티오쿠스를 가리키는 셈입니다. 교황도 마찬가지 방식으로 멸망할 것입니다. 그는 자신의 왕국을 신적 권세나 권위로 시작하지 않고 미신과 성경 몇 구절에 대한 억지 해석으로 시작했기 때문입니다. 교황의 왕국은 장차 멸망하게 돌 터전에 세워져 있습니다. 다니엘은 이렇게 예언합니다. "그가 꾀를 베풀어 제 손으로 속임수를 행하고 마음에 스스로 큰 체하며 또 평화로운 때에 많은 무리를 멸하며 또 스스로 서서 만왕의 왕을 대적할 것이나 그가 사람의 손으로 말미암지 아니하고 깨지리라"(단 8:25). 이 예언은 특히 교황을 가리킵니다. 다른 폭군들과 전제군주들은 세속 권력과 무력에 의해 무너지기 때문입니다. 하지만 이 예언은 교황과 터키를 동시에 가리킨 것일 수도 있습니다. 둘 다 거의 비슷한 시기인 황제 포카스(Phocas) 때에 재위를 시작하여 — 포카스는 주군인 황제 모리스와 황후, 그리고 어린 왕자들을 살해한 권력 찬탈자입니다 — 족히 9백 년간 권력을 누려왔습니다. 교황은 마호메트가 권력을 잡은 것과 거의 동시에 교회를 지배하기 시작했습니다. 교황이 세속 왕국을 다스려 왕과 황제들을 괴롭힌 역사는 3백 년이 채 되지 않습니다. "한 때와 두 때와 반 때"라는 예언을 나는 정확히 해석할 수 없습니다. 지금으로부터 85년 전인 1453년에 콘스탄티노플을 함락하면서 지배하기 시작한 터키를 가리키는지 잘 알지 못합니다. 만일 '한 때'를 그리스도의 연세(서른 살)로 해석한다면 이 예언은 105년이 되는 셈인데, 그렇다면 터키가 앞으로 20년을 더 지배하게 될 것입니다. 어느 경우든 하나님께서는 그것이 어느 정도의 기간인지, 자기 백성을 어떻게 구원하실지 잘 알고 계십니다. 그러므로 우리 지식의 한계를 넘어서는 문제에 지나치게 매달리는 일을 그만둡시다. 이런 생각이 남아 있다면 회개하고 씻어냅시다.

교황이 적그리스도일진대, 나는 그가 육신을 입고 온 마귀라고 믿습니다(적그리스도를 교황과 동일시한 것은 진작에 얀 후스가 *De Anatontia Antichristi*라는 저서에서 제시한 견해임-편집자주). 그리스도께서 참 하나님이시요 참 사람이시듯이, 적그리스도는 살아 있는 마귀입니다. 사람들이 교황을 가리켜 '지상의 신'이라고 하는 것 역시 옳은 말입니다. 그는 참 신도 아니고 참 인간도 아니며, 두 본성이 혼합된 존재이기 때문입니다.

적그리스도는 자칭 지상의 신이라고 합니다. 마치 유일하고 전능하신 하나님께서 지상의 하나님이 아니신 것처럼 말입니다! 실제로 교황의 왕국은 하나님의 권세와 인류를 크게 훼방하고 공격하고 있습니다. 그는 거룩한 곳에 선 멸망의 가증한 것입니다. 일개 피조물인 인간이 교회에서 자신을 하나님보다 높인다는 것은 괴이한 신성모독입니다. 만일 이런 일이 그리스도 오시기 전 이방인들 가운데서 자행되었다면 그다지 괴이한 일이 아니었을 것입니다. 그러나 다니엘과 그리스도, 그리고 사도들인 베드로와 바울이 독이 있는 그 짐승과 전염병에 대해 경고했는데도 불구하고, 우리 그리스도인들은 여전히 정신을 못 차리고 미련하게도 교황이 만든 우상들을 숭배하며, 그가 베드로의 계승자로서 온 세상의 주(主)라고 믿고 있습니다. 하지만 그리스도와 사도 베드로는 지상에 그런 계승권을 남긴 적이 없습니다.

교황은 머지않아 꺼지게 될 등불의 마지막 불꽃이며, "그 권세가 강할 것이나 자기의 힘으로 말미암은 것이 아니며"(단 8:24)라고 한 다니엘의 말처럼 다른 사람들의 권력을 이용하여 전쟁을 벌여가며 칼과 대칙서로 철권을 행사하는 마귀의 마지막 도구입니다. 교황의 손가락 하나가 독일의 모든 제후들을 합한 것보다 더 힘이 있다는 것이 널리 인정되어온 주장입니다. 그러나 하나님의 입에서 나오는 말씀이 부끄러움을 모르는 그 음녀를 제어하고 많은 사람들에게 경각심을 일으킨 까닭에, 사람들은 더 이상 그를 중시하지 않습니다. 어떠한 황제도 칼의 힘으로는 이런 일을 이뤄낼 수 없었을 것입니다. 마귀는 칼이나 공권력 같은 무기를 하찮게 여기기 때문입니다. 그러나 하나님 말씀이 치면, 교황은 순하고 가녀린 꽃 같은 존재가 되어 버립니다.

## 431

'교황' (Papa, Pope)이라는 단어는 내 생각에 '아바' (Abba)라는 단어가 두 번 반복된 데서 유래한 것으로 보입니다. 말하자면 '아버지들의 아버지' 라는 뜻인 셈이지요. 고대에는 주교들을 '파파' 라고 불렀습니다. 순교자 키프리아누스의 전설에는 판사가 그에게 "그대가 그리스도인들이 자신들의 파파라 부르는 그 키프리아누스인가?" 하고 묻는 대목이 나옵니다. 내 생각에는 모든 주교들에게 적용된 호칭이 아니었나 싶습니다. 자녀들은 아버지를 '파파' 라고 부르는데, 주교들은 신자들의 영적 아버지들이었습니다.

불과 30년 전만 해도 과연 누가 오늘날 우리가 교황에게 말하듯 감히 그에게 말할 수 있었겠습니까? 당시에는 경외와 기도의 표현이 아니면 그에게 감히 존경을 표시하지도 못했습니다.

## 432

교황들이 사실상 교회를 허무는 큰 원수들이고 거룩한 복음을 전혀 깨닫지 못하는 자들인데, 어떻게 해서 자신들이 교회를 구성한다는 어줍잖은 생각을 하게 되었을까요? 교황과 추기경들, 주교들은 성경을 읽지 않습니다. 성경은 그들에게 미지의 책입니다. 그들은 먹고살 걱정 없이 게으르게 뒹굴고, 절대 권력을 행사하며, 하나님의 뜻을 이루는 일은 한 순간도 생각에 넣지 않고 사는 비루한 고급 소비자들입니다. 교황주의자들에 비하면 사두개인들이 훨씬 더 경건한 사람들이었습니다. 안전하고 넉넉하게 되면 은혜를 망각하고 하나님을 무시하고 하나님께 속한 것들을 박해하기 쉬운데, 주께서 그런 데 빠지지 않도록 우리를 지켜 주시기를 기원합니다.

## 433

어떤 이들은 최후 심판 전에 있을 적그리스도의 출현을 예고하는 표적과 기사들에 관해 말하면서, 그가 입에서 불을 내뿜어 자신을 반대하는 자들을 사를 것이라고 말했습니다. 이에 대해 루터 박사는 다음과 같이 말했습니다. "그런 말은 다 비유이지만, 다니엘의 예언과 상당 부분 일치하는 점이 있습니다. 이는 교황의 권좌가 불의 권좌이며, 마치 언월도(초승달처럼 굽은 칼)가 터키의 문장이듯이 불이 그의 문장(紋章)이기 때문입니다." 적그리스도는 불을 가지고 공격하지만 결국 불로 형벌을 받을 것입니다. 그는 지금 두려움에 사로잡혀 자신의 산 뒤에 웅크리고 숨은 채, 과거 같았으면 천둥과 우레를 발하여 대항했을 만한 일들에 꼼짝못하고 숨죽이고 있습니다.

## 434

8월 8일에 부처(Bucer, 1491-1551, 스트라스부르의 종교개혁자-옮긴이)에게 편지가 왔습니다. 비엔 공의회가 끝났고, 추기경들이 귀국했으며, 피아첸차와 볼로냐 사람들이 복음을 열렬히 받아들였다는 소식이 적혀 있었습니다. 교황은 이러한 결과에 분개하여 코르펜티우스(Corfentius)라는 독일 사람을 데려오도록 하면서, 그에게 안전통행권을 발부했습니다. 그러나 코르펜티우스는 로마에 도착한 뒤 체포되어 티베르 강물에 던져져 익사했습니다. 이 사건에 대해 루터 박사는 이렇게 말했습니다. "이탈리아 교황주의자들의 신의란 게 고작 그런 것입니다! 그들을 신뢰하지 않는 사람들이 복이 있습니다. 만일 하나님의 사람들이 이탈리아에서 복음을 전하면서 확고히 버틴다면 많은 피가 흐를 것입니다. 이곳 독일에도 우리 앞에 어떠한 올무가 놓여 있는지 보십시오. 우리도 한 시라도 안전하다고 여길 수 없습니다. 하나님께서 우리를 지켜주지 않으셨다면, 우리는 벌써 오래 전에 쓰러져 죽었을 것입니다."

## 435

어떤 사람이 "사도 야고보가 콤포스텔라에 있었다면 어떻게 되었을까요?" 하고 묻자, 루터 박사는 이렇게 대답했습니다. "예수 그리스도께서는 열두 사도를 세우셨지만, 교황주의자들은 사도가 열여섯 명이었다고 주장합니다. 그들은 여러 지역에서 성모 마리아의 젖과 그리스도께서 누우셨던 요람의 건초를 보관하고 있다고 자랑합니다. 어느 프란체스코회 수사는 그 건초를 봇짐에 조금 넣어 가지고 왔다고 자랑했습니다. 그러자 못된 친구가 그것을 몰래 훔쳐내 불에 던져 버렸습니다. 아무것도 모르던 수사는 건초를 보여주기 위해 사람들을 불러모았으나, 봇짐을 풀어보니 나무 조각밖에 없었습니다. 하지만 그는 당황하는 기색 없이 이렇게 말했습니다. '형제 여러분, 제가 봇짐을 잘못 가져와서 건초를 보여드릴 수 없게 되었습니다. 하지만 성 로렌스가 화형을 당할 때 달렸던 나무의 일부분을 가져 왔으니 구경들 하세요.'"

## 436

왕들과 제후들은 금속으로 주화를 만들지만, 교황은 모든 것을 돈으로 만들어냅니다. 면죄부와 각종 의식, 특면(特免), 사면이 모두 그에게는 재원(財源)입니다. 이것들이 그의 그물에 걸리는 고기들입니다. 그를 피할 수 있는 것은 세례뿐입니다. 아기들이 세상에 나올 때는 옷은커녕 빼낼 치아도 지니지 않기 때문입니다.

## 437

이탈리아에서는 수도원들이 모두 부유합니다. 각 수도원에는 수사가 서너 명밖에 살지 않습니다. 수도원이 쓰고 남은 거액의 잉여금은 교황과 추기경들에게 넘어갑니다.

## 438

어느 신사가 임종을 맞이하게 되자 인근 수도원의 수사가 혹시 챙길 물건이라도 없는가 보려고 찾아와 신사에게 말을 걸었습니다. "선생님, 혹시 저희 수도원에 이것과 저것을 기부할 생각이십니까?" 죽어가던 사람은 말을 할 수 없어서 고개만 끄덕였습니다. 수사는 신사의 아들에게 고개를 돌려 "방금 보셨듯이, 당신 부친께서 우리에게 이것을 기부하셨습니다" 하고 말했습니다. 그러자 아들이 아버지에게 "아버지, 지금 당장 이 수사를 계단 밑으로 차버리면 좋으시겠습니까?" 하고 묻자, 아버지는 전처럼 고개를 끄덕였고, 아들은 수사를 문 밖으로 쫓아냈습니다.

## 439

비텐베르크 대학교에 비투스 아머바흐(Vitus Ammerbach)라는 교수가 있었는데, 그가 "교회에는 어떻든 수장이 있어야 하는데, 교황도 다른 사람처럼 수장이 될 수 있다"는 명제를 내걸자, 루터는 이렇게 말했습니다. "그리스는 한 번도 교황의 권위 아래 들어간 적이 없었고, 유대와 스구디아도 마찬가지였는데, 그런데도 이들 나라에는 경건이 출중한 그리스도인들이 많이 살았습니다. 아머바흐 교수의 그 말은 대단히 외람된 주장입니다."

## 440

어떤 사람이 이렇게 말했습니다. "교황주의자들은 우리의 교리가 오래가지 못하고 결국 아리우스의 교리처럼 흐지부지 끝날 것이라고 놀립니다. 아리우스의 교리도 40년밖에 가지 않았느냐는 것입니다." 루터 박사는 이렇게 대답했습니다. "아리우스파는 거의 60년 동안 존속했으나, 그 교리가 이단적 원리들에 토대를 둔 까닭에 혼란과 파멸로 끝난 반면에, 우리의 대적들은 겉으로는 아무리 놀려도 우리의 교리에 정당성이 있음을 인정하지 않을 수 없습니다. 우리의 빛은 모든 사람들의 눈에 찬란히 빛나기에 아무도 그것을 부정할 수 없습니다."

## 441

사람들이 한때 이곳 비텐베르크에서 성 요셉의 속옷과 성 프란체스코의 반바지를 전시했습니다. 마인츠의 주교는 자신이 모세가 본 떨기나무의 불꽃 광채를 소장하고 있다고 자랑했습니다. 콤포스텔라 주민들은 예수 그리스도께서 사망과 마귀에게 거두신 승리의 깃발을 전시하고 있습니다. 가시 면류관은 여러 지역에서 전시되어 있습니다.

## 442

백정의 아들이었던 울지(Wolsey, 1475?–1530, 영국의 추기경, 헨리 8세의 심복이었으나 왕의 이혼 문제로 실각함–옮긴이)가 추기경이 되었을 때, 어떤 사람이 기쁨을 이기지 못하고 이렇게 말했습니다. "하나님, 그가 교황이 되게 해주옵소서. 그러면 저희도 금식일들에 고기를 먹을 수 있겠나이다. 성 베드로는 어부 출신이었기에 생선 값을 올리기 위해 금식일에 육류 섭취를 금했으나, 이 백정의 아들은 생선 섭취를 금할 것입니다."

## 443

뻐꾸기는 홍방울새의 둥지에서 그 새의 알들을 밖으로 떨어뜨린 다음 자기 알들을 그곳에 둡니다. 그리고 새끼뻐꾸기들은 몸집이 커지면 홍방울새를 잡아먹습니다. 뻐꾸기는 나이팅게일도 적대시합니다. 교황은 뻐꾸기와 같습니다. 교회에서 참된 알들을 밀어내고 그곳에 자신의 탐욕스러운 추기경들을 심어 놓으면, 그들은 자신들을 키워준 어머니를 삼켜 버립니다. 또한 교황은 참된 교리를 전하고 찬송하는 나이팅게일도 곁에 두지를 못합니다.

## 444

로마에는 성 세례 요한의 머리가 버젓이 전시되어 있습니다. 사라센족이 그의 무덤을 파헤쳐 유해를 불태운 것이 널리 알려진 사실인데도 아랑곳하지 않습니다. 교황주의자들의 이런 사기 행각은 아무리 꾸짖어도 지나침이 없습니다.

## 445

교황주의자들은 대부분 정신 나간 자들입니다. 그들의 사제들 가운데 내가 아는 어떤 자는 세례를 줄 때 "나는 그대에게 그리스도의 이름으로 세례주노라"(*Ego te baptiste in nomine Christe*)는 문구를 사용합니다. 또 다른 사람은 찬송을 드릴 때 **클라마**(*clama*, '외치라')라고 해야 할 대목에서 **엘레마**라고 뜻 없이 발음하며, 바로잡아주면 더 큰 소리로 **엘레마, 엘레마** 하고 발음합니다. 또 어떤 사람은 **디체레**라고 해야 할 대목에서 **엘리체레**라고 말합니다. 밤부르크에서는 해마다 책을 한 권 전시하는데, 그곳 사람들은 그 책에 결혼식 날 정절 서약을 한 황제 하인리히와 그의 아내 쿠네곤데(Cunegonde)의 일대기가 적혀 있다고 자랑했습니다. 비르크하이머(Birkheimer)가 밤베르크 시에 들렀다가 그 책을 보여달라고 부탁하여 펼쳐

보니까, 키케로의 「일반 규범론」(*Topics*) 사본에 지나지 않습니다. 어떤 수도원에서는 수사들이 **숨프시무스**라고 읽는 대신에 **문시무스**라고 읽습니다. 공부를 막 마치고 수도원에 들어온 젊은 수사가 그 오류를 지적하자, 나머지 수사들이 그에게 이렇게 말했다고 합니다. "자네 일이나 신경 쓰게. 우리는 항상 **문시무스**라고 읽어왔는데, 자네를 위해서 고쳐 읽을 생각이 없네."

## 446

어릿광대 두 사람이 교황이 베푼 만찬 자리에서 다투었습니다. 한 사람은 영혼 불멸을 주장하고, 다른 한 사람은 부정했습니다. 교황이 나서서 말하기를, 영혼 불멸을 옹호하는 측이 더 근사한 이유를 갖다 대지만 자신은 영혼 불멸을 부정하는 측의 손을 들어주고 싶다고 했습니다. 영혼 불멸이 사람의 운명을 너무 낙관적으로 보게 하는 손쉬운 교리라는 것이 그 이유였습니다. 이런 정도의 저급한 자들이 교회 정부를 맡아 다스리고 있는 것이 현실입니다.

## 447

마인츠의 주교 알베르트(Albert)에게 배속된 주치의가 있었는데, 그는 개신교 신자였던 까닭에 주교의 총애를 받지 못했습니다. 이 사실을 간파한 주치의는 원래 탐욕스럽고 야심이 강한 자였던 까닭에 자신이 믿어온 하나님을 배반하고 교황제로 돌아가면서 주위 사람들에게 이렇게 말했습니다. "내가 예수 그리스도를 완전히 버리는 게 아니라 잠시 곁에 놓아두고 입지를 구축한 다음에 다시 섬기려는 것입니다." 이런 참람한 태도에 공의의 보응이 내렸습니다. 다음 날 아침에 이 가련한 위선자가 침대에서 시체로 발견된 것입니다. 그의 몰골은 참혹했습니다. 혀가 입에서 뽑혀 있었고, 얼굴은 석탄처럼 검게 변해 있었으며, 목은 반쯤 돌아간 상태였습니다. 불경건에 가해진 응징을 나 자신도 두 눈으로 확인했습니다.

## 448

필립 멜란히톤이 클레멘스 7세의 교황청에서 요직을 맡았던 사람의 증언을 토대로 전한 바에 따르면, 교황청에서는 날마다 교황이 저녁 식사를 마친 뒤에 술 맡은 관원과 요리사를 두 시간 동안 감금한 다음, 그 시간 안에 교황에게 아무런 증상이 나타나지 않으면 풀어준다고 합니다. 그 이야기를 들은 루터는 이렇게 탄식했습니다. "얼마나 비참한 삶입니까! 그것은 모세가 신명기에 기록해 놓은 것과 정확히 일치합니다. '네 생명이 위험에 처하고 주야로 두려워하며 네 생명을 확신할 수 없을 것이라. 네 마음의 두려움과 눈에 보는 것으로 말미암아 아침에는 이르기를 아하 저녁이 되었으면 좋겠다 할 것이요 저녁에는 이르기를 아하 아침이 되었으면 좋겠다 하리라' (신 28:66-67)."

## 449

나사렛의 비천한 처녀 마리아는 "능하신 이가 큰일을 내게 행하셨으니 … 권세 있는 자를 그 위에서 내리치셨으며"(눅 1:49, 52)라고 찬송함으로써 권력자들과 교황들을 가차 없이 내리쳤습니다. 아마도 그 음성은 아름답고 감동적이었을 것입니다.

교황과 그의 하수인들은 그 삶과 행동을 볼 때 우상숭배자들이요 마귀의 종들입니다. 하나님 말씀을 존중하지 않고, 오히려 무시하고 박해하며, 신자들이 그리스도를 진실하고 바르게 믿지 못하도록 방해하는 데 총력을 기울입니다. 교황은 예배 의식을 화려하게 갖춤으로써 대단히 거룩한 척합니다. 그럴 목적으로 수도회들의 복장을 지정해 주고, 면도를 하고, 금식을 하고, 생선을 먹고, 미사를 집례하는 등의 활동을 합니다. 그러나 그런 활동의 저변에는 마귀의 교리가 깔려 있습니다. 교황이 그런 마귀적인 교리를 고집하는 이유는 복음이 유사한 내용을 말하기 때문입니다(참조. 마 4장). 마귀는 과거에 그리스도께 그랬듯이 교황에게 세상 나라들을 보여주면서, 그 나라들을 주겠다고 약속했습니다. 교황은 이 약속에 현혹되어 우리가 전하는 참된 복음을 멸시했으며, 그로써 우리가 걸인처럼 되어 많은 고생을 겪는 동안, 자신의 교리를 팔아 부와 명예와 권력을 얻고, 황제들을 자기 앞에 무릎

꿇게 할 정도의 막강한 세속 군주가 되었습니다.

## 450

우리와 교황주의자들 사이에 어떻게 평화가 있을는지 상상하기 어렵습니다. 양 진영 모두 서로에게 굴복할 생각이 없기 때문입니다. 이것은 여인의 후손과 옛 뱀 사이의 전쟁과도 같은 영원한 전쟁입니다. 세상의 왕들은 전쟁을 하다가 다소 지치면 휴전을 하지만, 이 전쟁에는 휴전이란 게 없습니다. 우리는 복음을 버릴 수 없고, 저들도 우상숭배와 신성모독을 버릴 의사가 없기 때문입니다. 마귀는 무릎 꿇기를 죽기보다 싫어하며, 그리스도께서도 복음 전파가 가로막히는 것을 가만히 앉아 보고만 계시지 않습니다. 그러므로 그리스도와 벨리알 사이에 평화나 휴전이란 상상할 수 없습니다.

## 451

교회에 대한 박해가 중단된 뒤, 교황들은 탐욕과 야심에 떠밀려 세속 권력을 장악하고자 힘썼습니다. 그 첫번째 인물이 차라리 '지옥의 낙인'(Hell-brand)이라 부르는 게 더 옳은 힐데브란트(Hildebrand, 1023경-1085. 카노사에서 황제 하인리히 4세를 굴복시킨 교황 그레고리우스 7세- 옮긴이)였습니다. 교황들은 파문을 무기로 백성들을 협박했습니다. 그것은 종들뿐 아니라 어린이들도 가리지 않은 가공할 무기였습니다. 다른 한편으로, 교황들은 백성의 환심을 사기 위해 어지간한 죄가 아니면 면죄를 공짜로 하사했고, 중한 죄는 돈 받고 사죄해 주었습니다. 돈만 많이 준다면 성모 마리아를 성폭행하거나 그리스도를 다시 십자가에 못 박은 죄라도 사죄해 주었을 것입니다. 하나님께서는 교황의 이러한 무법한 권한을 나의 펜을 통해서 무너뜨리셨습니다. 하나님께서는 아무것도 없는 중에 만물을 창조하실 수 있고, 나 같은 하찮은 존재를 통해서라도 큰 결과를 내실 수 있는 분이십니다.

## 452

교황령은 폐지되어야 하며, 이미 그 값을 치르고 있습니다. 머지않아 교황은 자신이 만들어낸 탁발수사들에게 밟힐 것입니다. 헤아릴 수 없이 많은 수사들과 탁발수사들이 극심한 악을 자행하고 있으며, 그들 때문에 영원할 것만 같던 교황청이 뿌리째 흔들리고 있다고 추기경 캄페조(Campeggio)는 말했습니다. 바른 지적입니다. 대왕 쥐가 부하 쥐들에게 철저히 당하고 있는 것입니다. 교황의 세속 권력이 오랜 관습이었다는 주장은 그의 교회법 학자들과 탁발수사들도 신학적으로 뒷받침을 하지 못합니다. 세속 정부를 이끌 역량도 경륜도 없는 교황이 어찌 통치권을 행사할 수 있겠습니까? 예를 들어 결혼 소송에 대해서 그가 그릇되게 판결한 경우가 얼마나 많습니까? 그는 결혼을 성례로 격상시켜 놓고는 자신의 성직자들에게 결혼을 못하도록 금했습니다. 만일 결혼이 성례라면 이교도는 결혼을 할 수 없습니다. 믿지 않는 이방인들이 성례를 받을 수 없기 때문입니다.

## 453

교황은 황제 콘스탄티누스가 교황에게 막대한 재산과 백성을 주었다고 자랑하지만, 그것은 다 꾸며낸 이야기입니다. 콘스탄티누스는 원래 가난한 사람들을 위해 거액의 연보를 내면서 주교들에게 그것을 가난한 사람들에게 나눠주라고 명령했으나, 주교들이 가로채 그 돈으로 유력한 귀족들이 되었다는 글을 나는 읽었습니다. 그러나 콘스탄티누스는 나라나 도시들을 주교들에게 하사한 적이 없습니다. 그러므로 세계는 교황이 어디서 그런 영토와 통치권을 얻어냈는지 의아하게 여깁니다. 과거에는 교황들이 황제와 왕들 위에 군림하지 않고 오히려 황제에게 임명을 받았습니다.

## 454

세상은 천년 전과 다름없는 모습으로 남아 있습니다. 그때나 지금이나 마귀의 배우자인 것입니다. 세상은 그리스도를 잡으라고 보냈던 종들을 다그쳤던 바리새인들처럼 여전히 이렇게 말합니다. "너희도 미혹되었느냐. 당국자들이나 바리새인 중에 그를 믿는 자가 있느냐. 율법을 알지 못하는 이 무리는 저주를 받은 자로다"(요 7:47-48).

## 455

교황은 성찬을 부정하지 않고, 다만 평신도에게 성찬의 한 부분(혹은 한 종류)을 탈취했을 뿐입니다. 게다가 성찬의 바른 의미와 용도에 관해서 가르치지도 않습니다. 교황은 성경을 부정하지 않지만, 의롭고 선하고 경건한 교사들을 박해하고 죽입니다. 과거에 유대인들이 성경을 바르게 해석하고 가르친 선지자들을 박해하고 죽였던 것과 같습니다. 교황은 성찬의 본질과 성경은 그대로 유지하도록 허용하지만, 자신의 의지와 취향대로 그것을 사용하도록 강요하며, 허구적인 화체설과 실제적 임재(*corporaliter*)를 믿도록 억압합니다. 교황이 하는 일이란 하나님께서 정하시고 명하신 모든 것을 곡해하고 남용하는 뿐입니다.

## 456

내가 교황을 상대로 투쟁하게 된 이유는 이렇습니다. 교황은 자신이 교회의 머리라고 자랑하며, 자신의 권력과 권위 아래 들어오려고 하지 않는 모든 사람을 단죄합니다. 그의 논리란, 그리스도께서 교회의 머리이시지만 지상에도 교회의 머리가 있어야 한다는 것입니다. 만일 교황이 복음을 순수하고 분명하게 가르치고, 인간이 고안해 낸 방법을 도입하느라 거짓말을 하지 않는다면, 나는 그가 지상에서 교회의 머리라는 주장을 용인했을 것입니다. 더 나아가 그는 권력을 사칭하여 기독교 교회 위에 군림했으며, 하나님 말씀인 성경을 재단했습니다. 자신 외에는 아무도 성경을 함부로 해석하지 못하도록 했습니다. 이로써 스스로 교회의 군주 자리에 올랐으며, 교회에 대해서도 성경을 낳은, 따라서 우리가 반드시 복종해야 할 위대한 어머니와 여왕으로 선포했습니다. 물론 이런 무리한 주장은 오래갈 수 없습니다. 하나님 말씀과 다르게 교회의 권위를 자랑하는 자들은 미련한 자들입니다. 교회를 잉태하고 낳은 것은 성경인데, 교황은 성경보다 교회에 더 큰 권위를 부여합니다.

우리는 하나님의 은혜로 이단이 아닌 분리주의자가 되어 과연 이탈과 분열을 일으키고 있습니다. 하지만 비난받아야 할 대상은 우리가 아니라 우리의 적들입니다. 우리는 하나님 말씀을 간직하고 듣고 따르지만, 그들은 하나님 말씀 아닌 다른 권위도 인정하기 때문입니다.

## 457

우리 주 하나님께서 어떤 사람을 징벌하여 괴롭게 하려 하실 때는 마음의 눈을 멀게 하셔서 하나님의 말씀을 무시하고 업신여기게 만드십니다. 오늘날 교황주의자들이 단적인 예입니다. 그들은 우리의 교훈이 하나님 말씀인 줄을 알면서도 우리의 논식과 결론을 인정하지 않습니다. 하나님께서 말씀하실 때 사람은 그 말씀을 들어야 합니다. 그런데 오늘날 하나님께서 복음의 교훈을 통하여 말씀하고 계십니다. 그러므로 우리는 그 말씀을 들어야 합니다. 그러나 교황주의자들은 양심을 거역해 가면서까지 "아니다. 우리는 [교황에 속한] 교회의 가르침을 들어야 한다"고 말합니다.

아주 이상한 현상입니다. 그들은 두 가지 명제를 다 인정하지만, 결과는 받아들이지 않고 혹은 결론이 옳다는 것을 용납하지 않습니다. 콘스탄츠 공의회 법령 가운데 이런저런 내용을 제시하면서, 그리스도께서 말씀하셨더라도 — 그리스도께서는 진리 자체이시지 않습니까! — 옛 관습을 무시할 수 없으니 율법을 지켜야 한다고 말합니다. 이렇게 대답하여서 진리를 왜곡합니다.

만일 적그리스도에게 속한 이런 죄가 성령을 거스르는 죄가 아니라고 한다면, 도대체 죄를 어떻게 정의하고 구분해야 한다는 말입니까? 그들은 지극히 완고하고 목이 곧은 방식으로 계시된 진리인 하나님 말씀을 거역합니다. 대체 이런 일을 당할 때 누가 이런 악마적이고 파렴치한 거짓을 거부하지 않겠습니까? 얀 후스(John Huss)가 교황주의자들의 지독히 불경건하고 악한 모습을 듣고 보면서 그것을 가소롭게 여기며 죽음을 맞이한 것이 조금도 기이한 일이 아닙니다. 교황이 교회를 어떤 방식으로 장악하고 있습니까? 그는 교회를 보호하되 허장성세(虛張聲勢)와 계승으로만 할 뿐입니다. 하지만 우리는 교회를 판단할 때 교회 자체의 본질에 따라, 원래의 성격대로, 즉 하나님의 말씀과 성례에 따라 평가합니다. 교황은 하나님의 심판을 위해 예비되어 있으며, 따라서 그는 오직 하나님의 심판에 의해서만 멸망할 것입니다. 잉글랜드 왕 헨리 8세(Henry VIII, 1509–47 재위–옮긴이)는 현재 교황 개인의 원수가 되어 있지만, 교황직의 본질과 성격을 부정하는 것은 아닙니다. 설혹 교황을 자기 마음대로 할 수 있게 될지라도 그의 육체는 죽일지언정 영혼 곧 그의 그릇된 교리는 남겨둘 것입니다. 교황은 그런 정도의 원수라면 견뎌낼 수 있습니다. 그는 잃었던 주권과 영토를 20년 내에 되찾을 계획을 세우고 있습니다. 그러나 나는 하나님 말씀으로 교황의 영혼, 그의 교리를 공격하며, 그의 육체 곧 악한 인격과 삶에는 손대지 않습니다. 나는 잉글랜드 왕과 작센의 제후 게오르크(George)처럼 교황의 깃털을 뽑을 뿐 아니라, 그의 목에 칼을 대어 성대를 끊어버립니다. 거위를 꼬챙이에 꿰어 불에 올려놓습니다. 만일 깃털만 뽑고 만다면 깃털은 어느 때고 다시 자랄 수 있습니다. 그러므로 사탄은 우리의 불구대천의 원수입니다. 왜냐하면 우리는 교황제의 본질에 활을 겨눈 덴마크 왕처럼 교황의 목을 따기 때문입니다.

## 458

교황의 위세가 무너졌다는 것이 얼마나 대단한 일입니까! 지금까지는 모든 군주와 황제와 왕과 제후가 자신들을 턱짓으로 다스려온 교황의 권세 앞에 벌벌 떨었습니다. 아무도 감히 나서서 그에게 반대하지 못했습니다. 이 위대한 우상이 이제 무너진 것입니다. 그가 내놓은 자들인 탁발수사들과 수사들도 실은 그의 원수들입니다. 이득이 있으니 그의 곁에 남아 있는 것이지, 만일 그렇지 않다면 우리보다 더 나서서 격렬히 그를 대적할 것입니다.

## 459

교황이 쓰는 면류관을 가리켜 **레그눔 문디**(*regnum mundi*) 곧 '세상의 왕국' 이라고 합니다. 로마의 믿을 만한 사람에게 들은 말인데, 이 면류관의 값어치는 독일의 제후령들을 다 합쳐 놓은 것보다 크다고 합니다. 하나님께서 교황령을 이탈리아에 두신 것은 이유 없이 하신 일이 아닙니다. 이탈리아인들은 현실적이고 세상적인 일들은 유능하게 많이 이룩해내는데, 진리에서는 그렇지 못하기 때문입니다. 그들은 간사하고 교활한 두뇌를 지닌 사람들입니다.

## 460

만일 교황이 기독교 교회의 수장이라면, 교회는 머리가 둘인 괴물인 셈입니다. 사도 바울은 그리스도께서 교회의 머리이시라고 가르치기 때문입니다. 과연 교황이 교회의 머리일 수 있으되, 다만 거짓 교회의 머리일 뿐입니다.

## 461

홍방울새가 있는 곳에는 뻐꾸기도 있습니다. 뻐꾸기는 자신의 노래가 홍방울새보다 천 배나 낫다고 생각하기 때문입니다. 마찬가지로 교황은 자신을 교회 안에 둠으로써 자신의 노래가 교회를 압도하게끔 합니다. 뻐꾸기는 자신의 출현으로 여름이 가까웠음을 알려주는 유익한 일도 합니다. 교황도 최후 심판의 날이 가까웠음을 알려주는 정도에서는 유익한 역할을 합니다.

## 462

내가 교황을 과도하게 몰아붙이는 게 아니냐는 비판의 소리도 많습니다. 하지만 내가 볼 때 이 정도의 소리는 너무나 미약합니다. 차라리 교황과 교황령에 번개를 쳐서 말 한 마디 한 마디가 천둥처럼 울리게 하면 좋겠습니다.

## 463

교황주의자들이 적그리스도에 관해 생각하는 것은 한가한 몽상에 지나지 않습니다. 그들은 적그리스도가 한 개인으로서, 자신들 가운데서 다스리고 돈을 뿌리고 기적을 일으키고 불을 내뿜어 성도를 죽이는 줄로 생각합니다.

## 464

교황의 교회에서 사제를 세우는 목적은 하나님 말씀을 전하고 가르치는 데 있지 않고, 미사를 거행하고, 성사들을 집례하는 데 있을 뿐입니다. 예를 들어, 주교가 사제를 임명할 때 "그대에게 미사를 집례하고, 살아 있는 자들과 죽은 자들을 위해 기도할 권세를 부여하노라"고 말하는 것입니다. 그러나 우리는 그리스도의 명령과 사도 바울의 교훈에 따라 순수한 복음과 하나님 말씀을 전하도록 하기 위하여 목사를 세웁니다. 교황주의자들은 사제를 임명할 때 하나님 말씀을 전하고 가르치는 일에 관해 아무런 언급도 하지 않기 때문에 그들의 축성(祝聖)과 임명은 거짓되며 바르지 않습니다. 하나님께서 정하시지 않고 하나님의 말씀이 명하지 않는 모든 예배는 아무런 가치가 없는 우상숭배일 뿐입니다.

## 465

내가 교황에게 가한 타격 가운데 나의 정당한 대의명분 다음으로 컸던 것은 나의 보잘것없는 명성과 볼품 없는 인격이었습니다. 내가 말씀을 전하고 글을 쓴 것에 대해 교황이 조롱하고 업신여긴 것이 바로 그 점이었으니까 말입니다. '이 자는 대수롭지 않은 탁발수사에 지나지 않는다. 그가 감히 나를 대적할 수 있단 말인가? 나는 여러 황제들과 왕들과 제후들과 맞서서 교황제에 입각한 교리를 지키고 방어해 왔는데, 일개 탁발수사가 내게 어찌하겠다는 건가?' 아마도 그는 그렇게 생각할 것입니다. 만일 교황이 생각을 바꾸어 겸손히 처신하며 나를 존대했다면 처음부터 나를 쉽게 이겼을지도 모릅니다.

## 466

어느 독일 사람이 로마에 가서 사제에게 죄를 자백하면서 맹세하기를, 사제가 무엇을 주든 고향에 돌아가기까지 절대 비밀로 지키겠다고 했습니다. 사제는 그에게 고운 비단으로 감싼 나귀 다리를 하나 주었는데, 예수께서 예루살렘에 입성하실 때 타셨던 것이라고 했습니다. "이것은 주 그리스도께서 친히 올라타셔서 발로 대셨던 거룩한 성유물이오." 독일 사람은 크게 기뻐하며 그것을 받아들고는 독일을 향해 출발했습니다. 독일 접경에 다다랐을 때 슬그머니 자랑하고 싶은 마음이 생긴 그는 함께 가던 네 사람 앞에서 보자기를 펼쳤습니다. 그런데 웬일입니까! 네 사람 모두 동일한 사제에게 나귀 다리 하나씩 받고 비밀을 지키겠다고 약속했던 것입니다. 그러자 그들은 몹시 놀라며 "세상에, 그 나귀는 다리가 다섯이었단 말인가?" 하고 말했습니다.

## 467

루터가 그림 한 점을 받았습니다. 그림에는 교황이 가룟 유다와 함께 지갑과 열쇠에 착 달라붙어 있는 모습이 그려져 있었습니다. 그림을 보며 루터는 이렇게 말했습니다. "교황이 이 그림을 보면 안절부절못할 겁니다. 황제와 왕들에게 숭배를 받아온 그가 자신이 주장해온 가짜 열쇠에 내걸려 있으니 말입니다. 교황주의자들도 이 그림을 보면 양심에 찔리는 게 있으므로 언짢을 겁니다. 지갑은 추기경들의 모자와 수입에 해당하겠군요. 교황은 탐욕이 워낙 커서 모든 나라들에서 성직 수임 초년도 세(annates)와 팔리움 세(Pallium money, 대주교가 임명받을 때 내는 세금 –옮긴이) 같은 세금을 긁어모을 뿐 아니라, 성체(聖體, 성찬의 떡)와 면죄부, 종교 단체, 그리스도의 피, 결혼을 팔아 이득을 챙기기 때문입니다. 그러므로 그의 지갑은 강도질로 긁어모은 돈으로 가득한데, 이 불의한 이득은 계시록 말씀의 판단을 받아 마땅합니다. '그가 준 그대로 그에게 주고 그의 행위대로 갑절을 갚아 주고 그가 섞은 잔에도 갑절이나 섞어 그에게 주라' (계 18:6). 그러므로 교황이 나를 정죄하고 마귀에게 넘겨주었으므로, 나도 그를 그 자신의 열쇠들에 달아 겁니다."

## 468

교황이 공포한 법령들 가운데 성경의 한 구절이나 요리문답의 한 조항도 실려 있지 않은 것은 가증한 일입니다. 교황은 세상적이고 외형적인 방법으로 자기 교회를 다스리기로 작정했으므로 그의 가르침은 참람합니다. 악취

진동하는 탁발수사의 두건을 죽은 사람의 시신에 씌우면 사죄를 얻게 된다는 것인데, 이것은 우리의 복되신 구주 그리스도 예수의 공로와 대등하게 놓는 것입니다.

## 469

교황주의자들이 나를 그토록 심하게 혐오하는 것은 이상한 일이 아닙니다. 그들이 그렇게 나오게끔 내가 행동했기 때문입니다. 그리스도께서는 내가 교황주의자들을 책망한 것보다 훨씬 온유하게 유대인들을 책망하셨는데도 유대인들은 그리스도를 십자가에 못 박아 죽였습니다. 그러므로 교황주의자들은 자신들이 나를 정당하게 박해한다고 생각하겠지만, 하나님의 법과 뜻이 엄존하므로 장차 자신들이 틀렸음을 깨닫게 될 것입니다. 최후 심판 때 나는 하나님 말씀과 성례를 모욕하고 더럽힌 교황과 그의 폭군들을 정죄할 것입니다. 교황은 하나님의 말씀과 계명을 존중하는 가난한 기혼 사제들을 탄압하고 직위를 박탈했습니다. 선제후 게오르크가 오쉬츠에서 시민 가장 10명과 그들의 자녀 27명을 추방한 것이 그 예입니다. 말씀 때문에 고난을 당한 그들의 탄식이 하늘에 상달하여 그들을 고소할 것입니다.

## 470

교황과 그의 세력은 종교개혁의 이념을 조금도 견딜 수 없습니다. 로마는 심한 벼락보다 하나님의 말씀 몇 마디에 더 두려워 떱니다. 추기경 한 사람이 이렇게 말했습니다. "그들이 먹든 마시든 무슨 일을 하든 내버려두자. 하지만 우리를 개혁하려든다면 그것은 허망한 생각이다. 우리는 그것을 감내하지 못한다." 하지만 우리 개신교도들도 비록 그들이 성찬을 두 종류로 시행하고 사제들에게 결혼을 허용한다 해도 그것으로 만족하지 않을 것입니다. 우리는 하나님 앞에서 의롭다 함과 구원을 얻게 하는 순수하고 거짓됨 없는 믿음의 도리와, 모든 우상숭배와 헛된 예배를 몰아내는 의를 견지할 것입니다. 이런 것이 사라진 까닭에, 교황제의 토대도 무너진 것입니다.

## 471

우리는 성찬을 두 종류로 시행할 것이고, 사제들에게 결혼과 독신을 자유롭게 결정하도록 허락할 것이며, 이신칭의 조항이 공격당하는 것을 좌시하지 않을 것입니다: "우리는 오직 예수 그리스도를 믿음으로써 하나님 앞에서 의롭다 함과 구원을 얻는다. 이는 행위와 공로와 자격과 상관 없이 다만 은혜와 자비에 힘입어 얻는 것이다." 만일 구원을 얻고자 한다면 이 도리를 순수하고 거짓됨 없이 지키고 보존해야 합니다. 개인 미사를 우리는 막을 수 없고, 우리의 권한에 위임되지 않은 자들이 그것을 시행하는 일에 관해서는 하나님께 맡겨야 합니다. 그럴지라도 우리는 개인 미사가 잘못된 관행임을 공식적으로 가르치고 전할 것이며, 그것이 가증스러운 신성모독이요 우상숭배임을 입증할 것입니다. 우리와 교황주의자들은 서로 소 닭 보듯 지내거나, 아니면 우리나라에서 그들이 이 문제에 관해 우리에게 굴복해야 합니다. 만일 그들이 이 문제에 관해 우리의 뜻을 받아들인다면 우리는 그것으로 만족해야 합니다. 그리스도인들이 아리우스파를 대했던 것이나 사도 바울이 유대인들에 대해 처신했던 것처럼, 우리도 교황주의자들을 그들 양심에 맡겨두고, 만일 우리를 따르지 않더라도 공권력으로 강압하지 말고 그대로 두어 하나님의 심판에 맡기는 것이 옳습니다. 우리는 우리의 교리를 참되고 진실하고 근면하게 견지하고, 그들은 당혹과 분노 가운데 지내도록 내버려둡시다.

## 472

교황주의자들은 자신들의 명분이 잘못된 것을 알기 때문에 매우 빈약한 논리로 그것을 유지하려고 애쓰지만, 그것은 검증을 견뎌내지 못하며 쉽게 논박됩니다.

그들은 이렇게 말합니다. "무릇 무엇을 예찬한다는 것은 기원하는 것과 같다. 성인들은 예찬의 대상이며, 따라서 그들에게 기원하게 되는 것이다." 나는 이렇게 대답합니다. "그렇지 않다. 무엇을 예찬한다고 해서 모두 기원이 되는 것은 아니다. 결혼식에서 신랑 신부에게 찬사를 보낸다고 해서 그들에게 무엇을 기원하는 것이 아니지 않는가? 기원은 오직 하나님께만 해야 하고, 피조물에게는 그것이 하늘에 있는 것이든 땅에 있는 것이든 기원을 해서는 안 된다. 천사에게도 해서는 안 된다." 그들은 이렇게 말합니다. "사죄 교리는 반드시 필요하다. 그런데 면죄부와 사면, 특사가 모두 사죄 행위이다. 그러므로 이런 행위들은 반드시 필요하다." 나는 이렇게 대답합니다. "그렇지 않다. 교황의 사면은 사죄가 아니라 형벌을 면제하는 행위일 뿐이며, 인간이 지어낸 관행에 지나지 않는다."

## 473

내가 로마에 갔을 때 공개 논쟁이 벌어졌습니다. 서른 명의 박사들이 교황의 권력을 놓고 열띤 논쟁을 벌이고 있었습니다. 당시 교황은 자신이 오른손으로는 하늘의 천사들을 부리고 왼손으로는 연옥에서 영혼들을 끌어내며, 자신의 인격에 신성이 합해져 있다고 자랑했습니다. 칼릭스투스(Calixtus)는 이런 주장을 배격하면서, 교황이 받은 '매고 푸는' 권세는 지상에만 해당된다고 논증했습니다. 다른 박사들이 앞다퉈 이의를 제기하며 비난을 퍼붓자, 칼릭스투스는 자신의 주장을 철회하면서, 그것은 논쟁을 위한 논리였을 뿐 자신의 진짜 견해는 그것과 전혀 다르다고 말했습니다.

## 474

수백 년의 세월이 지나오는 동안 학교와 세례, 설교 같은 주제에 열정을 나타낸 주교는 단 한 사람도 없었습니다. 사실상 하나님의 원수들이었던 그들에게는 그것이 다루기 버거운 주제들이었던 것입니다. 나는 여러 훌륭한 박사들이, 교회가 오래 전부터 개혁의 필요를 안고 왔다고 주장하는 말을 들었습니다. 하지만 아무도 나서서 교황을 비판하는 사람이 없었습니다. 교황은 자신의 표상에 "나를 만지지 말라"(*Noli me tangere*)고 새겨둠으로써 아무도 자신에게 입을 열지 못하게 했기 때문입니다. 슈타우피츠 박사(Dr. Staupitz)는 일전에 내게 "만일 교황에게 대들면 온 세상이 다 일어나 당신을 공격할 것이오" 하고 말하고는, "그럴지라도 교회는 피 위에 세워져 있으며, 피가 뿌려져야 합니다" 하고 덧붙였습니다.

## 475

복음 전파자가 되려는 사람은 교황들이 내놓은 가증스러운 것들, 그들의 법령집과 저서들을 주의 깊게 읽어볼 필요가 있습니다. 무엇보다도 미사의 두려운 행위가 사람들의 양심에 끼치는 해악을 면밀히 검토해 보십시오. 이 우상숭배 하나만으로도 하나님께서 세상을 심판하실 충분한 이유가 됩니다.

## 476

그리스도와 성 프란체스코를 비교해 놓은 이탈리아 수사의 저서 「유사점들」(*Conformities*)은 워낙 섬뜩한 거짓말을 담고 있어서, 저자가 영적으로 뿐 아니라 육체적으로도 마귀에게 사로잡혔음에 틀림없다는 생각을 하게 만듭니다. 저자는 그리스도께서 성 프란체스코의 표상 혹은 상징이라고 말합니다. 그리스도께서 성 프란체스코에게 누구든 원하는 대로 구원하거나 멸망시킬 권세를 주셨다고 주장합니다.

## 477

루네부르크 수도원에는 오늘날까지 대형 제단이 있는데, 그 위에 그리스도의 생애와 기적들, 즉 탄생과 예루살렘 입성, 수난, 죽음, 지옥에 내려가심, 부활, 승천이 묘사되어 있습니다. 바로 곁에는 같은 모양으로 성 프란체스코의 탄생과 기적, 고난, 죽음, 그리고 승천이 묘사되어 있어서, 그것을 제작한 사람들이 성 프란체스코의 사역을 우리의 복되신 구주 그리스도 예수의 사역과 대등하게 여겼음을 말해줍니다. 참으로 참람한 일이 아닐 수 없습니다.

## 478

교황의 교령(敎令, decretal)들은 무효입니다. 그것을 작성한 자는 나귀와 다름없는 존재였습니다. 교령집은 넝마 조각으로 기운 거지의 옷과 같은 책입니다. 그 안에는 교회에 관한 내용이 하나도 없고, 오로지 세속의 문제들만 다뤄져 있습니다. 그런데도 교황은 교령들이 복음과 사도들의 책들과 동일한 권위를 지닌다고 말합니다.

## 479

교황의 교령들에는 섬뜩하고 마귀적인 법 조항들이 많이 실려 있습니다. 그것은 교회에 이만저만한 해악이 아닙니다. 교황은 얼굴색 하나 변하지 않고 이렇게 외람된 주장을 합니다. "나의 교령들을 믿고 준행하지 않는 자는 그리스도를 믿거나 네 복음서를 신뢰해봐야 헛수고이다." 이것이 교회에 치명적인 독을 주입하는 마귀의 언어가 아니고 무엇입니까? 또한 그는 어떤 교령에서는 "비록 그[교황]가 사람들을 지옥으로 인도하는 한이 있더라도 사람들은 그를 따라야 한다"고 말합니다. 하지만 진정한 주교라면 마음이 상하고 슬픈 사람들을 위로하고 그들을 그리스도께 인도하는 것이 도리입니다. 참으로 뻔뻔하고 악한 자가 아닐 수 없습니다! 이런 식으로 사람의 양심을 절망으로 몰아가도 되는 것입니까? 교령집을 읽어본 사람이면 성경의 훌륭한 문장들을 괴악하게 끌어다 쓴 것을 자주 볼 것입니다. 또 어떤 경우는 성경을 아예 사문(死文)으로 간주함으로써, 로마 교회가 성경과 다른 결정을 해왔음을 둘러 말합니다. 이처럼 교황은 마치 지옥의 개처럼 하나님 말씀을 감히 인간의 창작물로 폄하합니다. 토마스 아퀴나스도 다르지 않았습니다. 그는 자신의 저서들에서 성경의 교훈에 대한 '찬성과 반대'를 주장하며, 성경의 어느 구절을 인용하면서, "성경은 이렇게 말하지만, 아리스토텔레스는 정반대로 말한다"고 말합니다. 성경이 이교도인 아리스토텔레스에게 자리를 내어주어야 한다는 뜻입니다. 성경은 이런 가증스러운 어둠을 가벼이 여기고 진리를 무시함으로써 두려운 오류에 빠져 있습니다. 그러므로 깨어 세월을 아껴야 합니다. 현재의 상태가 언제까지나 지속되지 않을 것이기 때문입니다.

## 480

교령집에서, 교황은 마치 정복자처럼 당당한 위세를 떨칩니다. 자신이 귀신들린 채 거름더미에 서 있는 줄도 모른 채 "우리는 지혜와 권위를 지니고 있으며, 하늘의 명령을 받들어 판단한다. 만민은 우리에게 복종해야 한다"고 흰소리를 발합니다. 다른 사람은 아무도 교황을 비판해서는 안 되고, 오직 교황만 온 세상을 판단하고 비판할 권세가 있다는 것입니다. 교황의 교령들에는 교황의 행위가 어느 인간에게도 비판받아서는 안 된다는 내용이 천 번도 넘게 나오는 것으로 나는 알고 있습니다.

## 481

교황의 영적인 법[교령]은 돈에 오염된 책입니다. 거기서 탐욕과 야심을 도려내면 남는 것이 하나도 없습니다. 그런데도 화려하고 근사하게 보이는 이유는 모든 주장을 "주님의 이름으로" 진술하기 때문입니다. 모든 의와 구원의 능력이 오직 "주님의 이름으로" 발휘되듯이, 우상숭배와 미신도 하나님의 이름으로 단장하고 나오는 것입니다. 그러므로 계명은 "너는 네 하나님 여호와의 이름을 망령되게 부르지 말라"고 적절하게 명령합니다.

## 482

법률가 그라티아누스(Gratian, 교회법 아버지라 불리는 12세기의 인물–옮긴이)는 세심한 노력을 기울여 교령(敎令)들을 적절히 배열하고, 선한 교령과 악한 교령을 구분했습니다. 이 선량한 사람은 의도는 좋았으나 거둔 것은 아무것도 없었습니다. 선한 것을 배격하고 악한 것을 정당화하는 우를 범하다가 낭패를 당한 것입니다.

## 483

탁발수사들이 금식하기란 우리보다 쉽습니다. 하루 금식하고 사흘 잔치를 벌이는 식이기 때문입니다. 탁발수사들의 저녁 식탁을 보면 일인당 맥주 두 병, 포도주 한 병, 향료와 소금을 넣은 각종 케이크가 분배되었습니다. 금식을 주된 과업으로 삼는 이 가난한 수사들의 일상이 이랬습니다. 혹시 창백하고 수척해지기라도 하면 잔뜩 화난 천사들 같았습니다.

## 484

만일 황제가 불후한 칭송을 받고 싶다면 카푸친회를 철저히 뿌리뽑고, 그들의 가증한 행적을 영원히 기억에 남기기 위해 그들의 저서들을 안전한 서고에 보관하는 게 좋을 것입니다. 카푸친회는 참으로 해로운 종파입니다. 아우구스티누스회와 베르나르두스회는 이 잡종 기생충과 비교할 수 없습니다.

## 485

프란체스코는 앗시시에서 태어난 이탈리아인으로서, 정직하고 의로운 인물이었음에 의심할 여지가 없습니다. 그는 자신의 생애가 이러한 미신과 불신앙을 조장하는 데 사용될 줄은 꿈에도 생각지 못했을 것입니다. 잿빛 옷[프란체스코회의 수사복]의 탁발수사들이 워낙 많아져서 터키와 전쟁하는 데 4만 명을 파견하고도 그들의 수도원들에는 인원이 넘쳐났습니다.

프란체스코 탁발수도회는 성 엘리자베스가 시성되던 1207년 황제 프리드리히 2세 때 설립되었습니다. 프란체스코는 18년간 활동을 했는데, 2년은 황제 필립 치하에서, 4년은 황제 오토 치하에서, 12년은 황제 프리드리히 2세 치하에서 보냈습니다. 프란체스코회 수사들은 그가 죽은 뒤 이야기를 꾸며냈습니다. 그가 교황의 꿈에 나타나 잔을 들고 자신의 옆구리에서 흐르는 피를 받아 주었다는 것입니다. 이것은 교황 정부가 몽상과 거짓으로 시작했다는 좋은 예가 아닙니까? 교황은 하나님의 표상이 아니라, 하나님을 흉내내는 자입니다. 그는 하나님과 황제의 지위를 동시에 꿈꾸는 자입니다. 교황 인노켄티우스 3세의 말에 그것이 잘 나타납니다. "내가 황제 필립에게 왕관을 취하거나, 그가 내게 나의 교황관을 취하거나 둘 중 하나가 될 것이다." 이러한 수치스러운 역사는 기록으로 잘 남겨 두었다가 후손들에게 교황제가 어떤 동기와 경위로 수립되었는지 알게 할 필요가 있습니다. 교황제는 순전히 거짓말과 지어낸 이야기 위에 수립된 것입니다. 만일 내가 젊은이라면 교황들의 연대기를 써보고 싶습니다.

## 486

만일 교황이 탁발수사들을 탄압하고자 한다면 그것은 아주 좋은 여흥 거리가 될 것입니다. 그는 그들을 기름지게 했고, 자기 품에 감싸주었고, 그들에게 막강한 권력을 지닌 제후들을 보호자로 배정해 주었습니다. 만일 교황이 탁발수사들을 멸하려고 한다면, 그들은 서로 똘똘 뭉쳐 제후들을 부추겨 교황을 대적하게 할 것입니다. 이는 많은 왕들과 제후들, 심지어 황제조차 탁발수사들을 고해신부로 두고 있기 때문입니다. 탁발수사들은 교황을 떠받치는 기둥과 같은 자들로서, 마치 쥐들이 자기들의 왕을 따라다니듯이 그를 따라다닙니다. 나는 우리 주 하나님께서 양어장에 던져 넣으신 수은이었습니다. 주께서 나를 탁발수사들 사이에 던져 넣으셨던 것입니다.

탁발수사는 수도원 안에서든 밖에서든 모든 면에서 악한 존재입니다. 아리스토텔레스는 불이 지역을 가리지 않고 — 에티오피아에서든 독일에서든 — 사른다는 비유를 들었는데, 탁발수사들은 과연 불과 같은 존재들입니다. 자연은 시간이나 장소에 따른 상황에 의해 변하지 않습니다.

## 487

이탈리아에는 무지의 형제회(*Fratres Ignorantiae*)라는 특별한 탁발수도회가 있었습니다. 이들은 아무것도 알거나 배우거나 이해하지 않고, 모든 질문에 "모른다"고 대답하기로 엄숙히 서약했습니다. 사실 모든 탁발수사들이 이렇게 불려야 마땅합니다. 그들은 글을 주절주절 읽을 뿐 글의 내용에는 관심이 없기 때문입니다. 교황과 추기경들은 만일 그들이 본격적으로 공부하여 학식을 갖추게 되면 되레 자기들을 지배하려 들 것이라고 생각합니다. 그러므로 그들에게 봇짐을 짊어지운 채 도시와 읍과 나라들을 다니며 구걸하도록 시키는 것입니다.

## 488

이곳 비텐베르크에 사는 정직한 부인인 집정관 호른도르프(Horndorff)의 과부가 카푸친회의 탐욕을 비난했습니다. 카푸친회의 수사가 임종을 맞이한 아버지를 압박하여 재산의 일부를 수도원에 기부하게 하고, 4백 플로린을 수도원 경비로 받아낸 다음, 자신에게마저 그 사실을 절대로 발설치 않겠다는 서약을 받아갔다는 것입니다. 그 사람은 늘 하던 대로 그 돈을 수도원에 납부하지 않고 착복함으로써 그 도시의 모든 어린이들과 고아들에게 큰 피해를 입혔습니다. 마침내 행정관의 명령으로 그 여인은 탁발수사의 소행을 낱낱이 고했습니다. 그런 비리가 무수히 벌어지고 있는데도 감히 두려워 고발하는 사람이 없습니다. 돈에 중독된 그런 자들에 의해 강도질과 도둑질이 끝없이 자행되고 있습니다.

## 489

내가 에르푸르트 수도원에 몸담고 있을 때, 설교자 탁발수사와 맨발의 탁발수사가 함께 마을을 다니면서 구걸을 했습니다. 두 사람은 전도를 다니며 서로를 헐뜯었습니다. 맨발의 탁발수사가 먼저 전도를 시작하면서 이렇게 말했습니다. "이 마을에 사는 좋으신 친구 여러분! 하늘을 나는 제비를 살펴보십시오. 배는 흰데 등은 검지 않습니까? 제비는 항상 짖기만 하고 유익은 조금도 끼치지 못하는 흉조(凶鳥)입니다. 화가 나면 아예 미쳐버립니다." 겉에는 검정색 외투를 입고 안에는 흰색 린넨을 입은 설교자 탁발수사들을 그렇게 비꼰 것입니다.

오후가 되자 설교자 탁발수사가 강단에 서서 맨발의 탁발수사를 헐뜯기 시작했습니다. "사랑하는 주민 여러분, 나는 제비를 변호할 생각도 그럴 능력도 없습니다. 하지만 제비보다 더 흉악한 새가 잿빛 참새입니다. 이 새는 소를 물어뜯기도 하고, 토비트 서(구약성경 외경)에서 볼 수 있는 대로 사람 눈에 배설물을 떨어뜨려 실명하게도 합니다(참조. 공동번역 성서 토비트 2:10-옮긴이). 이 새는 귀리와 보리, 밀, 호밀, 사과, 배, 복숭아, 체리 따위를 닥치는 대로 훔쳐먹습니다. 게다가 음란하기까지 합니다."

맨발의 탁발수사는 설교자 탁발수사를 조금 더 나은 색깔로 묘사해도 될 뻔했습니다. 설교자 탁발수사들은 교만한 얼간이들이요 향락주의자들이기 때문입니다. 반면에 맨발의 탁발수사들은 거룩하고 겸손한 척하지만, 실제로는 왕이나 제후들보다 더 교만하며, 무엇보다도 기괴한 거짓말을 많이 지어냈습니다.

## 490

성 베르나르(St. Bernard, 클레르보의 시토회 수도원을 중심으로 수도원을 개혁한 인물, 신학자-옮긴이)는 역사상 찾아보기 힘든 훌륭한 수사로서, 나는 다른 수사들을 다 합쳐놓은 것보다 그를 사랑합니다. 그러한 그도 수사가 수도원을 버리고 세상으로 가면 저주를 받게 된다는 무리한 주장을 했습니다. 그의 휘하에는 3천 명의 수사들이 있었는데 한 사람도 수도원을 떠나지 않았으므로, 만일 그의 주장이 옳다면 그중 한 사람도 저주를 받지 않은 셈입니다. 성 베르나르는 하인리히 4세와 5세, 콘라트, 로타르 같은 황제들이 다스리던 위험한 시대를 살았습니다. 그는 지식인이고 유능한 수사였으나, 나쁜 선례를 남겼습니다. 탁발수사들, 특히 프란체스코회 수사들은 위선을 앞세워 세상을 쉽게 살아갔습니다. 돈을 만지지 않았으나 수도원이 매우 부유하여 호사스러운 생활을 했습니다. 사람들이 경건을 추구한다는 명목으로 세상일을 포기할 때 악한 탁발수사들이 발호하기 시작합니다. 하나님께서 정해 놓으신 진정한 그리스도인의 소명과 조건은 세 가지 권위, 즉 가정과 세속 정부와 교회 정부의 토대 위에서 이루어집니다.

## 491

독신으로 지내는 것은 큰 위선이요 악입니다. 아우구스티누스는 비록 좋은 시대에 살았으나 수녀들을 과도하게 높이 평가하는 풍조에 미혹되었습니다. 그는 수녀들에게 결혼할 자유를 주면서도 그것이 잘하는 일이 아니고 하나님께 죄를 짓는 일이라고 말했습니다. 훗날 하나님의 진노와 어둠의 시대가 임하여 진리가 내몰리고 거짓이 득세하게 되었을 때는, 가난한 여성들이 오히려 교회에서 멸시를 당했는데, 비록 교회가 거룩함을 앞세워 그런 태도를 취했을지라도 사실상 그것은 위선이었습니다. 그리스도께서는 하나님께서 사람을 남자와 여자로 지으셨다는 한 마디 말씀으로 여자를 과도하게 높이거나 낮추는 견해를 모두 일축하십니다.

## 492

교황들의 탐욕은 아무도 따를 자가 없었습니다. 이는 마귀가 로마를 자신의 특별한 거처로 삼은 까닭입니다. 옛 성도들은 로마가 탐욕의 소굴이요 온갖 악의 뿌리라고 말했습니다. 나도 옛날 책에서 다음과 같은 시를 읽었습니다.

Versus Amor, mundi caput est, et bestia terrae.
(전도된 사랑은 세속의 머리요, 땅의 짐승이다.)

*Amor*라는 단어를 뒤집어 읽으면 *Roma*가 됩니다. 로마가 세상의 머리요, 온 땅을 집어삼키는 짐승이라는 뜻입니다. 로마에서는 설교나 목회 사역을 하지 않아도 미신과 우상숭배, 그리고 가련한 자들에게 선행을 돈 받고 판매하는 것만으로도 떼돈을 법니다. 사도 베드로는 "음심이 가득한 눈을 가지고 범죄하기를 그치지 아니하고"(벧후 2:14)라는 말씀으로 그러한 탐욕을 분명한 말로 정죄했습니다. 장담하건대, 누구든 로마를 알지 못하고는 탐욕의 질병이 어떤 것인지 알 수 없습니다. 세계 다른 지역의 기만과 사기는 로마에서 자행되는 것과 비교하면 아무것도 아닙니다.

## 493

속담: "사제들의 생활은 생계비를 잡아먹는다." 사제들의 재산은 불어나는 법이 없습니다. 이것은 우리가 경험을 통해 잘 알고 있는 현상입니다. 재산이 기부되어 사제들의 손에 들어가면 줄어들다가 마침내 남는 게 없게 됩니다.

## 494

최근에 뷔르츠부르크의 성직자들 사이에 개혁이 이루어진 결과 성직자들이 여자 요리사들을 내보내지 않을 수 없게 되었습니다. 그런데 요리사들을 내보냈다가 도저히 견디지 못하게 되자 도로 불러들여야 하게 된 상황에서 벌써 두 주일 째 실랑이가 벌어지고 있습니다. 하지만 여자 요리사들은 성직자들이 자신들을 아내로 맞이하고, 자신들의 신분이 알려지지 않도록 새로운 복장을 제공하지 않으면 성직자들과 함께 살지 않겠다고 버티고 있습니다. 어느 자물쇠 제조공한테 들은 말인데, 보름 동안 철야 작업을 해가며 열쇠를 만들어야 했다는 것입니다. 이유인즉슨 여자 요리사들이 저마다 성직자의 내실 열쇠를 가지려 했기 때문이라는 것이었습니다.

그런 악하고 가련한 자들에 대해서는 교회가 나서서 다스리고 판단해 주어야 합니다. 바젤 공의회(1431-1449)는 사제들이 발까지 내려오는 긴 가운과 굽 높은 신, 차양이 넓은 모자, 붉은 색도 초록색도 아닌 옷을 착용해야 하며, 영혼이 사멸적인 존재인지 불멸한 존재인지 아무도 논쟁하지 못하도록 결정했습니다. 교황은 하나님과 결혼이 없는 왕입니다. 이는 그가 신적이고 거룩한 것을 폐지하고, 하나님께서 세상에 제정하신 것을 변경했기 때문입니다.

## 495

성 아우구스티누스 같은 분은 이단과 분리주의자와 악한 그리스도인을 다음과 같이 구분합니다. 분리주의자는 기독교 교회의 참된 신앙을 고백하되 특정 의식과 관습에 대해 교회와 의견이 일치하지 않음으로써 교회에 분열을 일으키는 사람입니다. 악한 그리스도인은 믿음과 의식에 관한 교리에서는 교회와 일치하지만, 언행이 그리스도인답지 않게 악한 사람입니다. 그러나 이단은 기독교 신앙 조항들에 위배되고, 성경의 참된 의미에 반대되는 거짓 견해와 교리들을 도입하고 그것을 완고하게 주장하는 사람입니다. 교황주의자들은 나를 이단이라 하지 않고 분리주의자라 합니다. 불화와 분쟁을 조장하는 자라는 뜻이지요. 그러나 나는 교황이 이단의 수괴라고 말합니다. 나의 복되신 구주 그리스도의 원수이기 때문입니다. 그는 내게도 원수입니다. 왜냐하면 그는 자신의 뜻대로 새로운 법과 규례를 제정함으로써 그리스도의 영원한 제사장직을 정면으로 부정하기 때문입니다.

교황의 법령들 가운데 그가 허세를 부려 자신을 성경보다 위에 두는 두 가지 점만 지적하고자 합니다. 첫째로, 교황은 성경에 대한 해석을 교부들에게 맡기지만, 그들이 진리에 입각했는지의 여부는 교황인 자신의 권한에 둡니다. 그러므로 그는 내게 대해서 번개와 천둥을 발할 뿐 아니라 자기 자신의 법령에 대해서도 그리합니다. "정의가 진리에 복종하고 자리를 내주어야 한다"고 교황 자신이 말하기 때문입니다. 그는 그 말을 뒷받침할 목적으로 히스기야 왕의 예를 제시합니다. 히스기야 왕은 놋뱀을 부쉈는데, 그것은 일찍이 하나님께서 세우라고 명령하신 것이었습니다. 그러나 교황은 자신의 법령과 정반대로 행동합니다. 이제는 진리를 헤아릴 수 없이 많은 명백한 오류들에 자리를 내주도록 하고 있기 때문입니다. 참으로 유감스러운 것은, 젊은 사람들이 그러한 오류를 목격하지도 못했고 따라서 이해도 하지 못한다는 사실입니다. 그들은 복음이 언제나 현재와 동일하다고 생각합니다. 만일 우리가 하나님의 말씀을 합당하게 존경하고 높이면 그러한 가증스러운 오류들과 우상숭배가 우리 사이에서 발생하거나 끼어들지 않을 것입니다.

## 496

이교도들이 말했듯이, 작은 것들이라도 화합하면 증가하고 부유하게 되지만, 분열하면 위험하고 해롭습니다. 특히 서로에게 손을 내밀고 입 맞추고 포용해야 하는 학교들과 인문학 교수들에게는 더욱 그렇습니다. 서로 물고 뜯으면 함께 망한다는 경각심을 지녀야 합니다. 그러므로 서로 기도하며 공동의 적에 맞서서 싸워야 합니다. 믿음의 말과 의인의 기도야말로 가장 강력한 무기이기 때문입니다. 더욱이 하나님께서는 자신을 경외하는 자들에게는 거룩한 천사들을 보내 보호하도록 하십니다. 우리는 만군의 여호와, 전쟁에 능하신 왕 아래 있으므로 용맹스럽게 싸워야 합니다. 그러므로 한 손으로는 건설하고, 다른 손으로는 칼을 쥐어야 합니다. 가르치고 항거하는 일을 동시에 해야 합니다.

이제는 자다가 깰 때가 되었습니다. 적들이 우리를 향해 화살을 조준하고 있기 때문입니다. 적들은 터키와 동맹을 맺으려고 합니다. 그들은 우리를 겨냥하지만, 우리는 감연히 맞서야 합니다. 적그리스도가 하나님의 성도들에게 전쟁을 걸어 승리를 거둘 것이기 때문입니다. 지금 우리는 배반과 반역에 의해 큰 위험에 처해 있습니다. 교황주의자들은 재력을 동원하여 우리 진영의 장군들과 장교들을 부패시키려고 합니다. 타키투스가 우리 독일인들에 관하여 썼듯이, 돈을 잔뜩 실은 나귀는 무슨 일이든 할 수 있습니다. 사람들은 돈의 위력 앞에서 작아지는 것입니다. 지상에는 동맹도 진리도 없습니다.

## 497

교황주의자들은 예배 의식이 대단히 장엄하고 화려합니다. 그들은 하나님의 말씀과 믿음과 그리스도와 성사(聖事)들과 사랑과 소망 등을 크게 자랑하지만, 이 모든 것의 능력과 실효는 철저히 부정하며 오히려 정반대로 가르칩니다. 일찍이 사도 바울이 잘 가르쳐 놓았습니다. "경건의 모양은 있으나 경건의 능력은 부인하니 이같은 자들에게서 네가 돌아서라"(딤후 3:5). 사도는 그들이 경건함을 부정한다고 말하지 않고, 거짓되고 미신적인 교리로써 경건의 능력, 실효를 부정한다고 말합니다.

## 498

루터는 로마에서 돌아올 때 그림 한 점을 가지고 와서 작센 선제후에게 보여주었는데, 교황이 미신과 우상숭배로써 온 세상을 어떻게 어리석음에 빠뜨렸는지 묘사한 그림이었습니다. 교회라는 작은 배가 있는데, 배에 가득 찬 탁발수사들과 수사들, 사제들이 바다에 빠진 사람들에게 구명줄을 던집니다. 성령께서 덮어 그늘이 진 배의 고물에는 교황이 추기경들과 주교들과 함께 앉은 채 하늘을 우러르며, 그를 통하여 바다에서 허우적거리던 사람들이 배에 끌어올려져 구원을 받습니다.

당시에 우리는 이런 유치한 그림들을 믿음의 조항들로 믿었습니다. 교황주의자들은 자신들이 이 세상에서 많은 환난을 겪는 시늉을 하여 백성을 호도하지만, 실은 세상의 영화와 쾌락과 일락에 빠져 지냅니다. 그러나 가증스럽고 참람한 우상숭배와 저주받아 마땅한 종교가 머지 않아 비록 궤멸되지는 않을지라도 큰 타격을 입을 것임을 그들은 확실히 알아야 합니다.

우리는 하나님의 거룩한 진리의 말씀을 위하여 불법의 사람 곧 하나님의 원수인 적그리스도 — 로마 교황 — 에 의해 협박과 추방과 투옥과 살해를 당하지만, 마침내 확실한 소망의 열매, 즉 영원한 안위와 기쁨과 구원을 받고 이루 말할 수 없는 위로를 얻을 것입니다.

## 499

교황은 자신의 추기경들을 모든 나라들에 파견해 놓고 있습니다. 그들은 성격이 변덕스럽고 나약하고 배우지 못한 무식쟁이들로서, 왕궁에서 귀부인들과 궁녀들 틈에서 빈둥거리며 지냅니다. 교황은 이 자들과 자신의 주교들을 동원하여 모든 나라들을 침공해왔습니다. 오늘날 독일은 교황의 주교들에게 예속되어 있습니다. 그 수를 헤아려 보니 주교구들이 마흔 곳이 넘고, 주교구들보다 더 부유한 대수도원들도 적지 않습니다. 이에 비해 공국(公國)은 스물여덟 곳에 지나지 않으므로, 교황의 주교들이 제국의 제후들보다 훨씬 더 부유하고 세력이 큰 셈입니다.

## 500

마귀는 어둠을 낳았습니다. 어둠은 무지를 낳았고, 무지는 오류와 그의 형제들을 낳았고, 오류는 자유의지와 교만을 낳았고, 자유의지는 공로를 낳았고, 공로는 하나님에 대한 망각을 낳았고, 망각은 범죄를 낳았고, 범죄는 미신을 낳았고, 미신은 보속(補贖, satisfaction)을 낳았고, 보속은 미사를 낳았고, 미사는 사제를 낳았고, 사제는 불신앙을 낳았고, 불신앙은 큰 위선을 낳았고, 위선은 예물 매매를 낳았고, 예물 매매는 연옥을 낳았고, 연옥은 축일 전야의 철야를 낳았고, 철야는 성직록(聖職祿)을 낳았고, 성직록은 탐욕을 낳았고, 탐욕은 사치를 낳았고, 사치는 비만을 낳았고, 비만은 욕망을 낳았고, 욕망은 방종을 낳았고, 방종은 제국과 통치를 낳았고, 통치는 허세를 낳았고, 허세는 야망을 낳았고, 야망은 성직매매를 낳았고, 성직매매는 바빌로니아 유수 무렵에 교황과 그의 세력을 낳았습니다.

바빌로니아 유수 뒤에, 교황은 죄악의 비밀을 낳았고, 죄악의 비밀은 궤변적 신학을 낳았고, 궤변적 신학은 성경 배척을 낳았고, 성경 배척은 독재를 낳았고, 독재는 성도 학살을 낳았고, 성도 학살은 하나님 무시를 낳았고, 하나님 무시는 특별 면죄를 낳았고, 특별 면죄는 고의적 죄를 낳았고, 고의적 죄는 가증한 것을 낳았고, 가증한 것은 멸망을 낳았고, 멸망은 의심을 낳았고, 의심은 진리의 토대 추구를 낳았고, 이것에서 멸망자인 교황 곧 적그리스도가 나타납니다.

사도 바울은 이렇게 경고했습니다. "때가 이르리니 사람이 바른 교훈을 받지 아니하며"(딤후 4:3), "너는 이것을 알라. 말세에 고통하는 때가 이르러 사람들이 자기를 사랑하며"(딤후 3:1).

처음에 이 구절들을 읽었을 때는 로마를 생각하기보다 유대인들과 터키인들에 대해 하신 말씀으로 생각했습니다.

## 501

구약시대에는 50년마다 희년을 지켰습니다. 교황들은 황금 문으로 이 제도를 모방하여 돈을 많이 긁어모았습니다. 돈벌이가 되는 것을 확인한 그들은 나중에는 50년을 25년으로, 다음에는 15년으로, 다음에는 7년으로 줄여서 더 자주 긁어모았습니다.

## 502

만일 내가 박사가 아니었다면 사탄은 나를 충분히 공략했을 것입니다. 깊이 뿌리박힌 교황제를 통째로 개혁한다는 것은 결코 가볍거나 쉬운 일이 아닙니다. 그러나 나는 세례 받을 때 그리스도의 말씀을 굳게 잡고 마귀와 그의 모든 거짓말을 철저히 버리겠다고 굳게 약속하고 맹세했습니다. 그런데 세례 받을 때 했던 맹세가 온갖 환난을 겪는 동안 새롭게 다가왔습니다. 그것이 아니었다면 이 모든 환난을 견디거나 저항하지 못하고 굴복하고 말았을 것입니다. 어떤 그럴듯한 구실을 붙여 교황과 주교들에게 복종하고 말았을 것입니다. 하지만 그랬다면 그리스도를 부인하고 하나님을 거짓말쟁이로 만들고 '복음은 이단이다' 하고 말하게 되었을 것입니다.

## 503

신약성경과 기독교 교회에서는 하나님께 대한 예배가 평범하고 단순한 진리로 이루어집니다. 미신이나 우상숭배가 끼어 들 자리가 없습니다. 따라서 요한1서에서 사도 요한은 땅에서 증거하는 이가 셋이라고 씁니다. 첫째는 성령 곧 설교의 직무이고, 둘째는 물 곧 세례이며, 셋째는 피 곧 주의 만찬입니다. 그러나 교황과 그의 미혹하는 영들은 이 증인들을 무시하며, 헤아릴 수 없이 많은 예배와 의식과 예물을 고안해 냈습니다. 하나님 말씀과 무관하게 자기들 생각대로 그런 것을 제정함으로써, 교회가 그런 오류를 통해서 신랑이신 주님의 규례에서 떠나도록 합니다.

## 504

의식은 정책을 위해, 즉 규율을 지키기 위해 제정된 중립적인 매체입니다. 그 목적은 교회 안에서 이루어지는 모든 일이 단정하고 질서 있게 시행되도록 하려는 데 있습니다. 자연법도 이것을 가르치고, 천지 만물 가운데서 볼 수 있는 것도 이것입니다.

## 505

교황주의자들이 인간 전승을 제정하는 궁극적 동기를 그것으로써 하나님을 참되게 예배하고 섬길 수 있고, 따라서 그것이 구원에 필요하기 때문이라고 주장하는 것은 마귀에게서 나온 속임입니다. 인간 전승이 아무리 기독교의 가장 훌륭하고 숭고한 업적일지라도 구원에 필수적이지 않을 뿐더러, 우리 죄에 대해 하나님께 만족[보속]을 값으로 드려 은혜를 사지도 못하며, 오히려 모든 것을 망쳐 놓습니다. 그냥 두면 훌륭한 업적으로 남을 것으로 쓸

데없이 격상시켜 하나님께 철저히 버림을 받게 하는 것입니다.

그들이 잉여 공로의 행위(*opera supererogationis*)라 부르는 것에도 미신과 가증스러운 것이 있습니다. 탁발수사와 사제, 수녀 자신들이 구원을 얻기에 필요한 것 이상의 공로를 쌓아서 그것을 평신도들에게 대가를 받고 판다는 것입니다.

## 506

만일 우리가 요리문답 교육을 포기하지 않고 학교를 세워 자녀들을 가르칠 수만 있어도 우리의 인생은 실패한 것이 아닙니다. 신앙생활의 중심을 하나님 말씀과 뜻 배우는 데 두지 않고 종교 의식을 행하는 데 두면 미신에 떨어집니다. 종교 의식을 행하는 것이 구원에 필수적이고, 그것을 빼먹는 것은 죄라고 생각하게 되는 것입니다.

## 507

교황이 강요하는 금식은 살인 행위입니다. 사람들이 교황의 명령에 복종하여 금식을 엄격히 행하되 주로 한 종류의 음식만 섭취하므로 건강을 크게 해치게 되는 것입니다.

그러한 폐해를 줄이기 위해서 제르송(Gerson)은 파리에서 「고통과 번민에 시달리는 양심에 주는 위안」(*Comfort for troubled and perplexed Consciences*)이라는 책을 쓰지 않을 수 없었습니다. 금식을 하면 몸이 상하고 기력이 쇠약해집니다. 로마 가톨릭은 십계명과 사도신경, 주기도문을 가르치는 일도 없고 가르칠 의도도 없는 까닭에 그렇게 큰 어둠과 무지에 싸여온 것입니다.

## 508

거룩함에는 본질적인 것과 비본질적인 것 두 종류가 있습니다. 성 프란체스코는 한때 예수 그리스도를 믿음으로써 본질적인 거룩함을 얻었으나, 후에는 거룩함과 하등 관계없는 액세서리인 '두건'의 거룩함(수도원 생활을 통해 이루려고 한 거룩함-옮긴이)에 미혹되었습니다. 천국 백성다운 거룩한 생활은 옷을 구별되게 지어 입는다고 되는 일이 아니지 않습니까!

## 509

루터가 덴마크에서 온 소식을 들었습니다. 홀슈타인의 왕과 공작이 백성들에게 기도와 평화를 가르치기 위해서 사흘간 금식을 명했다는 것이었습니다. 소식을 들은 루터는 이렇게 말했습니다. "그것은 참으로 잘한 일입니다. 다른 왕들과 제후들도 그런 태도로 나라를 다스리면 좋겠습니다. 금식은 육체를 굴복시켜 겸손케 하는 최상의 방법이며, 거기에 내면의 겸손을 겸비하면 더할 나위 없이 좋은 일입니다."

## 510

로마 가톨릭은 미사를 토대로 두 가지 삶의 방식을 취합니다. 첫째, 영적으로는 미사가 하나님을 예배하는 것이라고 주장합니다. 둘째, 육체적으로는 하나님의 능력이 아닌 세속 군주들의 힘에 기댑니다.

미사는 영적으로 뿐 아니라 육체적으로도 로마 가톨릭을 떠받쳐 주는 반석입니다. 오늘날 이 반석이 영적으로 무너졌으며, 때가 되면 하나님께서 육체적으로도 무너뜨리실 것입니다.

## 511

개인 미사가 그레고리우스 때부터 무려 8백 년을 지내오는 동안 많은 성도를 미혹해왔습니다. 얀 후스는 그 거짓에 미혹되지 않아 박해를 당했습니다. 돌이켜 볼 때 하나님께서 나 같은 자를 어떻게 이러한 우상숭배에서 건져 주셨는지 의아합니다. 3년 전에 어떤 사람으로부터 아시아에서는 개인 미사가 시행되지 않는다는 말을 들었습니다. 그 뒤로 아르메니아와 에티오피아, 인도와 동방의 여러 나라들에 미사를 드리지 않는 많은 그리스도인들이 지금도 살고 있음을 알게 되었습니다.

프랑스에서는 미사가 독일에서만큼 크게 중시되지 않았습니다. 프랑스인들은 아침에 미사를 한번 드렸으면 그날 아무리 많은 미사가 거행되어도 특별한 관심과 존경을 표시하지 않은 채 그냥 지나칩니다. 프랑스 왕은 미사를 드릴 때 항상 왕관을 사제에게 주었고, 사제는 그것을 받아 자신 앞에 놓인 책에 올려놓았습니다.

## 512

미사경본은 여러 종류의 거짓말로 짜깁기해놓은 책입니다. 그리스 교회에는 그것이 없습니다. 이탈리아에 방문했을 때 밀라노에 가보니 미사경본 같은 것이 없었습니다. 그곳에서 미사를 드리려 하니 사람들이 "우리는 암브로시우스의 가르침을 따릅니다"(*Nos sumus Ambrosiani*) 하고 말하면서 다음과 같은 이야기를 들려주었습니다. 과거에 밀라노 교회에서 암브로시우스의 예배서를 채택할 것인가 아니면 그레고리우스의 예배서를 채택할 것인가를 놓고 논쟁이 벌어졌는데, 결국 하나님께서 기적을 내리시어 판결해 주시도록 기도하기로 합의했습니다. 그날 밤 교회에 두 권의 예배서를 갖다 놓고, 다음 날 아침에 가보니 암브로시우스의 책은 말짱한 채 대제단의 제자리에 놓여 있는데, 그레고리우스의 책은 조각조각 찢긴 채 예배당 바닥에 흩어져 있었습니다. 사람들은 암브로시우스의 예배서를 밀라노 교회의 제단에 두고, 그레고리우스의 책은 온 세계에 퍼뜨려야 한다고 해석했습니다.

## 513

로마 가톨릭이 미사와 그 밖의 의식에 사용하는 화려한 의상과 장식들은 일부는 모세에게서, 일부는 이교도들에게서 취한 것입니다. 장터에서 벌어지는 놀이와 연극을 사람들이 좋아하여 많이 모여 구경하는 것을 바라본 사제들이 교회 예배에도 볼거리와 연극적 요소를 도입하여 어린이들과 배우지 못한 사람들을 교회로 끌어들이려 한 것입니다. 그들이 부활절 전야에 벌이는 행사는 과연 마음을 혹할 정도로 재미있지만, 그것은 신앙을 만족시키지 않고 말초적 욕구를 만족시킵니다.

## 514

에르푸르트에서 탁발수사로 지내던 젊은 시절에 푸딩과 치즈를 얻으러 이 마을 저 마을 돌아다녀야 했는데, 어느 작은 마을에 가서 미사를 드리게 되었습니다. 미사복을 갖춰 입고서 제단으로 갔더니, 하급 성직자가 신나게 류트를 치면서 '키리에 엘레이손'(주여 긍휼히 여기소서)을 반주하기 시작했습니다. 나는 터져 나오는 웃음을 간신히 참아가며 그의 '키리에 엘레이손' 반주에 맞춰 '글로리아 인 엑셀시스'(높은 곳에는 영광)를 인도했습니다.

## 515

유대인들이 제사를 드린 방식은 사효적(事效的, *ex opere operato*)이었습니다. 의식을 외적으로 완수하면 사죄를 받을 수 있다고 생각한 것입니다. 하지만 제사와 예물은 감사하는 마음으로 드려야 합니다.

교황주의자들도 미사를 드릴 때 유대인들과 똑같은 오류를 범합니다. 그들은 자격 없는 사제가 미사를 드려도 사죄의 효과가 발생한다고 생각합니다.

## 516

미사는 폐지되어야 합니다. 그 이유는 크게 두 가지입니다. 첫째, 사람들에게 2펜스 혹은 3펜스 반을 받고 미사를 드려주는 것이 온당치 못한 상행위임을 본성이 고발합니다. 둘째, 그리스도의 죽음을 헛되게 만들고, 행위로 충분한 사죄를 받을 수 있는 것처럼 행세하는 것은 가증스러운 우상숭배라고 이성이 단죄하기 때문입니다. 이 두 가지 폐단은 입이 열 개라도 변명할 여지가 없지만, 모든 대학교들이 담합하여 미사를 유지해왔습니다. 이 점에 대해 우리는 교황주의자들의 견해에 동의할 수 없습니다. 그들의 입장에서는 만일 미사를 폐지할 경우 자신들이 사기와 위조로 황제들과 왕들과 제후들과 귀족들과 그 밖의 사람들에게 빼앗아온 것을 다 변상해야 하기 때문에 폐지할 엄두를 내지 못합니다.

## 517

많은 이탈리아인들은 개신교 신앙에 호감을 갖고 있으며, 만일 내가 미사를 공격하지 않고 그들이 가증스러운 이단으로 생각하던 것만 배척했다면 만족스럽게 생각했을 것입니다. 그들은 미사를 드리면 모든 위험에서 벗어나고 죄를 범할 수 없으며 어떠한 악도 그에게 닥치지 않는다고 굳게 믿습니다. 그래서 미사를 드리고 나서 돌아가 죄를 짓고 살인을 저지르는 일이 많습니다. 내가 로마에 갔을 때 만난 어떤 사람은 2년 내내 원수를 찾아 복수를 하려고 했으나 찾지 못하고 있었습니다. 그런데 마침내 교회에서 원수를 찾아낸 그는 먼저 미사를 드린 다음 일어나 제단으로 다가가 원수를 찔러 죽이고 도망쳤습니다.

내가 미사 폐지를 주장하는 책을 쓴 것은 그런 신성모독자들을 맹렬히 정죄하기 위함이지, 이제 막 새 생명으로 태어나 아직 의의 길을 걷지 못하는 사람들을 비판하려는 것은 아닙니다. 나의 책이 그런 이들에게 상처를 주지 않기를 바랍니다. 20년 전에 내가 집례하는 미사를 받은 사람은 내게서 그것을 세게 끌어당겨야 했을 것입니다. 당시 나는 진심으로 그것을 숭고하게 받들었기 때문입니다. 하지만 이제는 감사하게도 하나님께서 새로운 마음을 주시어, 미사와 교황제의 토대가 사기와 강탈과 우상숭배일 뿐 아무것도 아님을 확신하게 되었습니다.

## 518

'미사'(*Missa*, mass)는 제사장들이나 백성들을 위한 연보와 연금 혹은 세금을 거둔다는 뜻을 지닌 히브리어 '마오심'에서 유래했습니다. 미사는 막대한 돈을 삼켜왔습니다.

# 연옥에 관하여

## 519

아우구스티누스, 암브로시우스, 제롬은 연옥에 관해서 한 마디도 하지 않았고, 그레고리우스는 밤에 본 환상에 미혹되어 연옥에 관해 다소 가르쳤는데, 하지만 하나님께서는 모세와 선지자들을 표준으로 삼으라고 하셨지, 영들에 관해서는 탐구하거나 추구하지 말라고 분명히 명령하셨습니다.

그러므로 이 점에 관해서는 그레고리우스의 견해를 인정해서는 안 됩니다. 장차 주의 날이 임하면 모든 것이 명백하게 드러날 것입니다.

"그들이 행한 일이 따름이라"(계 14:13)는 말씀은 연옥에 관한 것이 아닙니다. 이 말씀은 선행에 관한 교리, 거룩하고 참된 그리스도인들과 이단들에 관한 교리에 해당됩니다. 이단 아리우스는 이미 자신의 심판을 받았습니다. 믿음의 불이 이미 그 사실을 선언했습니다. 마지막 날에는 모든 것이 드러나고 밝혀질 것이기 때문입니다.

하나님께서는 당신의 말씀으로 우리 앞에 두 갈래 길을 제시하셨습니다. 하나는 믿음으로 구원에 이르는 길이고, 다른 하나는 불신앙으로 저주에 이르는 길입니다.

연옥에 관해서는 성경 어디에도 언급하지 않으며, 따라서 우리는 그것을 조금도 인정해서는 안 됩니다. 연옥 교리는 우리의 거룩하시고 인자하신 구주 그리스도 예수의 은혜와 공로를 어둡게 하고 가치가 떨어지게 하기 때문입니다.

연옥의 범위는 이 세상 너머로 확대되지 않습니다. 정직하고 선량하고 거룩한 그리스도인들은 이 세상에 사는 날 동안 징계와 연단을 받는 것입니다.

# 공의회들에 관하여

## 520

교황은 자신을 가리켜 가톨릭 교회의 일개 주교라고 부릅니다. 과거에는 교황이라는 칭호를 감히 사용하지 못했습니다. 니케아 공의회가 열렸을 때는 교황이란 직위가 아예 없었던 것입니다. 당시의 교회는 세 부분으로 나뉘어 있었습니다. 첫째가 에티오피아 교회였고, 둘째가 안디옥이 포함된 시리아 교회였고, 셋째가 로마 교회와 그에 속한 분파들이었습니다. 교회는 사도시대 이후로 이와 같이 세 지역을 중심으로 왕성하게 퍼져나갔고, 그에 따라 세 종류의 공의회가 생기게 되었습니다. 첫째는 총공의회였고, 둘째는 관구 공의회였으며, 셋째는 모든 교구에서 열리는 주교 공의회였습니다.

## 521

사도시대 이래로 60회에 걸쳐 총 공의회와 관구 공의회가 열렸는데, 그 가운데 특히 주목하고 중시해야 할 공의회는 네 번의 공의회밖에 없습니다. 그 가운데 니케아와 콘스탄티노플에서 열린 두 번의 공의회는 삼위일체와 그리스도의 신성을 견지하고 옹호했고, 에베소와 칼케돈에서 열린 나머지 두 번의 공의회는 그리스도의 인성을 견지했습니다. 니케아 공의회 기록에는 그 회의에 교황이나 로마 주교가 참석했다는 언급이 없습니다. 서방에서는 코르도바의 주교 호시우스 한 사람만 참석했을 뿐입니다. 나머지 주교들은 동방, 즉 그리스와 소아시아, 이집트, 아프리카 등지의 교회들에서 왔습니다.

대체 공의회와 교회회의라는 게 허영과 욕심이 아니면 무엇입니까? 인간들이 모여 칭호와 직함과 서열 같은 현세적 영화를 놓고 벌이는 각축장이 아닙니까? 지난 3백년 동안 이런 공의회들이 이뤄놓은 것이 무엇인지 생각해 보십시오. 현세적인 문제와 의식에 관한 것 외에 다른 무엇이 있었습니까? 진정한 신적 교리, 바른 예배, 믿음에 관해 결정한 것은 아무것도 없습니다.

## 522

1539년 1월에 루터에게 책이 한 권 송달되었습니다. 많은 자료를 일목요연하게 집약해 놓은 「공의회 자료집」(*Liber Conciliorum*)이라는 책이었습니다. 루터는 책을 읽고서 이렇게 말했습니다. "이 책은 교황을 뒷받침하고 변호하는데, 내 판단에는 헤아릴 수 없이 많은 교회법이 교황과 이 책에 반대됩니다. 게다가 공의회는 교회가 가르치고 믿어야 할 바나 선행에 관하여 법과 규례를 제정할 권한이 없습니다. 그런 내용은 이미 가르쳐지고 확증되었기 때문입니다. 공의회는 외적인 문제, 관습, 의식에 관한 규례를 제정할 권한만 갖고 있으며, 그 범위도 사람과 장소와 시간에 관한 것에 국한됩니다. 이런 요소가 중단되는 경우에는 그러한 규례도 효력을 잃습니다.

로마 가톨릭의 법은 이제는 사문화되었습니다. 로마가 죽어 없어졌기 때문입니다. 로마는 예전의 로마가 아닙니다. 마찬가지로 공의회들이 공포한 법령과 규례들도 이제는 더 이상 효력이 없습니다. 그들의 시대가 지나갔기 때문입니다. 사도 바울이 훈계하는 바와 같습니다. '너희가 세상의 초등학문에서 그리스도와 함께 죽었거든 어찌하여 세상에 사는 것과 같이 규례에 순종하느냐 (곧 붙잡지도 말고 맛보지도 말고 만지지도 말라 하는 것이니 이 모든 것은 한때 쓰이고는 없어지리라) 사람의 명령과 가르침을 따르느냐. 이런 것들은 자의적 숭배와 겸손과 몸을 괴롭게 하는 데는 지혜 있는 모양이나 오직 육체 따르는 것을 금하는 데는 조금도 유익이 없느니라' (골 2:20-23).

사람과 시간과 장소에 관한 세칙을 규정한 법령과 규례는 과연 변하고 폐지되기도 하지만, 구원의 도리는 사멸적 인간을 영원한 생명을 지닌 존재로 만듭니다. 사람들은 교황을 지상의 신이라 부르는데, 과연 옳은 칭호입니다. 그의 법과 명령과 규례에서는 천상의 흔적을 찾아볼 수 없고, 지상의 냄새만 풍기기 때문입니다.

## 523

교부들이 하나님의 말씀을 설명하고 해석하고 주해해 놓은 것은 마치 흰 우유를 석탄 자루에 부어 받아낸 것과 같다고 나는 생각합니다. 그렇게 받아 낸 우유는 석탄 가루가 섞여 검게 될 수밖에 없습니다. 하나님의 말씀 자체는 순수하고 깨끗하고 밝고 투명합니다. 그러나 교부들의 교리와 저서와 글을 통과하면서 모호해지고 오류가 섞이고 훼손됩니다.

## 524

니케아 공의회는 사도시대 이후에 열린 공의회들 가운데 가장 훌륭하고 순수했습니다. 그러나 그 공의회의 의미가 황제 콘스탄티누스 때 아리우스파의 공격을 받아 차차 퇴색되어 갔습니다. 니케아 공의회가 신조를 공포할 때 그들은 속마음을 숨긴 채 참되고 정직한 가톨릭 교부들의 견해에 동의한다고 서명했으나 실은 거짓이었던 것입니다. 이로써 큰 분쟁이 일어나게 되었습니다.

## 525

교황주의자들은 우리를 말살하기 위해서 끊임없이 공작을 폅니다. 그중 하나는 우리가 도저히 받아들일 수 없는 개혁안을 제시하는 것입니다. 만일 우리가 외형상의 평화를 중시하여 그들의 개혁안을 받아들인다면 우리 교회의 순수한 교리가 당장 위태롭게 될 것입니다. 내게는 그러한 합의란 있을 수 없습니다. 만일 황제 카를이 독일의 전국 공의회를 소집한다면 일말의 소망이 있겠습니다. 그러나 황제는 공의회를 끝까지 중립적으로 유지하지 못할 것입니다. 교황주의자들은 끝내 자기들의 주장을 포기하지 않고 독불장군처럼 버틴 채 독단적으로 결정하고 결론을 내려 할 것이 뻔합니다. 그러면 우리는 당연히 일어나 그들만 내버려둔 채 공의회장에서 퇴장할 것입니다. 교황은 우리와 우리의 교리를 자기 뜻대로 주관할 권위가 없기 때문입니다. 하나님 말씀에 관한 한 공의회가 필요 없습니다. 말씀은 언제나 그 자체로 확고합니다. 금식 같은 규례와 관습은 공의회를 열지 않고 양심을 구속하지 않고도 얼마든지 규정해 나갈 수 있습니다. 그리스도께서는 금식을 법으로 제정하시거나 명령하시지 않고 다만 "신랑을 빼앗길 날이 이르리니 그 때에는 금식할 것이니라"(마 9:15하)고 말씀하셨습니다. 또한 "가서 네 소유를 팔아 가난한 자들에게 주라"(마 19:21)고 하셨습니다. 금식은 그런 뒤에 할 일이었습니다.

이탈리아인들은 목이 곧고 교만하여 독일인들이 전하는 개혁을 받아들이지 않을 것입니다. 그것이 하나님 말씀의 명백한 진리임을 확인한다 하더라도 고집을 꺾지 않을 것입니다. 혹시 공의회를 열어 합의를 이루는 방법이 없을까 종종 생각해 보지만, 딱히 방법을 찾을 수 없습니다. 만일 공의회에서 교황이 사소한 조항 하나라도 그동안의 오류를 인정한다면 큰 오류들도 인정하지 않을 수 없게 되고, 그러면 당장에 권위와 권력을 잃게 될 것입니다. 왜냐하면 교황은 자신이 교회의 머리로서 모든 신자들이 자신에게 복종해야 한다고 자랑하기 때문입니다. 이런 점 때문에 콘스탄츠 공의회는 교황을 비판한 것이고, 공의회의 지위를 교황 위에 두고 그를 폐위한 것입니다. 만일 교황주의자들이 우리에게 자리를 내주고 작은 조항 하나라도 승복하게 되면 화관의 틀이 무너지게 될 것이고, 온 세계는 경악하며 이렇게 외칠 것입니다. "교황은 항상 자신이 교회의 머리이며 오류를 범할 수 없다고 주장해오지 않았던가? 그가 이제 와서 어찌 자신의 오류를 인정한단 말인가?"

## 526

공의회에는 두 가지 목소리가 있어야 합니다. 첫째는 '심의와 토론의 소리' (*vox consultiva vel deliberativa*)입니다. 안건들을 심사하고 논의하며, 왕들과 제후들과 박사들에게 공개하여 각자 견해를 내놓게 하는 일이 우선 필요합니다. 둘째는 '결정의 소리' (*decisiva vox*)가 필요합니다. 교회가 믿고 행해야 할 바를 결정하는 것입니다. 그런데 이 목소리를 교황과 추기경들이 강탈해 갔습니다. 그들이 교회의 문제를 자기들의 생각과 기분에 좋은 대로 결정하고 있는 것입니다.

## 527

공의회는 교회를 일소하고 개혁하는 연옥과 같은 곳이어야 합니다. 새로운 오류와 이단이 교회에 들어오면 순수한 교리를 확증하고 강화하고 견지해야 하며, 거짓된 교리가 확산되지 못하도록 막고 진압하며 정죄해야 합니다. 그러나 교황은 공의회를 자신이 매일 선행에 관한 새로운 법령을 제정할 수 있는 차원의 회의로 두려고 합니다.

## 528

1530년에 아우크스부르크에서 열린 제국 의회는 대단히 요긴한 회의였습니다. 그때를 기점으로 황제와 교황의 뜻과 기대와 달리 다른 나라들에서 온 사람들에게도 복음을 전할 수 있게 되었기 때문입니다. 하나님께서는 이렇게 복음이 민족과 국경을 넘어 널리 전파되도록 하시려고 아우크스부르크에서 제국 의회가 열리도록 섭리하셨습니다. 제국 의회에서 교황주의자들이 우리의 교리를 공식적으로 승인했다는 점에서 이 회의는 기대 이상의 성과를 거두었습니다. 그 전만 해도 그들은 황제에게 우리의 교리가 경박하다고 주지시키기에 여념이 없었습니다. 그리고 황제가 의회에 참석하면 황제의 권위에 힘입어 우리를 침묵하게 하고, 우리 신앙을 변호하는 말을 한 마디도 할 수 없게 하려는 계획이었습니다. 하지만 상황은 전혀 다르게 전개되었습니다. 우리가 황제와 제국 앞에서 복음을 공개적으로 자유롭게 고백하고, 우리의 대적들을 큰 혼동에 빠뜨렸기 때문입니다. 황제는 신앙 문제에 대하여 지혜롭게도 신중한 태도를 취하여 군주답게 처신했습니다. 막상 우리의 견해를 청취하고 보니 교황주의자들에게 받아온 보고와 다르다는 것을 알게 되었습니다. 우리가 경건치 못하고, 생활이 악하고 혐오스러우며, 십계명의 첫째와 둘째 돌판에 기록된 대로 가르치지 않는다는 그들의 보고가 사실과 다르다는 것을 확인하게 되었습니다. 따라서 황제는 우리의 신앙고백과 변증을 모든 대학교들에 보냈습니다. 그의 고문단도 자체적인 의견을 내놓았습니다. "만일 이 사람들의 교리가 거룩한 기독교 신앙에 위배된다면, 황제

폐하께서는 주어진 권력을 다 동원하여 그들을 진압해야 할 것입니다. 그러나 만일 그것이 교회의 의식과 부패에 관한 것일 뿐이라면 — 현재로서는 그렇게 판단됩니다 — 학자들과 지혜롭고 선량한 사람들에게 넘겨 심의하도록 하는 것이 옳게 여겨집니다."

하나님의 말씀은 능력이 있습니다. 말씀은 박해를 받을수록 더 멀리 넓게 퍼집니다. 나는 교황주의자들이 마음껏 반론을 세상에 내놓기를 바랍니다. 그러면 나는 군데군데 찢기고 해진 낡은 그 가죽옷을 난도질하여 공중으로 날려버릴 것입니다. 하지만 그들은 손으로 해를 가리려 하고 있습니다. 작년 이맘때만 해도 아무도 개신교에 재정 지원을 하려 하지 않았습니다. 그만큼 교황 진영의 위세가 대단했습니다. 그런데 지극히 어지신 나의 주군 작센의 선제후께서 제국 의회에 다른 제후들보다 먼저 참석하시자, 교황 진영은 크게 놀라며 경계했습니다. 그들은 선제후가 자기 진영의 명분이 대명천지에 내놓기에 약하고 부끄러워서 직접 제국 의회에 참석하는 일이 없을 것이라고 장담하고 있었던 것입니다. 하지만 결과가 어떻게 되었습니까? 그들은 지극히 안전한 상태에 있었는데도 선제후가 예상을 깨고 아우크스부르크에 그렇게 일찍 도착하자 두려움과 공포에 압도되었습니다. 소식을 들은 교황 진영의 제후들은 즉시 인스브루크에 모여 공작 게오르크와 바덴의 후작과 함께 긴급 회동을 했습니다. 선제후가 제국 의회장에 그렇게 일찍 도착한 의도에 대해서 그들 모두가 의구심을 품었으며, 황제 자신도 크게 놀라면서, 과연 황제 자신이 제국 의회에 참석하여 안전하게 돌아갈 수 있을지 자신을 하지 못했습니다. 그러자 제후들은 자신들이 생명과 재산을 걸고 황제를 지켜주겠다고 약속하면서, 더러는 말 6천 필을, 더러는 수천 명의 보병을 파견하겠다는 뜻을 비쳤습니다.

참으로 놀랍고도 놀라웠던 것은 하나님께서 진리의 원수들을 쳐서 심한 공포와 비굴함에 눌리게 하셨다는 것입니다. 당시에는 개신교를 지지하는 군주가 작센 선제후 한 사람뿐이어서 백번째 양이 아흔아홉 마리 양들과 갈라서 있던 형국이었으나, 결과는 하나를 뺀 나머지가 모두 공포와 두려움에 떠는 것으로 나타났습니다. 제국의회가 개회하여 회기를 시작했을 때, 하나님의 말씀을 지지하는 세력은 한 줌밖에 되지 않았습니다. 그러나 그 한 줌밖에 되지 않은 세력에게는 강하고 능한 왕이 함께 하셨습니다. 그분은 모든 황제들과 왕들 위에 군림하시는 왕이신 하나님의 권능의 말씀이신 그리스도 예수이셨습니다. 그러자 교황 진영의 권력자들은 "이 한 줌밖에 되지 않는 자들이 제국의 권력에 대항하다니 그냥 두어서는 안 된다"고 외쳤습니다. 그러나 만군의 주께서는 제후들의 회의를 무산시키십니다. 과거에 빌라도는 우리의 복되신 구주를 죽일 권세가 있었으나 의도적으로 하지 않았습니다. 안나스와 가야바는 뜻은 있었으나 힘이 없었습니다.

황제는 그 나름대로 선하고 정직한 분입니다. 그러나 교황 진영의 주교들과 추기경들은 믿을 수 없는 종자들입니다. 황제가 무고한 피에 손을 적시기를 거부하자, 제후들은 광분하여 선량한 황제에게 조롱과 모욕을 퍼부었습니다. 교황도 분노가 폭발하기 일보 직전이었습니다. 제국 의회가 피를 흘리지 않은 채 해산하게 되었기 때문입니다. 그는 바바리아의 공작에게 칼을 보내어 황제의 머리에서 왕관을 빼앗도록 사주했습니다. 그것을 바바리아 공작의 머리에 씌워줄 속셈이었습니다. 그러나 공작은 뜻을 이루지 못했습니다. 하나님께서 이런 식으로 정세를 조성해 주신 결과 왕들과 제후들, 심지어 교황 자신도 황제 앞에 굴복하고, 우리도 황제와 손을 잡게 되었는데, 이것은 하나님의 기이한 섭리의 결과였습니다. 마귀가 우리를 해치려고 의도했던 무기를 하나님께서 빼앗아 우리를 위해 사용하신 것입니다. 참으로 기이하고 기이한 일입니다!

# 교부들에 관하여

## 529

교부들이 교회에서 널리 존경을 받는 현실을 감안하여, 나는 교부들의 저서들을 지나치게 면밀히 비평하는 일을 삼가려 합니다. 만일 그렇게 했다가는 배교자로 몰릴 게 뻔합니다. 하지만 크리소스토무스의 저작을 읽어본 사람이라면 그가 신앙의 주요 항목들은 놔두고 다른 문제들에 치중했다는 것을 잘 알 것입니다. 히브리서를 강해하는 동안 그의 저작을 살펴보았으나 전혀 도움을 얻지 못했던 기억이 납니다. 그는 당대의 대표적인 수사학자로서 많은 청중을 거느리고 있었겠지만 유익은 주지 못했을 것입니다. 설교자의 주된 임무는 하나님 말씀을 바르고 근실하게 가르쳐서 청중들에게 말씀을 올바로 이해하도록 하는 데 있기 때문입니다. 설교자는 먼저 이 일을 잘 수행해야 수사학을 활용하여 하나님의 백성을 좀 더 유능하게 가르치는 일도 할 수 있습니다.

## 530

교부들이 믿음에 관하여 다룬 저서들에 얼마나 심한 어둠이 덮여 있는지 보십시오. 이신칭의 조항이 어둡게 가려지면 인류의 심한 오류들을 제압할 수 없습니다. 성 제롬이 마태복음 주해도 쓰고, 갈라디아서와 디도서 주해도 쓴 것이 사실입니다. 그러나 몹시 냉랭하고 메마릅니다. 암브로시우스는 모세의 첫 권에 대해 여섯 권의 책을 썼으나 내용이 몹시 빈약합니다. 아우구스티누스는 믿음에 관하여서는 책을 쓰지 않았습니다. 펠라기우스파와 투쟁하는 데 온통 관심을 기울였기 때문입니다. 교부들이 쓴 로마서와 갈라디아서 주석을 두루 살펴봐도 바르고 순수한 교훈을 제시하는 책은 발견할 수 없습니다. 교리를 순수하게 보존하고 있다는 관점에서 볼 때 오늘날 우리가 얼마나 행복한 상태에 있는 것입니까! 그런데도 불행하게도 우리는 그 가치를 제대로 평가할 줄 모릅니다. 교부들의 뒤를 이어 교황이 등장했습니다. 그는 그릇된 전승과 인간의 규례로 마치 대홍수처럼 교회를 휩쓸고, 고기 먹는 문제나 탁발수사들의 두건, 미사 등의 문제로 신자들의 양심을 속박함으로써 날마다 그리스도의 교회에 가증스러운 오류들을 끌어들입니다. 그는 자신의 행위를 정당화하기 위하여 아우구스티누스의 "(교회가 아니었으면) 나는 복음을 믿지 않았을 것이다"(*Evangelio non crederem*)라는 문장을 가져다 씁니다. 그 어리석은 자들은 아우구스티누스가 어떠한 정황에서 무슨 동기로 그 말을 했는지 이해할 턱이 없습니다. 아우구스티누스는 마니교와 맞서 싸우면서 다음과 같은 뜻으로 그 말을 했던 것입니다. "나는 너희를 믿지 않는다. 너희는 저주받은 이단들이기 때문이다. 나는 그리스도의 신부, 오류를 범할 수 없는 교회를 믿고 붙잡는다."

## 531

에피파니우스(Epiphanius, 315경-403. 살라미스의 감독 -옮긴이)는 제롬이 등장하기 오래 전에 교회사를 편찬했습니다. 그의 저서들은 선하고 유익하며, 불화를 조장하는 주장만 제거한다면 출판할 가치가 있습니다.

## 532

나는 프루덴티우스(Prudentius, 348-410경. 라틴 기독교 시인-옮긴이)가 지은 찬송들을 무척 좋아합니다. 그는 훌륭한 기독교 시인이었습니다. 만일 그가 베르길리우스 시대에 살았다면 호라티우스를 능가했을 것입니다. 학교에서 그의 시를 가르치면 좋으련만, 오늘날 학교들은 이교도들의 세상이 되어서 성경도 가르치지 않고, 철학을 통해 궤변만 가르치고 있습니다.

## 533

교부들의 책은 주의해서 균형감을 잃지 않고 읽어야 합니다. 간혹 정도에서 벗어나 수도원 풍의 교훈을 섞어놓기 때문입니다. 아우구스티누스는 이단들보다 차라리 교부들의 저서들로부터 독립하여 바른 노선을 추구하려고 더 많은 노력을 기울였습니다. 그레고리우스는 복음서에 언급된 다섯 달란트를 짐승들도 지니고 있는 다섯 가지 감각으로 해석했고, 두 달란트는 이성과 이해력으로 해석했습니다.

## 534

교부들의 책은 읽을수록 신경이 거슬립니다. 그들은 단지 사람이었을 뿐이며, 사실대로 말하자면 온갖 명성과 권위를 누리고 있음에도 불구하고 그리스도의 거룩한 사도들의 저작들을 낮게 평가했습니다. 교황주의자들은 일말의 부끄러움도 없이 "대체 성경이 무엇이냐? 모름지기 사람은 거룩한 교부들과 박사들의 글을 읽어야 한다. 그들은 성경의 진수를 뽑아내 가르치기 때문이다" 하고 말합니다. 마치 하나님의 말씀을 그들 외에는 깨닫고 가르칠 사람이 없다는 듯한 말입니다. 하지만 천부께서 하시는 말씀은 다릅니다. "너희는 그의 말을 들으라"(마 17:5). 주께서는 복음서에서 비유와 은유를 사용하여 누구나 쉽게 이해하도록 가르치셨습니다.

## 535

아우구스티누스는 교회의 박사들 가운데 가장 유능하고 순수한 분이었으나, 혼자의 힘으로는 모든 것을 원상으로 돌려놓을 수 없었습니다. 그는 주교들에게, 그들의 전승과 규례가 과거에 유대인들이 율법으로 교회를 괴롭혔던 것보다 더 심하게 괴롭히고 있다고 자주 지적했습니다.

## 536

신실한 그리스도인들은 우리의 복되신 구주 그리스도의 대사와 그의 하는 말에만 귀 기울여야 합니다. 인간의 권위와 권력과 명성을 통해 복음의 내용을 변경하여 해석하는 것은 신자의 자리를 떠나 하나님을 대적하는 행위입니다. 세속 군주도 자신의 대사 자신의 훈령을 단 한 단어라도 고쳐 전달하는 것을 용납하지 않는데, 하물며 하늘의 주님께 보냄을 받은 우리가 헛된 자부심과 소견에 따라 하늘의 명령에 첨삭을 한다면 너무나 주제넘은 짓일 것입니다.

## 537

만일 오늘날 사도 베드로가 친히 나타나 성경의 모든 교훈을 전하면서, 다만 교황의 권위와 권세와 수위권(首位權)만 부정하고, 교황이 기독교 세계 전체의 머리가 아니라고 가르친다면, 그들은 당장 벌떼처럼 들고일어나 사도를 교수형에 처하라고 요구할 것입니다. 사도가 아니라 그리스도께서 다시 땅에 오셔서 같은 말씀을 전하신다 해도 교황은 주님을 다시 십자가에 못 박고 말 것입니다. 그러므로 우리도 똑같은 대접을 받으리라 예상하고 사는 게 마땅합니다. 하지만 어떤 대접을 받더라도 교황 위에 세우는 것보다 그리스도 위에 세우는 것이 낫습니다. 만일 이생 뒤에 또 다른 생이 있음을 진심으로 믿지 않는다면, 나는 다른 노래를 부를 것이고, 짐을 다른 사람에게 맡길 것입니다.

## 538

리라(Lyra, 니콜라우스. 1265경-1349. 프란체스코회 학자-옮긴이)의 성경 주석은 높은 평가를 받을 가치가 있습니다. 그 책을 근실히 공부하기를 당부합니다. 그 책은 특히 구약의 역사 부분이 훌륭합니다. 리라는 신약성경을 많이 공부한 이에게 매우 유익합니다. 파울루스(Paulus)와 시미게루스(Simigerus)의 주석들은 매우 차갑습니다. 만일 리라의 주석이 출판된다면 두 사람의 주석은 무시해도 괜찮습니다.

## 539

제롬은 교회 박사들의 명단에 넣어서는 안 됩니다. 그는 이단이었기 때문입니다. 그럴지라도 나는 그가 그리스도를 믿음으로써 구원을 얻었다고 생각하고 있습니다. 그는 그리스도에 관해 말하지 않고, 주로 자신의 이름을 입에 달고 살았습니다.

## 540

한때 나도 몸담았던 유명론(Termism)은 중세 신학의 한 유파로서, 토마스 아퀴나스주의, 둔스 스코투스주의, 알베르투스주의에 반대합니다. 설립자 오컴(Occam, 1280경-1389경. 중세 스콜라 신학자—옮긴이)의 이름을 따서 오컴주의라고도 합니다. 이들은 역사가 가장 짧은 분파로서, 오늘날 파리 대학교에서 가장 강한 영향력을 행사하고 있습니다.

그들의 쟁점은, 토마스 아퀴나스와 그 밖의 학자들이 주장한 대로 **후마니타스**(*humanitas*)가 모든 인간 안에 거하는 보편적 인간성(humanity)인가 하는 것입니다. 오컴주의자들 곧 유명론자들은 이렇게 말합니다. "그것은 보편적인 것이 아니라, 모든 인간 개체에 거하는 특정한 것이다. 인간을 그린 그림이 모든 인간 하나하나를 상징하는 것과 같은 이치이다."

그들을 가리켜 유명론자들이라고 하는 이유는, 사물을 그것에 해당하는 고유 단어들로 말하고, 그것에 낯선 성격을 부여하지 않기 때문입니다. 목수와 대화할 때는 그가 일터에서 사용하는 대패나 도끼 같은 단어들을 사용해야 합니다. 같은 이치로, 그리스도의 말씀도 그리스도께서 사용하신 단어들을 사용하여 간직하고 가르쳐야 합니다. "이것을 행하여 나를 기념하라" 고 하셨으면 "이것을 드려" 라고 말을 바꾸지 말아야 합니다. 또한 '몸' (*corpus*)이라는 단어도 교황주의자들이 하듯 둘로 쪼개 해석함으로써 본문의 명백한 의미를 곡해해서는 안 됩니다.

## 541

신학명제(sentences)의 거장 페트루스 롬바르두스(Peter Lombard)는 매우 부지런하고 식견이 높은 사람이었습니다. 탁월한 저서를 많이 남겼습니다. 만일 성경에만 전념했다면 위대한 교회 박사가 되었을 만한 인물입니다. 그러나 그는 자신의 저서들에 궤변을 넘지 못하는 무익한 질문들을 채워 넣었습니다. 스콜라 신학자들은 세련된 지식인들이지만, 그들이 살던 시대는 우리와 같지 않았습니다. 그들은 인간이 완전하고 순수하고 건실하지 못하지만, 일부분만 훼손된 까닭에 은혜 없이도 스스로의 능력으로 율법을 지킬 수 있으며, 혹시 은혜를 얻으면 스스로의 힘으로 좀 더 쉽게 율법을 지킬 수 있다고 가르치는 데까지 나갔습니다.

그것은 두렵고 참람한 사상입니다. 그들은 아담의 타락이 무엇인지 깨닫지도 느끼지도 못했으며, 하나님의 율법이 내면과 외면, 육체와 영혼 모두의 온전한 순종을 요구하는 영적인 법이라는 것도 몰랐습니다.

## 542

가브리엘 비엘(Gabriel Biel)은 미사경본에 관한 책을 썼는데, 과거에 나는 그 책을 최고로 쳤습니다. 그 책을 읽을 때마다 가슴이 고동쳤습니다. 나는 지금도 그 책을 보면 몹시 가슴이 아픕니다. 스코투스는 '신학명제의 대가'(페트루스 롬바르두스)에 관해서 아주 훌륭한 책을 쓰면서, 그 문제들을 착실하게 평가해 놓았습니다. 오컴은 유능하고 지각이 뛰어난 인물이었습니다.

# 족장들과 선지자들에 관하여

## 543

다윗의 타락은 대단히 심각한 사건이었습니다. 거룩한 사람이 간음과 살인을 범하고 하나님을 업신여겼기 때문입니다. 훗날 그는 하나님의 징계를 받아 온 민족에게 버림을 받았습니다. 그의 고문들, 심지어 가장 사랑하던 아들조차 서로 공모하여 그에게 반기를 들었습니다. 온 백성에게 존경과 신망을 한 몸에 받던 사람이 그러한 나락에 떨어진 것입니다.

다윗의 범죄를 보고 믿음 없이 살던 사람들은 틀림없이 이렇게 빈정댔을 것입니다. "이제 왕이 어디 있는가? 그의 하나님이 어디 있는가? 그의 큰 지위와 재산이 어디 있는가?" 다윗보다 더 강한 권력을 유지한 왕들은 얼마든지 있었기 때문입니다. 선지자 이사야가 모압 왕을 3년 된 힘세고 살찐 암소라 부른 것처럼 말입니다.

세상은 늘 그랬습니다. 경건한 자들은 어쩌다가 범죄하여 징계를 받아 나락으로 떨어지고, 불경건한 자들은 늘 죄를 짓고 살아도 번성합니다. 이러한 현상에 대한 하소연이 시편에 많이 나옵니다. 오늘날 우리 앞에 펼쳐지는 현실도 다르지 않습니다. 교황 진영의 주교들과 불경건한 제후들은 큰 명예와 부와 권력을 구가하고 사는데, 선량하고 하나님을 두려워하는 사람들은 가난과 모멸과 번민에 휘둘리며 지냅니다.

그리스 비극들도 다윗의 역사와 비교하면 빛이 바랩니다.

## 544

왕들과 제후들과 대신들은 어쩔 수 없이 죄를 짓는 일이 있기에 특별한 사죄가 필요합니다. 나는 하나님께서 선지자에게 "아합이 내 앞에서 겸비함을 네가 보느냐"(왕상 22:29)고 하신 말씀을 근거로 아합이 구원을 받았다고 믿는 편입니다. 하나님께서 그에게 말씀과 약속을 해주셨기 때문입니다. 그러므로 성경이 그의 죽음에 대해서까지라도 좋지 않게 기록했으나, 그는 구원받았음에 틀림없습니다. 그는 메시야 약속을 믿었으며, 따라서 죽을 때 죄사함을 받았습니다. 마찬가지로, 나는 성경이 "그의 조상들과 함께 자매"라고 기록한 모든 자들은 다 구원을 받았다고 확신합니다. '잔다'는 단어는 성경에서 좋은 뜻으로 쓰이기 때문에 그렇습니다. 그러나 적의 칼에 죽거나 짐승에게 찢겨 죽은 자들은 멸망과 저주를 당했다고 나는 믿습니다.

## 545

하나님께서는 다윗에게 성전을 짓는 의무를 부과하셨으나, 그는 피를 너무 많이 흘린 군왕(軍王)이었던 까닭에 의무를 수행할 수 없었습니다. 그 자체가 잘못된 것은 아니었으나, 그 점에서는 다른 사람의 피를 흘리시지 않은 평강의 왕이신 그리스도의 표상 혹은 예표가 될 수 없었던 것입니다. 그러나 솔로몬은 그 의무를 성취할 수 있었습니다. 그는 평강의 왕이라 불렸으며, 그를 통해서 그리스도께서 세우실 나라가 미리 잘 나타났습니다.

## 546

우리의 시대는 자기 백성을 보호하는 데는 성공했으나 정권을 장악한 원수들을 물리치지 못한 유다 마카베오의 시대와 유사합니다. 백성들은 그에게 감사하지도 않았고 오히려 그에게 큰 슬픔을 안겨주었습니다. 이러한 두 가지 부담이 사람을 지치게 만듭니다.

족장들의 전설은 모든 성인들의 거룩함을 크게 능가합니다. 족장들은 하나님께 부르심을 받을 때 두 마음을 품지 않고 순종하고 나간 점에서 그렇습니다. 그들은 하나님께서 명령하시면 좌우를 돌아보지 않고 그대로 순종했습니다. 그러므로 아브라함의 아내 사라는 다른 모든 여성들을 능가합니다.

## 547

필립 멜란히톤이 루터에게 물었습니다. "다윗은 하나님께서 친히 정하시고 임명하신 왕인데, 그의 시편들에 잘 나타나듯이 왜 그렇게 많은 환난과 고통을 겪었습니까?" 루터는 이렇게 대답했습니다. "다윗은 평탄한 시대를 살지 못한 분입니다. 그는 불경건한 거짓 교사들 때문에 고통을 겪었고, 백성이 자신에게 반기를 드는 수모를 겪었고, 여러 번에 걸친 봉기와 반란을 당했는데, 이런 환경을 당해서 오히려 기도를 배우게 되었습니다. 환난이 없었다면 간음을 범하고 우리아를 죽일 때처럼 긴장의 끈을 풀고 지냈을 것입니다."

아, 주 하나님, 그렇게 훌륭한 주의 백성이 넘어질 때 주께서는 얼마나 크게 상심하시나이까? 다윗으로 말할 것 같으면 아내가 여섯이었는데, 저마다 지혜롭고 총명한 여성들이었을 것입니다. 그 중에 아비가일은 참으로 지혜로운 여성이었습니다. 만일 모두 그런 아내들이었다면 분에 넘치는 복을 받은 셈입니다. 더욱이 첩이 열 명이나 되었습니다. 그런데도 간음을 범했습니다.

## 548

욥은 많은 환난을 당했습니다. 친구들에게도 격렬한 비판을 받았습니다. 욥기는 그의 친구들이 그에게 진노를 퍼부었다고 말합니다. 친구들은 그를 철저히 괴롭혔으나, 그는 평정을 유지하면서 그들이 하는 말을 끝까지 들어주었습니다. "너희는 너희가 지껄이는 말이 무슨 뜻인지 모른다"는 듯이 말입니다. 욥은 하나님의 인애와 자비의 표상입니다. 그는 정직하고 거룩한 사람이었는데도 모진 고통을 당했기 때문입니다. 그러나 그는 버림을 받지 않고, 하나님의 은혜와 자비에 힘입어 구원을 받았습니다.

## 549

멜란히톤은 선지자들에 관하여 루터와 대화를 나누는 중에 "여호와께서

가라사대" 하고 단정적으로 말하는 선지자들이 과연 하나님께 직접 말씀을 들은 것인가 하고 물었습니다. 루터는 이렇게 대답했습니다. "선지자들은 대단히 거룩하고 신령한 분들로서, 거룩하고 신적인 일들을 진지하게 묵상한 분들입니다. 그러므로 하나님께서 그들의 양심 안에서 그들과 대화를 나누셨고, 선지자들은 하나님의 계시를 확고히 깨닫고서 전한 것입니다."

유대인들의 책에는 선지자 이사야가 "내가 본즉 주께서 보좌에 앉으셨는데"(사 6:1) 같은 발언을 했다는 이유로 아하스 왕에게 칼로 처형당했다고 기록되어 있습니다. 기록이 사실이라면 아하스는 틀림없이 이렇게 말했을 것입니다. "네가 실성했구나! 네가 어찌 감히 주를 직접 보았다고 말하느냐? 하나님께서 모세에게 사람이 나를 보고도 살겠느냐고 말씀하시지 않았느냐? 너는 실성한 이단임에 틀림없다. 너는 하나님을 모독했으니 죽어 마땅하다." 많은 사람들은 이사야가 모세보다 더 큰 일을 보고 행했음을 말했다는 이유로 사형을 당했다고 생각하는데, 이것은 퍽 일리 있는 생각입니다.

## 550

엘리야의 역사는 두렵기도 하거니와 너무나 엄청납니다. 그렇게 거룩한 분이 나라에 비가 오지 않게 해달라고 기도했다는 것은 얼마나 치열한 의분에 휩싸였는지를 말해줍니다. 선지자는 교사들이 처형을 당하고, 선량하고 하나님을 경외하는 백성이 사냥을 당하며 박해를 당하는 모습을 지켜보았습니다. 그러므로 자신의 말과 설교가 도무지 가 닿지 않는 완고한 자들에게 하나님의 진노를 구한 것입니다.

## 551

선지자 요나의 위엄이란 대단한 것이었습니다. 그는 겨우 넉 장밖에 되지 않는 책을 남겼으나, 연약한 개인의 신분으로 대 제국 전체를 감화시켰으며, 그런 점에서 주 그리스도의 상징과 표상이라 할 수 있습니다. 그리스도께서 그의 행적을 단 네 단어로 회고하신 것은 참 놀랍습니다. 모세도 얼마 되지 않은 글로 창조와 아브라함의 역사, 그리고 그 밖의 위대한 사건들을 기술했습니다. 그러나 그는 성막과 제사 제도를 기술하는 데 많은 시간을 할애했습니다. 그렇게 한 이유는 세상이 눈에 보이는 것들을 크게 평가하고 주목하는 반면에, 영적인 것들에 대해서는 쉽게 잊기 때문입니다.

선지자 요나의 역사는 너무나 놀라워서, 여느 시인의 우화보다 더 낯설게 들립니다. 만약 이 역사가 성경에 실리지 않았다면 나는 차라리 그것을 거짓말로 간주하겠습니다. 어떻게 사람이 사흘 동안 고래의 뱃속에서 생존할 수 있겠습니까? 사흘이 아니라 세 시간이면 다 소화되어 고래의 살과 피로 흡수되지 않겠습니까? 차라리 그것은 죽음 속에서 살았다는 뜻이 아닙니까? 이 기적에 비하자면 홍해를 건넌 일은 아무것도 아닙니다.

그러나 더 이상한 것은, 그렇게 구원을 받은 뒤에 선지자가 자비로우신 하나님 앞에서 지극히 작은 문제를 놓고 화를 냈다는 점입니다. 그것은 참으로 큰 신비입니다. 나는 이 선지서를 강해하면서, 이 놀라운 기적의 핵심 교훈을 제대로 짚어내지 못하는 것이 너무나 부끄럽습니다.

## 552

선지자들의 가차없고 통렬한 말은 마음 깊이 와서 박힙니다. 그렇지만 그들이 예루살렘의 멸망과 파괴를 전할 때, 유대인들은 그러한 설교를 이단으로 치부해 버린 채 받아들이려 하지 않았습니다.

내가 로마 교회가 멸망하여 파괴될 것이라고 외쳐도, 교황주의자들은 믿으려 하지도 않고 그 말을 담아두지도 않습니다. 신조에 "나는 거룩한 기독교 교회를 믿는다"는 조항이 기록되어 있으므로 그런 일은 발생하지 않는다고 그들은 말합니다. 실제로 산헤립 같은 여러 왕이 예루살렘 앞에서 패하고 물러갔습니다. 하지만 선지자 예레미야가 예루살렘의 멸망을 외쳤을 때 그것은 성령을 통해 외친 경고였던 까닭에 그대로 이루어졌습니다.

만일 교황이 과거에 유대인들이 예레미야와 같은 선지자들에게 던졌던 것과 같은 반론을 내게 제시했다면 나로서는 싸움이 쉽지 않았을 것입니다. 그런데 교황은 정의와 공평으로 대응하지 않고 칼과 권력으로 대응하고 있습니다. 기록된 법을 사용하지 않고 곤봉의 법을 사용하고 있습니다. 만일 내가 있는 사실을 토대로 교황을 비판하지 않았다면 아마도 진작에 교수대에 내걸리는 신세가 되었을 것입니다. 그러나 나의 주장은 정당합니다.

## 553

정직한 그리스도인은 바다 곧 지옥에 던져졌던 요나와 비슷합니다. 그는 괴물의 입이 자신을 삼키는 것을 보았고, 괴물의 캄캄한 뱃속에서 소화되지 않은 채 사흘을 지냈습니다. 이 역사는 우리에게 큰 위로가 됩니다. 죽은 자 가운데서의 부활을 뚜렷이 일러주는 상징입니다.

하나님께서는 이러한 방법으로 자기 백성을 겸손하게 만드십니다. 그러나 그 사건을 겪은 뒤 요나는 다시 마음이 높아졌습니다. 전능하신 하나님 앞에서 명령자의 자세를 취하고, 학살자의 자리에 섰습니다. 하나님께서 살려두고자 하신 거대한 도성과 많은 백성을 철저히 멸하기를 바랐던 것입니다. 하나님의 백성에게는 어울리지 않는 모습이었습니다.

## 554

히브리어로 기록된 선지서들을 제대로 번역하는 일은 귀하고 영광스러운 과업입니다. 내 이전에 이 일을 제대로 해낸 사람이 없었고, 내게도 여간 지난한 작업이 아닙니다. 이 짐을 벗게 되면 퍽 홀가분하겠습니다.

## 555

다윗이 우리아의 아내 밧세바를 내치지 않고 아내로 맞아들인 것은 회개의 심정으로 정직하게 취한 행동이었습니다. 그녀에게 큰 수치를 안겼으므로 명예를 회복시켜 주는 것이 당연했습니다. 하나님께서도 그것을 좋게 여기셨습니다. 그렇지만 간음을 통해 낳은 아들을 곧 데려가심으로써 그 죄를 징계하셨습니다.

## 556

사도시대 이래로 어떤 사람도 아브라함의 역사를 제대로 이해하지 못했습니다. 사도들 자신들도 아브라함의 믿음의 가치와 위대함을 충분히 평가하거나 설명하지 못한 점이 있습니다. 모세가 아브라함을 그 정도로만 소개하고 지나간 것이 매우 의아합니다.

## 557

욥은 한꺼번에 열 명의 자녀와 모든 가축을 잃었습니다. 신체와 재산에 징계를 받았습니다. 하지만 그것은 다윗이 당한 역경과는 비교할 것이 못됩니다. 다윗은 결코 무산될 수 없는 약속을 받았음에도 불구하고 하나님께서 그의 나라를 잿더미로 만드신 것입니다. 세상에서 아무리 비참하게 전락한 사람도 다윗과는 비교가 되지 않습니다.

## 558

아담은 성경에 언급된 세 자녀 외에도 더 많은 자녀를 낳았습니다. 셋이 특히 언급된 이유는 그 족장의 후손으로 나신 우리 주 그리스도 때문입니다. 아담은 참으로 많은 아들과 딸을 낳았습니다. 그 수가 족히 2백 명은 되었을 것이라고 추정해 봅니다. 930세까지 살았으니까요. 가인은 부모가 타락하고 30년 뒤에 태어난 듯합니다. 그의 출생으로 그의 부모는 다시 위로를 받았습니다. 그러기까지 아담 부부는 천사들에게 자주 위로를 받지 않았나 싶습니다. 그런 위로가 없었다면 큰 슬픔과 두려움 속에서 용기를 내어 살아갈 수 없었을 것입니다. 마지막 날이 오면 세상에 태어나 살다 간 여성들 가운데 하와만큼 슬픔과 비참함을 맛본 여성이 없었음이 밝혀질 것입니다. 역사상 하와만큼 비참한 여성은 다시 없었습니다. 하와는 자기 때문에 인류 전체가 죽게 된 것을 보았습니다. 어떤 사람은 뱀의 머리를 상하게 할 여인의 후손에 관한 약속이 있기 전에 가인이 잉태되었다고 주장합니다. 그러나 내 생각에는 그 약속이 타락 후 반나절이 채 못되어 이루어진 듯합니다. 왜냐하면 두 사람이 정오쯤에 동산에 들어가 배가 고파 열매를 따먹었고, 우리의 계산에 따르면 두 시간쯤 지나 형벌과 여자의 후손에 관한 약속을 받았기 때문입니다.

## 559

아브라함이 첩 하갈과 그녀에게서 낳은 아들 이스마엘에게 떡과 물 한 가죽부대만 주어 내보낸 이유는 그 모자에게 자신의 유업을 요구할 권한이 전혀 없음을 깨우쳐 주기 위함이었습니다. 지금까지 그들에게 베푼 것은 법적 의무가 아닌 선의에 따른 것임을 그들이 알아야 했던 것입니다. 그럴지라도 하갈을 아주 떠나보내지 않고 일정 거리에서나마 그를 의지하고 살도록 그만한 식량을 주어 보낸 것입니다.

창세기 본문에는 "이삭과 이스마엘이 그를 … 막벨라 굴에 장사하였으니"라고 기록되어 있습니다(창 25:9). 따라서 이스마엘이 항상 아버지와 함께 살지 않았으나 아버지의 호의와 배려를 받으며 자랐음을 알 수 있습니다. 아브라함은 언약의 아들 이삭을 통해 그리스도가 나실 것을 생각하며 하갈과 이스마엘을 내보냈던 것입니다.

## 560

야곱은 가난하고 불안정한 사람이었을 것으로 생각됩니다. 그래도 된다면 라반은 누가복음에 등장하는 거만한 부자로, 야곱은 그의 문에서 구걸을 한 나사로로 묘사하고 싶습니다. 라헬이 우상을 깔고 앉음으로써 결국 아버지 라반을 모욕한 것이 통쾌한 일입니다.

## 561

웅변의 역량을 놓고 보자면, 키케로나 베르길리우스, 데모스테네스 같은 사람들을 다윗과 견줄 수 없습니다. 다윗은 시편 119편을 22부분으로 구분하고, 각 부분을 8절로 구성하되, 한 가지 주제 — 율법이 선하다는 — 가 시 전체를 관통하도록 했습니다. 그는 커다란 은사들을 갖고 있었고, 하나님께 큰 사랑을 받았습니다. 하나님께서 그의 범죄를 허용하신 것도 그의 지나친 교만을 막으시기 위함이었다고 나는 생각합니다.

## 562

어떤 이들은 다윗이 임종하면서 아들 솔로몬에게 시므이를 처단하라고 명령한 게 잘한 일이 아니라고 주장합니다. (시므이는 다윗이 압살롬의 반란을 피해 도망할 때 흙을 뿌리며 그를 저주한 자입니다.) 그러나 나는 그것이 정당한 행동이었다고 생각합니다. 통치자의 직무란 범죄자와 악인을 처벌하는 것이기 때문입니다. 다윗은 그를 처벌하지 않겠다고 맹세했으나, 그것은 그가 살아 있는 동안에만 효력이 있었습니다.

누가 요리사인지 술 담당 신하인지 아무도 모르는 그런 이상하고 혼란스러운 정부에서, 시므이의 부패와 죄악을 그냥 묵인하고 넘어갈 수밖에 없었던 순간이 다윗에게는 많았을 것입니다. 그러나 훗날 솔로몬의 시대가 시작되어 평화가 도래했을 때 솔로몬은 그를 처벌했습니다. 통치자는 나라가 혼란스러울 때는 더 큰 혼란이 우려되어 처벌하지 못하는 죄인을 나라가 안정되면 처벌하는 게 당연합니다.

## 563

히스기야는 매우 선량하고 경건한 왕으로서 믿음이 충만했으나 넘어지고 말았습니다. 하나님께서는 사람이 자신의 공적을 자랑하고 의존하는 것을 참지 못하십니다. 죄 사함을 받기 전에는 아무도 천국에 들어갈 수 없습니다.

## 564

엘리사가 자신을 대머리라고 놀린 소년들을 곰 두 마리에게 찢기게 한 것은 정당한 일이었습니다. 그들은 엘리사를 모욕한 게 아니라 하나님을 모욕한 것이기 때문입니다. 하나님의 사람 엘리야를 조롱하고 모욕한 사람들에게도 하늘에서 불이 내려 그들을 태워버렸습니다.

## 565

인간의 감각과 이성에 따르면 사무엘서에는 이상한 내용이 많이 적혀 있습니다. 사무엘서는 가볍고 단순한 책처럼 보입니다. 그러나 그 안에는 실로 육중한 사상이 담겨 있습니다. 다윗은 많은 고난을 겪었습니다. 사울은 그를 10년 내내 박해했습니다. 그런데도 다윗은 믿음을 저버리지 않고, 하나님께서 결국에는 자신에게 기름 부으신 뜻을 이루어 주실 것을 믿었습니다. 아마도 내가 다윗이었다면 이렇게 말했을지도 모르겠습니다. "주님, 주께서는 저를 속이셨습니다. 저를 왕으로 삼으신다고 하셔놓고 이렇게 심한 고통과 박해와 수모를 당하게 하시는 겁니까?" 그러나 다윗은 강한 성벽과 같은 사람이었습니다. 그러면서도 선량하고 거룩한 사람이었습니다. 그는 절호의 기회가 있었는데도 왕에게 손을 대기를 거부했습니다. 그에게는 하나님의 말씀이 있었고, 그 말씀이 그를 굳게 붙들어 준 것입니다. 그는 하나님의 말씀과 약속이 자신을 저버리실 리 없다고 확신했습니다.

요나단은 정직한 사람이었고, 다윗은 그를 전심으로 사랑했습니다. 그는 왕권이 다윗에게 돌아갈 것을 확신하고서 다윗에게 자신과 자신의 후손에게 자비를 베풀어달라고 부탁했습니다. 요나단은 또한 대단한 무공을 쌓기도 했습니다. 병기든 자 한 사람을 데리고 블레셋 군대가 진을 치고 있던 산으로 올라가 적을 많이 베었습니다. 주께는 사람의 많고 적음이 문제가 아님을 굳게 믿고서 그렇게 한 것입니다. 그의 죽음은 다윗에게 커다란 슬픔이었습니다. 이처럼 선량한 사람이 악하고 불경건한 사람 때문에 형벌을 받는 일이 종종 생깁니다. 하나님의 아들도 그런 경위로 죽음을 당하셨습니다.

# 그리스도의 사도들에 관하여

## 566

그리스도께서 문이 닫혔는데도 방 안에 있는 제자들에게 들어오셨을 때 제자들이 두려워한 이유는 얼마 전에 주께서 당하신 고난을 보았기 때문이요, 자신들도 유대인들에게 같은 대접을 받을 것을 우려했기 때문입니다. 그들은 그리스도께서 죽은 자 가운데서 살아나신 것을 아직 믿지 못하고 있었습니다. 엠마오로 내려가던 두 제자의 대화에서 그들의 심정을 들여다 볼 수 있습니다. "우리는 이 사람이 이스라엘을 속량할 자라고 바랐노라." 이 말에는 "이젠 우리가 품었던 소망이 모두 물거품이 되었다"는 뜻이 배여 있습니다.

## 567

교황주의자들이 사도 바울보다 사도 베드로를 더 추앙하는 이유는 이렇습니다. 바울은 칼을 가졌고, 베드로는 열쇠를 가졌는데, 그들에게는 칼보다는 금고를 열 수 있는 열쇠가 더 요긴했던 것입니다. 그래야 돈을 훔쳐 자기들의 지갑을 채울 수 있었을 테니까요. 가야바와 빌라도, 사도 베드로가 로마에 와서 황제를 알현했다는 설은 모두 지어낸 이야기일 뿐입니다. 역사는 그것을 뒷받침하지 않습니다. 그리스도께서는 디베료 가이사의 재위 기간에 죽으셨는데, 이 황제는 그리스도께서 죽으신 뒤 5년을 더 다스렸습니다. 사도 베드로와 바울이 황제 네로의 치하에 죽었다는 설에 대해서는 모든 역사 자료가 일치합니다. 네로의 재위 마지막 해는 그리스도께서 죽으신 지 25년째 되던 해였습니다. 그러나 베드로는 갈라디아서가 증거하듯이 그리스도께서 죽으신 뒤 18년 동안 예루살렘에 머물렀습니다. 그 후에는 안디옥에서 7년을 거했습니다. 그런데 교황주의자들은 베드로가 로마에서 25년을 다스렸다는 것입니다.

그러나 25년을 다스린 교황은 아직 없었습니다. 그렇다면 교황주의자들의 계산에 따르면 사도 베드로가 십자가에 달려 죽은 때는 네로 치하가 아니었던 셈입니다. 하지만 누가는 사도 바울이 로마에서 2년간 자유롭게 지내다 외국으로 갔다고 기록합니다. 사도 베드로에 관해서는 전혀 언급하지 않습니다. 이런 정황으로 미루어 사도 베드로가 로마에 갔다고 믿기가 퍽 어렵습니다.

## 568

사도 요한은 처음에 믿음의 참된 본질에 관하여 쓸 때는, 우리의 구원이 오직 하나님의 아들 그리스도에게 달려 있다고 했습니다. 그리스도께서 고난과 죽음을 당하심으로써 우리의 구원을 이루셨고, 우리는 그리스도의 자비와 은혜에 힘입어 믿음으로 구원을 받아들이는 것이라고 가르쳤습니다. 하지만 마지막에 서신서를 쓸 때는, 육체의 일에 탐닉함으로써 공공연히 복음을 더럽히는 자들 때문에 행위에 관해서 쓰지 않을 수 없었습니다.

# 천사들에 관하여

## 569

천사는 하나님께서 기독교 세계와 교회를 돕도록 육체 없이 지으신 영적 피조물입니다.

## 570

교회에서는 천사들의 존재를 인정하는 것이 필요합니다. 그러므로 거룩한 설교자들은 천사들에 관하여 체계 있게 가르쳐야 합니다. 첫째로, 천사들이 어떤 존재인지 가르쳐야 합니다. 그들은 육체가 없는 영적 피조물들입니다. 둘째로, 천사들이 어떤 종류의 영들인지 가르쳐야 합니다. 그들은 악한 영들이 아닌 선한 영들입니다. 이 부분에서 악한 영들에 관해서도 가르칠 필요가 있습니다. 그들은 하나님께서 본래 악하게 지으시지 않은 존재들인데, 하나님께 반역을 꾀하다가 타락했습니다. 이들이 하나님께 품은 증오는 낙원에서 시작했고, 세상이 끝날 때까지 그리스도와 그의 교회에 계속 퍼부어질 것입니다. 셋째로, 천사들의 기능에 관해서 가르쳐야 합니다. 히브리서(1:14)에 기록된 대로, 그들은 가난하고 곤고한 우리를 가정과 사회와 종교 분야에서 섬기는 순결하고 온전한 피조물들입니다. 그들은 우리의 진실하고 충직한 종들로서, 아무리 가난하고 가련한 탁발수사라도 다른 사람을 위해 하기 부끄럽게 여기는 그런 일들까지도 맡아 수행합니다. 이 점과 관련하여 천사들이 인자하고 온유한 존재들임을 가르쳐야 합니다. 천사들을 이러한 차서(次序)에 따라 가르치지 않으면 실제 도움이 되지 않는 내용을 말하게 되고, 결국 덕을 세우는 데 아무 도움이 되지 못합니다.

## 571

천사들은 비록 하나님의 얼굴을 뵙고 하나님 앞에 모시고 서 있지만, 하나님께서 맡기신 사람들 곁에서 그들이 마귀에게 아무런 해도 받지 않도록 보호해 줍니다. 그러므로 마귀가 우리를 해하려 할 때는 선한 천사들이 막아서서 그를 쫓아냅니다. 천사들은 참으로 긴 무기를 갖고 있어서, 하나님과 그리스도 앞에 모시고 서 있을지라도 하나님께서 우리에게 맡기신 일을 잘 수행할 수 있도록 그 무기로 돕습니다. 마귀도 우리 곁에 있으면서 우리를 넘어지게 하려고 끊임없이 발을 겁니다. 그로써 우리의 생명과 건강과 구원을 앗아가려는 것입니다. 그러나 거룩한 천사들이 우리를 지켜주기 때문에, 마귀는 마음대로 우리를 불행에 떨어뜨리지 못합니다.

## 572

거룩한 천사들이 우리를 지키기 위해 마귀와 얼마나 철저히 싸우는지, 그 전투가 얼마나 어렵고 치열한지 다 아는 것이 꼭 유익한 것만은 아닙니다. 마귀 하나와 싸우기 위해 얼마나 많은 천사들이 대치하고 있는지 알게 되면 우리는 낙심하게 될 것입니다. 그러므로 성경은 천사들에 관해서 아주 간단히 언급하고 지나갑니다. "그가 너를 위하여 그의 천사들을 명령하사 네 모든 길에서 너를 지키게 하심이라. 그들이 그들의 손으로 너를 붙들어 발이 돌에 부딪히지 아니하게 하리로다"(시 91:11-12). "여호와의 천사가 주를 경외하는 자를 둘러 진 치고 그들을 건지시는도다"(시 34:7). 그런데 여러분이 어떤 사람이든 여호와를 경외하고 믿음으로 용기를 낸다면, 염려할 필요도 없고 낙심할 필요도 없고 천사들이 여러분을 지켜보며 보호해 준다는 사실을 의심할 필요도 없습니다. 그들은 확실히 여러분 곁에서 여러분을 지켜주기 때문입니다. 어떤 방법으로 그렇게 하는지는 알려고 할 필요가 없습니다. 하나님께서 그렇다고 말씀하시니 그것은 틀림없는 일입니다.

## 573

나는 천사들이 모두 갑옷을 입고 칼을 차고 있다고 믿습니다. 최후의 심판이 다가올수록 천사들은 각오를 단단히 하여 전투를 준비하며, 언제든 터키와 교황을 쳐서 무저갱으로 던져 넣을 태세를 취하고 있습니다.

# 마귀와 그의 일에 관하여

## 574

하나님께서 악인들에게 내리시는 가장 큰 징벌은 교회가 그들을 징계하여 사탄에게 넘겨주는 때입니다. 사탄은 그런 자들을 받아서 하나님의 허락하에 죽이거나 참혹한 재앙에 떨어뜨립니다. 숱한 귀신들이 숲과 물과 광야와 음습한 지대에 숨어서 사람들을 넘어뜨리고 해를 입히려고 노리고 있습니다. 더러는 먹구름 속에 숨어서 우박과 번개와 천둥을 내리며, 공기와 목초지와 밭을 망쳐 놓습니다. 이런 일이 발생하면 철학자들과 의사들은 그것이 별들의 운행에 영향을 받아 생기는 자연 현상으로서, 그 이유를 논리적으로 설명할 수 없다고 말합니다.

## 575

마귀의 실제 모습과 형체를 보고 그가 어떤 기질과 성향을 갖고 있는지 알고 싶은 사람은 먼저 하나님의 계명을 하나씩 되새겨 본 다음, 모든 일에 하나님을 거역하고 이웃에게 불행과 해를 끼치기를 즐거워하는 공격적이고 파렴치하고 거짓말을 잘하고 자포자기하고 거룩하지 못하고 무례하고 모독적인 사람들을 떠올려 보면 됩니다. 그것이 바로 육체를 입은 마귀입니다. 첫째로, 그런 사람에게는 하나님에 대한 두려움도 사랑도 믿음도 신뢰도 없고, 온통 경멸과 미움과 불신과 절망과 모독만 가득합니다. 그러한 모습에서 첫째 계명을 직접 거역하는 마귀의 머리를 볼 수 있습니다. 둘째로, 그리스도인이라면 하나님의 이름을 망령되게 부르지 않고 하나님의 말씀을 널리 전하고, 마음으로 하나님을 부르며, 하나님의 모든 은혜에 감사하고 죄를 고백합니다. 그러나 이러한 인간상과 마귀의 자녀의 모습은 완전히 딴판입니다. 마귀의 자녀는 하나님의 말씀을 신화나 우화로 간주하고, 하나님의 이름을 두렵게 남용하고 모독하며, 가증스러운 말로 맹세하고 욕하며, 마귀를 부르며 그에게 굴복합니다. 이런 사람에게서 볼 수 있는 것은 둘째 계명을 짓밟는 마귀의 입과 혀입니다. 셋째로, 진정한 그리스도인은 설교 직분을 귀하게 여깁니다. 그리스도께서 정하시고 명하신 대로 하나님의 말씀을 진실하고 성실하게 듣고 배워 행실을 고치고 위로를 얻을 뿐 아니라, 이웃에게 선을 행합니다. 그는 하나님의 신실한 종들을 존경하고 보호하며, 그들이 무엇이 부족해서 불편을 느끼는 것을 그냥 지켜보고 있지 않습니다. 그러나 마귀의 자녀는 설교를 귀하게 여기지 않고, 하나님 말씀을 듣지 않거나 건성으로 흘려듣고, 설교에 대해서 악평을 하고, 곡해하고, 폄하합니다. 하나님의 종들을 미워하여 마땅히 돌아봐야 할 의무를 저버린 채 그들을 굶도록 방치합니다. 이러한 인간상에서 볼 수 있는 것은 셋째 계명을 짓밟는 마귀의 귀와 목구멍과 뻣뻣한 목입니다. 더 나아가 마귀의 몸이 어떻게 생겼는지 알고 싶다면 먼저 두번째 돌판에 새겨진 계명들을 하나씩 신중하게 살펴보시기 바랍니다. 첫째로, 선한 그리스도인은 하나님의 명령대로 부모를 공경하고, 부모와 위정자와 영혼의 목자들에게 복종합니다. 그러나 마귀의 자녀는 부모의 말을 듣지 않고 부모를 섬기지도 돕지도 않습니다. 오히려 무시하고 마음 아프게 하고, 궁핍할 때 돌아보지 않고, 가난한 부모를 부끄럽게 여기고, 늙어 힘이 없으면 함부로 대합니다. 위정자에게 복종하지 않고 그 앞에서 예의를 갖추지 않으며, 그들에 대해 악하게 말합니다. 훈계와 책망과 예절과 정직을 귀하게 여기지 않습니다. 이런 모습에서 볼 수 있는 것은 마귀의 가슴입니다. 둘째로, 정직하고 진실한 그리스도인은 이웃을 시기하지 않고, 그에게 악감정을 품지 않고, 복수할 이유가 있어도 복수하지 않으며, 이웃이 슬픔과 해를 입으면 따뜻하게 위로하고 도우며, 그의 목숨을 노리는 자들로부터 그를 보호해 줍니다. 그러나 마귀의 자녀는 이웃의 신체와 생명을 해치거나 주먹으로 쳐서 죽일 이유가 없을 때에도 이웃을 미워하고 시기하며, 화를 내고 원한을 품으며, 그가 죽기를 바라며, 그가 잘못되면 고소하게 여깁니다. 이러한 인간상에서 볼 수 있는 것은 분노와 살인 욕구로 들끓는 마귀의 마음입니다. 셋째로, 하나님을 경외하는 그리스도인은 단정하고 정직하게 살며, 악한 거래를 삼가며, 하나님의 진노와 영원한 형벌을 두려워합니다. 그러나 마귀의 자녀는 딴판이어서 말과 행동에서 염치와 정절을 찾아보기 어렵습니다. 여기서 볼 수 있는 것은 마귀의 뱃속입니다. 넷째로, 거룩한 그리스도인은 선한 양심으로 맡은 바 직업에 종사하며 살아갑니다. 사람을 속이지 않으며, 오히려 자기 분수에 맞게 곤궁한 사람을 돕고 꾸어줍니다. 그러나 마귀의 자식은 어려운 사람을 만나도 돕지 않으며, 고리(高利)를 받고 빌려주고, 남의 것을 탐하며, 수완과 속임수를 써서 남의 것을 빼앗습니다. 가격과 무게와 부피를 속여 이웃을 갈취합니다. 여기서 보게 되는 것은 마귀의 손과 날카로운 손톱입니다. 다섯째로, 거룩한 그리스도인은 이웃에 대해 나쁜 말을 하지 않고 속이지 않고 위증을 하지도 않습니다. 오히려 이웃의 잘못을 알더라도 위정자로부터 정직한 증언을 요구받기 전에는 사랑으로 그의 허물과 죄를 덮어줍니다. 그러나 마귀의 자녀는 완전히 딴판입니다. 그는 이웃을 비방하고 험담하고 비밀을 퍼뜨리고 거짓으로 고소하며, 바르게 한 말도 왜곡해서 전합니다. 여기서 보게 되는 것은 마귀의 악한 의지입니다. 여섯째이자 마지막으로, 진실한 그리스도인은 이웃의 집과 재산을 탐하지 않고, 이웃의 아내나 딸에게 악을 행하지 않고, 그의 종들을 유혹하지 않으며, 무엇이든 이웃에게 속한 것을 탐하지 않습니다. 오히려 이웃과 그의 소유를 힘을 다해 지켜주려고 노력합니다. 그러나 마귀의 자녀는 밤이나 낮이나 이웃의 집이나 토지나 가족을 가로챌 궁리나 상상을 하며, 그의 아내를 유혹하여 차지하고, 그의 종들을 꾀어내어 자기에게로 오게 하고, 이웃의 소작인들을 부추겨 이웃에게 대들도록 하고, 그의 가축을 가로챌 궁리를 합니다. 여기서 보게 되는 것은 마귀의 정욕입니다. 마귀는 옛적에 낙원에서 아담과 하와에게 했듯이, 진리의 색을 입힌 거짓말로 거룩한 사람들을 유혹하고 속입니다. 그러므로 거룩한 사람일수록 더 위험한 자리에 서 있는 셈입니다. 그렇기 때문에 우리는 마귀를 경계하고 그리스도께 피해야 합니다. 그리스도께서는 마귀의 머리를 밟으시고 우리를 그의 거짓말에서 구원해 주셨습니다.

576

루터 박사는 엔돌의 무당을 통해 불려 올려진 사무엘이 정말로 선지자 사무엘이었느냐는 질문을 받고는 이렇게 대답했습니다. "아니오, 그것은 사무엘의 모습으로 나타난 악령일 뿐입니다. 그 증거는, 하나님께서 모세 율법으로 죽은 자에게 앞날을 묻지 말라고 금하신 것입니다. 따라서 하나님의 사람의 형상으로 나타난 것은 귀신이었음이 분명합니다. 이와 마찬가지로, 슈판하임의 대수도원장이 마술사였는데, 그가 황제 막시밀리아누스 앞에서 과거의 모든 황제들과 영웅들을 불러내 보이되, 각각 자기 시대의 고유 복장을 입고 한 줄로 나란히 서서 그의 앞을 지나가게 했습니다. 그 가운데는 알렉산드로스 대왕과 율리우스 카이사르도 있었습니다. 또한 프랑스 왕 샤를이 황제에게 빼앗아간 그의 약혼녀도 있었습니다. 하지만 이런 것은 모두 마귀로부터 나온 것입니다."

## 577

어떤 질병도 하나님께로부터 나오지 않습니다. 하나님은 선하신 분이어서 우리가 건강하기를 바라십니다. 질병은 전염병과 열병 등의 원인인 마귀에게서 나옵니다. 마귀가 법률가들에게 들어가 활동하면 온갖 불화와 음모가 나오게 하고, 정의를 불의로 바꿔놓습니다. 마귀는 왕과 제후들에게 접근하여 전쟁과 학살을 조장합니다. 성직자들에게 접근하여 가장 두려운 재앙을 일으킵니다. 사람의 영혼을 유혹하여 파멸에 빠뜨리는 거짓 교리가 그것입니다. 오직 하나님께서만 그토록 많은 재난을 제어하실 수 있습니다.

## 578

마귀는 광산에서 일하는 광부들을 괴롭히고 난처한 지경에 빠뜨립니다. 새로운 은 광맥을 발견한 것처럼 생각하게 만들고는, 모든 고생을 하여 막상 파 내려가 보면 그것이 환영(幻影)이었음을 알게 만듭니다. 심지어 백주 대로에서도 사람들 앞에 보화가 떨어진 것처럼 생각하게 만든 다음, 막상 주우려 하면 헛것임을 알게 만듭니다. 때로는 보화를 정말로 발견하는 일이 있는데, 그것은 하나님의 특별한 은혜로 되는 것입니다. 나는 광산업을 통해 성공한 적이 없지만, 그런 것은 하나님의 뜻에 달린 일이므로 아무런 불만이 없습니다.

## 579

막시밀리안의 선친 황제 프리드리히가 마술사를 불러다가 점을 치게 해놓고는, 자신이 익힌 마술을 사용하여 마술사의 손을 독수리 발톱으로 바꿔 놓았습니다. 그런 다음 함께 식사하기를 권하자, 마술사는 부끄러워 식탁 위로 손을 올리지를 못했습니다.

마술사가 순순히 당할 사람이 아니었습니다. 뜰에서 큰 싸움이 난 것처럼 만든 그는 황제가 무슨 일인가 보려고 창쪽으로 고개를 돌렸을 때 마술을 사용하여 황제의 머리에 거대한 수사슴 뿔이 나게 만들어 버렸습니다. 황제는 마술사가 자신의 흉칙한 몰골을 제 모습으로 돌려놓기 전까지는 긴 뿔 때문에 방에 들어가지도 못했습니다. 루터는 마귀가 자기 세력끼리 다투는 것이 즐겁다고 말했습니다. 하지만 마귀의 조직은 모두가 권력이 다 같지 않습니다.

## 580

니오이부르크에 빌트페러(Wildferer)라는 마술사가 살고 있었습니다. 하루는 그가 농부를 그의 말과 마차와 함께 삼켜버렸는데, 몇 시간 뒤에 농부와 말과 마차가 수 km 떨어진 진창에서 발견되었습니다. 가짜 수사에 관한 이야기도 들었는데, 그가 건초더미를 싣고 장터로 가던 마부를 불러 세워놓고, 만일 자기가 건초를 다 먹어버리면 얼마를 주겠느냐고 물었습니다. 한 크로이처(옛 독일에서 사용되던 구리 동전-옮긴이)를 주겠다고 마부가 말하자, 그 사람은 일에 착수하여 건초더미를 거의 다 먹게 되었고, 화가 난 마부는 그를 쫓아버렸습니다.

## 581

1538년 8월 25일에 농가의 우유와 계란과 버터를 망쳐 놓는 마술사들에 대해 체포령이 내렸습니다. 그 일에 대해서 루터 박사는 이렇게 말했습니다. "그런 마술사들에 대해서 나는 손톱만큼도 연민의 정이 없습니다. 그런 자들은 모두 태워 죽여야 합니다. 구약성경을 보면 제사장들이 그런 자들을 먼저 돌로 치도록 되어 있습니다. 훔친 버터는 금방 썩어버려 누구든 그것을 먹는 날에는 쓰러진다고 합니다. 마술사들에게 대들고 벌을 주려고 하면 그 사람 자신이 마술사들의 주인인 마귀에게 붙잡혀 육체적인 고통을 당하게 된다고 합니다. 여러 교사들과 성직자들이 이런 일을 자주 당했습니다. 하나님께서는 우리가 일상적으로 짓는 죄에 대해서도 진노하시는데, 하물며 마술사에게는 얼마나 진노를 쏟아 부으시겠습니까? 마술은 엄위로우신 하나님에 대한 대역죄입니다. 하나님의 무한한 권능에 반기를 드는 행위입니다. 반역죄를 능숙하게 다스려온 법률가들은 군주에게 반기를 드는 백성은 사형에 해당한다고 단언합니다. 그렇다면 마술사는 사형에 처해야 마땅하지 않겠습니까? 일개 피조물이 창조주 앞에 반기를 들고, 하나님께 돌려야 할 권위를 마귀에게 돌리는 행위를 사형으로 다스려야 옳지 않겠습니까?"

## 582

루터 박사는 마술과 부적에 관하여 길게 강론했습니다. 그의 어머니가 마녀인 이웃 때문에 심한 방해를 받고 살면서, 어떻게든 신앙을 갖고 살도록 만들려고 노력했습니다. 마녀가 부적을 어린이들에게 던지면 어린이들이 죽도록 울어댔기 때문입니다. 한번은 어느 성직자가 마녀의 비행을 나무라자, 성직자가 밟았던 땅에서 흙을 한줌 쥐고서 뿌리며 마법을 걸었습니다. 가련한 성직자는 즉시 병에 걸려 자리에 눕게 되었는데, 온갖 약을 써봐도 효험이 없다가 얼마 못가 죽고 말았습니다.

## 583

사람들이 물었습니다. "하나님을 경외하는 선량한 그리스도인들도 마법에 걸릴 수 있습니까?" 루터는 이렇게 대답했습니다. "그럴 수 있습니다. 우리의 육체는 항상 사탄의 공격에 노출되어 있습니다. 내가 앓고 있는 병도 자연적인 것이 아니라 마귀의 주술 때문에 걸린 것입니다."

## 584

젊은 시절에 어떤 사람에게 이런 말을 들었습니다. "사탄이 서로 사랑하며 완벽한 조화를 이루며 사는 어떤 부부를 갈라놓기 위해서 온갖 교활한 수작을 벌였으나 번번이 실패했습니다. 마침내 부부의 베개 밑에 면도칼을 감춰 둔 뒤 노파로 가장하고서 남편을 찾아가, 그의 아내가 그를 죽일 계획을 꾸며두었다고 말했습니다. 그런 다음 아내를 찾아가 똑같이 일러주었습니다. 남편은 아내의 베개 밑에서 면도칼을 발견하고는 크게 분노하여 아내의 목을 잘랐습니다. 사탄의 악의는 이렇게 무서운 것입니다.

## 585

루터는 유충 한 마리를 집어들고는 이렇게 말했습니다. "이 벌레는 기어다니는 점에서 마귀의 모습을 닮았고, 빛깔이 변한다는 점에서 마귀의 색깔을 닮았습니다."

## 586

루터 박사는 자신이 작센의 선제후 요한 프리드리히에게, 독일의 어느 유력한 가문이 마귀의 자손들로서, 가문의 설립자가 몽마(夢魔)와 정을 통해 태어났다는 말을 전해 들었다고 말했습니다. 루터는 다음과 같은 이야기를 덧붙였습니다. 어느 신사에게 젊고 아름다운 아내가 있었는데, 이 여성이 죽어 장사되었습니다. 다음 날 신사는 하인 한 사람과 함께 같은 방에서 잠을 자게 되었는데, 죽은 아내가 밤에 찾아와 신사의 침대 머리맡에서 무슨 말을 하는 듯하다가 잠시 후에 떠났습니다. 이런 현상을 두 번 목격한 하인은 주인에게 밤마다 흰옷 입은 여인이 침대 곁에 왔다 가는 것을 아느냐고 물었습니다. 주인은 곤히 자느라 아무것도 몰랐다고 대답했습니다. 그날 밤 신사는 잠들지 않고 있었습니다. 여인이 찾아왔을 때, 신사는 정체가 무엇이며 원하는 게 무엇이냐고 물었습니다. 여인은 자신이 신사의 아내라고 대답했습니다. 신사는 자기 아내가 죽어 땅에 묻혔다고 말했습니다. 여인 자신이 남편의 죄 때문에 죽었는데, 만일 남편이 자신을 다시 받아주면 다시 살아날 수 있다고 했습니다. 신사는 만일 그렇게만 될 수 있다면 얼마나 좋겠느냐고 말했습니다. 여인은 신사에게 평소 맹세하고 욕하는 버릇을 고치면 된다고 했습니다. 앞으로 또다시 욕하고 맹세한다면 자신이 한 번 더 죽을 것이고, 이번에는 영원히 그의 곁을 떠나게 될 것이라고 했습니다. 신사는 명심하겠다고 약속했고, 죽었던 여인은 다시 살아나 남편 곁에 거하면서 함께 먹고 마시고 자며 자녀들을 낳았습니다. 그러던 어느 날 손님들이 찾아왔을 때 아내가 다과를 준비하러 나갔습니다. 그런데 오래 지나도 돌아오지 않자, 신자는 화가 나서 그만 오래 참고 지낸 욕설을 내뱉고 말았습니다. 시간이 더 지나도 아내가 돌아오지 않자, 신사는 손님들과 함께 아내를 찾아 나섰으나 아내는 사라지고 없었습니다. 입고 있던 옷가지만 바닥에 떨어져 있을 뿐이었습니다. 그 후로 영영 돌아오지 않았습니다.

## 587

마귀는 우리를 유혹할 때 먼저 각종 죄의 유혹으로 흔들어 놓은 다음 우리를 절망으로 떨어뜨립니다. 육체의 욕구를 만족시켜 줌으로써 차차 영혼을 쇠약하게 만듭니다. 죄를 짓는 행위가 육체에 고통을 주지는 않지만, 죄를 짓고 나면 영혼이 몹시 슬프며, 양심이 괴롭습니다.

## 588

동정녀에게 태어나 우리와 같은 살과 피를 지니신 예수 그리스도를 자신의 주와 왕으로 모신 사람에게는 자동적으로 마귀와 원수 관계가 됩니다.

## 589

스스로 목을 매거나 자결한 사람은 마귀가 그의 목에 밧줄을 둘렀거나 그의 목에 칼을 댄 것입니다.

## 590

어떤 사람이 죄를 짓고 넘어질 때마다 "마귀여, 나를 데려가라"고 말하는 버릇이 있었습니다. 그 사람은 악습을 버리지 않으면 정말로 마귀가 그를 마음대로 조종하게 될 것이라는 경고를 들었습니다. 그는 앞으로는 화가 나더라도 다른 표현 방법으로 그것을 분출하겠다고 약속했습니다. 그러나 어느 날 다시 걸려 넘어지게 되었을 때 그는 과거와 같은 방식으로 마귀를 불렀고, 그 지점에서 날카로운 나무 조각에 엎드러져 죽었습니다.

## 591

토르가우 근처의 목회자가 루터를 찾아가, 마귀가 시도 때도 없이 자신을 괴롭히니 어떻게 하면 좋겠느냐고 하소연했습니다. 루터 박사는 이렇게 대답했습니다. "나도 마귀에게 시달리지만, 나는 믿음의 무기로 그를 물리칩니다. 마그데부르크에 사는 내가 아는 어떤 사람은 침을 뱉는 방식으로 사탄을 물리쳤습니다. 하지만 이 방법은 함부로 따라해서는 안 됩니다. 마귀는 거만한 존재여서 쉽게 굴복하지 않기 때문입니다. 마귀에 대해서는 자신의 분수를 넘어서서 무슨 일을 하려고 하면 큰 위험에 빠지게 됩니다. 어떤 사람은 마귀가 나타났을 때 자신이 받은 세례를 굳게 믿고서 그의 뿔 하나를 꺾어버렸습니다. 그런데 다른 사람은 믿음이 부족한 상태로 같은 일을 하다가 마귀에게 잡혀 죽었습니다.

## 592

보헤미아 사람 헤닝(Henning)이 루터 박사에게, 마귀가 왜 그토록 인간을 미워하느냐고 물었습니다. 박사는 이렇게 대답했습니다. "그것은 이상한 일이 아닙니다. 제후 게오르크가 나를 얼마나 미워하는지, 그래서 밤낮 나를 해칠 궁리를 하는 것을 보십시오. 그에게는 내가 심한 고통을 당하는 것보다 기쁜 일이 없습니다. 인간의 미움이 그런 것일진대, 마귀의 미움은 어떻겠습니까?"

## 593

마귀는 우리의 원수일 수밖에 없습니다. 우리가 하나님 말씀으로 그를 대적하여 그의 나라를 파괴하기 때문입니다. 마귀는 세상의 임금과 신이며, 세상의 모든 군주와 제후들보다 강합니다. 그러므로 우리가 보고 느끼듯이, 그는 우리에게 끊임없이 보복을 가하며 공격합니다. 하지만 우리는 마귀에 대해서 크게 유리한 점을 갖고 있습니다. 그는 아무리 강하고 악하고 교활할지라도 우리를 해칠 수 없습니다. 우리가 그에게 죄를 지은 게 아니라 하나님께 죄를 지었기 때문입니다. 그러므로 우리는 그 불구대천의 원수와 아무런 관계도 없습니다. 다만 우리는 "주님, 저희가 주께 범죄하였나이다" 하고 말할 뿐입니다. 하나님의 은혜로 우리는 하나님께서 자비로우신 하나님이시요 은혜로우신 천부시며, 우리의 유일한 주와 구주이신 예수 그리스도께서 보혈을 흘려주심으로 우리에 대한 하나님의 진노를 없애주셨음을 압니다. 이제 우리는 그리스도를 통해서 하나님 앞에 죄 사함과 화목을 얻었으므로, 마귀는 아무리 질투가 생긴다 하더라도 우리를 평화롭게 놔둘 수밖에 없고, 우리가 하나님 앞에 지은 죄에 대해서 꾸짖을 수도 해칠 수도 없습니다. 그리스도께서 우리 양심에 기록된 것을 다 지우시고 찢어버리시며, 그것을 십자가에 못 박으셨기 때문입니다. 그리스도 예수 안에서 하나님께 영원한 찬송과 존귀와 영광을 돌림이 마땅합니다. 아멘.

## 594

마귀는 불경건한 자들이 무슨 생각을 하고 사는지 압니다. 그들에게 그런 생각을 불어넣어 준 자가 그이기 때문입니다. 그는 하나님 말씀으로 안전히 보호를 받지 못하고 사는 모든 사람들의 마음을 훤히 바라보고 지배합니다. 그들을 올무에 걸리게 함으로써, 자신의 뜻대로 생각하고 말하고 행동하지 않을 수 없게 만듭니다. 사도 바울은 이렇게 말합니다. "그 중에 이 세상의 신이 믿지 아니하는 자들의 마음을 혼미하게 하여 그리스도의 영광의 복음의 광채가 비치지 못하게 함이니 그리스도는 하나님의 형상이니라"(고후 4:4). 그리고 그리스도께서는 많은 사람이 말씀을 들었는데도 깨닫지도 못하고 지키지도 못하는 이유를 이렇게 말씀하십니다. "마귀가 가서 그들이 믿어 구원을 얻지 못하게 하려고 말씀을 그 마음에서 빼앗은 것이요"(눅 8:12). 그러므로 마귀가 자신의 선지자들을 통해서 장차 일어날 일을 선포하는 것은 놀라운 일이 아닙니다.

## 595

성경은 마귀가 인간에게 나쁜 생각을 불어넣고, 불경건한 자들에게 악한 계획을 암시한다는 것을 분명히 보여줍니다. 마귀가 유다의 마음에 그리스도를 배반하려는 생각을 불어넣었다고 성경에 기록되어 있습니다. 마귀는 가인을 사주하여 동생 아벨을 미워하게 했을 뿐 아니라, 더 나아가 그를 죽이게까지 했습니다. 그러나 마귀는 의인에 대해서는 그가 생각을 털어놓기 전까지는 그의 생각을 알지 못합니다. 그리스도의 생각을 알지 못하며, 그리스도께서 내주(內住)하시는 신자의 생각을 알지 못합니다. 마귀는 강하고 교활한 영입니다. 그리스도는 그를 가리켜 '이 세상 임금'이라고 하셨습니다. 그는 심지어 신자들의 마음에도 하나님께 반항하고 미워하는 마음, 좌절, 신성모독 같은 화살을 쏘아댑니다. 사도 바울은 이러한 공격을 잘 알고서 그 폐해를 자주 경고합니다.

## 596

사도는 마귀에게 "사망의 권세 잡은 자"라는 칭호를 붙입니다. 그리고 그리스도께서는 그를 살인자라고 부르십니다. 마귀는 대단히 교활하여서 심지어 나뭇잎을 가지고도 죽음을 유발할 수 있습니다. 그는 독이 가득 든 상자와 단지를 가지고 사람을 죽입니다. 세상의 모든 약제사들이 다 나서서 치료제를 만들어도 그를 감당할 수 없습니다. 만일 한 가지 독이 듣지 않으면 다른 독을 꺼내 사용합니다. 한 마디로, 마귀의 능력은 우리가 상상할 수 있는 것보다 큽니다. 그를 막을 수 있는 것은 하나님의 손뿐입니다.

## 597

나는 사탄이 인류에게 고통을 주는 모든 질병을 일으킨다고 주장합니다. 그는 죽음의 왕이기 때문입니다. 사도 베드로는 그리스도께서 마귀에게 눌린 모든 자들을 고치신다고 말합니다. 그리스도께서는 귀신들린 자들을 낫게 하실 뿐 아니라, 소경의 눈을 뜨게 하시고, 귀머거리가 듣게 하시고, 벙어리가 말하게 하시고, 중풍병자에게 힘을 주십니다. 그러므로 모든 중병은 마귀로부터 오는 타격이라고 나는 생각합니다. 마귀는 마치 자객이 칼 같은 무기를 사용하듯이 질병을 사용하여 사람을 넘어뜨립니다. 따라서 하나님께서는 사람의 건강과 생명을 유지해 주시기 위해 수면과 식사와 음료 같은 자연적인 수단을 사용하십니다. 마귀는 사람을 해치는 또 다른 방법을 갖고 있습니다. 그것은 공기 같은 것을 오염시키는 것입니다.

의사는 인간의 육체적 상처를 치료하지만, 우리 성직자는 영적인 상처를 치료합니다. 우리는 마귀가 상하게 한 영혼을 고쳐 줍니다. 마귀는 사람을 죽이기 위해 독을 사용하지만, 의사는 사람을 살리기 위해 해독제를 사용합니다. 피조물이 다른 피조물을 사용하여 피조물들을 돕는 것입니다. 의술은 책에서 유래하지 않고 하나님께서 나타내셨습니다. 시락(Syrach)은 이렇게 말합니다. "의술은 지극히 높으신 이에게서 나온다. 주께서 흙으로 약들을 지으셨다."

그러므로 우리는 의술을 하나님의 피조물로 여겨 정당하게 사용할 수 있습니다. 비텐베르크 시장이 최근에 내게 "의술을 사용하는 게 하나님의 뜻에 위배되는 것입니까?" 하고 물었습니다. 칼슈타트 박사(Dr. Carlstad)가 설교시간에, 누구든 병이 걸리면 의술을 사용할 게 아니라 하나님께 맡기고 하나님의 뜻이 이루어지기를 위해서 기도해야 한다고 가르치는 것을 시장이 듣고 그렇게 문의한 것입니다. 나는 시장에게 "배가 고프면 음식을 드시지요?" 하고 물었습니다. 시장이 그렇다고 대답하기에, 음식이든 음료든 생명을 유지하는 데 필요한 것을 사용하듯이 하나님이 내신 의술도 요긴하게 사용할 수 있다고 대답해 주었습니다.

## 598

사탄은 온갖 방법으로 사람들을 괴롭히고 고통스럽게 합니다. 어떤 이들에게는 잠잘 때 무서운 꿈과 환상으로 두렵게 하여 온 몸이 땀으로 흠뻑 젖게 합니다. 어떤 이들에게는 잠든 상태로 침대와 방에서 나와 높은 곳으로 가게 하여 떨어져 죽이려고 하는데, 만일 천사들이 그를 지켜주지 않으면 꼼짝없이 죽게 됩니다. 미신에 사로잡힌 교황주의자들은 몽유병 환자들이 세례 받지 않은 사람들이거나, 세례를 받았더라도 사제가 술에 취한 상태에서 세례를 준 사람들이라고 말합니다.

## 599

그리스도 외에는 어떠한 피조물도 마귀를 이길 수 없습니다. 마귀는 심지어 그리스도께 대해서도, 만일 자기에게 경배하면 온 세상의 나라들을 다 주겠다고 시험했습니다.

이 시험의 의미는 아무도 제대로 이해할 수 없습니다. 마귀가 그리스도께 "이 모든 것은 내 것이며, 내가 원하는 자에게 준다"고 한 것은 당연히 주제넘은 말입니다. 그것은 엄위로우신 하나님께서만 하실 수 있는 말이기 때문입니다. 물론 마귀가 주는 것이 사실이지만, 우리가 지닌 모든 것을 주시는 진정한 수여자와, 자신을 섬기고 숭배하는 자들에게 잠시 동안 주었다가 영원히 멸망에 떨어뜨리는 살인자는 엄격히 구분해야 합니다. 그리스도께서는 마귀가 세상의 임금이라는 사실을 부정하지 않으십니다. 하지만 그에게 절하지 않으시고, 오히려 "사탄아, 물러가라"고 말씀하십니다. 우리도 그렇게 해야 합니다. 실로 마귀는 지극히 악하고 유해하고 탐욕이 가득한 영임이 분명합니다. 그런 자였기에 감히 하나님의 아들로 하여금 자신에게 엎드려 절하도록 시험한 것입니다. 그 불구대천의 원수는 틀림없이 눈을 번득여가며 주님 앞에 천하 만국과 그 영광을 보여 줌으로써, 그런 것을 받아도 하나님의 자녀로 지낼 수 있다고 생각하도록 미혹했을 것입니다.

## 600

시기와 악독이 가득한 마귀는 예나 지금이나 우리로 죄를 짓게 한 다음 절망에 떨어지게 함으로써 우리를 괴롭힙니다. 우리는 마귀를 이렇게 대적해야 합니다. "이 거짓되고 악한 영이여! 네가 어찌 감히 나를 유혹하여 그 일에 손대게 하려는 것인가? 너는 네 머리를 상하게 하신 나의 주와 구주이신 그리스도 예수께서 너를 믿지 말라 하시되, 심지어 네가 진리를 말할지라도 믿지 말라 하시고, 너를 살인자, 거짓말쟁이, 거짓의 아비라 부르신 것을 알지 못하느냐? 너는 내가 많은 죄를 지었으므로 너의 포로이며 죄 때문에 영원한 죽음과 지옥의 고통을 당하게 될 것이라고 협박하지만, 나는 네 말에 동의하지 않는다. 오히려 네 자신이 오래 전에 나의 주와 구주이신 그리스도에 의해 무장해제 당하고, 심판을 받고, 영원한 결박과 흑암의 사슬로 결박되어 지옥에 던져져 마지막 심판 날까지 갇혀 있다가, 마침내 모든 불경건한 자들과 함께 지옥의 바닥없는 심연 속으로 던져질 것이다. 더 나아가 묻노니, 너는 무슨 권위로 내게 그런 힘과 권리를 행사하려는 것인가? 너는 내게 생명도, 아내도, 자녀도 준 적이 없지 않은가? 내가 지닌 지극히 작은 것 하나라도 너한테서 온 것이 있던가? 너는 나의 주도 아니고, 내 육체와 영혼의 창조주는 더욱더 아니다. 비록 내가 죄를 지었다만, 죄 지을 때 사용한 손과 발을 네가 만든 게 아니다. 그런데 너 악하고 거짓된 영아, 어찌하여 네가 감히 하나님인 체하며 나와 내게 속한 것을 주관하려고 드는가?"

## 601

교황의 지배를 받은 사람들은 마귀에 사로잡혀 있습니다. 마귀는 마법사들이 사용하는 주문이나 몸짓으로 물러가지 않습니다. "너 부정한 영아, 나오라"고 말한다고 해서 나오지 않습니다. 마법사에게는 믿음이 없기 때문입니다. 오직 하나님의 능력으로라야 그런 일을 할 수 있습니다.

마귀는 교인들이 모두 모여 합심하여 드리는 강력한 기도로 몰아낼 수 있습니다. 혼자서 악한 원수를 몰아내기도 하는데, 그러려면 엘리야와 엘리사,

베드로와 바울 같은 분들과 같은 충만한 믿음의 지식과 굳건한 용기가 필요합니다.

## 602

그리스도께서 땅에 계시던 시대에 가난한 사람들이 그리도 많이 귀신 들린 이유는 사가랴와 엘리사벳, 시므온과 안나 같은 소수를 제외하고는 이스라엘 백성 대다수가 참 진리를 외면하고 사장시켰기 때문입니다. 만일 바리새인들이 계속 지배하는 상태에서 그리스도께서 오시지 않았다면, 아마도 유대교는 이교로 전락하고 말았을 것입니다. 참 복음이 비추기 전에 교황의 지배 아래 있던 사람들이 그리스도와 그분 말씀을 몰라 터키인들과 이교도들의 수준으로 전락했던 것과 같습니다.

## 603

마귀는 다음과 같은 성경의 예언을 잘 알고 있었습니다. "보라 처녀가 잉태하여 아들을 낳을 것이요"(사 7:14), "한 아기가 우리에게 났고"(사 9:6). 그러나 그리스도께서 비천한 가정에 나셔서 죄인들과 어울려 다니심으로써 사회적 존경을 받지 못하신 까닭에, 마귀는 그분이 그리스도가 아니라 생각하고 다른 그리스도를 생각하게 되었습니다. 마귀는 항상 화려하고 높은 것만 주시하고, 겸손하고 비천한 것에는 눈길을 주지 않기 때문입니다. 그러나 영원하시고 자비로우신 하나님은 정반대이십니다. 시편 113편에 나타난 대로, 하나님께서는 낮은 것을 바라보십니다. "여호와 우리 하나님과 같은 이가 누구리요. 높은 곳에 앉으셨으나 스스로 낮추사 천지를 살피시고 가난한 자를 먼지 더미에서 일으키시며 궁핍한 자를 거름더미에서 들어 세워"(5–6절). 이사야서에는 이렇게 기록되어 있습니다. "무릇 마음이 가난하고 심령에 통회하며 내 말을 듣고 떠는 자 그 사람은 내가 돌보려니와"(사 66:2). 하나님께서는 높은 것에 관심을 두지 않으십니다. 오히려 그것은 하나님께 가증스러운 것입니다. 누가복음에는 이렇게 기록되어 있습니다. "사람 중에 높임을 받는 그것은 하나님 앞에 미움을 받는 것이니라"(눅 16:15). 그러므로 높은 곳에 오르려 하는 사람은 마귀가 그를 아래로 던질까 염려해야 합니다. 마귀의 본성과 태도는 먼저 사람을 하늘로 추켜올렸다가 지옥으로 내동댕이 치는 것이기 때문입니다.

## 604

우울증은 마귀의 작태라고 나는 결론짓습니다. 하나님은 우리에게 우울하게 만들지도 않으시고, 두려움에 휘둘리게 하지도 않으시며, 죽이지도 않으십니다. 하나님은 살아 있는 자들의 하나님이시기 때문입니다. 따라서 성경은 그토록 많이 기뻐하라고 하고, 안심하라고 하는 것입니다. 하나님의 말씀과 기도는 영적인 번민과 우울증을 치료하는 약입니다.

## 605

나는 황제나 교황의 손에 죽느니, 차라리 마귀의 손에 죽겠습니다. 그러면 세상의 위대하고 강한 군주의 손에 죽는 것이 되는 것입니다. 그러나 만일 그가 나를 한 입 베어 먹으면 그것이 그에게는 독이 될 것입니다. 그는 틀림없이 나를 도로 토해낼 것이며, 심판 날에 나는 그를 반드시 삼킬 것입니다.

## 606

마귀는 내가 선하거나 정직하지 않다고 굳이 말할 필요가 없습니다. 나 또한 죄책감 없이 지내거나 사죄의 필요를 느끼지 못하게 되기를 원치 않습니다. 그런 상태로 산다면 그리스도의 온갖 보화가 나와 상관 없게 될 것입니다. 그리스도께서 친히 이렇게 말씀하셨습니다. "나는 의인을 부르러 온 것이 아니요 죄인을 부르러 왔노라"(마 9:13).

## 607

마귀는 하나님의 말씀과 성령에 굴복하고 떠났기 때문에, 다시는 돌아와 예전과 같은 시험을 감히 하지 못한다고 나는 주장합니다. 그리스도께서는

"사탄아 물러가라" 고 말씀하십니다. 다른 곳에서는 "더러운 귀신아 그 사람에게서 나오라"(막 5:8)고 하십니다. 그러자 귀신들은 "우리를 돼지에게로 보내어 들어가게 하소서"(막 5:12) 하고 간구했습니다. 오리게네스(Origen)는 "나는 성도들이 귀신들과 싸워 많이 목 졸라 죽이고 베어 죽였다고 믿는다" 고 말합니다. 그들의 세력을 꺾었다는 뜻입니다.

## 608

마술은 마귀의 본업입니다. 하나님께서 허락하시면, 마귀는 그것으로 사람을 해칠 뿐 아니라 심지어는 죽이기까지 합니다. 이 세상에서 우리 인간은 행인과 나그네요, 마귀에게 던져진 육체와 영혼인 것입니다. 마귀는 이 세상의 신으로서, 만물이 그의 권세 아래 있습니다. 우리도 이 땅에 사는 동안에는 그 권세에 영향을 받습니다. 우리가 섭취하는 음식과 물, 공기가 그런 것입니다.

마귀는 매우 교활한 영인 까닭에 우리의 오감(五感)을 속일 수 있습니다. 실제로는 아무것도 보지 않았는데 마치 무엇을 본 것처럼 생각하게 만들고, 아무것도 듣지 않았는데 마치 우레나 나팔 소리를 들은 것처럼 느끼게 만듭니다. 마치 수에토니우스(Suetonius, ?69-122 이후. 로마의 전기작가, 역사가-옮긴이)의 기록에 나오는 대로, 율리우스 카이사르의 병사들이 실제로는 아무 소리도 들리지 않았는데 나팔 소리를 들었다고 생각한 것과 같습니다. 사탄은 사람들을 흉내내고 속이는 데 대가입니다.

특히 그는 사람들을 영적으로 속이고, 마음과 양심을 호리고 기만하는 데 능합니다. 하나님께 속한 바른 교리를 버리고, 그릇되고 거룩하지 못한 교리와 견해를 취하게 합니다.

오늘날은 마귀가 온갖 분파들과 유혹하는 자들을 통해서 그런 일을 참 쉽게 할 수 있게 되었습니다. 사람들의 마음을 호리고 속여서 분명한 진리를 도외시하고 거짓과 오류와 가증스러운 어둠을 주장합니다. 신적인 문제에서 자신들이 지혜롭고 유식하다고 주장합니다. 다른 사람들에 대해서는 아무것도 이해하지 못하는 거위 취급을 합니다.

## 609

독이 가득한 뱀은 불행 일으키기를 큰 낙으로 삼는 까닭에, 아무 걱정 않고 사는 교만한 사람들을 속여 넘어뜨릴 뿐 아니라, 하나님 말씀을 잘 배워 그 위에 서 있는 사람들조차 속여 오류에 떨어지게 합니다. 그는 나를 자주 무겁고 우울한 생각으로 공격하여, 나의 사랑하는 주와 구주이신 그리스도 예수를 잊게 만들고, 혹은 주님을 마땅히 믿고 의지해야 할 바대로 의지하지 못하게 만듭니다. 성도라도 그의 공격에서 자유로운 사람은 없습니다. 저마다 자주 거짓된 생각에 미혹을 받습니다. 그러므로 마귀의 공격을 분별하는 법을 터득하여 그가 우리의 방심한 틈을 타서 시험하지 못하도록 해야 합니다. 마귀는 우리가 깨어 경성하고 있지 않고, 영적 무기 곧 하나님의 말씀과 믿음으로 무장하고 있지 않은 것을 발견하면 반드시 다가와 우리를 시험하여 넘어뜨릴 것입니다.

## 610

나는 성경의 말씀들로 마귀를 쫓아내지 못할 때는 조롱와 야유의 말로 그를 날려보냅니다. 때로는 그에게 이렇게 말합니다. "거룩한 사탄아! 만일 나를 위해 흘려진 그리스도의 피로 충분치 않다면, 부탁인데 나를 위해 하나님께 기도해다오." 마귀는 내가 아무 일도 않고 한가히 있는 것을 발견하면 몹시 바빠집니다. 부지불식간에 나를 궁지에 몰아넣습니다. 하지만 하나님 말씀이라는 예리한 창 끝을 겨누면 그는 도망칩니다. 하지만 도망치기 전에 무서운 태풍 일으키기를 잊지 않습니다. 내가 교황을 비판하는 글을 쓰기 시작하면서 복음이 힘찬 걸음을 내디딜 때, 마귀는 몹시 요란한 소음을 내며 복음을 가로막았습니다. 어찌하든 마그데부르크를 연옥으로 남겨 두고 싶었던 것입니다. 그 도시에 한 시민이 살았는데, 그는 아들을 잃은 슬픔에 철야 기도와 미사 찬송을 거부했습니다. 마귀는 원망이 흐르는 그의 마음을 틈타 매일 밤 자정이 되면 죽은 소년의 방으로 들어가 소년이 흐느끼는 듯한 소리를 냈습니다. 소년의 아버지는 너무나 슬퍼서 어떻게 해야 할지를 몰랐습니다.

교황 진영의 사제는 그것이 철야에 참석하지 않은 대가라고 말했습니다. 그러자 시민은 내게 사람을 보내 조언을 구했습니다. (얼마 전에 내가 "그들에게 모세와 선지자들이 있으니"라는 본문을 주제로 전한 설교가 인쇄된 것을 그가 읽었던 모양입니다.) 나는 비텐베르크에서 그에게 편지를 보내어, 철야 행사가 마귀의 장난임을 잘 알 테니 그 행사에 굳이 참석하지 않아도 된다고 조언해 주었습니다. 내 편지를 받고 그 집의 어린이들과 하인들은 마귀를 이렇게 조롱했다고 합니다. "사탄아, 너 뭐하고 있느냐? 저주받은 영아, 당장 이곳에서 꺼져 네가 있어야 할 곳인 지옥 구덩이로 들어가거라." 마귀는 그들에게 경멸을 당하고는 장난을 그치고 다시는 그곳에 오지 않았습니다. 그는 거만한 영이어서 조롱을 견디지 못합니다.

## 611

사탄은 그리스도인들을 끊임없이 괴롭히며 불화살을 쏘아대지만, 이것이 우리들에게는 오히려 유익합니다. 그로 인해 하나님 말씀을 더욱 신뢰하게 되고, 믿음이 더욱 자라고 강해지기 때문입니다. 우리는 자주 흔들리며, 마귀에게 떠밀려 심한 좌절과 고난에 휩싸이지만, 그러나 그는 우리를 영원한 절망에 떨어뜨릴 수 없습니다. 그리스도께서 항상 모든 상황을 장악하시고서 우리를 통해 그를 대적하게 하시기 때문입니다. 우리는 온갖 시련과 유혹 속에서도 소망을 품고 그리스도를 의지합니다.

## 612

사탄이 슬픔에 잠긴 양심을 우울증으로 괴롭히는 것은 결코 가벼운 일이 아닙니다. 그는 그런 순간에는 그리스도로 가장하여 양심에 나타나기 때문에, 양심의 가책에 시달리는 가련한 인간은 그의 농간을 분간해 낼 수 없습니다. 따라서 많은 사람이 그런 줄도 모르고 절망에 주저앉은 채 자학합니다. 마귀에게 완전히 속아넘어가, 양심을 모질게 공격하는 것이 마귀가 아니라 그리스도라고 생각하는 것입니다.

나는 성경을 공부한 사람으로서 여러 해 동안 그리스도를 전했습니다. 하지만 이날까지 사탄을 쫓아내지 못했습니다. 마음으로는 간절한데 잘 되지 않습니다. 게다가 성경이 가르치고 권면하는 대로 그리스도를 알고 의지하는 일도 잘 되지 않습니다. 마귀는 이러한 나의 정신을 틈타 공격하려고 끊임없이 살피고 있습니다. 그럴지라도 우리가 전능하신 하나님 앞에 겸손히 감사를 드려야 할 이유는, 지금까지 믿음과 기도를 통해 당신의 거룩한 말씀으로 우리를 지켜 주시고, 겸손과 경외로 주님 앞에서 행하는 법을 깨우쳐 주시고, 자신의 지혜와 의와 능력을 의지하지 않고, 항상 우리의 힘이 되시는 그리스도 안에서 기쁨과 위안을 얻게 하시기 때문입니다. 우리는 약하고 비겁하지만, 우리 같은 자들 안에 힘과 용기를 주심으로써 끊임없이 이기게 하십니다. 이 일을 생각할 때 주님의 거룩하신 이름이 영원히 찬송과 영광을 받으시옵소서. 아멘.

## 613

마귀에게는 그의 왕국의 초석이 되는 두 가지 사업이 있습니다. 그것은 거짓말과 살인입니다. 하나님께서는 "살인하지 말지니라", "너는 나 외에는 다른 신들을 네게 두지 말라"고 말씀하십니다. 이 두 가지 계명에 대해서 마귀는 끊임없이 총력을 다해 싸움을 걸어옵니다.

마귀는 이제 더 이상 예전처럼 불평과 불만으로 사람들을 들쑤시지 못합니다. 상황이 20년 전과 완전히 달라진 것을 알기 때문입니다. 이제 그는 부지런히 다른 수단을 개발합니다. 불평 불만은 우리들 가운데 거의 자취를 감추었으나, 반란과 선동이 갈수록 증가하여 사회를 위협하고 있습니다. 주님께서 이런 조류를 막아주시기를 기원합니다.

## 614

마귀가 행사하는 힘은 하나님께서 시키신 것이 아니라 다만 막지 않으신 것일 뿐입니다. 그가 소란과 격동 일으키는 것을 놔두시지만, 그에게 일정한 선을 그어 놓으시어 그 선을 감히 밟거나 넘지 못하게 하십니다.

하나님께서 사탄에게 욥에 관하여 "내가 그의 소유물을 다 네 손에 맡기노

라. 다만 그의 몸에는 네 손을 대지 말지니라"(욥 1:12)고 말씀하셨습니다. 그 정도까지는 허용하고 네게 재량권을 주지만, 그의 생명에는 손을 대지 말라는 뜻입니다.

## 615

하나님께서 연약한 혈육으로 된 우리에게 마귀와 싸우게 하시고, 그처럼 강력한 영에게 타격을 가해 이기게 하시되, 오직 하나님 말씀만 무기로 주시고 믿음으로 그것을 사용하여 이기게 하시는 것은 참으로 놀랍고 기이한 일입니다. 이 사실 앞에서 마귀는 당혹스럽고 낙심하지 않을 수 없습니다.

## 616

마귀는 새 사냥꾼과 비슷합니다. 그는 잡은 새들을 대부분 목 비틀어 죽이지만, 더러는 살려두어 다른 새들을 유인하는 미끼로 사용합니다. 새장에 가둬두고 지저귀게 하여 다른 새들이 그 소리를 듣고 올 때 잡는 것입니다. 마귀가 나를 잡아 새장에 가두는 일이 일어나지 않기를 바랍니다.

## 617

마인츠의 대주교가 생각하듯이, 마귀가 지옥에 있으므로 불경건한 자들에게서 멀리 떨어져 있다고 안심해서는 안 됩니다. 마귀는 완고한 마음에 거하면서 그를 자기 좋은 대로 행동하도록 떠밉니다. 만일 마귀가 우리의 육체와 재산에만 해를 입히고, 이생의 염려와 근심으로만 우리를 괴롭힐 수 있는 정도라면 그다지 두려운 존재가 아닐 것입니다. 그러나 그는 매우 고등한 기교와 방법을 터득해왔습니다. 그는 믿음으로 말미암아 의롭다 함을 얻는다는 조항을 거짓으로 치부하여 삭제함으로써, 교황주의자들에게 하듯 그것을 마음에서 도려내 버리거나, 분파와 이단들을 통해서 그 의미를 훼손합니다. 그들은 마귀에게 휘둘리는 것도 모른 채 행위를 크게 중요시함으로써 알맹이 없이 껍질에만 마음을 쓰게 합니다.

## 618

마귀는 자신을 위장할 때 취하는 두 가지 형상이 있습니다. 뱀의 형상을 하여 사람을 두려움에 빠뜨리고 죽이는가 하면, 어리석은 양의 형상을 하여 거짓말하고 속입니다. 이것이 그가 사람을 호리는 두 가지 형상입니다. 마귀는 어리석은 영입니다. 가난하고 약한 그리스도인들을 괴롭힘으로써 그리스도께서 그들을 지키실 방법과 구실을 제공하기 때문입니다. 그럼으로써 오히려 그리스도와 그분의 사도들의 권위가 확립되게끔 기여합니다. 마귀가 병들게 한 사람을 사도들이 낫게 하여 건강한 사람으로 만드는 것이 그중 한 가지 경우입니다. 마귀는 차라리 그 사람을 그냥 평안하게 놔두었으면 좋았을 텐데, 악한 정욕을 이기지 못해 심한 병에 걸리게 하고, 사도들이 그를 고침으로써 스스로 망신을 자초한 것입니다.

## 619

우리의 찬송과 시가 마귀를 당혹스럽게 만듭니다. 이에 비해 우리의 열정과 조급함, 불평과 원망은 그에게 쾌재를 부르게 합니다. 그는 우리를 괴롭히는 데서 기쁨을 얻습니다. 특히 우리가 죄를 자백하고, 찬송을 부르고, 설교를 하고 그리스도를 높일 때 더욱 그러합니다. 마귀가 이 세상 임금이요 우리의 불구대천의 원수임을 안다면, 그가 자기 나라를 지나가는 것을 그냥 놔둘 수밖에 없습니다. 그는 우리에게 이런저런 세금을 부과할 것이며, 다양한 질병과 고통으로 우리 육신을 칠 것입니다.

## 620

하나님께서는 마귀와 마술사들에게 인간을 지배할 수 있는 능력을 두 가지 방식으로 주십니다. 첫째는 불경건한 자들에 대해 그들의 죄를 징벌하도록 주시는 능력이며, 둘째는 의롭고 거룩한 신자들에 대해 그들이 항상 믿음을 견지하고 끝까지 순종하는지를 시험하도록 주시는 능력입니다. 하나님의 뜻과 우리의 동의가 없다면, 마귀는 신자인 우리를 해칠 수 없습니다. 하나님께서 자기 백성을 "자기의 눈동자 같이" 지키신다고 하셨고(참조. 신 32:10), 그리스도께서도 "너희에게는 머리털까지 다 세신 바 되었나니"(마 10:30)라고 말씀하셨습니다.

## 621

마귀의 능력은 지각없는 짐승과 이교도처럼 사는 현세적인 사람, 이 세상의 지혜자들이 타락하는 데서는 잘 눈에 띄지 않지만, 성령을 받은 성도들의 타락에서는 금방 눈에 띕니다. 아담과 다윗, 솔로몬, 베드로 같은 위대한 인물들이 큰 죄를 지었습니다. 그들은 죄를 지음으로써 하나님의 은사를 받았다는 이유로 자고(自高)하지 않게 되었습니다.

## 622

나는 마귀가 얼마나 교활한 존재인지 경험을 통해 익히 압니다. 그는 우리에게 율법을 들이밀어 가책과 두려움에 휩싸이게 합니다. 작고 사소한 죄도 지옥처럼 심각한 죄로 침소봉대하는 데 능숙합니다. 그뿐 아니라, 때로는 아예 죄가 아닌 것을 크고 무거운 죄로 만듭니다. 그가 성경에서 이런저런 경고 문구를 가져다가 우리 마음에 던져 넣으면, 우리는 순간 모든 빛과 시력을 잃고 질투의 화신인 마귀에 지나지 않는 그의 궤계를 참된 그리스도의 음성으로 받아들입니다.

## 623

시련이 다가오면 그리스도 예수의 이름으로 "하나님께서 내게 그 주화를 받지 말라고 금하셨다. 그것은 마귀가 제조한 것이므로, 우리는 그것을 금지된 주화로 여겨 배척한다"고 말하여 쫓아내십시오.

무거운 시험이 닥쳐오면 자신에게 가장 잘 맞는 방법으로 그것을 쫓아내십시오. 기쁜 일에 대해서는 좋은 친구들과 함께 나누십시오.

## 624

나는 교황을 비판하는 글을 쓸 때 조금도 위축되거나 걱정이 되지 않습니다. 두뇌와 이성으로 구상한 다음 마음의 기쁨으로 글을 쓰기 때문입니다. 이러한 나의 모습을 보고는 라이젠푸쉬 박사(Dr. Reisenpusch)가 이렇게 말했습니다. "어쩌면 그렇게 태연할 수 있는지 놀랍습니다. 만일 내가 당신의 처지에 있다면 크게 자학하며 지냈을 것입니다." 나는 이렇게 대답했습니다. "교황뿐 아니라 그의 모든 수행원들이 다 덤빈다 해도 나를 우울하게 만들지 못합니다. 나는 그들이 그리스도의 원수들임을 알기 때문입니다. 그러므로 나는 기쁜 마음과 용기를 가지고 교황을 대적합니다."

## 625

마귀는 사람들이 죄를 짓기 전에는 그들에게 하늘을 주지만, 죄를 짓고 난 다음에는 그들의 양심을 절망에 떨어뜨립니다. 그리스도께서 사람을 대하시는 방법은 정반대입니다. 죄를 범한 사람이 회개를 하면 그에게 하늘을 주시며, 양심에 기쁨을 주시는 것입니다.

어젯밤에 선잠을 깼을 때 마귀가 내게 와서 말했습니다. "하나님은 너와 멀리 계시므로 네 기도를 듣지 않으신다." 나는 이렇게 말했습니다. "그럴지라도 나는 더 큰 소리로 부르짖을 것이다. 그리고 세상의 배은망덕과, 왕들과 권력자들과 제후들의 불경건한 행위를 떠올리고, 사나운 이교도들의 모습을 떠올릴 것이다. 이런 자들이 내 속에서 기도가 더욱 뜨겁게 타오르게 할 것이다."

## 626

지옥의 사냥개는 헬라어로 '케르베루스' 라고 하고, 히브리어로는 '스코르푸르' 라고 합니다. 이 개는 목구멍이 세 개인데, 하나는 죄이고, 또 하나는 율법이고, 다른 하나는 사망입니다.

## 627

욥기에는 고래 '베헤못' 에 관해 언급하는 두 장(40, 41장)이 나옵니다. 그 짐승 앞에서는 어떠한 인간도 안전하지 못합니다. "네가 낚시로 리워야단을 끌어낼 수 있겠느냐 … 그것이 어찌 네게 계속하여 간청하겠느냐 부드럽게 네게 말하겠느냐"(41:1, 3). 이런 것들은 모두 마귀를 상징하는 이미지와 표상들입니다.

## 628

튀링겐 지방의 에르푸르트에서 멀지 않은 몰부르크라는 도시에 음악가가 살고 있었는데, 그는 잔칫집에 가서 연주하여 돈을 벌었습니다. 이 사람이 소교구 목사를 찾아와, 자신이 날마다 마귀에게 시달린다고 호소했습니다. 불법 결혼식에서 음악을 연주했다는 이유로 자기를 데려가겠다고 했다는 것입니다. 목사는 그를 위로하고 위하여 기도해 주고, 마귀를 대적하라고 권면하는 여러 성경 구절들을 찾아 읽어 주었습니다. 그리고는 경건한 신자 몇 사람을 그의 곁에 보내 밤낮 문을 걸어 잠근 채 그를 지키도록 했습니다. 마침내 음악가는 이렇게 말했습니다. "사탄이 이제는 내 영혼은 해칠 수 없다는 느낌이 듭니다. 하지만 그는 틀림없이 내 육체는 데려갈 것입니다." 그런데 바로 그날 밤 여덟 시에 마귀가 겹겹이 지키는 사람들 사이로 광풍의 형태로 창문을 부수고 들어와 음악가를 데려갔습니다. 그의 시신은 다음 날 아침에 뻣뻣이 굳은 채 개암나무에 걸린 상태로 발견되었습니다. 이것은 확실한 사실이라고 루터는 덧붙였습니다.

## 629

우리는 예수 그리스도와 선지자들, 사도들과 달리 특정 의식과 말로 귀신들을 쫓아낼 수 없습니다. 우리가 할 수 있는 일이란 예수 그리스도의 이름으로 주 하나님께 무한하신 자비를 베푸사 귀신들린 자들을 건져달라고 기도하는 것뿐입니다. 온전한 믿음으로 드리는 기도라면 그리스도께서 약속하신 대로(요 16:23) 그 기도는 효력이 있어서 마귀의 모든 적대 행위를 이기게 될 것입니다. 그러한 구체적인 사례를 여러 가지 언급할 수 있습니다. 그러나 우리 스스로의 힘으로는 악령들을 쫓아낼 수 없으며, 그런 시도조차 할 수 없습니다.

## 630

사람들이 귀신에 들리는 방법은 두 가지입니다. 하나는 육체적으로 들리는 것이고, 다른 하나는 영적으로 들리는 것입니다. 마귀는 정신 이상자들처럼 자신이 육체적으로 사로잡는 자들에 대해서는 하나님으로부터 허락을 받아 괴롭히지만, 그들의 영혼을 주관할 권한은 없습니다. 신적인 교리를 박해하고 진리를 거짓으로 대하는 사람들이 불행하게도 우리 시대는 지천으로 널려 있는데, 그들은 모두 마귀에게 영적으로 사로잡힌 자들입니다. 그들은 구원을 받을 수 없고, 말하기도 두려운 일이지만 마귀의 포로들로 남아 있습니다. 예수 그리스도의 시대에 안나스와 가야바처럼 예수께서도 구원하실 수 없었던 불경건한 유대인들이 그런 사람들이었고, 오늘날은 교황과 그의 추기경들과 주교들, 폭군들, 파벌들이 그런 사람들입니다.

## 631

사탄이 여러분의 마음에 "하나님께서 너의 죄를 용서하지 않으실 것이고, 은혜도 베풀지 않으실 것이다" 하고 말할 때, 특히 가난과 질병 등 하나님의 진노의 표가 여러분에게 임할 때, 여러분은 어떻게 스스로 위로하시렵니까? 여러분의 마음에 "봐라, 너는 병들었고, 가난하여 모든 사람들에게 버림을 받았다"는 자책이 생길 때는 다음과 같이 말해야 합니다. "맞다. 겉으로 보기에는 그럴 것이다. 나는 너무나 슬프고 막막하지만, 그럴지라도 확실히 아는 것은 내가 나의 주와 구주이신 그리스도와 연합하여 한 몸이 되었다는 것이다. 내게는 그 사실을 확신케 하는 말씀이 있는데, 그 말씀은 나를 실망시키지도 속이지도 않는다. 하나님은 참되시어, 약속하신 모든 것을 이루시기 때문이다."

## 632

마귀는 자주 내 마음에 이런 생각을 불어넣습니다. "너는 너의 교리를 가지고 교황과 미사와 탁발수사들과 수녀들에게 낙심과 충격을 안겨 주었는데, 만일 네 교리가 거짓과 오류라면 어떻게 할 것인가?" 이 생각에 잠시 진땀이 납니다. 하지만 마침내 마귀가 그 생각에 붙어 떠나지 않으려고 하는 것을 안 다음에는 그에게 이렇게 대답합니다. "사탄아 물러가라. 그 말은 나한테 할 게 아니라 나의 하나님께 찾아가 직접 말하거라. 그 교리는 내 것이 아니라 하나님의 것이기 때문이다. 하나님께서는 내게 그 교리가 가르치는 그리스도를 청종하라고 명령하셨다."

# 시험과 환난에 관하여

## 633

누구든 은혜의 말씀과 기도가 없이 죄와 율법에 관하여 마귀와 논쟁을 벌이면 반드시 패하게 되어 있습니다. 그런 사람은 아예 논쟁할 생각을 말아야 합니다. 마귀는 골리앗의 칼과 창과 무기로 우리를 겨누고 있기 때문입니다. 즉, 그는 우리 양심의 증언들을 확보하고 있습니다. 우리가 하나님의 모든 계명을 어겼다고 고소하는 증언들입니다. 그러므로 마귀는 우리에 대해 매우 유리한 고지를 점하고 있습니다.

마귀는 나의 교리로 인하여 엄청난 폐해가 발생했다는 주장으로 나를 자주 공격합니다. 이것이 무척 당혹스럽습니다. 그때마다 하나님의 은혜로 나의 교리가 큰 유익을 끼친 사실을 상기시켰으나, 마귀는 매우 교활한 수사학자인 까닭에 그런 유익조차 죄로 탈바꿈시킬 수 있습니다. 마귀가 지금처럼 격렬하게 활동한 적이 없습니다. 나는 그를 잘 느낍니다.

그러나 나 자신을 돌아보고 복음을 굳게 붙든 상태에서 마귀와 대면하면 그를 제압할 수 있고 그의 모든 논리를 논박할 수 있습니다. 그럴지라도 가끔 실패하기도 합니다. 그는 이렇게 말을 걸어옵니다. “율법도 하나님의 말씀이다. 그런데 왜 항상 복음이 나를 대적하는가?” 나는 이렇게 대답합니다. “네 말이 맞다. 율법도 하나님의 말씀이다. 그러나 율법과 복음은 하늘이 땅에서 먼 것처럼 서로 차이가 있다. 왜 그런가 하면, 하나님께서 복음 안에 우리를 위한 은혜를 담아 전하시기 때문이다. 하나님은 순전히 사랑으로 우리의 하나님이 되시며, 우리에게 독생자를 주셨다. 독생자께서 우리를 죄와 사망에서 건지시고, 우리에게 영원한 의와 생명을 얻어 주셨다. 나는 그 사실을 굳게 의지하며, 그로써 하나님을 거짓말하는 분으로 만들지 않을 것이다.

하나님께서는 과연 율법도 주셨지만, 율법은 모든 점에서 복음과 다른 용도와 목적을 지니고 있다."

내가 가르치고 전한 것은 밝은 대낮에 모든 사람들이 보는 가운데 전한 것이지, 한쪽 구석에서 은밀히 전한 것이 아닙니다. 나는 복음과 세례와 주기도문을 골격으로 말씀을 전합니다. 여기에 그리스도께서 서 계시며, 나는 그분을 부인할 수 없습니다. 나는 복음 위에 나의 모든 논거(論據)를 둡니다. 그런데도 마귀는 교활한 궤변으로 나의 빈틈을 공격하기 때문에 여간 진땀이 나는 게 아닙니다.

사도 바울도 빌립보에서 유대인들과 이방인들로부터 성(城)을 심히 요란하게 한다는 이유로 공격받았을 때 자신을 변호하지 않을 수 없었습니다. 데살로니가에 갔을 때는 "천하를 어지럽게 하던 이 사람들이 … 다 가이사의 명을 거역하여 말하되 다른 임금 곧 예수라 하는 이가 있다"(행 17:6-7)는 말로 고소를 당했습니다. 예루살렘에서 체포되어 가이사랴에 호송되었을 때도 "이 사람은 전염병 같은 자라. 천하에 흩어진 유대인을 다 소요하게 하는 자요"(행 24:5)라는 말로 고소를 당했습니다. 이처럼 마귀는 유대인들을 격동하여 그리스도를 대적하게 하고, 그리스도께서 가이사에게 세금을 바치지 말라 하여 반역죄를 범하고 자칭 하나님의 아들이라 함으로써 신성모독죄를 범했다고 고소하게 만들었습니다. 따라서 나는 사탄에게 이렇게 말합니다. "마귀 박사여, 너는 옛적에 그리스도와 사도 바울에게 대들었다가 큰 낭패를 당했는데, 내게 대들면 똑같은 망신을 당할 줄을 알라."

## 634

마음이 무겁고 우울한 것은 모두 마귀에게서 온 것입니다. 특히 '하나님께서 내게는 은혜를 베푸시지 않고, 자비를 베푸실 뜻이 없는가보다' 하는 생각은 어김없이 마귀가 불어넣는 것입니다. 여러분이 아무리 무거운 생각에 사로잡혀 있든 그것이 마귀의 작태인 줄을 확실히 알아야 합니다. 하나님께서 아드님을 세상에 보내신 목적은 두려움에 떨게 하시려는 것이 아니요 위로하시려는 것입니다.

그러므로 용기를 내십시오. 이제부터는 여러분이 인간의 자녀가 아니라, 그리스도를 믿음으로, 그리스도의 이름으로 세례를 받음으로 하나님의 자녀가 되었다는 사실을 굳게 간직하십시오. 그러므로 이젠 죽음의 창이 여러분을 뚫을 수 없습니다. 마귀는 여러분에게 아무런 권리가 없으며, 여러분을 해치거나 손해를 입힐 수 없습니다. 그는 그리스도 앞에서 영원히 굴복했습니다.

## 635

그리스도인은 세상 사람들과 달리 안전과 만족을 누리고 살기보다 차라리 슬픔을 안고 사는 편이 낫습니다. 또한 항상 두려움에 휩싸여 살더라도 자신이 그리스도를 인하여 자비로우신 하늘의 하나님을 모시고 있음을 생각하는 것이 잘하는 것입니다. 주님을 경외하고 주님의 자비를 바라며 사는 자들을 주께서는 기뻐하십니다.

환난에는 두 종류가 있습니다. 하나는 영적인 환난이고, 다른 하나는 육체적인 환난입니다. 사탄은 정당하게 해놓은 일조차 하나님 말씀을 제시하며 왜곡함으로써 양심을 괴롭힙니다. 그러나 육체에 대해서는 다른 방법으로 괴롭힙니다.

신자가 환난을 자처할 필요는 없습니다. 하지만 환난 곧 자기 십자가가 닥쳐오면 인내로 그것을 감당하되, 그것이 자신에게 선하고 유익한 줄을 알아야 합니다.

## 636

루터는 몹시 양심의 가책에 시달리는 사람이 있다는 말을 들었습니다. 그 사람은 자신에게 온전한 의가 없고, 율법이 요구하는 것만큼 자신이 의롭지 못하다고 생각했으며, 기도를 드릴 때도 그리스도를 모독하는 느낌이 들었습니다. 루터는 이렇게 말했습니다. "그것은 좋은 징후입니다. 하나님을 모독하는 것에는 두 가지가 있기 때문입니다. 하나는 적극적인 모독으로서, 의도적으로 하나님을 모독할 기회를 노리는 것이고, 다른 하나는 소극적인 모독으로서 원치도 않는데 속에서 나오는 것입니다. 마귀가 그런 생각을 일으킬 때 우리는 당장 뿌리치고 싶어합니다. 하나님께서 그런 것을 우리 속에 허용하시는 이유는 태만하게 살지 말고 힘써 기도하여 그런 것을 물리치도록 하시려는 것입니다. 기도에 힘쓰면 그런 악한 생각이 때가 되면 자연히 사라지게 되어 있습니다. 특히 우리가 세상을 떠날 때는 완전히 사라집니다. 그때는 성령께서 자기 백성 곁에 서서 마귀를 쫓아내시고, 평온하고 고요한 양심을 갖게 하시기 때문입니다. 그러므로 그 사람은 이런 영적 질병에 대해서 나의 처방을 활용하면 좋겠습니다. 어떠한 일로도 자학하지 말고, 하나님을 의지하고 말씀을 붙들어 평안을 얻으십시오. 그러면 마귀가 그런 유혹으로 마음을 흔드는 짓을 중단할 것입니다."

내면에서 충분하고 온전한 의를 발견하지 못해 가책에 시달릴 때는, 어떠한 인간도 이생에서는 그런 것을 얻지 못하게 되어 있음을 알아야 합니다. 그것은 내세에 얻게 될 천사적인 상태입니다. 이생에서는 그리스도의 의에 참여한 것으로 만족해야 합니다. 그리스도께서 순결하고 흠 없는 삶으로써 우리를 위해 충분한 공로를 세워 놓으셨습니다.

## 637

그리스도께서는 간음을 범한 여자에게 "나도 너를 정죄하지 아니하노니 가서 다시는 죄를 범하지 말라"(요 8:11하)고 말씀하셨습니다. 살인한 강도에게는 "내가 진실로 네게 이르노니 오늘 네가 나와 함께 낙원에 있으리라"(눅 24:43)고 하셨습니다. 그러나 복음의 의를 배척한 사두개인들과 바리새인들에게는 "너희에게 화가 있을 것이다" 하고 말씀하셨습니다.

마음이 약해서 협박을 이기지 못해 하나님 말씀을 부인하는 사람, 특히 오늘날 제후 게오르크 치하에 그런 처지에 놓인 사람들은 성령을 거스르는 죄를 범한 것이 아닙니다. 베드로는 그리스도를 부인하는 죄를 범하였으나, 성령을 거스르는 죄를 범하지는 않았습니다. 반면에 유다는 죄를 끝까지 고수했고, 회개하되 올바로 하지 않고 완고한 상태로 남아 있었습니다.

## 638

십자가와 고난 없이 인간이 하나님을 생각한다는 건 불가능합니다.

## 639

모든 사람이 다 같은 환난을 당하는 게 아닙니다. 어떤 이들은 마귀의 공격을 잘 견뎌냅니다. 우리 세 사람, 필립 멜란히톤, 존 칼빈, 그리고 나 자신이 그렇습니다.

## 640

다윗은 마귀로부터 우리보다 훨씬 더 맹렬한 공격을 받았음이 분명합니다. 큰 시험과 환난을 겪지 않았다면 그렇게 위대하고 영광스러운 계시들을 받아 깨달을 수 없었을 것입니다. 다윗은 찬송 시를 지었습니다. 우리도 찬송 시를 지을 것이며, 능력과 힘을 다해 찬송을 불러 우리 주 하나님을 기리며, 마귀와 그의 배우자를 조롱할 것입니다.

## 641

다윗이 "내 아들 압살롬아 내 아들 내 아들 압살롬아 차라리 내가 너를 대신하여 죽었다면, 압살롬 내 아들아 내 아들아"(삼하 18:33) 하고 울부짖을 때 그 마음이 얼마나 슬프고 허전했겠습니까! 그 말에 슬픔과 허전함이 절절이 배여 있습니다.

선하고 거룩한 왕이 모진 환난과 고난을 겪었는데, 그것은 하나님께서 하신 약속들을 가리고 어둡게 했습니다. 참으로 두렵고 섬뜩한 사례들입니다. 우리도 그런 시험과 환난의 때에는 다윗처럼 말씀을 굳게 붙들어야 합니다. 하나님의 말씀이 얼마나 귀한지요!

## 642

바르고 참된 기독교 교회는 살과 피에 맞서 싸워야 할 뿐 아니라, 영적인 악에도 대항해야 합니다. 영적 전투는 대단히 치열하고 위험합니다. 살과 피는 몸뚱이 하나와 아내와 자식들과 집과 땅과 현세적인 것들을 데려갈 뿐이지만, 영적인 악은 영혼과 영원한 생명과 구원을 앗아갑니다.

## 643

주 우리 하나님께서는 곤궁과 환난과 위험에 처해 마음이 겸손하고 슬픔과 두려움을 아는 사람들의 하나님이십니다. 사람은 힘과 자신감이 있으면 자연히 마음이 높아지게 되어 있습니다. 하나님께서는 우리의 연약함에 능력을 공급해 주십니다. 주께서는 꺼져 가는 심지도 끄지 않으시고 상한 갈대도 꺾지 않으시는 분입니다.

## 644

믿음으로 인해 당하는 환난이야말로 가장 크고 예리한 고통을 줍니다. 믿음은 모든 환난을 버텨내는 기둥이 되어야 하기 때문입니다. 만일 믿음이 붕괴되면 온갖 환난이 덮쳐 누를 것입니다. 그러나 믿음이 확고히 버텨주면 환난이 왔다가도 약해져서 사라질 것입니다. 믿음의 시련은 사도 바울을 괴롭혔던 육체의 가시였으며, 그것이 육체와 정신, 영혼과 육체를 찌릅니다. 다윗도 그러한 환난에 맹렬한 공격을 당하는 상황에서 "여호와여 주의 분노로 나를 책망하지 마시오며 주의 진노로 나를 징계하지 마옵소서"(시 6:1)라는 시를 지었습니다. 하나님의 진노와 분을 받는 것보다 차라리 칼로 베임을 받는 편이 백 배 나았을 것입니다.

## 645

마음의 짐이 육체의 질병을 일으킵니다. 영혼이 눌리면 몸도 눌립니다. 아우구스티누스가 잘 말해놓았습니다. "영혼은 그것이 생기를 불어넣은 곳보다는 사랑하는 곳에 있다"(*Anima plus est ubi amat, quam ubi animat*).

염려와 중압감과 슬픔과 열정이 일제히 준동하면 육체를 약하게 합니다. 육체란 영혼 없이는 죽은 것이요, 마부 없는 말과 같게 되는 것입니다. 그러나 마음이 평안하고 고요하면 육체에도 활력을 줍니다. 그러므로 정신을 차려 불안과 염려에 휘둘리는 일이 없어야겠습니다.

## 646

무릇 인간은 이생에서 사는 동안 저마다 불만을 지니게 되어 있습니다. 누구나 자신만의 시험과 환난이 있으며, 많은 사람들이 불안과 염려를 안고 삽니다. 자신의 처지와 상태에 만족하고 사는 사람은 거의 없습니다.

## 647

이제는 세상을 떠났으면 하는 생각이 간절합니다. 너무 지쳤고 여전히 짐이 과중하여서, 이제는 기쁘고 평온한 마음과 양심을 누려보고 싶습니다. 만일 건강을 되찾으면 그 즉시 평정과 휴식이 사라지고, 슬픔과 지침과 환난이 찾아올 것입니다. 그러나 사도 바울 같은 위대한 분도 환난에서 면제되지 못했습니다.

## 648

영적 환난이 극심하면 신자라도 "차라리 태어나지 않았다면 좋았을 텐데" 하는 탄식이 흘러나오고 원망과 불평이 새어나옵니다. 우리의 복되신 구주 그리스도께서도 겟세마네 동산에서 그러한 환난에 휩싸이셨을 때 "아버지여 만일 할 만하시거든 이 잔을 내게서 지나가게 하옵소서"(마 26:39) 하고 탄식하셨습니다. 의지와 의지가 서로 충돌했으나, 구주께서는 아버지의 뜻에 복종하셨고, 천사가 구주의 마음을 위로해 드렸습니다. 우리와 같은 육체를 입으시고 고난과 시험을 당하신 그리스도께서는 시험과 고난에 처한 우리에게 하나님 앞에서 너무나 훌륭하고 고마운 중보자와 대언자가 되십니다. 시험과 환난 속에서 마치 하나님께서 우리에게 진노하시는 것처럼 보일 때, 정신을 차리고 회개하고 믿음을 붙들면 그러한 폭풍우 속에 감춰진 하나님의 은혜와 인자하심을 발견할 것입니다. 그러므로 인내로써 하나님께 간구하고, 항상 소망을 잃지 말아야 합니다.

## 649

1529년 8월 8일에 루터가 아내와 함께 열병에 걸려 눕게 되었습니다. 이질과 좌골신경통을 비롯한 수십 가지 질병에 시달리는 상태에서, 그는 이렇게 말했습니다. "하나님께서 나를 심하게 누르시니 참으로 견디기 어렵습니다. 그러나 하나님께서는 그것이 우리에게 어떤 유익이 되는지 잘 아십니다. 우리 주 하나님은 활판을 거꾸로 배열하는 인쇄업자와 같으십니다. 따라서 이 세상에 사는 동안 우리는 하나님의 뜻을 그렇게 에둘러 읽어야 합니다. 하지만 장차 올 세상에서는 모든 것을 명쾌하고 직설적으로 읽게 될 것입니다. 그동안은 인내해야 합니다. 환난은 믿음을 연단하는 좋은 학교입니다. 시편은 거의 절마다 환난과 당혹스러움과 슬픔과 마음의 고통을 언급하고 지나갑니다. 시편은 환난에 관한 책입니다.

## 650

그리스도께서는 십자가에 달린 강도를 받아주셨고, 그토록 당신을 모독하고 주의 백성들을 박해하던 바울도 받아주셨습니다. 그렇다면 우리는 의심할 이유가 전혀 없는 셈입니다. 우리도 예외 없이 그런 방식으로 구원을 얻는 것입니다. 따라서 하나님의 진노를 두려워할 필요가 전혀 없으나, 옛 아담을 인하여 두려워할 수밖에 없으며, 하나님의 은혜와 자비를 마땅히 받아야 할 대로 받지 못하는 점이 있습니다. 아담은 사도신경 가운데 "전능하사 천지를 지으신 하나님 아버지를 내가 믿사오며"라는 구절밖에 갖고 있지 못했으나, 그 고백의 내용은 그의 자연적 지혜와 이성과 이해를 크게 넘어서는 것이었습니다.

## 651

마귀는 우리의 가장 여리고 약한 부분에 대해 공격하고 괴롭힙니다. 낙원에서도 그는 먼저 아담을 공격하지 않고 하와에게 접근했습니다. 비도 늘 내리는 지역에 많이 내리는 법입니다.

사람이 의심에 사로잡힐 경우, 설혹 주님의 이름을 부를지라도 주께서 듣지 않으시고, 하나님께서 그에게서 마음을 돌이키시고 진노하실지라도, 그런 상황을 무릅쓰고 믿는 자의 기도를 하나님께서 들으신다는 성경의 약속을 굳게 믿어야 합니다. 하나님께서 언제 어떤 방식으로 기도를 들여주시는가 하는 것은 전혀 문제가 되지 않습니다. 시간과 장소와 사람은 부수적인 요소일 뿐이고, 실질과 본질은 약속에 있습니다.

## 652

나는 마음에 환난을 당할 때마다 심지어 아이를 붙들고라도 이야기를 해야 합니다. 그렇게 해야 마귀가 불어넣는 생각들을 몰아낼 수 있습니다. 이러한 상황은 내가 내 힘으로 살아갈 수 있다든지, 그리스도의 능력을 힘입지 않고도 생존할 수 있다고 자부하지 않도록 가르칩니다. 나는 가끔 신자들 가운데 나보다 신학 지식과 경건 훈련이 되지 못한 사람에게도 도움을 받아야 할 필요를 느낍니다.

## 653

이생에는 사람도 가지각색이듯이 환난도 그렇습니다. 만일 어떤 사람이 내가 당해온 환난들을 당했다면 아마 일찌감치 세상을 떠났을 것입니다. 하지만 내가 당해온 환난은 사도 바울이 당했던 것에 비하면 아무것도 아니고, 사도 바울이 당했던 환난도 그리스도께서 당하셨던 것에 비하면 아무것도 아닙니다. 가장 심하게 마음을 짓누르는 슬픔은 사랑하는 사람이 평온히 죽지 못하고 객사하는 경우일 것입니다. 그러나 그때라도 달리 생각하지 말고 오직 하나님의 판단에 맡겨야 할 것입니다.

## 654

나는 마음이 환난에 몹시 휘둘릴 때 실내에 혼자 남아 있기보다 차라리 밖으로 나가 돼지우리에라도 들어갑니다. 인간의 마음은 방앗간의 맷돌과 같습니다. 맷돌에 밀을 넣고 갈면 밀가루가 나옵니다. 밀을 넣지 않고 끊임없이 맷돌을 돌리면 스스로를 갈게 되어 닳아 없어지게 됩니다. 신자가 마음에 담고 살아야 할 것을 담지 않으면 마귀가 빈 공간에 온갖 악한 생각과 유혹과 환난을 채운 뒤 그것이 마음 밖으로 나오게 합니다.

## 655

교황주의자들 중에서 자신이 믿는 교리 때문에 스스로 불길에 뛰어들 사람이 과연 있겠습니까? 하지만 우리 참된 교회의 신자들은 성 아그네스, 성 아가타, 성 빈켄티우스, 성 로렌스 같은 순교자들의 본을 받아 불과 죽음을 기꺼이 맞이합니다. 우리는 도살의 날을 위해 준비된 양들입니다. 바로 얼마 전에 파리에서 귀족 두 분과 행정관 두 분이 복음을 믿는다는 이유로 화형을 당했습니다. 국왕(프랑수아 1세)이 직접 장작에 불을 붙였다고 합니다.

## 656

내게는 음식과 음료보다 환난이 더 절실합니다. 환난은 많이 받아 몸과 마음에 익숙해져서 능숙하게 받을 정도가 되어야 합니다. 만일 사탄이 나를 시험하고 괴롭히지 않았다면, 나는 그에게 큰 원수가 되어 심한 타격을 가하지 못했을 것입니다. 환난은 교만을 막아주며, 하나님과 하나님의 선물과 은택을 더욱 인정하고 감사하게 해줍니다. 이렇게 말할 수 있는 근거는, 내가 환난을 당하기 시작한 순간부터 하나님께서 내가 교황의 지배하에 살며 겪었던 혼란스럽고 가증스럽고 욕된 생활을 이길 힘을 주셨기 때문입니다. 하나님께서는 그런 식으로 자기 백성을 다스리시는 까닭에, 황제도 교황도 나를 짓누르지 못했고, 마귀가 직접 와서 나를 넘어뜨리려 한 것인데, 일이 이렇게 되도록 허락하신 이유는 나의 약함 속에서 하나님의 능력이 나타나도록 하시기 위함이었습니다.

## 657

마귀가 우리에게 당하게 하는 환난과 의심을 몰아내는 가장 좋은 방법은 마귀를 무시해 버리는 것입니다. 조용히 지나가는 개를 본체만체하면 짖지도 않고 물지도 않습니다. 그러나 지레 겁을 먹고 무엇을 던지면 사납게 달려와 물어뜯습니다. 마찬가지로 마귀는 자신을 무서워하는 사람을 주시하다가 그에게 다가가 괴롭힙니다.

## 658

아이제나흐에 사는 어떤 여인이 중병에 걸려 심하게 발작을 하는데, 어떤 의사도 나서서 고치지 못했습니다. 그것은 마귀가 직접 일으킨 것이었기 때문입니다. 여인은 자주 기절했고, 네 번 발작을 일으켰으며, 한 번 발작할 때마다 서너 시간을 지속했습니다. 손발이 갈고리처럼 변했고, 안색이 백짓장처럼 되었고, 혀가 안으로 말려 들어갔고, 몸이 많이 부었습니다. 루터가 심방을 오자, 여인은 크게 기뻐하면서 몸을 일으키며 "아, 그리스도 안에서 존경하는 아버지, 제가 몹시 무거운 짐을 지고 있으니 저를 위해 하나님께 기도해 주십시오" 하고 말하고는 다시 침대에 드러누웠습니다. 그러자 루터는 탄식하며 말했습니다. "사탄아, 하나님께서 너를 책망하시기를 원하노라. 네게 명하노니, 하나님의 이 백성을 당장 놓아 주거라." 그리고는 곁에서 지켜보던 사람들에게 몸을 돌리면서 이렇게 말했습니다. "이 여인은 육신으로는 마귀에게 괴롭힘을 받고 있지만 영혼은 안전하며 끝까지 보호를 받을 것입니다. 그러므로 우리 다같이 하나님께 감사하며 여인을 위해 기도합시다." 루터의 제안대로 모두가 큰 소리로 주기도문을 외우며 기도를 드렸습니다. 기도를 마친 뒤 루터가 다음과 같은 말로 기도를 맺었습니다. "주 하나님, 하늘에 계신 아버지시여! 저희에게 병든 자를 위해 기도하라고 명하셨으므로 저희가 사랑하시는 아드님 예수 그리스도를 힘입어 아버지께 간구하오니, 당신이 이 여종을 질병과 마귀의 손아귀에서 풀어주옵소서. 주여, 주께서 친히 죄와 사망과 마귀의 세력에서 구속해 주신 여인의 영혼과 육체를 함께 지켜주옵소서." 기도가 끝나자 여인은 "아멘" 하고 말했습니다. 그날 밤 여인은 단잠을 잤고, 다음 날에는 병이 깨끗이 나았습니다.

## 659

루터가 얼마 전에 베네딕트 파울 박사(Dr. Benedict Paul)의 아들이 지붕에서 떨어져 죽은 일에 관련하여 박사에게 쓴 편지 : "성경에는 신자의 죽은 자녀나 친구를 위해 애도하고 슬퍼하는 것을 금한 곳이 아무데도 없고, 오히려 신자가 자녀와 친구의 죽음 앞에서 통곡한 사례들이 많지만, 슬픔과 애도 가운데서도 절제해야 합니다. 그러므로 친애하는 박사님, 아드님의 죽음에 대해 애도하고 슬퍼하는 것이 마땅한 일이겠으나, 그리스도인의 신분을 망각한 채 위로받기를 거절할 정도로 슬퍼하지 마시기를 당부 드립니다. 먼저 하나님께서 아드님을 주셨다가 도로 취해 가신 사실을 생각하십시오. 둘째로, 의롭고 경건한 욥의 모범을 따르시기를 바랍니다. 그는 자녀와 재산과 건강을 송두리째 잃고서도 '주신 이도 여호와시요 거두신 이도 여호와시오니 여호와의 이름이 찬송을 받으실지니이다' (욥 1:21) 하고 말했습니다. 욥은 선한 것과 악한 것이 모두 주님께로부터 온다는 것을 바로 알았습니다. 박사님도 같은 태도를 취하십시오. 그러면 현재 느끼는 슬픔보다 더 큰 선물과 복을 하나님께서 박사님에게 주신 것을 알게 될 것입니다. 그러나 지금은 아들을 잃은 현실만 마음에 가득할 뿐, 하나님께서 주신 영광스러운 보물, 즉 하나님의 말씀을 아는 참된 지식과 선하고 온유한 양심은 잊기 쉽습니다. 그 두 가지만 간직하고 있으면 아무리 큰 악이 임하더라도 염려할 게 무엇입니까? 그런데 어찌 아드님의 죽음 앞에서 그렇게 자학하며 괴로워하시는 겁니까? 귀하고 큰 것을 잃는 것은 새로운 일이 아닙니다. 박사님 혼자 그런 일을 당하는 것도 아닙니다. 하나님의 많은 백성들이 같은 처지에 섰습니다. 아브라함은 살아 있는 아들로 인하여 차라리 아들이 죽은 것보다 더 큰 슬픔을 겪었습니다. 칼을 빼들어 아들의 목을 베려고 할 때 그 심정이 어떠했겠습니까? 사랑하는 아들 요셉이 맹수에게 찢겨 죽였다는 소식을 들었을 때 아버지 야곱의 심정이 어떠했겠습니까? 아들 압살롬에게 쫓겨 나라 밖으로 도망쳤다가 아들이 비참한 최후를 당했다는 소식을 들은 아버지 다윗의 마음은 또 얼마나 산란하고 아팠을까요? 아마도 그 마음이 촛농처럼 녹아 내렸을 것입니다. 그러므로 하나님의 귀한 백성들이 겪었던 이 같은 사례들을 똑바로 보면서, 슬픔이 아무리 크다 해도 그분들에 비하면 아무것도 아니겠다고 생각하는 것이 마땅합니다.

그러므로 사랑하는 형제여, 하나님의 자비가 우리가 당하는 환난보다 더 크다는 것을 아십시오. 물론 박사님은 슬퍼할 이유가 있지만, 그것은 식초에 섞은 설탕에 지나지 않습니다. 아드님은 지금 각별한 보호를 받고 있습니다. 그리스도와 함께 살게 되지 않았습니까! 그 영광스러운 삶을 생각하면 나 역시 어서 사역을 마치고 싶은 마음이 간절합니다. 인생을 다시 한 번 살라고 해도 그럴 마음이 조금도 없습니다. 박사님이 당하는 고통은 다만 개인적인 십자가일 뿐입니다. 박사님은 훌륭한 논리학자로서 다른 사람들에게 그 학문을 가르칩니다. 이제 그 학문을 박사님에게 사용하십시오. 그것을 실천하십시오. 영적인 것을 규명하고 분해하고 결론지어 그것을 육체적인 것과 구별하십시오."

## 660

사탄이 여러분을 시험하기를 그치지 않는다면, 고개를 숙이지 말고 꾹 참고 손과 발에 힘을 주어 굳게 서십시오. 세상 사는 동안에는 시험이 그치는 날이 아예 없다고 생각하고서 용기를 내어 하나님 앞에 간구하십시오. 마귀는 기습적이고 강력한 공격으로 목표를 이룰 수 없을 경우에는 교활한 시험으로 여러분을 지치고 풀 죽게 하여 뜻을 이룹니다. 시편에는 이런 말씀이 있습니다. "그들이 내가 어릴 때부터 여러 번 나를 괴롭혔으나 나를 이기지 못하였도다"(시 129:2). 분명히 알아야 할 사실은, 하나님께서 거룩한 모든 천사들과 더불어 마귀와 이러한 대결을 벌이시기를 좋아하신다는 것입니다. 그러므로 결국에는 복이 임할 것이고, 영원한 위로를 받게 된다는 확신을 품고 인내하시기 바랍니다.

## 661

예정에 관하여 생각할 때는 인간 중 가장 아래에 서셨던 그리스도로부터 시작하는 것이 좋습니다. 그래야 성부 하나님을 찾기도 하고 그 음성을 듣기도 할 수 있습니다. 위로부터 시작한 사람들은 모두 목이 부러졌습니다. 나도 예정을 사변적으로 접근하다가 몹시 애를 먹은 경험이 있습니다. 하나님께서 원래 나를 어떤 방식으로 대하려 하셨는가 하는 의문들을 풀려 했던 것입니다. 그러나 참으로 감사하게도 나는 그런 의문들을 깨끗이 버렸습니다. 다시금 하나님의 계시된 말씀을 붙들었습니다. 계시된 말씀을 벗어나 더 높은 지식을 추구할 수 없었습니다. 인간은 하나님의 천상적 뜻을 탐구해봐야 할 수 없는 것입니다. 하나님께서 그 일을 금하십니다. 마귀의 교활한 속임에 넘어가 혼동에 빠질 위험이 크기 때문입니다. 마귀는 하나님의 계시된 뜻을 신자들에게 배워왔지만, 하나님께서는 당신의 은밀한 뜻을 혼자만 알고 계십니다. 우리로서는 그리스도께서 인성을 취하시고, 성부께서 그리스도 안에서 당신을 계시하신 사실을 배우고 아는 것으로 충분합니다.

## 662

그리스도께서는 열흘째 되던 날 다시 예루살렘에 가셨다가 열나흘째 되던 날 죽임을 당하셨습니다. 당시 주께서는 온 세상의 죄와 그에 대한 하나님의 진노와 죽음을 생각하시고 번민하셨는데, 인간은 그 앞에 경외심을 품어야 마땅합니다. 그러나 주께서는 그렇게 우리를 위해 죄가 되시기 전에 슬픔의 사람이 되셨고, 슬픔에 익숙한 분이 되셨습니다. 주께서는 앞에 놓인 고난을 생각하고서 번민하셨는데, 그것이 자기 민족인 유대인들에게 아무런 유익도 끼치지 못할 것을 아시고 몹시 비통하게 우셨습니다. 유대인들은 자신들에게 멸망이 임할 때를 모르고 있었던 것입니다.

## 663

사람은 함께 있을 때보다 혼자 있을 때 크고 많은 죄를 범합니다. 하와는 낙원에서 혼자 거닐 때 마귀의 시험에 넘어갔습니다. 인적이 드문 외딴 곳에서 살인과 강도와 간음 같은 범죄가 저질러집니다. 마귀는 고적한 곳에서 사람들을 유혹할 기회를 엿보는 것입니다. 그러나 정직한 무리 속에 거하면 죄를 부끄러워하게 되고, 적어도 죄를 지을 기회를 얻지 못합니다. 더 나아가 우리 구주 그리스도께서 친히 약속하셨습니다. "두세 사람이 내 이름으로 모인 곳에는 나도 그들 중에 있느니라"(마 18:20).

다윗 왕은 전장에 나가지 않고 홀로 게으르게 지내고 있을 때 간음과 살인을 범하게 되었습니다. 나 자신만 돌아보더라도 혼자 있을 때 가장 많은 죄를 범했습니다. 하나님께서는 인간을 지으실 때 사회를 이루고 살도록 하셨지, 고독하게 지내도록 하시지 않았습니다. 하나님께서 남자를 지으신 뒤 그가 혼자 사는 것을 좋지 않게 여기시고 그를 위하여 돕는 배필을 지으신 것이 가장 분명한 증거입니다.

## 664

인류 역사에서 피가 땀처럼 흐를 정도의 슬픔과 번민에 휩싸인 인간을 찾아볼 수 없으며, 따라서 그리스도의 역사는 참으로 놀랍습니다. 그분의 피땀이 무엇인지 이해할 수 있는 사람은 없습니다. 더욱 놀라운 것은, 은혜와 진노, 생명과 죽음을 주관하시는 주께서 그처럼 약해지셔서 가난하고 가련한 죄인들에게 위로를 구하실 정도로 슬픔에 휩싸이셨다는 것입니다. "아, 사랑하는 제자들아! 잠들지 말고 잠시만 깨어서 서로 대화라도 주고받아 누군가 나에 관해 말하는 것을 들을 수 있게 해다오!" 그런 간절한 심정이 주님께 있었습니다. 여기에서 "그를 천사보다 조금 못하게 하시고"(시 8:5)라는 시편의 말씀이 응하였습니다. 그 피땀은 우리의 복되신 구주 그리스도 예수의 무고한 등을 누르던 엄청난 짐 곧 온 세상의 죄 때문에 흘러나온 것이었습니다. 주께서 "여호와여 주의 분노로 나를 책망하지 마시오며 주의 진노로 나를 징계하지 마옵소서"(시 6:1) 하고 기도하신 것은 틀림없이 그것 때문이었습니다.

# 루터의 대적들에 관하여

## 665

테첼(Tetzel)과 코클래우스(Cochlaeus), 렘니우스(Lemnius) 같은 자들을 나는 중시하지 않습니다. 그렇게 뒤에서 남을 비방하는 비열한 자들과는 상종도 말아야 합니다. 그들은 벌판에 공개적으로 나서지 않고, 우리 시야에 나타나지도 않고, 독이 가득한 증오를 가지고 우리가 하는 모든 일을 비판합니다. 그들은 교부들을 몹시 자랑합니다. 자랑하려면 얼마든지 자랑하라고 하십시오. 우리는 모든 교부들을 능가하시는 하늘의 아버지 한 분을 모시고 있습니다. 하늘 아버지에 비할 때 교부들은 잡동사니에 지나지 않습니다. 그들은 부패하고 악한 마음의 영감을 받아 글을 썼고, 그들의 저작들이 뻔뻔한 거짓말임을 우리는 다 압니다. 삼위일체 조항은 성경 어디에도 명시되지 않지만, 그럴지라도 모든 신자가 다 믿습니다. 그러한 이유로 그들은 우리가 하나님 말씀과 나란히 인간의 전승과 규례도 믿어야 한다고 말합니다.

## 666

라이프치히 사람들이 좋아해온 베첼(Wetzell)이란 사람은 아주 해로운 자입니다. 그는 사형 판결을 받고 처형될 위기에 나의 탄원에 힘입어 목숨을 건지고 환대를 받았습니다. 그런데 그런 자가 요즘 내게 무례한 언동을 일삼고 있습니다. 하지만 그것은 스스로 죄인임을 드러내는 짓일 뿐입니다. 그의 말은 대꾸할 가치도 없습니다. 가만히 내버려두면 곧 재판장 앞에 서는 날이 올 것입니다. 그들의 고함과 욕설은 교황 진영에 전혀 보탬이 되지 않습니다. 그들이 하나님을 모독하는 말을 할 때 우리는 입 다물고 기도하여 불에 나무를 던지는 일을 하지 말아야 합니다.

나는 이런 자가 라이프치히에 있다는 것이 즐겁습니다. 그는 덫에 걸린 쥐와 같습니다. 그가 내뱉는 견해란 온통 악한 것뿐이기 때문입니다. 시민들이 들고일어나면 그는 꼼짝없이 대가를 치르게 될 것입니다. 그는 캄파누스(Campanus)에게 독을 많이 얻었습니다. 캄파누스는 「사도시대 이래로 세상에 존재해온 모든 인간에 대한 비평」(*Against all that were and are in the world since the apostles' time*)이란 책을 쓴 자입니다. 그는 신망을 크게 잃었습니다. 그의 설교는 어색하고, 얼음장보다 차갑습니다. 마음에 있는 것을 끄집어내어 전할 용기조차 없습니다. 그의 행보는 사슬에 매인 산토끼와 같습니다. 청중을 두려워합니다. 그의 입은 지하 감옥처럼 닫히고, 그의 말은 죄수와 같습니다. 연설가의 웅변은 청중을 감동시키고 그들 마음을 꿰뚫습니다. 그러나 바르고 순수한 교훈을 가르치지 않는 자들은 반쪽밖에 배우지 못한 자들입니다. 무식하면서도 뻔뻔하며 자존심만 강합니다. 마치 칼슈타트(Carlstadt)가 *Touto*(헬라어 '이것'의 중성 지시대명사)를 가지고 *Autos*(헬라어 '그이'의 남성 인칭대명사)를 만들어낸 것과 같습니다.

## 667

황제 지기스문트는 사실상 교황 세력의 포로가 된 것이나 다름없습니다. 그들은 황제를 자기들 뜻대로 조종합니다. 황제에게 부제(副祭) 복장을 입히기도 하고, 성탄절에는 교황 앞에서 복음서를 낭독하게도 합니다. 그런 이유로 오늘날은 황제를 가리켜 로마 교회의 부제, 교황의 미사 시동이라 부릅니다. 황제는 이런 의식을 거행한 뒤에 대(對) 터키 전쟁이나 독일에서 성공을 거둔 예가 없습니다. 과거에 그토록 훌륭한 왕국이던 보헤미아도 이제는 함락되어 떨어져 나갔습니다.

## 668

라토무스(Latomus)는 나의 대적들 가운데 그나마 가장 훌륭한 자입니다. 그의 논지는 "교회로부터 받은 것은 배척해서는 안 된다"는 것입니다. 유대인들이 "우리는 하나님의 백성이다" 하고 주장했듯이, 교황주의자들은 "교회는 오류를 범할 수 없다"고 외칩니다. 바로 이런 막무가내 주장에 맞서서 선지자들과 사도들이 싸웠습니다. 모세는 이렇게 말합니다. "그들이 하나님 아닌 것으로 내 질투를 일으키며 허무한 것으로 내 진노를 일으켰으니 나도 백성이 아닌 자로 그들에게 시기가 나게 하며 어리석은 민족으로 그들의 분노를 일으키리로다"(신 32:21). 사도 바울은 "오직 이면적 유대인이 유대인이며"(롬 2:29)라고 말하며, 이사야의 예언을 인용하여 "열방이 그에게 소망을 두리라"(롬 15:12)고 말합니다.

교황주의자들은 이렇게 말합니다. "하나님께서 당신의 교회를 버리신다는 것은 불가능하다. 친히 말씀하시기를 '내가 세상 끝날까지 너희와 항상 함께 있으리라' 고 하셨기 때문이다." 그런데 문제는 주께서 이 말씀을 누구에게 하셨느냐는 것입니다. 교황주의자들입니까, 아니면 참된 교회입니까? 마음이 상하고 통회하는 사람들입니까, 아니면 로마의 종교 귀족들과 그들의 신복들입니까?

## 669

필립 멜란히톤이 아우크스부르크에서 온 편지를 루터에게 보여주었습니다. 편지에는 그 도시의 유력한 신학자인 교황주의자가 회심하고 복음을 받아들였다는 소식이 실려 있었습니다. 루터는 이렇게 말했습니다. "나는 즉흥적으로 타락하지 않고 문제를 신중하게 생각하고 양 진영의 저서들과 주장들을 면밀히 비교하고 따져본 다음 하나님을 경외하는 심정으로 바른 진리를 추구하는 학자들을 좋아합니다. 그런 사람들 가운데 유능하게 복음을 변증할 만한 인물이 나타납니다. 사도 바울이 그런 사람이었습니다. 그는 원래 엄격한 바리새인으로서 율법을 철저히 지키고 변호하던 행위의 사람이었지만, 후에는 유대인 전체에 맞서서 그리스도를 가장 훌륭하고 순수한 방법으로 전하였습니다."

## 670

악하고 불손한 마르틴 켈라리우스(Martin Cellarius)라는 자가 내게 "당신의 소명은 사도들의 것보다 우월합니다"라고 하며 아첨했습니다. 나는 당장 그의 말을 가로막으며 "천만에요. 나는 사도들의 발치에도 가지 못할 사람입니다" 하고 똑똑히 말해주었습니다. 그는 자신이 쓴 논문 네 편을 건네주었습니다. 모세의 성막에 관한 논문들로서, 온통 알레고리 해석 일색이었습니다. 하지만 나는 당장 그것을 돌려주었습니다. 대충 훑어보니 거만한 자기 자랑만 잔뜩 늘어놓았던 것입니다.

## 671

로테르담의 에라스무스는 세상을 욕되게 한 자들 가운데 가장 사악한 자입니다. 그는 나를 자신의 올무에 끌어넣으려고 여러 번 시도했고, 실제로 내가 위험에 처한 적도 있었지만, 하나님께서 특별한 도우심으로 나를 보호하셨습니다. 1525년에 에라스무스는 자신의 박사들 가운데 한 사람에게 헝가리 200다카트를 들려보내 내 아내에게 선물로 주려고 했습니다. 그러나 나는 그것을 받기를 거부하고, 아내에게도 그 문제에 간섭하지 말라고 당부했습니다. 그는 가야바와 같은 자입니다.

## 672

에라스무스가 써놓은 서문들을 보면 비루하기 짝이 없습니다. 온언순사(溫言順辭)로 다듬으려고 노력한 흔적이 있지만 그래도 별 수 없습니다. 그는 우리 주 예수 그리스도와 지혜로운 이교 입법가 솔론(Solon, 주전 638-558? 아테네의 정치가—옮긴이) 사이에 아무런 차이도 두지 않는 듯합니다. 그는 사도 바울과 사도 요한에게 냉소를 보냅니다. 그리고 로마서에 대해서, 그 책이 과거에는 어땠든 간에 현재의 상태에는 적용할 수 없다고 서슴없이 말합니다. 그런 자에게는 수치와 저주가 임하는 게 당연합니다! 그는 모무스(Momus, 그리스 신화에 등장하는 조롱과 비난의 신—옮긴이)와 같아서, 하나님이든 사람이든, 교황 진영이든 개신교 진영이든 아무에게나 닥치는 대로 비판하고 조롱하지만, 교묘하고 이중적인 표현을 사용함으로써 아무도 자신의 속내를 정확하게 파악하지 못하게 은폐합니다. 나는 기도할 때마다 에라스무스에게 저주를 내리시라고 간구합니다.

## 673

칼슈타트가 나를 적대시하는 것은 단지 야심 때문입니다. 평소 세상에 자신보다 더 박식한 사람이 없다고 자랑하고 다니는 사람이니 말입니다. 그는 자신의 저서들에서 나를 모방했지만, 내 방식을 사용하여 이상한 농간을 부려놓았습니다. 그는 위대한 인물이 되고 싶어하는데, 나도 하나님을 거스르는 일이 되지 않는 한 그를 한껏 높여주고 싶습니다. 참으로 감사하게도, 나는 나 자신이 다른 사람보다 더 지혜롭다고 생각한 적이 없기 때문입니다. 나는 처음 면죄부를 비판하는 글을 쓸 때 단지 그 폐습을 반대하려는 뜻으로 펜을 들었으며, 훗날 다른 사람들이 와서 내가 시작해 놓은 일을 완수해 주기를 기대했습니다.

## 674

우리는 캄파누스를 철저히 무시하고 배격해야 합니다. 그는 대꾸할 가치도 없는 자입니다. 대꾸할수록 더 뻔뻔하고 무례해지기 때문입니다. 그를 그냥 무시해 버리면 얼마 가지 않아 제풀에 꺾이고 말 것입니다.

## 675

루터는 제임스 쉔크(James Schenck)의 설교가 도처에서 칭송을 받는다는 소식을 듣고는 이렇게 말했습니다. "그가 말씀을 전할 때 사도 바울이 로마인들을 책망했듯이 그저 따뜻하고 부드러운 말로만 전하지 않는다면 그 소식이 참으로 반가웠을 것입니다. 그의 설교는 부드럽고 따뜻하게 불어와 나무와 들풀들을 미혹하여 지레 피어나 말라죽게 만드는 미풍과 같습니다. 마귀도 다르지 않습니다. 그가 자신의 종들을 통해 그리스도를 전하는 것은 그리스도를 무너뜨리려는 의도에서 하는 것입니다. 그가 진리를 말하는 순간에도 그 안에는 거짓이 깔려 있습니다. 악한이 층계 밑에 엎드려 있을 때 정직한 사람은 계단 위로 올라가는 것이 잘하는 것입니다. 그리스도께서 혀 위에 계시는 동안 마귀 자신은 혀 밑에 숨어 사람들을 미혹하고 자극합니다. 그러나 그런 감언이설은 오래가지 않습니다. 걱정할 것이 없이 세상을 사는 교만한 사람들은 자기들의 죄를 인정하지 않는 까닭에, 사탄은 그런 자들에 대해서 복음으로 복음을 왜곡하기 때문입니다. 부시깃이 없는 곳에서는 그리스도께서 일하실 여지가 없습니다. 그리스도께서는 낭패를 당하고 마음이 상한 사람들에게만 찾아오시는 것입니다. 그러나 율법을 무시하는 자들은 교만한 자들입니다. 교황 진영에서 율법 전통의 지배하에 사는 사람들이 율법을 지키기는커녕 율법에서 완전히 떠난 것과 같습니다. 그러므로 율법을 전하는 것은 복음을 위해 준비하는 것이며, 믿음의 유일한 거장이신 그리스도께서 일하실 자료를 제공합니다."

## 676

1539년 4월 15일에 라이프치히에서 발행된 책 몇 권이 루터에게 전달되었는데, 그 책들에서 요한 하머(John Hammer)는 율법이 그리스도인들과 전혀 상관이 없다는 주장을 교묘하게 펼쳤습니다. 그는 회개를 세 부분으로 나누면서, 유대인들과 이방인들과 그리스도인들이 하는 회개가 각기 종류가 다르다고 말했습니다. 루터는 이렇게 말했습니다. "그런 터무니없는 생각을 누가 한 적이 있었습니까? 회개를 사람에 따라 구분하는 것은 중대한 오류입니다. 회개는 온 인류에게 오직 한 가지 종류로만 제시되었습니다. 유대인이든 이방인이든 그리스도인이든 온 인류가 너나할 것 없이 유일하신 하나님께 범죄하여 진노케 했기 때문입니다. 남자의 회개가 여자의 회개와 다르고, 상전과 종의 회개가 다르고, 부자와 가난한 자의 회개가 다르다고 주장하는 것도 중대하고 가증스러운 오류입니다. 그것은 하나님을 사람 눈치 보는 분으로 만드는 짓입니다. 마치 선지자들이 회개를 올바로 가르치지 않은 것처럼, 니느웨 사람들의 회개가 정직하고 바르지 않은 것처럼 주장하는 것입니다. 만일 그리스도께서 율법으로부터의 회개를 전하지 않으셨다면 그리스도께서 율법 아래 계시지 않았을 것이지만, 그리스도께서는 우리를 위해 율법의 저주를 받으셨습니다."

## 677

1538년 9월 13일에 거의 다섯 시간 동안 치열한 논쟁이 벌어졌습니다. 그 자리에서 루터는 혁신자들을 강력히 비판하면서, 그들이 복음을 허물고 율법을 폐하고 사람들의 생각을 태만하게 만들 것이라고 말했습니다. 자신은 마지막 숨을 내쉴 때까지 목숨을 걸고 그들과 싸울 것이라고 말했습니다. 저녁에 루터는 아리우스 이단에 관해 강론했습니다. 혁신자 아리우스가 자신의 교리를 전하기 시작하자, 알렉산드리아 총대주교 페트루스는 아리우스가 그리스도의 신성을 부정하고, 그리스도의 영광을 박탈한 것을 보고는 그의 교리를 오류로 단죄했습니다. 아리우스는 그리스도가 비록 완전하긴 하나 피조물이라고 주장함으로써, 그리스도께서 하나님이심을 부정하는 말로 연설을 시작했습니다. 그러나 경건한 주교들이 그를 논박하자, 그는 이번에는 그리스도가 피조물들 가운데 가장 완전한 분이고, 심지어 천사들보다 높은 분으로서 다른 모든 피조물들을 창조하셨다고 주장했습니다. 세번째는, 마치 빛이 빛으로부터 나오듯이 그리스도가 하나님으로부터 발출(發出)하신 하나님이라고 주장했습니다. 워낙 교묘한 말로 가르친 까닭에 적지 않은 사람들이 그를 따르고 그의 견해를 받아들였습니다. 밀라노의 경건한 주교 아욱센티우스(Auxentius)도 그의 오류에 빠졌으며, 그 일로 힐라리우스(Hilary)에게 비판의 편지를 받았습니다.

아리우스는 그리스도께서 동등하신 하나님이신 성부로부터 출생하지 않으셨고 성부와 하나의 실체를 지니셨다고 말함으로써 연설을 마쳤으나, 그리스도께서 창조되셨다는 견해를 끝내 포기하지 않았습니다. 이로써 **호모우시온**이란 단어를 놓고 투쟁이 벌어졌는데, 그리스도께서 성부께로부터 나셨다는 이 단어는 아타나시우스 신조에 사용되었으나 성경 어디에도 기록되지 않았습니다. 그럼에도 불구하고 성경의 교훈에 일치하며, 그리스도의 인성과 관련하여 올바로 표현한 것입니다.

아리우스 이단은 무려 3백 년이라는 장구한 세월 동안 죽지 않고 존속해왔습니다. 특히 콘스탄티누스 시대에 가장 큰 위세를 떨쳤습니다. 황제 도미티아누스 치하에서는 권력에 편승하여 독재를 휘둘렀고, 요비아누스와 발렌티니아누스, 그라티아누스 때에는 세력이 다소 감소했습니다. 고트족이 침입할 때까지 일곱 황제의 재위 기간 동안 존속했습니다. 터키인들은 오늘날까지도 아리우스의 이단설을 간직하고 있습니다. 그러므로 아리우스 이단처럼, 투쟁 세력도 지지자도 딱히 없이 이렇게 큰 세력으로 퍼져 있는, 이단도 오류도 우상숭배도 없는 셈입니다. 이런 현상은 교황을 하나님으로 숭배하는 오늘날 로마에서 여실히 드러납니다.

## 678

필립 멜란히톤은 양심이 선한 분이어서 매사를 진지하게 받아들입니다. 그리스도께서는 우리의 조상들을 적절하고도 철저히 훈련하셨습니다. 그리스도께 속한 사람은 뱀이 뒤꿈치를 무는 것을 느끼게 되어 있습니다. 우리 주님의 모친은 가난한 여성이었음이 분명합니다. 역시 가난한 목수와 정혼했으니까요.

그러므로 우리는 가난과 고통을 회피하지 말고 기뻐하고 자족합시다. 우리가 모시는 상전이 아주 큰 부자임을 기억합시다. 주께서는 우리를 아무런 도움과 위로도 주지 않은 채 빈손으로 돌려보내지 않으실 것입니다. 그렇게 해서 우리는 양심의 평안을 얻으며, 하나님께서 기뻐하시는 생활을 할 힘을 얻습니다. 불경건한 사람들은 양심의 평안을 얻고자 하나 얻지 못합니다. 선지자 이사야의 말과 같습니다. "그러나 악인은 평온함을 얻지 못하고 그 물이 진흙과 더러운 것을 늘 솟구쳐 내는 요동하는 바다와 같으리라"(사 57:20).

## 679

에라스무스는 로마와 베네치아에 가서 에피쿠로스주의적 교리에 오염되었습니다. 그는 교황주의자들보다 한술 더 떠서 아리우스주의자들을 칭송합니다. 그리스도가 하나님이라 불린 것은 요한복음에 단 한 번, "나의 주님이시요 나의 하나님이시니이다"(20:28)라고 한 도마의 말뿐이라고 함부로 입을 놀립니다. 그의 교리는 시대 조류에 순응해야 한다는 것입니다. 그는 자신만 생각했고, 편하고 순탄한 인생을 구가했으나, 죽을 때는 에피쿠로스주의자처럼 하나님의 위로를 전혀 받지 못한 채 죽었습니다.

## 680

나는 이것을 유언으로 남기며, 여러분을 증인으로 삼습니다. 로테르담의 에라스무스야말로 그리스도의 가장 중대한 원수입니다. 그의 저서들 가운데 그래도 그나마 용인해 줄 만한 요리문답에서, 그는 아무것도 분명하고 단호하게 가르치지 않습니다. 이것을 하라거나 저것을 하지 말라는 말을 한 마디도 하지 않습니다. 다만 젊은 학생들의 양심에 오류와 절망을 심어줄 뿐입니다. 그는 나를 비판하기 위해 쓴 「방어자」(*Hyperaspites*)라는 책에서 자신의 자유의지론을 변호합니다. 그것은 나의 「의지의 예속에 관하여」(*De servo Arbitrio*)라는 책을 논박한 것인데, 이 책은 아직 아무에게도 제대로 논박당하지 않았으며, 에라스무스에게도 논박당하지 않을 것입니다. 그 주제에 관해 내가 기록한 내용이 변할 수 없는 하나님의 진리임을 나는 확신합니다. 하나님께서 하늘에 살아 계실진대, 에라스무스는 자신이 무슨 짓을 했는지 깨닫게 되는 날이 올 것입니다.

에라스무스는 참 신앙의 원수요, 그리스도의 공개적인 대적이요, 에피쿠로스와 루키아노스의 완벽하고도 충실한 표상입니다.

## 681

나는 교회의 공개적인 원수에 대해서는 개의치 않습니다. 권력을 쥐고서 박해를 자행하는 교황주의자들 같은 자들을 나는 크게 여기지 않습니다. 참 교회가 그들로 인해 해를 입는 경우란 없고, 하나님의 말씀이 그들로 인해 방해를 받는 일이란 없기 때문입니다. 오히려 교회는 맹렬한 박해를 뚫고 왕성해 갑니다. 그러나 교회에 해를 끼치는 것은 가짜 형제들의 은밀한 악입니다. 유다는 그리스도를 배반했고, 거짓 사도들은 복음을 혼란하게 만들고 왜곡했습니다. 그런 자들이야말로 마귀가 교회를 공격하고 해치려 할 때 쓰는 본격적인 무기들입니다.

## 682

'휘포크리타' (*hypocrita*)라는 단어를 어떻게 번역해야 할지 잘 모르겠습니다. 흔히 이해하듯 '위선자' 라고 옮기면 거짓 형제를 가리키기에는 너무나 미약하고 부드럽습니다. 오히려 개인의 이익을 위해 남에게 불행을 안기는 '악한' (*sycophanta*)이라는 뜻이 담겨 있다고 봐야 합니다. 그러한 위선자들이 사울 왕의 신하들이었습니다. 그들은 순전히 개인적 안위를 위해 왕 앞에서 의로운 다윗에 관해 중상모략을 가했습니다. '휘포크리타' 는 친한 척하면서 듣기 좋은 말을 하는 위선자나 아첨자를 뜻하지 않고, 마태복음 23장의 사례들에 잘 나타나듯이 신앙을 가장하여 불행을 끼치는 사람을 뜻합니다. 제롬은 거짓 경건은 배나 악하다고 말했습니다.

## 683

그리스도인들이 가장 크고 격렬한 전투를 치러야 할 상대는 거짓 형제들입니다. 만일 거짓 형제가 노골적으로 "나는 빌라도다", "나는 헤롯이다", "나는 안나스다" 하면서 믿는 그리스도인의 이름을 도말하려고 하고, 스스로 그리스도의 공적(公敵)임을 공언한다면 우리는 그가 쏟아 붓는 악을 그저 담담히 받아내면 됩니다. 그러나 그런 자가 그리스도인으로 자처하는 것을 우리는 용납할 수도 없고 하지도 않을 것입니다. 양심을 주관하고 감독하는 이러한 권세를 우리 목회자들은 지니고 있습니다. 하나님 말씀을 통해서 받은 이 권세를 우리는 어떤 경우든 내놓지 않을 것입니다.

## 684

우리는 복음 전도로써 탁발수사들과 사제들을 야유하여 쫓아버렸는데, 이제는 거짓 형제들이 우리를 괴롭히고 있습니다. "[그리스도께서] 자기 땅에 오매 자기 백성이 영접하지 아니하였으나"(요 1:11)라는 말씀이 백 번 옳습니다.

## 685

악인 유다가 그리스도께 행한 일에 관해 아무것도 기록되지 않은 것이 나는 의아합니다. 그가 행한 일은 주로 입으로 한 것이라고 나는 추측합니다. 시편 41편에서 그리스도께서 그에 관해 불평하신 것이 헛된 말씀이 아니었습니다. 유다는 틀림없이 대제사장들과 장로들에게 가서 "나도 세례를 베풀어 보았지만, 지금 생각해 보면 그것이 경박하고 무가치한 일인 것 같소" 하고 말하며 그리스도에 대해 험담을 늘어놓았을 것입니다. 더욱이 그는 도둑이었습니다. 그리스도를 배반하면 한밑천 두둑이 마련한 줄 알았습니다(오늘날 베첼 같은 자들이 우리의 힘을 빌려 정치 권력을 쥐려고 하는 것과 같습니다). 유다는 아주 악질적인 사람이었습니다. 만일 그렇지 않았다면 그리스도께서 베드로를 용서하셨듯이 그를 용서하셨을 것입니다. 그러나 베드로는 약해서 넘어졌지만, 유다는 악해서 넘어졌습니다.

## 686

유다는 초기에 사도들 가운데 요긴한 사람이었습니다. 아무도 세례를 줄 수 없고 성령을 받은 자만 세례를 줄 수 있다고 주장하는 이단들의 많은 주장을 논박했기 때문입니다. 그가 자신의 직무를 수행한 것은 옳고 정당했으나, 도둑질을 함으로써 죄를 범했습니다. 그러므로 우리는 그의 인격과 직무를 구분해서 생각해야 합니다. 그리스도께서 그에게 명령하신 것은 도둑질을 하라는 것이 아니라, 사도의 직무를 행하여 전도하고 세례를 베풀라는 것이었습니다. 또한 유다는 오늘날 "너희 개신교 신자들 사이에는 행실이 악하여 신자답지 못한 자들이 있다"고 말하는 사람들을 뒷받침합니다. 그들의 주장에 대해서, 유다는 "나도 사도였다. 세상의 지혜자와 정치가 못지않게 처신하여 동료 사도들보다 훨씬 나은 점이 있었다. 아무도 그러한 악이 내 속에 잠복해 있다고 생각하지 못했다"고 말합니다. 주의 만찬상에 앉은 유다는 교황의 직접적인 표상입니다. 교황도 전대에 손을 댄 자요, 탐욕이 가득한 도둑이요, 배를 신으로 삼고 사는 자입니다. 입으로는 그리스도를 높이지만 실제로는 가룟 유다와 같은 자입니다.

# 범죄에 관하여

## 687

유다가 스스로 목을 맸고, 배가 터져 창자가 쏟아졌다는 말씀을 읽을 때는 그리스도의 모든 원수들이 장차 당하게 될 형국을 예상하게 됩니다. 유대인들은 유다를 거울삼아 자신들도 같은 방법으로 멸망할 것을 내다보아야 했습니다. 유다 사건에는 알레고리 혹은 비밀이 감춰져 있었습니다. 그의 배는 머지 않아 무너지고 멸망하여 아무것도 남지 않을 유대인들의 나라 전체를 상징하기 때문입니다. 창자가 쏟아졌다는 말씀은 유대인들의 후손 전체가 땅바닥에 내동댕이쳐질 것을 보여줍니다.

## 688

그리스도인의 상태는 늑대를 잡기 위해 늑대 함정 위에 걸어놓은 거위에 비유할 수 있습니다. 굶주린 늑대들이 거위를 보고 한 입에 삼키려고 뛰어드는 순간 함정에 빠져 잡히고 맙니다. 마찬가지로 우리 그리스도인들은 선한 천사들에게 보호를 받고, 굶주린 늑대요 박해자들인 귀신들은 우리를 멸하지 못합니다.

## 689

우리에게 적이 있는 것이, 그래서 이단들이 우리에게 대드는 것이 얼마나 유익하고 필요한지 우리는 잘 알지 못합니다. 만일 케린투스(Cerinthus)가 없었다면 사도 요한은 복음서를 쓰지 않았을 것입니다. 케린투스가 우리 주 그리스도의 신성을 비판했기에, 요한은 펜을 들어 "태초에 말씀이 계시니라"

고 썼고, 세 위격(位格)을 더할 나위 없이 뚜렷이 구분했던 것입니다. 나도 면죄부와 교황을 비판하고 나섰을 때, 에크 박사가 대적하고 일어나 졸고 있던 나를 흔들어 깨웠습니다. 나는 이 사람이 돌이켜 회심하기를 바랐습니다. 그럴 수만 있다면 손가락이라도 하나 내줄 용의가 있었습니다. 하지만 그가 그 자리에 버티고 있다면 차라리 그가 교황이 되면 좋겠다고 생각했습니다. 그는 그럴 자격이 있었습니다. 지금까지 나를 말과 글로 비판하면서 교황 진영 전체를 짊어지고 왔기 때문입니다. 그가 아니면 그들 진영에서 감히 나를 공격할 자가 없었을 것입니다. 그는 내게 처음으로 교황을 비판할 마음을 품고 그렇게 하도록 자극했습니다. 그가 아니었다면 그렇게까지 하지 않았을 것입니다.

## 690

거짓말쟁이는 노상 강도보다 더 악하고 큰 불행을 초래합니다. 거짓말쟁이와 거짓 교사는 거짓말을 하나님 말씀으로 포장하여 사람들을 속이고 영혼들을 유혹하여 멸망시키기 때문입니다. 그러한 거짓말쟁이와 살인자가 마귀를 아버지로 둔 유다였습니다. 그는 그리스도와 한 상에 앉아 "너희 중의 한 사람이 나를 팔리라"(마 26:21)는 말씀을 들으면서도 조금도 부끄러움이나 죄송한 내색을 하지 않았습니다. 다른 제자들은 유다가 그리스도를 배반할 줄은 꿈에도 생각지 못했습니다. 오히려 저마다 그리스도께서 자신을 가리켜 말씀하시는 줄 알고 두려워했습니다. 그리스도께서 그에게 지갑을 맡기시고 모든 재정을 관리하도록 하신 까닭에, 다른 사도들은 그를 높이 평가했던 것입니다.

## 691

전갈은 얼굴을 나뭇잎 아래 감추고는 자기 몸이 보이지 않을 줄로 생각합니다. 위선자들과 거짓 성인들도 한두 가지 선행을 해놓고는 자신들의 모든 죄악이 그것으로 은폐될 줄로 생각합니다.

## 692

복음을 자랑하면서도 선한 열매를 내놓지 못하는 거짓 그리스도인들은 비 없는 구름과 같습니다. 온통 하늘을 덮어 사방을 캄캄하게 하지만 땅을 적셔 줄 비 한 방울 내리지 않습니다. 마찬가지로 많은 그리스도인들이 경건한 인상을 풍기고 살지만, 그들 속에는 믿음도, 하나님에 대한 사랑도, 이웃에 대한 사랑도 없습니다.

## 693

욥은 "인생이란 땅에 대한 전쟁"이라고 말합니다. 인간 특히 그리스도인은 항상 적과 대항하여 싸우는 군인이어야 합니다. 사도 바울은 그리스도인이 갖추어야 할 무장에 관해서 에베소서 6장에서 이렇게 말합니다.

첫째, 진리의 허리띠. 즉, 순수한 복음 교리에 대한 고백. 복음에 대한 위선이나 꾸밈이 없는 정직한 믿음.

둘째, 의의 호심경. 이것은 선한 양심에서 나오는 의를 뜻하지 않습니다(물론 그것이 필요하긴 합니다만). "주의 종에게 심판을 행하지 마소서. 주의 눈 앞에는 의로운 인생이 하나도 없나이다"(시 143:2)라고 하시기 때문입니다. 그리고 사도 바울은 "내가 자책할 아무것도 깨닫지 못하나 이로 말미암아 의롭다 함을 얻지 못하노라"(고전 4:4)고 말합니다. 사도는 모세가 기록한 창세기 15장 사건을 다루면서, '의'의 자리에 믿음으로 말미암는 의, 사죄를 올려놓습니다. "성경이 무엇을 말하느냐. 아브라함이 하나님을 믿으매 그것이 그에게 의로 여겨진바 되었느니라"(롬 4:3).

셋째, 평안의 복음이 준비한 신. 이것은 소명을 수행하는 일로서, 주께 받은 소명을 간직하고 거기서 떠나지 말고 푯대를 향해 걸어가야 합니다.

넷째, 믿음의 방패. 이와 비슷한 것으로 페르세우스(그리스 신화에 나오는 신. 제우스의 아들로서 메두사를 퇴치한 영웅–옮긴이)가 고르곤(머리털이 뱀이어서 보는 사람이 무서워 돌이 되었다는 세 자매 중의 하나. 특히 페르세우스에게 살해된 메두사)의 머리를 사용한 이야기와 비슷합니다. 페르세우스가 고르곤의 머리를 차지한 뒤 그것을 적들에게 던져 승리를 거두었듯이, 그리스도인은 하나님의 아들을 받아 그분을 마귀의 온갖 악한 계획과 꾀에 던져야 합니다. 그러면 틀림없이 승리를 거둘 수 있습니다.

다섯째, 구원의 투구. 즉, 영원한 생명에 대한 소망(참조. 살전 5:8). 그리스도인이 원수를 공격할 때 쓰는 무기는 "성령의 검"(엡 6:17) 곧 하나님의 말씀과 기도입니다. 사자가 다름 아닌 수탉 울음소리에 놀라듯이, 마귀도 다름 아닌 하나님의 말씀과 기도로써 퇴치할 수 있습니다. 이 점에 관해서는 그리스도께서 친히 본을 보여주셨습니다.

## 694

인생은 항해와 같습니다. 선원들이 온갖 위험과 어려움과 맞서 싸울 용기를 갖게 되는 것은 목적지인 항구가 있기 때문이듯이, 우리에게는 영생에 대한 약속이 있어서 위험과 어려움에 부닥칠 때도 그 약속을 안전한 항구 삼아 위로와 평안을 얻을 수 있습니다. 그러나 우리가 현재 몸을 싣고 있는 배는 약하고, 바람과 파도는 우리를 집어삼키려 하기 때문에, 선하고 노련한 항해사가 절실히 필요합니다. 그분이 권면과 조언으로 배를 인도해 주시면 배가 암초에 부닥치거나 좌초하지 않을 수 있습니다. 그 항해사는 우리의 복되신 구주 그리스도 예수이십니다.

## 695

배은망덕은 인간도 용납하기 힘든 패역한 짓입니다. 그런데도 우리 주 하나님께서는 우리의 배은망덕을 참아 주십니다. 만일 내가 유대인들에게 그런 대접을 받았다면 참지 못했을 것입니다. 주께서 우리를 오래 참아주시듯 그들의 완고함을 오래 참아주지 못했습니다. 선지자들은 언제나 가난하고 멸시를 당했습니다. 외적인 박해에 시달렸을 뿐 아니라, 내면의 은밀한 원수들, 대부분 자기 백성들인 그들에게도 몹시 시달렸습니다. 교황이 우리를 아무리 모질게 대한다 한들 제켈(Jeckel) 같은 자들이 우리 마음을 아프고 슬프게 하는 것에 비하면 아무것도 아닙니다.

## 696

궤변에 속아넘어가지 않도록 조심해야 합니다. 궤변은 의심스럽고 모호한 말로 되어 있어서 자의적으로 해석할 소지가 있을 뿐 아니라, 종교와 마찬가지로 모든 고등 학문에서도 성경을 내세워 자신을 은폐하고 하늘에서 들려온 하나님의 말씀인 척합니다. 다른 사람들의 의도와 견해를 곡해하고 무시하고 배척함으로써 무엇이든 왜곡할 수 있는 사람은 칭송할 가치가 없습니다. 판단 정지와 개연적 지식을 주장한 고대 그리스 회의론자 카르네아데스(Carneades, 주전 270−214)가 그런 사람입니다. 궤변은 불손한 계교와 노회한 논리입니다. 그러나 정직한 마음으로 진리를 추구하고 분명하고 솔직한 것을 좋아하는 사람의 주장은 칭송을 받을 자격이 있습니다.

## 697

그리스도인이 범하는 죄는 이교도가 범하는 것에 비할 수 없이 가증합니다. 선지자 예레미야는 이렇게 말합니다. "이제는 딸 내 백성의 죄가 소돔의 죄악보다 무겁도다"(애 4:6). 에스겔은 말합니다. "사마리아는 네 죄의 절반도 범하지 아니하였느니라. 네가 그들보다 가증한 일을 심히 행하였으므로 네 모든 가증한 행위로 네 형과 아우를 의롭게 하였느니라"(겔 16:51). 그리스도께서는 이렇게 말씀하십니다. "내가 너희에게 말하노니 그 날에 소돔이 그 동네보다 견디기 쉬우리라"(눅 10:12). 그렇게 되지 않을 수 없는 이유는, "자기 땅에 오매 자기 백성이 영접하지 아니하였"기 때문입니다(요 1:11). 경건한 사람들도 이런 현실 앞에서 크게 낙심하고 차라리 죽기를 바라게 됩니다. 우리 백성들 가운데 많은 수가 다른 사람들에게 범죄하는 슬픈 일을 발견하기 때문입니다. 하나님의 이름이 거룩히 여김을 받으시기를 바라는 우리는 죄를 짓지 않게 해달라고 하나님께 간절히 기도해야 합니다. 사도 바울은 이렇게 말합니다. "또한 여러분 중에서도 제자들을 끌어 자기를 따르게 하려고 어그러진 말을 하는 사람들이 일어날 줄을 내가 아노라"(행 20:30). 이런 이유로 교회가 외인들에게 좋은 평가를 받지 못합니다.

## 698

내가 주장한 교리에 실수가 적지 않은 것을 나도 시인합니다. 그러나 사도 바울이 디도를 위로했듯이 나도 나 자신을 위로합니다. "하나님의 종이요 예수 그리스도의 사도인 나 바울이 사도된 것은 하나님이 택하신 자들의 믿음과 경건함에 속한 진리의 지식과 영생의 소망을 위함이라. 이 영생은 거짓이 없으신 하나님이 영원 전부터 약속하신 것인데 자기 때에 자기의 말씀을 전도로 나타내셨으니 이 전도는 우리 구주 하나님이 명하신 대로 내게 맡기신 것이라"(딛 1:1-3). 나도 사도처럼 하나님의 백성 아닌 다른 사람들을 위해서는 한 마디라도 흘리기를 원치 않습니다. 그동안 속이 빈 땅콩을 많이 깨물었는데, 겉으로는 튼실한 땅콩이 들어 있을 것 같았지만 입에 들어오는 것은 먼지뿐이었습니다. 칼슈타트와 에라스무스가 빈 땅콩 같은 사람들로서, 그들의 주장을 받아들이려 하면 입만 버립니다.

## 699

사람들이 물었습니다. "술에 취한 상태에서 범한 죄는 정상 참작의 여지가 있는가?" 대다수 사람들은 단호히 아니라고 대답하면서, 오히려 술에 취했으니 잘못이 가중된다고 대답합니다. 억눌렸던 것이 풀어져 나오면 숨은 죄가 드러나게 되어 있습니다. 정신이 말짱하면 가슴에 담아둘 수 있는 것도 술에 취하면 밖으로 나옵니다. 기민한 사람들은 상대의 본심을 확인하고 싶으면 술을 권하여 취하게 합니다. 특히 우리 독일 사람들은 술이 큰 문제로서, 세속 관리들이 무서운 징벌로 다스려야 합니다. 하나님을 마음으로 두려워하는 것만으로는 술을 절제하게 하지 못하기 때문입니다.

## 700

부유한 유대인이 임종 침상에서 자신의 시신을 라티스본에 묻어달라고 유언했습니다. 그의 친구들은 유대인들이 시체조차 무거운 통행료를 내지 않으면 여행할 수 없음을 알고는 시신을 포도주 통에 넣고서 태연하게 길을 나섰습니다. 그런데 도중에 마부들이 그 안에 무엇이 들어 있는지 모른 채 포도주 통의 마개를 열어 열심히 마시다가, 마침내 그 안에 유대인의 시체가 절어져 있는 것을 발견했습니다. 그 뒤 얼마나 비싼 운임을 물어야 했을는지는 여러분이 한번 상상해 보시기 바랍니다.

# 그리스도인의 삶에 관하여

## 701

기독교의 예배는 우리 시대의 탁발수사들이 금식과 철야와 노래와 털가죽 옷 착용과 채찍질로 자신들의 육체를 징계하고 스스로 괴롭히는 그러한 외적이고 위선적인 것이 아닙니다. 하나님께서는 그러한 예배를 바라시지 않습니다.

## 702

사람들이 자신들에게 제시된 은혜의 보화를 받지 못하는 것은 마음의 눈이 멀었기 때문입니다. 우리가 그런 사람들입니다. 우리는 세례를 받고 그리스도를 모시고 주께서 주시는 온갖 선물 곧 믿음과 성례와 말씀을 받고 그것 모두가 거룩하다고 우리 입으로 고백하면서도, 우리 자신이 거룩하다고 말하지도 못하고 생각하지도 못합니다. 하지만 그리스도인이라는 이름은 지극히 영광스럽고 큰 것입니다.

## 703

사람들은 사제가 축성(祝聖)한 옷이나 죽은 사람의 유골 같은 하찮은 것들은 거룩하다 하면서, 그리스도인에 대해서는 거룩하다고 하지 않습니다. 그 이유는 사람을 외모로만 판단하고, 엄격한 금욕 생활을 하는 외관상의 성인을 찾으려 하기 때문입니다. 죽은 사람들을 성인으로 높이고 존경하는 교황 진영의 헛된 관행도 다 그런 데서 나온 것입니다. 그것은 추잉글리우스(Zuinglius)에 의해 뒷받침된 오류입니다. 인간의 지혜는 선행을 하는 자가 하나님 앞에 의롭다는 생각에 종교적 행위에 각고면려하는 자를 높이 평가합니다.

## 704

스데반만큼 고결하고 훌륭한 죽음을 당한 분도 없습니다. 그는 "주 예수여, 내 영혼을 받으시옵소서"(행 7:59) 하고 아뢰면서 최후를 마쳤습니다. 우리도 우리의 죄와 공적의 기억을 다 내려놓은 다음 오직 하나님의 은혜와 자비를 의지하며 죽음을 맞이해야 합니다.

## 705

세례 요한의 축일은 그대로 유지하는 게 옳습니다. 그는 신약의 문을 연 인물이며, 그에 관해서 주께서는 "모든 선지자와 율법이 예언한 것은 요한까지니"(마 11:13) 하고 말씀하셨습니다. 그의 축일은 사가랴의 아름다운 찬송을 인해서도 유지할 가치가 있습니다. 이 찬송은 교황 진영의 사람들이 늘 뜻 없이 부르지만, 실은 대단히 훌륭한 찬송입니다. 누가복음 서문은 "그 부친 사가랴가 성령의 충만함을 받아 예언하여"(1:67)라고 말합니다.

## 706

어느 가장은 하인들과 가족에게 이렇게 훈계합니다. "내가 명하는 것을 정직하고 부지런히 행하면 너희가 원하는 대로 먹고 마시고 입을 수 있을 것이다." 마찬가지로 우리 주 하나님께서도 우리가 먹고 마시고 입는 것 자체에 개의치 않으십니다. 그런 것들은 가치 중립적인 일이므로 우리에게 자유롭게 맡기십니다. 우리도 그런 것들을 구원의 필수적 요건으로 간주해서는 안 됩니다.

## 707

세상 사람들이 죽은 자를 살리고, 소경의 눈을 뜨게 하고, 귀머거리를 듣게 하신 분을 싫어하고 공격하는 것은 이상한 일입니다. 그런 분을 마귀 대하듯 기피한다면 과연 어떠한 하나님을 모시려는 것일까요? 그리스도께서는 세상에 하늘나라를 주시려고 하시지만, 사람들은 지상의 나라를 가지려 하며, 그들은 여기서 갈라집니다. 위선자들은 아무리 탁월한 지혜와 종교성을 발휘해 봐도 현세적 영광과 육체의 의지, 일상적 삶, 행복한 나날, 재물밖에 보지 못하는데, 이런 것들은 모두 사라지고 없어질 것들입니다.

## 708

온 세상은 십계명의 둘째 돌판의 단호함을 불쾌하게 받아들입니다. 지각과 이성이 있는 사람이라면 현실이 둘째 돌판에 새겨진 계명들과 딴판으로 돌아간다는 것을 잘 알기 때문입니다. 하나님과 하나님 말씀이 무시되면 세상은 입 다물고 관심을 두지 않지만, 수도원이 넘어갔다거나, 금요일에 고기를 먹었다거나, 탁발수사가 결혼했다는 소식이 들리면 세상은 패륜적 범죄라고 비난의 목청을 높입니다.

## 709

하나님을 향한 순종은 믿음과 선행의 순종입니다. 즉, 하나님을 믿고 하나님께서 명하는 바를 행하는 사람이 하나님께 순종하는 사람입니다. 그러나 마귀에 대한 순종은 미신과 악행입니다. 즉, 하나님을 신뢰하지 않고 믿지 않고 악을 행하면 마귀에게 순종하는 것입니다.

## 710

구약성경에는 두 종류의 제사가 있습니다. 첫째는 이른 아침의 제사로서, 하나님께서 베푸신 육체적이고 영적인 선물, 현세적이고 영원한 선물을 인정하고 감사를 드리되, 먼저 소나 가축이 아닌 우리 자신을 그리스도께 바치는 것입니다. 둘째는 저녁 제사로서, 그리스도인이 그리스도께 상하고 겸손하고 통회하는 마음을 드리고, 현세적이고 영적인 필요와 위험을 파악하여 하나님께 도움을 구하는 것입니다.

## 711

어떤 사람은 우리가 하나님을 섬기되 자유롭고 자발적으로 섬겨야지, 형벌과 지옥이 두려워 소망도 사랑도 없이 섬기는 것은 올바른 태도가 아니라고 말합니다. 이것은 인간 본성의 정서들을 배격하는 스토아주의자들의 주장입니다. 물론 우리가 자발적으로 우리의 최고선(最高善)이신 하나님을 섬기고 사랑하고 두려워하는 것이 마땅합니다. 그러나 하나님께서는 우리가 하나님의 약속을 기대하고 사랑하는 것과, 현세적이고 영적인 복을 구하는 것을 용납하십니다. 그렇기에 우리에게 기도하라고 당부하시는 것입니다. 따라서 하나님께서는 우리가 형벌 때문에 하나님을 두려워하는 것도 용납하실 수 있습니다. 인간은 하나님의 영원한 형벌과 상을 인정할 수 있습니다. 만일 그것이 그의 주된 목표와 동기가 아니라면, 특히 하나님을 아무것도 없는 데서 순전히 은혜로 우리의 공로 없이 모든 것을 주시는 최종 원인으로 간주한다면 그것이 신자에게 해를 입히지는 않습니다.

## 712

'경배하다' 라는 단어는 몸을 굽혀 절하는 것을 의미합니다. 그러나 '영으로' 하나님께 경배하는 것은 마음으로 절하는 것입니다. 하나님을 믿고 두려워하는 마음이 있어야 그러한 경배를 드릴 수 있습니다. 하나님을 경배하는 행위는 외적인 행위와 내적인 행위 두 가지입니다. 하나님이 주신 복을 인정하고, 감사하는 것입니다.

## 713

내가 잘 아는 독일의 어느 제후가 스페인의 콤포스텔라에 갔습니다. 그곳 사람들은 사도 요한의 형제 사도 야고보의 시신이 그곳에 묻혀 있다고 자랑했습니다. 제후는 정직한 프란체스코회 수사에게 고해성사를 하게 되었는데, 수사는 그에게 독일에서 왔는가 물었습니다. 그렇다고 대답하자, 수사는 이렇게 말했습니다. "여보시오, 젊은이, 독일에 계셨더라면 훨씬 좋았을 텐데 뭐 하러 이 먼 곳까지 오셨소? 나는 아우구스티누스회의 어느 탁발수사가 면죄부와 사죄에 관해서 쓴 책들을 읽어보았는데, 그이는 진정한 사죄가 우리 주와 구주 예수 그리스도의 공로와 고난으로 이루어진다고 강하게 입증해 놓았습니다. 젊은이, 예수 그리스도만 온전히 의지하고 다른 것에는 마음을 두지 마시오. 나 역시 하나님께서 허락하시면 이 비신앙적인 생활을 속히 청산하고 독일로 가서 아우구스티누스회 탁발수사로 지낼 생각이오."

## 714

참된 복음이 전파된 지 20년이 채 안 되어서 과거 수백 년 동안 볼 수 없었던 큰 기사들이 행해졌습니다. 아무도 그런 경천동지할 사건들이 일어날 줄은 예상치 못했습니다. 이단과 분파와 폭군의 횡포가 여전히 기승을 부리긴 하지만, 무수히 많은 수도원들이 텅텅 비게 되었고, 독일에서 사적 미사가 폐지되었습니다. 로마가 두 번 약탈당했고, 복음을 박해한 유력한 여러 군주들이 권력을 잃고 무대에서 퇴장했습니다.

# 결혼과 독신에 관하여

## 715

복음 전도자는 남들을 가르치기 전에 먼저 자신을 깨끗하게 해야 합니다. 그렇게 하려면 과연 결혼하지 않고 남아 있어도 선한 양심을 유지할 수 있겠습니까? 능력이 되면 독신으로 남아 있으라고 하십시오. 그러나 단정하게 살 자신이 없으면 아내를 취하십시오. 하나님께서 그 상처를 위해 결혼이라는 연고를 만드신 것입니다.

## 716

모세의 첫 권에는 결혼에 관한 기록이 있습니다. 하나님께서 남자와 여자를 창조하시고 그들에게 복을 주셨다는 내용입니다. 인간에 관한 아주 간단한 문장이지만, 이것은 세계에 거하는 모든 피조물들에게 적용해도 무방합니다. 공중에 나는 새들, 물에 사는 생물들, 들에 사는 짐승들, 모두가 암수로 존재하며 생육하고 번성하고 있습니다. 이 모든 것들 안에서 하나님께서는 우리 눈 앞에 결혼 제도를 심어놓으셨습니다. 결혼 제도의 표상은 나무와 흙에서도 볼 수 있습니다.

## 717

남편과 아내 사이에는 '나' 와 '너' 의 문제가 없습니다. 두 사람은 모든 것을 공유해야 하며, 구분이나 차별이 없어야 합니다.

## 718

아우구스티누스는 말했습니다. "자식 없는 결혼 생활은 태양 없는 세상과 같다."

## 719

모성은 영광스러운 것입니다. 온 인류가 여인에게서 잉태되고 태어나고 양육되기 때문입니다. 인간의 모든 법은 가족의 번식을 장려하는 방향을 취해야 합니다.

## 720

세상은 하나님께서 하신 일들을 존중하지도 않고 이해하지도 못합니다. 하나님께서 제정하셔서 온 인류, 더 나아가 모든 국가들이 출현하는 산실로 삼으신 결혼 제도를 누가 충분히 깨달아 제대로 평가할 수 있겠습니까? 만일 결혼 제도가 없었다면 우리가 어찌 존재할 수 있었겠습니까? 그러나 불신 세계는 하나님의 규례와 자녀들의 출생, 결혼 생활의 행복에도 마음이 그저 냉랭합니다. 결혼 생활의 일시적 어려움과 고통만 바라볼 뿐, 그 안에 감춰진 보화는 바라보지 못합니다. 우리는 모두 여자에게서 났습니다. 황제들도, 왕들도, 제후들도 다 여자에게서 태어났고, 심지어 하나님의 아들이신 그리스도께서도 처녀에게서 태어나시기를 멸시하지 않으셨습니다. 결혼 제도를 업신여기거나 배척하는 자들은 교수형에 처해야 합니다. 재세례파와 아담파는 결혼하지 않고 짐승처럼, 혹은 결혼 생활을 부정하는 교황주의자들처럼 살면서도 매춘을 행합니다. 만일 그들이 정말로 결혼을 부정하려면 일관성을 갖고 첩을 두어서는 안 될 것입니다.

## 721

결혼은 종교 다음으로 세상에서 중요합니다. 그러나 사람들은 결혼이 마치 빗속을 달리다가 강물에 풍덩 빠진 사람처럼 부자유하고 귀찮은 점 때문에 피합니다. 이 점에 대해 우리는 부적절하고 빗나간 우리 자신의 생각보다는 자녀 출생과 양육을 위해 하나님께서 내리신 명령과 규례에 좀 더 관심을 가져야 합니다. 더 나아가 결혼이 죄와 불륜을 막는 치료제임을 알아야 합니다. 물론 결혼을 강제해서는 안 됩니다. 그 문제는 각 사람의 양심의 판단에 맡겨야 합니다. 신부의 사랑이란 강요해서 되는 게 아니니까요. 하나님께서는 "사람이 혼자 사는 것이 좋지 아니하니" 하고 말씀하셨고, 사도 바울은 교회를 배우자 혹은 신랑 신부에 비유합니다. 그러나 결혼을 할 때는 재물이나 가문이나 혈통이나 혹은 성적 욕구가 동인이 되어 끌고 가지 않도록 주의해야 합니다.

## 722

결혼하고자 하는 사람은 다음 여러 가지를 유념해야 합니다. 1. 하나님의 명령. 2. 주 예수 그리스도의 확증. 3. 그리스도의 선물. 4. 첫 번째 복. 5. 결혼에 담긴 약속. 6. 사귐과 교통. 7. 거룩한 족장들의 본. 8. 국가의 법과 규례. 9. 고귀한 축복. 10. 악인들의 행실. 11. 사도 바울의 경고. 12. 자연적 권리. 13. 창조의 질서. 14. 믿음과 소망의 실천.

## 723

주 하나님께서는 결혼에 부여하신 규율을 바꾸신 적이 없지만, 아드님이신 예수 그리스도를 세상에 보내실 때는 달리 하셨습니다. 하지만 터키인들은 처녀가 아기를 낳는 것이 희귀한 일이 아니라고 생각합니다. 나는 이런 생각을 우리 집안에 한 치도 들여놓지 않을 것입니다.

## 724

포르슈타이미우스 박사(Dr. Forsteimius)는 아내가 불륜을 저지르고 남편을 떠났을 경우, 아내가 살아 있는 동안에 남편이 다른 여자와 결혼해도 간음을 범하는 게 아니냐고 물었습니다. 루터는 사도 바울의 말을 인용하여 대답했습니다. "혹 믿지 아니하는 자가 갈리거든 갈리게 하라. 형제나 자매나 이런 일에 구애될 것이 없느니라. 그러나 하나님은 화평 중에서 너희를 부르셨느니라"(고전 7:15). 사도는 이 말씀으로 그러한 재혼을 분명히 허용합니다.

## 725

남자는 어깨와 가슴이 넓고 엉덩이가 작고 좁으며, 지적 능력이 여자보다 앞섭니다. 여자가 어깨가 좁고 엉덩이가 큰 것은 가정에 남아 가사를 돌보고 자녀를 양육하도록 하기 위함입니다.

## 726

여자가 없으면 결혼할 수가 없고, 여자가 없으면 세상도 존립할 수 없습니다. 결혼은 음행을 막아주는 방파제입니다. 여자는 남편에게 다정하고 예의 바르고 명랑한 반려자가 되어 주어야 합니다. 성령께서 그런 여자를 가정의 꽃과 장신구가 되게 해주십니다. 그런 여자는 온유하고, 자녀를 낳으며, 남편에게 쾌락과 즐거움과 위로를 줍니다.

## 727

루터 박사가 하루는 아내에게 이렇게 말했습니다. "당신은 당신 마음대로 나를 주관하는군요. 그렇다면 가정의 모든 일에 대해 내가 가장으로서의 권한을 유보하고 당신에게 전권을 부여할 테니 한 번 해보시오. 본디 여자가 남자를 다스리려 하는 데서는 유익이 나오지 못하는 법이오. 하나님께서 아담을 모든 생명체를 다스릴 주(主)로 만드셨는데, 하와가 남편에게 하나님의 뜻 위에 올라서라고 부추김으로써 모든 질서를 망쳐 놓았소. 남자들을 간계로 오류에 떨어지게 하는 것이 여자들이오."

## 728

대체 무슨 구실로 자연법에 속하는 결혼을 사람이 금할 수 있단 말입니까?

그것은 먹고 마시고 잠자는 것을 금하는 것과 같습니다. 하나님께서 제정해 놓으신 것은 인간 의지로 재단할 문제가 아닙니다. 겸손하게 받아들이거나 교만하게 거역하는 것 두 가지 길만 있을 뿐입니다. 교황이 결혼을 천하게 볼 빌미를 주었다는 것은 하나님께서 교황제에 진노하신다는 뚜렷한 표증입니다.

## 729

이생에서 까다롭고 침울하고 성적으로 방종한 아내만큼 더 큰 괴로움이 없습니다. 솔로몬은 원치 않는 여자와 결혼하는 것은 재앙 중의 재앙이라고 말합니다.

## 730

독신제도 자체에 불경건과 전횡의 요소가 있음을 발견하기 시작했을 때, 나는 자신의 판단을 유보하고 제롬 슈르프 박사(Dr. Jerome Schurff)에게 문의했습니다. 교령(敎令)들 중에서 사제들의 양심을 이렇게 강압할 근거를 제시하는 것이 있으면 말해달라고 했습니다. 당시 나는 독신 서약을 한 수사들과 생각이 같지 않았던 것입니다. 박사는 내게 명쾌한 답을 주지 못하고, 교황이 아무에게도 사제직을 강요한 적이 없다는 모호한 말을 했을 뿐입니다. 문의한 보람도 없이 의문은 그대로 남았습니다.

## 731

식탁에서, 중혼(重婚)을 변명하는 내용의 신간 서적이 화제로 떠올랐습니다. 루터 박사는 잠시 침묵을 지켰습니다. 깊은 사색에 잠긴 듯했습니다. 마침내 박사가 침묵을 깨고 말했습니다. "아라비아의 왕이 아내가 7백 명이었다는 것이 의아할 때가 많았습니다." 곁에 있던 사람이 물었습니다. "박사님, 솔로몬은 어떤가요? 그는 아내가 3백에 첩이 7백 명이었으며, 본문에 따르면 궁에서 섬긴 소녀들은 수에 넣지도 않았다고 하지 않던가요?" 박사는 이렇게 대답했습니다. "그 본문을 대할 때는 반드시 유념해야 할 점이 있습니다. 왕비의 수에는 솔로몬이 부양한 다윗 가문의 여성들이 망라되어 있었다는 점입니다. 작센의 선제후도 자신의 궁에 참으로 많은 귀부인들과 공주들과 미혼 여성들과 정숙한 시녀들을 거느리고 있습니다. 하지만 이들이 모두 그의 아내들은 아니지 않습니까? 솔로몬이 그 많은 여성들을 모두 아내로 거느렸다는 것은 상상할 수 없는 일입니다." 그러자 어떤 사람이, 솔로몬이 결국에 회개했는지 물었습니다. 루터는 이렇게 대답했습니다. "성경에는 그가 회개했다는 기록은 없지만, '솔로몬이 그의 조상들과 함께 자매' (왕상 11:43)라는 기록이 있으며, 이로 미루어 보건대 그가 영원한 복락에 들어갔다고 결론을 내릴 수 있습니다. 조상들과 함께 잤다는 표현이 그런 의미입니다. 압살롬에게는 그런 표현이 쓰이지 않았습니다. 스코투스(Scotus)는 솔로몬을 단죄한 적이 있습니다."

## 732

결혼한 부부가 완벽한 결합을 이루어 사는 것이 참으로 훌륭한 일이지만, 마귀가 그렇게 되도록 내버려두는 경우란 드뭅니다. 부부는 떨어져 있으면 보고 싶어 견디지 못하지만, 함께 지내다 보면 권태를 견디지 못합니다. 결혼한 사람들은 마귀의 이러한 공격에 맞서서 부지런히 기도해야 합니다. 내가 아는 어떤 부부는 신혼 초에는 서로를 삼킬 듯이 뜨겁게 사랑하더니, 여섯 달이 지나자 서로를 혐오하면서 갈라섰습니다. 마귀는 이렇게 부부에게 순간의 열정을 불어넣어 기도에서 멀어지게 만들고, 그 결과 서로 멀어지게 만듭니다.

## 733

악한 정욕을 부추기는 시설을 만들려 하는 자들과는 일절 관계를 맺지 말아야 합니다. 마귀는 권장해서는 안 되고 철저히 짓눌러야 합니다. 윤락 시설을 복원시키려 하는 자들은 그리스도인이 아니라 하나님을 모르는 이교도들입니다. 주께서는 음행하는 자를 벌하시겠다고 말씀하신 까닭에, 음행을 조장하고 합법화하는 자들도 반드시 벌하실 것입니다. 혹시 그런 공중 시설을 마련하지 않으면 가정이 큰 혼란에 빠질 것이라고 주장할 자도 있을 것입니다. 하지만 하나님께서는 그런 혼란을 막을 방파제로 결혼 제도를 주셨습니다. 공적으로 방종을 부추기는 시설은 부녀자를 악의 길로 유인하려는 속셈을 갖고 있습니다. 우리는 하나님의 뜻에 반하는 어떤 것도 관용하거나 심지어 장려해서는 안 됩니다.

## 734

구약성경과 신약성경 모두 결혼 제도를 신성하게 여깁니다. 아브라함은 아내가 셋이었고, 예수 그리스도께서는 결혼식에 참석하시어 그곳에서 첫번째 기적을 행해 주셨습니다. 사도 바울은 비록 자신은 홀로 지냈으나 감독들에게 결혼을 명했고, 독신을 강요할 경우 많은 악이 초래될 것이라고 경고했습니다. 사도 베드로는 장모가 있었으며, 따라서 결혼했음이 분명합니다. 우리 구주의 동생 사도 야고보와 다른 모든 사도들(요한을 제외한)은 모두 결혼한 분들이었습니다. 키프로스의 주교 스피리디론(Spiridiron)은 기혼자였으며, 주교 힐라리우스에게는 딸이 있었습니다. 그는 딸에게 자신이 부유한 어떤 분(즉, 그리스도)을 알고 있는데, 만일 경건과 선한 행실에 힘쓰면 그분이 금으로 장식한 좋은 옷을 상으로 주실 것이라고 말했습니다.

## 735

간음에는 두 종류가 있습니다. 하나는 영적 간음으로서 남의 남편이나 아내를 연모함으로써 하나님 앞에서만 범하는 것이고, 다른 하나는 육체적 간음으로서, 세상에서는 대수롭지 않게 여기나 대단히 가증스러운 죄입니다. 그것은 하나님과 사회와 자기 가족을 한꺼번에 훼손하는 범죄입니다.

## 736

만일 하나님께서 결혼 제도를 제정하지 않으시고 남자들에게 처음 만난 여자들과 결합하여 평생 살도록 하셨다면, 남자들 자신이 그런 무질서한 생활에 금방 싫증을 느끼고 결혼 제도를 구했을 것이라고 나는 확신합니다. 잘못을 금해 놓으면 오히려 더 잘못을 범하고 싶은 충동이 생기는 법입니다.

## 737

루터 박사는 여성들을 조롱하고 비판하는 글을 쓴 자들에 대해서 이렇게 말했습니다. "그런 자들은 벌을 면치 못할 것입니다. 만일 저자가 직위가 높은 사람이라면, 그는 필시 혈통이 좋지 않은데 불법으로 귀족 가문에 들어간 사람일 것입니다. 여성에게 무슨 잘못이 있을 때는 부드러운 말로 잘못을 지적해 주어야 합니다. 여성은 깨지기 쉬운 그릇이기 때문입니다." 그런 다음 박사는 좌중을 돌아보더니 "화제를 다른 것으로 바꿉시다" 하고 말했습니다.

## 738

귀족의 성폭행 시도를 피하려다 창문에서 몸을 던져 떨어져 죽은 소녀 이야기가 나왔습니다. 그런 경우를 자살로 보아야 하는가 하는 질문이 제기되었습니다. 루터 박사는 이렇게 말했습니다. "아닙니다. 소녀는 그렇게 해야만 몸을 지킬 수 있다고 생각한 것입니다. 자신이 지켜야 할 것이 목숨이 아니라 정절이라 생각한 것입니다."

## 739

프랑크푸르트에 신앙과 학식이 높은 교사가 있었습니다. 신학 공부에 열심이 있었고, 설교도 여러 번 하여 교인들에게 큰 감동을 일으켰습니다. 그가 부제[집사]직을 제의받았는데, 난폭하고 사나운 그의 아내는 자신이 성직자의 아내가 되는 걸 원치 않으므로 남편이 그 제의를 수락하는 것을 한사코 반대했습니다.

이쯤 되니 그 가련한 남자의 처신이 당장 궁금해졌습니다. 부제로서 설교자 직분을 포기했을까요, 아니면 아내를 포기했을까요? 루터는 처음에는 익살을 섞어 대답했습니다. "여러분이 내게 말하듯, 만일 그가 과부와 결혼했다면 꼼짝없이 아내의 말을 들어야 했을 겁니다." 하지만 잠시 후 루터는 정색을 하고서 이렇게 말했습니다. "아내가 남편을 따라가야지, 남편이 아내를 따라가서는 안 됩니다. 우리 주님과 사도들이 부여받은 사명을 부끄러워하는 것을 보면 그 여자는 악한 여자, 아니 마귀가 육신으로 나타난 여자임이 분명합니다. 만일 그 여자가 내 아내였다면 당장 이렇게 말했을 것입니다. '당신, 나를 따를 거요, 말 거요? 당장 대답하시오.' 만일 '따르지 않겠어요' 하고 말한다면, 나는 당장 그녀와 이혼하고 다른 여자를 알아보겠습니다."

## 740

나이가 들었는데도 여전히 악의가 가득하고 툭하면 화를 내고 못살게 구는 아내를 가진 사람은 이생에서 연옥에 들어와 있다고 생각하면 됩니다.

## 741

소녀를 사랑하는 남자가 소녀의 동의하에 다른 데로 데리고 가서 살면 죄를 범한 것인가 하는 질문이 있었습니다. 루터 박사는 이렇게 대답했습니다. "그는 소녀에게 상해를 가한 것이 아니라 소녀의 부모에게 가한 것입니다. 부모의 뜻을 짓밟고 딸을 빼앗아갔으니까요. 그러므로 강도질이며, 제국 법에 따라 극형에 처해 마땅합니다. 하지만 로마의 적그리스도는 자신의 교령집(敎令集)에서 이런 범죄에도 용서를 베풉니다."

## 742

족장들과 기드온, 다윗, 솔로몬 같은 분들의 일부다처는 방종의 결과가 아니라 필요에 따른 결과였습니다. 구약의 백성들은 언약과 혈족 보존의 필요상 여러 아내를 거느려야 했던 점이 있습니다. 아브라함과 이삭과 야곱은 하나님께로부터 그들의 씨가 하늘의 별과 바다의 모래처럼 많게 해주시겠다는 약속을 받았습니다. 유대인들은 이 약속을 항상 바라보며 살았기 때문에 그것이 성취되도록 하기 위하여 각각 여러 아내를 거느렸던 것입니다. 혈족 보존의 필요성이란, 남자가 사사나 왕으로 세움을 받을 때 가난한 그의 모든 친족 여성들이 그에게 모여들면 그가 그들을 아내나 첩으로 거두어야 했던 것입니다. 첩을 두는 행위는 유대인 사회에서 합법적인 관행이었으며, 어려운 환경에 처해 끼니를 잇기 어려운 친족들과 과부들과 고아들을 돕는 한 가지 방편이었습니다. 쾌락의 기회였다기보다 적지 않은 부담이었든 셈입니다. 솔로몬의 아내들도 대부분은 아마도 내 여조카들인 막달렌과 엘리자베스가 나와 한 지붕 밑에서 처녀로 사는 것과 같은 상태로 지냈을 것입니다.

## 743

황제 지기스문트가 콘스탄츠에서 공의회를 소집했을 때, 추기경들은 개혁의 요구에 귀를 닫은 채 이렇게 말했습니다. "우리는 *Schismam*(분열)을 해야 할 것입니다." 그러자 황제가 이의를 제기했습니다. "여러분은 프리스키아누스(Priscian, 6세기 콘스탄티노플의 라틴어 문법학자)를 몰라서 그러는 겁니까? *Schisma*라고 해야지 *Schismam*이라고 해서는 안 됩니다." 그러나 추기경들은 "우리는 법과 규율 위에 있는 까닭에 프리스키아누스를 따를 필요가 없습니다" 하고 대답했습니다.

## 744

입다는 어리석고도 미신적인 서원을 했습니다. 그 결과 전쟁을 이기고 돌아온 뒤에 자기 딸을 죽여야 했습니다. 만일 그 자리에 경건한 사람이 곁에 있어서 그에게, "입다, 당신은 어리석은 서원 때문에 딸을 죽여서는 안 됩니다. 서원은 본의에 따라 시행하는 것이지, 말에 따라 시행하는 것이 아닙니다. 원래 그런 의도로 서원한 게 아니지 않습니까?" 하고 충고해 주었을 것입니다. 경건한 청년 요나단은 그렇게 해서 아버지인 사울 왕의 맹세에서 벗어나 죽음을 면할 수 있었습니다. 입다의 딸이 자신의 처녀성을 인하여 두

달을 애곡한 이유는 자녀를 낳지 못한 채 죽게 되었기 때문인데, 그것은 유대인 사회에서 적지 않은 불행이었습니다. 사무엘의 어머니 한나에게서 그런 경우를 잘 보게 됩니다. 결혼한 정직한 부부에게 자녀가 없다는 것은 보통 어려운 일이 아닙니다. 자녀는 결혼 생활의 가장 큰 보증이요 띠입니다. 양들에게서 얻는 최상의 양털입니다.

## 745

세속법 학자들과 교회법 학자들의 견해는, 결혼의 본질은 신랑과 신부의 합의이고, 부모의 특권은 비본질적인 것으로서 그것 없이도 결혼이 얼마든지 성사될 수 있으며, 따라서 비본질적인 것 때문에 본질을 거부하거나 방해하지 말아야 한다는 것입니다. 신랑 신부 당사자의 합의가 결혼의 본질이며 토대인 것은 당연한 사실입니다. 사랑이나 동의가 없는 결혼은 불행할 수밖에 없기 때문입니다. 더 나아가 부모가 자신들의 뜻을 거역하고 결혼한다는 이유로 자녀들을 벌한다고 해서 결혼을 단념시킬 수 있는 것이 아닙니다. 젊은 사람들이 이런 문제에서 일시적인 벌을 받는다고 뜻을 접는 일이란 없습니다.

## 746

교황 진영에서 어떤 사람이 다른 사람 자녀의 대부이거나 대모일 때, 이 관계가 그들 사이의 자연스러운 관계를 가로막습니다. 그런데 이것은 무의미한 관계이거나, 오히려 교황이 돈을 벌기 위해 쳐 놓은 그물에 지나지 않습니다. 돈 벌기 위한 목적으로 하는 결혼은 만인의 손가락질을 당합니다. 부유한 여자는 대부분 거만하고 남을 배려하지 않으며, 버는 것보다 더 많이 씁니다.

## 747

이혼의 원인은 두 가지입니다. 첫째는 간음입니다. 하지만 그러한 상황에서도 그리스도인들은 부부를 화해시키기 위해서 최선을 다해 노력해야 합니다. 그러기 전에 범죄한 사람을 엄히 책망해야 함은 물론입니다. 둘째 이유도 첫째 이유와 크게 다르지 않습니다. 부부 가운데 한 쪽이 집을 나갔다가, 어렵사리 돌아온 뒤에 다시 나가는 경우입니다. 그런 경우는 외지에 다른 짝을 두고 있기에 무겁게 처벌해야 합니다.

## 748

나는 목회자들이 부부간의 문제에 개입해서는 안 된다고 매사에 조언합니다. 첫째 이유는, 목회자 자신의 과업이 너무 막중해서 다른 일에 눈길을 줄 여유가 없기 때문입니다. 둘째 이유는, 그런 문제는 교회의 문제가 아니라 현세적인 문제로서 차라리 세속 관리에게 위임하는 것이 옳기 때문입니다. 셋째 이유는, 그런 경우가 헤아릴 수 없기 많기 때문입니다. 문제가 아주 높고 넓고 깊어서 일일이 처리하려다가 큰 해악을 초래하고, 복음에 큰 수치를 끼칠 가능성이 있습니다. 더욱이 우리 목회자들은 그런 일에 재능이 없습니다. 부부의 문제에 원치 않게 개입했다가 문제가 악화되면 그 비난은 고스란히 목회자들에게 돌아오게 되어 있습니다. 그러므로 그런 문제는 법률가와 위정자들에게 맡기는 게 좋습니다. 목회자들은 필요할 때마다 하나님의 말씀으로 사람의 양심에 대해 조언하고 상담하는 선에서 그쳐야 합니다.

## 749

라이프치히 교회회의에서 법률가들은 비밀 결혼에 대해 추방의 벌을 가해야 하며, 양측의 상속권을 박탈해야 한다고 결론지었습니다. 나는 그 결론을 받아들일 수 없다고 통보했습니다. 너무나 가혹한 벌이라 판단했기 때문입니다. 하지만 부모에게 알리지 않고 비밀리에 결혼한 사람들을 엄히 책망해야 한다는 데는 동의합니다. 그리고 사안에 따라 처벌이 필요하면 처벌해야 할 것입니다.

## 750

요한 홀슈타인 교수(Master John Holstein)는 남녀 양자가 "나는 당신과 결혼하겠습니다" 하고 계약을 할 때 그것을 미래의 일로 생각해야 하는가 하고 질문했습니다. 루터는 이렇게 대답했습니다. "그 말을 현재의 일로 이해해야 합니다. '나는 하겠습니다' 라는 말은 현재의 의지를 뜻하기 때문입니다. 모든 거래와 계약과 약속은 현재의 일로 이해해야 합니다. 어떤 젊은이가 처녀에게 '하나님께서 허락하셔서 내가 2년 뒤에 다시 돌아오게 되면 그때 당신과 결혼하겠소' 하고 말한 것에도 같은 이치가 적용됩니다. 이 말은 현재의 일로 이해해야 하며, 그가 다시 돌아오면 반드시 그녀와 결혼해야 합니다. 도중에 마음을 바꾸는 것은 그의 소관이 아닙니다."

## 751

머리카락은 여성에게 가장 아름다운 장식입니다. 옛날에는 처녀들이 상중(喪中)이 아니면 머리를 길게 늘어뜨렸습니다. 나는 여성이 등까지 머리를 기르는 것이 좋습니다. 이것이 보기에 가장 알맞습니다.

## 752

인류의 번식은 참으로 기이하고 신비스럽습니다. 하나님께서 이 문제에 대해 나의 의견을 물으셨다면, 나는 하나님께서 아담을 지으실 때처럼 흙으로 각 생물의 종(種)들을 지으심으로써 그들을 계속 번식시키시면 좋겠다고 말씀드리고 싶습니다. 그리고 태양을 거대한 등불처럼 항상 공중에 머물게 하셔서 끊임없이 빛과 온기를 주도록 하시면 좋겠다고 말씀드리고 싶습니다.

## 753

열정적인 그리스도인들이 독신 생활을 시작한 것은 그리스도께서 태어나신 지 250년 뒤에 살았던 키프리아누스 때입니다. 따라서 이 미신은 무려 1천3백 년이나 계속된 셈입니다. 성 암브로시우스와 그 밖의 사람들은 자신들이 다른 사람들과 같은 인간임을 믿지 않았던 모양입니다.

## 754

아우크스부르크의 주교 성 울리히(St. Ulrich)는 로마에 닥친 두려운 일을 전했습니다. 성직자 독신제도를 확립한 교황 그레고리우스가 수녀들을 동원하여 로마의 양어장을 청소하게 했습니다. 물을 다 퍼내자 바닥에 영아들의 해골이 6천 개나 나왔습니다. 강요된 독신제도의 결과란 이런 것입니다. 충격을 받은 그레고리우스는 독신제도를 폐지했으나, 후임 교황들이 다시 그 제도를 확립했습니다.

우리 시대의 예를 말씀드리자면, 오스트리아 니오이베르크에 수녀원이 있는데, 수녀들의 문란한 행실로 인하여 수녀들이 다른 곳으로 쫓겨 가게 되었습니다. 그 자리에 프란체스코회 수사들이 들어오게 되었습니다. 수사들이 건물을 증축하고자 건물을 허물고 터를 파게 되었는데, 그 과정에서 커다란 단지 12개가 나왔습니다. 단지들에는 영아들의 시체가 들어 있습니다. 이런 여성들을 차라리 결혼하도록 허락했다면 그토록 무고한 생명이 희생되는 일은 없었을 것입니다.

# 제후들과 권력자들에 관하여

## 755

정부는 살인과 처형을 기뻐하시지 않으시는 하나님의 은혜와 자비의 상징입니다. 만일 하나님께서 터키와 다른 나라들처럼 건실한 정부 없이 사회를 방치하신다면 우리는 이 세상에서 하나둘씩 금방 사라지고 말 것입니다.

## 756

부모는 군주와 위정자들이 백성을 보호하는 것보다 훨씬 더 부지런하고 각별하게 자녀들을 보살펴야 합니다. 아버지와 어머니는 자연스럽게 그리고 자발적으로 자녀의 스승입니다. 저절로 자라난 권한입니다. 그러나 군주와 위정자들은 강제적인 권한이 있습니다. 그들은 국가 권력이 보장하는 공권력으로 다스립니다. 따라서 아버지와 어머니의 힘이 더 이상 미치지 못할 때 공권력이 맡아 다스려야 합니다. 군주와 위정자들은 제6계명이 제대로 준수되도록 감독해야 할 의무가 있습니다.

## 757

세속 군주는 고기를 잡기 위해 연못이나 호수에 쳐 놓은 그물과 같지만, 하나님께서는 친히 물 속으로 깊이 들어가 고기를 그물로 모는 이와 같습니다. 도둑과 강도와 간음자와 살인자를 그물로 몰아넣으신 다음 군주로 하여금 그물로 잡아 처벌하게 하십니다. 하나님은 세상을 심판하시는 분입니다. 그러므로 회개하십시오. 그렇지 않으면 반드시 처벌을 받을 것입니다.

## 758

제후들과 군주들은 법을 준수해야 합니다. 그렇지 않으면 백성들에게 무시를 당할 것입니다. 무엇보다도 복음을 존중하여 항상 곁에 두고 배워야 합니다. 복음이 그들을 돕고 보존하고, 직위에 권위와 능력을 부여하며, 그로써 소명이 어디로부터 왔는지 알아서 선한 양심으로 잘 다스릴 수 있게 합니다. 로마에서는 사형 집행인이 항상 형을 집행할 때 사형수에게 용서를 구합니다. 마치 자신이 무슨 잘못이라도 하는 듯이 말입니다. 하지만 그것은 하나님께서 그에게 맡기신 적법한 직무입니다. 사도 바울은 "그가 공연히 칼을 가지지 아니하였으니"(롬 13:4) 하고 말합니다. 그는 악을 행하는 자에게 하나님을 대신하여 진노를 쏟아 붓는 사역자요 응징자입니다. 관리가 죄수를 처형할 때 하나님께서 친히 그를 처형하십니다.

## 759

제후나 권력자가 신앙이 없을 경우 그의 고문들이 신앙이 있을 가능성은 없다고 해도 무방합니다. 주인이 그러하면 종도 그러합니다. 필연적으로 그럴 수밖에 없습니다. 솔로몬은 "주인이 거짓말을 즐기면 종들도 거룩하지 못하다"고 말합니다. 어김없이 그렇습니다.

## 760

위정자는 세상에 꼭 필요한 직위로서, 백성은 그를 존경해야 합니다. 그러므로 우리는 위정자를 위해 기도해야 합니다. 그만큼 위정자는 쉽게 부패할 수 있기 때문입니다. 하지만 사람은 존경을 받으면 태도가 바뀌되, 더 나아지는 경우가 드뭅니다. 법 없이 자기 생각대로 다스리는 제후는 야수보다 못한 괴물입니다. 그러나 법과 정의대로 다스리는 제후는 법과 정의를 수립하시는 분인 하나님께 기쁨이 됩니다.

## 761

통치자는 지혜로워야 하고, 용기가 있어야 하고, 다른 사람의 조언 없이도 홀로 통치할 줄 알아야 합니다.

## 762

세속 정부를 떠받치는 힘에는 법과 권리뿐 아니라 신적 권위도 있습니다. 정부를 붙드시는 분은 하나님이십니다. 정부가 없다면 세상에서 자행되는 중죄가 처벌받지 않은 채 방치될 것입니다. 우리 주 하나님께서는 율법 안에 당신의 뜻과, 악을 어떻게 처벌해야 할지를 잘 나타내셨습니다. 법은 제후나 군주 같은 권력자를 벌하는 규정이 없는 까닭에, 장차 우리 주 하나님께서 그를 소환하시어 회계하신 뒤 잘못한 일이 드러나면 직접 벌하실 것입니다. 이생에서는 통치자들이 법을 가지고 이나 파리 따위나 잡을 뿐이고, 말벌 같은 큰 곤충들은 마치 거미줄을 뚫고 도망치듯 어떤 사람들은 법망을 유유히 피합니다. 소소한 범죄자들만 처벌을 받을 뿐, 극악한 죄를 대규모로 저지른 자들이나 가난한 자들과 고아들과 과부들을 유린한 압제자들은 처벌을 받기는커녕 존경을 받고 사는 게 현실입니다.

## 763

정치는 평범하고 교육받지 못한 사람들의 소관이 아니라 투사들의 몫입니다. 지적 능력과 지혜와 용기가 있는 사람들, 신뢰할 만한 사람들, 공동의 선과 번영을 위해 노력하는 사람들, 사사로운 이익이나 개인의 정욕에 휘둘리지 않는 사람들이 사회를 다스릴 수 있습니다. 하지만 오늘날 위정자들 가운데 과연 얼마나 그런 범주에 넣을 수 있겠습니까? 오늘날의 위정자들은 돈 버는 데만 혈안이 되어 있습니다. 그러면서 어떻게 광활한 영토와 허다한 백성을 다스릴 수 있겠습니까? 솔로몬은 말합니다. "노하기를 더디하는 자는 용사보다 낫고 자기 마음을 다스리는 자는 성을 빼앗는 자보다 나으니라"(잠 16:32).

큰 존경을 받은 장군 스키피오(Scipio)가 천국에 있다면 좋겠습니다. 그는 자신을 다스리고 극복할 줄 알았고, 자기 마음을 제어함으로써 역사에 길이 남을 승리를 거두었습니다. 작센의 선제후 프리드리히가 스키피오와 비슷한 사람이었습니다. 그는 비록 분노의 힘을 통해서이긴 하지만 자신을 제어할 줄 알았습니다. 아가에는 이런 구절이 있습니다. "내게 속한 포도원은 내 앞에 있구나"(8:12). 하나님께서 전권(全權)을 취하사 아무도 권력을 자랑하지 못하게 하신 것입니다. 하나님께서 왕이 되실 것이요, 목자가 되실 것이요, 가장이 되실 것이요, 홀로 다스리실 것입니다.

## 764

오늘날 위정자들은 업무를 시작하기 전에 기도하지 않고 문제를 앞에 놓고 치밀한 계산을 합니다. 셋에 셋을 곱하면 아홉이고, 둘에 일곱을 곱하면 열넷이라고 — 이렇게 하면 이렇게 되고, 저렇게 하면 저렇게 된다고 — 계산하면 물론 효과를 볼 것입니다. 그러나 우리 주님은 그들에게 이렇게 말씀하십니다. "그렇다면 너희는 나를 무엇이라고 생각하는가? 나를 0으로 보는가? 내가 공연히 하늘에 앉아 아무 목적도 없이 있는 줄 아느냐? 내가 너희 계산을 틀어놓으면 모든 게 무의미하게 된다는 것을 너희는 알아야 한다."

## 765

빌라도는 독일 제국의 교황파 제후들에 비하면 차라리 정직하고 의로운 사람이었습니다. 제후들 가운데 빌라도의 발치에도 미치지 못하는 자들을 얼마든지 열거할 수 있습니다. 차라리 빌라도는 로마 제국의 법을 엄격히 지켰기 때문입니다. 그는 무고한 사람을 재판도 없이 처형하기를 원치 않았으며, 정당한 수단을 다 동원하여 그리스도를 놓아드리려고 시도했습니다. 그러나 그렇게 하면 황제에게 불충하게 되는 것이라는 강한 협박을 받고는 마음이 약해져서 제국의 법을 포기했습니다. 그의 마음에 이런 생각이 흘렀을 것입니다. '가난하고 멸시받는 한 사람을 없애는 것일 뿐이다. 아무도 그의 편을 들어주지 않는다. 그를 죽인다고 해서 내게 무슨 해가 돌아오겠는가? 한 사람이 죽도록 내버려두는 것이 온 민족으로부터 저항을 받는 것보다 낫지 않은가?'

마테지우스 박사(Dr. Mathesius)와 포머(Pomer)는 빌라도가 왜 그리스도께 채찍질을 했고, 왜 "진리가 무엇이냐?" 고 물었는가 하는 문제를 놓고 논쟁을 벌였습니다. 마테지우스는 빌라도가 연민의 정에서 그렇게 했다고 주장했으나, 포머는 포악과 경멸에서 그렇게 했다고 주장했습니다. 이에 대해 루터는 이렇게 말했습니다. "빌라도가 그리스도께 채찍질을 한 것은 연민이 컸기 때문입니다. 그 행동으로 유대인들에 대한 끌 수 없는 분노를 표출한 것입니다. 그리고 그런 심정으로 그리스도께 '진리가 무엇이냐?' 하고 물었습니다. 그것은 이런 뜻이었습니다. '왜 이런 악한 시대에 진리에 관해서 논하려고 하는가? 이곳에서는 진리가 아무 소용이 없다. 차라리 다른 계획을 세우는 편이 낫지 않은가? 법률가의 조언을 받아 길을 찾으면 혹시 풀려날 수도 있지 않겠는가?' "

## 766

필립 멜란히톤과 나 자신은 여느 추기경보다 하나님께 이 세상의 많은 부를 받을 자격이 있다고 생각합니다. 우리는 추기경 백 명이 해놓은 일보다 더 많은 일을 했기 때문입니다. 그러나 하나님께서는 "현재 가진 것으로 자족하라" 고 우리에게 말씀하십니다. 사실 하나님을 모시고 있으면 재물을 곁에 두고 사는 것과 마찬가지입니다. 재물은 있는데 하나님을 모시고 살지 않으면 정말로 가난한 것입니다.

하나님께서는 에스겔에게 말씀하셨습니다. "인자야 바벨론의 느부갓네살 왕이 그의 군대로 두로를 치게 할 때에 크게 수고하여 모든 머리털이 무지러졌고 모든 어깨가 벗어졌으나 그의 군대가 그 수고한 대가를 두로에서 얻지 못하였느니라. 그들의 수고는 나를 위하여 함인즉 그 대가로 내가 애굽 땅을 그에게 주었느니라. 주 여호와의 말씀이니라"(겔 29:18). 이처럼 하나님께서는 큰 왕국들을 어느 한 사람에게서 빼앗아 다른 사람에게 주시는 것입니다.

## 767

아우크스부르크에서 제국 의회가 열렸을 때 어떤 제후들이 각기 자기 나라의 부와 번영을 자랑했습니다. 작센의 선제후는 자기 나라에 은광이 풍부하여 풍부한 재원이 된다고 말했습니다. 팔츠의 선제후는 라인 강변에 있는 자신의 포도원을 자랑했습니다. 뷔르템베르크의 제후 에버하르트의 순서가 되었을 때 그는 이렇게 말했습니다. "나는 몹시 가난한 제후여서 여러분과 감히 비교할 만하지 못합니다. 하지만 내 나라에도 부유하고 귀중한 보석이 있습니다. 나는 내 나라에서 혹시 말을 잘못 몰아 길을 잃고 들판에 홀로 남게 되더라도, 아무 백성의 집에나 들어가 안심하고 단잠을 잘 수 있습니다. 백성들은 나의 봉사에 대해서 생명과 재산을 내놓을 준비가 되어 있습니다." 실제로 그의 백성은 그를 아버지로 여기고 존경합니다. 다른 두 제후는 이 말을 듣고는 그가 가진 것이 가장 부유하고 값진 보석임을 인정했습니다.

## 768

나는 비텐베르크에 있는 나의 집에 루네베르크의 제후 에른스트와 메클렌부르크의 제후 빌헬름을 초대하여 저녁을 대접했습니다. 두 사람은 궁정인들이 술을 너무나 많이 마신다고 불평하면서, 하지만 자신들은 건실한 그리스도인이 될 것이라고 말했습니다. 나는 두 사람에게 "군주들은 백성의 상태를 잘 감찰할 필요가 있습니다" 하고 말해주었습니다. 그러자 제후 에른스트가 이렇게 말했습니다. "과연 그렇습니다. 우리 제후들은 그 점을 각별히 주의하고 있습니다. 만일 그렇지 않았다면 나라가 벌써 오래 전에 무너졌을 것입니다. 제후가 절제를 못하면 백성들도 절제하지 못합니다." 옳은 말입니다. 대수도원장이 주사위를 던지면 수도원 전체가 놀음판이 되고 맙니다. 다스리는 자의 본이 백성에게 큰 영향을 끼칩니다.

## 769

토머스 모어(Thomas More)가 처형된 것이 복음 때문인지 아닌지 어떤 사람이 물었습니다. 나는 대답했습니다. "결코 아닙니다. 그는 잔인한 폭군이었습니다. 왕의 고문이었고, 학식과 지혜가 많은 사람이었으나, 복음을 고백하는 많은 무고한 그리스도인들의 피를 흘렸습니다. 교수형 집행인처럼 직접 그리스도인들을 푸른 나무에 달고 심문한 다음 감옥에서 잔인하게 고문했습니다. 그러다가 마침내 왕과 왕국의 칙령을 반대하게 되었는데, 불복종죄로 처벌을 당한 것입니다."

## 770

우리는 어떤 공의회도 우리를 이단으로 단죄한 적이 없는 유리한 점을 갖고 있습니다. 황제의 법은 이단에 대해서 오류를 완고하게 고집하는 자라고 정의하는데, 우리는 그렇게 한 적이 없고 다만 하나님의 말씀 곧 성경을 증거하고 입증했을 뿐입니다. 우리는 다른 사람들의 견해를 기꺼이 들을 준비가 되어 있지만, 교황의 판단을 받아들이지는 않을 것입니다. 우리는 그와 결별했습니다.

## 771

황제 막시밀리안은 원정에 나설 때 매우 미신적인 태도를 드러냈습니다. 위험에 처하게 되자 누구든 처음 만나는 사람을 제물로 바치겠다고 불쑥 서원한 것입니다. 그의 장군들 가운데 한 사람이 독일의 유서 깊은 가문 출신에 개신교 신자인 아리따운 처녀를 사로잡았습니다. 장군은 그녀를 극진히 사랑했습니다. 그러나 황제의 명을 거역하지 못하고 제 손으로 그녀를 죽이고 말았습니다. 우리 그리스도인들은 적군과 싸울 때 믿음으로 기도를 드릴 수 있는 큰 이점이 있으나, 불신자들은 믿음이나 기도의 모양은 있으나 그 능력은 알지 못합니다.

## 772

그리 오래 되지 않은 과거에 왕 페르디난트가 내가 기거하던 수도원을 방문하여 이곳저곳을 둘러보다가 벽에 큰 글자로 기록된 다음과 같은 문자들에 마음이 끌렸습니다.

'M.N.M.G.M.M.M.M.'

한참 그 의미를 생각하던 왕은 비서를 돌아보면서 그게 무슨 뜻일 것 같으냐고 물었습니다. 비서는 "전하, 저의 해석에 언짢아하시지 않을 수 있으십니까?" "물론이지. 말해 보거라" 왕이 대답하자, 비서는 이렇게 말했습니다. "저 문자는 이런 뜻인 듯합니다. 즉, M.N.은 멘티투르 나우세아(빈의 대주교)이고, M.G.는 멘티투르 갈루스(궁정 설교자)이고, M.M.M.M.은 멘티운두르 마요레스(프란체스코회)와 미노레스(카르멜회), 미노타우리(알프스의 수사들)인데, 모두 거짓말쟁이들이다." 왕은 입술을 지긋이 깨물고는 그곳을 지나갔습니다. 그것은 비서의 독창적인 해석이었습니다.

## 773

오늘날 제후들은 궁정을 지나치게 방만하게 유지합니다. 황제의 도시 네 곳을 하루 동안 유지하는 데 드는 비용이 솔로몬이 한 달 동안 나라 전체를 유지하는 데 드는 비용보다 훨씬 많이 듭니다. 그 제후들은 우리의 동정을 자아내는 가련한 사람들입니다.

## 774

하나님께서는 황제나 왕이나 제후를 다루실 때 어린아이가 카드를 가지고 놀듯이 다루십니다. 어린아이들은 좋은 카드가 생기면 늘 가지고 다니며 놀지만, 나쁜 카드가 생기면 금방 싫증을 느끼고는 의자 밑에 던져둡니다. 하나님께서 훌륭한 군주들을 만나실 때도 그와 같습니다. 그들이 나라를 잘 다스리면 하나님께서 그들을 지키시고 은혜를 베푸시지만, 그들이 본분을 떠나 나라를 잘 다스리지 못하면 그들을 권좌에서 내쳐 버리십니다.

# 불화에 관하여

## 775

1546년 2월 10일에 작센의 선제후 요한이 “양 진영이 타협을 하면 분쟁이 쉽게 가라앉을 것입니다” 하고 말했습니다. 그 말을 들은 루터는 이렇게 말했습니다. “우리는 기꺼이 타협할 용의가 있지만, 아무도 타협의 매체인 사랑을 구하지 않습니다. 우리는 부를 추구하지만, 아무도 부를 얻는 정당한 방법 곧 하나님의 복을 구하지 않습니다. 우리는 모두 구원받고 싶어하지만, 세상은 구원받는 방법 곧 중보자이신 그리스도를 거부합니다.

지난 시대에는 군주와 제후들이 분쟁이 생기면 신앙의 덕망이 높은 사람들을 찾아가 문의하고, 어지간해서는 법률가의 손을 빌리지 않았습니다. 분쟁 당사자들이 서로 화해하여 합의에 도달하고 싶으면, 한 쪽이 다른 쪽에게 양보해야 합니다. 만일 하나님과 인간이 화해하려면 하나님께서 권리와 공의를 넘기시고 진노를 내려놓으셔야 합니다. 우리 인간도 자신의 의를 포기해야 합니다. 우리도 낙원에서 신들과 같은 존재가 되어야 하기 때문입니다. 우리 시조가 낙원에서 살 때 뱀의 유혹에 넘어가 스스로 하나님처럼 지혜로운 줄로 생각했습니다. 그 뒤 그리스도께서 우리 가운데 오셔서 합의를 이루어 내셨습니다. 주께서 문제에 개입하셔서 하나님과 인간 사이의 중보자가 되셨습니다. 중보자가 되시기 위해서 중보자가 치러야 할 대가 곧 십자가의 고난을 담당하셨습니다. 싸움을 말리는 사람은 대개 호된 주먹질을 당하게 마련입니다. 마찬가지로 그리스도께서는 우리를 위해 고난과 죽음을 당하셨습니다. 우리의 죄를 담당하시기 위해 죽으셨고, 우리를 의롭다 하시기 위하여 다시 살아나셨습니다. 이로써 인간은 하나님과 화목하게 되었습니다.”

## 776

염소 두 마리가 깊은 계곡 위로 난 다리에서 만날 때 어떻게 합니까? 다리가 좁기 때문에 두 마리 모두 뒤로 돌아갈 수 없고, 상대를 넘어갈 수도 없습니다. 만일 서로 밀치면 절벽 아래로 떨어져 빠져 죽게 됩니다. 이런 상황에서 염소도 본능으로 터득한 것이 있어서 하나가 엎드리고 다른 하나가 타고 넘어가 두 마리 다 해를 입지 않습니다. 이와 마찬가지로 사람도 서로 물고 뜯고 싸우기보다 상대가 자신을 밟고 넘어가도록 허용할 줄 알아야 합니다.

## 777

그리스도인은 자신의 인격을 위해서 다른 사람을 저주하거나 보복하지 않습니다. 그러나 믿음은 그 일을 합니다. 이것을 올바로 이해하기 위해서는 하나님과 인간, 인격과 대의명분을 구분해서 생각해야 합니다. 하나님과 그분의 일에 대해서는 양보나 타협을 해서는 안 됩니다. 예를 들어, 불신자들이 복음을 박해할 때 이것은 하나님과 그분의 일을 가로막는 것이므로, 그런 자들에게는 복을 빌어서는 안 되고, 그들과 그들이 하는 일을 저주해야 옳습니다. 그것을 가리켜 믿음의 저주라고 합니다. 하나님의 말씀이 억압을 받고 이단이 득세하는 것을 참기보다, 차라리 모든 피조물이 함께 파산하기를 바라는 것입니다. 이단을 쥐고 있으면 하나님을 잃게 되기 때문입니다(민 16장). 그러나 개인은 자신에게 잘못이 있을지라도 자학할 게 아니라, 그리스도의 교훈과 사랑의 본질에 따라 오래 참으며 원수들에게 선을 베풀어야 합니다.

# 질병과 그 원인에 관하여

## 778

아기는 힘차게 울 때 건강하게 쑥쑥 자랍니다. 다른 운동을 할 수 없는 아기로서는 우는 동작을 통해서 팔다리와 혈관이 신장되는 것입니다.

## 779

어떤 사람이 루터에게 이렇게 질문했습니다. "다음 두 성구를 어떻게 하면 조화시킬 수 있습니까? 첫째는 그리스도께서 중풍병자에게 하신 말씀입니다. '작은 자야 안심하라, 네 죄 사함을 받았느니라' (마 9:2). 주께서는 이 말씀으로 죄가 중풍병과 각종 질병의 원인임을 암시하십니다. 둘째는 나면서 맹인이 된 사람에 관한 구절입니다. '랍비여 이 사람이 맹인으로 난 것이 누구의 죄로 인함이니이까. 자기니이까 그의 부모니이까' (요 9:2)." 루터는 이렇게 대답했습니다. "그리스도께서는 이 말씀으로 맹인이 죄를 범한 것이 아니요, 죄가 눈이 멀게 된 이유가 아님을 입증하십니다. 사람이 적극적으로 범하는 죄가 질병과 고통의 원인이지, 원죄가 원인이 되지는 않습니다. 그러므로 중풍병자가 범한 죄는 그 병의 원인이었던 반면에, 나면서 맹인이 되게 한 원인은 원죄에 있지 않습니다. 만일 그렇지 않다면 모든 사람이 맹인으로 태어나거나 중풍병에 걸려야 할 것입니다."

## 780

두꺼비에 귀한 약효가 있다는 것은 경험이 입증해왔습니다. 두꺼비 세 마리를 잡아 작대기에 끼운 다음 햇볕에 말려 전염성 종양에 붙이면 독을 모두

빨아들여서 씻은 듯이 낫습니다.

## 781

근육 경련[쥐]은 가벼운 질병입니다. 아마도 넘어지는 병은 쥐의 일종으로서, 더러는 이마에도 생기고 더러는 팔다리에도 생깁니다. 그런 증세가 느껴질 때에는 몸을 빨리 움직이거나 뛰면 곧 사라집니다.

## 782

잠은 가장 유용하고 건강에 좋은 신체의 작용입니다. 단잠을 자고 있는데 갑자기 깨우는 것만큼 화나는 일도 없습니다. 이탈리아에서는 사람을 고문할 때 잠을 재우지 않는다고 하는데, 충분히 그럴 사람들이라 생각됩니다. 그것은 오래 견딜 수 없는 고문입니다.

## 783

의사들은 병이 진행하게 된 자연적 원인만 파악하여 자신들이 처방하는 약으로 그것을 고치기도 하고 못 고치기도 합니다. 그러나 그들은 자연적 원인과 상관 없이 마귀가 사람을 병에 걸리게 하는 경우가 많다는 것을 보지 못합니다. 영적인 의사는 마귀가 일으키는 질병을 퇴치할 줄 알아야 합니다. 하나님 말씀에서 나오는 믿음과 기도가 치료제입니다. 다윗의 시인 시편 31편이 좋은 예입니다. "여호와여 내가 주께 피하오니 나를 영원히 부끄럽게 하지 마시고 주의 공의로 나를 건지소서." 나는 병에 걸려 누워지낼 때 이 구절에 살을 붙여 음미했습니다. 처음에는 이 구절이 죽음의 순간에만 해당된다고 생각했으나, 이제는 나의 건강과 행복과 생명뿐 아니라 불행과 질병과 죽음 같은 것도 다 주의 손에 있다고 말할 수 있게 되었습니다. 경험이 이것을 입증합니다. 이젠 고생이 끝나고 기쁘고 즐겁고 편하고 건강한 일만 남았다고 생각하는 순간, 하나님께서는 곧 정반대 상황으로 우리를 이끌고 가시기 때문입니다.

슈말칼덴에서 앓아 눕게 되었을 때, 의사들이 약을 엄청나게 처방해 주는데, 마치 내가 황소나 되는 듯이 생각하는 것 같았습니다. 약을 복용해야 한다는 것은 참으로 안된 일입니다. 약이 하나님의 선물임을 부인할 마음도 없고, 여러 의사들의 의학 지식을 무시하는 것도 아니지만, 훌륭한 의사라 하더라도 부족한 게 얼마나 많습니까? 건실하고 균형 잡힌 식사만큼 건강에 효과적인 것이 없습니다. 나는 기력이 떨어지고 의욕이 없어질 때 식사를 좀더 규칙적으로 하고 일찍 잠자리에 들려고 노력합니다. 마음에 어지간히 눌리는 일만 없다면, 그렇게 하면 대개 기력과 의욕이 회복됩니다. 나는 의사들이 특정 이론에 입각하여 시술하는 것에 반대하지 않지만, 환자들이 자신들의 주관적 판단의 노예가 되기를 기대해서는 안 될 것입니다. 우리와 전혀 다른 시대와 나라에 살았던 아비세나(Avicenna, 980-1038, 페르시아 태생의 아라비아 철학자, 의학자. 이븐시나-옮긴이)와 갈레노스(Galen, 130?-200?, 그리스 의사-옮긴이)가 동일 질병에 대해 전혀 다른 약을 처방한 사실을 우리는 알고 있습니다. 나는 고대든 현대든 특정인의 식견을 전폭 신뢰할 생각이 없습니다. 하지만 철저한 훈련을 거치지 않은 의사가 환자들에게 자신들의 처방을 무조건 따르도록 강요하는 것만큼 한탄스러운 일도 없을 것입니다.

그런 의사들은 장의사들을 분주하게 만듭니다. 유능하고 신중하고 경험이 쌓인 의사들은 하나님이 주신 선물입니다. 인간이 자신의 생명을 의탁할 만한 자연의 사역자들입니다. 하지만 그런 의사들이라도 한순간의 부주의로 모든 것을 망쳐 놓을 수 있습니다. 의사는 겸손과 하나님 경외의 심정을 한시도 놓아서는 안 됩니다. 하나님을 경외하지 않는 의사는 합법적 살인의 처지에 서게 되기 십상입니다. 굳이 약을 복용하지 않고도 운동을 하고 좋은 공기를 마시는 것으로 병을 회복하는 것이 가장 좋지만, 부득이하게 약을 복용해야 할 때는 현명한 의사를 찾아 그의 처방을 받기를 힘써야 합니다. 외용약을 내복약으로 잘못 처방받아 복용하여 목숨을 잃은 루피누스(Peter Lupinus)를 기억할 필요가 있습니다.

## 784

어떤 요법(療法)은 왕이나 제후가 사용하면 큰 효과를 내는데, 보통 의사가 사용하면 전혀 효과가 없는 것이 참 기묘합니다. 작센의 선제후들인 요한과 프리드리히에게는 눈병을 고치는 물이 있었는데, 눈병이 열 때문에 생겼든 추위 때문에 생겼든 그 물을 넣으면 씻은 듯이 나았다는 말을 들었습니다. 그런데 의사가 그 물을 사용했을 때는 전혀 효과가 없었다는 것입니다. 영적인 문제도 이와 마찬가지입니다. 일반 신자보다는 설교자의 말에 더 큰 능력이 있어서 양심에 더 큰 영향을 줍니다.

# 죽음에 관하여

## 785

그리스도의 말씀을 위하여 죽는 것은 하나님 앞에서 귀하고 영광스러운 일입니다. 우리는 언젠가 우리 죄 때문에 죽어야 할 존재들인데, 하지만 그리스도와 그분 말씀을 정직하고 용감하게 고백하고 그 일로 인하여 죽는다면 그 죽음은 값집니다. 그로써 우리는 거룩한 성유물이 되며, 가죽을 아주 비싼 값에 팔게 됩니다. 우리 그리스도인들이 평안과 장수를 위해 기도할 때도 그것은 이기적인 기도가 아닙니다. 우리에게는 죽음도 유익이기 때문에 그렇습니다. 우리는 다만 교회와 후대의 신자들을 위해 그것을 구하는 것입니다.

죽음의 공포 자체가 죽음입니다. 그 공포를 마음에서 떨쳐내는 사람은 죽음을 맛보지도 느끼지도 않습니다. 사람이 잠든 모습은 죽은 모습과 아주 흡사합니다. 옛 사람들의 말대로, 잠은 죽음의 형제입니다. 마찬가지로 생명과 죽음은 낮과 밤의 모습으로, 계절의 변화와 순환으로 우리에게 나타납니다.

최근에 꿈을 꾸었는데, 그 꿈은 반드시 실현될 것입니다. 꿈에서 나는 죽어 나의 무덤 곁에서 누더기를 걸친 채 서 있었습니다. 그렇게 나는 이미 오래 전에 사형 선고를 받았으나 아직까지 살아 있는 것입니다.

## 786

"진실로 진실로 너희에게 이르노니 사람이 내 말을 지키면 영원히 죽음을 보지 아니하리라"(요 8:51). 루터는 이 말씀을 다음과 같이 해석했습니다. "우리는 반드시 죽음을 맞이하여 그 고통을 맛보아야 하지만, 하나님 말씀을 굳게 간직하는 사람은 죽음을 느끼지 않고 잠자듯이 세상을 떠날 것입니다. 반면에 하나님 말씀이 없는 사람은 공포와 번민 속에서 죽을 수밖에 없습니다. 그러므로 죽음에 임할 때는 불평을 씻어버리고, 마음으로 이렇게 말하십시오. '저는 하나님의 아들 예수 그리스도를 믿습니다. 더 구할 게 없습니다.'"

## 787

서른 여덟이란 나이는 험하고 위험합니다. 유난히 큰 병에 잘 걸립니다. 그 이유는 자연적 이치로 보아 토성과 화성이 겹치고 혜성들이 나타나기 때문이기도 하겠지만, 영적으로 보자면 죄가 감내하기 힘들 정도로 쌓이는 나이기 때문입니다.

## 788

이교 저자 플리니우스(Pliny. 제20권 1장)는 이렇게 말합니다. "인간에게 가장 좋은 약은 속히 죽는 것이다. 율리우스 카이사르는 죽음을 무시하고 위험 앞에서 몸을 사리지 않고 오히려 이렇게 말했다. '죽음의 공포를 안고 오래 사는 것보다 단번에 죽는 게 낫다.'" 이교도로서는 품어봄 직한 기개이지만, 우리는 하나님을 시험해서는 안 됩니다. 오히려 하나님께서 내신 치료 방법을 사용하면서 자비를 구해야 할 것입니다.

그리스도인에게는 죽음을 극복하는 것이 가볍고 쉬운 일입니다. 단, 죽음이 하나님의 진노가 아님을 아는 한에서 그렇습니다. 하나님의 진노를 받아 죽는다는 생각이 있을 경우 죽음 자체보다 그 사실이 더 큰 고통을 줍니다. 그러나 이교도는 편안하게 죽습니다. 그는 죽음을 하나님의 진노로 느끼지 않고 단지 생명의 소멸로 생각하기 때문입니다. 에피쿠로스주의자는 "죽음이란 모진 순간을 하나 더 견디는 것에 불과하다"라고 말합니다.

## 789

선하고 거룩한 사람이 죽었다는 소식을 듣고는 두려움이 엄습해왔습니다. '하나님께서 세상을 미워하시는구나. 악인들에게 임하시어 그들을 응징하시려고 정직하고 의로운 자들을 데려가시는구나' 그런 생각이 들자 몹시 두려웠습니다. 나는 죽는 것이 큰 문제가 아닙니다. 이미 나는 교황의 저주와 파문을 받아놓은 상태이며, 그에게 마귀와 같은 존재가 되어버렸으므로 그가 나를 미워하고 박해하는 것이 당연합니다. 코부르크에 머물 때 내 묘지를 쓸 땅이 있을까 나가 찾아보았습니다. 한때는 교회 성찬대 밑에 묻힐 생각도 해보았으나, 이제는 생각이 바뀌었습니다. 나는 살날이 얼마 남지 않았다는 것을 압니다. 내 머리는 칼과 같은데, 이젠 칼날이 완전히 무뎌져서 그냥 쇳덩어리처럼 되어 버렸습니다. 쇳덩어리는 아무것도 자르지 못합니다. 지금 내 머리가 그렇습니다. 사랑하는 주 하나님, 저는 땅에 오래 거하는 것을 바라지 않습니다. 주 앞으로 가는 행복한 순간을 제게 허락하옵소서. 저는 더 살고 싶은 욕심이 없습니다.

## 790

우리는 성 빈켄티우스(St. Vincent)에 관한 글을 읽습니다. 그는 죽을 때 발 앞에 죽음이 당도해 있는 것을 보고서 이렇게 말했습니다. "죽음이여! 무슨 짓을 하려고 왔느냐? 그리스도인에게 무엇을 얻을 게 있는 줄로 생각하느냐? 내가 그리스도인인 줄 너는 모르느냐?" 우리도 그와 같이 죽음을 무시하고 조소할 줄 알아야 합니다. 성 마르탱(St. Martin)의 전기에도, 그가 죽음 앞에 섰을 때 마귀가 침상 발치에 서 있는 것을 보고서 다음과 같이 담대하게 말했다는 기록이 있습니다. "흉칙한 짐승아, 너 왜 거기 서 있느냐? 너는 나와 아무 상관이 없다." 이런 말은 신자가 믿음으로 정당하게 할 수 있는 말입니다. 성인들의 전기에서는 이러한 내용만 추려 간직하고, 교황주의자들이 공들여 간직하는 무지하고 어리석은 이야기들은 완전히 제거해야 합니다.

## 791

루터는 비텐베르크에 머물 때 심한 우울증에 빠진 사람을 보고 그에게 이렇게 말했습니다. "아, 가련한 이여, 지금 무엇을 하고 있는 겁니까? 당신의 죄와 죽음과 멸망에 관해 생각하는 것 외에 달리 할 일이 없습니까? 속히 눈을 돌려 사람이신 그리스도를 바라보십시오. [사도신경은] 주님에 관해서 이렇게 기록합니다. '그는 성령으로 잉태되사 동정녀 마리아에게 나시고, 고난을 당하시고 죽으시고 장사지낸 바 되시고 음부로 내리셨으며, 사흘날에 죽은 가운데서 다시 살아나셔서 하늘에 오르셨습니다.' 당신은 이런 일이 아무런 목적도 없이 이루어졌다고 생각하십니까? 죄와 죽음에 대해서 자신을 위로하십시오. 두려워할 것도 위축될 것도 없습니다. 그럴 이유가 전혀 없기 때문입니다. 그리스도께서 당신을 위해 죽음을 당하셨고, 당신을 위로하고 보호하시기 위해서 죽음을 이기셨으며, 당신을 구원하시기 위해서 하늘의 아버지이신 하나님 우편에 앉아 계십니다."

## 792

우리 몸에 지체들이 많은 만큼, 우리는 많은 죽음을 당합니다. 죽음이 우리의 팔다리 하나하나를 엿봅니다. 죽음의 원인 제공자이자 지배자인 마귀는 우리의 원수로서 우리의 생명을 노립니다. 그는 우리를 죽이기로 맹세했고, 우리는 죽음을 당할 만하게 되었습니다. 그러나 마귀는 신자들을 죽인다고 해도 그다지 얻는 것이 없습니다. 빈 땅콩 껍질을 으스러뜨리는 것과 같을 뿐입니다. 그렇다면 우리는 기꺼이 죽어주어 마귀에게 쉴 기회를 줍시다. 나는 다른 사람보다 배나 죽어 마땅한 이유가 있습니다. 첫째로, 나는 하나님께 죄를 범했습니다. 그 일이 너무나 송구스럽습니다. 둘째로, 나는 마귀의 손에 죽어도 할 말이 없습니다. 거짓과 살인 위에 수립된 그의 나라를 내가 하나님의 도우심과 은혜와 자비에 힘입어 무너뜨린 것입니다. 그러므로 그가 나를 죽이려 하는 것은 당연합니다.

## 793

"거짓 그리스도들과 거짓 선지자들이 일어나 큰 표적과 기사를 보여 할 수만 있으면 택하신 자들도 미혹하리라"(마 24:24). 이 말씀은 교부들 안에서 성취되었습니다. 제롬과 아우구스티누스, 그레고리우스, 베르나르 같은 교부들은 유혹을 받아 오류에 떨어졌지만, 거기에 그대로 남아 있지 않았습니다. 성 베르나르는 악하고 불경건한 내용의 글을 많이 썼는데, 특히 동정녀 마리아에 관하여 그러한 글을 많이 썼습니다. 그러나 그는 임종을 앞두고 이렇게 말했습니다. "나는 인생을 악하게 살았습니다. 사랑하는 주 예수 그리스도시여, 주께서는 천국에 대해 이중의 권리를 갖고 계십니다. 첫째로, 천국은 주께서 유업으로 받으신 것입니다. 주께서는 성부의 독생자이시기 때문입니다. 이 사실이 제게는 천국에 대해 아무런 위로도 소망도 주지 않습니다. 그러나 둘째로, 주께서는 천국의 위로와 소망을 주님의 고난과 죽음의 값을 주고 사셨습니다. 아버지의 진노를 가라앉히셨고, 천국 문을 여셨고, 많은 값을 치르고 사신 천국을 저에게 주셨습니다. 이 일로 인하여 저는 기뻐하며 위로를 얻습니다." 베르나르는 이러한 확신에 힘입어 평안하고 행복한 상태로 임종을 맞이했습니다. 성 아우구스티누스도 임종을 맞이했을 때 일곱 편의 참회 시편을 가지고 기도했습니다. 이 교부들은 젊고 건강할 때는 이러한 교훈에 관해 생각하지 않았으나, 임종 침상에 눕게 되었을 때는 그것이 마음 가득히 밀려오는 것을 발견했습니다. 인간의 헛된 자랑을 버리고, 자신들을 오직 그리스도께 의탁하고, 주님의 부요롭고도 귀한 공로를 의지하게 되었습니다.

## 794

자비로우신 아버지이시며 사랑 많으신 우리 주 예수 그리스도의 아버지이신 전능하시고 영원하신 하나님이시여, 저는 주께서 친히 말씀하신 모든 것을 다 이루실 것을 확신하나이다. 주께서는 거짓말을 하실 수 없으시기 때문이옵나이다. 주의 말씀은 정직하고 참되나이다. 주께서는 처음에 내게 극진히 사랑하시는 독생자 예수 그리스도를 주시겠다고 약속하시더니 그리스도를 주셨고, 나를 마귀와 죽음과 지옥과 죄에서 건지셨나이다. 큰 자비로 제게 성례를 베푸셨으며, 저는 믿음으로 그것을 받고 주의 말씀을 전심으로 의지하였나이다. 그러므로 저는 아무것도 의심하지 않고 큰 확신을 가지고 평안 가운데 거하나이다. 만일 지금이 주께서 작정하신 그때라면 저는 기쁨으로 세상과 작별하겠나이다.

## 795

믿음의 학교는 죽음을 달고 다닌다고 합니다. 원래 죽음은 이김에 삼킨 바 되었습니다. 죽음이 그렇게 되었다면 죄도 그렇게 된 것입니다. 죽음이 그렇게 되었다면 모든 질병도 그렇게 된 것입니다. 죽음이 그렇게 되었다면 모든 비참한 것들도 그렇게 된 것입니다. 죽음이 그렇게 되었다면 마귀의 모든 권세도 그렇게 된 것입니다. 죽음이 그렇게 되었다면 세상의 모든 분노도 그렇게 된 것입니다.

그러나 눈앞의 현실에서는 이런 것들이 사라지지 않고 오히려 더 강하게 나타납니다. 그러므로 믿음으로 살아야 합니다. 믿음 뒤에는 보이는 것이 나타날 것이며, 지금은 보이지 않는 것이 장래에는 보이게 될 것이기 때문입니다.

## 796

아담이 살았을 때, 즉 그가 죄를 범했을 때 죽음이 생명을 삼켰습니다. 그리스도께서 죽으셨을 때, 즉 의롭다 함을 얻으셨을 때, 그리스도 곧 생명이 죽음을 삼켰습니다. 그러므로 그리스도께서 죽으심으로써 승리를 얻게 하신 하나님께 우리는 마음을 다해 찬송을 드려야 합니다.

# 부활에 관하여

## 797

1544년 부활주일에 루터는 죽은 자의 부활을 주제로 탁월한 설교를 했습니다. 교회력에서 그 주일에 배정된 서신서의 다음 본문을 가지고 전한 설교였습니다. "어리석은 자여 네가 뿌리는 씨가 죽지 않으면 살아나지 못하겠고"(고전 15:36). 아브라함은 아들을 제물로 바치기로 결심할 때 하나님께서 잿더미로 변한 아들을 다시 살리시어 자녀들을 둔 아버지로 만들어 주실 것을 믿었습니다. 아담과 하와의 믿음도 그들을 보존해 주었습니다. 하나님께서 약속하신 후손을 믿은 것입니다. 믿는 자에게는 불가능한 것이 없습니다. 인간이 모태에서 핏덩이로 세상에 태어나는 것은 아담이 흙에서, 하와가 그의 갈빗대에서 지음을 받은 것 못지않게 크고 기이한 기적입니다. 세상은 그런 경이로운 일들로 가득하지만, 우리는 마음의 눈이 감겨서 그것을 보지 못합니다. 온 세상이 힘을 합친다 해도 사람의 팔 하나, 나무의 작은 잎사귀 하나 만들 수 없습니다.

부활의 때에는 다음 말씀이 울려 퍼질 것입니다. "땅의 티끌에 거하는 너희여, 일어나 서서 기뻐하라." 그날에 나도 다시 살아나 여러분과 함께 대화를 나눌 것입니다. 내가 여러분을 가리키는 이 손가락도 그날에 다시 내게 돌아올 것입니다. 모든 것이 다시 돌아올 것입니다. 주께서 의가 거하는 새 하늘과 새 땅을 지으실 것을 성경이 교훈하기 때문입니다. 그곳은 황량하고 건조한 땅이 아니라, 의로운 사람들이 함께 거하는 아름다운 신천지입니다. 그곳에는 육식성 짐승도 해로운 동물도 없습니다. 그것들도 우리 인간과 마찬가지로 죄의 저주에서 풀려나, 과거에 낙원에서 아담 앞에서 보였던 유순한 태도를 우리에게도 보일 것입니다. 그곳에는 보석처럼 찬란한 털을 지닌 작은 애완견들이 있을 것입니다. 초목이 에메랄드처럼 찬란한 빛으로 싱싱하게 빛날 것입니다. 우리 인간들은 끊임없이 먹지 않으면 안 되는 상황에서 벗어나 완전하게 될 것입니다. 우리 눈은 순도 높은 은처럼 빛날 것이요, 모든 질병과 고통을 벗어버릴 것입니다. 영광스러운 창조주 하나님을 얼굴과 얼굴로 볼 것입니다. 그날에 우리의 가족과 친척과 친구들이 의인들 가운데 의인들로 나타난다면 그 기쁨이 얼마나 크겠습니까! 만일 지금 이 땅에서 우리가 모두 하나가 된다면 세상에는 평화가 깃들겠지만, 하나님께서는 우리로 눈물 골짜기인 이 세상에 정을 두지 않고 장차 올 하늘 아버지의 집을 탄식하며 사모하도록 현세에 그러한 평화를 주시지 않습니다. 이렇게 선택된 자들에게는 기쁨이 있겠지만, 저주받은 자들에게는 큰 슬픔과 절망이 있을 것입니다.

## 798

1538년 8월 7일에 루터는 장차 올 세상에 관해서 설교하면서 이렇게 말했습니다. "얼마 전에 병에 걸려 아주 약하게 된 상태에서 하나님께 나 자신을 의탁할 때, 장차 영원한 생명을 얻게 되는 날 맛보게 될 기쁨이 어떤 것이며 얼마나 클까 하는 생각이 많이 스치고 지나갔습니다. 그날에는 그리스도께서 우리에게 전해주셔서 우리가 믿음으로 받아들인 것이 확연하게 드러날 것입니다. 이 땅에 사는 동안은 새로 창조될 세상이 어떤 것인지 알 수 없습니다. 우리의 이해력에는 큰 한계가 있어서, 지금 이 세상과 그 안의 무수한 피조물들, 눈에 보이는 물질로 된 이것도 우리는 다 알 수 없기 때문입니다. 영원한 세계에서 맛보게 될 기쁨은 인간의 이해를 넘어섭니다. 선지자 이사야는 그날에 "영원한 기쁨이 있으리라"(사 61:7)고 말합니다. 성경이 죽은 자의 부활에 관하여 말하는 모든 것이 다 성취되는 것을 보게 될 때 누가 감히 하나님의 말씀을 믿지 못하겠다고 할 수 있겠습니까? 그날에는 불신앙의 원인이 원죄였음이 입증될 것입니다. 그날에 불경건한 자들과 멸망받은 자들은 땅에 엎드러질 것이나, 어느 정도는, 선택되어 구원받은 자들의 큰 기쁨과 영광을 보고 그로 인해 더욱 큰 고통과 절망에 떨어질 것입니다.

우리 주 하나님께서 잠시 있다 사라질 이 세상, 하늘과 땅과 그 안에 있는 것들을 창조하실 때도 이렇게 눈부시도록 아름답게 지으셨거늘, 저 영원한 하늘나라를 지으실 때는 얼마나 더 영광스럽고 아름답겠습니까?

## 799

내가 어머니의 품에 안겨 젖을 먹을 때는 앞으로 커서 어떻게 먹고 살 것인지 전혀 개념이 없었습니다. 마찬가지로 이 땅에 사는 동안 우리는 장차 올 세상에 대해 개념이 없습니다.

## 800

멸망받은 자들이 이를 가는 것은 하나님께 영원히 버림을 받은 줄 알게 된 악한 양심이 겪는 고통, 즉 절망의 표현입니다.

## 801

추잉글리우스(Zuinglius)가 구원을 받았으면 하는 소원이 있지만, 현실은 정반대인 것이 두렵습니다. 그리스도께서 자신을 부인하면 멸망하게 된다고 말씀하셨기 때문입니다. 하나님의 심판은 확고하기 때문에, 믿지 않는 자들은 하나님께서 특별한 은혜를 베푸시어 믿음을 갖게 되기 전에는 반드시 심판을 받게 될 것이라고 안전하게 말할 수 있습니다. 다윗은 아들 압살롬이 구원받기를 간절히 원했습니다. 그래서 "내 아들 압살롬아, 내 아들 압살롬아" 하고 운 것인데, 하지만 아들이 멸망당했다는 것을 분명히 믿고 그를 인해 통곡했습니다. 육체의 죽음을 당했을 뿐 아니라 영원한 죽음에 떨어졌음을 안 것입니다. 압살롬이 반란을 일으키고 근친상간의 죄를 범하고, 아버지를 죽이려고 추격하다가 죽은 것을 다윗은 알았기 때문입니다.

## 802

교부들은 지옥을 네 종류로 구분했습니다. 1. 림보(접경). 즉, 그리스도께서 지옥에 내려가시기 전까지 족장들이 머물렀던 곳. 2. 고통의 느낌. 하지만 연옥과 같이 일시적인 것. 3. 세례받지 못한 어린이들이 가 있는 곳. 고통은 없음. 4. 멸망받은 자들이 가는 곳으로서 영원한 고통이 있는 곳. 지옥이라 하면 네번째를 가리킵니다. 나머지 셋은 인간의 상상일 뿐입니다. 교황 진영에서는 다음과 같은 악한 노래를 부릅니다. "우리의 탄식이 당신을 불렀고, 우리의 가련한 애도가 당신을 찾았나이다." 이것은 기독교 정신에서 어긋납니다. 복음은 신자들이 아브라함의 품에 있다고 말하기 때문입니다. 지옥이 어떤 곳인지 우리는 다 알지 못합니다. 다만 우리가 아는 것은 지옥이 확실히 있다는 것입니다. 부자 욕심쟁이에게 아브라함이 말한 대로입니다. "너희와 우리 사이에 큰 구렁텅이가 놓여 있어 여기서 너희에게 건너가고자 하되 갈 수 없고 거기서 우리에게 건너올 수도 없게 하였느니라"(눅 16:26).

## 803

아, 사랑의 하나님, 주의 오심을 지체하지 마옵소서! 나는 봄날이 다시 돌아와 낮과 밤의 길이가 갖게 되고, 오로라가 선명하고 밝게 되는 날을 몹시 갈망합니다. 장차 검은 구름이 몰려와 사방에서 번개가 번쩍이고 천둥이 지축을 흔들어 천지가 혼돈에 빠지는 날이 올 것입니다. 그날을 탄식하며 사모하라고 가르쳐 주신 주님께 주의 백성들이 찬송을 드릴 것입니다. 교황 진영의 사람들은 모두 그날을 두려워합니다. "진노의 날"(*Dies irae dies illa*)이라는 찬송이 그것을 잘 말해줍니다. 그리스도께서는 "그러나 인자가 올 때에 세상에서 믿음을 보겠느냐"(눅 18:8) 하고 말씀하십니다. 현실을 직시해 보면 복음이 세상의 한쪽 구석에 치우쳐 있는 것을 발견하게 됩니다. 아시아와 아프리카에는 복음이 없고, 유럽에도 그리스, 이탈리아, 헝가리, 스페인, 프랑스, 잉글랜드, 폴란드에는 바른 복음이 전파되지 않았습니다. 복음이 있는 이 작은 구석 작센은 최후의 심판의 도래를 막지 못할 것입니다. 계시록에 예언된 내용은 백마에 관한 한 이미 성취되었습니다. 세계는 오래 버틸 수 없습니다. 아마도 백 년을 못 갈 것입니다.

터키가 몰락하기 시작할 때면 마지막 날이 가까이 올 것입니다. 그때는 성경의 증거가 입증되기 때문입니다. 성경이 말하듯이 우리 주께서는 반드시 오실 것입니다. "만군의 여호와가 이같이 말하노라. 조금 있으면 내가 하늘과 땅과 바다와 육지를 진동시킬 것이요 또한 모든 나라를 진동시킬 것이며 모든 나라의 보배가 이르리니 내가 이 성전에 영광이 충만하게 하리라. 만군의 여호와의 말이니라"(학 2:7). 마침내 천지개벽이 일어날 것입니다. 이미 인류 가운데 대 변혁이 일어나고 있습니다. 법률가 직업이 지금처럼 비대한 적이 없습니다. 이 나라 가정들에 큰 불화가 있고, 교회에는 다툼이 있습니다.

## 804

어지간해서는 비가 내리지 않는 4월 유월절 무렵, 바로가 홍해에 휩쓸리고 이스라엘 민족은 애굽에서 빠져나왔습니다. 세상이 창조된 계절도 대략 그 무렵이었습니다. 그 시기에 겨울이 지나고 봄이 찾아오며, 그 시기에 그리스도께서 세상을 새롭게 하시기 위하여 다시 살아나셨습니다. 최후의 날도 아마 그 계절에 올 것입니다. 나는 한 해 중 가장 신선하고 아름다운 부활절 무렵에 그날이 올 것만 같습니다. 마치 소돔과 고모라가 새벽에 동이 틀 무렵에 멸망했듯이 말입니다. 천둥과 번개가 한 시간 넘게 계속되며 지축을 흔들어도 세상에서 호의호식하던 사람들은 "걱정 마라, 천둥소리를 한두 번 들어 보는가?" 하고 말할 것입니다.

## 805

나는 연금술을 매우 좋아합니다. 그것은 고대인들에게는 철학이었습니다. 내가 그 기술을 좋아하는 이유는 금속을 녹이고, 풀과 뿌리를 달여 약을 추출하는 실용적인 면 때문이기도 하고, 마지막 날 죽은 자들의 부활을 생각할 때 연상을 하게 하는 알레고리와 상징 때문이기도 합니다. 용광로에서 불이 물질의 실체와 다른 것을 분리하고 추출하며, 시체처럼 바닥에 남아 있는 불결한 찌끼들을 제거함으로써 정신과 생명과 활력과 힘을 북돋우듯이, 하나님께서는 심판 날에 불로써 불경건한 자들로부터 의인들을 구별해 내실 것입니다. 그리스도인들 곧 의인들은 하늘로 올라가 거기서 영원히 살겠지만, 불경건한 악인들은 찌끼처럼 지옥에 남아 거기서 영원히 멸망을 당할 것입니다.

# 알레고리에 관하여

## 806

알레고리 곧 영적 의미를 믿음에 적용하는 방법은 권장할 만합니다. 물론 그런 경우란 극히 드뭅니다. 그러나 삶과 대화로부터 이끌어낸 알레고리는 위험하며, 그 방법을 지나치게 자주 사용하면 믿음의 도리를 왜곡시키기 쉽습니다. 알레고리는 훌륭한 장식이지만 증거의 힘은 없습니다. 알레고리를 가볍게 사용해서는 안 됩니다. 이 방법을 사용할 때는 먼저 주된 원리를 분명한 근거와 논증을 갖춰 충분히 입증해야 합니다. 사도 바울이 갈라디아서 4장에서 보여준 태도가 좋은 예입니다. 몸통이 논리학이라면 알레고리는 수사학입니다. 그런데 문제를 간명하게 이해하는 논리가 없이 말로 사물을 꾸미고 확대하는 수사는 가치가 없습니다. 근거 없이 수사법을 사용하면 쓸데없이 말이 많아집니다. 그것은 깎아 만든 물건이요, 새긴 우상입니다.

## 807

알레고리는 단어가 표시하는 것 이상의 의미를 담고 있을 때 사용하는 해석법입니다. 세상에는 많은 언어가 있지만, 히브리어만큼 알레고리가 풍부한 언어가 없습니다. 독일어는 은유가 잘 발달되어 있습니다. "그는 망토를 바람에 걸어둔다", "카트린 폰 보르나는 비텐베르크의 새벽 별이다" 같은 표현이 예입니다. 이런 것들은 은유 곧 상징어들입니다. 알레고리는 그리스도의 명령대로 서로의 발을 씻어주는 일이나, 세례를 주는 일, 안식일의 의미 등에 해당합니다.

알레고리는 표면에 나타난 대로 이해해서는 안 됩니다. 예를 들어, 다니엘이 열 개의 뿔 달린 짐승에 관하여 말한 것은 그런 짐승으로 이해해서는 안 되고 로마 제국을 가리킨 것으로 이해해야 합니다. 마찬가지로, 할례가 신약성경에서는 알레고리이지만 구약성경에서는 알레고리가 아닙니다. 신약성경은 아브라함의 두 아들을 두 민족으로 해석하듯이, 구약성경으로부터 알레고리를 얻습니다.

## 808

성 게오르크의 전설은 세속 정부와 정책에 관하여 훌륭한 영적 의미를 갖습니다. 처녀는 정책을 상징합니다. 처녀는 자신을 삼키려고 쫓아오는 용 곧 마귀에게 괴롭힘과 박해를 당합니다. 그런 동안 배고픔과 결핍에 시달리기도 하고, 병에 걸리기도 하고, 전쟁의 참상에 내몰리기도 하다가, 마침내 의로운 군주가 와서 그녀를 구하여 원래의 권리를 되찾아줍니다.

## 809

기독교 교리에서 알레고리를 함부로 사용하는 것은 위험합니다. 알레고리로 풀어내는 말은 귀에 듣기에 좋지만 뜻 없는 공허한 말인 경우가 적지 않습니다. 알레고리는 공부를 많이 하지 않은, 그래서 역사와 본문을 적절하게 해석할 지적 능력이 모자라는 설교자들에게는 요긴한 방법입니다. 하지만 착실하게 세워 나가야 할 교훈에 관해서는 분명히 가르쳐 주지를 못합니다. 그러므로 우리는 분명하고 순수한 본문을 늘 견지하는 습관을 길러야 합니다. 필립 멜란히톤이 루터에게 물었습니다. "독수리가 알을 품고 있는 동안은 멀리 사냥을 나가지 않는 것과, 새끼들이 부화되면 한 마리만 남기고 나머지는 둥지 밖으로 밀어버리는 현상이 갖는 알레고리와 속뜻이 무엇입니까? 또한 까마귀들이 제 새끼를 양육하지 않고 깃털이 제대로 나기도 전에 버리는 현상은 어떻습니까?" 루터는 이렇게 대답했습니다. "독수리는 홀로 권력을 장악하려 하는 군주를 상징합니다. 그는 다른 누구와도 권력을 공유하려 하지 않습니다. 까마귀는 배를 신으로 삼고 사는 사납고 무정한 교황주의자들을 상징합니다."

## 810

궤변가의 알레고리는 항상 무언가 뒤틀려 있습니다. 뱀처럼 웅크리고 구부릴 뿐 똑바로 펴는 법이 없습니다. 죽을 때나 비로소 똑바로 펴집니다.

## 811

나는 수사 시절에 성경을 영적 의미 곧 알레고리로 해석하는 데 익숙해 있었습니다. 그것이 내가 가진 재능의 전부였습니다. 훗날 로마서를 읽으면서 그리스도에 관해 조금 알게 된 다음에는 알레고리가 그리스도에 관한 것을 제외하면 허황된 것임을 알게 되었습니다. 그 전까지는 모든 것을 알레고리로 풀었고, 심지어 인간 본성의 가장 저급한 욕구까지도 그런 방법으로 해석했습니다. 그러나 후에는 역사 사실들에 눈을 돌렸습니다. 성경에 기록된 대로, 기드온이 적군과 싸우는 것이 얼마나 어려운 일이었는지 알게 되었습니다. 그 대목에는 알레고리 곧 영적 의미가 없었습니다. 성령께서는 단순히 "오직 믿음으로 삼백 명만 데리고 가서 허다한 적군을 치라"고 말씀하십니다. 알레고리가 그렇게 중요한 자리를 차지하게 된 것은 주로 제롬과 오리게네스 때문입니다. 그러나 오리게네스는 그리스도에 관해서 단 한 마디도 할 자격이 없습니다. 이제 나는 그 모든 어리석고 무의미한 재능을 버리며, 이제 나의 재능은 성경의 단순한 의미를 파악하는 것입니다. 거기에 생명과 능력과 교리가 있으며, 다른 방법은 모두 어리석고 무의미합니다. 토마스 뮌처는 요한복음 3장에 나오는 "사람이 물과 성령으로 나지 아니하면"이란 구절(5절)을 시험과 환난으로 해석하지만, 아우구스티누스는 상징과 알레고리로는 아무것도 입증하지 못한다는 참된 규율을 제시했습니다.

## 812

전설 가운데 진실하고 순수한 것은 없습니다. 피의 증거로써 믿음을 입증한 순교자들의 전설이 그나마 가장 덜 변질되었습니다. 홀로 금욕 생활을 한 은수자(隱修者)들의 전기는 내용이 혐오스럽고, 거짓 기적으로 가득하며, 관용과 정절과 교육에 관한 별로 유익하지 않은 이야기들로 이루어져 있습니다. 내가 생각하는 성인들은 그런 사람들이 아니라, 시대의 정신에 편승하지 않고, 오히려 다른 사람과 똑같은 삶을 살며, 자기 이름을 알리는 데 관심이 없는 사람들입니다.

## 813

사도 바울에게 세례를 받았다고 하는 처녀 테클라(Tecla)의 전설에는 "그녀가 사도에게 육욕을 갖게 했다"는 내용이 있습니다. 아, 사도가 어찌 그런 말을 들어야 할 분입니까! 그런 말을 하는 사람은 사도에게 육체의 가시 하나를 더 드리는 셈입니다. 팔자 좋게 사는 탁발수사들은 자신들의 방탕한 생각대로 사도 바울이 자신들과 똑같은 정욕에 휘둘렸다고 함부로 생각합니다.

## 814

성 크리스토퍼의 전설은 역사가 아니라, 지혜와 학문과 상상력이 뛰어난 그리스인들이 참된 그리스도인의 삶이 어떤 것인지를 보여주기 위해 지어낸 허구입니다. 그리스인들은 그를 묘사할 때 크리스토퍼라는 이름이 암시하듯이 어린 예수를 무동 태운 건장하고 풍채 당당한 사람으로 묘사했습니다. 그러나 아이가 워낙 무거웠던 까닭에 그의 어깨가 크게 구부정하게 될 수밖에 없었습니다. 그가 험한 바다와 같은 세상을 건너갈 때 악한 군주와 강도 떼와 마귀라는 험한 파도에 부닥쳐 영혼과 목숨을 빼앗길 위기에 자주 부닥쳤으나, 큰 나무 곧 하나님의 말씀을 지팡이 삼아 잘 버텼습니다. 바다의 다른 편에는 노인이 등불을 들고 서 있었습니다. 등불은 선지자들의 글을 뜻합니다. 크리스토퍼는 그리로 발걸음을 옮겨 결국 무사히 해안, 즉 영원한 생명에 도달했습니다. 노인의 곁에 바구니가 놓여 있었는데, 그 안에는 고기와 빵이 들어 있었습니다. 이것은 하나님께서 박해와 십자가와 불행을 뚫고 세상을 지나가는 그리스도인들에게 일용할 양식을 공급하시어 주려 죽지 않게 하시는 것을 상징합니다. 크리스토퍼 전설은 훌륭한 기독교 시이며, 성 게오르크 전설도 그러합니다. 게오르크는 헬라어로 균형 있게 건물을 짓고, 건물을 공격하여 무너뜨리려 하는 원수들과 맞서 싸워 쫓아버리는 건축자를 뜻합니다.

## 815

우리 독일 민족에게 변변한 성인들의 전설이 없다는 것은 여간 실망스러운 일이 아닙니다. 우리에게 전해 내려오는 전설들은 거짓말 일색이어서, 정신 차려 가려 읽지 않으면 교훈을 얻기 힘듭니다. 성 카타리나의 전설은 로마 역사와 완전히 어긋납니다. 전설에 따르면 막센티우스는 로마의 티베르 강에 빠져 죽어 다시는 알렉산드리아로 가지 못했으나, 유세비우스의 글에 따르면 막시미우스가 그곳에 있었고, 율리우스 카이사르 시대 후에는 이집트에 왕이 없었다는 것입니다. 그리스도인들에게 이런 거짓말을 퍼뜨린 자는 스스로 지옥 바닥으로 내려간 비열한 자임에 틀림없습니다. 우리가 교황의 지배를 받는 동안에는 그런 괴이한 이야기도 사실인 줄 알았으나, 이제는 그렇지 않습니다. 우리가 교황 진영과 그 안에 있는 불경건한 것들로부터 해방된 것이 얼마나 감사한 일인지 알 수 없습니다.

## 성직록(聖職祿)에 관하여

### 816

나는 개신교 교구들을 가난한 학생들과 교수들을 위해 그대로 남겨두면 어떨까 생각합니다. 그러면 주교나 수석사제가 직접 설교를 할 수 없게 될 때 그는 자신의 감독하에 다른 학생들과 학자들에게 연구하고 설교하도록 할 수 있습니다. 그러나 군주와 제후가 성직록을 국유화하여 학생들과 교수들이 생활 근거를 잃게 되면 소교구들에 성직자를 보낼 수 없게 되기 때문에 소교구가 크게 약해질 것입니다. 교황은 비록 우리의 불구대천의 원수이지만 우리에게 재정 지원을 해야 할 의무가 있습니다.

### 817

이 시대는 군주와 제후들이 교회 재산을 탈취해 가는 악한 시대입니다. 그들은 교회에 아무것도 주지 않고 탈취하고 도둑질해갑니다. 과거에는 후하게 기부했으나 이제는 강탈합니다. 교회는 걸인의 옷보다 더 보기 흉한 누더기가 되었습니다. 가난한 성직자들의 급여에 조금도 보태주지 않습니다. 성직자들에게 정당하게 쓸 것을 공급하는 사람은 박해를 받습니다. 그런 사람은 황제의 명을 어기고 교회의 성직록들을 가난한 사람들에게 나눠준 성 라우렌티우스와 같은 운명에 처해집니다.

### 818

교황의 지배를 받는 성직록들은 참된 교회가 사용하기에 부적절합니다. 그것은 선지자의 말대로 매춘의 대가이며 다시 매춘을 위해 사용될 것이기 때문입니다. 교황은 황제와 제후들이 영적 재산을 가로채는데도 팔짱 끼고 바라보고 있는 우를 범하고 있습니다. 묵인해 주면 자신의 권위가 보장될 줄로 알고 있는 것입니다. 이런 이유로 그는 잉글랜드 왕 헨리에게, 만일 왕이 수석 주교의 자격으로 교황을 인정하면 잉글랜드의 교회 재산을 차지해도 좋다는 편지를 보냈습니다. 교황의 생각은 이런 것이었습니다. '내가 오늘날 곤궁과 위험에 처했으니 저 짐승 같은 왕의 환심을 사지 않을 수 없다. 몇 가지는 양보해야만 한다. 아, 교황이 되어 살아서 이런 수모를 겪어야 하다니! 교황으로서 권력을 유지하기 위해서 세속 권력자들에게 성직 임명권과 그에 따른 재산권을 넘겨주게 되다니, 이제 교황권은 곧 넘어질 것 같은 흔들리는 담장이 되어 버렸구나!' 무너져 폐허가 된 수도원들과 교회 건물들은 장차 어떻게 될 것입니까? 아무도 그것을 다시 세우지 않을 것이며, 그로써 예언이 성취될 것입니다. 교황령은 이미 세속 권력자들의 먹이가 되었고, 앞으로 더욱 그럴 것입니다. 12년 뒤에 교황은 어느 군주가 여러 주교구를 가로채 가는 수모를 겪었습니다. 그후 아우크스부르크에서 제국 의회가 열렸을 때 그 군주는 탈취해간 교회 재산을 교황에게 돌려줄 수밖에 없었으나, 교황은 그것을 그에게 도로 돌려주었습니다. 그 군주는 교황이 자기에게 그렇게 굴종하는 것을 보고서 아마 복음을 시시하게 여겨 버렸을 것입니다. 시국이 참으로 묘하게 바뀌었습니다. 이십 년 전만 해도 만백성이 교황을 우상처럼 떠받들고 그 앞에서 두려워 떨었는데, 이제 그러한 교황이 군주들에게 능멸을 당해도 순순히 참고 지내는 것입니다. 삼십 년 전만 해도 황제가 교황의 말 한 마디조차 감히 범하지 못했었는데 말입니다.

## 819

가난한 학생이 성직록을 보유할 수 있으면 그것을 잘 선용해서 그리스도인에게 적합하지 않은 세속 직업에 종사하거나 교황주의자들의 오류에 원치 않게 동조하는 구차한 처지에 떨어지지 않은 채 공부를 계속하는 것이 좋습니다. 교회 재산의 1/7만 따로 떼어 가난한 학생들을 지원할 수 있다면 얼마나 좋을까요! 제후들이 주교구들을 탐내는 현실이 너무나 가슴 아픕니다. 그것이 그들에게 독이 되어 있는 것마저 다 잃게 만들까봐 두렵습니다.

## 820

대포와 소총은 잔인하고 저주받을 무기입니다. 나는 그것이 마귀의 직접적인 제안으로 발명되었다고 믿습니다. 날아오는 포탄 앞에서 용기를 내봐야 소용이 없습니다. 날아온 포탄을 확인하는 즉시 병사들은 죽습니다. 만일 아담이 장차 자신의 후손들이 발명하게 될 무기를 환상으로나마 보았다면 아마 슬픔에 휘둘려 죽었을 것입니다.

## 821

전쟁은 인류에게 고통을 줄 수 있는 가장 큰 저주의 하나입니다. 전쟁은 종교를 파괴하고, 국가를 파괴하고, 가족을 파괴합니다. 주께서 가하시는 어떠한 징계도 전쟁보다는 낫습니다. 전염병과 기근도 전쟁에 비하면 아무것도 아닙니다. 전염병이 셋 중에서 가장 가벼우며, 그래서 다윗은 그것을 선택했습니다. 무자비한 자들의 손아귀에 빠져드는 것보다 하나님의 손에 징계 받는 편을 택한 것입니다.

## 822

어떤 사람이 물었습니다. "가장 힘이 센 사람인 삼손과 율리우스 카이사르, 혹은 그와 같은 용맹과 지략을 동시에 갖춘 위대한 장군의 차이가 무엇입니까?" 루터가 대답했습니다. "삼손의 힘은 성령께서 그에게 불어넣어 주신 능력이었습니다. 성령께서는 주께 순종하는 자들에게 그러한 능력을 주시어 큰일을 하게 하시는 것입니다. 이교도가 발휘하는 위대한 능력과 훌륭한 정신도 하나님께서 주시는 것이지만, 거룩하게 하는 능력은 없습니다. 나는 가끔 삼손을 생각할 때마다 큰 존경심이 일어납니다. 단지 인간의 힘만으로는 그가 행한 것과 같은 일을 도저히 할 수 없습니다."

## 823

고대의 위대한 행적들이 그것을 기록할 역사가가 없으므로 얼마나 많이 사장되었겠습니까. 그리스인들과 로마인들만 역사가들을 보유했습니다. 하지만 그 가운데 유명한 역사가인 리비우스(Livy, 주전 59-주후 17, 로마의 역사가-옮긴이)의 글조차 일부분만 남고 나머지는 유실되었습니다. 사벨리쿠스(Sabelicus)는 리비우스를 모방하여 계승하려고 나섰으나, 아무것도 이룬 것이 없습니다.

전쟁에서의 승리와 행운, 능력은 하나님께서 주시는 것입니다. 유명한 장군 한니발에게서 그것을 확인할 수 있습니다. 그는 로마인들을 철저히 짓밟고, 그들을 아프리카와 시칠리아와 스페인, 프랑스에서 몰아내고, 심지어 이탈리아 거의 전역을 점령했습니다. 그의 무용은 가히 상상하기 어려울 만큼 탁월했다고 생각합니다. 만일 그가 서기를 두어 자신의 전쟁사를 기록으로 남겼다면, 그의 위대한 전공이 현재 남은 것보다 훨씬 자세한 기록으로 전해졌을 것입니다.

## 824

위대한 인물과 장군들은 하나님의 특별한 선물입니다. 하나님께서는 그들에게 능력을 입혀 주시고 보존해 주십니다. 그들이 나서서 위대한 업적을 이룰 때는 헛된 상상이나 냉랭하고 나른한 생각으로 하는 게 아니라, 하나님께서 생각을 불어넣어 주셔서 하는 것입니다. 선지자들과 사도 바울, 그리고 훌륭한 업적을 이룬 하나님의 종들도 마찬가지입니다. 그들도 하나님의 특별한 은혜에 힘입어 일을 이루었습니다. 사사기는 하나님께서 단 한 사람을 통해서라도 얼마나 큰일을 이루실 수 있는지를 보여줍니다.

## 825

위대한 용사라고 다 잘 다스리는 것은 아닙니다. 군인의 생각에는 온통 어떻게 하면 전투에서 이겨 영역을 지킬 수 있는가 하는 생각뿐입니다. 군인에게는 어떻게 하면 백성과 나라를 평안하게 잘 다스릴까 하는 생각이 일차적 관심사가 아닙니다. 그렇지만 스키피오와 한니발, 알렉산드로스, 율리우스 카이사르와 아우구스투스 카이사르는 선정(善政)을 베푸는 일에도 관심을 가졌습니다.

## 826

용감한 군인은 적군 천 명을 죽이는 것보다 시민 한 사람을 구하는 데 마음을 씁니다. 로마의 장군 스키피오가 그랬습니다. 그러므로 정직한 군인은 절박한 필요가 아니면 전쟁을 함부로 시작하지 않습니다. 진정한 군인과 지휘관은 말을 많이 하지 않으며, 입에서 말이 나올 때는 행동도 함께 병행합니다.

## 827

권력을 쥔 사람들이 복음에 큰 타격을 주고 많은 사람을 해치고 있습니다. 선지자 이사야와 사도 바울은 "내가 내 입의 막대기로 그[적그리스도]를 가루로 만들고, 내 입술의 정신으로 그를 벨 것이다" 하고 말합니다. 우리는 그러한 무기로 교황을 공격해야 합니다. 교황 진영은 현세적인 무기로는 무너뜨릴 수 없습니다. 그 왕국은 거짓말 위에 세워져 있기 때문입니다. 그러므로 진리의 말씀으로 쓰러뜨리고 멸해야 합니다. "너는 말씀을 전파하라. 때를 얻든지 못 얻든지 항상 힘쓰라"(딤후 4:2).

# 정당방위에 관하여

## 828

황제가 우리를 굴복시키려 할 경우, 하나님과 우리의 양심을 거스르지 않은 채 황제에 대해 자신을 방어할 수 있는가 하는 질문은 신학자보다는 법률가가 다뤄야 할 것입니다.

만일 황제가 우리에게 전쟁을 걸어온다면 그 의도는 우리의 전도와 종교를 봉쇄하려는 것이거나, 아니면 정치와 경제 곧 세속 정부와 행정에 타격을 입혀 무력화하려는 것입니다. 어떤 의도로든 전쟁을 걸어온다면 우리는 그를 적법하게 선출된 로마 황제가 아닌 폭군으로 간주해야 합니다. 그런 상황 앞에서 바르고 순수한 교리와 신앙을 지키기 위해 맞서 싸워도 되는가 하는 질문은 헛됩니다. 아내와 자녀와 하인과 백성을 지키기 위해 싸우는 것은 당연한 의무입니다. 우리는 악의 세력의 공격에 맞서서 그들을 지켜야 합니다.

내 생명이 존속된다면, 나는 기독교 세계의 모든 국가들에게 우리의 부득이한 방어에 관해 독려하는 편지를 쓰고 싶습니다. 누구나 악한 세력에 맞서서 자신과 자신에게 속한 사람들을 지킬 의무가 있음을 강조하고 싶습니다. 첫째로, 황제는 세상 왕국의 머리이며, 모든 백성은 그 왕국의 몸을 구성하는 지체들로서, 그들에게는 스스로를 지킬 권한이 있습니다. 스스로를 방어하지 않는 자는 자기 몸을 죽이는 자입니다.

둘째로, 황제가 독일의 유일한 군주가 아니라, 선제후들도 제국을 다스리는 군주들입니다. 그들 각자가 제국을 보살필 의무를 지닙니다. 제후들의 의무는 제국의 안전과 번영을 증진하고, 제국에 해를 끼치는 세력을 격퇴하는 것입니다. 이것은 특히 머리인 황제의 의무입니다. 물론 선제후들도 권세에서는 황제와 동등하지만, 위엄과 특권에서는 동등하지 않습니다. 하지만 황제가 제국에게 손해를 끼치거나 하나님의 법을 침해하는 경우에는 선제후들이 황제를 제척해야 합니다. 더욱이 황제는 선제후들 가운데 특정인을 폐위하려고 할 때 그들 전부를 폐위하는데, 이런 관행은 용인해서는 안 됩니다.

그러므로 황제가 선제후들을 폐위할 수 있는지, 아니면 선제후들이 황제를 폐위할 수 있는지 하는 질문에 공식적으로 대답하기 전에, 먼저 분명히 해두어야 할 점이 있습니다. 그것은 그리스도인이 두 종류의 인격으로 구성되어 있다는 점입니다. 하나는 영적인 인격이고, 다른 하나는 현세적인 인격입니다. 영적 인격은 모든 것을 참고 견뎌야 합니다. 이 인격은 먹는 일도 마시는 일도 자녀를 낳는 일도 현세적인 일에 참여하는 일도 없습니다. 그러나 현세적인 인격은 세상의 여러 권리와 법에 속해 있으며, 복종할 의무를 지닙니다. 이 인격은 자신을 유지하고 보호해야 합니다.

예를 들어, 만일 어떤 치한이 내 아내나 딸을 겁탈하려 한다면 나는 영적 인격을 놔두고 현세적 인격을 발동해야 합니다. 치한을 그 자리에서 죽이거나 다른 사람에게 도움을 청해야 합니다. 공권력의 힘이 미치지 못하거나 더딜 경우에는 이웃에게 도움을 청하여 사태를 해결하는 것은 국법이 인정하는 바입니다. 그리스도와 복음은 현세적 권리와 규례를 폐하지 않고 도리어 굳게 세웁니다.

황제는 홀로 자기 마음대로 통치하는 절대 군주가 아니라, 선제후들과 권력을 나누어 다스립니다. 그러므로 혼자서 법과 규례를 제정할 권세와 권위가 없으며, 법의 재가 없이 혹은 제국 전체의 인지와 동의 없이 제국 백성을 독단적으로 죽일 권세나 권위도 없습니다. 그러므로 황제 오토(Otho)는 지혜를 발휘하여 일곱 명의 선제후를 세우고, 그들로 자신과 함께 제국을 다스리도록 한 것입니다. 만일 이런 방법을 내지 않았다면 제국이 오래가지 못했을 것입니다.

마지막으로, 황제가 우리에게 선전포고를 할 때는 자신을 위해 그러는 게 아니고 교황을 위해 그러는 것입니다. 그는 교황의 충실한 신하이며, 교황의 독재와 가증스런 우상숭배를 떠받치려는 것입니다. 교황은 복음을 중히 여기지 않으며, 황제의 힘을 빌려 복음에 대해 선전포고를 하는 것도 자신의 권위와 권세와 독재를 지키려는 것뿐입니다. 그렇다면 우리는 침묵한 채 앉아서 당해서는 안 됩니다. 혹시 이렇게 이의를 제기할 사람이 있을지 모릅니다. "다윗은 하나님께서 사무엘을 통해서 친히 왕으로 세우신 인물이었는데도 사울 왕에게 손을 대지 않지 않았는가? 그러니 우리도 황제에게 저항해서는 안 된다." 대답은 이렇습니다. 당시에 다윗은 왕국을 약속 받은 상태였을 뿐, 왕국을 차지하지는 못했습니다. 아직 자신의 정부를 수립하지 못했던 것입니다. 우리가 황제에게 저항하는 것은 사울보다는 차라리 압살롬과 맞서 싸우는 것에 해당합니다. 다윗은 그와 전쟁을 벌였고, 요압이 그와 반란 세력을 진압했습니다.

우리가 황제에게 저항해야 하는가 하는 이 문제를 나는 길게 논하고 싶습니다. 법률가들은 나름대로 인간의 현세적, 생득적 권리에 대한 견해를 갖고 있으므로 황제에게 저항하는 것이 당연하다는 의견을 제시하지만, 우리 목회자들에게는 이것이 쉽지 않은 문제입니다. 하나님 말씀에 다음과 같은 구절들이 있기 때문입니다. "누구든지 네 오른편 뺨을 치거든 왼편도 돌려 대며"(마 5:39), "사환들아 범사에 두려워함으로 주인들에게 순종하되 선하고 관용하는 자들에게만 아니라 또한 까다로운 자들에게도 그리하라"(벧전 2:18). 하나님의 말씀을 거슬러 행동하지 않도록 주의해야 합니다. 그렇지 않으면 후에 양심이 큰 괴로움을 당할 것입니다.

하지만 한 가지 확실히 해둘 점이 있는데, 그것은 우리가 사는 시대가 순교자들의 시대가 아니라는 사실입니다. 옛적에 황제 디오클레티아누스가 그리스도인들을 모질게 박해한 시대가 있었는데, 우리 시대의 체제는 그때와 다릅니다. 황제의 권위와 권세는 일곱 명의 선제후가 뒷받침하지 않으면 아무것도 아닙니다. 법률가들은 "황제가 칼을 내려놓아 우리의 소유가 되게 했다"고 씁니다. 그가 우리에게 가진 것은 '청원의 칼' (*gladium petitorium*)뿐입니다. 그가 우리를 처벌하려 할 때는 반드시 우리의 눈치를 살펴야 합니다. 그에게는 무슨 일이든 혼자 결행할 권한이 없는 것입니다. 만일 오늘날이 디오클레티아누스의 때와 같다면 우리는 기꺼이 황제에게 복종하고 박해를 받을 것입니다.

나는 황제가 교황 때문에 우리에게 선전포고하는 일이 없기를 바랍니다. 하지만 만일 황제가 아리우스파를 자처하여 하나님의 말씀을 공격하기를 마지않는다면, 우리는 당하고만 있어서는 안 됩니다. 나는 교황에게 칼을 빼앗아 왔을 뿐, 황제에게 빼앗아 온 것이 아닙니다. 분명한 것은 교황이 주인이나 독재자가 되어서는 안 된다는 것입니다.

정리하자면 이렇습니다.

첫째, 선제후들은 노예들이 아닙니다.

둘째, 황제는 일정한 조건 위에서 다스립니다.

셋째, 황제는 제국과 선제후들과 그 밖의 제후들에게 맹세로써 관계를 맺고 있습니다.

넷째, 황제는 제국의 존엄과 명예와 통치와 법을 보존하고, 자신에게 속한 백성을 보호하기 위해서 맹세로써 선제후들과 제후들에게 매입니다. 그러므로 황제가 우리를 노예처럼 굴복시키려 하는 것을 용납해서는 안 됩니다.

다섯째, 우리에게는 법의 혜택을 받을 권리가 있습니다.

여섯째, 우리는 기독교적 법과 권리에 복종해야 합니다.

일곱째, 우리 제후들은 맹세로써 제국에 매여 있는데, 그것은 정치와 사회 문제에서 법과 체제를 지키려는 것이지, 그 중 어느 것을 잃도록 방치하려는 것이 아닙니다.

여덟째, 이런 문제에서는 권세가 동등하지, 누가 다른 사람보다 권세가 더 많거나 높지 않습니다. 그러므로 만일 황제가 형평과 정의에 반하여 독단적으로 행동을 한다면 그는 자신의 권세가 선제후들과 동등함을 알아야 합니다. 그런 행동을 한다면 군주의 지위와 권한을 잃게 됩니다. 군주와 백성은 서로에게 동등하게 매여 있으며, 그런 관계 안에서 군주는 자신이 맹세한 대로 행동할 의무가 있습니다. 그래야 충직한 주인 밑에 충직한 하인이 있다는 속담대로 될 것입니다.

아홉째, 법은 군주 위에 있습니다. 법과 규례는 흔들리지 않고 항상 고정되어 있는 반면에, 인간은 항상 흔들리고 변하며, 만일 법의 규제를 받지 않는다면 자신의 정욕을 따르게 되어 있기 때문입니다.

만일 노상강도가 공격해 오면 나는 나 자신에게 군주가 되어 칼을 빼들 것입니다. 아무도 내 곁에서 나를 지켜줄 수 없기 때문입니다. 그리고 강도를 제압했다면 훌륭한 일을 해냈다고 생각해야 합니다. 그러나 만일 누가 복음으로 인해 설교자인 나를 칼로 공격한다면, 나는 손을 모으고 하늘을 우러러 "저의 주 그리스도시여, 제가 여기 있나이다. 저는 주님을 고백하고 전했나이다. 이제 저의 날수가 다한 것이나이까? 이제 제 영혼을 당신께 의탁하나이다" 하고 기도한 뒤에 순순히 죽을 것입니다.

## 법률가들에 관하여

### 829

법학교수 두 명이 루터를 만나러 비텐베르크에 왔습니다. 루터는 그들을 다음과 같은 말로 맞이했습니다. "교회법학자 여러분, 만일 여러분이 제국의 법에 관해서만 묻고 교황의 법은 거론하지 않는다면 나는 얼마든지 대화에 응할 용의가 있습니다. 그러나 여러분은 교황과 그의 법을 옹호합니다. 차라리 교황주의자들과 교회법학자들이 강요를 못 이겨 교황의 법과 교령을 억지로 지킨다면 나는 그들에게 손을 내밀 용의가 있습니다. 그의 법과 교령은 악하기가 마귀 못지 않습니다.

마인츠 주교는 자신이 주교구를 세 개나 차지하고 있는 사실을 양심이 있다면 자랑하지 못합니다. 그러나 여러분은 그것이 합법적이고 정당한 일이라고 주장합니다. 교황의 법을 주무르는 여러분 박사들은 아무것도 아닙니다. 교황의 법 자체가 아무것도 아니기 때문입니다. 그러므로 교황의 법을 전공한 박사는 아무것도 아닙니다. 키메라(그리스 신화에 나오는, 불을 내뿜는 괴물–옮긴이)일 뿐 아무것도 아닙니다. 제국 법을 다루는 학자는 중풍을 맞아 한쪽 팔다리를 못 쓰는 사람이지만, 교황의 법과 교령을 다루는 학자는 야심과 교만과 이기심과 탐욕과 미신과 우상숭배와 전횡 같은 참람한 악취를 내뿜는 사람입니다."

### 830

법률가 밑에서 공부하는 여러분은 마치 법률가가 되면 악한 일이라도 대담하게 행해야 하는 것처럼 스승에게 잘못된 태도를 배워서는 안 됩니다. 하나님께서 법을 두신 이유는, 법을 돈벌이를 위해서만 공부하는 불경건한 법률가들처럼 그른 것을 옳다고 하거나, 옳은 것을 그르다고 하라는 것이 아닙니다.

## 831

법률가들이 내게 당혹감을 느끼는 이유는 내가 그들의 간지(奸智)를 격렬히 비판하는 설교를 하기 때문입니다. 나는 설교자로서 그릇되고 악한 것을 책망하지 않을 수 없습니다. 내가 마르틴 루터라는 개인의 자격으로 그들을 책망했다면 그들은 내 말에 주의할 필요가 없습니다. 하지만 내가 그리스도의 종으로서 하나님의 계명을 가지고 책망하는 것이라면, 내 말을 귀담아 들어야 합니다. 회개하지 않으면 영원히 저주를 받게 될 것이기 때문입니다. 그러나 내가 아무런 부담 없이 그들의 죄를 책망하는 것은 아닙니다. 만일 내가 그들의 영혼에 대해 회계(會計)하지 않아도 된다면 굳이 그들을 책망할 필요가 없을 것입니다.

## 832

교황을 섬기는 자들은 모두 저주를 받습니다. 이 세상에 마귀에 버금가도록 악한 존재가 교황이기 때문입니다. 그는 거짓말로 이루어진 인간 전승을 가지고 그리스도를 곧장 대적합니다. 법률가들, 특히 교회법 학자들의 다수는 교황의 신복들로서, 비록 그 사실을 드러내놓고 주장하지는 않지만 행동으로는 인정합니다. 그들은 교회를 다스리면서 참되고 충성된 하나님의 종들을 짓밟습니다. 그러므로 그들은 저주를 받습니다.

# 대학교와 학예(學藝) 등에 관하여

## 833

법률가는 인간의 지혜로 지혜를 발휘하고, 신학자는 하나님의 지혜로 지혜를 발휘합니다.

## 834

이곳 비텐베르크의 교회와 학교에게 마귀가 얼마나 치열한 원수인지요! 마귀는 다른 곳보다 유독 이곳에서 더 기승을 부려서 교회 교인들이 서로 적대시하게 충동하는 까닭에 갈수록 폭력과 이단이 증가하고 있습니다. 심장에 해당하는 우리들조차 서로를 괴롭히고 고통을 주고 있는 형편입니다. 무수한 악령들과 적진의 염탐꾼들의 눈이 우리를 지켜보면서 우리 사이에 불화와 분쟁이 벌어질 때마다 악한 시선을 번득이며 좋아하는 모습을 나는 충분히 그려볼 수 있습니다. 그러므로 우리는 깨어 기도해야 합니다. 큰 위기의 순간입니다. 힘써 기도하십시오. 비텐베르크 대학교는 순수한 신앙의 터전이요 기반입니다. 따라서 사탄이 아무리 창궐하여 기승을 부리더라도 왕성한 강의와 풍부한 재정 지원으로 대학교를 기필코 유지해야 합니다.

## 835

내가 세상을 떠난 뒤에도 이곳 비텐베르크 대학교가 현 상태로 남아 있을 경우, 이 대학교의 권위를 무시하는 자는 이단이요 배교자입니다. 이 대학교는 하나님께서 처음으로 당신의 말씀을 계시하시고 정결케 하신 곳이기 때문입니다. 이 학교와 도시는 교리와 생활 양면에서 다른 모든 도시들과 비교해도 손색이 없습니다. 물론 우리는 온전하지 못하며, 삶과 행보에 여전히 오류와 결핍이 있음을 인정합니다. 그럴지라도 제국 전역의 주요 신학자들 — 암스도르프, 브렌티우스, 레기우스 같은 이들 — 이 우리를 지지하며, 우리와 사귐을 갖기를 열망하며, 사랑과 지식이 담긴 편지들을 보내 우리에게 인사를 전하고 있습니다. 불과 몇 년 전만 해도 오직 교황의 세상이었는데, 교회의 탄식과 부르짖음과 눈물이 하늘에 계신 우리 주님을 흔들어 깨웠습니다. 우리 주님께서 시편에서와 같이 말씀하십니다. "여호와의 말씀에 가련한 자들의 눌림과 궁핍한 자들의 탄식으로 말미암아 내가 이제 일어나 그를 그가 원하는 안전한 지대에 두리라 하시도다"(시 12:5).

## 836

우리 사회의 귀족들은 사람들을 고리대금으로 착취하여, 많은 수의 가난한 사람들이 먹을 것이 없어 굶주리고 있습니다. "결혼하여 아내를 먹여 살릴 수만 있다면 얼마든지 결혼할 텐데" 하는 탄식이 사방에서 들려옵니다. 이렇게 가다가는 원치 않는 독신이 증가할 가능성이 큽니다. 이것은 좋은 현상이 아닙니다. 가난한 사람들이 착취와 억압을 이기지 못해 부르짖고 탄식하게 되면 그 소리가 하나님께 상달될 것입니다. 그러므로 나는 말합니다. "독일인 여러분, 각성하십시오. 나는 자주 내가 사역해온 햇수를 계산해 보는데, 40년이 가까울수록 이젠 전환기가 되었다는 생각이 많이 듭니다. 사도 바울도 40년 이상 복음을 전하지 않았고, 아우구스티누스도 마찬가지였습니다. 항상 하나님의 말씀이 순수하게 40년간 전파된 뒤에는 그런 노력이 중단되고 그때부터 대 격변과 재난이 시작되었습니다."

## 837

변증법은 단순하고 솔직하고 직설적으로 말합니다. "마실 것 좀 주세요"라는 식으로 말입니다. 하지만 수사법은 말을 꾸밉니다. 예를 들면 "지하실에 가서 거품이 예쁘게 일어 사람을 즐겁게 하는 맛있는 주스 좀 갖다 주세요"라는 식입니다. 변증법은 간단 명료한 말에 분명한 의미를 담아 전합니다. 수사법은 상담하고 조언하며, 설득하여 하게 하기도 하고 단념케도 합니다. 일정한 기점에 서서 사물을 바라보면서, 좋고 정직하고 유익하고 쉽고 필요하다는 식의 평가를 내립니다. 사도 바울은 다음 구절로써 이 두 가지 방식을 가르쳤습니다. "미쁜 말씀의 가르침을 그대로 지켜야 하리니 이는 능히 바른 교훈으로 권면하고 거슬러 말하는 자들을 책망하게 하려 함이라"(딛 1:9). 그러므로 농부에게 농사에 관해 가르칠 때는 그의 생활에 속한 부분들을 아주 분명하고 쉽게 가르칩니다. 이것이 변증법입니다. 하지만 그를 권하고 훈계할 때는 상담과 조언도 해주고 칭찬과 책망도 해줍니다. "그렇게 하는 것이 가장 평온하고 풍성하고 안전하고 기쁜 삶이다" 하고 말입니다. 혹은 잘못을 지적하고 타이르려 할 때는 그의 잘못된 생각과 장애, 실수, 무지 같은 결점들을 지적하고 책망해야 합니다. 이럴 때 사용하는 것이 수사법입니다. 필립 멜란히톤은 좋은 화법의 예를 들어 가르쳤는데, 화법이 자신을 가르친 게 아니라 자신이 화법을 가르쳤다고 말합니다. "나는 화법을 책에 사용했을 뿐, 그것을 책에서 취하지 않았다." 변증법은 유익하고 필요한 화법이며, 제대로 배울 필요가 있습니다. 이것은 말을 체계적으로 정직하게 하는 법과, 사안의 옳고 그름을 파악하고 판단하는 법을 보여줍니다. 이것은 학교뿐 아니라 교회 법원과 세속 법원에서도 필요한데, 특히 교회 법원에서 가장 필요합니다.

## 838

나는 항상 음악을 사랑했습니다. 음악의 소양이 있는 사람은 성품이 모든 일을 하기에 적합합니다. 우리는 학교에서 음악을 가르쳐야 합니다. 교사는 반드시 음악의 소양과 지식이 있어야 하며, 그렇지 못한 교사를 나는 높이 평가하지 않습니다. 또한 설교자를 세울 때도 너무 젊어 아직 음악을 제대로 훈련받지 못한 사람을 세워서는 안 됩니다.

## 839

노래는 이 세상일과 하등 상관이 없습니다. 노래는 법률을 위한 것이 아닙니다. 가수는 슬픔과 염려를 털어 버리고 즐겁게 사는 사람입니다.

## 840

음악은 최고의 예술 가운데 하나입니다. 악보는 본문에 생명력을 부여합니다. 사울 왕의 예에서 보듯이, 음악은 우울한 정서를 몰아냅니다. 왕들과 제후들은 음악을 유지해야 합니다. 좋은 예술과 학문과 법을 보호할 의무가 그들에게 있습니다. 이런 것은 개인적으로 아무리 좋아해도 개인에게는 그것을 보호할 힘이 없습니다. 성경을 보면 선하고 경건한 왕들이 음악가들을 두고 그들의 생계를 지원했던 것을 볼 수 있습니다. 음악은 슬픔에 젖은 마음을 위로하는 데 가장 좋은 방법입니다. 음악을 들으면 마음에 힘이 생겨 다시 평정을 되찾을 수 있습니다.

# 천문학과 점성술에 관하여

## 841

천문학은 가장 오래된 학문이며, 항상 방대한 지식의 선도자 역할을 했습니다. 히브리인들은 이것에 아주 친숙했습니다. 하나님께서 아브라함에게 "뭇별을 셀 수 있나 보라. 또 그에게 이르시되 네 자손이 이와 같으리라"(창 15:5)고 말씀하신 까닭에, 그들은 천체를 부지런히 유심히 관찰했던 것입니다. 천체의 운동은 세 가지로 이루어집니다. 첫번째 운동은 천체 전체가 빠른 속도로 — 순식간에 수만 km의 속도로 — 움직이는데, 이는 천사에 의해 이루어지는 것임이 분명합니다. 저렇게 거대한 천구가 단숨에 그렇게 빨리 돈다는 것이 신기합니다. 만일 태양과 항성들이 쇠와 철과 은 혹은 금으로 이루어져 있다 해도, 그렇게 빠른 속도로 회전하므로 그런 금속들이 금방 녹아버릴 것이 분명합니다. 항성은 지구보다 훨씬 큰데 그런 것이 헤아릴 수 없이 많기 때문입니다. 두번째 운동은 행성들의 운행입니다. 세번째는 진동으로서, 이것은 최근에 발견되었으나 확실하지는 않습니다. 나는 증명과 확실한 증거를 토대로 삼는 천문학과 수학이 좋습니다. 점성술은 헛것입니다.

## 842

천문학은 물질과 보편적인 것을 다루며, 방법이나 형식을 다루지 않습니다. 하나님께서는 우주의 창조주이시며 주재이십니다. 그럴지라도 별들을 통해 징조를 나타내신 일이 간혹 있었습니다. 그리고 천문학이 하나님께서 정해주신 제자리에 남아 있는 동안에는 하나님의 아름다운 선물이라는 가치를 유지합니다. 그러나 제자리를 벗어나 앞날의 행·불행을 예언하는 데로 빗나가면 정당성을 상실하게 됩니다. 점(占)은 철저히 버려야 합니다. 별들에는 신통력이 없습니다. 단지 상징들일 뿐이며, 따라서 가지지 않았는데 가진 척하는 점성가들은 마땅히 비판을 받아야 합니다. 그들은 그러한 신통력이 별들에게서 나온다고 주장합니다만, 실은 행성들에서 나온다고 해야 옳습니다. 그들이 말하는 별들은 액운만을 알리는데, 하지만 동방에서 박사들에게 나타나 복음의 서막을 열었던 별은 예외입니다.

1538년에 귀족 폰 밍크비츠(Von Minckwitz)는 점성술을 예찬하는 공식 연설을 행하면서, "이방 사람들은 하늘의 징조를 두려워하거니와 너희는 그것을 두려워하지 말라"는 예레미야 10:2의 말씀이 점성술이 아닌 이방인들의 우상을 가리킨다고 애써 주장했습니다. 루터는 이렇게 말했습니다. "이 구절을 그런 식으로 얼버무리고 지나가서는 안 됩니다. 예레미야는 마치 모세가 하늘과 땅과 바다의 모든 징조에 관해서 말했던 것처럼 말하고 있습니다. 이교도들은 태양이나 달을 두려워할 정도로 어리석지 않습니다. 그들이 두려워하고 숭배하는 것은 경이롭고 기적적인 징조들입니다. 점성술은 학문이 아닙니다. 원칙도 없고 증명할 수도 없으며, 그 위에 우리가 확고히 딛고 설 수가 없습니다. 그저 우연에 기대는 행위일 뿐입니다. 필립 멜란히톤은 자신의 생각을 접고 나의 견해를 받아들여, 점성술이 현존하기는 하나 그것을 올바로 이해하는 사람은 아무도 없다고 말합니다. 점성가들은 자신들의 달력에 여름에는 눈이 내리지 않고 겨울에는 천둥이 치지 않는다고 마치 대단한 내용처럼 적어 놓았으나, 이런 것은 점성가뿐 아니라 시골 촌부도 다 아는 내용입니다."

필립 멜란히톤은 이렇게 말합니다. "점성가들은 천칭궁이 남쪽 하늘로 올라가는 시기에 태어나는 사람은 불행하다고 말하는데, 그들은 어리석은 존재들이어서 고통과 불행이 하나님에게서 나오지 않고 별들에게서 나온다고 생각합니다. 따라서 그들은 고통과 역경 속에서 인내하지를 못합니다. 점성술은 불확실합니다. 변증학에서 '빈사'(賓辭, *praedicamenta*)가 속내용 없이 겉만 가장한 단어들을 가리키듯이, 천문학에는 그렇게 가장한 점성술이 있습니다. 고대의 참된 신학자들이 초등학교 교사들의 판타지와 이교의 신들에 관해서 몰랐듯이, 고대 천문학자들은 점성술을 몰랐습니다. 나는 키케로 같은 사람들의 탄생 이야기를 듣고서 전혀 공감하지 못했습니다. 오히려 점성가들에게 말해주고 싶은 것은, 에서와 야곱은 한 아버지와 한 어머니에게 동시에 같은 행성들 밑에서 태어났지만 본성과 기질과 생각이 완전히 달랐던 예에서 볼 수 있듯이, 하나님께서 하신 일을 별들에게 돌려서는 안 된다는 것입니다. 바르고 참된 기독교 신앙은 그런 헛된 생각에 반대합니다. 생일을 가지고 점을 치는 행위는 교황 진영에서 벌이는 종교 의식들과 유사합니다. 성수(聖水), 횃불, 오르간, 심벌즈, 노래, 종 따위를 동원하여 벌이는 화려하고 성대한 행사가 사람들의 말초 감각을 만족시키지만, 그 안에는 확고한 지식이 들어 있지 않습니다. 점성가는 주사위 점을 치는 사람과 다를 바 없습니다. 그는 자신이 주사위를 던질 때마다 12라는 수가 나온다고 자랑합니다. 몇 번 그럴 수는 있습니다. 하지만 맞지 않는 훨씬 더 많은 경우에 대해서 그들은 꿀먹은 벙어리들입니다. 천문학은 그것과 다릅니다. 천문학은 많은 유익을 끼치기 때문에 나는 그것을 좋아합니다."

미래에 발생할 일에 대해 대략적으로 던지는 예언과 선언은 개별적이고 특정적인 일들에 맞지 않습니다.

전쟁터에서 한꺼번에 많은 사람들이 쓰러져 죽을 때, 그들이 한 날 한 시에 죽었다고 해서 아무도 그들이 한 행성 아래서 태어났다고 주장할 수 없습니다.

## 843

하나님께서는 만물에 대해서 확고한 목적을 정해 놓으셨습니다. 그렇지 않다면 바벨론은 "나는 그대로 계속 남을 것이다" 하고 말했을 것이고, 로마는 "내게는 무한정 계속되는 권력과 통치가 있다"고 말했을 것입니다. 알렉산드로스와 그 밖의 군주들에게 제국과 왕국이 부여되었지만, 점성술은 그러한 거대한 왕국들이 일어날 것인지, 얼마나 오랫동안 존속할 것인지 전혀 가르친 바 없습니다.

점성술은 마귀가 사람들의 결혼을 방해하고, 성직과 정당한 직업에 임하지 못하게 하기 위해 고안한 것입니다. 점성가들은 행성들에게서 선한 것은 아무것도 예언하지 않기 때문입니다. 그들은 불행이 다가온다는 말로써 사람들을 두렵게 하여 고통과 번민 속에서 세월을 낭비하게 만듭니다.

별을 보고 점을 치는 자들은 하나님께서 지은 사람들에게 크나큰 해악을 끼칩니다. 하나님께서 천체에 별들을 창조하여 두신 목적은 세상 나라들에 빛을 비추어 사람들로 주님 안에서 기쁨을 누리게 하며, 해와 계절을 파악하는 유익한 징조들로 삼도록 하기 위함입니다. 그러나 점성가들은 하나님이 지으신 별들의 의미를 곡해하여 땅에 어둠과 고통과 해악을 끼칩니다. 하지만 하나님께서 지으신 모든 것은 선합니다. 다만 인간이 그것을 남용하여 악하게 만들었을 뿐입니다(물론 일식(日蝕)과 월식(月蝕) 같은 현상은 괴물과 같은 괴이한 인상을 주는 것이 사실입니다). 별을 믿고 거기에 자신의 운명을 맡기거나 그것을 두려워하는 행위는 우상숭배이며, 제1계명을 어기는 것입니다.

# 지식인들에 관하여

## 844

루터는 어느 학문 분야에서든 공부하고자 하는 사람들에게 그 분야에서 중요한 책들을 몇 번이고 반복해서 읽으라고 조언했습니다. 무턱대고 책을 많이 읽으면 가닥이 분명히 잡히기보다 오히려 혼란에 빠질 수 있기 때문입니다. 그것은 이리저리 떠도느라 일정한 거처도 가정도 없는 것과 같습니다. 친구도 날마다 모든 친구를 다 만나는 게 아니라 꼭 만나야 할 한두 명만 만나듯이, 책도 꼭 필요한 몇 권의 책을 충분히 숙지하여 어떤 문장이 어디에 있는지 지적할 수 있을 정도가 되어야 합니다. 재능이 뛰어난 학생이 있었는데, 그만 심한 정서 불안에 빠지고 말았습니다. 원인은 책을 너무나 많이 읽었기 때문이고, 또한 한 소녀를 사랑했기 때문이었습니다. 루터는 그를 불러 아주 다정하고 따뜻하게 다독이면서, 그가 마음에 병이 든 원인은 사랑 때문이지 공부 때문이 아니라고 일러주었습니다. 나도 복음을 깨닫기 시작할 때 뜨거운 열정으로 책을 많이 읽었던 기억이 납니다.

## 845

이 악한 시대에 과연 누가 진리를 뜨겁게 사모하여 역사와 진실을 기록으로 남길 수 있겠습니까? 그리스인들의 두뇌는 치밀하고 유연했고, 이탈리아인들은 야심과 자부심이 대단했으며, 독일인들은 거칠고 열정적입니다. 리비우스(Livy, 주전 59–주후 17, 로마의 역사가–옮긴이)는 카르타고인들의 역사는 빼놓고 로마인들의 역사만 서술했습니다. 블란두스(Blandus)와 플라티나(Platina)는 교황들에게 아첨하기에 급급합니다.

## 846

주후 1536년에 루터는 서판(書板)에 이렇게 기록했습니다: "필립 멜란히톤이 쓴 글은 손과 발이 있다; 내용도 좋고 표현도 훌륭하다; 에라스무스는 잡다한 글을 많이 남겼는데, 목적이 없다; 루터의 글은 내용은 좋은데 표현이 빈약하다; 칼슈타트는 표현도 내용도 모두 조잡하다." 마침 필립 멜란히톤이 와서 서판에 적힌 비평을 보고는 미소를 지으며 바질 박사(Dr. Basil)를 둘러보면서 이렇게 말했습니다. "에라스무스와 칼슈타트에 대한 비평은 참 잘 해놓으셨는데, 저에 대한 비평은 과분하군요. 루터 선생님의 장점에는 좋은 표현과 문체가 빠질 수 없습니다. 말씀도 잘하시고 내용은 더욱 훌륭합니다."

## 847

마이어 박사(Dr. Mayer)가 다른 목회자들에 비해 자신의 설교가 빈약하고 단조롭다는 이유로 의기소침해 있는 것을 본 루터는 이렇게 훈계해 주었습니다. "사랑하는 형제, 설교할 때는 박사들과 지식인들을 바라보지 말고 평범한 사람들을 바라보며 그들이 알아들을 수 있는 말로 분명하게 전하세요. 우리 설교자들은 강단에서 평범한 교인들을 우유로 먹어야 합니다. 날마다 새로이 자라고 있는 교회에는 쉽고 알아듣기 쉬운 교훈이 절대로 필요합니다. 요리문답을 우유로 알고 힘써 가르치세요. 복잡하고 어렵고 치밀한 교리는 독주와 같은 것이니, 아꼈다가 장성한 사람들에게 주십시오."

## 848

우리 시대의 신학자들 가운데 브렌티우스(Brentius)만큼 성경을 유능하게 강해하는 분도 없을 것입니다. 그의 열정이 나는 몹시 부럽습니다. 특히 요한복음 강해에서는 우리 시대의 어느 누구도 그와 견줄 수 없습니다. 가끔 자신의 주관적인 생각에 다소 몰입하는 점이 없지 않지만, 그럴지라도 항상 말씀의 참되고 바른 의미를 굳게 붙들고 있으며, 하나님 말씀의 분명하고 단순한 교훈을 함부로 훼손하지 않습니다.

## 849

지식인들 사이의 큰 차이점에 관한 주제로 화제가 넘어가자, 루터는 이렇게 말했습니다. "하나님께서는 은사들을 아주 훌륭하게 나눠주셔서, 많이 배운 사람들이 배우지 못한 사람들을 섬기고, 배우지 못한 사람들은 배운 사람들 앞에서 겸손한 태도를 취하여 필요한 것을 얻도록 하셨습니다. 만일 모든 사람의 지식 수준이 동등하다면 세상은 발전할 수 없습니다. 아무도 서로를 섬기려 하지 않을 것이기에 평화도 없을 것입니다. 공작새가 자신에게 나이팅게일의 목소리가 없다고 불평하는 식입니다. 하나님께서는 분명히 불평등한 현실을 사용하여 가장 평등한 사회를 이루어 오셨습니다. 이것을 모르는 사람은 자신이 남보다 더 큰 재능을 가졌다고 하여 교만한 마음을 품고 남들을 무시하고 그들 위에 군림하려고 합니다. 그러나 하나님께서는 교회를 여러 지체들로 구성된 그리스도의 몸으로 비유하시며, 각 지체가 다른 지체들을 섬겨야 하며, 다른 지체들이 없으면 자신도 존립할 수 없다고 가르치십니다."

## 850

아리스토텔레스의 정서에는 대체로 에피쿠로스주의가 흐릅니다. 그는 신이 인간들에게 관심이 없어서, 우리가 어떻게 살든 개의치 않으며, 마음대로 하도록 내버려둔다고 주장합니다. 그에 따르면 신은 마치 졸음에 겨운 하녀가 아기를 흔들어 재우듯이 세상을 다스린다고 합니다. 그는 그리스의 모든 저자들의 책에서 마음에 드는 내용을 수집했습니다. 그 책에 실린 논지는 나름대로 훌륭하며 종종 내게 큰 감동을 주기도 합니다. 그 책에서 그는 신이 계심을 증명하는데, 그 근거는 짐승이든 인간이든 모든 생명체가 꼭 자기를 닮은 2세를 낳는다는 것입니다. 소는 어김없이 소를 낳고, 말은 말을 낳습니다. 그러므로 보이지 않는 어떤 존재가 계셔서 만물을 다스린다는 것입니다. 우리는 하나님 안에서 하늘의 별들이 변함없이 일정한 운동을 하고 있음을 인정할 수 있습니다. 태양은 날마다 제자리에서 떠서 제자리로 집니다. 날이 가면 여름이 오고, 또 가면 겨울이 옵니다. 그러나 이러한 거대하고도 놀라운 순환이 너무나 규칙적으로 이루어지기 때문에, 우리는 그 앞에서 놀라지도 경탄하지도 않습니다.

# 유대인들에 관하여

## 851

유대인들은 자신들이 아브라함의 자손들임을 자랑합니다. 거지 나사로를 곁에 두고 호의호식한 부자가 지옥에서 "아버지 아브라함이여"라고 말했듯이, 그들에게는 그것이 대단한 명예입니다. 그러나 우리 주 하나님께서는 아브라함의 후손들을 잘 구분하십니다. 부자 같은 사람들에게는 이생에서 실컷 누리도록 주시지만, 진정한 자기 백성들에게는 장차 올 세상에서 주실 상을 남겨두고 계십니다.

## 852

유대인들은 세상에서 가장 비참한 사람들입니다. 그들은 도처에서 학대를 당하고, 일정한 거처 없이 여러 나라에 뿔뿔이 흩어져 삽니다. 나라와 국민과 정부 없이 외줄 타기 하듯 살아갑니다. 그러나 진실한 확신을 품고 기다리며, 곧 좋은 세상이 올 것이라는 말로 서로를 격려합니다. 이렇게 된 것은 그들이 하나님 앞에서 마음을 완고하게 닫아걸었기 때문입니다. 천지간에 성부 하나님 우편에 앉으신 우리 주 그리스도 외에는 참되신 주 혹은 하나님이 계시지 않음을 그들은 알아야 합니다. 유대인들은 상거래나 축산(畜産)이 금지되었기 때문에 고리대금업과 중개인밖에 할 일이 없습니다. 그들은 그리스도인들이 잡거나 손댄 가축을 먹지 않습니다. 술을 마시지 않습니다. 미신적인 관행을 많이 갖고 있습니다. 틈나는 대로 손을 씻지만, 온 몸이 깨끗함을 받지 못합니다. 하나님께서 "너는 염소 새끼를 그 어미의 젖에 삶지 말지니라"(신 14:21)고 하셨다는 이유로 우유를 마시지 않습니다. 이러한 미신은 하나님의 진노에서 나온 것입니다. 믿음이 없는 사람에게는 율법도 목적이 없어지게 됩니다. 교황주의자들과 터키인들에게서 그런 예를 쉽게 볼 수 있습니다. 그것은 그리스도와 주의 복음 받기를 거절하고, 자유를 뿌리치고 노예 상태를 자초한 것이기에 자업자득이라 할 수 있습니다.

만일 내가 유대인이라면 교황이 내게 자신의 교리를 강요하지 않았을 것입니다. 오히려 열 번이라도 고문을 가했겠지요. 교황 진영은 가증스럽고 속된 방법으로 유대인들에게 끊임없이 잘못을 범하고 있습니다. 하지만 유대인들 자신들이 심각한 죄 가운데 처해 있습니다. 나의 판단에, 만일 유대인들이 우리가 전하는 복음을 듣고 구약성경 강해를 듣는다면 적지 않은 수가 믿고 나오겠지만, 대다수는 훨씬 더 목이 곧고 교만하게 될 것입니다. 그렇지만 만일 랍비들 가운데 몇 명이 떨어져 나간다면 하나둘씩 우리에게 나올 가능성도 배제할 수 없습니다. 그동안 기다리며 사느라 너무 지친 사람들이기 때문입니다.

## 853

프랑크푸르트에는 유대인들이 많이 거주합니다. 어느 한 거리는 아예 유대인 거리여서 집집마다 그들로 가득합니다. 유대인들은 겉옷에 노란 고리를 달아 신분을 밝히도록 강요받습니다. 집과 토지는 그들의 것이 아니며, 그들의 것이라곤 가구뿐입니다. 집과 토지는 임대하는데, 돌려받지 못할 가능성이 얼마든지 있음을 알고 삽니다.

## 854

나는 유대인들이 우리를 비판할 때 근거로 삼는 주요 성구들을 면밀히 공부해 보았습니다. 대표적인 성구가 하나님께서 아브라함에게 하신 말씀입니다. "내가 내 언약을 나와 너 및 네 대대 후손 사이에 세워서 영원한 언약을 삼고 너와 네 후손의 하나님이 되리라"(창 17:7). 유대인들은 이 구절을 근거로 헛된 자랑을 품습니다. 마치 교황주의자들이 "너는 베드로라" 하신 주의 말씀을 헛되게 내세우는 것과 비슷합니다. 나는 모세 율법의 진정한 의미와 가치를 그들에게 깨우쳐 주어 헛된 자랑을 버리게 하고 싶습니다. 그들이 오히려 유념해야 할 것은 주님께서 선지자 예레미야를 통해서 하신 말씀입니다. "여호와의 말씀이니라. 보라 날이 이르리니 내가 이스라엘 집과 유다 집에 새 언약을 맺으리라. 이 언약은 내가 그들의 조상들의 손을 잡고 애굽 땅에서 인도하여 내던 날에 맺은 것과 같지 아니할 것은"(렘 31:31–32). "그러나 그 날 후에 내가 이스라엘 집과 맺을 언약은 이러하니 곧 내가 나의 법을 그들의 속에 두며 그들의 마음에 기록하여 나는 그들의 하나님이 되고 그들은 내 백성이 될 것이라. 여호와의 말씀이니라"(31:33).

이 말씀 앞에서 유대인들은 마땅히 복종하고서, "모세 율법은 잠시 동안만 존속한 것이며, 이제는 폐지되어야 합니다" 하고 말해야 합니다. 그러나 유대인들은 할례 언약이 모세 시대 이전에 주신 것으로서 하나님께서 아브라함과 그의 아들 이삭과 맺은 것이므로 영원한 언약임이 분명하며, 따라서 자신들에게서 앗아가서는 안 된다고 말합니다.

모세는 유대인들에게 할례를 육체에 할 것이 아니라 마음에 해야 한다고 강조했음에도 불구하고, 그들은 여전히 하나님의 말씀을 토대로 그 영원한 언약을 자랑합니다. 할례가 사람을 의롭게 하지 못한다는 것을 인정하면서도, 그것이 행위 언약이라고 생각하여 영원한 언약이라고 말하며, 따라서 할례를 계속 시행해야 한다고 주장합니다.

나는 하나님을 경외하는 모든 그리스도인들과 더불어 다음과 같은 확고하고도 강한 위로를 갖고 있습니다. 그것은 할례가 메시야께서 오실 때까지만 존속하도록 되어 있었던 것이고, 메시야께서 오셨을 때 할례가 폐지되었다는 것입니다. 모세는 지혜로운 분이어서 자신의 영역을 잘 지켰습니다. 창세기 이후의 네 권에서 육체적 할례는 언급하지 않고 마음의 할례만 강조한 것입니다. 주로 여러 제사들과 안식일, 진설병을 다루었을 뿐 할례의 언약에 대해서는 입을 다물었습니다. 이것은 육체의 할례를 크게 중시하지 않았다는 반증입니다. 만일 유대인들이 주장하는 것만큼 할례가 중요하고 비중 있는 것이었다면 틀림없이 그만한 비중으로 강조했을 것입니다. 또한 여호수아서도 마음의 할례를 언급합니다. 하지만 교황주의자들은 성경의 교훈에 눈이 닫혀 있는 까닭에 유대인들의 주장을 하나도 제대로 논박하지 못합니다. 그들은 실로 심한 어둠에 처해 있습니다.

## 855

시편 115편에 기록된 다음 구절은 장엄한 정서를 자아냅니다. “높은 사람이나 낮은 사람을 막론하고 여호와를 경외하는 자들에게 복을 주시리로다”(13절). 성령께서는 이 말씀으로, 자신들만 하나님의 백성이요 자신들의 교회에 속한 사람들만 인정하는 교만한 유대인들과 교황주의자들에게 두려운 우레를 발하십니다. 오히려 성령께서는 가난하고 멸시받는 사람들도 하나님의 백성이라고 말씀하십니다. 이는 하나님께서 이방인들 가운데 많은 수를 율법과 할례 없이, 그리고 교황 없이 구원하셨기 때문입니다.

유대인들은 아브라함이 오직 믿음으로 의롭다함을 받은 것을 깨닫지 못합니다. 아브라함이 하나님을 믿었을 때 하나님께서는 그것을 그의 의로 여겨주셨습니다. 하나님께서는 할례로써 그와 그의 후손들과 맺으신 언약을 확증하셨는데, 다만 일정 기간의 시효를 두고 그리하셨습니다. 그리스도께서 오시기 전까지 유대인들의 할례는 실로 중대한 의미를 갖고 있었습니다. 그러나 할례를 받지 않으면 하나님의 백성이 될 수 없다는 주장은 성립될 수 없습니다. 유대인들 자신들이 할례를 받고도 하나님께 버림을 받았기 때문입니다.

## 856

그리스도께서는 성전에서 물건 파는 자와 돈 바꿔주는 자들을 몰아내실 때 세속 권력의 힘을 빌리지 않으시고, 성전에서 대제사장이 지닌 권위인 교회의 권세를 사용하셨습니다. 이 성전의 영광은 대단히 커서, 온 세상이 그곳에 와서 하나님께 예배를 드려야 했습니다. 그러나 하나님께서는 특별한 지혜로써 이 성전이 파괴되도록 하셨습니다. 이는 유대인들로 크게 낭패를 당해 더 이상 그것을 가지고 자랑하거나 교만하지 않도록 하시려는 것이었습니다.

## 857

옛적에 많은 수의 유대인들이 이탈리아와 독일로 피신하여 그곳에 정착했던 것이 분명합니다.

이방인 웅변가 키케로는 유대인들의 미신과 그들이 이탈리아에 득실거리는 현실을 개탄합니다. 독일 전역에서도 그들의 발자취가 발견됩니다. 이곳 작센에서도 치만, 다멘, 레젠, 지그레츠, 슈비츠, 프라타, 타블론 같은 여러 지명이 그들에 관해 말해줍니다. 라티스본에서는 유대인들이 그리스도께서 태어나시기 오래 전부터 거주했습니다. 크레모나에는 그리스도인이 28명밖에 되지 않고 주로 유대인들입니다. 유대인들은 강한 민족이었던 것입니다.

## 858

유대인들은 우리의 책들을 읽고 우리를 맹렬히 비판합니다. 그들은 법률가들과 교황주의자들처럼 우리의 책들에서 우리가 믿는 바에 관한 지식을 간파하여 그것을 무기로 삼아 우리를 공격하는 비열한 민족입니다. 그러나 우리가 믿는 바는 확고한 기반 위에 놓여 있습니다. 그것은 하나님과 하나님의 말씀입니다.

## 859

샤마리아와 야콥이라는 두 랍비가 비텐베르크에 와서 내게 안전 통행권을 써달라고 요구해서 써주었더니 아주 좋아했습니다. 다만 문서에서 **톨라**, 즉 십자가에 못 박히신 예수라는 말을 빼달라고 간곡히 청했는데, 예수라는 이름이 몹시 거슬렸던 것입니다. 그들은 이렇게 말했습니다. "십자가에 못 박힌 예수를 항상 기억해야 하는 동안에도 무수히 많은 무고한 사람들이 살육을 당해왔다는 것은 참으로 놀라운 일입니다."

## 860

유대인들은 선지자 예레미야가 장차 오실 그리스도에 관해 말했을 때처럼 강력한 논증에 부닥쳐 봐야 합니다. "여호와의 말씀이니라. 보라 때가 이르리니 내가 다윗에게 한 의로운 가지를 일으킬 것이라. 그가 왕이 되어 지혜롭게 다스리며 세상에서 정의와 공의를 행할 것이며 그의 날에 유다는 구원을 받겠고 이스라엘은 평안히 살 것이며 그의 이름은 **여호와 우리의 공의**라 일컬음을 받으리라"(렘 23:5, 6). 이 말씀을 유대인들은 풀지 못합니다. 그럼에도 불구하고 이 말씀이 그리스도에 관한 것임을 부정한다면, 그들은 우리에게 그리스도 아닌 또 다른 왕, 즉 선지자들의 약속이 선포하듯이 해와 달처럼 영구히 다스릴, 다윗의 후손으로 오시는 왕을 내보여야 합니다.

## 861

하나님께서 공의롭지 않으시거나 여러분 유대인들이 악하고 불경건하거나 둘 중 하나입니다. 오늘날 여러분은 여러분의 조상이 가나안 땅에 거한 시기보다 훨씬 더 오랜 세월을 떠돌며 지내고 있기 때문입니다. 여러분은 솔로몬 성전을 300년도 갖고 있지 못한 반면에, 무려 1500년 동안 박해를 받으며 지내왔습니다. 여러분은 예루살렘에 거할 때보다 차라리 바벨론에 포로로 잡혀갔을 때 더 두각을 나타냈습니다. 다윗이나 솔로몬이 예루살렘에서 보인 행적보다 다니엘이 바벨론 포로기에 보인 행적이 더 위대하고 강력했던 것입니다. 바벨론 포로기는 여러분에게 아버지의 회초리였을 뿐이지만, 지금 당하는 환난은 뿌리를 뽑으려 하는 마지막 심판입니다. 여러분은 1500년 동안 정부도 율법도 선지자들도 성전도 없이 하나님께 배척을 당한 민족이었습니다. 이 사실을 여러분은 딱히 해명하지 못합니다. 이 사실이 벼락처럼 여러분을 때려 넘어뜨립니다. 여러분의 현 상태에 대해서 여러분의 죄 때문이라는 해명 외에는 다른 이유를 댈 길이 없습니다. 앞서 말한 두 랍비는 나의 말에 큰 충격을 받고는 입을 다물었고, 결국 죄를 깨닫고 자신들의 오류를 버리고서 기독교 신앙으로 개종했습니다. 다음 날 두 사람은 비텐베르크 대학교의 모든 학생과 교수가 모인 자리에서 세례를 받았습니다.

유대인들은 우리가 결국 자신들에게 귀의할 것이라는 희망을 갖고 있습니다. 우리가 히브리어를 가르치고 배우기 때문입니다. 그러나 그들의 희망은 헛됩니다. 오히려 그들이 우리의 신앙과 십자가에 못 박히신 그리스도를 받아들이고, 그동안 그들이 비판해 왔던 점들, 특히 안식일을 주일로 바꾼 것을 인정해야 합니다. 그것이 그들에게는 눈엣가시와 같겠으나, 그것은 사도들이 주님의 부활을 기념하기 위해서 명령한 것입니다.

## 862

유대인들 가운데 마술사들이 있습니다. 그들은 우리 그리스도인들을 개처럼 여기기 때문에, 어떤 방식으로든 우리를 괴롭히는 것을 낙으로 삼습니다. 작센의 공작 알베르트는 그런 마술사 한 사람을 처벌했습니다. 마술사가 공작에게 이상한 인물들이 그려진 부적을 내밀면서, 부적만 지니고 있으면 어떠한 장검과 단검의 공격에도 해를 입지 않을 것이라고 장담하면서 그것을 사라고 말했습니다. 공작은 "유대인, 자네의 부적을 자네에게 한 번 시험해 보겠네" 하고 말하고는 부적을 그의 목에 붙이고는 칼로 그를 찔러 그의 몸을 관통하도록 했습니다. 그리고는 이렇게 말했습니다. "유대인, 만일 자네의 부적을 내가 샀다면 내게 무슨 일이 생겼을지 이제 느끼겠나?"

## 863

유대인들은 옥(Og)이라고 부르는 바스틴의 왕에 관해 다양한 이야기를 갖고 있습니다. 이야기 가운데는, 그가 거대한 바위를 들어 적군에게 던지려 하는 찰나, 하나님께서 바위에 구멍을 내셔서 그것이 그의 몸을 가두게 하시는 바람에 꼼짝할 수 없게 되었다는 내용도 있습니다. 이것은 그에 관한 나머지 이야기들과 마찬가지로 우화이지만, 이솝의 우화처럼 감춰진 교훈이 담겨 있습니다. 유대인들은 그들 가운데 아주 지혜로운 사람들을 보유하고 있기 때문입니다.

## 864

예루살렘의 멸망은 두렵고 참혹한 사건이었습니다. 소돔의 왕과 애굽의 바로가 망한 사건도 이 사건에 비하면 아무것도 아닙니다. 예루살렘은 하나님께서 거하시는 곳으로서 하나님의 동산과 침상이었으며, 시편 기자는 "이는 내가 영원히 쉴 곳이라. 내가 여기 거주할 것은 이를 원하였음이로다"(시 132:14) 하고 말할 정도였으니까요. 이 도성에는 율법과 제사장 체제와 성전이 있었고, 다윗과 솔로몬, 이사야 같은 분들이 그곳에서 활동했으며, 많은 선지자들이 그곳에 뼈를 묻었습니다. 따라서 유대인들이 자랑하는 것이 하나도 무리한 일이 아니었습니다. 우리 같은 천하고 가난한 민족이 예루살렘과 어찌 비교가 되겠습니까? (로마 역시 마찬가지 아닙니까?) 그러나 유대인들은 마음이 완고하여 무슨 말을 해도 귀를 닫아버립니다. 무수한 증거들이 있는데도 한 뼘도 양보하지 않습니다. 그들은 고리대금과 강탈로 만민을 압제하는 사악한 인종입니다. 그들은 제후나 관리에게 천 플로린을 갖다 바치고는 백성들에게 2만 플로린을 착취해 갑니다. 그들에 대해서는 한시도 경계의 끈을 늦춰서는 안 됩니다. 그들은 그리스도인들에게 해를 입히는 것이 하나님을 섬기는 도리라고 생각하는데, 우리는 그들의 의사를 고용합니다. 이것은 하나님을 시험하는 일입니다. 그들의 기도를 들어보면 거만하기 짝이 없습니다. 시편 23편의 "여호와는 나의 목자시니 내게 부족함이 없으리로다"라는 구절에 근거하여 자기들만 하나님의 백성인 양 자랑하고 나머지 민족들에게는 저주와 멸시를 퍼붓습니다. 그 시가 오로지 자기들에 관해서만 기록된 것처럼 말입니다.

## 865

유대인들이 1500년 넘게 유랑해놓고 이제 와서 자신들의 특권을 자랑하는 것은 헛된 일입니다. 그들은 과거에 70년간 바벨론에서 포로 생활을 할 때 완전히 뒤죽박죽되어 자신들이 어느 지파 소속인지도 제대로 분간하지 못했습니다. 그런데 이방인들에게 이렇게 오랜 세월 쫓기고 학대를 당하며 살아온 오늘날은 더욱 혈통이 뒤섞여서 자신들이 어느 지파 소속인지 알 길이 없습니다. 내가 1537년 프랑크푸르트에 머물 때 유명한 랍비가 찾아와 이렇게 말했습니다. "저의 선친은 공부를 많이 하신 분으로서 메시야의 오심을 기다리며 사셨는데, 마침내는 지쳐 소망을 잃은 나머지 이렇게 말씀하셨습니다. '우리의 메시야가 1500년 동안 오시지 않는 것으로 미루어, 그리스도 예수가 메시야임에 거의 틀림없다.' "

## 866

유대인들은 여느 민족에 비해 큰 특권을 받았습니다. 큰 언약을 받았고, 거룩하신 하나님께 나아가 예배하는 권한을 받되, 예배 방식도 신약시대에 믿음으로 드리는 예배에 비해 인간 본성에 훨씬 가까운 방식을 허락받았습니다. 그들은 터키인들과 관계를 맺는 면에서 그리스도인들보다 훨씬 자연스럽고 유능합니다. 유대인들과 터키인들은 하나님이 한 분이시라는 점에서 서로 일치하기 때문입니다. 하나님께서 하나의 동일한 본질에 세 위격으로 계신다는 진리를 그들은 깨닫지 못합니다. 또한 두 민족은 정결 의식과 할례, 그 밖의 의식들에서도 일치하는 바가 있습니다.

유대인들은 아브라함과 이삭, 야곱, 모세, 다윗, 다니엘, 사무엘, 바울 같은 뛰어난 인물들을 배출했습니다. 이렇게 위대하고 영광스러운 민족이 이처럼 비참하게 멸망의 길을 걷고 있는 현실이 얼마나 슬픈 일입니까? 라틴 교회는 아우구스티누스를 제외하고는 유대 민족의 위인들에 견줄 만한 인물을 배출하지 못했습니다. 그리고 동방 교회도 아타나시우스가 고작인데, 그 역시 특출한 점은 없습니다. 그러므로 우리는 원 가지에 접붙여진 작은 가지들입니다. 선지자들은 아브라함의 계통을 이어받은 유대인들을 가리켜 아름다운 가지라고 했고, 그 가지에서 그리스도께서 친히 오셨습니다.

## 867

쾰른 교회의 현관에는 어느 수석사제의 조각상이 서 있는데, 그의 한 손에는 고양이가, 다른 한 손에는 쥐가 들려 있습니다. 그는 유대인이었지만, 세례를 받고 그리스도인이 되었습니다. 그가 자신이 죽은 뒤에 조각상을 세우도록 지시한 이유는, 유대인과 그리스도인이 쥐와 고양이처럼 서로 일치하지 않음을 뚜렷이 보여주고자 함이었습니다. 과연 유대인들은 우리 그리스도인들을 죽음을 혐오하듯 혐오합니다. 만일 내가 이 나라의 군주라면 그들의 고리대금 행위를 엄히 금하겠습니다.

## 868

유대인들은 메시야께서 오실 것을 잘 알았으므로 메시야께서 오셨을 때 그 말씀을 잘 들어야 했습니다. 그러나 그들은 우리 예수님이 메시야이심을 인정하려 들지 않았습니다. 메시야께서 오시더라도 현상의 질서를 손대지 않고 그대로 용인하실 줄로 생각했는데, 그리스도께서 자신들의 기대를 저버리는 길을 가시자 그분을 십자가에 못 박은 것입니다. 그러면서도 자신들이 하나님의 백성이라고 자랑합니다.

## 869

어떤 유대인이 나를 만나러 비텐베르크에 와서는, 세례를 받고 그리스도인이 되고 싶다고 말했습니다. 하지만 그러기 전에 먼저 로마에 가서 기독교 세계의 수장을 만나봐야겠다는 것이었습니다. 나는 필립 멜란히톤과 다른 목회자들과 함께 그의 뜻을 극구 만류했습니다. 그가 혹시 로마에 갔다가 거기서 자행되는 온갖 부패와 비행을 목격하는 날에는 기독교에서 정이 떨어질 것이라 생각했기 때문입니다. 그러나 유대인은 로마로 갔고, 그곳에서 가증스러운 행위를 잔뜩 목격하고는 다시 우리에게 돌아와 세례를 베풀어달라도 청하면서 이렇게 말했습니다. "이젠 그리스도인들이 믿는 하나님을 기꺼이 믿고 섬기겠습니다. 그렇게 오래 참으시는 하나님을 어찌 믿지 않을 수 있겠습니까? 만일 로마에서 자행되는 것과 같은 죄악을 참아주실 수 있다면, 세상의 모든 죄악과 비행도 능히 견디고 참으실 수 있을 것입니다."

# 터키인들에 관하여

## 870

터키인들은 교활한 적입니다. 전쟁하는 것을 보면 전투력과 용기만 뛰어난 게 아니라 전략과 기만도 탁월합니다. 그들은 전면전을 보류한 채 끊임없이 적을 기습하여 소규모 전투로 적의 기력과 사기를 고갈시킨 다음 서서히 승리를 굳혀갑니다. 전면전을 벌이려 하면 속히 퇴각해 버립니다.

## 871

터키의 세력은 대단히 큽니다. 그 나라는 수십만 명의 유급 상비군을 보유하고 있습니다. 국방비로만 매년 2백만 플로린이 들어갈 것입니다. 이에 비해 우리 서방 세계는 전력이 약한데다 서로 견제하기에 여념이 없는 여러 군주들로 세력이 분산되어 있습니다. 그럴지라도 만일 우리들이 종교 분쟁과 그리고 주기도문에 담긴 진리를 박해하는 데 과도한 피를 흘리지 않는다면 주기도문만으로도 그 이교도들을 정복할 수 있을 것입니다. 우리가 회개하지 않으면 하나님께서 우리를 소돔과 고모라처럼 벌하시되, 저주받은 터키의 손은 사용하지 않으시고 대신에 경건한 어떤 군주의 손을 사용하시리라고 나는 생각합니다.

## 872

터키가 기독교 세계를 침공하여 빈(Wien) 앞에 진을 치고 있을 때, 그들의 기근이 워낙 심하여 빵 한 덩이 값이 같은 무게의 금값과 같았으나, 빈 성내와 대공(大公)의 부대에는 먹을 것이 넘쳤다고 합니다. 이 승리는 틀림없이 하나님께서 가져다 주신 것입니다. 터키는 그 해에 독일을 점령하겠다고 맹세하고서 맹렬한 기세로 공격해 왔으나, 이렇다 할 전과를 올리지 못한 채 패주하고 말았습니다.

## 873

1539년 7월 마지막 날, 페르시아 왕이 터키의 여러 나라들을 침공한 까닭에 터키 군대가 발라치아에서 철수하지 않을 수 없었습니다. 소식을 들은 루터 박사는 이렇게 말했습니다. "페르시아 왕의 권세가 정말로 대단하군요. 터키처럼 가공할 적군의 힘도 그에게는 대수롭지 않은 것입니다. 이 두 제국은 대단히 강합니다. 아무리 그럴지라도 독일은 보병 1만5천 명과 기병 1만 명의 상비군을 유지하여 혹시 한두 번 전투에서 패할지라도 금방 병력을 충원할 수 있는 체제를 갖추면 터키를 얼마든지 막아낼 수 있습니다. 고대 로마인들은 각각 6천 명의 병력으로 구성된 42개 군단을 항시 훈련하여 언제라도 전투에 투입할 수 있는 상태로 유지함으로써 모든 적들을 제압할 수 있었습니다."

## 874

토르가우에서 소식이 왔습니다. 터키인들이 콘스탄티노플에서 배교를 거부하는 그리스도인 포로 23인을 광장으로 끌고 나가 참수했다는 것이었습니다. 루터 박사는 이렇게 말했습니다. "과거에 얀 후스의 피가 하늘을 향해 교황 진영의 심판을 호소했듯이, 그들의 피는 하늘을 향해 터키인들의 심판을 호소할 것입니다. 포학과 박해로는 예수 그리스도의 말씀을 잠재울 수 없습니다. 그 말씀은 피 속에서 더욱 번성합니다. 그리스도인 한 사람을 죽이면 그 일이 계기가 되어 무수히 많은 사람들이 그리스도를 믿고 나옵니다. 내가 터키를 배척할 때 의지하는 것은 성벽도 아니고 소총도 아니며, 오직 '우리 아버지' 입니다. 우리 아버지의 이름이 우리에게 승리를 가져다 줄 것입니다. 십계명은 그 자체만으로는 충분하지 않습니다. 나는 비텐베르크의 건축 기술자들에게 이렇게 말했습니다. '왜 성벽을 보강하려는 것입니까? 그것은 한낱 싸리 울타리에 지나지 않습니다. 그리스도인이 자신을 위해 쌓아야 할 성벽은 돌과 몰타르로 세우는 것이 아니라 기도와 믿음으로 세우는 것입니다.'"

## 875

터키인들은 하나님의 진노 아래 놓인 민족입니다. 그들이 결혼을 멸시하는 것은 두려운 마음을 갖게 합니다. 로마인들만 해도 그렇게까지 하지 않습니다.

## 876

우리는 회개하고 기도하고 주의 뜻을 기다려야 합니다. 인간의 보호와 도움은 너무나 미약하기 때문입니다. 5년 전에 황제는 터키의 공격을 훌륭하게 막아냈습니다. 그때 황제는 이탈리아와 독일을 포함한 제국 전역에서 엄청난 수의 말과 병력을 징집했습니다. 그러나 그런 다음에는 손을 놓고 있었으며, 그 결과 적지 않은 수의 양민이 터키인들에게 학살을 당했습니다. 아, 사랑의 하나님, 이생의 삶이란 게 죽음이 아니고 무엇입니까! 요람에서부터 노년에 이르기까지 보이는 거라곤 온통 죽음뿐입니다. 나는 세상사가 올바른 방향으로 전개되지 않는 것이 두렵습니다. 포악하고 교만한 스페인 사람들은 틀림없이 우리를 터키인들에게 넘겨 그들에게 예속되게 만들 것입니다. 어딘가 큰 반역이 저질러졌습니다. 2만의 병력과 고가 무기인 2중 대포들을 고의로 터키에게 넘겨준 게 아닌가 의심이 듭니다. 그런 고가의 무기들을 야전으로 가지고 나간다는 건 흔히 있는 일이 아닙니다. 황제 막시밀리안은 빈에서 병력과 무기를 안전히 모셔두었습니다. 따라서 내 마음에는 황제가 터키를 향해 "자, 이 무기를 선물로 가져가라. 도망치지 못하는 모든 사람들을 베어 죽이라"고 말한 것이 아니었는가 하는 의구심을 지울 수 없습니다. 이번 원정에는 배반의 측면이 있습니다. 우리의 병력이 졸고 있을 때 터키 병력은 깨어 관측하면서 전면전과 기습 공격 양면에서 자신들이 할 수 있는 모든 노력을 기울인 것입니다.

만일 터키가 기독교 세계의 일반 백성을 향해서, 투항하면 3년간 세금과 부역을 면제해 주겠다고 약속했다면 그들은 기꺼이 그들에게 투항했을 것입니다. 그러나 터키는 늘 그랬듯이 일반 백성을 발톱으로 움켜쥐려고 할 때 모든 집의 셋째 아들을 차출하는 포악을 자행했습니다. 터키는 언제나 셋째 아들을 국가의 소유로 삼는 것입니다. 이것은 특히 제국의 제후들과도 관계가 있는 포악입니다. 나는 항상 황제를 의심 어린 시선으로 바라봅니다. 하지만 그는 늘 본심을 드러내지 않습니다. 그가 아우크스부르크 제국 의회에서 진리의 말씀을 듣고도 반대하는 모습을 보고 나는 그에 대한 기대를 접었습니다. 시편 2장의 말씀은 항상 진리입니다. "어찌하여 이방 나라들이 분노하며 민족들이 헛된 일을 꾸미는가. 세상의 군왕들이 나서며 관원들이 서로 꾀하여 여호와와 그의 기름 부음 받은 자를 대적하며." 다윗도 그런 현실에 분개했고, 그리스도께서도 그런 것을 느끼셨고, 사도들도 그것을 슬퍼했으며, 우리 심정도 다르지 않습니다. 그러므로 사도 바울은 이렇게 말했습니다. "형제들아 너희를 부르심을 보라. 육체를 따라 지혜로운 자가 많지 아니하며 능한 자가 많지 아니하며 문벌 좋은 자가 많지 아니하도다"(고전 1:26). 우리 주 예수 그리스도의 아버지이신 하나님께 호소함이 마땅합니다. 중대한 때이니 힘써 기도합시다.

## 877

작센의 선제후 요한의 일관성은 영원히 기억하고 예찬할 만큼 뛰어납니다. 그는 1530년 아우크스부르크 제국의회에서 복음의 순수한 교리를 확고히 주장했습니다. 그런데 불행하게도 독일 전역이 불화의 소용돌이에 들어와 있습니다. 교황주의자들이 복음을 견지하는 사람들에게 얼마나 맹렬한 분노를 쏟아 붓는지 보십시오. 그들은 우리를 대적하는 황제를 전폭 신뢰하지만, 그 일로 인하여 곧 혼란에 빠질 것입니다. 어떤 백작이 황제가 독일에 도착했다는 소식을 듣고는 밤에 거대한 횃불을 밝혔습니다. 아이제나흐 근처에 사는 교황파 사제는 만일 마르틴 루터와 그의 모든 지지자들을 미카엘 축일 전에 교수대에 매달 수 있다면 자신이 소유한 소를 모두 바치겠다고 말했습니다. 이들은 황제가 루터 진영을 향해 돌격하기만 하면 모든 게 다 되는 줄로 안 모양입니다. 하지만 결국 그들은 실망할 수밖에 없었습니다.

## 878

터키 황제의 궁정은 호화롭고 위세 당당하기로 유명합니다. 황제의 권좌에 도달하려면 커다란 전실을 세 개나 통과해야 합니다. 첫번째 전실에는 사자 열두 마리가 사슬에 묶여 있고, 두번째 전실에는 같은 수의 표범이 묶여 있습니다. 황제는 부유하고 인구가 많은 여러 나라들 위에 군림합니다. 게다가 지난 10년 동안 그의 백성 수가 크게 증가했습니다.

1536년 12월 21일에 브란덴부르크의 후작 게오르크가 비텐베르크에 와서 전하기를, 터키가 독일 군대에 대승을 거두었고, 독일 군대가 내부의 배신 때문에 패하여 대학살을 당했다고 했습니다. 여러 제후들과 용감한 장군들이 전사했으며, 기독교 병사들이 포로로 잡혀 잔인한 고문을 당하고 코를 베이는 등 심한 모욕을 당했다고 했습니다.

루터는 이렇게 말했습니다. "우리 독일인들은 하나님의 진노가 우리 문 앞에 이르렀으므로, 아직 기회가 있을 때 회개해야 한다는 사실을 깊이 생각해야 합니다. 터키 황제는 과거에 시리아, 아시아, 약속의 땅, 앗시리아, 그리스, 스페인 일부의 주인이던 사라센족을 점차 굴복시켜 가고 있습니다. 터키 황제 앞에 막강했던 그들이 굴복하고 거의 전멸되어 가고 있는 것입니다. 이처럼 하나님께서는 나라를 일으켜 나라를 치게 하십니다. 하나님은 열방을 다스리시는 권능의 하나님이시며, 죄를 범하는 민족을 멸하시는 하나님이십니다. 베네치아인들은 아무런 저항도 하지 않았습니다. 비굴하게도 전사(戰士)로서의 태도를 취하지 않았습니다. 터키가 지난 백년동안 세력을 확장해 온 것을 보면 그 기세가 두렵습니다. 하지만 그 기세는 로마 제국이 50년간 이룩한 세력과 비교하면 아무것도 아닙니다. (물론 로마는 그 50년 중에서 23년을 한니발과 처절한 전투를 벌여야 했습니다.) 로마의 세력 확장 속도가 워낙 가팔랐던 까닭에, 스키피오 장군은 국가의 공식 기도에서 영토 확장을 위한 기원을 빼야 한다고까지 주장했습니다. 이미 확보한 영토에 대해서 통치 기반을 확고히 다지는 것이 더 중요하다는 게 그의 견해였습니다. 그럼에도 불구하고 하나님께서는 이러한 막강한 제국도 야만족들에 의해 무너뜨리셨습니다."

## 879

작센의 선제후는 루터 박사에게 쓴 편지에서 터키가 대승을 거두었다고 전했습니다. 카치아누스와 웅크나트, 슐리크가 적군에게 뇌물을 받았고, 빈에 그들의 이름이 저주받은 배반자들로 크게 내걸려 있다고 했습니다. 이 장군들은 독일 군대를 터키 진영 바로 앞까지 근접하게 했습니다. 그때 이교도들의 손에서 가까스로 도망쳐 나온 적이 있는 그리스도인이 장군들에게 주의할 것을 경고했으나, 그들은 그의 조언을 무시해 버렸습니다. 적군이 다가오자 이 배반자들은 보병을 전선에 내버려둔 채 기병대를 이끌고 도망쳤습니다. 터키 군대가 퇴각하는 척하자, 장군들은 1천1백명의 기병대에게 다시 진격 명령을 내렸습니다. 그때 터키 군대가 방향을 바꾸어 그들을 포위한 뒤 처참하게 살육을 감행했습니다. 카치아누스는 기독교 군대를 배반한 대가로 유대인을 통하여 1만8천 다카트를 받고, 나중에 왕마저 그들의 손에 넘기기로 약속했습니다.

루터는 소식을 듣고는 이렇게 말했습니다. "'황금에 대한 가증스런 갈망아, 네가 죽을 가슴들을 왜 끌고 가지 않느냐?' 배반자는 지옥에 들어가 영원히 불살라질 것입니다. 나는 개라도 함부로 배반하지 않습니다. 이 사건으로 인해 황제 페르난도가 궁지에 몰리지 않을까 크게 우려됩니다. 황제는 과거에 터키를 배반하고 기독교 진영으로 투항한 마멜루크의 거짓말을 믿고 대군을 터키의 인후부까지 진격시키도록 허락했는데, 그가 다시 기독교 진영을 배반하고 터키로 돌아간 것입니다.

우리의 제후들은 직접 군대를 이끌고 적군을 향해 진격함으로써 황제가 그러한 곤경에 방치되어 있지 않게 해주어야 합니다. 터키는 결코 무시할 상대가 아닙니다. 우리 독일인들은 정말로 세상 물정 모르고 낙천적으로 살아온 사람들입니다. 그저 먹고 마시고 놀이에나 열중했지, 터키에 대해서는 생각조차 하지 않았습니다. 독일은 훌륭하고 고결한 나라이지만, 이제는 '우리는 더 이상 트로이가 아니다' (*fuit Ilium*)라고 탄식한 트로이 사람들과 같은 말을 하게 생겼습니다. 우리 모두 하나님 앞에 엎드립시다. 이런 참화 속에서 우리의 양심을 선하고 평안하게 지켜달라고 간구합시다. 나는 독일의 재정과 병력이 고갈되는 것이 두렵습니다. 만일 그렇게 된다면 필경 터키에게 무릎을 꿇을 수밖에 없게 될 것입니다. 사람들은 이러한 사태를 두고 나 마르틴 루터 때문이라고 원망합니다. 농민 반란에 대해서 나를 원망하고 성례 분쟁에 대해서도 나를 원망합니다. 그래서 나는 내가 받은 열쇠를 하나님 앞에 다시 돌려드리고 싶은 마음이 굴뚝같을 때가 많습니다.

터키인들은 성경의 교훈에도 아랑곳없이 자신들이 이스마엘의 후손들로서 하나님의 선택된 백성이라고 자랑합니다. 그들은 이스마엘이 진정한 언약의 자손이었다고 말합니다. 아브라함이 이삭을 제물로 바치려 할 때 이삭은 아버지와 제사의 칼을 피해 도망쳤으나, 이스마엘은 제물이 되겠다고 자원함으로써 언약의 자녀가 되었다는 것입니다. 이것은 교황주의자들이 성례에 관해서 하는 거짓말 못지않은 뻔뻔한 거짓말입니다. 터키인들은 자신들의 신앙이 경건하다고 자랑하며, 다른 민족들에 대해서는 우상숭배자들로 폄하합니다. 그리스도인들이 세 신을 숭배한다고 노골적으로 비난합니다. 그들은 오직 한 분 하나님 곧 천지의 창조주와 그분의 천사들과, 네 복음서 저자들과, 하늘에서 내려온 80인의 선지자들 — 그 가운데 마호메트를 가장 위대한 선지자로 여김 — 을 힘입어 맹세한다고 주장합니다. 그들은 모든 그림과 형상을 배척하며 하나님만 경외한다고 주장합니다. 예수 그리스도에 대해서는, 그분이 동정녀 마리아에게서 태어난 대단히 거룩한 선지자로서 하나님의 사자였으나, 마호메트가 그를 계승했고, 마호메트가 하늘에서 아버지의 우편에 앉아 있는 동안 예수 그리스도는 왼편에 앉아 있다고 주장합니다. 터키인들은 모세 율법의 상당 부분을 채택했으나, 승자의 오만에 도취되어 새로운 예배 제도를 도입했습니다. 세상의 눈에는 전쟁에서 승리한 것만큼 위대하고 영광스러운 것이 없기 때문입니다."

880

루터는 헝가리에 주둔하고 있는 황제 군대의 장군에게 편지를 보내어, 그가 네 개의 강력한 적과 대치하고 있음을 잊지 말라고 훈계했습니다. 그가 싸워야 할 대상은 혈육뿐 아니라 마귀와 터키와 하나님의 진노, 그리고 우리 자신의 죄도 있음을 일깨워 주었습니다. 따라서 항상 겸손하게 하나님만 의지하고 도움을 구해야 한다고 일러주었습니다.

루터는 황제 카를이 스페인 병력 1만8천을 오스트리아로 보내 터키의 진격을 막도록 지시했다는 소식을 듣고는 큰 한숨을 내쉬면서 이렇게 말했습니다. "잔인하기 짝이 없는 민족들인 스페인인들과 터키인들이 우리의 주인이 되다니 말세가 되었다는 징조입니다. 나는 스페인인들보다 차라리 터키인들을 주인으로 맞이하겠습니다. 대다수 스페인인들은 반은 무어족이고 반은 유대인인 야만적 폭군들로서, 아무것도 믿지 않는 자들이기 때문입니다.

내가 가진 큰 소망은 터키 제국이 내분에 의해 몰락하는 것입니다. 페르시아와 바벨론, 로마 등 세상의 대 제국들이 다 그랬습니다. 터키 황제의 네 아들이 권력을 놓고 서로 치열하게 다투는 상황이 오기를 나는 기대합니다. 높이 오르는 자가 떨어져 죽을 확률이 크고, 수영을 잘하는 자는 익사할 확률이 큰 법입니다. 터키가 아무리 권력의 절정에 올랐다 할지라도, 만일 하나님의 뜻이면 한순간에 여러 조각으로 갈라질 수 있습니다."

## 881

다니엘이 예언한 대로, 터키는 로마로 갈 것이고, 그렇게 되면 세상 끝이 아주 가까워지게 됩니다. 독일은 터키인들을 통해 징계를 받아 마땅합니다. 지난 세월 동안 독일인들이 하나님의 선한 말씀을 얼마나 무시하고 살아왔는지, 자주 돌이켜 보며 슬픔에 잠기게 됩니다. 하지만 승리는 우리의 손에 달려 있지 않습니다. 터키에게 정복을 당한 때가 있으면, 그들을 정복할 때도 반드시 옵니다. 프랑스 왕은 오랫동안 자신의 권력을 자랑해 왔으나, 결국 전쟁에서 패하여 포로가 되었습니다. 교황은 오랫동안 하나님과 사람을 무시해 왔으나, 그 역시 몰락했습니다. 들리는 소문에 의하면, 교황이 최근에 네 아들의 할례식을 거행하면서 페르시아 왕 칸과 베네치아의 요인들을 잔치에 초대했다고 합니다. 그는 자기 백성들에게 절대적인 숭배를 받습니다. 그는 자기 백성들에게 **비에**(*vieh*)라고 하는 안전 통행권을 발급하여 터키 영토를 안전하게 지나다니며 원하는 곳에서 마음대로 숙박할 수 있도록 해 줍니다.

# 나라들과 도시들에 관하여

## 882

내가 울타리 말뚝이 마음에 들지 않으면 뽑아 다른 것으로 교체하듯이, 우리 주 하나님께서는 나라들과 도시들에 대해서 그렇게 하십니다.

## 883

타키투스(Tacitus, 55?-120경, 로마의 역사가, 정치가-옮긴이)는 독일을 아주 잘 묘사해 놓았습니다. 독일인들이 약속을 잘 지키되 특히 결혼 서약을 다른 민족들에 비해 월등히 잘 지킨다는 이유로 극찬을 아끼지 않았습니다. 과거에는 독일인들에게 그런 미덕이 있었지만, 오늘날은 다 사라지고 사납고 교만하고 무례한 모습만 남았습니다.

## 884

인류의 전성기는 대홍수 훨씬 전에 있었습니다. 그때 인류는 상상을 초월할 정도의 장수를 누렸고, 적절한 분량의 음식과 음료를 섭취했고, 하나님의 피조물들을 — 천상에 속한 존재들이든 지상에 속한 존재들이든 — 근면하게 바라보았으며, 낭비하거나 다투거나 전쟁하는 일이 없었습니다. 그때에는 신선하고 서늘한 샘물이 값진 포도주보다 더 달고 맛있었습니다.

## 885

오늘날의 독일은 윤기가 흐르고 용기와 힘이 넘치되 탈 사람이 없는 말과 같습니다. 말은 기수가 없으면 제멋대로 아무데다 뛰어다니듯이, 독일도 강하고 부유하고 용감한 나라이지만 선하고 용감한 통치자가 필요합니다.

## 886

복장에 부는 끊임없는 유행의 바람은 정부와 사회 규범에도 큰 변화를 가져올 것입니다. 사람들이 그런 것에 지나치게 예민하기 때문입니다. 황제 카를은 이렇게 말합니다. "독일인들은 스페인인들에게 도둑질을 배우고, 스페인인들은 독일인들에게 폭음을 배운다."

## 887

베네치아는 유럽에서 가장 부유한 도시입니다. 키프로스와 칸디아라는 두 개의 왕국을 보유하고 있습니다. 칸디아는 한때 강도의 소굴이었습니다. 파산한 상인 6백 명이 그리로 도주하여 정착했기 때문입니다. 그 섬은 산세가 험하여 공권력을 동원하여 그 강도들을 소탕할 수 없었습니다. 그러자 베네치아 당국은 만일 동료 강도의 목을 갖다 바치면 모든 죄를 사면해 줄 뿐 아니라 후한 상을 내리겠다고 선포했습니다. 그 말에 혹한 강도들은 서로를 죽였고, 이로써 섬에 들어간 악인들이 소탕되었습니다. 그것은 선하고 지혜로운 전략이었습니다. 베네치아는 예절도 명예도 존중하지 않습니다. 오로지 이윤만을 추구하며, 항상 시류를 따르며 중립을 지킵니다. 지금은 그들이 터키와 손을 잡고 있지만, 머지 않아서는 황제와 손을 잡게 될 것입니다. 어느 쪽이든 이기는 쪽에 들어붙는 것입니다.

## 888

로마 시를 철저히 답사하며 조사한 탁월한 지식인 벰보(Bembo)가 "로마는 온 세상의 악인들이 다 와서 거하는, 썩어 악취가 풍기는 웅덩이"라고 말했습니다.

## 889

교황 레오 10세 때 로마의 아우구스티누스회 수도원에 소속된 수사 두 사람이 교황 진영의 심각한 부패에 반대하여 교황의 오류를 비판하는 설교를 했습니다. 밤에 자객 둘이 그들의 독방에 침입했고, 아침에 그들은 시체로 발견되었습니다. 혀가 잘리고 등이 칼에 찔린 상태였습니다. 이처럼 로마에서는 누구든 교황을 비판하면 고문을 당하거나 혀가 잘립니다. 교황의 이름은 '내게 범접하지 말라' (*Noli me tangere*)이기 때문입니다.

## 890

로마에 갔을 때 사람들이 성유물 하나를 내게 보여주었는데, 그것은 유다가 목매달아 죽을 때 사용했다고 하는 밧줄이었습니다. 이런 우매한 관습을 유념하고, 우리 조상들이 얼마나 심한 무지 속에서 살아왔는지 잊지 말아야 합니다.

# 직업과 소명에 관하여

## 891

가르치는 직분을 지닌 사람이 그 일이 즐겁지 않을 때, 즉 자신을 불러 그 일을 맡기신 분의 뜻이 분명하게 보이지 않을 때, 그것은 그에게 몹시 힘들고 지겨운 일이 됩니다. 지금 내게 교황을 대적하는 일을 새로 시작하라면 온 세상의 재물을 다 준다 해도 선뜻 나서기 쉽지 않을 것입니다. 그만큼 그동안 교황과 싸워오면서 짊어져온 짐이 무겁고 괴로웠습니다. 그럴지라도 그 일에 나를 부르신 주님을 바라볼 때 온 세상의 재물을 마다하고라도 해야 할 일이었다는 생각이 듭니다.

하나님께서 자신에게 주신 직업과 소명에 만족하는 사람이 드물다는 것은 참으로 슬픈 일입니다. 우리는 대개 다른 사람의 상황이 우리 자신보다 낫다고 여깁니다. 그리고 더 많이 가질수록 부족도 더 깊어집니다. 하나님을 섬기는 도리는 자신의 직업과 소명이 아무리 하찮고 단순하더라도 제자리를 굳건히 지키는 데 있습니다.

## 892

기회는 앞머리는 있지만 뒤는 대머리라는 말이 있습니다. 우리 주님은 자연의 이치를 들어 이 점을 가르치셨습니다. 농부는 부활절 경에 보리와 귀리를 파종해야 하며, 만일 미카엘 축일까지 기다리면 너무 늦습니다. 사과가 익으면 제때 따주어야지, 안 그러면 썩습니다. 지연은 조급함 못지않게 나쁩니다. 우리 집에 울프라는 하인이 있습니다. 그는 새 그물에 새 너덧 마리가 걸리면 바로 꺼내지 않고 좀 더 많이 걸려들면 꺼내겠다고 하고 딴 짓을 하는데, 얼마 뒤에 가보면 새가 다 도망치고 없습니다. 기회를 제때 포착한다는 것은 중요한 일입니다. 테렌티우스(주전 190?-159, 로마의 희극작가)는 "나는 적기(適期)에 세상에 태어났는데, 그것만큼 중요한 요인이 없었다"고 말하는데, 그것은 맞는 말입니다. 율리우스 카이사르는 기회가 무엇인지 잘 알았습니다. 폼페이우스와 한니발은 그렇지 못했습니다. 초등학생들은 기회가 무엇인지 잘 모르므로 부모와 교사가 필요합니다. 회초리를 맞아가며 시간을 허비하지 않고 요긴하게 쓰는 법을 배워야 합니다. 청소년들은 공부할 수 있는 시간이 있을 때에 부지런히 공부해야 합니다. 공부할 기회가 있고 가르쳐 주는 교사들이 있을 때 열심히 해야 하는데, 많은 청소년들이 "오늘 놀고 내일 열심히 하자. 아직 시간이 많지 않은가?" 하고 생각합니다. 그러나 그렇지 않습니다. 어려서 배우지 못하면 커서도 배우지 못하는 법입니다. 기회가 여러분에게 인사를 하며 손을 내밀면서 "내가 여기 있으니 잡아 보라"고 할 때 얼른 잡아야 합니다. 다음에 또 오겠거니 생각하면 오산입니다.

보나벤투라는 별로 볼만한 게 없는 궤변가였으나, 그럴지라도 다음과 같은 그의 말은 귀담아 들을 만합니다. "기회를 경솔히 보내버리는 사람은 기회에게 버림을 받는다. 시간이 있을 때 시간을 꽉 붙잡아야 한다. 지금이 바로 그때이다." 우리의 황제 카를은 기회를 붙잡을 줄 모르는 사람입니다. 1525년 파비아 앞에서 프랑스 왕을 사로잡았을 때도 그랬고, 1527년에 교황 클레멘스를 손아귀에 넣고 로마를 점령했을 때도 그랬습니다. 1529년에 빈 앞에서 터키 대군을 거의 패퇴시킬 순간에도 그랬습니다. 군주가 세 명의 큰 원수를 손아귀에 넣고도 그냥 가도록 보낸 것은 지독한 무지와 태만입니다.

## 893

독일은 만일 사람들이 그렇게 많이들 벨벳과 실크를 입지 않고, 그렇게 많은 향료를 쓰지 않고, 그렇게 많은 술을 마시지 않았다면 지금보다 훨씬 큰 부자 나라가 되었을 것입니다. 하지만 젊은 사람들은 술 없이는 아무 낙이 없는 듯이 삽니다. 사냥도 연애도 시들하므로 술독에 빠져 지내는 것입니다. 최근에 토르가우에서 성대한 주연(酒宴)이 벌어졌을 때, 저마다 단숨에 술 한 병을 비웠습니다. 그렇게 술을 잘 마시는 사람을 호기롭다고들 합니다. 타키투스는 고대 독일 사회에서는 24시간 앉아 술을 마시는 것이 조금도 수치스러운 일이 아니었다고 기록합니다. 궁정에서 온 어느 신사가 타키투스가 그 글을 언제 썼느냐고 물었습니다. 1500년 전쯤이라고 대답하자, 신사는 이렇게 말했습니다. "독일인들의 술버릇이 그렇게 조상 대대로 내려온 오래된 관습이라면 그것을 폐지하지 맙시다."

# 다양한 주제에 관하여

## 894

주후 1546년에 루터가 법률 문제에 관해 자문을 요청 받았습니다. 방앗간 주인에게 노새가 있었는데, 그것이 마실 것을 찾아 어부의 배에 올라탔습니다. 마침 배가 단단히 묶여 있지 않아 노새를 싣고 떠내려가는 바람에 방앗간 주인은 노새를, 어부는 배를 잃고 말았습니다. 방앗간 주인은 어부가 배를 단단히 묶어 놓지 않아 노새를 잃었다고 고소했고, 어부는 노새를 묶어놓지 않고 나다니게 해서 자신이 배를 잃게 되었으니 배상하라고 고소했습니다. 누가 배상해야 할까요? 노새 주인일까요 배 주인일까요? 루터는 말했습니다. "두 사람 다 과실이 있습니다. 어부는 배를 단단히 묶어 놓지 않았고, 방앗간 주인은 노새를 집에 묶어 놓지 않았습니다."

## 895

구두쇠가 하인에게 지하창고에 가서 포도주를 가져오라고 심부름을 시켰습니다. 그런데 갈 때 하인에게 물을 잔뜩 물고 돌아올 때까지 뱉지 말라고 엄명을 내렸습니다. 지하창고에서 포도주를 벌컥벌컥 마실까봐 조바심이 났던 것입니다. 그러나 하인은 지하창고에 물 주전자를 갖다 두었기 때문에, 포도주를 실컷 마신 다음 물을 머금고 돌아옴으로써 주인을 용케 속였습니다.

## 896

에르푸르트에 사는 학생이 뉘른베르크에 가보고 싶어서 친구와 함께 길을 나섰습니다. 1km도 채 못 가서 그가 친구에게 뉘른베르크에 금방 도착할 수 있는지 물었습니다. 친구는 "말도 안되는 소리 말아라. 우린 방금 에르푸르트를 떠났잖아?" 하고 대답했습니다. 얼마 가지 않아 자꾸 같은 질문을 받게 된 친구는 똑같은 대답을 해놓고는, "우리 여행을 포기하고 그냥 집으로 돌아가자. 세상이 우리에겐 너무 넓다!" 하고 말했습니다.

## 897

고메르 박사(Dr. Gomer)가 독방에 소녀를 끌어들인 수사 이야기를 들려주었습니다. 조과(朝課) 시간이 되자 수사는 소녀의 얼굴을 성수로 닦아준 다음 밖으로 나갔습니다. 소녀는 수사가 해준 대로 자기도 하고 싶은 생각에 잉크를 물로 잘못 알고는 그것으로 얼굴을 닦았습니다. 수사가 돌아와 보니 얼굴이 온통 검은 여자가 앉아 있는 것을 보고는, 자신이 마귀를 잘못 데려왔다는 생각에 겁에 질려 비명을 질렀고, 비명 소리를 듣고 수사들이 죄다 몰려온 바람에 그의 행각이 탄로났습니다.

## 898

자기 열정에 지나치게 도취하는 시인들이 있습니다. 리키우스가 그런 사람이었습니다. 한 번은 그가 창문에 두 발을 내놓고 앉아 있었는데, 마귀에 대한 시적인 분노라고 했습니다. 그런 자세로 앉아 길고 장황한 표현으로 마귀를 욕하고 비방하고 있었습니다. 그런데 슈티겔이 우연히 창문 밑을 지나가다가 자기도 모르게 시인의 발을 건드리게 되었는데, 이에 시인은 마귀가 자신을 데리러 온 줄로 알고 무서워 벌벌 떨었습니다.

## 899

게으른 사제가 성무일과를 암송하는 대신 알파벳을 외우고는 이렇게 말했습니다. "주여, 이 알파벳을 가지고 원하시는 대로 글자를 만들어 주옵소서!"

## 900

아이슬레벤에 사는 어느 정직한 사람이 내 앞에서 원망조로 자신의 비참한 현실을 털어놓았습니다. 자식들에게 모든 것을 다 물려주었는데, 이제 늙으니까 자식들이 자신을 무시하고 돌아보지 않는다는 것이었습니다. 그에게 이렇게 말해주었습니다. "집회서를 보면 부모가 귀담아 들어야 할 조언이 나옵니다. '살아 있는 동안에는 네 손의 재물을 다 물려주지 말라.' 자녀들은 약속을 지키지 않기 때문입니다. 이런 격언이 있습니다. '한 아버지는 열 자녀를 먹여 살릴 수 있지만, 열 자녀는 한 아버지를 부양하지 못하거나 적어도 그럴 마음이 없다.' 어떤 아버지는 유서를 작성한 뒤 그것을 금고에 넣고, 또 곁에 단단한 곤봉과 다음과 같은 쪽지를 넣고 잠갔습니다. '재산을 자식들에게 물려주는 아버지는 자기 머리를 곤봉으로 매우 쳐야 한다.' 또 다른 이야기가 있습니다. 어떤 아버지는 늙게 되자 자신을 봉양해 주는 조건으로 자식들에게 재산을 모두 물려주었습니다. 그러나 자식들은 아버지에게 감사하지 않고 툭하면 짜증을 내고 인색하게 대하고 음식도 충분히 드리지 않았습니다. 하지만 아버지는 자식들보다 지혜로운 사람이었습니다. 방에 들어가 문을 안으로 잠근 다음 잘사는 이웃에게 빌려온 금화들을 서로 부딪혀 쩔렁거리는 소리가 크게 나게 했습니다. 여전히 남겨둔 재산이 있는 듯이 말입니다. 금화 쩔렁거리는 소리를 들은 자식들은 혹시 아버지가 큰 재산을 물려주실까 하여, 아버지를 극진히 모시기 시작했습니다. 그러나 아버지는 금화들을 이웃에게 몰래 돌려주었고, 그로써 현명하게 자식들을 속였습니다."

## 901

루터의 아내가 통증이 있는 그의 발에 기름을 붓자, 루터는 이렇게 말했습니다. "지금은 당신이 내게 기름을 붓지만, 과거에는 아내들이 남편들에게 기름 부음을 받았어요. **욱소르**(*Uxor*)라는 라틴어는 '기름 붓다' 라는 뜻의 **운겐도**(*ungendo*)에서 유래했으니까요. 이교도들은 결혼 생활에 많은 장애와 난관이 있는 것을 보고는 불행을 미리 방지하기 위해서 신부의 발에 기름을 부었던 겁니다."

## 902

복음을 전하면 여성들이 남성들보다 훨씬 더 뜨거운 믿음으로 받고 굳은 각오로 간직하는 것을 나는 자주 봅니다. 막달라 마리아가 베드로보다 더 뜨거운 열정과 용기가 있었던 것과 같은 이치입니다.

## 903

여인에게는 지혜롭게 되는 것보다 더 훌륭한 겉옷이 없습니다.

## 904

나는 파리를 몹시 싫어합니다. 파리는 좋은 책이 있으면 그리로 몰려들어 위아래로 왔다갔다하다가 똥을 싸놓습니다. 마귀도 마찬가지입니다. 우리 마음이 가장 청결할 때 다가와 더럽혀 놓습니다.

## 905

흑해 연안과 스키티아 강 연안에서는 트라키아의 돌이 발견됩니다. 이 돌은 물에서도 타지만, 물에 기름을 넣으면 꺼집니다. 그 돌에 이런 특성이 있게 된 데에는 그만한 이유가 있습니다. 그 돌은 위선자들의 표상인 것입니다. 그들은 선행을 쌓으려는 열정에 타오르다가, 인간의 전승과 의식이라는 물을 끼얹으면 훨씬 더 뜨겁게 타오릅니다. 그러나 기름 곧 하나님의 말씀을 부으면 과도하게 달아올랐던 열기가 식어버립니다. 디오스코리데스(Dioscorides)와 니칸더(Nicander)가 이 돌을 언급합니다.

## 906

'아미안투스' (*amianthus*, 석면의 일종—옮긴이)라는 단어는 '씻음' 이라는 뜻의 헬라어 *mitho*와 '-로부터' 라는 뜻의 접두어 *a*에서 유래했습니다. 이 단어는 디오스코리데스가 자신의 책 제5권 93장에서 언급합니다. 아미안투스는 키프로스에서 발견되며, 매우 부드러워서 직물(織物)로 만들 수도 있습니다. 이것은 불에 넣어도 타지 않으며, 오히려 그 과정에서 아름다운 형체를 얻습니다. 이 돌은 교회의 표상입니다. 교회는 재난과 박해에도 아무런 해를 입지 않고 오히려 하나님 보시기에 더 찬란하고 아름다운 모습을 띠어 갑니다. '아이티타' (Aetita)는 독수리 둥지에서 발견되는 돌입니다. 여성들이 해산할 때 왼팔에 부착하면 힘을 내게 하는 효력이 있습니다. 더 나아가 도둑을 감별하는 효력도 있다고 합니다.

## 907

참새는 가장 게걸스러운 조류로서 농작물에 큰 해를 입힙니다. 히브리인들은 그 새를 '트쉬르프' (tschirp)라고 부릅니다. 어디서든 발견되면 잡아야 합니다.

## 908

루터 박사는 어느 날 개구리가 많은 연못가에서 나이팅게일의 아름다운 지저귐을 들었습니다. 개구리들은 나이팅게일의 아름다운 노래를 그치게 하려는 듯 목청껏 울어댔습니다. 박사는 이렇게 말했습니다. "세상도 이와 똑같습니다. 예수 그리스도께서는 나이팅게일과 같은 소리로 복음을 전하십니다. 그런데 이단들과 거짓 선지자들이 개구리 울음 같은 소리로 복음이 잘 들리지 않도록 방해하고 있습니다."

## 909

어떤 사람이 물었습니다. "시편을 비롯한 성경 여러 곳에서 왜 하고많은 새들 가운데 가장 볼품 없고 불쾌감을 일으키는 까마귀와 참새가 유독 많이 언급되는 걸까요?" 루터 박사는 이렇게 말했습니다. "성령님께서 만일 이 새들보다 더 반감을 주는 새들을 예로 드실 수 있었다면 그렇게 하셨을 것입니다. 그런 새들조차 하늘 아버지께서 먹이시어 살게 하시는 것으로써 우리가 받는 것이 우리의 공로 때문이 아님을 분명히 깨닫게 하시려는 것입니다."

## 910

아리스토텔레스는 백조들을 호수나 늪지에서 살 수 있게 하는 물갈퀴 발을 지닌 새들 가운데 분류합니다. 백조들은 대가족을 기르는 조류입니다. 수명이 매우 길며, 눈여겨볼 만한 습관을 갖고 있습니다. 독수리에게 먼저 공격을 가하지 않지만, 독수리의 공격으로부터 자신들을 훌륭히 방어합니다. 죽는 순간에 부르는 노래는 확실히 애절한 아름다움이 있습니다. 어떤 책에는 백조들이 육체적 사랑의 열정을 막고 날개의 힘을 더하기 위해 베토니라는 식물을 먹는다고 씌어 있습니다. 교회를 이처럼 잘 연상케 하는 표상을 나는 알지 못합니다. 교회는 지옥의 권세 앞에서 넘어지지 않기 위해 두 발로 굳건히 버티고 섭니다. 주변에는 호수와 늪이 두르고 있습니다. 지상의 영토와 권력에 마음을 두지 않는 것입니다. 불순한 경향을 막으며, 정숙한 생활에 힘씁니다. 많은 자녀들을 자상하게 기르며, 그렇게 기른 자녀들이 노년에 위안이 됩니다. 폭군들을 공격하지 않지만, 그들이 공격해 올 때 강한 두 날개, 즉 말씀과 뜨거운 기도로 그들을 물리칩니다. 이러한 무기로 산헤립과 배교자 황제 율리아누스 같은 폭군들을 이겼습니다. 마지막으로, 백조는 죽음을 맞이하는 순간에 노래를 합니다. 교회도 지체들 가운데 어떤 이가 세상을 떠나는 순간에 하나님의 아들이 하신 일을 기리는 복된 찬송을 그 곁에서 불러줍니다.

## 911

책이라고 해서 다 좋은 것이 아닙니다. 아주 많은 책들은 큰 해악을 끼칩니다. 글을 쓰고자 하는 열정에는 기준도 한계도 없습니다. 실은 누구나 저자입니다. 이름을 내려는 허영심에서 펜을 잡는 사람들도 있고, 돈을 벌려는 욕심에서 펜을 잡는 사람들도 있습니다. 오늘날은 성경이 수많은 주석들에 매몰되어 본문이 주목을 받지 못합니다. 나는 그동안 내가 펴낸 책들을 모두 수거하여 땅속 깊이 묻어버리고 싶은 심정이 있습니다. 명예를 얻으려는 욕심에 책을 펴내려 하는 사람들에게 내가 펴낸 책들이 잘못된 본을 보이고 있는 것 같아서 그렇습니다. 그러나 그리스도께서 원하시는 것은 우리의 야심과 허영이 아니라, 하나님의 이름이 거룩히 여김을 받는 것입니다.

대규모 도서관들에 진열되어 있는 거대한 분량의 책들은 사람들의 마음을 한 권의 위대한 책인 성경에서 다른 데로 분산시키는 경향이 있습니다. 성경이야말로 모든 사람이 곁에 두고 주야로 묵상해야 할 책입니다. 내가 성경을 번역하면서 품었던 목표와 소망도 요즘처럼 방대하게 쏟아져 나오는 신간 도서들 가운데 성경을 우뚝 세워 사람들로 하나님의 말씀을 더욱 친밀하게 공부하고 묵상할 수 있게 하려는 것이었습니다. 사멸적 존재인 인간이 내놓은 저서들은 하나님의 영감을 받아 기록된 책과 어떤 점에서도 대등할 수 없습니다. 명예로운 자리는 선지자들과 사도들에게 드리고, 우리 자신은 그분들의 발치에 엎드려 배워야 합니다. 시험과 박해의 바람이 세차게 몰아치는 이 시대에, 나는 내 책을 탐독하느라 성경 읽기에 소홀히 해온 사람들이 조금도 고맙지 않습니다.

## 912

나는 14살 때 죽은 내 가엾은 딸 막달렌을 위하여 이러한 묘비명을 썼습니다.

> "여기에 루터의 딸 나 레나가 누워
> 내 작은 침대에서 큰 복 가운데 잠들어 있습니다.
> 나는 죄와 허물 가운데서 태어나
> 영원히 의지할 데 없을 뻔했으나
> 그런데도 나는 살아 있고 모든 것이 선합니다.
> 나의 주님 그리스도께서 당신의 피로써 나를 건지셨습니다."

## 913

저는 당신의 죄요, 당신은 나의 의이십니다. 그러므로 나는 평안하며 승리합니다. 왜냐하면 나의 죄가 당신의 의를 덮을 수 없고, 당신의 의는 나를 죄인들 가운데 머물도록 하지 않을 것이기 때문입니다. 나의 주님, 나를 불쌍히 여기시는 분, 나의 구주여 송축 받으소서. 나는 당신에게만 의지합니다.

## 914

**루터의 기도**

그리스도여, 나의 생명은 당신의 것입니다.
나의 죽음도 당신의 것입니다.
내가 간구하오니, 당신의 왕권을 잡게 하소서.
당신이 죽으실 때 왜 그렇게도 심한 고통을 받았습니까?
　내가 당신 나라의 작은 기업이 되지 않는다면 말입니다.
왜 당신의 생명이 차디찬 무덤에 싸여 감추어졌습니까?
　당신의 죽음이 몰아낸 나의 죽음이 아니라면 말입니다.
오 그리스도여, 당신은 내게 확고한 구원을 이루소서.

## 915

비텐베르크를 찾아온 영국의 유식한 신사가 식탁에서 루터와 많은 대화를 나누었습니다. 신사가 독일어에 능숙하지 못한 것을 안 루터는 그에게 이렇게 말했습니다. “내 아내를 당신의 독일어 교사로 세워드리지요. 그런 면에서 나보다 재능이 많은 여성이니, 아마 큰 도움이 되실 줄로 압니다. 하지만 여성들이 말을 많이 하는 것은 바람직하지 못합니다. 차라리 침묵을 지키고 입을 별로 열지 않는 것이 훨씬 낫습니다.”

## 916

1538년 11월 18일에 지진으로 인해 강이 범람했다는 소식을 들은 루터 박사는 이렇게 말했습니다. “나일 강은 해마다 범람하지만 그로 인해 형성되는 퇴적물이 이집트 땅에 비옥한 농토가 되어줍니다. 엘베 강도 범람하지만 모래 퇴적층만 남기고 나무들과 가옥들을 휩쓸고 가버립니다. ‘엘베’(Elbe)라는 이름은 ‘엘페’(Elffe, 11이라는 뜻)에서 유래했습니다. 11개의 서로 다른 지류들이 합쳐서 흐르는 강이기 때문입니다. 물은 여러 가지로 위험합니다. 건장한 사람들이 깊은 물에 빠져 죽는 사례를 우리는 많이 봅니다. 그것은 마귀가 하는 짓입니다. 북해의 몇몇 항구에서 건조하는 선박들은 규모가 엄청납니다. 배 한 척의 가격이 36,000다카트나 나갑니다. 노아의 방주도 거대한 건조물이었습니다. 길이가 300규빗에 너비 50규빗, 높이 30규빗이나 되었습니다. 만일 성경에 기록되지 않았다면 좀처럼 믿을 수 없는 규모입니다.”

## 917

어느 여행자가 길에서 강도들을 만나 그들의 손에 죽었습니다. 숨이 넘어가려는 순간에 까마귀 몇 마리가 날아오는 것을 본 여행자는 새들을 향해 자신의 죽음을 복수해달라고 부탁했습니다. 사흘 뒤에 강도들이 이웃 읍에 가서 선술집에 들어가 술을 마시다가 지붕에 까마귀들이 앉아 있는 것을 보았습니다. 강도들 중 하나가 빈정거리며 “아마도 저 까마귀들은 며칠 전에 우리가 길에서 해치운 여행자의 복수를 하러 온 모양이지?” 하고 말했습니다. 우연히 곁에 있다가 그 말을 들은 선술집 종업원이 속히 달려가 행정관에게 신고했습니다. 결국 붙잡히게 된 강도들은 행정관 앞에서 살인죄를 자백하고 교수형에 처해졌습니다.

## 918

강도들은 하나님께 저주를 받은 자들입니다. 주님의 복이 그들에게는 비껴갑니다. 그들은 돈을 많이 벌어 인생의 절정에 섰다고 느끼는 순간 넘어집니다.

**독자 여러분들께 알립니다!**

**'CH북스'**는 기존 **'크리스천다이제스트'**의 영문명 앞 2글자와
도서를 의미하는 **'북스'**를 결합한 출판사의 새로운 이름입니다.

세계기독교고전 49

**루터의 탁상담화**

**1판 1쇄 발행** 2005년 7월 30일
**2판 2쇄 발행** 2024년 8월 29일

**지은이** 마르틴 루터
**옮긴이** 이길상
**발행인** 박명곤 **CEO** 박지성 **CFO** 김영은
**기획편집1팀** 채대광, 김준원, 이승미, 김윤아, 이상지
**기획편집2팀** 박일귀, 이은빈, 강민형, 이지은, 박고은
**디자인팀** 구경표, 유채민, 임지선
**마케팅팀** 임우열, 김은지, 전상미, 이호, 최고은

---

**펴낸곳** (주)현대지성
**출판등록** 제406-2014-000124호
**전화** 070-7791-2136 **팩스** 0303-3444-2136
**주소** 서울시 강서구 마곡중앙6로 40, 장흥빌딩 10층
**홈페이지** www.hdjisung.com **이메일** support@hdjisung.com
**제작처** 영신사

## "크리스천의 영적 성장을 돕는 고전"
## 세계기독교고전 목록

1 **데이비드 브레이너드 생애와 일기**
조나단 에드워즈 편집
2 **그리스도를 본받아** | 토마스 아 켐피스
3 **존 웨슬리의 일기** | 존 웨슬리
4 **존 뉴턴 서한집 - 영적 도움을 위하여** | 존 뉴턴
5 **성 프란체스코의 작은 꽃들**
6 **경건한 삶을 위한 부르심** | 윌리엄 로
7 **기도의 삶** | 성 테레사
8 **고백록** | 성 아우구스티누스
9 **하나님의 사랑** | 성 버나드
10 **회개하지 않은 자에게 보내는 경고**
조셉 얼라인
11 **하이델베르크 요리문답 해설** | 우르시누스
12 **죄인의 괴수에게 넘치는 은혜** | 존 번연
13 **하나님께 가까이** | 아브라함 카이퍼
14 **기독교 강요(초판)** | 존 칼빈
15 **천로역정** | 존 번연
16 **거룩한 전쟁** | 존 번연
17 **하나님의 임재 연습** | 로렌스 형제
18 **악인 씨의 삶과 죽음** | 존 번연
19 **참된 목자(참 목자상)** | 리처드 백스터
20 **예수님이라면 어떻게 하실까** | 찰스 쉘던
21 **거룩한 죽음** | 제레미 테일러
22 **웨스트민스터 소교리문답 강해**
알렉산더 화이트
23 **그리스도인의 완전** | 프랑소아 페넬롱
24 **경건한 열망** | 필립 슈페너
25 **그리스도인의 행복한 삶의 비결** | 한나 스미스
26 **하나님의 도성(신국론)** | 성 아우구스티누스
27 **겸손** | 앤드류 머레이
28 **예수님처럼** | 앤드류 머레이
29 **예수의 보혈의 능력** | 앤드류 머레이
30 **그리스도의 영** | 앤드류 머레이
31 **신학의 정수** | 윌리엄 에임스
32 **실낙원** | 존 밀턴
33 **기독교 교양** | 성 아우구스티누스
34 **삼위일체론** | 성 아우구스티누스
35 **루터 선집** | 마르틴 루터
36 **성령, 위로부터 오는 능력** | 앨버트 심프슨
37 **성도의 영원한 안식** | 리처드 백스터
38 **웨스트민스터 소요리문답 해설** | 토머스 왓슨
39 **신학총론(최종판)** | 필립 멜란히톤
40 **믿음의 확신** | 헤르만 바빙크
41 **루터의 로마서 주석** | 마르틴 루터
42 **놀라운 회심의 이야기** | 조나단 에드워즈
43 **새뮤얼 러더퍼드의 편지** | 새뮤얼 러더퍼드
44-46 **기독교 강요(최종판) 상·중·하** | 존 칼빈
47 **인간의 영혼 안에 있는 하나님의 생명**
헨리 스쿠걸
48 **완전의 계단** | 월터 힐턴
49 **루터의 탁상담화** | 마르틴 루터
50-51 **그리스도인의 전신갑주 I, II** | 윌리엄 거널
52 **섭리의 신비** | 존 플라벨
53 **회심으로의 초대** | 리처드 백스터
54 **무릎으로 사는 그리스도인** | 무명의 그리스도인
55 **할레스비의 기도** | 오 할레스비
56 **스펄전의 전도** | 찰스 H. 스펄전
57 **개혁교의학 개요(하나님의 큰 일)**
헤르만 바빙크
58 **순종의 학교** | 앤드류 머레이
59 **완전한 순종** | 앤드류 머레이
60 **그리스도의 기도학교** | 앤드류 머레이
61 **기도의 능력** | E. M. 바운즈
62 **스펄전 구약설교노트** | 찰스 스펄전
63 **스펄전 신약설교노트** | 찰스 스펄전
64 **죄 죽이기** | 존 오웬

TABLE TALK

# 루터의 탁상담화